세계
교회사
여행
2

Pour lire l'histoire de l'Église(nouvelle édition de 2003)
by Jean Comby
Original Copyright © 2003 by les Éditions du Cerf

세계 교회사 여행 2

2010년 6월 28일 교회 인가
2012년 10월 31일 초판 1쇄 펴냄
2025년 1월 1일 초판 4쇄 펴냄

지은이 | 장 콩비
옮긴이 | 노성기, 이종혁
펴낸이 | 정순택
펴낸곳 | 가톨릭출판사
편집 겸 인쇄인 | 김대영
편집 | 김소정, 강서윤, 김지영, 박다솜
디자인 | 이창우, 강해인, 이경숙, 정호진
마케팅 | 안효진, 황희진

본사 | 서울특별시 중구 중림로 27
등록 | 1958. 1. 16. 제2-314호
전자우편 | edit@catholicbook.kr
전화 | 1544-1886(대표 번호)
지로번호 | 3000997

ISBN 978-89-321-1252-7 04900
          978-89-321-1253-4 (세트)

값 30,000원

성경 ⓒ 한국천주교중앙협의회 2005
제2차 바티칸 공의회 문헌 ⓒ 한국천주교중앙협의회 2007
교회 문헌 ⓒ 한국천주교중앙협의회

이 책의 한국어 출판권은 (재)천주교서울대교구 가톨릭출판사에 있습니다.
저작권법에 의해 보호를 받는 저작물이므로 무단 전재와 무단 복제를 금합니다.

가톨릭의 모든 도서와 성물을 '가톨릭출판사 인터넷쇼핑몰'에서 만나 보실 수 있습니다.
http://www.catholicbook.kr | (02)6365-1888(구입 문의)

세계 교회사 여행

2000년 교회의 역사를 원전과 함께 읽는다　**2**　근대·현대 편

장 콩비 지음　노성기 · 이종혁 옮김

가톨릭출판사

| 추천의 말씀 |

역사 공부는 행복한 미래로 나아가게 해 주는 나침반

가족사를 모르는 것은 부끄러운 일입니다. 교인으로서 교회사를 모르는 것도 같은 일이라 생각합니다. 신자들로 하여금 교회의 역사를 쉽게 접하고 공부할 수 있도록,《세계 교회사 여행》을 공동 번역·출판한 두 분의 노고를 진심으로 치하하며 감사드립니다. 신자들은 교회사를 공부하며 하느님과 인간의 역사, 즉 2,000년 동안 성령께서 함께하신 교회의 발자취와 거룩한 전통을 배우고 익힐 뿐만 아니라, 교회사에 대한 통찰력을 얻게 될 것입니다.

한 시대의 사건을 그 시대 사람들의 눈으로 바라보는 미시적인 안목이 있는가 하면, 한 시대의 사건이 그 시대와 미래에 어떤 영향을 끼쳤고 어떤 결과를 초래하였는가 하는 점까지 꿰뚫어보는 '역사에 대한 예지의 눈'으로 바라볼 수 있는 거시적인 통찰력도 있습니다. '역사에 대한 예지의 눈'을 가질 때, 현실을 살아가는 우리에게 어떤 행동이 최선의 행동일 것인가에 대한 판단 기준을 가질 수 있을 것입니다. 교회사 안에는 거시적·통시적인 통찰력을 통해 '역사에 대한 예지의 눈'을 기를 수 있도록 해 주는 수많은 사건이 있습니다. 개별적인 사건들을 통해서, 우리는 당시 그리스도인들이 어떤 식으로 그 사건 속에서 생활하고 참여했는가를 배우게 됩니다. 동시에 우리는 그 사건이 100년 혹은 300년 후에 교회에 어떤 영향을 끼쳤는지를 깨닫고 이해하게 됩니다. 이렇게 할 때, 우리는 교회사를 제대로 공부하게 되는 것입니다.

E.H. 카아는 "역사란 과거와 현재의 끊임없는 대화다."라고 정의했습니다. 그런 의미에서 볼 때, 역사를 공부하는 진정한 목적은 과거 사실에 대한 단순한 지식을 얻는 것이 아니라, 현재에 비추어 과거를 이해하고 동시에 과거에 비추어 현재를 더 깊이 이해하면서 과거와 현재 사이의 끊임없는 대화를 통해서 미래를 위한 교훈을 얻는 것입니다. 역사 자체가 스스로 우리에게 교훈을 가르쳐 주지는 않습니다. 하지만 역사는 미래를 전망하며 나갈 길을 보여 줄 뿐만 아니라, 그 길을 올바른 방향으로 걸어갈 수 있도록 도와주는 나침반 역할을 합니다. 우리는 역사를 공부함으로써, 미래를 위한 최선의 지침을 마련할 수 있게 될 것입니다.

그런 관점에서 볼 때, 교회사를 공부한다는 것은 우리가 이 땅에 하느님 나라를 건설하는 최선의 도구와 지혜를 찾아나서는 하나의 여행입니다. 그 여행길에서 우리는 우리보다 앞서 간 수많은 그리스도인들을 만나면서, 그들이 지녔던 복음화에 대한 열정과 지혜, 교회에 대한 사랑과 봉사, 권위와 순명 등을 접하게 될 것입니다. 물론 거기에서 우리는 우리를 가슴 아프게 하는 사건들과 부끄럽게 하는 사건들도 만나게 될 것입니다. 하지만 그 속에서도 우리는 성령의 역사하심과 하느님 구원 사업에 대한 굳은 희망과 믿음을 발견하게 될 것입니다.

교회사에 대한 책이 그리 많지 않은 우리 현실에서 볼 때, 《세계 교회사 여행》은 신학도들뿐만 아니라 일반 신자들에게도 커다란 도움이 되리라 생각합니다. 그동안 교회사를 딱딱하고 어렵다고만 생각했던 신자들은 이 책을 통해서 교회사가 아주 쉽고 재미있다는 사실을 깨닫게 될 것입니다. 《세계 교회사 여행》를 읽게 될 모든 분에게 하느님의 크신 은총과 축복이 가득하시기를 빕니다.

천주교 광주대교구 전前 교구장

최창무 대주교

| 추천의 말씀 |

역사 공부는 삶의 지혜를 공부할 수 있는 길

하느님과 이스라엘 민족이 동고동락했던 역사가 바로 구약 성경이고, 예수 그리스도와 제자들이 함께했던 기록이 신약 성경이라 할 때, 교회사는 성령께서 그리스도를 믿고 따르는 사람들(교회)과 함께한 기록입니다. 교회사는 특히 계시의 두 원천인 성경聖經과 성전聖傳에서 성전을 더욱 쉽게 이해할 수 있게 하는 길잡이입니다. 하느님과 하느님 백성에 대한 사랑으로, 신자들이 교회의 역사를 쉽게 접할 수 있도록 《세계 교회사 여행》을 번역하여 출간하게 된 두 분의 노고를 치하하며 감사드립니다.

역사를 이해하는 데 있어서 사건 자체를 분석하여 해석할 수도 있고 사건의 흐름 전체를 조망하면서 사건의 종합적인 의미를 파악할 수도 있을 것입니다. 그러나 어느 한 방법을 선택하여 이해하려고 하면 다소 객관성이 떨어질 위험도 있을 것입니다. 《세계 교회사 여행》에는 특히 원전이 함께 실려 있기 때문에 사건 자체에 대한 근거뿐만 아니라 사건의 전체적인 흐름도 아울러 함께 볼 수 있어 종합적인 이해에 큰 도움이 되며 더욱이 교회사에 대한 전문적인 지식을 탐구하는 데도 큰 도움이 되리라 생각합니다.

누군가는 "진정한 역사가는 당연한 것조차도 항상 새로운 관점으로 바라봐야 한다."라고 말했습니다. 오늘날 우리 그리스도인들이 경계해야 할 것 가운데 하나는 '종교적 무관심'이 아닐까 생각합니다. 주님의 말씀을 듣기 위해 교회에는 자주 나오지만, 미사나 예배가 끝나면 하느님과 전혀 관계없는 것처럼 사는 '실천적 무신론자'들이 많다고 합니다. 그 이유는 타성에 빠진 채, 새로운 마음과 눈으로 일상을 바라보려고 하는 노력들이 부족하기 때문일 것입니다. 비록 매일 반복되는 일상적인 삶과 사건들이라 할지라도 그 안에서 의미를 찾으려고 노력한다면, 그것은 더 이상 반복적인 일상이 아닌 하나의 새로움으로 다가올 것입니다.

교회사는 항상 새로운 눈으로 하느님과 세상과 우리의 삶을 바라보도록 우리를 초대하고 있습니다. 교회사에는 '나의 문제'뿐만 아니라 '우리 모두의 문제'가 담겨 있습니다. 또한 그 모든 문제에 대한 해답의 실마리도 담겨 있습니다. 또한 교회사에는 당신의 백성들이 인간적인 조건, 약함, 허물 등을 지니고 있을지라도, 항상 악惡에서도 선善으로 이끄시는 하느님의 사랑과 자비로운 섭리의 손길이 담겨 있습니다. 그런 의미에서 볼 때, 교회사는 특정인만이 아니라 모든 그리스도인이 마땅히 애써 공부해야 할 삶의 지혜를 탐구하는 공부라고 생각합니다. 이 책은 신자 여러분에게 교회 역사에 대한 지적인 안목뿐만 아니라 영성적인 깊이도 더해 줄 것입니다.

《세계 교회사 여행》을 번역·출간한 두 분의 노고에 다시 한 번 감사드리며, 많은 신자 분들이 이 책을 통해서 하느님과 당신의 백성이 함께하는 구원의 역사를 '나'뿐만 아니라 '우리 모두'가 써나가고 있다는 사실을 느낄 수 있는 기회가 되길 바랍니다.

천주교 광주대교구 교구장

김희중 대주교

| 옮긴이들의 말 |

교회사의 깊이와 즐거움을 동시에 느끼게 해 주는 특별한 책, 《세계 교회사 여행》

《세계 교회사 여행Pour lire L'Histoire de L'Église》 원서를 처음 접했을 때, 저희들의 마음속에는 기쁨과 감동의 물결이 넘쳤습니다. 교회사 책이 쉽고 재미있을 뿐만 아니라 역사적인 교훈과 흥미진진한 내용들이 많이 들어 있었기 때문입니다. "교회사 책이 이렇게 쉽고 재미있을 수 있단 말인가?" 하며 단숨에 책을 읽어내려 갔습니다. 교회의 복잡한 역사를 쉽게 설명하면서, 해당 사건과 관계된 원전이 본문 옆에 친절하게 곁들여 있었습니다. 이 책이 아니면 도저히 접할 수 없는 수많은 원전을 접하면서, 설레는 마음으로 미지의 세계로 떠나는 여행을 시작했습니다. 마치 고고학 여행을 떠나는 것 같았습니다. 멀고 낯설게만 느껴졌던 교회의 역사가 친근하게 다가와 손짓했습니다. 저희는 이 책을 번역해서 많은 사람들에게 소개하고 싶었습니다. 이 책이 주는 기쁨과 즐거움과 감동을 저희들만 간직하기엔 너무 소중하고 아까웠기 때문입니다.

역사가는 항상 '미래'라는 단어를 뼛속 깊이 느낀다고 합니다. 그래서 역사가는 지나간 역사적인 사건 앞에서 항상 '왜'라는 질문과 '어디로'라는 질문을 동시에 하면서, 자기 성찰을 통해 올바른 역사의식을 키워 갑니다. 넓은 의미에서 볼 때, 우리 모두는 역사가입니다. 왜냐하면 자기 자신의 삶의 역사를 써 나갈 뿐만 아니라 우리 개인의 역사가 함께 모여 가정의 역사, 공동체의 역사, 본당의 역사, 교회의 역사, 나라의 역사를 만들어 가기 때문입니다. 이 책을 읽으면서 접하게 되는 수많은 사건과 끊임없이 대화함으로써, 많은 사람들이 이 책을 통해서 역사적인 교훈과 역사가 주는 지혜와 혜안을 익히고 간직한다면 얼마나 좋을까요?

이 책에는 근대 이후의 교회사가 주로 프랑스와 교황청의 관계 안에서 기술되어 있습니다. 프란츤의 교회사가 독일의 관점에서 기술된 교회사라고 한다면, 이 책은 가톨릭교회에서 가장 중요한 역할을 해 와 '교회의 맏딸'이라 일컬어지는 프랑스의 관점에서 기술된 교회사입니다. 따라서 이 책에는 프란츤의 교회사가 담지 못했던 내용들이 많이 실려 있습니다. 특히, 근대 이후 프랑스 교회와 교황청의 관계에 대한 내용이 많이 실려 있기 때문에, 프랑스 교회와 교황청의 관계에 대한 내용을 읽어 내려가다 보면, 교황청의 훈령과 정책들을 쉽게 이해할 수 있을 것입니다.

 이 책이 지닌 또 다른 특징은, 이 책을 통해서 서양의 문화와 예술 등에 대한 안목을 넓힐 수 있다는 점입니다. 그리스도교의 역사에 대한 이해 없이는, 서양의 문화와 사상과 예술 등을 이해할 수 없습니다. 왜냐하면 서양의 문화와 예술들은 그리스도교를 모태로 하여 만들어졌기 때문입니다. 그것은 마치 그리스도교에 대한 이해 없이는 모차르트나 바흐, 헨델 같은 수많은 음악가들의 작품과 음악 세계를 이해할 수 없는 것과 마찬가지입니다. 이런 음악가들 역시 그리스도교 정신과 문화 안에서 자신들의 작품 세계를 만들었기 때문입니다. 그렇다고 모든 교회사 책이 우리에게 서양의 문화와 예술 등에 대한 안목을 넓혀 주는 것은 아닙니다. 이 책이 줄 수 있는 탁월한 장점 가운데 하나가 바로 그런 것입니다. 쉬우면서도 깊이 있는 내용을 많이 담고 있는 책은 흔치 않습니다. 스페인에서는 이 책이 200쇄 이상 인쇄되었다고 합니다.

 '백문이 불여일견'이라 하지 않았던가요? 직접 읽으시면서 느껴 보시기 바랍니다. 더 이상 무슨 말이 필요하겠습니까? 여러분 모두를 초대합니다. 《세계 교회사 여행》으로!

노성기 · 이종혁

| 일러두기 |

이 책에 나오는 인명·지명에 대한 표기는 다음과 같은 원칙에 따라 정한다.

1. 10세기 이전까지는 주로 《교부학 인명·지명 용례집》의 표기법을 따르고, 10세기 이후부터는 그 나라 발음 원칙에 따라 표기한다.

   1) 10세기 이전의 인물인 경우에는 '이냐티우스'로, 10세기 이후의 인물인 경우에는 '이냐시오'로 표기한다.

   2) 10세기 이전은 '카를'로, 10세기 이후에는 프랑스 사람인 경우 '샤를'로, 독일 사람인 경우 '카를'로 표기한다.

   3) 10세기 이후에 '요셉'이 독일 사람인 경우에는 '요제프'로, 프랑스 사람인 경우에는 '조셉'으로 표기한다.

   4) 알렉산더(대왕), 알렉산더(알렉산드리아의 주교), 알렉산드르 네브스키, 알렉산드르 1세(러시아의), 알렉산데르 3세(교황)

   5) 10세기 이후의 인물인 경우, 교회에서는 '베르나르도'라고 표기하지만 프랑스 사람인 경우에는 '베르나르'로 표기한다. 같은 원칙에 의해, '요한 웨슬리'는 '존 웨슬리'로 표기한다.

   6) 러시아에서 활동했던 네스토리우스 교회의 지도자였던 '사제 요한'은, 프랑스어로 프레트르 장(영어로 프레스터 존)으로 표기하지만, 이 책에서는 그냥 '사제 요한'으로 표기한다.

7) 현재 교회 내에서 보편적으로 사용되는 인명·지명이 위의 원칙과 다른 경우, 해당 명이 맨처음 나올 때, 《미디어 종사자를 위한 천주교 용어 자료집》의 표기법에 따라 (   ) 안에 병기한다.

ex) 스테파누스의 경우: 스테파누스Stephanus(스테파노)

2. 교황인 경우에는 10세기 이전까지는 《교부학 인명·지명 용례집》을, 10세기 이후부터는 한국 천주교회에서 사용하는 관례적인 원칙을 따른다.
   1) 'John Paul II'의 경우 '존 폴 2세'라고 하지 않고 '요한 바오로 2세'로 표기한다.

3. 한글맞춤법 통일안은 경음을 사용하지 못하게 하기 때문에 'th, t'를 모두 'ㅌ'으로 표기한다.
   1) '떼제 → 테제 / 아우구스띠누스 → 아우구스티누스로 표기한다.

4. 한국 교회는 'Catholic'을 '카톨릭'으로 표기하지 않고 예외적으로 '가톨릭'으로 표기한다. 이 같은 원칙 때문인지 'Catharina'를 '카타리나'로 표기하지 않고 '가타리나'로 표기하는데 여기서는 '카타리나'로 표기한다. 모든 'ca'를 '가'로 표기하지는 않기 때문이다. '카르타고', '카노사', '카푸친', '칼뱅', '카시아누스', '카이사르' 등에서 볼 수 있듯이, 나머지 대부분은 '카'로 표기하고 있어서 'Catharina'를 가타리나로 표기하는 것은 일관성이 없어 보인다. 같은 원칙에 의해, 'Teresa'(데레사)는 '테레사'로 표기한다.

5. 원서에는 '헬더 카마라'(이름 성)라고 표기되어 있으나, 원서 말미에 있는 인명·지명에는 '카마라 헬더'(성 이름)로 순서를 바꾸어 표기되어 있다. 하지만 한글판 인명·지명에는 본문에 나오는 대로 그냥 '헬더 카마라'로 표기했다.

6. 대부분의 각주는 역자 주이므로 '역자 주'라는 표기는 생략한다. 단, 필자 주나 편집자 주의 경우에만 해당 각주의 맨 뒤에 표기한다. 본문의 ( ) 안의 설명도 독자의 이해를 위해서 대부분 역자가 넣은 설명임을 밝힌다.

7. 총 21차례 '일치 공의회'만 '공의회'로 번역하고, 일치 공의회가 아닌 모든 공의회는 '시노드'로 번역했다. 그래야 독자들에게 혼란을 주지 않을 것 같아서다. 원서에 쓰인 대로 모든 것을 공의회로 번역한다면 공의회의 숫자가 총 21개가 넘기 때문에 독자들이 어떤 공의회가 일치 공의회인지 알아보기가 어렵기 때문이다.

8. 이 책의 필자는 레오 교황 이전까지의 교황에 대해서는 '교황'이라고 하지 않고 '로마의 주교'라고 표기하고, 레오 교황에 대해서는 '레오 주교' 혹은 '레오 교황'이라고 표기했다. 필자가 그렇게 표기한 것은 '교황'이라는 단어가 오늘날 우리가 의미하는 단어로 사용된 것은 레오 교황 때부터였다고 생각하기 때문이다. 하지만 역자는, 독자들의 혼란을 없애기 위해서 '로마의 주교'를 '교황'이라고 번역했음을 밝힌다. 그리고 필자가 '주교'라고 표기했지만, 총대주교인 경우에는 역자가 '총대주교'라고 번역했다.

| **차례** |

추천의 말씀 - 역사 공부는 행복한 미래로 나아가게 해 주는 나침반 • 4
추천의 말씀 - 역사 공부는 삶의 지혜를 공부할 수 있는 길 • 7
옮긴이들의 말 - 교회사의 깊이와 즐거움을 동시에 느끼게 해 주는 특별한
                  책, 《세계 교회사 여행》• 10
일러두기 • 13

제11장 르네상스와 종교 개혁 • 19
    Ⅰ. 르네상스 시대의 유럽 • 20
    Ⅱ. 종교 개혁가들 • 44
    Ⅲ. 여러 교파로 쪼개지는 유럽 • 81

제12장 가톨릭의 쇄신 • 93
    Ⅰ. 16세기 가톨릭의 개혁 • 94
    Ⅱ. 17세기 종교적 부흥 • 126
    Ⅲ. 가톨릭의 갈등과 위기 • 144

제13장 세계 복음화 • 173
    Ⅰ. 근대의 대규모 선교 개시 • 174
    Ⅱ. 대륙 선교 • 195
    Ⅲ. 유럽의 선교관과 위기에 봉착한 18세기 선교 • 237

제14장 교회를 뒤흔든 계몽주의와 프랑스 혁명 • 246

Ⅰ. 18세기의 변화 • 247

Ⅱ. 프로테스탄트와 동방 교회의 부흥 • 264

Ⅲ. 프랑스 혁명의 충격 • 282

제15장 그리스도교의 부흥과 자유주의 • 320

Ⅰ. 그리스도교의 부흥 • 321

Ⅱ. 하느님과 자유 • 346

Ⅲ. 제1차 바티칸 공의회 • 379

제16장 세속화와 교회의 대응 그리고 다원주의 • 392

Ⅰ. 유럽 한복판에 불어 닥친 소용돌이 • 393

Ⅱ. 프랑스 가톨릭과 제3공화정 • 400

Ⅲ. 제1차 세계 대전부터 1930년대까지 • 425

제17장 세계적인 그리스도교 • 459

Ⅰ. 19세기 선교 부흥의 원천 • 460

Ⅱ. 대륙 선교 • 480

Ⅲ. 제1차 세계 대전 후의 선교 • 514

제18장   근대주의의 무게: 산업 사회 · 근대 사상 · 교파 분열에 직면한 그리스도인 • 525

Ⅰ. 산업 사회의 그리스도인 • 526

Ⅱ. 가톨릭 전통과 근대 과학의 힘겨루기 • 546

Ⅲ. 조심스럽게 첫발을 내디딘 교회 일치 운동 • 572

제19장   제2차 세계 대전부터 제2차 바티칸 공의회 전까지 • 590

Ⅰ. 제2차 세계 대전의 소용돌이 속에 내던져진 그리스도인 • 591

Ⅱ. 전후 정치적 사건들이 종교에 미친 영향 • 614

Ⅲ. 사목적 · 신학적 역동성 • 630

제20장   제2차 바티칸 공의회의 교회 • 649

Ⅰ. 제2차 바티칸 공의회 • 650

Ⅱ. 다소 예기치 못한 공의회의 결과 • 674

Ⅲ. 환멸과 희망 • 689

Ⅳ. 요한 바오로 2세와 두 번째 천년기의 끝 • 708

연대표 • 727
참고 문헌 • 733
색인 • 748

제11장
르네상스와 종교 개혁
(15세기말~16세기)

▲ 아담의 창조, 미켈란젤로 작, 시스티나 경당의 천장화.

　15세기 말은 근대 국가들이 하나둘씩 그 모습을 나타내는 시기였다. 이 국가들은 교황권과 신성 로마 제국이라는 과거의 영향력으로부터 벗어날 수 있는 방도를 모색했고 이러한 노력이 결국 '르네상스'라고 하는 하나의 의미심장한 문예 부흥 운동을 낳게 했다. 인쇄술의 발명으로 인해 고대에 저술되었던 종교 작품들과 세속 작품들이 민중들에게 널리 보급될 수 있었다. 수많은 학자들이 원전과 성경 본문과 교부들의 작품을 다시 연구함으로써, 수 세기 동안 교회 안에 누적되어 왔던 군더더기들로부터 교회를 정화시키려고 했다. 교회의 낡은 많은 제도들은 이제 더 이상 그리스도인들의 기대를 충족시켜 주지 못했다. 교회를 내적으로 개혁해야 한다고 생각하는 사람들이 16세기 초에 점점 더 많아졌다. 그러나 불행하게도 보수파와 개혁파 양측 간의 몰이해와 폭력 사태로 인해, 이 같은 개혁은 서구 교회의 분열을 초래했다. 그 결과 16세기 말이 되자, 새로운 종교 지도가 그려졌고 이 시기에 만들어진 종교 판도가 오늘날까지 이어져 오고 있다.

I. 르네상스 시대의 유럽

1. 근대 국가의 탄생

프랑스 · 영국 · 스페인

유럽의 몇몇 국가들이 근대적인 의미의 국가 형태를 갖추게 되었다. 이들 국가에는 경제력과 군사력을 갖춘 강력한 군주들이 있었다. 1453년에 끝난 백년 전쟁[1]으로 인해 프랑스와 영국의 국경이 확정되었다. 프랑스 국왕들은 자신들의 모든 영토에 대한 영향력을 가진다고 선포했다. 1516년에 프랑스의 프랑스와 1세 왕은 볼

---

[1] 양모羊毛 공급처인 플랑드르와 포도주 산지인 기옌을 영국이 지배하고 있었기 때문에, 프랑스는 항상 이 두 지방을 탈환하려고 했다. 프랑스를 전쟁터로 하여 여러 차례 전쟁과 휴전을 되풀이하면서, 1337년부터 1453년까지 116년 동안 전쟁이 계속되었다. 이 전쟁에서 영국은 칼레를 제외한 프랑스 내의 모든 영토를 잃었고, 프랑스는 봉건 귀족 세력이 극도로 약화되었다. 하지만 프랑스 국왕의 권력은 크게 신장되었다.

로냐 정교 조약[2]에 의해, 프랑스의 모든 주교와 수도원장을 임명할 수 있는 권한을 레오 10세 교황으로부터 얻어 냈다. 이 권한은 프랑스와 1세에게 프랑스 교회를 통제할 수 있는 막강한 권한을 갖게 해 주었다. 교황은 단지 교회법적인 서임권만 갖게 되었다. 한편, 이 시기에 영국은 아직 조그마한 왕국에 불과했다. 하지만 영국 국왕들 가운데서 헨리 8세(1509~1547년)는 유럽의 정치와 종교에 막강한 영향력을 행사했다.

1469년에 있었던 카스티야의 이사벨라와 아라곤 왕국의 페르디난도의 결혼으로 인해 스페인의 통일이 가능하게 되었다. 이슬람이 스페인에 갖고 있던 마지막 보루였던 그라나다 왕국을 스페인이 다시 탈환하자(1492년), '서로 뺏고 뺏기는 쟁탈전[3]'이 대단원의 막을 내리면서 스페인은 마침내 통일을 맞이했다.

'가톨릭 군주들'은 항상 교회와 국가의 관심사를 똑같은 것으로 생각하고 행동했다. 그리하여 이 군주들은 1478년에 이단 심문을 재개했다. 이단 심문은 군주들을 이롭게 하는 데 도움이 되는 국가적인 제도가 되어 버렸다. 이단 재판소는 이단자와 이슬람교도와 애매하게 개종한 유다인들을 마구잡이로 색출하여 박해했다.

---

[2] 볼로냐 정교 조약은 프랑스 국내의 대주교 · 주교 · 수도원장 등 고위 성직자를 임명할 때, 프랑스 왕이 후보자를 지명하면 교황이 임명한다는 내용이다. 이로 인해 프랑스 교회에 대한 로마 교황의 지배권은 현저하게 약화되었다.

[3] 711~1492년까지 780년 동안 스페인의 그리스도인들이 이슬람교도들과 싸우면서 국토를 회복하기 위해 벌인 운동.

북유럽·동유럽

폴란드는 리투아니아부터 우크라이나에 이르는 광활한 영토를 가진 왕국이었지만 국경선이 불분명했고, 정치 제도는 취약했다. 하지만 폴란드는 동방 정교회 국가들을 상대해야 하는 서방 그리스도교 국가들의 최전방에 위치해 있었다.

모스크바 대공국의 이반 3세(1462~1504년)[4]와 '폭군'이었던 이반 4세(1530~1584년)[5]와 같은 러시아 황제들은 자신들이야말로 콘스탄티노플의 계승자라고 생각했다. 그리하여 모스크바는 콘스탄티노플에 이어 제3의 로마가 되었다. 그러나 모스크바의 군주들은 서유럽 교회와는 아무런 관계도 맺지 않았다.

1453년에 콘스탄티노플을 점령한 오스만 투르크족[6]이 동유럽의 심장부를 향해 계속해서 진격해 왔다. 이들은 발칸 반도에 인접한 정교회 국가들을 정복했고, 주기적으로 헝가리, 오스트리아 등 서방 그리스도교 국가들을 위협했다. 오스만 투르크족의 지배하에서도, 그리스 정교회들은 자신들의 교회 행정 구조를 잘 지켜 내고

---

[4] 이반 3세는 노브고로트를 병합하고, 그리스의 왕녀와 결혼하여 비잔티움 제국의 후계자로 자처했다.

[5] 이반 4세는 1565년 극단적인 공포 정치 체제를 시행하여 '뇌제雷帝'라는 별명을 얻었다. 공포 정치를 통해서 중앙 집권에 반대하는 귀족 세력을 타도하는 데에는 성공했지만, 그 피해가 고스란히 농민과 시민에게도 돌아갔다. 행정 혼란과 경제 쇠퇴로 인해, 많은 농민들이 새 농토를 찾아 이주하자, 이반 4세는 농민의 이동을 속수무책으로 그냥 바라볼 수밖에 없었다.

[6] 오스만 투르크 제국의 제7대 술탄 마호메트 2세는 1453년에 콘스탄티노플을 점령했다. 그는 불 같은 성격이었지만 합리적인 사고를 하는 결단력 있는 탁월한 술탄이었다. 학문과 예술을 존중하고 이질 문명에 대한 관용력이 뛰어났다.

있었다. 그 예로, 비록 오스만 투르크족의 지배를 받고 있었지만, 콘스탄티노플 총대주교와 주교들은 제국 내의 모든 그리스도인에 대한 민사권을 여전히 행사하고 있었다. 술탄은 총대주교와 주교들의 그런 권한을 침범하지 않았다. 하지만 이슬람 치하에서 그리스도인들은 집단 거주 지역 안에서만 살 수 있었고, 이슬람교도들에게 복음을 전하는 것은 금지되었다. 그리고 교회의 지도자를 선출할 때가 다가오면 온갖 부정부패가 난무했다. 왜냐하면 술탄이 총대주교를 임명했다가 해임하는 일이 비일비재했기 때문이다. 그러다 결국 콘스탄티노플의 총대주교는 러시아 교회를 이른바 '자립 교회(독립 교회)'로 승인했고 얼마 후인 1589년, 스스로 모스크바의 총대주교로 자신을 축성한 뒤 착좌했다. 콘스탄티노플 총대주교는 다른 한편으로는 오스만 투르크 제국 내에 있는 세르비아, 불가리아, 루마니아와 같은 다른 교회들을 '그리스 정교회'화 하려고 노력하면서 이들 교회를 엄격하게 통제했다.

게르만족의 신성 로마 제국

7명의 제후들에 의해 선출된 신성 로마 제국의 황제는 사실상 독립 국가나 다름없던 수많은 공국들에 대해 그다지 많은 영향력을 행사하지 못했다. 1438년부터는 오스트리아계 합스부르크 왕가에

제11장 르네상스와 종교 개혁 23

서 신성 로마 제국의 황제가 선출되었다.[7] 1519년에 새 황제인 카를 5세(1519~1556년)는 합스부르크가의 영토와 프랑스 부르고뉴 지방의 영지와 스페인 왕국을 상속받았다.[8] 만일 이들 지역에다 스페인이 정복한 신대륙을 포함시킨다면, 카를 5세가 어떤 식으로 세계 정복을 꿈꾸었는지를 능히 짐작할 수 있을 것이다. 그러나 그의 꿈은 인접한 프랑스 국왕과 교황의 반대에 부딪히고 만다.

교황권

서구 대이교와 공의회의 위기 이후로, 교황은 자신이 갖고 있던 특권을 상당 부분 상실했다. 이탈리아의 영주였던 교황들은 이탈리아의 내정에 점점 더 깊이 관여하게 되었다. 이탈리아가 프랑스와 신성 로마 제국의 합스부르크 왕가 사이에 벌어진 전쟁의 격전지가 되어 버렸기 때문이다. 교황들은 자신들의 가문과 조카들과 사생아들을 뒷바라지했다. 알렉산데르 6세 보르지아(1492~1503년) 교황 때에는, 교황청에서 벌어지는 호화로운 연회가 때로는 진탕 마시고 떠드는 난잡한 파티로 전락했다. 그는 교황 투표권을 돈을 주

---

[7] 1438년에 알브레히트 2세가 신성 로마 제국의 황제로 즉위한 이후 계속해서 합스부르크 왕가에서 제국을 통치했다.
[8] 막시밀리안 1세 황제의 아들인 펠리페 1세와 스페인의 페르난도 왕의 상속녀 후아나 사이에서 태어난 카를 5세는 친가로부터 네덜란드를, 외가로부터 스페인·나폴리 및 신대륙의 스페인 식민지를 상속받았다.

고 샀고,[9] 자신이 낳은 케사르와 루크레시아로 인해 좋지 않은 소문과 비난이 끊이질 않았다. 율리오 2세(1503~1513년) 교황은 투구와 갑옷으로 무장한 채 말을 타고 적의 도시들을 공격하려 나갔다.[10]

한편, 이 시대의 교황들 중에는 예술 분야의 후원자로서, 건축물과 회화 작품들을 제작하도록 독려함으로써 문예 부흥 운동, 즉 르네상스를 뒤에서 일궈낸 장본인들도 있었다.[11]

2. 문학·예술·과학의 부흥

16세기 중엽, 지식인들은 엄청난 문화적 부흥이 불과 몇 십 년 만에 일어났다는 사실을 깨달았다. 어떤 이는 이렇게 말했다. "우리는 불과 한 세기 만에 이룩한 과학의 눈부신 진보를 직접 목격했다. 이것은 우리 조상들이 1,400년 동안 이룩한 것보다 더 위대한

---

[9] 인노첸시오 8세(1484~1492년) 교황이 서거하자, 로드리고(알렉산데르 6세)는 갖고 있던 궁전, 성, 보석, 토지 등을 팔아 그 돈으로 교황 자리를 사려고 했으나, 마지막 한 표가 모자랐다. 그는 그 한 표를 돈으로 사려고 했는데, 그 표의 주인공은 베니스의 한 수사였다. 그 수사는 5,000크라운과 로드리고의 12살된 딸 루크레시아와 하룻밤을 자게 해 달라는 조건을 제시했다. 로드리고는 그 조건을 받아들여 22명의 추기경들의 지지를 받고 교황이 되었다.

[10] 율리오 2세 교황은 베네치아로부터 영토를 빼앗기 위하여 1508년에 프랑스·독일과 캉브레 동맹을 맺었다. 그러나 프랑스 루이 12세의 세력이 커지자, 교황은 베네치아·스페인 등과 신성 동맹을 맺었다.

[11] 율리오 2세 교황은 정치 외에 학문과 예술의 진흥, 보호에도 힘써 로마를 르네상스 문화의 중심지로 만들었다. 특히 미켈란젤로, 라파엘로를 후원하고, 성 베드로 대성전을 재건했다.

▲ 율리오 2세 교황, 바티칸 소장.

것이다."

근본적으로 르네상스는 중세와의 철저한 단절은 아니었다. 하지만 르네상스는 모든 분야, 즉 문학·예술·과학에서 온갖 종류의 고대를 다시 발견했다. 고전 라틴어에 훨씬 더 친숙해 있던 이탈리아 지식인들은 수도원에서 빛을 보지 못한 채 오랫동안 잠들어 있던 고전 문학 작품들에 대해 열정적으로 관심을 가졌다. 동로마 제국이 멸망하자, 베사리온Bessarion[12]과 같은 동로마 제국의 학자들은 수많은 고전 그리스어 필사본을 갖고 콘스탄티노플을 탈출하여 서방으로 피신해 왔다. 15세기 중엽에 구텐베르크가 인쇄술을 발명하자, 사상의 전달에 있어서 일대 혁명이 일어났다. 과거에는 일부 특권층의 전유물이었던 고대 저술가와 교부들의 작품들, 성경, 영적 도서 등이 널리 보급되었다. 사람들이 가장 먼저 인쇄하고 싶어 했던 책은 주로 종교 서적이었다. 그 외에도 알고 싶은 열망과 행동하고 싶은 열망이 도처에서 표출되었다. 그 예로, 인문주의자들의 백과사전적인 지식과 '이탈리아 용병들

---

[12] 베사리온은 트레비존드 출생으로 1431년에 사제가 된 후, 콘스탄티노플 바실리우스회 수도원장을 거쳐, 니케아 대주교가 되었다. 1438~1439년까지는 요한 8세 황제를 따라 페라라·피렌체 공의회에 참석, 로마 가톨릭과 그리스 정교회의 일치를 위해 노력했다. 콘스탄티노플로 돌아온 뒤 추기경이 되었고, 이탈리아로 건너가 그곳에서 인문주의의 중심인물이 되었다. 이때 수집한 신학 및 고전 서적을 말년에 베네치아의 산마르코 도서관에 기증했다. 그는 동·서방 교회의 일치 문제를 다룬 신학 작품들과 라틴어 고전 번역본들을 남겼다.

condottieri'[13]과 '스페인 정복자들conquistadores'[14]의 무용담이 주체할 수 없을 정도로 봇물처럼 터져 나왔다.

인문주의와 그리스도교 신앙

르네상스를 주도한 인물들인 인문주의자들은 자신들의 인생을 이끌어 주고 동료들을 인도해 줄 수 있는 훌륭한 자료들을 확실한 원전인 고전에서 뽑아냈다. 《군주론》[15]을 저술한 마키아벨리(1469~1527년)[16]처럼 비록 일부 인문주의자들이 이교적인 영감을 지니긴 했지만, 대부분의 인문주의자들은 교회의 발전과 신자들의 영적 선익을 위해 저술 활동을 했다. 토마스 모어Thomas More(1478~1535년)는 그리스도교 신앙을 가진 인문주의자들 가운데 사람들을 가장 매료시킨 인물 중 한 사람이었다. '수도원 바깥에 있던' 그리스도인이자 훌륭한 가장家長이며 영국의 대법관이었

---

[13] 르네상스 시대에 이탈리아는 도시 국가들이 난립하여 극심한 항쟁을 겪고 있었기 때문에, 이탈리아 도시 국가의 군주들은 많은 용병을 고용하여 전쟁을 했다. 무용과 재치, 통솔력을 바탕으로 정치를 좌지우지한 용병들은 르네상스 시대에 하나의 전형적인 인간상으로 간주되었다. 15세기에 밀라노 공국의 밀라노 공위를 찬탈한 F. 스포르차가와 베네치아의 가타멜라타와 코레오니, 메디치가 등이 유명하다.

[14] 신대륙 발견 시기, 중남미 대륙에 침입한 스페인 모험가들과 정복자들. 이들은 소수의 병력을 사용하여 잉카와 아즈텍 문명을 파괴하고 원주민을 대량 학살하고 노예화했다.

[15] 1513년에 원고가 완성된 《군주론》은 많은 사람들 사이에서 필사본 형태로 읽혀지다가, 마키아벨리 사후 1532년 비로소 출간되었다. 그러나 그 내용에 대한 비난이 거세지자 1559년에 바오로 4세 교황은 교황청의 금서 목록으로 지정했다.

[16] 마키아벨리는 《군주론》에서 정치 행위가 종교적 규율이나 전통적인 윤리 가치로부터 자유로워야 한다고 주장함으로써 근대 현실주의 정치 사상을 최초로 주장한 인물로 평가받고 있다.

던 그는 감각이 뛰어난 인물이었다. 1516년에 집필한 《유토피아 *Utopia*》(이 제목은 그가 만들어 낸 신조어로, '존재하지 않는 곳'이라는 의미임)는 동시대의 정치적·종교적 사회를 재미있게 비판한 책으로 부담없이 읽을 수 있는 책이었다. 그러나 토마스 모어는 자신의 확고한 신념과 로마 가톨릭교회에 대한 올곧은 믿음 때문에 순교했다.

로테르담의 에라스무스

'인문주의자들의 왕자'라고 불리는 에라스무스(1469~1536년)는 복잡하고 아주 미묘한 모습을 보여 주는 인물이다.[17] 사제의 사생아였던 그는 수도 사제가 되어 고전 문학에 아주 심취했다. 그는 유럽 전역을 돌아다니면서 인문주의자들을 만났고 고전 필사본들을 접하기 위해서 자신이 몸담았던 수도원마저 떠났다. 그는 프랑스, 영국, 이탈리아, 독일에서 살다가 스위스 바벨에서 숨을 거두었다.

에라스무스는 토마스 모어와 같은 인문주의자들과 제후들 그리고 주교들과 각계각층의 사람들과 엄청나게 많은 분량의 편지를 주고받았다. 그의 가장 유명한 작품 《우신예찬愚神禮讚》[18]에서, 그는

---

17 에라스무스는 9살 때부터 수도원에서 양육되어, 20살 때 수도 서원을 했다. 1493년부터 캄브레의 베르고프 요한 주교의 비서가 되고, 그의 도움으로 1495년부터 파리 대학에서 신학을 연구했다. 주로 고전 라틴 문학 연구에 몰두하고, 생계비를 벌기 위해 영국 귀족의 아들에게 라틴어를 가르쳤으며, 1499년에는 귀족의 아들과 함께 영국으로 건너가 토마스 모어 같은 인문주의자들을 만났다.

18 《우신예찬》은 '어리석음의 여신'이 세상에는 어리석은 짓이 얼마나 많은가를 열거하며 자랑을 늘어놓는 형식을 취하여, 철학자와 신학자의 공허한 논의, 성직자의 위선 등을 날카롭게 풍자했다.

세상의 어리석음을 풍자했다.[1] 이런 식으로 그는 사회의 모든 계층을 신랄하게 풍자하고 교만에 빠진 종교계를 혹평했다. 그는 또한 똑같은 풍자의 관점에서 《대화집Colloquia》을 집필했는데, 이 책은 우스꽝스러운 등장인물들이 나누는 대화로 구성되어 있다.

에라스무스의 업적 가운데서 가장 주목할 만한 업적은 편집자로서 그가 남긴 작업이었다. 그는 수많은 고대 저술가들, 특히 교부들의 저서를 유럽의 여러 나라 인쇄소에서 출판했다. 그가 만들어낸 가장 유명한 교정판校訂版은 1516년에 그리스어로 출간된 신약성경 교정본이었다. 또한 그는 그리스도교 교육, 결혼, 전쟁과 평화, 루터파의 위기 등 다양한 주제들에 대한 논문을 집필했다.

에라스무스가 자신의 작품을 통해서 주장하고 싶었던 것은 '종교를 정화하고 문화를 새롭게 하여 인간을 다시 태어나게 하는 것'이었다. 그는 먼저 원천으로 돌아가 신학을 다시 정립하고자 했다. 성경을 올바르게 해석할 수 있도록 성경 원문과 교부들의 문헌을 다시 연구했다.[2,3] '그리스도를 찾는 것만이 신학의 유일한 목표이고, 인간의 회개에 아무런 도움도 주지 못하는 무의미한 논쟁은 그저 떠들썩한 소란에 불과하다. 또한 복음은 누구나 쉽게 알아들을 수 있어야 하며 모든 언어로 번역되어야 한다. 그래야만 신자들이 산상 설교의 가르침에 따라 생활함으로써 삶의 지혜를 발견할 수 있을 것이다. 원천으로 되돌아가기 위해선, 종교는 많은 무절제한 부분들을 내적으로 정화할 필요가 있을 뿐만 아니라, 고대 작품들에 담긴 유익한 모든 것을 받아들일 준비가 되어 있어야 한다. 결국 종교란 하나의 참되고 완전한 우정인 것이다.'

1) 르네상스 시대의 교황들

《우신예찬》(1511년)이라는 작품에서 에라스무스는 우신愚神과의 대화를 통해, 동시대의 사람들, 특히 교회 사람들의 크고 작은 잘못들에 대해 익살스럽게 비꼬는 방법으로 묘사했다.

만일 그리스도를 대신하고 있는 교황들이 그분의 가난과 노동, 지혜, 십자가 그리고 현세에 대한 초연함을 닮으려고 애쓴다면, 또 만일 그들이 '아버지'를 의미하는 '교황'이라는 칭호와 사람들이 자신들에게 주어진 '지극히 거룩하신'이라는 칭호에 대해 묵상해 본다면, 그들은 이 세상에서 가장 불행한 사람은 되지 않을 텐데? 온갖 수단을 다해서 교황직을 산 사람이 아니라면, 칼과 독약과 폭력을 동원해서 그것을 지키려고 하지는 않을 텐데? 만일 어느 날 지혜가 그들 안에 깃든다면, 그들은 그 모든 특권을 다 버릴 텐데? 아니 지혜는 고사하고 그리스도께서 말씀하신 소금 한 톨이라도 그들 안에 깃든다면 좋으련만. 그 많은 재물과 영예, 전리품, 공직, 면제, 세금, 대사大赦, 그 많은 말馬과 당나귀, 호위병 그리고 또 그 많은 쾌락들이 도대체 다 무슨 소용이 있단 말인가! …… 이런 잡동사니 대신에 철야 기도와 단식, 눈물, 기도, 설교, 연구, 참회, 수많은 귀찮고 불편한 일들을 해야 할 것이다. 그리고 이런 것도 잊지 말자. 그 많은 서기와 필경사, 공증인, 변호사, 교구 검사, 비서관, 노새 몰이꾼, 마부, 주방장, 중개인 등은 어떻게 되겠는가? 좀 더 강한 말을 할 수도 있겠지만, 귀에 거슬리는 말은 하지는 않겠다. …… 엄청나게 많은 사람들은 기아飢餓 상태에 빠질 것이다. ……

에라스무스, 《우신 예찬》, 59장.

2) 에라스무스의 종교

에라스무스는 자신의 모든 정열을 성경을 더 잘 아는 데에 쏟아 부었다. 그는 히브리어, 그리스어 그리고 라틴어로 된 원문을 다시 찾는 일뿐만 아니라, 모든 언어로 성경을 번역하는 일이 반드시 필요하다고 생각했다. 성경 속에는 모든 사람이 받아들일 수 있는 삶의 참된 지혜와 그리스도의 철학이 담겨 있다.

어떤 청중들이 그리스도의 말씀을 들었을까? 소경, 절름발이, 거지, 세리, 백인대장, 일꾼, 여자와 어린이로 뒤섞인 군중들이 아니었을까? 그리스도를 이해하려고 사람들이 성경을 읽는다고 해서, 그분이 불쾌하게 생각하실까? 사실, 노동자들이 성경 말씀을 읽을 것이고, 예술가도 역시 읽을 것이다. 도둑, 매춘부, 뚜쟁이도 그분의 말씀을 읽을 것이고 심지어 투르크인들도 읽을 것이다. 만일 그리스도께서 사람들이 당신의 말씀에 귀 기울이는 것을 막지 않으신다면, 나도 사람들이 그분의 책을 읽는 것을 막지 않겠다. ……

그리스도는 당신의 철학이 가능한 한 널리 유포되기를 바라신다. 그분은 모든 이를 위해 죽으셨고, 그분께서는 모든 이가 당신을 알게 되기를 원하신다. 만일 그분의 책인 성경이 모든 나라 말로 번역되거나, 제후들 덕분에 하느님의 가르침이 기록된 세 가지 언어(히브리어, 그리스어, 라틴어)를 사람들이 배우게 된다면, 앞서 말한 그리스도께서 바라시는 것이 이루어질 것이다. ……

마지막으로, 모든 사람이 알아들을 수 있는 자기 나

▲ 인쇄소 작업장.

라 말, 즉 프랑스 사람은 프랑스어, 영국 사람은 영어, 독일 사람은 독일어, 인도 사람은 인도어로 복음을 읽는 것이, 도대체 왜 불경스럽단 말인가? 내가 보기에는, 자신이 하는 말이 무슨 뜻인지도 모르면서, 못 배운 사람들과 여자들이 마치 앵무새처럼 라틴어로 시편과 주일 기도문을 노래하는 것이 오히려 더 꼴사납고 우스꽝스럽게 보인다!

▲ 에라스무스, 소小 홀베인 작.

에라스무스, 《마태오 복음 주해서의 독자에게 일러두기》, 1522년.

3) "성경으로 되돌아가는 것이야말로 신앙을 정화시켜 줄 뿐만 아니라, 공허한 신학적인 탁상공론을 거부하는 실천적인 그리스도교로 탈바꿈하게 만들어 줄 것이다." 1523년 1월에 에라스무스는 친구 장 카롱들레Jean Carondelet에게 보낸 편지에서, 성경과 교의와 신학의 관계에 대해 자신의 견해를 밝힌다.

고대 교회의 저술가들은 하느님에 관하여 아주 간단하지

만 분명하게 철학적으로 설명했다. 그들은 자신들보다 더 앞선 시대의 거룩한 교부들이 쓴 작품에 명시되지 않는 것에 대해서는 그 어떤 것도 확증 짓지 않았다. …… 노인들을 용서해 주자. 그들은 마지못해서 (하느님에 관하여) 정의를 내렸다. 하지만 수많은 기기묘묘한 질문을 해대고 전혀 구원에 도움이 되지 않는 쓸데없는 수많은 것들을 붙들고서 정의를 내린답시고 어리석은 짓을 해댄 우리는 결코 용서받지 못할 것이다. ……

성부와 성자의 차이를 설명 못한다고 해서, 또 성령과 다른 두 위격의 차이를 설명 못한다고 해서 삼위일체와 일치를 이루는 것이 불가능하단 말인가? 중요한 것은 즉, 우리가 온 정성을 다해 해야 할 일은 질투, 증오, 교만, 탐욕, 욕정과 같은 정욕에 빠진 우리 영혼을 정화시키는 일이다. 마음이 깨끗하지 않으면, 나는 결코 하느님을 뵙지 못할 것이다. 만일 내가 형제를 용서하지 않으면, 하느님께서도 나를 용서하지 않으실 것이다. ……

성령의 본질이 하나인지 둘인지 모른다고 해도, 지옥 불에 떨어지지 않는다. 그러나 사랑, 기쁨, 인내, 친절, 온유, 진실, 겸손, 절제와 같은 성령의 열매를 맺지 못하면, 지옥 벌을 면치 못할 것이다. …… 우리가 믿는 종교의 본질은 평화와 일치다. 교의적인 부분에 대해서는 가능한 한 아주 적게 정의를 내리고 나머지 문제에 대해서는 각자의 판단에 맡길 때, 평화와 일치는 쉽게 이루어진다. ……

성경에 명시되지 않은 것에 대해서는 그 어떤 정의도 내리지 않는 것이 참으로 신학을 연구하는 학문적인 자세다. 그리고 성경에 제시된 것에 대해서는 신실한 믿음 안에서 단순하게 전달하면 된다. 그러나 요즘 사람들은 보편(일치) 공의회를 개최해서 많은 문제들을 결정하려고 한다. 하지만 오히려 우리는 하느님과 얼굴을 맞대고 뵐 때까지는 이런 문제들에 대한 결정을 미루는 것이 더 낫다고 생각한다.

옛날에는 신경보다는 신앙이 오히려 삶과 더 많이 관련이 있었다. …… 그러나 시간이 지나면서, 필요성 때문에 교의가 덧붙여졌다. 그러나 그런 것들은 그리 많지 않았고, 그 내용은 사도들이 말했던 것처럼 아주 간단했다. 그 다음에 이단자들 때문에 성경을 더 엄격하게 심사했다. …… 그 결과 신경은 신자들의 마음이 아닌 학자들의 작품 속에서 더 많이 발견되기 시작했다. …… 신경이 점점 늘어났지만, 진실성은 점점 줄어들었다. 처음에는 그리스도론에 대해 설전舌戰을 벌인다는 것 자체가 있을 수 없는 일이었지만, 나중에는 철학자들한테 도움을 요청했다. 그것은 결국 교회가 사양길로 접어들게 된 시초가 되었다.

교회 재산이 늘어나자, 결국 폭력으로 이어졌다. 황제가

> 교회의 일을 간섭하자, 신앙의 진실성이 손상되었다. 종교는 단지 궤변론자들의 논쟁거리가 되었다. 그 결과 수많은 신조들이 넘쳐났다. 이때부터 공포와 위협이 난무했다. 강요와 공포심 때문에, 사람들은 믿지 않는 것을 믿어야 하고, 사랑하지 않는 것을 사랑해야 하고, 이해할 수 없는 것을 이해해야만 했다. 억지로 강요한다고 해서 사람들이 그것을 진실이라고 믿지는 않는다. 그래서 그리스도는 단지 우리 영혼의 자발적인 선물만 받으신다.
>
> 에라스무스가 팔레르모의 장 카롱들레 대주교에게 보낸 편지(1523년 1월 5일), 피노J.-B. Pineau, 《에라스무스와 그의 종교 사상Erasme, sa pensée religieuse》 (1924년)에서 인용.

에라스무스는 복음에 기초한 정치 체제를 확립하고 싶어 했다. 그리스도교 신자 군주들은 이런 방향으로 훈련을 받아야 한다고 생각했다. 에라스무스는 자신이 평화를 옹호하는 불굴의 투사임을 몸소 보여 주었다.[4] '그리스도인들이 서로 싸운다는 것이 수치스러운 일이다. 사람들이 전쟁을 일으킬 수도 있지만, 당연히 그 전쟁을 멈추게 할 수도 있어야 한다. 그리스도인들의 연대連帶를 위해서는 당연히 중재가 필요하다.' 에라스무스는 교회의 평화적인 개혁을 바라던 모든 사람에게 커다란 영향을 미쳤다. 그러나 곧

이어, 에라스무스가 말하는 평화를 지지하는 사람들보다 폭력을 지지하는 사람들이 더 많아졌다. 게다가 에라스무스는 매사를 너무 복잡하게 생각하는 사람이었기 때문에 지도자가 될 수 없었다.

4) 평화의 투사

에라스무스는 교황이 전사가 되어야 한다는 사실에 대해 몹시 분개하면서, 그리스도인들에게 평화를 건설하라고 열정적으로 호소한다.[19]

투구와 주교관(모자)이 무슨 공통점이 있는가? 주교 지팡이와 칼이 무슨 연관성이 있는가? 거룩한 복음서와 방패가 무슨 연관성이 있는가? 사도좌에 있는 주교가 도대체 어떻게 감히 백성들에게 전쟁을 가르친단 말인가?

《천국에서 제명된 율리오》, 1514년(율리오 2세 교황과 관련됨).

특정인들한테만 인정받는 진리는 결코 바다를 건너지 못

---

[19] 에라스무스와 북유럽 인문주의자들이 대학 도시인 볼로냐를 방문했을 때, 그들은 때마침 율리오 2세 교황이 군복 차림으로 정복군의 선두에 서서 볼로냐에 의기양양하게 입성하는 광경을 지켜보았다(1506년).

> 한다. 그런 진리는 알프스 산맥을 넘지 못하고, 라인 강도 건너지 못한다. …… 용병들의 깃발에 십자 표시가 있다. 돈에 매수되어 살인과 약탈을 자행하는 사악한 용병들이 십자가를 앞세우고 나아간다. 그리하여 전쟁을 그만두게 할 수 있는 유일한 상징인 십자가가 이제는 전쟁의 상징이 되어 버렸다. …… 전쟁터 각 진영에서는 승리를 기원하는 미사가 봉헌된다. 이보다 더 흉측스러운 일이 어디 있는가? (평화가 호소한다.) 제후들과 …… 사제들과 …… 주교들에게 …… 호소한다. 그리스도인이라는 이름을 자랑스러워하는 여러분 모두가 하나되어 온 힘을 다해 전쟁을 반대하기를 부탁한다. ……
>
> 에라스무스, 《모든 곳에서, 모든 민족들에 의해 폄하되고 추방되어 버린 평화에 대한 한탄》, 1517년.

3. 그리스도인의 기대에 부응하지 못하는 교회

일부 인문주의자들이 낙관적인 장밋빛 견해를 가졌다고 해서, 15세기 말에 유럽에 팽배했던 깊은 시름과 불안감이 완전히 해소된 것은 아니었다. 요한 묵시록에 대한 연구가 유행처럼 퍼져 나갔고 사람들은 세상 종말이 임박했다고 계속해서 이야기했으며 구원에 대한 불안감이 그리스도인들을 괴롭혔다. 사람들은 구원 문제에 대해 당신 뜻대로 선택하시는 하느님과 일상생활 곳곳에서 인간을 늘 유혹하는 사탄 사이에 갇혀 어쩔 줄 몰라 했다. 그리고 르네상스가 시작되면서 마녀 사냥이 다시 등장했다. 모든 면에서 불쌍한 교황이었던 인노첸시오 8세[20]는 자신의 교서 〈숨무스 데시데란테스Summus desiderantes〉(1484년)를 통해, 마녀 사냥을 공식적으로 허락했다. 교황은 악마들의 주문을 '몽마夢魔'[21]와 '음몽마녀淫夢魔女'[22]라고 규정하고, 그들을 탄압해야 한다고 부르짖었다.

그는 두 명의 도미니코 수도회 수사들[23]에게 마녀 재판을 위임했다. 이들은 1487년에 《마녀들의 쇠망치Malleus maleficarum》라는 마녀 연구에 대한 소책자를 발간하고, 무고한 여성들로부터 마녀라는 자백을 받아내기 위한 절차를 진행시켰다. 마법사와 마녀들에 대한 박해는 17세기 중엽까지 계속되었다. 15세기부터 17세기까지 화형장의 이슬로 사라진 숫자만도 남녀 모두 합해 10만 명 정도였다.

---

20 1484년 8월 29일에 교황으로 선출된 인노첸시오 8세는 지울리아노 추기경의 영향력을 벗어나지 못했다. 교황은 당시 유행하던 마술을 인정하지 않고 독일에 종교 재판관을 보내 마녀 재판을 감행했다. 또한 이슬람에 대항하여 십자군을 일으키려 했으나 호응을 얻지 못했다. 그는 이탈리아 여러 도시와 전쟁을 치르면서 교황청의 재정이 어려워지자, 성직을 새로 만들어 팔기까지 했다. 그래서 인노첸시오 8세는 비열하고 비도덕적인 인물로 평가받는다.
21 잠자는 여자를 범한다는 귀신.
22 잠자는 남자와 성교한다는 악령.
23 제이콥 슈프렝거Jacob Sprenger와 하인리히 크래머Heinrich Kramer

착한 목자를 찾아서

구원에 대한 불안감을 해소시켜 줄 수 있는 것이 과연 무엇일까? 사람들은 그 해답을 동정 성모 마리아에 대한 신심과 성지 순례와 대사에서 찾았다. 묵주 기도가 발전했던 시기도 바로 이때였다. 또한 개인 신심의 심화와 성경 읽기 그리고 반복적인 고해성사를 통해서도 그 해결책을 찾았다. 그러나 제도 교회 안에서는 아무런 확신도 찾아볼 수 없었다. 많은 사제들은 신자들의 기대에 부응하지 못했다. 이것은 사제들의 잘못된 행동 때문이라기보다는 오히려 사제들의 무지 때문이었다. 그리고 오로지 자신들의 교구에서 거두어들이는 수입에만 관심을 갖고 있던 많은 주교들은 자신들이 거주하지도 않는 곳의 주교좌까지 겸임했다. 하지만 사람들은 이런 폐단들을 바로잡기 위해 교황청에 의지할 수도 없었다. 교황들은 성 베드로 대성전과 연회장을 포함한 교황청 건물을 증축하기 위한 기금 마련에 관심을 갖고 있었다. 재정 확보를 위해, 교황들은 주교들에게 자신의 주교좌가 아닌 다른 곳에서 거주할 수 있도록 임지 주재 의무를 면제시켜 주었고, 주교좌 겸직을 허용해 주었다. 또한 대사부*大赦符*[24]를 돈을 받고 팔기도 했다.

---

24 고해성사를 통해 죄를 용서받았어도 죄에 따른 벌, 곧 잠벌은 여전히 남는다. 교회가 정한 일정한 조건을 충족하는 사람에게 이런 잠벌*暫罰*을 면해 주는 것을 '대사'라고 한다. 대사는 죄 자체를 사면하는 효력은 없다. 따라서 일반적으로 널리 사용하는 '면죄부'라는 용어는 잘못된 번역이다. - 편집자 주

비판과 쇄신의 목소리

오늘날 우리는 교회의 폐단을 풍자적으로 비난하는 에라스무스와 교회의 폐단을 맹렬하게 꼬집는 사보나롤라Savonarola(1452~1498년)의 태도에 놀라지 않을 수 없다. 이탈리아의 도미니코회 수도자 사보나롤라는 피렌체에서 여러 해 동안(1494~1498년) 윤리적인 전권을 행사했다.[25] 그는 알렉산데르 6세 교황의 악폐에 대해 강한 비난을 퍼부으면서 하느님의 심판이 교황에게 내릴 것이라고 부르짖고, 피렌체 사람들에게는 수도원 삶과 같은 엄격한 고행을 강요했다.[5)]

주기적으로 그리스도인들과 제후들은 개혁 공의회를 개최하라고 요청했다. 1512년에 율리오 2세 교황은 제5차 라테란 공의회를 개최했다. 이 공의회를 통해 교회가 그동안 자행했던 악습을 깊이 뉘우치고 개혁 작업을 면밀히 검토했지만, 아무런 실효성을 거두지 못한 채 공의회는 1517년 3월 16일에 폐막되었다. 같은 해 10월 31일, 루터는 비텐베르크 성문에 대사부 판매를 반대하는 95개조 논제를 내걸었다.[26]

---

[25] 피렌체를 지배하던 메디치가가 전쟁에서 지고 쫓겨나자, 피렌체에는 사보나롤라 외에는 다른 군주가 없었다. 그는 일찍이 경험해 보지 못한 민주 정부를 도입했다. 이로 인해 정치에 간섭했다는 부당한 비판을 받았지만, 그는 야심도 없었으며 음모가도 아니었다. 그는 이탈리아의 심장부인 피렌체에 이탈리아와 교회의 개혁을 선도할 잘 조직된 그리스도교 공화국, 즉 신국神國을 건설하기를 원했다. 이것이 그의 모든 활동의 목적이었다. 그는 놀라운 성과를 달성했다. 찬란하지만 부패한 르네상스의 수도(피렌체)가 변하여, 당대 사람들에게 마치 낙원을 미리 보여 주는 듯한 인상을 주었다.

[26] 루터가 거주하는 비텐베르크에서는 대사 설교가 허용되지 않았다. 그러나 신자들이 이웃 도시로 가서 대사 설교가 요한 테첼 수사의 설교를 듣고 대사부를 사온다는 것을 고해성사를 통해서 알게 된 후, 대사 남용을 항의하기 위해 95개조의 신학 논제를 작성했다.

5) 쇄신되어야 할 교회

열정적인 설교로 유명한 사보나롤라는 피렌체 사람들의 윤리 의식을 개혁하려고 노력했고, 교황권의 남용에 대해 맹렬하게 비난했다(알렉산데르 6세 교황의 재임 때). 처음에는 피렌체 사람들이 그에게 동조했지만, 정치적 환경과 종교적 대립 구도 때문에 사람들은 그에게서 등을 돌렸다. 결국 사보나롤라는 1498년 5월 23일에 화형대 위에서 화형을 당했다.[27]

죄 많은 교회를 반대하는 사보나롤라의 저주

파렴치한 교회여, 이리 와서 주님께서 너에게 말씀하시는 것을 들어보아라. 나는 네게 이처럼 좋은 의복을 주었건만, 너는 그것을 우상으로 만들어 버렸구나. 값진 성합과 성작으로, 너는 더욱더 교만해졌다. 너는 성직 매매로 성사를 모독했다. 사치로 인해 너는 볼품없이 일그러진 창녀가 되어 버렸다. 너는 짐승만도 못하다. 너는 혐오스러운 괴물이 되었다. 전에는, 너는 네 죄를 부끄러워했다. 하지만 이

---

27 많은 사람이 사보나롤라의 교회 개혁에 동조했다. 그러나 1497년 카니발 때, 사보나롤라가 시민들의 사치품과 이교도적인 미술품과 서적을 불태우는('허영의 소각') 등 과격한 조치를 취하자, 시민들이 크게 반감을 가졌다. 프랑스 군이 철수하자 사보나롤라의 반대자들이 세력을 점점 키워 갔다. 거기에다 알렉산데르 6세 교황과의 불화와 프란치스코회와의 대립 등으로 지지 기반을 잃은 사보나롤라는 다른 2명의 도미니코회 수도자와 함께 화형을 당했다.

제 죄를 짓고도 부끄러워하지 않는다. 전에는, 사제들이 사생아를 낳아 조카라고 속였지만, 이제는 조카라고 부르기는커녕 오히려 떳떳하게 아들이라고 부른다. 너는 난봉꾼의 집을 지어, 너 자신을 머리끝부터 발끝까지 온통 파렴치한 집으로 변화시켜 버렸다. 아무에게나 덥석 안기는 이 여자는 과연 무엇을 할까? 솔로몬의 왕좌에 앉아서, 지나가는 모든 사람을 유혹하는 손짓을 하는구나. 돈 있는 사람은 누구나 맞아들이고, 그가 시키는 대로 모든 짓을 다 하는구나. 그러나 선을 갈망하는 사람을 너는 가차 없이 내동댕이쳐 버리는구나. 창녀가 된 교회도 이와 마찬가지다. 너의 부끄러운 짓이 만천하에 드러났고, 독을 맞은 너의 거친 숨소리가 하늘에까지 다다랐다. 네 음란한 행실이 사방 천지에 드러났다.

플리쉬Fliche & 마르탱Martin, 《교회사Histoire de l'Église》, 제15집, 134쪽에서 인용.

▲ 사보나롤라, 바르톨로메오 수사 작, 산 마르코 성당, 피렌체.

Ⅱ. 종교 개혁가들

서방 교회에서 '개혁'이라는 용어는 '갈라짐'이라는 단어와 동의어가 되어 왔다. 깨어지고 갈라지는 것은 항상 불행한 사건이었으므로, 사람들은 분열의 원인이 무엇인지, 누구에게 분열의 책임이 있는지 찾아내려고 한다. 교회 안에 너무나 많은 악폐들이 존재했는데도 변화의 가능성이 전혀 없자 일부 사람들이 실망하여 교회를 등지고 떠나 버림으로써 교회가 분열되었다고 전에는 설명했다. 그러나 오늘날 대부분의 사람들은 깊은 영적인 원인 때문에 종교 개혁이 일어났다고 말한다. 즉 중세 후반에 발생한 신심 운동과 복음서에 드러난 예수를 만나고자 하는 열성적인 탐구 의식 때문에, 종교 개혁이 발생했다는 것이다. 종교 개혁 이후 오랜 시간 동안, 사람들은 종교 개혁가들, 특히 루터에 대해 흥분을 가라앉히고 차분하게 말하는 것이 쉽지 않았다. 프로테스탄트의 시각에서 볼 때, 루터는 '겸손한 학자'로서 '하느님의 섭리에 의해 로마에 있는 그리스도의 적과 싸우도록 뽑힌 천사'였다. 그러나 가톨릭의 입장에서 볼 때, 루터는 추잡한 인간, 주정뱅이, 거짓말쟁이, 자신의 비열한 본능만을 충족시키기 위해 교회를 떠난 호색가에 불과했다.

루터에 대한 서로 상반된 의견들이 하나의 일치된 의견으로 합쳐진 것은 불과 몇 십 년 전부터다. 오늘날 모든 사람은 루터를 진정한 종교적인 영감에 감화되어 교회를 개혁하려 했던 신앙인으로 생각한다. 가톨릭 신자들은 당시 로마 가톨릭교회에 부족한 점이 있었다는 사실과 교회가 루터를 오해한 점이 있었다는 사실을 인정한다. 마찬가지로 프로테스탄트 신자들도, 루터가 성격이 난폭하고 고집스러울 뿐만 아니라 맥주를 병적일 정도로 좋아했다는 사실을 인정한다. ……

1. 루터의 행보

종교 개혁이 시작된 날이 1517년 10월 31일로 알려져 있지만, 사실 이날은 단지 그동안 진행되어 왔던 일들이 그 절정에 달했던 날에 불과하다. 루터는 말년에 쓴 작품들을 통해서 그동안 자신이 걸어왔던 길에 대해서 설명한다. 비록 한쪽으로 지나치게 편향된 경향이 있지만, 그의 말을 들어보자.

마르틴 루터는 1483년에 작센 지방의 아이슬레벤에서 태어났다. 그의 부모는 명색이 부르주아였지만 거의 농민이나 마찬가지였다. 험난한 유년기 시절에[28] 루터는 악마와 마녀들에 대한 무서운

---
[28] 완고했던 루터의 아버지는 루터가 4살이 되자, 어린 아들을 '라틴어 학교'에 입학시켰다. 당시 라틴어는 대학과 상류 사회에서 통용되던 필수적인 언어였기 때문이다. 어린 루터가 라틴어 학교에서 보낸 9년의 세월은 결코 행복한 시간이 아니었다. 학교 규율이 엄해서 매일 체벌이 행해졌을 뿐만 아니라, 라틴어를 매일 암기해야 했고, 만일 외우지 못하면 매를 맞았던 것이다. 훗날 루터는 이때를 회상하면서, 지옥 같은 날들이었다고 말했다.

이야기를 들으며 자랐다. 죽어서 지옥 불에 떨어질 것 같은 강렬한 공포심에 사로잡힌 루터는 1505년 에르푸르트에 있는 아우구스티누스 엄률 수도회에 입회했다.[29] 수도원에서 그는 훌륭한 수도자로서 금욕 생활을 살았고 사제품을 받았다. 그 후 비텐베르크 대학에서 성경을 강의해 달라는 부탁을 받게 된다.[30] 그는 수도원의 규칙을 엄격하고 철저하게 지켰지만, 그의 마음에는 평화가 없었다. 성적인 욕망과 죄로 기우는 성향이 늘 그를 따라다녔다.[31] 당시 유행했던 신학에 의하면, 하느님께서는 당신 마음대로 어떤 이들은 구원하시지만, 또 어떤 이들은 영벌永罰에 처하시는 분이셨다.

어느 날 로마서를 읽다가 루터는 자신을 늘 괴롭혀 왔던 불안과 번민에 대한 해결책을 찾게 된다. 그 해답은 "사실 사람은 율법에 따른 행위와 상관없이 믿음으로 의롭게 된다고 우리는 확신합니다."(로마 3,28)라는 구절이었다. '사람은 자신의 노력으로 구원받는

---

[29] 1505년 7월 2일에 일어난 일이었다. 루터가 대학에 다닐 때, 방학 중에 집에 갔다가 다시 에르푸르트로 돌아가는 길이었다. 슈토테르하임 근처에서 무시무시한 벼락이 떨어지자, 깜짝 놀란 루터는 땅에 엎드려 '광부들의 수호성인'을 부르며 소리 질렀다. "안나 성녀여, 저를 도와주십시오. 살려 주시면 수도자가 되겠습니다." 수도원에 들어가려는 생각이 이미 무르익었던 터라 루터는 뇌우를 하느님의 음성으로 받아들였던 것이다. 아버지의 반대에도 불구하고, 루터는 7월 17일에 에르푸르트에 있는 아우구스티누스 수도원에 입회한다.

[30] 루터는 1512년 10월 19일 비텐베르크 대학에서 신학 박사 학위를 취득하고 3일 후 성경 신학 교수가 되었다.

[31] 루터는 "만일 어떤 사람이 수도자로서 하늘나라를 얻을 수 있었다면, 나는 진정으로 그 가운데 한 사람이었을 것이리라." 하고 회고할 정도로 외적으로는 경건했으나, 낱낱이 죄를 고백하는 고해성사에서 그의 양심은 용서보다는 오히려 더욱더 하느님의 "영원한 형벌만을 느끼고 마실 뿐이었다."라고 밝힌다.

것이 아니라, 하느님께서 오직 당신의 은총으로 사람을 의롭게 해 주신다. 인간은 계속해서 죄인으로 남아 있지만, 하느님께서는 절망에 빠진 인간을 구원하시기 위해서 오신다.' 로마서의 구절을 읽고 나서, 루터는 기쁨과 마음의 평화를 찾았다.[6]

[6] 루터

루터는 젊은 시절에 겪었던 자신의 근본 체험("오직 믿음으로 구원된다.")을 말년에 들려주었다.[32] 많은 역사가들은 루터가 이 체험을 1514년 말에 했다고 추정한다.

하느님의 자비에 대한 새로운 깨달음

나는 "복음 안에서 하느님의 의로움이 계시됩니다."라는 로마 신자들에게 보낸 서간 1장의 내용(로마 1,17)을 이해하고자 하는 강한 열망에 사로잡혀 있었다. 왜냐하면 내 생각은 그때까지 '하느님의 의로움'에 대해 온통 뒤죽박죽이었기 때문이다. 나는 '하느님의 의로움'이라는 말이 싫었다. 통상적으로 학자들은 이 구절을 가르치면서, 철학적인 의미

---

32 루터는 죽기 1년 전에 작성한 라틴어 작품 서문에서 이때를 회상했다.

로만 이해하라고 가르쳤기 때문이다. 그래서 나는 이 구절을, 학자들이 말하는 형식적인 의로움, 또는 능동적인 의로움으로 이해했다. 하느님은 죄인들과 죄를 짓는 이들을 벌하시기 때문에, 의로우신 분이라고 이해했다.

나는 수도자로서 흠 잡을 것이 없을 정도로 살았지만, 하느님 앞에서는 언제나 죄인이라는 생각을 떨쳐 버릴 수가 없었다. 나는 극도로 불안정한 상태였다. 나의 참회 고행에 대해 하느님이 기뻐하신다는 확신이 없었다. 나는 의롭고 복수심에 불타는 하느님을 사랑할 수 없었다. 하느님을 증오했다. 만일 내가 남몰래 하느님을 모독하지 않았더라면, 아마 나는 화가 단단히 나서 거칠게 반항하면서 이렇게 투덜거렸을 것이다. '하느님, 당신은 우리 조상들이 지은 죄 때문에 우리에게 영원한 죽음을 내리시는데도, 부족하다는 말입니까? 우리에게 율법의 모든 규정을 엄격하게 지키라고 강요하는 것으로도 부족하다는 말입니까? 하느님, 도대체 당신은 복음과, 심지어 당신의 의로움과 분노까지도 선포하게 하면서, 우리를 점점 더 힘들게 해야만 한단 말입니까? 당시 나는 제정신이 아니었다. 나는 극도의 흥분 상태에 빠져 있었다. 바오로 서간의 이 구절을 끊임없이 묵상하면서, 간절한 마음으로 바오로 사도가 말하고자 했던 원래의 뜻을 파악하려고 했다.

밤낮없이 묵상하자, 마침내 하느님은 나를 불쌍히 여기셨다. "의로운 이는 믿음으로 살 것이다."(로마 1,17)라고 성경에 기록된 대로, "복음 안에 하느님의 의로움이 계시됩니다."라는 구절의 함축적인 의미를 묵상하고 있을 때였다. 나는 그제야 '하느님의 의로움'이 의미하는 것은, 하느님께서 주시는 것이고 그 의로움으로써 "믿음이 있는 의로운 이들은 살 것이다."라는 사실을 깨닫기 시작했다. 결국 그 구절의 의미는 이런 것이었다. 복음이 우리에게 하느님의 의로움을 계시해 주지만, 이것은 어디까지나 수동적인 의로움이다. "의로운 이들은 믿음으로 살 것이다."라고 성경에 기록된 대로, 수동적인 의로움을 통해서, 하느님은 당신의 자비와 신앙을 통해서 우리를 의롭게 해 주신다.

이 같은 사실을 깨닫는 순간, 나는 새롭게 태어난 느낌이었고, 활짝 열린 문을 통해 천국으로 들어가는 것 같았다. 그때부터 모든 성경 구절이 새롭게 보였다. 이 구절과 관련되어 생각나는 성경 본문들을 단숨에 전부 살펴보았다. 그리고 이런 식으로 밖에 달리 설명될 수 없는 다른 표현들도 자세하게 살펴보았다. 즉, 하느님의 일, 이를테면 하느님이 우리 안에서 이루어 주시는 일과 우리에게 힘을 주시고자 할 때 사용하시는 당신의 권능, 당신이 우리를 지혜롭게 해 주시려고 할 때 쓰시는 지혜, 구원, 그리고 하느님의 영

광 등이 바로 그런 표현들이다. 전에는 '하느님의 의로움'이라는 표현을 죽도록 싫어했지만, 이제는 그 표현을 사랑하고, 너무 달콤한 나머지 하나의 금언처럼 애지중지하게 되었다. ……

▲ 비텐베르크 성당에서 설교하는 루터와 그 앞에 펼쳐진 성경, 루카스 크라나흐 작.

루터, 《루터 전집의 서문》, 1545년.

스트롤Strohl, 《1520년까지의 루터Luther jusqu'en 1520》(1962년), 935쪽에서 인용.

대사부

대사부 문제를 통해서 루터는 그 동안 자신이 발견한 것들을 알릴 수 있는 기회를 잡았다. 마인츠 대주교는 주교좌 세 곳을 겸직하고 있었기 때문에, 세금을 내야 했고 또한 로마 베드로 대성전의 건축을 위해 건축 자금을 보내야만 했다. 이런 상황에서 마인츠 대주교는 지불해야 할 경비를 모금하기 위해서, 도미니코회 수도자들을 대사 설교가로 임명했다. 도미니코회 수도자들은 독일 전역을 돌아다니면서 '대사'에 관한 설교를 했다. 한 대사 설교가는 "동전 한 닢이 땡그랑 소리를 내며 봉헌함에 떨어지자마자, 영혼 하나가 하늘나라로 올라갑니다."라고 가르쳤다. 이에 화가 난 루터는 95개 논제를 비텐베르크 성당 문에 게시했다.[7] 이 사건은 곧바로 하나의 저항 행위로 비화되었고, 대학 교수들과 루터가 논쟁을 벌이게 되는 시발점이 되었다.

　루터는 대사부가 보장해 주는 구원이란 기만적인 것에 불과하다고 주장했다. 하느님께서 거저 주시는 은총을 그리스도인이 돈을 주고 살 수는 없다는 것이다. 루터는 교황청에 대한 비난을 결코 자제하지 않았다. 하지만 그렇다고 해서 그가 로마와 절연絶緣하겠다고 생각했던 것은 아니었다. 어쨌든 루터가 문제 제기한 논제들은 독일과 유럽 전역에서 엄청난 인기를 끌었다. 에라스무스도 루터의 논제들을 열렬히 지지한다고 자신의 입장을 밝혔다.

▲ 로마에서 판매되는 대사부.

7) 루터의 95개 논제 (1517년 10월 31일)

루터는 자신이 작성한 논제를 '모든 성인 대축일'과 '위령의 날' 전야에 공표했다. 많은 그리스도인들이 죽은 이들을 위한 대사를 얻고자 했던 날들이었다.

1. 우리 주님이시며 스승이신 예수 그리스도께서 '회개하여라'(마태 4,17)고 말씀하셨는데, 이는 신자들의 전 생애가 참회해야 한다는 것을 의미한다.
4. 그러므로 자기 자신을 미워하는 한 형벌이 계속되는 것처럼, 참된 내적 참회 역시 하늘나라에 들어갈 때까지 계속될 것이다.
8. 참회와 관련된 교회법은 단지 산 사람들에게만 부과되는 것이므로, 죽은 이들에게 부과되어서는 안 된다.
27. 금궤에 돈 떨어지는 소리가 나자마자, 영혼이 연옥에서 벗어나 올라온다고 말하는 자들은 인간의 가르침을 선포하는 것이다.
50. 만일 교황이 대사 설교가들의 가혹한 징수 행위를 안다면, 그는 성 베드로 대성전이 자신의 양들의 가죽과 살과 뼈로 세워지는 것을 보느니 차라리 불에 타 잿더미로 변하는 것을 보는 것이 더 낫다고 그리스도

> 인들에게 가르쳐야만 한다.
>
> 62. 교회의 참된 보물은 하느님의 영광과 은총에 대한 가장 거룩한 복음이다.
>
> 스트롤Strohl, 《1520년까지의 루터Luther jusqu'en 1520》(1962년)에서 인용.

분열로 치닫는 루터

루터는 로마 교황청에 고발당했다. 수도원 동료들과 교황청에서 파견된 사절단은 3년 동안 루터가 자신의 주장을 철회하도록 하기 위해서, 루터와 많은 논쟁을 벌였다.[33] 그런데 이 논쟁은 오히려 독일에서 민족주의를 촉발시키는 결과를 낳았다. 민중들은 루터를 자신들을 위해서 싸우는 챔피언으로 생각했다. 교황청의 법정 과세 정책과 독일 교회의 재산 축적 사실 때문에, 민중들은 교회를 지긋지긋한 것으로 간주했다.

루터는 1520년에 저술한 세 권의 책을 통해서, 자신의 생각을 피력했다.[8] 이 책들은 종교 개혁의 중요한 3대 작품들로, 《그리스도교적 상태의 개선에 관하여 독일 국가의 그리스도교 귀족들에게 고함An den christlichen Adel deutscher Nation von des christlichen Standes

---

[33] 1520년 10월에 카알 폰 밀티츠 추기경은 세 번이나 루터를 찾아가서 교황과 교회에 대해 과격한 비난을 하지 않도록 권고했다. 또한 루터는 교황청에서 파견한 특사 요한 에크와 논쟁을 벌였다.

Besserung》(1520년 8월)[34], 《교회의 바빌론 유배 De captivitate babylonica Ecclesiae praeludium》(1520년 10월)[35], 《그리스도인의 자유 Von der Freiheit eines Chriatenmenschen》(1520년 11월)[36]이다. 루터는 공의회가 오류를 범할 수 있다고 주장하면서, 바로 그러한 오류를 개혁하기 위해 공의회를 소집해야 한다고 부르짖었다. 그의 견해는 점점 더 확고해졌다. 1519년, 루터는 "나는 이제 교황이 참으로 그리스도의 적이라는 사실을 더 이상 의심하지 않을 수 없는 지경에 이르렀다."라고 말했다. 1520년에 발행된 교황 칙서 〈엑수르제 도미네 Exsurge Domine〉는 루터가 제기한 95개 논제들 가운데서 41개 논제들을 단죄했다. 루터는 60일 내에 이 조치에 대한 이의를 제기할 수 있었다. 그러나 루터는 1520년 12월 10일에 비장한 각오로 〈엑수르제 도미네〉를 불태워 버렸다. 그러자 교황청은 1521년 1월에 루터를 파문했다. 신성 로마 제국의 제후들로 구성된 보름스 제국 회의에 소환된 루터는 카를 5세 황제 앞에서 자신의 주장을 굽히지 않고 자신에게는 성경과 양심을 따를 의무가 있다고 자신의 입장을 명백하게 밝혔다.[9] 그러나 황제가 그를 이단자로 선고해 파문하자 루터는 숨어 다녀야만 했다(1521년 5월). 루터는 숨어 지내면서 성경을 독일어

---

[34] 루터가 이 글에서 카를 5세와 독일의 모든 귀족이 국민 생활을 압박하고 있는 가톨릭교회의 폐해를 없애기 위해 적극적으로 교회 개혁을 단행해야 한다고 주장했다.

[35] 이 책은 신학자들을 대상으로 쓰인 이론서였기 때문에 라틴어로 저술되었다. 루터는 이스라엘이 바빌론 유배를 당한 것처럼, 교회의 참된 성사가 가톨릭교회에 의해 유배당했다고 주장하기 위해서 《교회의 바빌론 유배》라는 제목을 붙였다.

[36] 이 책에서 루터는 종교 개혁의 필요성을 독일 국민에게 강력하게 호소했다.

로 번역했다.[37]

8) 믿음과 행위

…… 신앙인은 신앙에 의해 다시 천국에 들어가 새롭게 창조되었기 때문에, 의로움(은총)을 얻기 위해서 굳이 다른 행위를 할 필요가 없다. 다만 게으름을 피우지 않고 자신의 몸으로 일을 하고 보존하면서, 오직 하느님만을 기쁘게 해 드리기 위해서 이 같은 자유로운 행위를 하라고 정해져 있는 것이다. …… 그러므로 다음 두 가지 명제는 진실이다. "선하고 의로운 행위가 선하고 의로운 사람을 만드는 것은 결코 아니고, 선하고 의로운 사람이 선하고 의로운 행위를 한다. 그리고 나쁜 행위가 나쁜 사람을 만드는 것이 아니라 나쁜 사람이 나쁜 행위를 한다." 그러므로 어떤 경우에도 인격이 모든 선한 행위에 앞서서 선하고 의로워야 하며, 이에 따라 선한 행위가 의롭고 좋은

▲ 교황 칙서 〈엑수르제 도미네〉를 불태우는 루터.

---

[37] 루터는 작센의 프리드리히 제후의 보호로 튀빙겐의 바르트부르크 성에 은거했다.

인격으로부터 생기는 것이다. 이것은 그리스도가 "좋은 나무가 나쁜 열매를 맺을 수 없고 나쁜 나무가 좋은 열매를 맺을 수 없다."(마태 7,18)라고 말씀하신 것과 같다.

《그리스도인의 자유》, 22~23, 1520년.

9) 보름스 제국 회의에 출두한 루터 (1521년 4월 18일)

죽음을 비롯한 온갖 위협에도 불구하고, 루터는 자신의 주장이 자신의 양심과 하느님 말씀에서 비롯된 것이라고 확신했다.

나는 교황이나 공의회의 권위를 믿지 않는다. 교황이나 공의회가 자주 오류를 범하고 모순된 말을 하기 때문이다. 내가 의지하는 성경과 나의 양심을 사로잡은 하느님의 말씀에 의해 나는 확신한다. 그러므로 나는 나의 주장을 일점일획도 철회할 수 없고 또 철회하지도 않겠다. 양심을 거스르는 행위는 우리의 안전에 도움이 되지 않을 뿐만 아니라, 공공연하게 할 수 있는 일도 아니기 때문이다. 이 문제에 관한 나의 입장이 이미 정해졌기 때문에, 다른 주장은 할 수 없다. 하느님, 저를 도와주소서. 아멘.

폭동과 논쟁

독일은 루터 찬성파와 반대파로 갈라졌다. 그러나 루터 찬성파들이 루터를 지지하는 동기는 가지각색이었다. 귀족들은 가톨릭교회가 소유하고 있던 토지를 약탈하기 위해 벌떼처럼 덤벼들었다. 가난에 찌든 소작인들은 하느님 앞에서 모든 인간은 평등하다는 기치를 내걸고 자신들을 착취하는 영주들에게 반기를 들고 폭동을 일으켰다. 그것은 잔혹한 전쟁(농민 전쟁)[38]이었다(1524~1525년). 루터는 혼란스러웠다. 왜냐하면 영주들에게 반기를 들고 일어난 모든 농부들이 자신들은 하느님의 말씀에 따라 행동한다고 주장했기 때문이었다. 루터는 성난 농부들의 분노를 가라앉힐 수 없다는 사실을 알게 되자, 영주들에게 농민 폭도들을 모두 학살해 버리라고 강력히 호소했다.[11] 토마스 뮌처Thomas Müntzer(1490~1525년)는 농민들을 옹호하면서 루터를 맹렬히 비난했다.[10] 그리고 같은 해, 루터는 에라스무스와 절교했다. 에라스무스가 루터의 비관적인 인간관과 자유관을 받아들이지 않았기 때문이었다.

1525년, 루터는 수녀였던 카타리나 폰 보라와 결혼했다.[39] 이 결혼의 목적은 악마와 악마의 조무래기들을 비웃고, 사제 독신제를 주장하는 정신 나간 모든 사람들을 경멸하기 위한 것이었다고 루

---

38 농민 전쟁은 루터의 종교 개혁 이론에 자극을 받아 1524년 6월, 독일 서남부의 백작령 슈튈링겐에서 시작되었다.

39 1525년 6월, 당시 루터는 42살, 카타리나는 26살이었다. 루터의 갑작스런 결혼은 그의 반대자와 지지자 모두를 놀라게 했다.

터는 말했다.[40]

농민 전쟁 혹은 성경에 대한 상반된 해석

10) 토마스 뮌처

　독일의 가난한 농민들은 복음의 이름으로 귀족 계급에 대항하여 반란을 일으켰다. 사회 문제에 대해서는 상당히 보수적이었던 루터는 농민들의 성경 해석 방식에 대해 놀라움을 감추지 못했다. 그는 농민들의 봉기가 조용히 마무리되기를 바랐지만 뜻대로 되지 않았다. 농부들에 의해 자신의 메시지가 남용될 것이라는 두려움 때문에, 루터는 귀족들에게 농민들을 무자비하게 죽이도록 요청했다. 한편 농민들은 루터의 개혁을 열렬히 지지하던 사제인 토마스 뮌처를 자신들의 지도자로 삼았다. 뮌처는 복음을 가난한 이들에 대한 메시지로 이해했다. 그는 루터와

---

40 루터의 한 친구는 "온 세상과 악마는 비웃을 것이다. 루터가 쌓아올린 탑은 무너질 것이다."라고 비난했다. 그러나 루터는 "나는 천사를 웃게 만들고, 악마들을 울렸다."라고 그 친구에게 편지를 썼다. 당시 루터는 수녀원에 있던 수녀들을 탈출시켜 결혼시키거나 직업을 알선해 주었다. 루터에 대한 조소와 비난이 넘쳐흘렀지만 그는 다른 사람의 비난을 들은 체 만 체 했다. 루터는 자신이 결혼한 것은 부모를 기쁘게 해 드리는 일이고 교황과 악마를 난처하게 만드는 일이라고 말했다.

같은 학자들이 그 메시지를 독점해 버렸고 귀족들이 복음의 참뜻을 남용해 버렸다고 생각했다.[41] 뮌처는 체포되어 고문을 당한 뒤 1525년에 참수형을 당했다.

가난에 찌든 사람들은 말로 다 표현할 수 없을 정도로 교묘하게 속고 살았다. 학자들은 온갖 감언이설과 행동으로, 그 날 먹을 식량을 걱정하는 가난한 이들에게 글 읽는 법을 배우지 못하게 했고, 게다가 파렴치하게도 압제자들의 약탈과 착취에 모든 것을 다 내놓아야 한다고 가르치고 있다. 그렇다면 도대체 언제쯤 가난한 이들이 글 읽는 법을 배울 수 있단 말인가? …… 학자들이라는 자들은 성경으로 사람들의 눈을 가려, 사람들의 눈에서 빛나야 할 그리스도교 신앙의 참된 본질을 왜곡시키고 있다. … 설령 평생 동안 성경을 단 한 번도 읽어보거나 들어보지 못했다 하더라도, 성령의 참된 가르침이 있기 때문에 적어도 참신앙은 가질 수 있다. 왜냐하면 성경을 집필했던 이들도 책의 도움을 받지

---

41 토마스 뮌처는 루터의 신학 이론에 따라 종교 혁명을 시작했지만 곧바로 독자적인 행보를 걷기 시작했다. 그는 성령으로부터 오는 가르침을 믿었고, 그 가르침을 루터의 의화론(오직 믿음으로만 의롭게 된다는 교리)과 대립시켰고, 성경의 권위에 대한 교리(성경은 신적 진리의 유일한 원천이라는 교리)와도 대립시켰다. 그러자 루터는 성경의 권위보다 성령의 내면적인 빛을 더 우위에 두는 뮌처에 대해 '성령을 털까지 통째로 삼킨 자'라고 비난했다. 뮌처 신학이 지닌 혁명적인 측면은 반그리스도적인 세상 권력은 필연적으로 정복되어야 한다는 생각과 하느님의 도구인 민중 스스로가 이 변혁을 실천해야 한다는 사상을 결합시킨 데 있었다. 그는 민중이 가진 것도 없고 지식에 오염되지도 않았기 때문에, 하느님의 뜻을 가장 잘 드러낼 것이라 믿었다.

않고 성경을 집필했기 때문이다. ……

그러므로 권력가들과 오만하고 불경스러운 자들을 권력에서 끌어내려야 한다. 거룩하고 참된 그리스도교 신앙은 그 참된 본성을 활짝 피어내고 싶어 하건만, 이들이 장애물 역할을 하고 있기 때문이다. …… 온갖 모욕을 다 겪은 가난한 농민들이 이런 사실을 알았더라면, 얼마나 좋을까! 하느님은 헤로데, 카야파, 한나스 같은 훌륭한 사람들을 하찮게 여기고, 마리아, 즈카르야, 엘리사벳 같은 보잘것없는 이들의 봉사를 기꺼이 받아들이셨다. …… 마리아와 즈카르야와 엘리사벳은 결코 오만불손한 불충한 이들이 아니었다. 오늘날 오만불손한 이들은 교회에서 자신들의 높은 직함을 들이밀며 뻐기고 깝죽거리는 이들이다.

고리 대금, 절도, 약탈 등이 자행되는 추악한 근원지는 피조물을 마치 자기 것인 양 소유하고 있는 제후들과 영주들이다. 물고기, 공중의 새, 땅의 식물, 이 모든 것이 그들 것이 되어야 한다(이사 5,8 참조). 그런 다음, 제후들과 영주들은 하느님의 계명을 가난한 농민들에게 선포하면서 이렇게 말한다. '하느님께서 명령하신다. 너희는 도둑질해서는 안 된다. …… 사소한 작은 죄라도 범한 사람은 교수형에 처해질 것이다.' 거기에 더해 거짓말 박사(루터)는 '아멘'이라고 응답한다.

사랑해마지 않는 더러운 살덩어리(루터)야, 편히 잠들어라! 만일 악마가 너를 집어삼켜야 한다면(에제 24,3-13 참조), 네 살에서 나오는 체액으로 익혀지기보다는 차라리 난로와 화덕 안에서, 그리고 네 오만 안에서 하느님의 진노(예레 1,13 참조)로 익혀졌으면 좋겠다(냄새가 참 좋다!). 그러나 네 살덩어리는 '당나귀(은유적으로 고집불통, 바보를 지칭함)' 살덩어리다. 그러니 넌 오랫동안 익혀져야 할 텐데, 어떻게 하니! 설사 그렇게 익혀진다 한들, 가죽처럼 질긴 네놈의 고기는 네 친구들의 젖니로는 도저히 씹을 수 없을 것이다.

토마스 뮌처, 《신학적, 정치적 논고》.
조엘 르페브르Joël Lefébvre가 번역하고 발표한 글들(1982년)에서 인용.

11) 루터

제후들이여, 백성이 약간의 여유와 공간을 갖고 살 수 있도록, 자존심을 조금만 더 죽이고 탄압을 자제해 주십시오. …… 농민들이여, 충고를 받아들이십시오. 너무 지나친 요구는 포기하십시오. …… 이번 문제가 비록 그리스도교적인 방법으로 처리되지 않더라도, 인간적인 권리와 협약에 따라 처리되도록 하십시오. 제발 폭동은 자제하십시오.

《평화에 대한 권고》, 1525년.

그들(농민들)을 때려 죽이고 목졸라 죽이고 찔러 죽여야만 합니다. 미친개를 쫓아가 때려 죽이십시오. 만일 여러분이 때려 죽이지 않으면, 미친개가 여러분과 이 나라 모든 사람을 때려 죽일 것입니다. 끔찍한 일입니다. 그들은 이런 무서운 죄를 복음이란 외투로 방패 삼아 덮어 버립니다. 세속 당국은 본연의 임무를 다해야 합니다.

농민들이 이성理性의 소리를 듣지 못하는 곳에서는, 당국이 칼을 움켜쥐고 농민들을 내려쳐야 합니다. 여기에 있는 모든 제후들이 하느님의 종입니다. 자비의 시간은 이미 지나가 버렸습니다. 지금은 칼과 분노의 시간입니다. …… 다른 사람들은 기도로 천국에 들어가는데, 제후는 칼로 농민들의 피를 흘려야 천국에 들어갈 수 있으니 참으로 이상한 때입니다! 농민들 가운데에는 어쩔 수 없이 끌려온 영혼들도 많다는 사실을 명심하십시오. 어떤 희생을 치르더라도, 무고한 이들을 빼내고 살려야 합니다. 따라서 여러분은 농민들을 찔러 죽이고 때려 죽이고 목 졸라 죽이십시오. 만일 그러다가 죽음을 당하면, 여러분은 행복합니다. 이보다 더 큰 축복받은 죽음은 없을 것입니다.

《살인과 약탈을 일삼는 농민들을 반대하며》, 1525년.

루터의 교의와 루터 교회

루터는 새로운 교회를 세울 의도가 전혀 없었다. 그가 생각한 것은, 교회가 복음 정신으로 되돌아가서 스스로 내적으로 쇄신되어야 한다는 것이었다. 그러나 성경을 해석하는 문제에 있어서 여러 가지 엇갈린 의견들과 극단주의자들이 벌인 운동 때문에, 루터는 교리에 대해 어느 정도 정의를 내려야 했고 최소한의 조직을 구성할 수밖에 없었다. 1529년, 루터는 《소小교리 문답서》와 《대大교리 문답서》를 집필·발간했다.[42] 이 교리서들은 엄청나게 팔렸고 이런 장르의 문학 작품으로 크게 성공한 첫 케이스가 되었다.

루터의 모든 사상은 자신의 개인적인 체험에서 비롯된 것이었다. '근본적으로 자신이 죄인이라는 사실을 의식하는 사람은 누구나, 하느님의 구원은 오직 믿음을 통해서 이루어진다는 사실을 성경을 통해서 깨닫게 된다. 모든 것을 행하시는 분은 하느님이시고, 인간은 아무것도 할 수 없다. 선행은 사람을 선하게 만들지 못한다. 하지만 하느님에 의해 의롭게 된 사람은 선행을 실천할 수 있다.' 그래서 루터는 교회 전통 안에 들어 있는, 성경과 믿음의 우위성을 거부하는 모든 요소를 반대했다. 그는 구원을 보증해 주는 것으로 간주되는 여러 가지 수단과 권리, 즉 성인 공경, 대사, 수도 서원, 신약 성경에 나오지 않은 성사들을 거부했다. 이것들은 그에게 아무

---

[42] 《소小교리 문답서》는 가정에서 어른과 아이들이 모두 함께 모여서 공부할 수 있도록 만들어졌다. 《대大교리 문답서》는 특히 어른과 사목자를 염두에 두고 만들었다. 교리 문답서들은 성경의 전체를 요약한 것으로, 흔히 '평신도들의 성경'이라고 불렸다.

런 가치가 없었다. 루터가 중요하게 생각한 것은 신자들의 보편 사제직이었다. 믿는 이들의 공동체이며 보이지 않는 실체인 교회는 외적인 조직이 필요 없을 뿐만 아니라 재산을 소유할 필요가 없다는 것이다.

실제로 루터는 세례성사와 성체성사 두 가지를 인정했고, 고해성사의 가능성도 받아들였다. 루터에 의하면, 성체성사는 독일어로 거행되어야만 했다. 그는 성체성사를 희생 제사라고 말하는 것에는 반대했지만 성체성사 안에 예수님의 살과 피가 참으로 현존한다는 '실제적인 현존'에 대해서는 확고한 입장을 고수했다. 또한 그는 성가대 합창을 무엇보다도 강조했다.[43] 한편, 하느님의 말씀을 선포하고 성사를 집전하는 데에는 최소한의 조직이 필요했는데, 루터는 하느님으로부터 받은 권한을 소유한 제후들에게 이런 권한을 맡겼다. 그 결과 교회 권력을 철저히 거부했던 루터가 오히려, 교회에 대한 제후들의 권력을 엄청나게 강화시켜 버렸다. 루터 교회는 국가 교회가 되었다. 그리하여 나라마다 서로 다른 형태의 국

---

[43] 루터는, 음악은 신학 다음 가는 하느님의 큰 선물이라고 말했다. "음악은 신학과 닮은 점이 많은데 특히 영혼을 고치고 소생시킬 수 있다. 음악이 없으면 인간은 목석과 다를 바 없지만, 음악이 있으면 마귀를 멀리 보낼 수 있다." 또한 "음악은 나에게 자주 생기를 불어 넣어 주고 무거운 짐으로부터 해방시켜 준다."라고 말했다. 루터는 가톨릭교회에서 성가대원들만이 부르던 성가를 일반 신자들도 부를 수 있게 전례를 개혁했다. 예전에는 그레고리오 성가를 부를 때, 일반 신자는 가만히 있고 성가대원만이 성가를 불렀다. 그는 많은 성가를 작사·작곡했다. 루터는 자신의 '작고 못생긴 목소리'를 불평했지만, 플룻과 류트를 연주하는 능수능란한 음악가였다.

가 교회가 탄생하였다.[44]

2. 종교 개혁가들의 등장

　루터에게는 '온유한 필립보'라고 불리는 멜란히톤(1497~1560년)[45]과 같은 제자들이 있었다. 그리고 루터가 활동할 당시, 수많은 종교 개혁가들이 독일과 스위스 전역에서 종교 개혁을 부르짖으며 나타났는데 주로 사제와 수도자들이었다. 이들은 신앙과 성경의 문제에 대해서는 루터와 대체로 동의했지만, 성체성사에 대해서는 엄청난 견해 차이를 보였다.[46] 이런 견해 차이 때문에, 루터는 몇몇

---

[44] 루터의 개혁 운동은, 1525년에는 프로이센, 1527년에는 스웨덴과 핀란드, 1537년에는 덴마크와 노르웨이, 1539년에는 아이슬란드와 발틱의 여러 지방(1523~1539년), 그리고 일부 동부 유럽 지역으로도 퍼져 나갔다. 독일, 스웨덴, 노르웨이, 핀란드, 덴마크, 아이슬란드, 에스토니아 등이 루터교를 국교로 받아들였다.

[45] 아욱스부르크 신앙 고백문을 작성한 멜란히톤은 루터와 가장 친한 동료였으며 친구였다. 그는 당시 유럽에서 가장 유명한 히브리어 학자인 로이힐리의 조카로서, 17살에 석사 학위를 받고, 21살(1518년) 때에 비텐베르크 대학에 그리스어 교수로 부임했다.

[46] 루터와 그의 동료들이 독일에서 종교 개혁을 추진하고 있을 때, 스위스의 독일어 사용 지역에서는 츠빙글리가 개혁을 주도하고 있었다. 루터의 영향을 받았지만 인문주의자였던 그는 그리스도교에 대한 이해, 특히 성체성사에 대한 견해가 루터와는 달랐다. 츠빙글리는 성체성사란 단지 그리스도를 기억하는 행위에 불과하다고 생각했고, 루터는 그리스도의 몸과 피가 실제로 현존한다고 주장했다. 성체성사에 대한 논쟁은 이미 1524년부터 신학자들 사이에서 이루어지고 있었다. 성체성사에 대한 신학적인 견해 차이는 종교 개혁 진영의 분열로 이어졌다.

종교 개혁가들과 절교를 했다. 한편, 부처⁴⁷는 스트라스부르에서, 외콜람파디우스⁴⁸는 바젤에서, 오시안더⁴⁹는 뉘른베르크에서 개혁 운동을 벌이며 자리를 잡았다.

세 번째 종교 개혁가, 울리히 츠빙글리

사람들은 츠빙글리(1484~1531년)를 루터와 칼뱅과 비교하여, 세 번째 종교 개혁가라고 부른다. 그는 인문주의자로 에라스무스의 제자였다. 스위스 글라루스 지방의 본당 신부였던 츠빙글리는 로마 교황을 위해 이탈리아에서 싸우는 스위스 용병대의 군종 신부 자격으로 용병들을 동행한 적이 있었다.⁵⁰ 취리히의 본당 신부로 있을 때, 그는 수도원을 해산시키고, 독일어로 전례를 거행하고, 성화상을 파괴하는 등 많은 분야에서 종교 개혁을 단행했다. 루터에

---

47 마틴 부처(1491~1551년)는 프로테스탄트 종교 개혁가·중재자·전례 학자였다. 서로 대립하고 있던 종교 개혁 집단들 사이에서 화해를 위해 끊임없이 노력한 것으로 유명하다. 그는 1506년 도미니코회에 입회했고, 그 뒤 독일 하이델베르크 대학에서 에라스무스와 루터의 저서를 통달했다. 1521년에 도미니코회를 나와 신성 로마 제국의 황제 7 선제후 가운데 하나인 라인의 팔라틴 백작을 도와 일했다. 이듬해 란트슈툴의 본당 사제가 되었고, 그곳에서 전에 수녀였던 여자와 결혼했다. 1523년 교회로부터 파문당한 뒤 스트라스부르로 가서 부모의 시민권에 힘입어 보호받으며 자신의 인격·지식·열정을 인정받아 스트라스부르와 독일 남부의 지도자가 되었다. 그는 칼뱅주의뿐만 아니라 성공회의 전례에도 영향을 끼쳤다.
48 요한 외콜람파디우스(1482~1531년)는 종교 개혁의 핵심 인물이었다. 그는 사제요, 대학 교수로서 츠빙글리 다음 가는 개혁자였다.
49 오시안더(1498~1552년)는 독일의 신학자로 뉘른베르크에 프로테스탄트 종교 개혁이 도입되도록 도왔다. – 편집자 주
50 글라루스 지방의 사제였던 츠빙글리는 군종 사제로서 글라루스 용병대와 함께 두 차례나 이탈리아에 갔다. 그는 용병 제도를 달갑게 생각하지 않았다.

비해서 개인적인 신앙 체험이 상대적으로 적었던 그는, 복음의 정신에 기초한 교회를 건설하고 자신을 따르는 이들을 외세의 압박으로부터 해방시키는 일에 많은 신경을 썼다. 그러나 츠빙글리는

▲ 츠빙글리의 초상화, 한스 아스페르 작.

주저하지 않고 자신을 반대하는 이들에 대해 무력을 사용했다. 그는 유아 세례를 반대하던 재세례파들을 물에 빠뜨려 죽였다. 또한 그는 성체성사에 대한 루터의 견해를 반대했다. 츠빙글리는 성체를 단지 그리스도의 상징적인 현존으로 간주했다. '성사는 단순한 기념이고 약속이다. 세례성사는 그 자체로 아무런 효력이 없다. 세례란 단지 하느님께서 선택하셨다는 사실을 보여 주는 것일 뿐이다.' 스위스의 몇몇 주에서는 츠빙글리가 주도하는 이런 개혁에 반대하여 내전이 일어났다.[51] 취리히 군대와 함께 출전했던 츠빙글리는 결국 전사했다. 하지만 츠빙글리의 종교 개혁은 베른 지방과 스위스 전역에 영향을 끼쳤고 스위스의 많은 교회들은 츠빙글리의 노선을 따라, 일 년에 네 차례만 성찬 예식을 거행했다.

---

[51] 가톨릭 신앙을 고수하는 원시 다섯 개 주와 전투가 벌어지자, 츠빙글리는 취리히 군대의 군종 사제로 참전했으나 카펠 전쟁에서 전사했다.

3. 칼뱅과 프랑스의 종교 개혁

장 칼뱅Jean Calvin(1509~1564년)과 더불어, 종교 개혁은 두 번째 세대가 시작된다. 이들은 종교 개혁을 시작한 세대는 아니었지만, 종교 개혁을 더욱 견고하게 만든 세대였다. 초창기 종교 개혁자들 대부분은 독일 출신 사제들이었지만, 칼뱅은 프랑스 출신의 평신도였다.

프랑스에서는 몇몇 단체들이 다른 나라에 비해서, 훨씬 더 넓은 의미의 종교 개혁을 추진하려고 했다. 그런 단체 가운데 가장 유명한 단체는 바로 모Meaux라는 단체다. 이 단체는 기욤 브리쏘네 Guillaume Briçonnet 주교와 총대리 신부이자 인문주의자이며 신약 성경의 번역가였던 르페브르 데타플Lefèvre d'Etaples(1450~1536년)과 프랑스와 1세 왕의 누이인 마르귀리트 드 나바르Marguerite de Navarre 등이 주축을 이루었다.

1523년, 루터를 추종하던 사람 한 명이 파리에서 화형을 당했다. 프랑스와 1세는 처음에는 비교적 관용적인 태도를 보였다. 그러나 미사를 비난하는 포스터를 게시하고, 심지어 국왕 집무실 문에까지 현수막을 내거는 '대자보 사건(1534년)'[52]이 발생하자, 분노한 국

---

52 1534년 10월 17일, 프로테스탄트들이 미사를 신랄하게 비난하는 대자보를 파리 시내에 붙였다. 이 사건으로 B. 밀롱이 화형을 당했고 여러 사람들이 그 뒤를 이었다. 그 가운데는 칼뱅을 자신의 집에 묵게 했던 상인 E. 드 리포르주도 끼어 있었다. 신변의 위협을 느낀 칼뱅은 일단 파리를 떠났다가 프랑스를 벗어나 바젤로 갔다.

왕은 신앙의 반대자들을 제거하기 위해 대대적인 박해를 벌였다. 그 결과 많은 프로테스탄트들이 화형을 당했다. 그리하여 프랑스에서도 종교 개혁을 부르짖다가 순교하는 사람들이 생겨났다. 프랑스의 종교 개혁가들은 칼뱅을 자신들의 지도자로 생각했다.

장 칼뱅

피카르디 지방의 누와이옹 출신인 칼뱅은 문학과 법학을 공부했다. 그가 그리스도인으로서 진지하게 살아가려고 시작했을 때는(그는 이것을 '자신의 회개'라고 표현했다.) 종교 개혁 사상이 널리 퍼져 있었다. '대자

▲ 칼뱅.

보 사건'이 벌어졌을 당시, 칼뱅은 파리를 떠나 프랑스 전역을 누비고 다니면서 프랑스 종교 개혁을 책임지는 신학자가 되어 있었다. 1536년 스위스 바젤에 자리를 잡은 그는 프랑스인들에게 건전한 교리를 전하고 순교자들에 대한 기억을 잊지 않기 위해, 라틴어로 집필한 《그리스도교 강요Institutio religionionis Christianae》라는 책을 출간했다.[12] 이 작품은 1541년 프랑스어로 번역되었고, 수차례에 걸쳐 개정판이 나왔다. 개정판이 나올 때마다 인쇄 부수도 늘어났다. 처음으로 제네바에서 잠시 체류(1536~1538년)한 뒤, 칼뱅은 스트라스부르에서 종교 박해를 피해 피난 온 스위스 피난민들을 돌

보며 3년을 보냈다.⁵³ 그 뒤, 제네바로 돌아와 달라는 제네바 시민들의 요구에 마지못해, 1541년에 제네바로 다시 돌아왔다. 그리고 1564년 사망할 때까지 그곳에서 머물렀다. 제네바에서 칼뱅은 앞으로 유럽과 세계 전역으로 퍼져 나가게 될 교회의 새로운 모델을 제시했다.

12) 칼뱅의 《그리스도교 강요》

칼뱅은 1536년에 바젤에서, 프랑스 종교 개혁가들을 위해 자신의 신학 사상 가운데 중요한 요점들을 정리한 소책자를 라틴어로 집필·출판했다. 1541년, 제네바에서 증보판이 프랑스어로 번역되었다. 계속적인 증보 작업을 통해서, 마침내 1559년, 완결 개정판이 네 권으로 출판되었는데, 이 책은 프로테스탄트 종교 개혁의 신학 전서全書로 자리매김했다.

각자 자신의 삶 속에서 자신의 성소聖召를 생각해야 한다

마지막으로 주목해야 할 사실은, 하느님은 우리 각자가

---

53 츠빙글리는 제네바의 종교 개혁을 위해 함께 일할 것을 G. 파렐에게서 요청을 받고 그의 종교 개혁 운동에 참가했다. 그런데 처음부터 신정 정치神政政治에 기반을 둔 엄격한 개혁을 추진하려 했기 때문에 파렐과 함께 추방되어, 프랑스의 스트라스부르로 갔다.

인생의 온갖 활동 안에서 우리가 각자 자신의 성소를 기억하고 존중할 것을 바라신다는 것이다. 인간의 마음이 안절부절못하여 끓어오르고 변덕이 심해 이랬다저랬다 하며, 단번에 이것저것 다 붙잡으려는 욕망이 얼마나 강한지를 하느님은 잘 알고 계신다. 그러므로 우리의 어리석음과 경솔함으로 인해 모든 것이 혼란에 빠지는 일이 없도록, 하느님은 각자각자 자신에게 주어진 삶 속에서 실행할 분명한 의무를 정해 주셨다. 그리고 사람마다 자신에게 주어진 한계를 벗어나지 않도록, 하느님은 이처럼 다양한 삶의 방식을 각자에게 '소명'으로 주셨다. 그러므로 각자에게 주어진 삶의 방식은 주님이 정해 주신 일종의 초소哨所와 같아서, 아무렇게나 마음 내키는 대로 벗어나서 이리저리 방황해서는 안 된다.

《그리스도교 강요》, 3, 10, 6.

가시적인 교회와 불가시적인 교회

…… 성경은 교회에 대해 두 가지로 설명한다. 때때로 '교회'라는 용어를 사용하면서, 실제로 하느님의 현존 안에 있다는 것을 '교회'라고 한다. 여기에서 교회란 양자로 뽑혀 하느님의 자녀가 된 이들과 성령의 성화聖化로 인해 그리스도의 참된 지체가 된 이들을 의미한다. 이렇게 볼 때, 현재

이 땅에 사는 모든 성도뿐만 아니라, 세상 창조 때부터 뽑힌 모든 이가 교회에 포함된다.

그러나 때로는 '교회'라는 칭호는 땅 위에 흩어져 있는 사람들 가운데 한 분이신 하느님과 그리스도를 믿고 고백하는 모든 이를 지칭한다. 즉, 세례를 통해 믿음의 생활을 시작하고 성찬에 참여함으로써 참된 교리와 사랑으로 하나 되었음을 증거하고, 하느님의 말씀 안에서 일치하며 예수 그리스도의 명을 따라 그 말씀을 선포하는 이들을 지칭한다. 그런데 이 교회에는 위선자들과 의인들이 섞여 있다. ……

그러므로 눈에 보이지 않는 불가시적 교회는 오직 하느님의 눈에만 보인다고 믿는 것처럼, 눈에 보이는 가시적 교회를 존귀하게 여기고 교회와 일치를 이루어야 한다.

《그리스도교 강요》, 4,1,7.

가시적 교회의 표지

이로써, 교회의 모습이 우리 눈에 보이게 된다. 어디서든 하느님의 말씀이 순결하게 전해지고 또한 그 말씀을 들으며 그리스도께서 제정하신 대로 성사가 거행되면, 바로 거기에 교회가 존재한다는 것을 의심해서는 안 될 것이다(에페 2,20 참조). 왜냐하면 "두 사람이나 세 사람이라도 내 이름으로 모인 곳에는 나도 함께 있기 때문이다."(마태 18,20)라고 말씀하신 주님의 약속은 헛되지 않기 때문이다. ……

보편 교회는 모든 나라에서 모인 무리들이다. 비록 나누어져 사방에 흩어져 있으나, 보편 교회는 하느님 교리에 대한 가지 진리에 동의하며, 같은 신앙의 끈으로 결합되어 있다. 인간적 필요에 따라 각 마을과 도시에 흩어져 있는 개별 교회들이 이 (보편) 교회 아래 속해 있어서, 각 교회들은 각자 교회라는 명칭과 권위를 정당하게 지니고 있다.

《그리스도교 강요》, 4,1,9.

▲ 천국이라고 이름 붙여진 리옹의 프로테스탄트 교회.

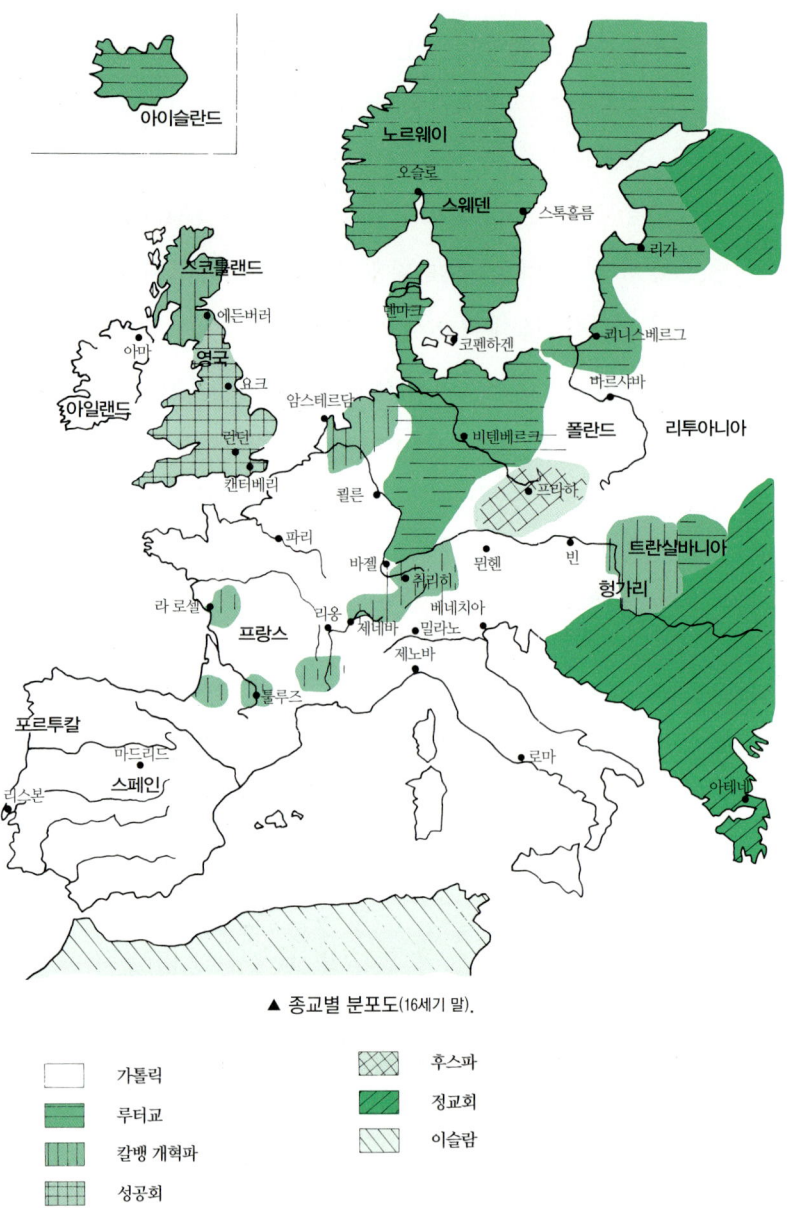

▲ 종교별 분포도(16세기 말).

	가톨릭		후스파
	루터교		정교회
	칼뱅 개혁파		이슬람
	성공회		

교회 도시, 제네바

칼뱅의 기본적인 교리는 루터와 비슷하지만 훨씬 더 체계적이고 특별하다. 루터와 칼뱅 모두 교리적으로 성경과 믿음을 똑같이 중요시했다. 특히 칼뱅은 하느님의 통치권(Soli Deo gloria, 오직 하느님께만 영광을)에 매료되었고, 원죄 이후 은총을 잃어버린 타락한 인간에 대해 아주 강하게 강조했다. '우리는 모두 지옥에 떨어져야 할 운명이지만, 전능하신 하느님께서는 몸소 선택하신 이들을 구원해 주신다.' 이것이 바로 예정설인데 사람들은 흔히 이 교리를 칼뱅 교리의 전형적인 특징이라고 생각한다. 칼뱅은 또한 하나의 실천적인 윤리 강령을 제시했다. 그 윤리 강령은 하느님께서 우리를 당신 자녀로 받아들여 주셨다는 것을 구체적으로 확인하는 길로, 사회적인 규약이다. 인간은 '사회적인 동물'이기 때문이다.

'인간은 자신의 신앙을 확인하기 위해 외적인 도움이 필요한데, 그 도움을 줄 수 있는 것이 바로 교회다.' 칼뱅은 끊임없이 눈에 보이지 않는 교회를 강조하면서도, 처음부터 지역 공동체에 해당하는, 눈에 보이는 교회에 대해서도 강조했다.

'하느님의 말씀이 순수하게 설교되고 성사들이 베풀어지는 곳, 바로 그곳에 참된 교회가 있다. 성사들은 우리를 향한 하느님의 은총의 외적인 표징이고, 우리의 믿음을 확인시켜 주는 것이다. 그리고 세례성사는 모든 죄가 깨끗이 씻어진다는 것을 보여 주는 용서에 대한 표징이다.' 칼뱅은 특히 유아 세례를 강하게 옹호했다. 한편, 최후의 만찬인 성찬례에 대한 그의 가르침은 루터와 츠빙글리와 달랐다. 칼뱅은 우리가 빵과 포도주를 받아 모신 그 순간에 그리스도께서 당신 자신을 우리에게 내어 주신다고 생각했다.[54]

칼뱅은 교회가 엄격한 방침에 따라 조직되어야 한다고 생각했다. 규칙이 없는 무질서는 교회의 머리이신 그리스도께 대한 모욕이기 때문이었다. 1541년에 칼뱅이 작성한 《교회 질서 Ecclesiastical Ordinances》는 제네바 교회의 기초가 되었다. 이러한 교회의 조직화는 물론 성경에 근거를 두고 있는 것이지만, 그의 개성에서 나온 것이기도 했다. 칼뱅은 법학을 공부했을 뿐만 아니라 플라톤의 작품들에 대해서도 잘 알고 있었다.

《교회 질서》에서 칼뱅은 목자, 교사, 장로, 부제라는 네 가지 직무에 대해 언급한다.[13] 시 당국이 선출한 목자들과 12명의 장로들로 구성된 장로 회의가 신자들의 교회 활동을 통제했으며, 교회 내의 모든 사안을 감독했다. 시 당국의 권력은 교회의 결정 사항을 잘 실행할 책임을 갖고 있다. 원칙적으로 시 당국의 권력과 교회 권력 사이에 뚜렷한 구별이 있지만, 두 권력은 서로 긴밀하게 연관되어 있다. 왜냐하면 시 당국이 교회의 성직자들을 임명하는 데 개입했고, 장로 회의는 시민 권력을 대변했기 때문이다. 제네바에 그리스

---

54 성체성사에 관해, 칼뱅은 루터와 츠빙글리의 중간 입장을 취했다. 그는 성체를 받아 모시는 순간, 잠정적으로 그리고 영적으로 그리스도가 현존한다고 주장했다. 가톨릭 사제이며 신학자였던 루터는 그리스도께서 빵과 포도주의 형상 안에 실재하신다고 주장했다. 그러나 츠빙글리는 성체를 단지 상징적인 의미로만 해석했다.

도인의 도시를 건설하는 것이 칼뱅의 야망이었다. 신자들은 자신들의 행동에 대해 시 당국에서 심판을 받아야 했다. 결국 제네바의 이 같은 상황은 중세 그리스도교의 상황과 크게 다를 바 없었다.

제네바에서는 세세한 규정들을 제정하여 시민들의 모든 생활을 일일이 통제했다. 규정을 어긴 많은 사람들이 유죄 판결을 받고 처형되었다.[55] 사람들끼리 서로 다투는 일이 다반사였다. 교의에 대한 갈등이 더욱더 첨예해지다가, 끝내 비극적인 전환점을 맞게 되는 사건이 발생했다. 1553년에 미카엘 세르베투스Michael Servetus가 삼위일체를 거부했다는 이유로 화형을 당했다.[56]

13) 교회의 네 가지 직무

1538년 제네바에서 추방당한 칼뱅은 제네바 시민들의 간절

---

[55] 제네바 시민들의 사생활뿐만 아니라 독서, 경기, 노래, 회식, 심지어 이발까지 모든 자유가 통제되었고 무용, 카드놀이, 소설책 등이 금지되었다. 칼뱅의 엄격주의적인 도덕규범이 그대로 적용된 것이다. 교통의 요지로 경제적인 번영을 누리던 제네바의 자유주의자들은 강하게 저항했으나, 칼뱅의 엄격한 개혁의 대세에 눌려 별로 힘을 못 쓰게 되었다. 칼뱅과 그의 추종자들은 자신들의 개혁 방침에 저항할 경우, 철저하게 물리적인 탄압을 가했다. 1542년에서 1546년까지 70여 명이 추방되었고, 60여 명이 사형되었다.

[56] 스페인 출신 의사였던 세르베투스는 그릇된 삼위일체 교리를 유포했다는 이유로 1553년에 이단 재판을 받았다. 칼뱅이 그를 화형에 처해야 한다고 제안하자, 같은 해 10월 27일에 스위스 샹펠에서 세르베투스는 화형을 당했다.

한 요청을 받아들여, 1541년에 다시 제네바로 돌아왔다. 제네바로 다시 돌아오면서 그가 제시했던 조건은 교회가 확실하게 조직되어야 한다는 것, 1541년에 자신이 쓴 《교회 질서》에 의거해 교회 조직을 체계화해야 한다는 것이었다.

우리 주님은 당신 교회를 위해 네 가지 직무를 제정하셨다. 첫째는 목자, 둘째는 교사, 셋째는 장로, 넷째는 부제다.
성경에서 흔히 장로와 성직자라고 표현되는 목자들의 직무는 공적으로든 사적으로든 하느님의 말씀을 선포하고 가르치며, 권고하고 충고하며 책망하는 일이다. 목자들은 성사를 집전하고 장로와 부제와 함께 형제적 사랑으로 잘못을 교정해 주어야 한다.
그러나 교회에 혼란을 주어서는 안 되기 때문에, 성소가 없는 이는 누구라도 이 직무에 참여할 수 없다. 성소에 관한 세 가지 점을 고려해야 한다. 첫째, 가장 중요하고 기본적인 심사를 통과해야 한다. 둘째, 이 심사를 통과한 이를 직무자로 임명해야 한다. 셋째, 어떤 식으로든지 이들에게 직무 수행 방법을 가르쳐 주어야 한다. ……
교사들의 고유한 직무는 신자들에게 건전한 교리를 가르치는 것이다. 그래야 복음의 순수성이 무지나 사악한 견해로 인해 더럽혀지는 일이 없을 것이다. 오늘 우리가 직무를 배열해 놓은 것처럼, 교사의 직무를 통해서, 우리는 하느님의 가르침을 보존하고 제도화하는 데 도움이 된다고 믿는다. 그렇게 하는 이유는 목자들과 직무자들의 잘못으로 인해 교회가 황폐화되는 일이 없도록 하기 위해서다. 쉽게 표현한다면, 우리는 그것을 학교의 질서라고 부른다. ……

장로들의 직무는 신자들의 삶을 감독하는 것으로, 신자들이 죄에 빠지거나 방탕한 생활을 할 경우, 친절하게 사랑으로 타일러야 한다. 그리고 장로들은 공동체에 이런 사실을 알리고 다른 이들과 함께 형제적인 사랑으로 그 잘못을 교정해 주어야 한다. ……

초대 교회에는 언제나 두 부류의 부제가 있었다. 한 부류는 가난한 이들을 위해 물건을 희사받아 분배하고 보관하며, 매일 자선금과 기부 재산, 집세와 연금을 관리하는 부제였고, 다른 한 부류는 환자들을 돌보고 간호하며 가난한 이들에게 그날그날의 양식을 나누어 주는 부제였다. 이런 관습은 오늘날까지 그대로 이어져 오고 있다. 그래서 우리에게도 재정을 담당하는 이들과 자선을 담당하는 이들이 있다. ……

칼뱅, 《교회 질서》, 1541년,
크리스티아니, 《옛 모습 그대로의 칼뱅 *Calvin tel qu'il fut*》(1955년)에서 인용.

칼뱅 종교 개혁의 파급 효과

1559년, 테오도르 베자가 설립한 제네바 학술원은 칼뱅의 종교 개혁을 파급시키는 데 크게 기여했다.[57] 제네바 학술원은 사람들에게 초등 교육뿐만 아니라 고등 교육까지 완벽하게 가르쳤다. 많은 외국인들이 신학을 공부하기 위해 제네바 학술원에 등록했다. 후에 이들은 자기 나라로 돌아가서 칼뱅식의 개혁 교회를 책임질 사람이 되었다.[58] 그리하여 칼뱅은 세계적인 유명 인사가 되었고 종교 개혁에 관한 권위자가 되었다. 많은 교회들이 제네바 교회가 지닌 기본적인 요소들을 차용했고 특히 장로 교회(장로가 다스리는 교회)와 앞에서 언급한 네 가지 직무를 갖춘 지역 공동체를 주로 받아들였다. 게다가 칼뱅은 세상 안에서 복음적인 삶을 살 수 있는 구체적인 방법을 제시하면서, 물질적인 삶을 신학적인 차원으로까지 끌어 올렸다. 그리하여 그는 인간과 문명에 대한 독특한 유형을 창출해 냈다. 그는 돈을 빌려 주고 이자를 받는 것은 합법적이라고 주장함으로써, 중세적인 관점에서 완전히 탈피했다. 바로 이런 점

---

[57] 테오도르 베자를 비롯한 로잔 학술원의 여러 교수들이 해임당해 제네바로 이주해 왔다. 그들의 도움으로 1559년에 제네바 학술원이 설립되었으며, 베자가 이 학술원의 초대 학장이 되었다. 그는 명실 공히 칼뱅의 후계자로서 자신의 입지를 굳혀 갔다. 이후 칼뱅은 베자와 함께 제네바 학술원에서 신학 교육을 담당하면서 틈나는 대로 여러 사람들과 서신 교환을 했다.

[58] 칼뱅은 여러 지역의 신생 교회들로부터 숙련된 목사를 파견시켜 달라는 절박한 요청을 받았다. 이 같은 요청에 의해 제네바 학술원은 기본적으로 제네바를 중심으로 프랑스와 네덜란드의 개혁파 교회의 목사를 양성하기 위한 목적으로 설립되었다.

때문에, 일부 역사가들은 칼뱅을 자본주의의 창시자로 간주한다.[59]

Ⅲ. 여러 교파로 쪼개지는 유럽

16세기, 그리스도교 유럽 세계는 여러 교회로 분열되었다. 새로운 종교 지도가 꼴을 형성했지만, 최종적인 윤곽은 1648년에 끝난 30년 전쟁[60] 후인 17세기 말에 이르러서야 드러나게 된다.

1. 독일과 북유럽

신성 로마 제국의 카를 5세 황제는 제국을 종교적으로 다시 통일

---

[59] 서구 자본주의와 민주주의라는 거대한 두 이념이 모두 칼뱅의 사상에서 유래했다고 분석하는 학자들도 있다. 사회학자인 막스 베버는 서구 자본주의가 칼뱅의 금욕주의 정신에서 유래했다고 주장했다. 또 서구 시민 민주주의 정치 체계의 사상적 기반인 로크와 루소 등의 자연권 사상, 근대의 시민 혁명 등이 모두 칼뱅의 신학과 관련된다는 견해도 있다. 하지만 칼뱅의 사상을 이러한 이념들과 직접 연결시키는 것은 다소 무리가 있으며 그들 사이에 내용적인 연관성이 있다는 정도로 말하는 것이 좋을 것이다.

[60] 30년 전쟁에 종지부를 찍은 베스트팔렌 조약(1648년)은 신성 로마 제국의 제후들에게 자신들의 영토에서 자신들의 종교를 선택할 수 있는 권한을 보장해 주었다. 그리하여 신성 로마 제국에 가톨릭교회와 루터 교회가 공존하고, 칼뱅 교회도 법적으로 인정을 받았다. 30년 전쟁으로 프랑스는 서방 강국으로 부상했고, 스웨덴은 발트 해의 지배권을 장악했으며 스위스와 네덜란드가 독립했다. 스페인은 네덜란드를 잃고 서유럽에서 주도권을 상실했다. 따라서 정신적으로는 교황이 주도하고 세속적으로는 황제가 주도하는 유럽의 가톨릭 제국인 신성 로마 제국은 사실상 붕괴되었다. '주권 국가 공동체'라는 근대 유럽의 본질적인 구조가 이 시기에 확립되었다.

시킬 수 있다는 희망을 오래전부터 갖고 있었다.[61] 황제는 일치 공의회와 화기애애한 토론과 전쟁을 마음속으로 생각하며, 이 세 가지(공의회, 토론, 전쟁)를 차근차근 하나씩 해야겠다고 생각하기도 하고 때로는 동시에 해야 한다고 생각했다. 한편, 가톨릭 제후들과 종교 개혁을 지지하는 제후들이 마치 서로 경쟁이라도 하듯이 자신들의 동맹 세력을 넓혀 나갔다. 1526년, 스피르 의회는 제후들이 자신들의 영토 안에서 종교 개혁을 자유롭게 할 수 있다는 관용령을 통과시켰으나 1529년에 새로 조직된 의회는 관용령을 무효화했다. 그러자 프로테스탄트 제후들이 강력하게 항의했고 이때부터 '프로테스탄트Protestants'[62]라는 용어는 로마 가톨릭교회로부터 분리된 종교 개혁자들을 일컫는 일반 명사가 되었다. 1530년에 카를 5세는 아욱스부르크 제국 의회에서 설득을 통해 종교적인 문제를 해결하려고 노력했다. 황제는 서로 다른 교파들에게 각자의 교리를 제시하도록 요구했다. 이때, 루터를 지지하던 멜란히톤은 〈아욱스부르크 신앙 고백〉이라는 제목의 문건 하나를 작성했는데 이것은 오늘날까지도 루터교 신자들에게 여전히 권위 있는 자료다.

---

61 카를 5세는 점점 커지는 프로테스탄트 세력과, 점점 강해지는 투르크 및 프랑스의 압력, 교황의 적개심에 맞서서 제국을 단결시키려고 애썼다.

62 1529년 4월 19일에 독일의 14개 자유 도시와 6명의 루터파 제후들이 대표가 되어 관용령 철회 결정에 대한 항의서를 발표했다. 이 항의서는 자신들이 그 결정에 참여하지 않았으므로 그 결정을 따를 수 없으며, 하느님에 대한 복종과 황제에 대한 복종 가운데 어느 하나를 선택해야만 한다면, 하느님에 대한 복종을 선택하지 않을 수 없다고 선언했다. 그들은 그리스도교 전체가 포함되는 공의회나 독일 민족의 총회를 개최할 것을 요구했다.

멜란히톤은 중도적인 온건한 입장을 견지했다. 즉, 그는 논쟁의 소지가 많은 문제들에 대해서는 직접적으로 다루지 않으려고 노력했다.[63]

루터교는 계속해서 확장해 나갔다. 그러나 루터교 노선에서 벗어나서 독자 노선을 걷는 경우도 있었다. 루터교는 뮌스터에 정착한 재세례파와 전투를 벌였고(1535년), 그 외에도 여러 분파들과 싸움을 해야만 했다.[64] 그중 뮌스터의 재세례파는 요한 묵시록에 근거하여 공산주의와 일부다처제를 실천하는 그리스도의 왕국을 건설하려고 했다.

내전(內戰)이든 대화든, 어떤 조치도 평화와 종교적인 일치를 가져다주지 못했다. 게다가 1555년 아욱스부르크의 종교 평화 조치는 결국 독일 교파의 분리를 법적으로 인정해 주는 역할을 했다.[65] 그

---

[63] 미수정판 〈아욱스부르크 신앙 고백〉에 나오는 첫 21개 조항은 루터교의 전반적인 교리를 공표한 것으로, '루터교의 신앙은 그 어떤 조항도 가톨릭의 신앙과 결코 다르지 않다.'는 내용이다. 그러나 나머지 7개 조항은 가톨릭의 여러 제도를 부정하는 내용이다. 예를 들면, 신자들의 양형성체 금지, 사제 독신제, 미사, 고해성사, 수도 생활, 주교들의 권한이 있다. 이 신앙 고백은 성공회의 39개조 신앙 고백과 감리교의 25개조 신앙 고백에 결정적인 영향을 미쳤다.

[64] 1535년 독일 제후들이 일으킨 군대에 의해 뮌스터는 함락되었으며 재세례파들은 고문과 죽임을 당했다.

[65] 바오로 3세 교황과 신성 로마 제국의 카를 5세 황제와의 불화로, 공의회의 개최가 어렵게 되자, 황제는 신성 로마 제국의 종교 문제를 스스로 해결하기 위해 1547년에 개최된 아욱스부르크 '무장 제국 의회'에서 자신의 방안을 제시했다. 그러나 영주들이 혁명을 일으키자, 황제는 동생 페르디난트에게 종교 문제를 맡기고 물러났다. 페르디난트는 혁명 세력과 파사우 휴전 조약(1552년)을 체결함으로써, 가톨릭과 프로테스탄트 양측 종파들에게 상호 간의 관용을 보증해 주었다. 그 후 1555년 9월에 아욱스부르크 제국 의회에서 종교 협정이 체결되어, 독일에서는 가톨릭과 프로테스탄트의 동등권이 인정되었다.

러나 교파를 선택할 수 있는 자유가 오직 영주들에게만 주어졌다. 바로 여기에서 "그 나라에, 그 종교cuius regio, eius religio!"라는 말이 생겨났다. 일반 서민들은 영주가 선택한 종교를 따르든지 아니면 다른 곳으로 추방당해야만 했다.

스칸디나비아 반도의 국왕들은 루터교를 선택했다(1527년 스웨덴, 1537년 덴마크와 노르웨이). 그러나 이 선택은 자신들의 나라의 백성들에게 별 영향을 주지 못했다. 왜냐하면 대부분의 백성들은 자기들이 지켜왔던 오래된 관습을 그대로 지켜 나갔기 때문이다.

2. 섬나라, 영국

▲ 헨리 8세 왕의 초상화, 한스 홀바인 작.

결혼 사건 하나가 영국 왕실과 교황 사이에 벌어진 갈등의 원인이었다. 헨리 8세와 결혼한 아라곤 왕가의 카타리나는 아들을 낳지 못했다. 그러자 헨리 8세는 카타리나와의 결혼에 대해 교황으로부터 무효 선언을 받아내고 싶어 했다. 그래서 그는 영국의 성직자들을 동원하여 교황을 설득하려고 했지만 실패하자 자신이 영국 교회의 수장이라고 선언했다(수장령首長令, 1534년). 토마스 모어,[14] 피셔 주교 등 로마 가톨릭교회에 순명하길 원했던 많은 사람들이 처형당했다.[66] 그러나 헨리 8세가 1539년 반포한 〈6개 신앙 조항〉에는 가톨릭 신앙의 정수精髓들이 그대로 담겨 있었다.

어린 에드워드 6세(1547~1553년) 왕이 아직 미성년자로서 종교적인 문제에 대해 잘 몰랐기 때문에, 칼뱅의 사상이 《공동 기도서Book of Common Prayer》(1549년)와 〈42개 신앙 조항Forty-Two Articles〉(1552년) 안에 몰래 들어올 수 있었다.[67] 하지만 헨리 8세와 카타리나 사이에서 태어난 메리 튜터가 여왕(1553~1558년)이 되자, 그녀는 가톨릭 신앙을 다시 복권시키면서 200명이 넘는 사람들을 처형했다.[68] 이로 인해 그녀에게는 '피투성이 메리'라는 별명이 붙여졌다.

엘리자베스 1세 여왕(1558~1603년)에 의해 영국 교회는 결정적으

---

[66] 영국 교회는 1533년부터 로마 가톨릭교회의 성직자들과 수도자들을 박해하기 시작하고 수도원을 폐쇄했다.

[67] 헨리 8세를 계승한 에드워드 6세는 10살의 어린 왕이었기 때문에, 외삼촌 에드워드 세이모어가 섭정을 하면서 칼뱅 사상을 영국 교회에 도입하여 교회 개혁에 착수했다. 그리하여 1547년에 가톨릭교회의 일곱 성사를 반대하고 〈6개 신앙 조항〉을 파기시켰다. 1548년에는 성직자의 독신제가 폐지되었고, 1553년에는 영국 교회의 〈42개 신앙 조항〉이 반포되었다.

[68] 메리는 1554년 스페인 펠리페 2세 국왕과 결혼함으로써 영국의 민족적 자존심과 국가의 명예를 손상시켜 의회와 국민의 강력한 반대를 받아 신망을 잃었다. 그래서 메리에 대한 반대 운동이 일어나자, 잔인하게 보복했다. 아울러 프로테스탄트 지도자들을 화형에 처하면서 프로테스탄트들을 박해했다.

제11장 르네상스와 종교 개혁

로 성공회가 되었다.⁶⁹ 그녀에게는 '영적 영역과 세속적 영역의 최고 통치자'라는 칭호가 붙여졌다. 그녀는 에드워드 6세의 《공동 기도서》를 다시 발간하고 성공회 신앙을 규정하는 〈39개 신앙 조항 Thirty-Nine Articles〉을 공표했다. 영국의 성공회는 일종의 타협안으로 생겨난 것으로, 성공회 신학은 주교직과 전례 예복 같은 전통 양식을 고수하는 칼뱅주의와 매우 흡사했다. 하지만 성공회를 반대하는 가톨릭 신자들과 프로테스탄트 신자들은 모두 무자비한 박해를 당했다.

스코틀랜드는 칼뱅주의를 받아들였고 스코틀랜드의 개혁 교회(장로교)는 1560년에 법적으로 공인받았다. 이 교회의 주된 설립자는 요한 녹스John Knox(1513~1572년)⁷⁰였다. 그는 제네바를 수차례 방문했고 칼뱅으로부터 많은 영향을 받았다. 한편, 영국은 아일랜드

---

69 메리를 계승한 엘리자베스 1세는 헨리 8세의 두 번째 부인인 앤 볼랜의 딸이었다. 그녀는 어머니와 헨리 8세의 결혼을 단죄한 로마 교황청에 대해 반감을 갖고 있었지만, 그렇다고 가톨릭 신앙을 박해하지는 않았다. 그러나 엘리자베스의 치하에서 영국 교회는 로마 가톨릭과 결별하고, 새로운 영국 성공회의 교계 제도를 만들었다. 1570년, 비오 5세 교황이 엘리자베스 여왕을 파문하자, 엘리자베스 여왕은 가톨릭교회를 박해하기 시작했다.

70 청교도 정신의 창시자 중 한 사람이며 장로교의 선구자다. 해딩턴 교외에서 농민의 아들로 태어나 세인트 앤드루스 대학을 졸업한 후, 공증인·가톨릭 사제가 되었다. 1545년에 루터파 G. 위셔트와 친분을 맺으면서 종교 개혁자가 되었다. 1547년에 위셔트가 처형된 후, 그는 세인트 앤드루스 성의 설교자가 되었다. 프랑스군이 성을 점령한 후 19개월간 프랑스 군대의 포로로 잡혀 있다가 석방되자, 영국으로 건너가 에드워드 6세의 궁정 목사가 되었다. 메리 1세 즉위 후에는 다른 종교 개혁자들과 함께 유럽 대륙으로 피신, 제네바에서 칼뱅의 영향을 받았다. 영국으로 돌아간 뒤, 종교 전쟁(1559~1560년)에서 개혁파가 승리하자, 에든버러에서 개혁파 교회의 확립을 위하여 노력했다. 그의 저항권 신수론抵抗權神授論은 개혁파 교회의 이론적 지주가 되었다. 주요 저서로는 《스코틀랜드 종교 개혁사》(1584년)가 있다.

도 종교 개혁을 단행하길 원했지만, 아일랜드는 단호하게 이를 거부했다.

14) 토마스 모어 처형

친구들과 가족들의 만류에도 불구하고, 토마스 모어는 헨리 8세 국왕을 영국 교회의 수장으로 인정하지 않았다. 노령의 대법관이었던 토마스 모어는 1535년 7월 6일 처형되었다. 그는 죽는 순간까지 유머 감각을 결코 잃지 않았다.

토마스 모어 경은 마치 장엄한 축제에 초대받은 사람처럼, 가장 멋진 옷으로 갈아입었다. 멋지게 차려 입은 토마스 모어 경을 본 런던탑 부관장은, 하찮은 놈(사형 집행인)에게 그런 값진 옷을 준다는 것은 가당치 않으니, 빨리 벗으라고 충고했다.[71]

"뭐라고요? 부관장님, 오늘 그(사형 집행인)가 나한테 아주 귀한 선물을 줄 텐데, 왜 내가 그를 하찮은 놈 취급해야 한

---

[71] 토마스 모어는 그리스도를 위해 죽는 자리에는 축제에 걸맞은 의복을 차려입고 나가야 한다고 생각했다. 그래서 앤서니 본비시한테서 받은 명주와 낙타털로 된 비싼 옷으로 갈아입었다. 사형 집행인이 사형수의 겉옷을 갖는 것이 당시 관례였다.

단 말입니까? 그럴 순 없습니다. 만일 이 옷이 황금 옷이라면, 키프리아누스 성인이 사형 집행인에게 금화 서른 냥을 주었던 것처럼, 나도 이 옷을 당연히 그에게 주어야 한다고 생각합니다."

부관장이 성가시게 간청하자, 토마스 모어는 마지못해 (꺼칠꺼칠한 회색) 옷으로 갈아입었다. 이제 (값비싼) 옷을 줄 수 없게 되자, 복된 순교자 키프리아누스 성인처럼, 토마스 모어는 천사가 새겨진 작은 금화 한 닢을 사형 집행인에게 건네주었다.

그런 후, 토마스 모어 경은 부관장에 의해 런던탑 밖에 있는 처형장으로 끌려 나갔다. 금방이라도 와르르 무너져 내릴 것처럼, 흔들리는 단두대에 오르면서, 토마스 모어는 부관장한테 기쁘게 말을 건넸다.

"부관장님, 당신을 위해 기도하리다. 잘 올라갈 수 있도록 나를 도와주시오. 내려올 때는 나 혼자서 잘 내려올 테니까."

그런 다음, 토마스 모어는 모여 있던 군중에게 자신을 위해 기도해 달라고 당부하고, 자신이 거룩한 가톨릭교회의 신앙을 위해서, 그리고 신앙 안에서 죽음을 맞으러 간다는 사실을 증언해 달라고 간청했다. 이어서 무릎을 꿇고 기도를 바친 다음, 웃는 낯으로 사형 집행인을 향해 돌아서서

> 말했다.
>
> "나의 용맹한 나리시여, 힘을 내게나. 자네가 하는 일을 두려워 말게. 내 목이 짧으니 조심해서 자르게. 정확히 잘 라야만, 자네의 명예가 살지 않겠나!"
>
> 그렇게 토마스 모어 경은 자신이 그토록 바라던 바로 그 날, 이 세상을 떠나 하느님께로 되돌아갔다.
>
> 토마스 모어의 딸 마르가레트의 남편, 윌리엄 로퍼가 쓴 《토마스 모어 경의 생애》.
> 《토마스 모어, 옥중 편지 Thomas More, Ecrits de prison》(1953년)에서 인용.

3. 프랑스

프랑스 국왕들의 정책은 계속 바뀌었다. 볼로냐 정교 조약을 통해서 얻게 된 특혜 때문에, 프랑스 국왕들은 (전에 비해) 로마에 충실했고 '대자보 사건(68쪽 참조)' 이후, 이단에 대한 박해가 점점 심해졌다. 1545년에 프로방스 지방에서 종교 개혁에 참여했던 발두스파[72] 들이 학살되었다. 프랑스의 몇몇 도시에서 개혁 교회들이 궐기를 했다. 1559년에 열린 파리 시노드에 약 50개 교회의 대표들이 한자리에 모였고, 그들은 프랑스 개혁 교회의 규율과 신앙 고백문을

---

[72] 발두스파는 '리옹의 발두스파' 또는 '리옹의 가난한 이들'이라고 불린다. 3,000명이 살해되었다(발두스파에 대해서는 1권 참조).

작성했다. 1571년에 열린 라 호셸La Rochelle 시노드에서는 이 문헌들을 재검토한 뒤 공식적으로 승인했다.

한편 위그노파Huguenots[73]라고 불리는 개혁 교회의 신자들은 군대의 힘을 빌려 자신들의 신앙의 자유를 방어하기 위해 정당을 조직했다. 섭정을 하던 메디치가의 왕녀 카타리나와 미셸 드 로피탈 Michel de l'Hôpital 총리는 회유적인 제스처를 취하며, 위그노에게 약간의 자유를 허락했다(1561년의 '푸아시 회의Colloque de Poissy'와 1562년의 '생-제르망 칙령Edit de Saint-Germain'). 그러나 1562년 바시Wassy에서 발생한 개혁 교회 신자들을 대량 학살한 사건은 프로테스탄트와 가톨릭 사이에 벌어진 종교 전쟁의 도화선이 되었다. 이 전쟁은 1598년까지 지속되었다.

▲ 성 바르톨로메오 축일의 대학살(창 밖으로 던져진 후 거리에서 살해당한 콜리니), 프랑스와 뒤브와 작.

가장 잔인했던 사건은 1572년 8월 24일 성 바르톨로메오 축일에 벌어진 대학살이었다. 메디치가의 카타리나는 프로테스탄트의 음모를 수포로 돌아가게 할 수 있다고 장담하면서, 파리의 수많은 위그노파를 대량 학살했다. 카타리나가 저지른 이 사건을 시작으로 프랑스에서는 여러 도시에서

---

[73] '위그노파'라는 용어는 '연합한 사람들' 혹은 '동맹한 사람들'을 뜻하는 단어로 독일어에서 유래했다. 프랑스의 칼뱅파 프로테스탄트들을 일컫는 말이다. – 필자 주

살육이 자행되었고 희생자가 수천 명에 이르렀다.

프로테스탄트 신앙을 포기하고 가톨릭으로 개종한 앙리 4세 국왕이 1598년 낭트 칙령에 서명하자, 위그노파들에게 평화가 찾아왔다. 하지만 많은 사람들은 이 조치는 일시적인 것이라고 생각했다.[74] 비록 특정한 단서가 붙긴 했지만, 그래도 양심의 자유가 인정되었고 자유롭게 예배를 드릴 수 있는 신앙의 자유가 허용되었다. 프로테스탄트 신자들에게 법적인 보장이 주어졌고 그들은 손수 결성한 군대를 통해 확실한 보호를 받았다.

4. 새로운 종교 판도

유럽에서 벌어졌던 이러한 시대적 상황을 끝마치기 위해서는, 마지막으로 합스부르크의 북해 연안에 인접한 저지대 국가들(네덜란드, 벨기에, 룩셈부르크)을 살펴봐야 할 것이다. 이 나라들은 1555년 이래로 스페인 펠리페 2세 국왕이 통치하고 있었다.[75] 그곳에 살고 있던 칼뱅주의자들은 1561년 북해 연안에 인접한 저지대 국가들

---

[74] 낭트 칙령은 1685년 프랑스 루이 14세 국왕에 의해서 철회되었다. 이로 인해 수천 명의 위그노파가 다른 나라나 아메리카로 피신할 수밖에 없었다. 프랑스에서 위그노파가 법적인 보호를 받게 된 것은 1802년부터였다.

[75] 스페인 카를로스 5세 국왕의 아들이었던 펠리페 2세가 왕위에 오르자, 네덜란드는 스페인 종교 재판소의 공포에 떠는 지역이 되고 말았다.

의 신앙 고백문을 발표했다. 그러자 알바 공작은 스페인 국왕의 이름으로 피비린내 나는 탄압을 자행했다. 북부 지방에서는 프로테스탄트들이 '침묵의 사나이'라는 별명을 지닌 오렌지의 윌리엄[76]을 중심으로 자유 지대 즉, 연합 주들을 결성했고 이들 지역이 오늘날 북해 연안의 저지대 국가들이 된 것이다.

예전의 유럽 그리스도교 세계는 이와 같이 로마를 반대하며 루터의 복음 교회, 칼뱅의 개혁 교회 등과 같은 수많은 교회로 갈라졌다. 심각하게 손상을 입은 로마 가톨릭교회는 스스로를 개혁하려고 애쓰면서, 동시에 갈라져 나간 교회들에 대해 대응했다. 일부 가톨릭 군주들은 무력을 동원해서라도 잃어버린 영토를 되찾고자 노력했다. 이 같은 모든 노력과 활동은 흔히 '반反종교 개혁(가톨릭 부흥 운동)'이라고 불렸다.

---

[76] 가톨릭 신자였던 오렌지의 윌리엄은 스페인에 대항하여 싸웠으나, 1584년에 전사했다.

제12장
가톨릭의 쇄신
(16~17세기)

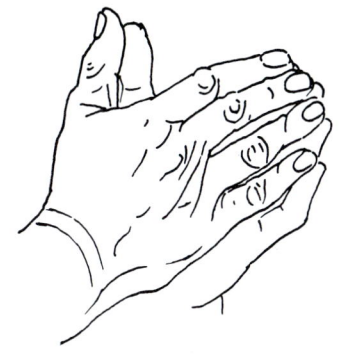

▲ 요셉 성인의 손, 휴고 판 데르 고스의 3면화의 '주님의 탄생'의 중앙면 그림, 피렌체의 우피치 미술 박물관 소장, 15세기 말.

프로테스탄트 운동과 병행하여, 로마 가톨릭교회 안에서도 개혁에 대한 열망이 모습을 드러내기 시작했다. 그 첫 번째 단계가 성직자들과 일부 신심 깊은 평신도들 그리고 때때로 주교들에 의해 이루어졌다. 마침내 많은 우여곡절 끝에 교황은 1545년 트렌토에서 일치 공의회를 소집하는 데 성공했다. 공의회를 중단시키려는 수많은 방해 공작이 있었으며 공의회가 폐막되기까지는 18년이라는 세월이 걸렸다. 그러나 트렌토 공의회의 결의 사항들은 점진적으로 영향을 끼쳤다.

프랑스에서는 17세기까지 이렇다 할 조치가 하나도 없었다. 하지만 이 시기에 프랑스의 전통 교회는 그 형태를 갖추었다. 이 시기에 갖추어진 프랑스 교회의 모습이 최근까지 유지되어 왔다. 하지만 그렇다고 해서 이 고전적인 가톨리시즘이 수많은 위기와 갈등을 상대적으로 적게 꿰뚫고 나왔다는 뜻은 아니다.

I. 16세기 가톨릭의 개혁

1. 교회 구성원의 자발적인 개혁

종교적인 열정과 불안 때문에 로마로부터 떨어져 나간 개혁가들이 출현했다고 한다면, 그들의 출현은 또한 로마 가톨릭교회로 하여금 내부적으로 수많은 개혁을 시도하게 만들었다. 이러한 노력은 종종 신자 계층에서부터 시작되었다. 프란치스코의 가르침을 더욱 충실하게 따르고자 하는 열망은 1525년에 '카푸친회'[77]라는 새

---

[77] 긴 세모꼴 두건인 카푸치오cappuccio가 달린 갈색 수도복을 입고 턱수염을 길러 '카푸치니 cappuccini'라는 별명을 얻었고 그로 인해 '카푸친'이라는 이름을 얻게 된 '카푸친 작은 형제회Ordo Fratrum Minorum Capuccinorum'는 관상 기도, 고행, 엄격한 가난, 가난한 이들에 대한 봉사와 헌신 등 창설자의 수도 회칙을 문자 그대로 엄격하게 지키려는 데서 시작된 수도회로, 아시시의 프란치스코의 영성을 완성시켜 제2의 창설자로 불리는 보나벤투라, 둔스 스코투스와 같은 훌륭한 신학자를 배출한 것으로도 유명하다. 카푸친회는 새로운 수도회라기보다는 프란치스코 수사들 내부에서 지속되어 온 개혁 가운데 하나로 볼 수 있다. '수도회'라는 개념보다는 '형제회'라는 개념을 중시했던 프란치스코의 뜻을 받들어, 카푸친회 회원들은 '수사'라고 불리는 것을 원치 않는다. 보다 더 작은 형제로 살기를 바라는 이들은 사제품을 받아도 '신부'라는 호칭은 극구 사양한다.

로운 수도회를 탄생시켰다. 그리고 평신도와 성직자들이 한데 모인 일종의 형제회인 '하느님 사랑의 오라토리오회Oratorio'[78]가 16세기 초반부터 이탈리아 여러 도시로 퍼져 나갔다. 그 회의 회원들은 함께 기도하고 가난한 이들과 병자들을 돌보았다. 일부 주교들도 오라토리오회에 가입했다. 교황청의 참사 위원이었던 기베르티Ghiberti(1495~1543년)는 이 회에 가입해 베로나 교구에서 열정적으로 사목했다. 그는 15년 동안 끊임없이 개혁을 추진해 오면서 전례의 존엄성, 성직자들의 거주 의무, 지적 양성의 중요성을 강조했다.

수도회 규칙을 따르는 성직자[79]

오라토리오회의 또 다른 회원이자 사제였던 베로나의 카예탄은 1524년에 매일매일 교구 신부로 활동하면서 동시에 수도회 규칙에 따라 생활하는 '테아티네스Theatines'라는 사제들의 수도회를 창

---

[78] 원래 이 용어는 중세 초기부터 기도하는 장소나 평신도의 모임을 지칭했다. 16~17세기에 생겨난 대표적인 오라토리오회로는 필립보 네리가 이탈리아에 세운 오라토리오회와 베륄이 설립한 프랑스 오라토리오회가 있다. 트렌토 공의회의 정신에 따라, 사제들의 생활 쇄신을 목표로 세워진 성직 공동체가 오라토리오회다. 오라토리오회 사제들은 공동생활을 하면서 성직자의 성화와 쇄신, 그리고 신자들의 신심을 강화하기 위해 노력했다.

[79] '수도회 규칙을 따르는 성직자(프랑스어 les clercs réguliers, 영어 Regular clergy)'는 오늘날의 '사도 생활단'이다. 교회에서 '사도 생활단'이라는 명칭이 사용되기 시작한 것은 1983년 새 법전의 반포 때부터다. 그전에는 '수도 서원 없이 공동생활을 하는 남성, 혹은 여성들의 단체Societies of Men or Women Living in Community Without Vows', '사도 생활 연합회Institutes of Associated Apostolic Life' 또는 '외방 선교회Missionary Societies'로 알려졌었다. 현재 한국에는 파리 외방 선교회, 메리놀 외방 선교회, 골롬반 외방 선교회, 과달루페 외방 선교회, 필리핀 외방 선교회, 그리고 '팔로티회'로 더 잘 알려진 '천주교 사도회'를 비롯한 6개의 외국에서 들어온 사도 생활단과 한국 외방 선교회와 성 황석두 루카 선교 형제회와 같이 한국에서 시작된 2개의 사도 생활단이 활동하고 있다.

설했다. 이 수도회는 사제이면서 동시에 수도자처럼 생활하는 새로운 모습의 '수도회 규칙을 따르는 성직자'의 등장을 알리는 시발점이 되었다. 이런 공동체 가운데 가장 널리 알려진 대표적인 것이 바로 스페인 로욜라의 이냐시오Ignatius de Loyola(1491~1556년)가 창설한 예수회다. 전투에서 부상당한 이후, 회개를 한 이냐시오는 자신의 개인적인 경험을 《영신수련Exercices spirituels》에 그대로 옮겨 적었다.[15] 그는 이 책을 여행 중에 만난 이들, 특히 1534년 파리에서 그의 주변으로 모여들었던 동료들(몽마르트르의 서원)에게 추천했다. 이 모임이 1540년에 예수회가 되었다. 예수회의 네 번째 서원인 '교황에게 순명한다'는 맹서를 함으로써, 예수회 회원들은 당시 교회가 필요로 하는 모든 요청에 즉각 응답하겠다는 자신들의 의지를 분명하게 표명했다.[16] 그들은 교육 분야에 종사하면서 많은 대학을 설립했으며, 영적 지도는 물론이고 머나먼 이국땅에 가서 선교도 했다. 이냐시오가 세상을 떠날 때 즈음, 예수회 회원은 약 천 명 정도 되었다.

예수회

예수회가 비약적으로 발전하게 된 것은 창설자 로욜라의 이냐시오의 개성 때문이었다. 그는 엄청난 영향력을 지닌 두 개의 '도구' 즉, 《영신수련》과 《회헌Constitutions》을 자신의 영적 자녀들에게 남겨 주었다. 《영신수련》은 예수회 회원뿐만 아니라 수많은 그리스도인들을 훈련시키는 데 크게 기여했다. 《회헌》은 예수회를 총장과 교황을 중심으로 하는 일종의 권위적인 군주제 같은 모습으로 만들었다. 한편, 예수회 회원들은 교회의 아주 훌륭한 봉사자가 되고자 했다.

▲ 로욜라의 이냐시오, 국립 도서관에 소장된 필사본.

15) 영신수련

일러두기 1.

영신수련이란 양심 성찰과 묵상 기도, 관상 기도와 염경 기도 및 침묵 중에 기도하는 방법을 포함하여 앞으로 다루게 될 모든 정신 활동의 방식들을 말한다. 산보와 걷기, 달리기가 몸의 운동인 것과 같이 우리 정신이 온갖 무질서한 애착을 없애도록 준비하고 내적 자세를 갖추며 그런 다음에 영혼의 구원을 위하여 자신의 인생에 대한 하느님의 뜻을 찾고 발견하려는 모든 방법을 영신수련이라고 하는 것이다.

365. 전투 교회에서, 참된 의식을 갖기 위해서는 다음과 같은 열세 번째 규칙을 지켜야 한다.[80]

모든 일을 올바로 하기 위해서는 내가 보기에 흰 것이라도, 교계 제도인 교회가 검다고 판정하면, 그렇다고 항상 믿어야 한다. 왜냐하면 우리 주님이시며 신랑이신 그리스도와 그분의 신부인 교회 사이에, 우리 영혼의 구원을 위해 같은 성령께서 우리를 다스리고 인도하신다고 믿기 때문이다.

16) 예수회의 기본 규칙(1540년)

예수님의 이름을 지닌 우리 회에 가입하여 십자가의 깃발 아래 하느님의 군사로서 오직 주님만을 섬기고 그분의 지상 대리자인 로마 교황을 섬기기를 원하는 자는 누구든 영구적인 정결을 장엄하게 서원함으로써 무엇보다도 먼저 그리스도교에 대한 신앙생활과 교리를 통해 모든 영혼을 돕고, 공적인 설교와 하느님 말씀을 선포하는 직무를 통해, 영적인 수련들과 애덕의 활동, 구체적으로는 어린이들

---

[80] '전투 교회에서, 참된 의식을 갖기 위해서는 다음 규칙들을 지켜야 한다.'라는 문장은 원래 《영신수련》 352이 있는 문장이다. 이 문장 다음에 규칙들이 18개 나오는데, 13번째 규칙이 365이다. 그런데 필자가 인용한 책에는 조금 다르게 기록되어 있는 것 같다.

과 교육을 받지 못한 사람들에게 그리스도교 진리를 가르치고, 고해성사로써 그리스도교 신자들에게 영적인 위안을 줌으로써 신앙을 전파하기 위해 설립된 단체의 일원이 된다는 것을 알아야 한다. ……

명령하는 전권은 총장이 가진다. …… 비록 우리가 모든 그리스도교 신자는 예수 그리스도의 대리자이며 으뜸이신 로마 교황께 복종해야 한다는 것을 복음에서 배우고 정통 신앙을 통해 알고 있고 또 확고하게 고백한다 하더라도, 예수회의 더 큰 겸손과 …… 우리 각자가 통상적인 유대 외에도 특별 서원으로 교황께 결합하는 것이 가장 유익하다고 판단하였다. 우리는 그 서원에 따라 현재의 교황과 그 후계자들인 다른 로마 교황들께서 모든 영혼의 유익과 신앙의 전파에 관련된 어떤 일을 명령하면, 우리가 할 수 있는 한, 어떤 핑계나 망설임도 없이, 즉시 이행하여야 하며, 우리를 특정 지역으로 파견할 경우, 투르크인들이나 인도라 불리는 지방에 사는 사람들을 포함한 다른 어떤 비신자들 혹은 이교인離敎人들이나 열교인裂敎人들에게 보낸다 하더라도 즉시 떠나야 한다. ……

졸리H. Joly, 《로욜라의 이냐시오 성인*Saint Ignace de Loyola*》(1913년), 142쪽에서 인용.

2. 트렌토 공의회

　루터가 보름스 제국 회의에 출두하여 카를 5세 앞에 서 있을 때(1521년), 교황 대사는 "전 세계가 공의회, 공의회를 외치고 있다!……"라고 말했다. 오랫동안 교황들은 공의회 소집을 망설여 왔다. 신성 로마 제국의 황제와 프랑스 왕 사이에 벌어진 끊임없는 전쟁은 사실상 공의회 개최를 어렵게 만들었다. 요한 바오로 2세 교황이 등장하기 전까지 마지막 비이탈리아인 교황이었던 네덜란드 출신 하드리아노 6세(1522~1523년)가 교황청의 잘못을 시인하기는 했지만, 아무런 조치를 취하지 않았다. 후임 교황인 클레멘스 7세가 프랑스의 프랑스와 1세와 동맹 관계를 맺자, 신성 로마 제국 황제의 군대(군인들 가운데 일부가 루터파)가 1527년 5월 로마를 점령하여 약탈했다. 사람들은 7일 동안 자행된 약탈, 강간, 신성 모독 행위를 지켜보면서, 하느님의 심판을 보는 듯했다. 게다가 바오로 3세(1534~1549년) 교황은 의심스러운 전력을 갖고 있었다.

　시간이 흘러, 생각을 바꾼 교황은 공의회 소집을 결정하고, 베네치아의 인문주의자 콘타리니, 카르펜트라스의 교구장 사돌레토, 영국의 레지날드 폴 등 일부 주목할 만한 추기경들과 함께 개혁 위원회를 구성했다. 그러나 에라스무스의 정신이 깃든 개혁에 대한 희망은 사라지고 만다. 당시 방어적인 태도가 너무 팽배해 있었던 것이다. 1542년, 바오로 3세는 이단을 전파시키는 자들을 체포하기 위해 '로마 이단 심문소(후에 신앙 교리 성성으로 바뀜)'를 재조직했다. 카푸친회의 총장도 새로 조직된 이단 심문소로 소환당했다.[81] 결국 공의회는 1545년 12월 13일 트렌토에서 가까스로 열리게 되었다.

공의회의 험난한 여정

알프스 산맥의 심장부인 알토 아디제Alto Adige 계곡에 위치한 트렌토[82]가 공의회 장소로 선정된 것은 카를 5세의 강요 때문이었다. 트렌토는 이탈리아의 문화를 간직한 이탈리아의 영토였지만, 신성 로마 제국의 황제에 예속된 도시였기 때문에 사람들은 독일인들이 많이 참석할 것이라고 기대했었다. 당시 보편 교회의 주교들이 500명이었는데도 불구하고 트렌토 공의회가 개최되자, 겨우 34명의 대표만이 공의회에 참석했다. 참석자 수가 공의회 기간 중에 조금씩 늘어나 공의회의 마지막 회기가 진행되던 때에는 최대 237명에 달했다. 공의회에 참석한 대부분의 교부들은 지중해 연안 국가에서 온 사람들로, 그중에서 이탈리아 출신이 4분의 3을 차지했다. 프랑스인들은 공의회가 끝날 무렵에 비로소 많은 수가 참여했다.

---

81 설립 10년 만에 12개 관구와 700여 명의 회원을 가질 만큼 급속한 성장을 보였던 카푸친회는 1538년 총대리로 선출됐던 베르나르디노 오키노가 칼뱅파로 개종하자 큰 위기를 맞는다. 베르나르디노 오키노는 이단 심문소로 끌려갔고, 교황청은 모든 카푸친회 회원의 설교 금지, 새로운 공동체 설립 금지 등의 조처를 취했다. 이러한 금령은 1587년 그레고리오 13세 교황이 해제할 때까지 지속되다가 1619년 바오로 5세 교황의 칙서로 인해 작은 형제회, 콘벤투알 성 프란치스코회 등과 같은 조건으로 완전 독립을 허락받았다.

82 트렌토(트리엔트) 공의회가 개최된 당시에는 신성 로마 제국의 영토였지만, 현재는 이탈리아의 영토이기 때문에, 트렌토라고 표기한다.

북쪽에 있는 사람들의 참석률을 높이기 위해, 남쪽에 있는 사람들이 양보를 해서 공의회 장소가 트렌토로 정해졌지만, 북쪽 사람들은 공의회에 참석하지 않았다. 우리가 알고 있는 제1차 바티칸 공의회나 제2차 바티칸 공의회처럼, 트렌토 공의회도 비슷하지 않았을까 하고 생각하는 것은 큰 오산이다. 각 나라를 대표하는 사절들과 제후들이 공의회에 개입했고, 여러 차례 연회를 베푼데다.[17)] 어떤 주제를 먼저 다룰 것인가 하는 의제 선정 문제[83]로 격렬한 논쟁을 벌였다. 또한 전염병과 전쟁에 관한 소문들이 나돌아 공포심마저 팽배했다. ……

17) 트렌토 공의회에서의 무도회

트렌토 공의회는 단지 교회의 개혁을 논하기 위한 주교들만의 회합은 아니었다. 공의회는 숙박, 식량 공급, 시중드는 문제, 치안 등 많은 문제들이 관련되어 있는 모임이었다. 여기에 각국

---

83 '교의에 관한 공의회냐, 개혁 공의회냐' 하는 논란이 있었으나, 두 가지를 동시에 다루어야 한다는 결론을 내렸다. 그러나 무엇을 먼저 다룰 것인가 하는 문제가 남아 있었다. 만일 교의 문제를 먼저 다루고 나서 개혁 문제를 다루면, 로마가 개혁 문제를 다룰 때에는 관심을 갖지 않을지도 모른다는 불신이 있었다. 또 만일 개혁 문제(대부분 주교들의 최우선 관심사)를 먼저 다룬다면, 많은 주교들이 개혁 문제만 다루고 떠나 버릴지도 모른다는 염려가 있었다. 그래서 교황 사절단은 1546년 1월 22일에 다음과 같은 절충안을 통과시켰다. "공의회는 언제나 교의 의안과 개혁 의안을 병행해서 다룬다."

의 사절들도 있었다. 무도회 같은 축제들이 준비되었다. 하지만 어떤 사람들은 이런 것을 좋아하지 않았다.

트렌토의 크리스토포로 마드루초 추기경은 유명한 귀족의 결혼식 축하연을 자신의 궁전에서 베풀었다. 다른 것은 그렇다 치고, 연회가 끝난 후에 수많은 귀부인들이 모인 장소에서 무도회가 열렸다. 당시 그 나라의 관습에 의하면, 연회에 초대받은 사람은 모두 춤을 추어야만 했다. 트렌토의 추기경은 펠트르와 아그드, 클레르몽 등지의 주교들을 비롯하여, 피기노 법무관과 공의회의 재무 담당관 등을 식탁에 초대했다. 그래서 모든 사람이 춤을 추었다. 이런 식으로 트렌토의 추기경은 그 사람들에게 경의를 표하고 싶어 했다. 그날 밤 그는 팔레르모의 대주교와 여러 명의 주교들을 저녁 식사에 초대해서, 자신과 함께 상좌에서 무도회를 개최하자고 정중하게 제안했다. 그리고 이 모든 것이 외견상 정숙함과 그리스도인의 자비심으로 영광스럽게 거행되었다. ……

마사렐리Massarelli 비서관이 1546년 3월 3일에 기록한 공의회 일지
뒤메즈Dumeige, 《일치 공의회의 역사 Histoire des Conciles Oecuméniques》,
제10권(1974년), 46쪽에서 인용.

공의회 의장은 교황 전권 대사들이 맡았다. 그들은 교황의 의견을 듣지 않고서는 어떤 중요한 결정을 내릴 수가 없었다.

공의회를 폐막하기까지, 공의회는 무려 세 차례나 다시 열어야만 했다. 바오로 3세 교황 재위 시절, 트렌토에서 공의회가 1545년에서 1547년까지 열렸다. 그 후 공의회 장소를 볼로냐로 옮겼지만, 아무런 결실도 없었다. 율리오 3세 교황은 1551년부터 1552년까지 트렌토에서 공의회를 다시 새롭게 소집했고 일부 프로테스탄트 대표들은 이때 공의회에 참석했다. 그러나 바오로 4세(1555~1559년) 교황은 공의회 없이 자신만의 고유한 방법, 즉 이단 심문과 금서 목록 책들을 불태우는 방법을 통해서 교회를 개혁하려고 했다. 심지어 추기경들도 이단 심문을 당했다. 에라스무스의 작품들이 불태워졌고 성경을 자국어로 번역하는 것이 금지되었다.

그 뒤 비오 4세 교황은 공의회(1562~1563년)를 재소집하기로 결정했다. 바오로 4세에 의해 이단자로 혐의를 받고 수감당한 적이 있던 모로네 추기경이 트렌토 공의회를 극적으로 구해 냈다. 트렌토 공의회 마지막 회기에 참석한 교부들은 1545년 이후에 이루어진 결의 사항과 1563년 12월 3일과 4일에 걸쳐 이루어진 모든 결의 사항을 승인했다. 로렌 지방의 추기경은 11번의 박수갈채를 이끌어 냈고, 참석자들은 서로 얼싸안고 기쁨의 눈물을 흘리며 헤어졌다.

트렌토 공의회의 결의 사항

일찍이 그 어떤 공의회도 트렌토 공의회처럼 많은 일을 한 적이 없었다. 트렌토 공의회는 과거에는 단 한 번도 분명하게 규정하지 않았던 수많은 교의에 대해 분명하게 밝혔고, 사목의 모든 분야에 대한 개혁을 요구했다. 트렌토 공의회의 많은 문헌들은, '의화義化' 문제를 다룬 문헌들처럼 오랜 성찰의 결과물이었다. 또한 구원을 위해 하느님과 인간이 협력하여 만들어 낸 공동 작품이었다.

그러나 다른 문헌들에는 반프로테스탄티즘의 논조가 강하게 강조되었다. 어떤 관습들은 단지 프로테스탄트 신자들이 하고 있다는 이유 때문에 단죄를 받았다. 자국어로 거행하는 미사 전례를 금지시킨 것이 바로 여기에 해당된다.[84] 한편, 사목적인 결의 사항 가운데 하나인 신학교 건립에 대한 결정은 교회의 미래를 위한 원대하고 풍성한 결실을 가져다주었다.

> **[18] 트렌토 공의회의 정의와 결의 사항**
>
> 공의회는 일반적으로 각 분야마다 하나의 발표문을 낸다. 교

---

[84] 가톨릭교회는 트렌토 공의회가 끝난 지 약 400년이 지난 뒤인 제2차 바티칸 공의회에 가서야 비로소 자국어 미사 전례를 허용했다.

의에 대한 정의를 내리는 경우, 그 발표문 말미에 흔히 그 교의에 반대되는 의견을 단죄하는 내용이 나온다. 말미에 나온 내용들은 주로 프로테스탄트들의 주장을 반박하는 내용들이다.

제1교령: 성경과 사도들의 전승을 수용함

…… 그러므로 공의회는 구약이든 신약이든 두 가지 다 한 분이신 하느님께서 저자이시기에, 그 모든 책을 똑같은 애정과 존경으로 받아들이고 공경한다. 마찬가지로 신앙과 행실에 관한 전승들도 그리스도 자신의 입 혹은 성령에 의해 발설되어 가톨릭교회 안에 지속적으로 보존되어 오는 것으로서, 정통 신앙의 교부들의 모범을 따라 똑같은 애정과 존경으로 받아들이고 공경한다. ……

제4차 회기, 1546년 4월 8일, 투표인 61명.

의화에 관한 법규

1. 만일 누가 인간이 예수 그리스도를 중재로 주어진 하느님의 은총 없이 인간 본성의 힘이나 법의 가르침에 힘입어 행한 자신의 선행만으로, 하느님 앞에서 의화될 수 있다고 주장한다면 그는 파문받아야 한다.
4. 만일 누가 인간의 자유의지는 하느님에 의해 촉발되고 발휘되는 것이기 때문에 의화 은총을 얻기 위해서는

그 의지를 움직이고 준비시키시는 하느님의 부르심에 응답하여 하느님께 협조해야 한다고 주장하지 않고, 하느님께서 원하시는 것을 인간이 거부하는 것은 불가능하기 때문에 인간의 의지는 마치 생명이 없는 사물처럼 아무것도 행할 수 없고 완전히 수동적인 역할을 할 뿐이라고 주장한다면, 그는 파문받아야 한다.

제6차 회기, 1547년 1월 13일, 투표인 70명.

성사

1. 만일 누가 새로운 법의 성사들 모두가 우리 주 예수 그리스도에 의해 설정되지 않았다고 주장하거나, 성사들이 세례·견진·성체·고해·병자·성품 그리고 혼인 즉 일곱 가지보다 많거나 적다고 주장하거나, 혹은 이 일곱 가지 중에서 어떤 것은 참된 본연의 성사가 아니라고 주장한다면, 그는 파문받아야 한다.

제7차 회기, 1547년 3월 3일, 투표인 72명.

지극히 거룩한 성체성사에 관한 법규

1. 만일 누가 지극히 거룩한 성사 안에 그 영혼과 신성과 더불어 우리 주 예수 그리스도의 몸과 피, 즉 온전한 그리스도의 전 존재가 참으로, 실제로 그리고 실체적으로 존재하심을 부인하면서, 상징이나 형상으로 혹은

그분의 능력만이 그 안에 있다고 주장한다면, 그는 파문받아야 한다.

제13차 회기, 1551년 10월 11일, 투표인 54명.

거룩한 미사성제에 관한 법규

9. 만일 누가 감사 기도의 일부와 축성의 말씀을 낮은 소리로 실행하게 되어 있는 로마 교회의 예식禮式은 심판받아야 한다거나, 미사는 오로지 백성의 언어로만 봉헌되어야 한다거나, 성작을 봉헌할 때에 물을 포도주에 섞는 것은 그리스도의 제정을 거스르는 것이므로 옳지 않다고 주장한다면, 그는 파문받아야 한다.

제22차 회기, 1562년 9월 17일, 투표인 183명.

성품성사에 관한 법규

1. 만일 누가 신약에는, 어떠한 가시적이고 외적인 사제직이 없다고 주장하거나 혹은 주님의 참된 몸과 참된 피를 축성하고 봉헌하며 죄를 사하거나 사하지 않을 수 있는 권한이 없고 단순히 복음 선포의 봉사와 직무만이 존재한다고 주장하거나, 설교하지 않는 이들은 사제가 아니라고 주장한다면, 그는 파문받아야 한다.

제23차 회기, 1563년 7월 15일, 투표인 237명.

미래의 사제들을 양성하기 위한 신학교의 설립

  청소년들은 올바른 교육을 받지 못하면 세상의 쾌락에 쉽게 빠질 수 있고, 나쁜 습관에 물들지 않은 어린 시절에 신심과 종교심을 갖도록 양성되지 않으면 전능하신 하느님의 위대하고도 특별한 도움 없이는 결코 정상적으로 교회의 규율을 지키는 것이 불가능하기 때문에, 거룩한 공의회는 다음과 같이 결정하는 바이다. 각 주교좌성당, 수도 교구장좌 성당 또는 그보다 더 큰 성당들은 교구의 규모와 능력에 따라 그 도시와 교구의 일정한 수의 소년들을, 혹은 숫자가 충분하지 않은 경우에는 관구 단위에 거주하는 일정한 수의 소년들을 모아, 주교는 교회 가까운 곳이나 다른 적절한 장소에 주교가 그러한 목적으로 마련한 신학원에 기거하게 하여 양육하면서 종교적으로 양성하고 교회의 학문들에 대해 교육해야 한다. ……

제23차 회기, 1563년 7월 15일, 투표인 237명.

혼인의 개혁에 관한 법규

  제1장 유효한 혼인 체결

  …… 본 거룩한 공의회는 이제 본당 사제나 직권자로부터 권한을 받은 다른 사제 없이, 그리고 두 세 사람의 증인이 없이 혼인을 맺으려고 시도하는 모든 사람은 혼인을 맺

> 을 자격이 없다고 선언하고, 이러한 혼인 계약들은 무효임을 선포하며 이 교령을 통해 이를 명시하는 바이다. ……
>
> 제24차 회기, 1563년 11월 11일, 투표인 231명.
>
> 미셸A. Michel, 《트렌토 공의회 문헌집Les Décrets du Concile de Trente》(1938년)에서 인용.

▲ 트렌토 공의회, 동시대의 판화 그림.

트렌토 공의회의 결의 사항을 실천하는 교황들

트렌토 공의회는 공의회의 결의 사항을 수행할 임무를 교황에게 맡겼다. 비오 4세 교황은 트렌토 공의회의 교령들을 공식적으로 출판하고 그것을 추진할 실행 추진 위원회를 만들었다. 한때 이단 심문관이었고 성인품에 오른 비오 5세(1566~1572년) 교황은 이단과 투르크족을 물리치는 데 있어서(레판토 해전, 1571년) 탁월한 지도력을 발휘했다. 교황은 흔히 '트렌토 공의회의 교리서'라고 불리는

《로마 교리서Catechismus Romanus》(1556년)[85]와 《로마 성무일도Breviarium Romanum》(1568년) 그리고 《로마 미사경본Missale Romanum》(1570년)을 차례로 출판했다. 그런데 《로마 미사경본》은 제2차 바티칸 공의회의 결의에 따라 다시 개정·공포되었다. 전례

▲ 식스토 5세 교황의 초상화.

의 혼란을 바로 잡고 전례를 보호하기 위해서, 교황은 통일된 미사경본을 발간하여 전 교회에 사용토록 했다. 그리고 그동안 사용해 왔던 전례들 중에서 아직 채 200년이 안 된 전례는 모두 금지한다는 교령을 반포했다. 그리하여 가장 오래된 전례들(밀라노 전례, 리옹 전례, 도미니코 수도회 전례)은 그대로 살아남았다.

달력의 날짜와 계절이 일치하지 않는 불편함 때문에, 그레고리오 13세(1572~1593년) 교황은 달력의 날짜와 절기를 일치시키기 위해 1582년에서 열흘(10월 4일부터 15일까지)을 없애 버리는 조치를 취함으로써 달력을 개혁했다. 그는 그레고리안 대학을 포함한 많은 대학과 신학교를 설립하고, 그 책임을 맡을 상임 대리자 제도를 도입했다. 식스토 5세(1585~1590년) 교황은 15개의 로마 교황청 성성聖省의 형태를 갖춘, 교회의 중앙 통치 체제를 출범시켰다. 각 성성은 교회와 교황청 부서에서 교황을 보좌하며 업무를 도와주는 기구였고, 70명 정도 되는 추기경들이 각 성성에 분산 배치되었다. 1614년, 바오로 5세(1605~1621년) 교황은 《로마 예식서Ritus Romanum》를 발행했다.

---

[85] 《로마 교리서》는 사제들을 대상으로, 강론과 어린이 교리 교육을 위해 만들어졌다. – 필자 주

이 책에는 성사를 거행할 때 지켜야 할 규정과 경문이 담겨 있다.

로마 교황청은 아름답게 꾸며졌고, 로마 가톨릭 세계의 수장으로서의 모습을 갖추었다. 성 베드로 대성전의 둥근 천장 지붕은 1590년에 완공되었다. 그 다음 세기에 베르니니Gian Lorenzo Bernini(1598~1680년)[86]가 대성전 광장에 있는 주랑柱廊을 건축하자, 베드로 대성전은 마침내 오늘날의 우리가 바라보는 웅장한 모습으로 변화되었다. 1575년과 1600년에 선포한 성년은 대성공을 거두었다.[87]

유럽의 가톨릭 나라들에 트렌토 공의회의 결의 사항이 뿌리를 내릴 수 있었던 부분적인 이유는 각 나라의 왕들이 협조했기 때문이다. 특히 스페인의 펠리페 2세는 재빨리 공의회의 결의 사항을 받아들였지만, "내 왕권의 범위 안에서"라고 그가 말한 대로, 구체

▲ 식스토 5세 때의 성 베드로 대성전, 미켈란젤로가 설계한 대성전 돔의 기저 부분.

---
86 '제2의 미켈란젤로'라는 별명을 얻을 정도로 유명한 이탈리아의 조각가이자 건축가이며 화가.
87 엄청나게 많은 순례객들이 베드로 대성전을 방문했다.

적인 시행은 아주 제한된 방식으로 이루어졌다. 그러나 대부분 다른 나라에서는 마지못해 공의회의 결의 사항을 받아들였다. 독일에서는 황제들이 공의회가 사제들의 결혼을 허락해 주기를 원했다. 프랑스에서는 공의회의 결의 사항이 왕권을 약화시킬 것이라고 생각한 왕들이 공의회의 결의 사항을 공표하는 것을 반대했다.

▲ 1594년에 건축된 '예수회 성당' 정면도, 로마.

3. 가톨릭의 개혁과 반종교 개혁

교회에 모든 정열을 다 봉헌하려는 수많은 사람들의 노력 덕분에, 트렌토 공의회의 정신이 교회 생활 안으로 깊숙이 파고들었다. 좀 더 구체적으로 표현하자면, 그것은 여러 가지 악습을 도려내고 그리스도인들을 가르치고 성직자들을 양성하는 문제였다. 그러나 동시에 프로테스탄트 개혁에 맞서 싸우겠다는 열망과 때로는 무력을 사용해서라도 잃어버린 땅을 되찾겠다는 열망이 함께했다. 바로 이런 이유 때문에, 가톨릭의 개혁과 반종교 개혁을 동시에 말할 수 있다. 서로 다른 모습들이 뒤섞여 있었다.

베드로 카니시우스와 카롤로 보로메오

이 두 사람을 통해서 우리는 가톨릭의 개혁과 반개혁이라는 서로 다른 모습을 엿볼 수 있다. 네덜란드 출신으로 예수회원이었던 베드로 카니시우스Peter Canisius(1521~1597년)는 유럽 전역을, 특히 게르만족들의 나라를 지칠 줄 모르고 돌아다니면서 가톨릭교회의 개혁을 완성시키기 위해 헌신했다.[19)] 왕들과 주교들의 고문顧問이었던 그는 종교 교육의 중요성을 강조하기 위해 수많은 대학(콜레지움)을 설립하고 여러 권의 교리서를 출판했다. 이 교리서들은 경이적인 성공을 거두었고, 프랑스에서는 최근까지 500쇄가 발행되었다.

한편 밀라노의 카롤로 보로메오Carlo Borromeo(1538~1584년)는 트렌토 공의회의 정신을 실천한 주교들 가운데서 전형적인 본보기였다. 그는 아주 엄격한 금욕 생활을 하며 여러 차례 지역 시노드와 교구 시노드를 소집하고 대학들과 신학교들을 설립했다. 1576년 흑사병이 번졌을 때, 그가 보여 준 헌신은 아주 깊은 인상을 남겼다. 공의회 정신을 실천하겠다는 그의 사상과 의지가 담긴《밀라노 교회의 행전》과 고해 신부들을 위해 작성한 《고해성사 지침서》는 가톨릭 전통을 따르던 유럽 전역으로 퍼져 나갔다.

▲ 카롤로 보로메오, 데 크레스피 작.

19) 이단에 대한 투쟁 방법

시대 정신에 충실했던 로욜라의 이냐시오는 황제의 고문인 베드로 카니시우스에게 오스트리아에서 프로테스탄트 이단과 맞서 싸우도록 다음과 같이 강력하게 충고했다.

…… 만일 어떤 사람이 이단 행위를 한 것으로 판명되거나 이단이 아닐까 한 의심이 갈 경우, 그 사람한테서 명예

와 재산에 대한 모든 권리를 박탈해야 합니다. 만일 어떤 이들을 사형에 처하거나 재산을 몰수하고 귀양을 보내는 것과 같은 본보기를 보여 준다면, 사람들은 종교적인 문제들을 중요하게 생각할 것입니다. 따라서 그런 조치들이 커다란 효과를 거둘 것입니다. 만일 빈 대학이나 다른 대학의 정식 교수들이나 행정가들이 가톨릭 신앙과 관련해서 나쁜 평판을 듣는다면, 그들을 모든 직책에서 해임시켜야 합니다. ……

모든 이단 서적들을 …… 불태워 버리거나 나라 밖으로 내던져 버려야 합니다. 이것이 이단이 발생했을 때 취해야 할 적절한 방법입니다. 멜란히톤의 책들(문법과 수사학修辭法 혹은 변증법)에는, 이단적인 요소가 없다고 하더라도 그의 책들을 모조리 없애야 합니다. 왜냐하면 그가 이단 사상을 주장하기 때문에 그가 유포시키는 이단을 혐오한다는 표시로, 그의 책들을 없애 버릴 필요가 있습니다.

로욜라의 이냐시오가 카니시우스 신부에게 보낸 《편지》(1554년 8월 13일).

영성의 부흥과 수도회의 발전

한편 스페인에서는, 모든 이단의 침투를 막으려고 항상 경계의 끈을 늦추지 않던 이단 심문소가 '계시의 빛을 받았다고 주장

▲ 아빌라의 성벽.

하는 자들alumbrados'을 악착스럽게 추적하여 근절시키면서, 동시에 상당수 수도회를 비난했다. 이런 비난에도 불구하고, 종교 전쟁이 없었던 스페인에서는 영성이 크게 발전하고 수도회도 발전했다.[20] 신비 생활의 단계를 서서히, 그리고 고통스럽게 통과한 아빌라의 테레사(1515~1582년)는 1562년에 아빌라에서 첫 번째 개혁 가르멜 수도회를 창설했다. 그 후 그녀는 죽을 때까지, 십자가의 요한(1542~1591년)의 도움을 받아 가르멜 수도회의 영성과 개혁 가르멜 수도원을 제 궤도에 올려놓기 위해 스페인 전역을 두루 돌아다녔다. 십자가의 요한은 혹독한 박해를 받으면서도, 자신의 영적 체험을 시로써 표현했는데 이 시들은 스페인 문학의 걸작으로 평가받고 있다.[21]

20) 아빌라의 테레사

그리스도의 아름다움

…… 제가 그리스도를 뵈었을 때, 그리스도께서는 당신의 크신 아름다움을 제 안에 새겨 주셨습니다. 그분의 아름다움이 지금까지도 여전히 제 안에 남아 있습니다. 그분을 단 한 번 뵌 것만으로도 충분한데, 주님께서는 여러 번 당신을 저에게 보여 주셨습니다. 주님께서 베풀어 주신 은총이 얼마나 큰지! 그래서 저는 영적으로 크게 성장했습니다.

하지만 저에게는 저를 엄청난 곤경에 빠뜨리는 크나큰 결점이 하나 있었습니다. 그 결점이란 이런 것입니다. 누가 나를 좋아한다는 것을 느끼는 순간, 저는 온통 그 사람한테 빠져 제 의지와는 상관없이 온종일 그 사람만 생각한다는 것입니다. 하느님의 마음을 상해 드릴 의도로 그런 것은 아니지만, 그 사람을 보고 있으면 기쁘고, 그 사람 생각만 해도 행복했습니다. 게다가 그 사람의 좋은 점을 생각하면 전 마냥 행복에 빠진답니다. 이런 행동이 얼마나 해롭던지, 제 영혼은 완전히 황폐해졌습니다.

그러나 주님의 크신 아름다움을 한 번 뵙자, 그분의 아름다움과 비교해 볼 때 그 누구도 그분만큼 아름답게 보이지 않았고, 제 마음을 사로잡을 만한 사람이 없었습니다. 그때부터 저는 마음의 눈을 들어 제 영혼 안에 계신 그분의 모습을 보기만 하면, 얼마나 큰 자유로움을 느끼는지 모릅니다. 이제는 이 세상 모든 것이, 이 주님 안에서 본 탁월함과 은총과 비교해 보면, 아주 추해 보일 뿐입니다. (이 세상의) 그 어떤 지식이나 향락도, 그분의 신성한 입에서 흘러나오는 단 한마디 말씀을 들은 것과 비교될 수가 없습니다. 그런데도 단 한 번이 아니라 여러 번 그분의 말씀을 들었으니 제가 어떻게 해야 하겠습니까? 설령 주님께서 제가 지은 죄에 대한 벌로, 그 죄들을 제 기억 속에 남겨 두신다 할지라도, 이제는 그 누구도 더 이상 저의 기억을 차지하지는 못할 것입니다. 제가 단지 주님을 조금 생각만 해도, 저는 다시 제 자유를 되찾을 수 있습니다.

아빌라의 테레사, 《자서전》, 제37장 4절.

▲ 아빌라의 테레사의 신비 체험, 베르니니 작, 승리의 성모 마리아 성당, 로마.

21) 십자가의 요한

▲ 십자가의 요한.

십자가의 요한은 톨레도에서 이 시를 지었다. 당시 가르멜회의 개혁을 반대하는 이들은 그를 어두운 지하 감옥에 투옥시켰다. 밤이라는 주제는 요한에게서 자주 등장한다. 밤은 하느님을 만나는 길, 곧 신앙을 상징한다.

샘[88]

솟아 흐르는 샘을 잘 아노라,
비록 밤일지라도.

영원한 저 샘이 숨어 있어도
나는 잘 아노라 그 자리 어딘 줄을,

---

[88] 필자는 '샘'이라고 제목을 붙였지만, 다른 사람들은 '비록 밤일지라도aunque es de noche'라고 제목을 붙였다.

비록 밤일지라도,
이승의 캄캄한 밤 속에서도
나는 잘 아노라 그 용솟음을,
비록 밤일지라도.

그 시원始原 없으니 내 몰라도
온갖 시온 그에서 옴을 아노라,
비록 밤일지라도.

그 아닌 아름다움 없는 줄을
하늘과 땅이 그를 마시는 줄 내
아노라,
비록 밤일지라도.

그 바닥 없으신 줄을
그를 건널 뉘 없는 줄 내 잘 아노라,
비록 밤일지라도.

어느 제 그 맑음 흐린 적 없으니
그로써 온갖 빛 좇아남을 아노라,
비록 밤일지라도.

▲ 그리스도의 부활, 엘 그레코 작, 프라도 박물관.

흐름은 콸콸 가디록 벅차
지옥들 하늘들 세상들 씻음을 아노라,
비록 밤일지라도.

흐름 하나 이 샘에서 솟아나와
전능하고 가멸짐을 내 잘 아노라,
비록 밤일지라도.

이 둘에서 좇아난 또 하나 흐름
둘의 누구도 그를 앞서지 않음을 잘
아노라,
비록 밤일지라도.

세 분이 다만 하나인 산 물 안에 계심을
한 분이 또 한 분에서 좇아남을 잘
아노라,
비록 밤일지라도.

영원한 저 샘이 우리게 생명을 주고저
살으신 이 빵 안에 감추어 계시느니,
비록 밤일지라도.

▲ 요한 묵시록 장면,
엘 그레코 작.

> 여기 피조물을 부르고 있어
> 이 물에서 저들은 배부르노라,
> 비록 밤일지라도.
>
> 내 목말라 하는 저 산 샘을
> 생명의 이 빵 안에 나는 보노라,
> 비록 밤일지라도.
>
> 펠레-두엘Pellé-Douel, 《십자가의 성 요한과 신비로운 밤
> Saint Jean de la Croix et la nuit mystique》(1960년)에 실려 있는 시.

한편 로마에는 로욜라의 이냐시오와는 정반대의 인물, 필립보 네리Philippus Nerius(1515~1585년)가 있었다. 그는 상상력이 풍부했지만 단체를 조직하는 일에 관해서는 문외한이었다. 그는 아무런 조직도 없이 비공식적인 방법으로 평신도들과 사제들을 끌어 모았다. 그들은 기도하고 성가를 부르고 성경을 주석하고 교회사를 공부하면서, 병자와 순례자들을 돌보는 데 헌신했다. 이렇게 해서 생겨난 것이 바로 오라토리오회였다. 오라토리오 회원들을 한데 묶어 주는 연대는 '상호 간의 사랑과 매일매일 맺는 친교'였다. 이 단체에는 유명한 역사학자 바로니우스 추기경도 들어 있었다. 로마에서뿐만 아니라 심지어 이탈리아 밖에서도 오라토리오회가 생겨났다.

여러 지역에서 많은 수도회들이 생겨나 경이적으로 발전했다. 예수회는 탁월한 총장들의 지도 덕분에, 예수회원이 1600년에는 1만 명, 1650년에는 만 오천명으로 늘어났다. 카푸친회의 회원수는 17세기 초반에 2만 명에 육박했다. 이 같은 현상을 통해서 우리는 그 시대의 종교적인 열성이 얼마나 강력했는지를 엿볼 수 있다. 스페인에서는 성직자 수가 크게 증가했다(1650년에 20만 명). 하지만 이 같은 현상은 성직자와 군대만이 존경받던 나라에서, 일종의 노동을 기피하는 도피처였을 가능성이 많다. 한편, 유럽의 많은 도시에서 수도원 건물이 증가하자, 교회 재산도 함께 증가했다. 그러자 시 당국에서는 이를 불안하게 생각했다.

여자 수도회들 안에서는 초대 교회의 다양한 규율을 다시 부흥시키려는 시도가 있었다. 하지만 쇄신을 위한 시도들이 로마와 주교들의 반대에 부딪혀 좌절되고 말았다. 여자에게는 단지 '수도원 담장 아니면 남편(수도 성소 아니면 결혼 성소)'만 필요하다는 것이다. 바로 이 같은 제약 때문에, 안젤라 메리치Angela Merici가 창설한 우르술라회 회원들과, 프란치스코 데 살레스와 잔느(요안나) 드 샹탈Jeanne de Chantal이 창설한 성모 방문 수녀회 회원들도 수녀원 담장 안에 갇히게 되었다. 동정 성모회(지금의 예수 수도회)의 창설자인 메리 워드Mary Ward는 자신이 창립한 단체는 사도직과 교육 사업만을 전담으로 하는 수도회라고 끝까지 주장하다가 혹독한 고초를 당했다.

근대 가톨리시즘의 탄생

교회가 최근까지 간직하는 가톨릭교회의 특징은 바로 트렌토 공의회로부터 나왔다. '가톨릭'이라는 용어는 이제 프로테스탄트와 정교회와 구별되는 그리스도인의 특별한 그룹을 지칭하는 단어가 되었다. 가톨릭교회의 안정감과 교계 제도, 교회의 구심점으로서의 교황도 트렌토 공의회로부터 나왔다. 트렌토 공의회는 교회의 현재와 과거를 조화롭게 통합시키긴 했지만, 경제적·사회적 변화를 포함한 많은 새로운 현안들에 대해서는 침묵했다.

▲ 창미사 거행 장면(반종교 개혁).

Ⅱ. 17세기 종교적 부흥

1. 종교와 정치

절대 군주주의 시대, 가톨릭 군주들과 프로테스탄트 군주들은 모두 자신들의 나라에서 교회의 통치자일 뿐만 아니라 국가의 통치자이고 싶어 했다. 종교는 군주들의 정치적인 관심사에 봉사해야만 했고, 군주들은 가장 명백한 모순 앞에서도 결코 물러서는 법이 없었다. 신성 로마 제국의 황제와 스페인의 왕에게 대항하기 위해, 프랑스는 투르크인들을 제외한 모든 프로테스탄트 군주들과 동맹을 맺었지만 자국 안에 있는 프로테스탄트 신자들에 대해서는 혹독하게 다루었다.

신성 로마 제국의 30년 전쟁(1618~1648년)
신성 로마 제국의 황제는 자신의 제국 전역에 가톨리시즘을 완전히 다시 수립하겠다는 희망을 포기하지 않았다. 결국 보헤미아의 프로테스탄트 신자들을 인정하지 않는 것이 발단이 되어 30년 전쟁에 불이 붙었다. 첫 번째 승리를 거둔 페르디난트 2세 황제는, 1552년에 빼앗긴 가톨릭교회의 땅을 다시 되돌려 받는다는, 회복 칙령(1629년)을 발표했다. 그러자 프로테스탄트 신자들은 스웨덴, 프랑스와 연합했다. 유럽 전역으로 번진 30년 전쟁은 1648년 베스트팔렌 조약으로 마침내 막을 내렸다.[89] 프로테스탄트 신자들은 30년 전쟁 발발 이전 상태로 되돌아갔고, 칼뱅주의가 신성 로마 제국에서 인정을 받았다. 인노첸시오 10세 교황은 베스트팔렌 조약의 종교적인 조항에 대해서 반대했다. 하지만 이때부터 국제 정치 문제를 결정하는 데 있어서 교황권은 무시당했다.

영국의 상황

영국에서는 왕실 정부가 성공회(영국 국교회)의 전통 예식을 반대하는 가톨릭 신자들과 청교도[90] 신자들을 박해했다. 그러자 1620년부터 청교도 신자들은 자신들의 신념을 지키며 살기 위해 미 대륙으로 이주해 갔다(메이플라워호의 선조 순례자들). 한편, 청교도 혁명[91]을 통해 정권을 잡은 올리버 크롬웰Oliver Cromwell은 찰스 1세 왕을

---

[89] 보헤미아의 귀족들이 신성 로마 제국의 페르디난트 2세 황제의 섭정관을 창밖으로 내던지는 사건이 30년 전쟁의 도화선이었다. 30년 전쟁은 다음과 같이 세 시기로 구분된다. 첫째 1618년부터 1622년, 둘째 1623년부터 1629년, 셋째 1635년부터 1648년. 신성 로마 제국의 황제는 스페인의 펠리페 3세의 지원을 받아 프로테스탄트인 보헤미아의 왕 프레데리크 5세에게 전쟁을 선포하여, 1620년 보헤미아, 오스트리아, 모라비아를 점령했다. 그러자 1625년 북유럽의 루터교 제후들은 덴마크와 네덜란드와 영국과 동맹하여 빼앗긴 영토를 되찾으려 하지만 가톨릭 군대에 패한다. 1629년 황제는 1552년부터 프로테스탄트들의 손에 넘어간 가톨릭 영토를 회복하겠다고 칙령을 반포한다. 30년 전쟁 마지막 시기는 국가들이 자신들의 이익을 위해 합종연횡을 이룬 시기이다. 가톨릭 국가 프랑스는 프로테스탄트 국가 스웨덴과 연합했고, 몇몇 프로테스탄트 국가들은 신성 로마 제국과 동맹을 맺었다. 1648년 베스트팔렌 조약으로 30년 전쟁이 끝난다.

[90] 청교도는 16세기에서 17세기 사이, 영국의 칼뱅주의 계열 개신교를 일컫는 말이다. 영국의 중산층을 형성했다. – 편집자 주

[91] 1649년에 영국에서 청교도가 중심이 되어 일어난 시민 혁명. 크롬웰이 인솔한 의회파가 왕당파를 물리치고 공화 정치를 시행하면서 혁명이 절정에 이르렀으나, 1660년 크롬웰이 죽자 왕정으로 되돌아갔다. – 편집자 주

1649년에 처형하고, 청교도 신자가 아닌 사람들도 모조리 처형했다. 또한 그는 성경을 보호한다는 핑계로, 가톨릭 신앙을 포기하지 않던 아일랜드 사람들을 대량 학살했다. 후에 영국 왕권이 다시 회복되었지만, 그렇다고 가톨릭 신자들의 운명이 바뀐 것은 아니었다. 공직에 진출하는 사람은 누구나 의무적으로 성공회의 신앙을 고백해야 한다는 '선서법Test Act'이 발효되었다(1673년). 1681년에 아일랜드의 아르막 대주교가 교수형을 당했다.

종교적 관용의 등장과 조심스럽게 전개된 교회 일치 운동

17세기에 비록 그 수가 소수에 불과했지만 평화의 정신을 지닌 인물들이 있었다. 이들은 서로 다른 신앙 고백을 하는 그리스도인들을 한데 모으기 위해 모든 노력을 했다. 사람들은 특히 이 운동의 핵심 인물인 철학자 라이프니츠Leibniz(1646~1716년)가 주고받았던 여러 통의 편지를 떠올릴 수 있을 것이다. 그는 프란치스코회 출신의 주교이자 레오폴트 1세 황제의 친구였던 스피놀라Spinola와 하노버 출신의 루터교 수도원장인 몰라뉘Molanus와 협정을 맺었다. 1683년에 협정의 기본 문건이 작성되었는데, 〈그리스도인의 전체 통일과 관련된 규칙들〉이 바로 그것이다. 또한 라이프니츠는 보쉬에Bossuet(1627~1704년)와 매우 많은 편지를 주고받았다(1691~1694년). 그는 트렌토 공의회를 중단하고 새로운 일치 공의회를 개최하기를 원했다. 그러나 두 사람 사이에는 서로 이해하고 타협할 만한 여지가 전혀 없었다. 왜냐하면 보쉬에는 라이프니츠가 가톨릭 신자가 되어야 한다고 생각했지만, 라이프니츠는 오히려 보쉬에가 그리스도교의 다양한 감수성을 인정해 주기를 바랐기 때문이다.

동방 정교회의 정치적 · 종교적 수난

동방 정교회는 폴란드 왕국(우크라이나), 러시아 제국, 오스만 투르크 제국으로 분할되었다. 갈라져 나간 교회들은 신앙과 전례를 일치시키기 위해 많은 수고를 했지만, 일치가 어렵다는 것을 알았다. 폴란드인들은 비잔틴 예식을 거행하며, 폴란드에 거주하는 슬라브인들을 로마에 병합시키려고 노력했다. 그 결과 '브레스트-리토브스키의 연합(1596년)'으로 인해, 키예프에 대주교좌를 둔 '우니아트Uniate' 교회가 탄생했다. 우니아트 교회는 교황의 수위권을 인정하며 로마 가톨릭교회와 일치를 이루지만, 언어와 전례, 사제의 결혼에 관해서는 자신들의 고유한 전통을 고수하는 동방 교회다. 정교회 신자들은 우니아트 교회를 인정하지 않았다.

그리스도교의 지적 교육 기관이 오스만 투르크 제국에서 완전히 사라져 버렸고, 게다가 러시아 제국에서도 그 흔적을 찾아보기가 힘들었기 때문에, 동방 정교회의 많은 지도자들이 서방 교회로 건너 와서 양성을 받았다. 이 과정에서 그들은 개혁 교회의 교의나 트렌토 공의회의 가톨리시즘의 영향을 받을 수밖에 없었다. 어디에서 양성을 받았느냐의 차이가 교의에 관한 폭력 사태로 발전했다. 서방에서 공부한 콘스탄티노플의 키릴루스 루카리스Cyrillus Lukaris 총대주교가 1629년에 칼뱅주의의 신앙 고백을 정교회 신자들에게 제시하자, 엄청난 항의와 단죄가 빗발쳤다.

키예프의 표트르 모길라Pyotr Mogila 대주교가 콘스탄티노플의 총대주교를 반대하고 나섰다. 1640년에 키예프의 대주교가 고백한 신앙 고백과 1645년에 만든 교리서를 보면, 그는 트렌토 공의회의 영향을 받은 것이 분명했다. 하지만 그는 교황의 수위권과 '필리오퀘(성령의 성자 유출설)'를 반대했다. 예루살렘의 도시테우스Dositheus도 키예프의 대주교와 같은 노선이었다(1672년). 그 외에도, 콘스탄티노플에 주재하던 가톨릭과 프로테스탄트 대사들이 정교회 문제에 개입함으로써 정교회에 불행스러운 일들을 자주 초래케 했다. 특히 프랑스 대사는 가톨릭 선교사들의 활동을 적극적으로 도왔다. 이슬람교도들을 가톨릭으로 개종시키는 것이 불가능하자, 가톨릭 선교사들은 자신들이 생각하기에, 열교인裂敎人이었던 정교회 신자들을 가톨릭으로 개종시키려고 노력했다.

러시아 제국에서는 모스크바의 니콘Nikon(1652~1658년) 총대주교가 러시아 교회의 몇몇 관습들을 다른 그리스 정교회의 관습들과 일치시키기 위해 개혁을 단행했다. 그러나 이런 행동은 결국 수백만 명의 기존 신자들을 분열시켜 '라스콜Raskol'이라고 불리는 분파를 초래케 했다. 그들은 지도자인 아바쿰 페트로비치Avvakum Petrovich(1620~1682년)를 중심으로 격렬하게 항의하여 결국 총대주교를 화형대 위에 올려놓았다. 라스콜 분파는 현재까지 이어져 오고 있다.

오스만 투르크의 위협

1571년에 가톨릭 함대가 레판토 해전에서 투르크 함대를 상대로 승전보를 올렸지만, 로사리오 기도에 대한 신심을 발전시킨 것 말고는 기대했던 결과를 얻지 못했다. 투르크인들이 그리스의 섬들에 쳐들어 와 결국 베네치아는 크레타 섬을 빼앗겼다(1669년). 이어 투르크는 폴란드 남부와 오스트리아를 위협해 왔다. 그러자 신성 로마 제국에서는 매일 정오가 되면, '투르크인들을 겨냥한 종'을 울렸다. 인노첸시오 11세(1676~1689년) 교황은 투르크인을 물리치기 위한 동맹 세력을 규합하기 위해 열정적으로 외교 활동을 벌였고 이에 따른 비용은 대부분 직접 부담했다. 1683년 9월 12일, 폴란드 군대와 신성 로마 제국 군대의 선봉에 선 폴란드의 요한 소비에스키 John Sobieski 국왕은 빈을 포위하고 있던 투르크 군대에게 철수하라고 강력하게 으름장을 놓았다. 그리하여 그리스도교 군대는 단 한 차례 총공격으로 부다페스트와 베오그라드를 다시 탈환했다. 전쟁의 승리로 이 지역의 그리스도인들은 구원을 강렬하게 체험했다. 이 같은 체험은 이 지역에서 활짝 피어난 바로크 예술을 통해 잘 표현되었다.

2. 트렌토 공의회의 개혁 정신을 실천하는 새로운 주교들과 사제들

프랑스 왕의 반대에도 불구하고, 프랑스 주교들은 1615년 트렌토 공의회의 교령들을 실천하기로 결정했다. 많은 주교들은 사목적인 쇄신을 단행했는데 이 쇄신은 그리스도인들의 모든 생활에 영향을 주었다. 또한 영성의 대가들은 그리스도교 신자들을 쇄신시킬 새로운 사제상을 정립하는 데 크게 기여했다. 이 같은 쇄신의 과정 속에서 많은 여성들은, 훨씬 더 신중하게 자신들의 자리를 찾아 갔다.

프란치스코 데 살레스

▲ 프란치스코 데 살레스.

제네바-안시Geneva-Annecy의 주교인 프란치스코 데 살레스(프란치스코 살레시오, 1567~1622년)는 카를로 보로메오의 영향을 많이 받았다. 그가 저술한 《신심 생활 입문Introduction à la vie dévote》(1608년)[22]과 《신애론神愛論, Traité de l'amour de Dieu》(1616년)은 평신도뿐만 아니라 사제들의 영성에 큰 영향을 끼쳤다. 프란치스코 데 살레스는 인간에 대해 낙관적으로 생각했고 성경에 기초하여 쉽게 가르치는 스타일이었다.

22) 삶 안에서 성화聖化되도록 부르심을 받은 그리스도인

프란치스코 데 살레스는 평신도들에게 자신의 삶 안에서 실천할 수 있는 평신도의 영성을 제안한 첫 번째 사람들 가운데 한 명이다. 칼뱅이 말한 성소와 프란치스코 데 살레스의 평신도 영성을 비교해 보는 것도 좋을 것이다.

> 나는 이 세상에 사는 이들, 집안일을 하거나 사회생활을 하는 이들, 일상적인 평범한 삶을 사는 이들에게 신심을 가르치고 싶습니다. 흔히 이런 이들은 자신의 처지에서는 불가능하다는 구실을 대며 신심 생활을 시도하려는 생각조차 하지 않습니다. …… (머리말)
>
> 필로테아님, 진실하고 살아 있는 신심은 하느님의 사랑을 기초로 합니다. 왜냐하면 신심은 하느님의 참된 사랑 외에 다른 것이 아니기 때문입니다. …… 하느님의 사랑은 우리한테 좋은 일을 잘할 수 있는 힘을 주시기 때문에, 애덕이라고 부릅니다. 그리고 애덕이 완덕에 이를 때, 완덕은 우리한테 모든 것을 잘할 수 있게 해 줄 뿐만 아니라 주의 깊게, 자주, 즉시 잘할 수 있게 해 줍니다. 그래서 우리는 그것을 신심이라고 부릅니다. …… (1장)

> 귀족과 장인, 시종과 군주, 과부와 소녀, 그리고 기혼 여성은 각자 자신의 신분에 맞게 신심 생활을 해야 합니다. 뿐만 아니라 자신의 능력과 일과 직무에 맞는 신심 생활을 해야 합니다. …… 군인이 군대에서, 장인은 일터에서, 군주가 궁궐에서, 결혼한 부부가 집안에서 신심 생활한다는 것이 어렵다고 생각하는 것은 잘못이고 이단입니다. …… 우리는 어떤 환경에 있든 완덕으로 나아갈 수 있고 또 그런 삶을 갈망해야 합니다. …… (3장)
>
> 프란치스코 데 살레스, 《신심 생활 입문》, 머리말, 1장, 3장, 1609년.

프랑스 영성 학파

피에르 드 베륄Pierre de Bérulle(1575~1629년)이 아카리Acarie 부인婦人의 도움을 받아, 개혁 가르멜회를 프랑스에 도입해 온다. 사제직의 숭고함을 잘 알고 있던 베륄은 사제들의 모임인 오라토리오회[92]를 창설해서(1611년), 예수님께서 세우신 사제직의 숭고함을 다시 회복하고 싶어 했다. 이것이 오라토리오회를 설립한 목적이었다. 오라토리오회 회원들은 재속(교구) 사제로서 주교를 위해 봉사했다. 베륄의 정신을 계승한 사제들은 각자 나름대로 자신의 독창성을 가미

---

[92] 프랑스 영성 학파의 시조인 베륄은 당시 사제직이 위기에 처했다고 판단했다. 성직자 생활 쇄신에 대해 깊은 관심을 가진 그는 개혁 사제 공동체를 설립할 필요성을 느껴, 이탈리아의 필립보 네리의 오라토리오회를 본따서 프랑스에 오라토리오회를 설립했다.

하면서 베륄의 영성을 전파시켰다. 그들 모두 한결같이 대중 선교를 통한 복음화에 신경을 썼고, 사제 양성에도 큰 관심을 가졌다.

장 외드Jean Eude(요한 에우데스, 1601~1680년)는 수도회를 창설하여 예수 성심에 대한 신심을 발전시켰다. 이 신심은 마르귀리트 마리(마르가리타 마리아) 알라콕Marguerite-Marie Alacoque(파레-르-모니알Paray-le-Monial 지방, 1673년)에 의해 더욱더 여성적인 형태를 띠게 된다. 장-자크 올리에Jean-Jacque Olier(1608~1657년)는 성직자 양성을 위해 '생 술피스 사제회Compagnie des prêtres de Saint-Sulpice'를 설립했다.

'위대한 세기[93]의 위대한 성인'이라고 불리는 벵쌍 드 폴Vincent de Paul(빈첸시오 드 폴, 1581~1660년)은 교회 안에서 성공하기 위해 랑드Landes 지방을 떠나 파리로 올라왔다. 그는 그리스도인들이 필요로 하는 것들을 점점 더 의식했다. 더 실용적인 정신을 갖고 그는 "순진하고 거룩한 마음으로 하느님께로 나아가 활동합시다!"라고 외치며,[23] 농촌 지역의 복음화를 위한 선교 수도회인 라자로회Lazaristes, Congrégation de la Mission를 창설하고, 가난한 이들에게 봉사하기 위한 자비의 딸 수녀회Filles de la Charité를 창설했다(1633년).

◀ 자비의 딸 수녀회의 수녀.

---

[93] 루이 14세 시대를 일컬음.

23) 행동으로 드러난 참된 사랑

형제 여러분, 하느님을 사랑합시다! 거듭 말씀드리건대, 설령 양팔을 잃는다 하더라도, 구슬땀이 소나기처럼 흘러내린다 하더라도, 하느님을 사랑합시다! 많은 경우, 부드러운 마음속에서 우러나는 하느님에 대한 수많은 사랑의 행위와 친절, 호의와 그 밖의 다른 애정과 내적 행위가 아주 선하고 좋은 것임에도 불구하고, 그런 것들이 구체적인 사랑의 실천으로 이어지지 않는다면, 의심스러운 것이 될 수밖에 없습니다. 그래서 우리 주님께서 "너희가 많은 열매를 맺고 내 제자가 되면, 그것으로 내 아버지께서 영광스럽게 되실 것이다."(요한 15,8)라고 말씀하십니다. ……

어떤 이들은 한껏 고무된 자신들의 상상에 대해 우쭐거리고, 기도 중에 하느님과 나눈 감미로운 대화에 대해 만족하면서 그런 것들을 천사들처럼 말합니다. 그러나 안타깝게도 그것으로 끝입니다. 하느님을 위해 일하거나, 고통을 인내하며 희생하거나, 가난한 이들을 가르치거나, 잃어버린 양들을 찾아 나서거나, 상대방의 부족한 점을 사랑하거나, 병자나 하느님의 은총을 잃어버린 이들을 기꺼이 받아들이는 것과 같은 일은 전혀 하지 않습니다. 참으로 유감스러운 일입니다!

> 이제 더 이상 아무것도 필요 없습니다. 행동으로 옮길 용기가 필요합니다. 더 이상 속지 맙시다! "우리의 모든 공로는 구체적인 행동에 있습니다."
>
> 도댕A. Dodin, 《성 벵쌍 드 폴과 자비 Saint Vincent de Paul et la Charité》(1960년)에서 인용.

▲ 벵쌍 드 폴과 되찾은 아이들, 팔기에르 작.

신학교 설립

당시 모든 사람들이 사제 양성에 대해 커다란 관심을 갖고 있었지만 사제품을 받는 데 필요한 조건들은 명확하게 하지는 못했다. 하지만 사제 양성에 대한 창의적인 다양한 시도들이 있었다. 아드리앙 부르드와즈Adrien Bourdoise(1584~1655년)는 샤르도네Chardonnet에 있는 성 니콜라스 본당에서 사제 후보자들을 교육시켰다. 사제 후보자들은 본당 사목을 어떻게 해야 하는지를 배웠고 장엄한 예식을 합당하게 거행하는 방법을 본당이라는 현장에서 배울 수 있었다.

사제 서품 후보자들을 대상으로 한 11일 간의 피정에서, 뱅쌍 드 폴은 신학과 사목에 대한 가장 본질적인 내용들을 가르쳤다. 그는 매주 화요일 강의 시간에, 일종의 지속적인 사제 양성을 제안했다. 그런 다음 그는 사제 후보자들을 한데 모아 기숙사에서 오랫동안 지내게 했다.

엄밀한 의미에서의 참다운 신학교들은 17세기 중엽에 생겨나기 시작했다. 17세기 말과 18세기 초에 모든 교구에 신학교가 설립되었다. 주교들은 신학교의 운영과 지도를 오라토리오회, 술피스회, 라자로회, 에우데스회(예수 마리아 수도회) 등에 위탁했다.

사제 양성 기간은 각각 달랐다. 17세기 말에는 양성 기간이 수개월에서 1년 정도였고, 18세기에는 2년 정도였다. 윤리적인 측면과 종교적인 측면에 대한 양성이 먼저 이루어졌고, 그 다음에 지적인 공부를 강조했다. 당시 신학교의 사제 양성 과정은 오늘날 사제 양성의 과정과 매우 흡사했다.[24] 신학생들은 복장, 생활 방식이 세속 사람들과는 달랐고 매일 미사와 성무일도를 바쳤다. 그리고 자신들에게 주어진 사목적인 의무들을 잘 의식하고 있었다.

24) 성직자 양성 요청: 점진적 증가

벵쌍 드 폴은 사제 후보자들에게 11일 간의 피정 교육을 시켰다. 이 같은 필요성이 점점 더 강조되었고, 신학교들이 설립되었다. 리옹의 대주교가 선포한 교령을 살펴보자.

1657년 : 성품聖品에 오르고자 하는 이들은 가장 적절한 시기에 이 도시로 와서 주교가 운영하는 신학교에서 교육을 받아야 한다고 명하는 바이다. 각 품을 받기에 필요한 기간 동안 신학교에 머물러야 하는데, 차부제품은 12일, 부제품은 10일, 사제품은 15일 동안 머물러야 한다.

1663년 : 리옹의 성 이레네우스 신학교 설립
우리는 교구 성직자를 지도하고 봉사하기 위해 신학교를 설립했다. 신학교의 설립 목적은 사제직으로 부르심을 받은 이들에게 거룩한 성소의 숭고함과 중요성에 합당한 신심과 능력을 갖추도록 해 주기 위함이고, 이미 성소의 길에 들어선 이들에게는 피정과 영적 대화, 강의와 훈계를 통해서 완덕에 이르도록 하기 위함이다. 그리고 신학생들이 수덕 생활과 성사 생활, 교회의 전례 거행에 대한 규율들, 백성들을 성화시키는 데 헌신하고자 하는 이들

> 에게 요구되는 모든 것을 배울 수 있는 신학교가 되도록 신학교를 새로 설립했다. ……
>
> 1694년 : 리옹에 소재한 우리 신학교들 가운데 한 곳에서 6개월을 보내지 않은 사람은 차부제품을 받을 수 없다. 부제품을 받기 위해서는 3개월, 사제품을 받기 위해서는 또 3개월을 반드시 신학교에서 보내야 한다. ……

3. 그리스도인들의 변화

트렌토 공의회와 마찬가지로 프로테스탄트의 개혁은 모든 그리스도인을 근본적으로 복음화할 수 있는 시발점이었다. 잘 양성받은 성직자들과 평신도들은 종종 '거룩한 성사회Compagnie du Saint-Sacrement'와 같은 단체를 만들었다. 이들은 사람들의 종교가 변화되어 엘리트 집단의 종교가 되는 것을 희망했고 암울했던 시절에 생겨난 대중적인 신심 생활의 관습들을 거부했다. 그리스도교는 아직까지 그리스도교 이전 시대의 종교의 옷을 입고 있었다. 교회의 성사가 가끔 마술 같은 것 즉, 애니미즘(정령 사상)적인 사고방식으로 이해되었다. 신자들의 의식 속에는 여전히 사탄이 계속해서 활동하고 있었다. 신자들은 사탄은 물리쳐야 할 존재로서 옛 종교적인 뿌리에 연관되어 있다고 믿었다. 1634년 루댕에서는, 마귀 들린 우르슐라회 수녀들이 자신들의 지도 신부인 우르뱅 그랑디에Urbain Grandier를 고발했다. 수녀들은 이 사제가 자신들에게 마법을 걸었다고 주장했고, 결국 신부는 화형대의 장작더미 위에서 숨을 거두었다. 그러나 이에 대한 비판 정신이 발달하자, 사탄에 대한 관심이 사그라지기 시작했다.

주교들과 사제들과 신심 깊은 평신도들은 세속 당국의 협조를 받아, 신경을 생활 속에 뿌리 내리도록 했고, 그리스도교 윤리를 실천하고, 성스러운 것과 세속적인 것을 구별했을 뿐만 아니라 전례가 올바르게 거행될 수 있도록 노력했다.

변화를 위해 사용한 방법

종교 당국과 세속 당국은 민속 축제를 금지시키는 조치를 취했다. 이른바 '수호성인들의 춤의 축제'라고 하는 '발라드와르 축제fêtes baladoires'와 요한 세례자의 축일을 맞아 커다란 불놀이와 춤을 즐기던 축제 등을 금지시켰다. 일부 사람들은 이 같은 조치에 저항하면서 때로는 성직자가 참석하지 않은 상태에서 비밀리 축제를 지냈다.

17세기 초반에 재속 성직자(교구 사제)가 부족하자, 본당 신자들이 선교 활동을 벌임으로써 사제의 부족한 부분을 보충해 나갔다. 이 같은 일이 가능했던 것은 수도자들이나 사제회 회원들로부터 여러 주 동안 교육을 받은 신자들이 대규모로 선교 활동에 참여했기 때문이었다.

미셸 르 노블레즈Michel Le Nobletz(1577~1652년)는 브레타뉴Bretagne 지방의 가장 유명한 선교사들 가운데 한 명이었다. 그가 중점적으로 했던 선교 활동은 신자들을 종교적인 무지 상태에서 벗어나게 하고, 기본적인 기도문과 최소한의 계명을 외우도록 하며, 부활 대축일 때에는 반드시 고해성사를 보고 영성체를 하라고 가르치는 일 등이었다. 17세기 말에는 본당의 성직자들이 잘 양성을 받던 시기였기 때문에, 이 같은 선교 활동은 이제 그리스도교 생활을 심화시키기 위한 목적으로 실시하는 정기적인 제도로 자리 잡았다. 그리니용 드 몽포르Grignion de Montfort(1673~1716년)가 바로 이 같은 두 번째 그룹의 선교사 세대에 속하는 인물이다.

사제들은 본당에서 신자들에게 그리스도인의 실천 사항을 정기적으로 교육시켰다. 태어난 지 3일 만에 유아 세례를 주고, 주교가 본당을 방문했을 때 견진성사를 받고, 부활 대축일에는 반드시 영성체를 해야 한다는 내용 등을 가르쳤다. 그 덕분에, 많은 시골에서는 부활 대축일에 모든 신자들이 미사에 참석했다. 또한 '장엄 영성체'[94]가 차츰 자리 잡아 가면서 퍼져 나갔다.

주일 미사 참례가 점점 의무화되었지만 신자들은 라틴어로 거

---

[94] 장엄 영성체Communion solennelle는 프랑스 가톨릭교회에만 존재하는 것으로, 첫 영성체를 마친 어린이가 사춘기를 앞두고 자신의 세례 때 이루어졌던 약속을 다시 한 번 더 갱신하고 엄숙히 영성체를 하는 특별한 예식을 가리킨다.

행되는 미사의 의미를 몰랐기 때문에, 미사 중에 개인 기도나 묵주 기도 등을 바쳤다. 본당 사제는 청원 기도, 공지 사항, 복음 후 강론 등 자신이 말할 수 있도록 허용된 때에만 신자들이 알아들을 수 있는 언어로 말했다. 얀센주의를 신봉하던 어떤 사제들은 전례 중에 라틴어가 아닌 프랑스어를 더 많이 사용했다. 한편, 영성체를 통해서 성체 신심이 형성되기보다는, 오히려 성체 조배와 '그리스도의 성체 성혈 대축일' 같은 날 거행되던 성체 행렬 등을 통해서 성체 신심이 더 많이 형성되었다.

교리 교육과 소학교

그리스도인들은 어려서부터 교육을 받아야 했다. 매 주일날 아이들뿐만 아니라 전혀 교육을 받지 못한 성인들까지도 가르치는 것이 본당 신부가 해야 할 의무 가운데 하나였다. 얼마 안 가서, 모든 주교들은 자신의 교구에 교리 문답서를 도입했다. 왜냐하면 주일날 이루어지는 교리 교육만으로는 충분하지 않다는 사실이 드러났기 때문이다. 가난한 사람들도 종교 교육을 받을 수 있도록 하기 위해, 모든 그리스도인이 힘을 합쳐 본당에 많은 무료 소학교들을 설립했다.

리옹에 그런 학교를 가장 먼저 세운 이가 샤를르 데미아Charles Démia(1637~1689년)였다. 랭스 교구의 참사 위원이던 장-밥티스트(요한 세례자) 드 라 살Jean-Baptiste de La Salle(1651~1719년)은 일상 언어를 사용하는 가난한 소년들을 가르칠 수 있는 교사들을 양성하기 위해, '그리스도교 교육 형제회Frères des Écoles Chrétiennes'를 창립했다. 이러한 그리스도인의 열성적인 모습을 다 설명하기 위해선 뱅쌍 드 폴이 설립한 '자비의 딸 수녀회'와 같은 수많은 자선 신심 형제회들을 언급해야 할 것이다. 그 당시 위대한 설교가들은 규모가 큰 수도회들에게 말할 때, 수도회의 사회적 책임에 대해서는 언급하지 않았다. 이들은 수도회들에게 자선을 실천하라고 권고하는 것으로 스스로 만족했다.

이런 모든 활동이 최근까지 그리스도교의 전반적인 모습이었다. 때로는 그 같은 그리스도교에 대해 우리는 향수를 갖고 있다.

Ⅲ. 가톨릭의 갈등과 위기

트렌토 공의회가 종교 개혁에 의해 야기된 신학적인 문제를 다 해결하지는 못했다. 계속해서 토론이 벌어졌는데, 과학 분야에서 이루어진 첫 번째 연구 결과들과 발견들이 성경의 전통과 부딪히기 시작했다. 한편, 트렌토 공의회에서 중요한 역할을 했던 신학자들은 교회 안에서 새로운 힘을 형성했다. 그리고 새로운 신학 장르로 떠오른 논쟁이 프로테스탄트에서뿐만 아니라 가톨릭에서도 활발하게 진행되었는데, 논쟁의 주인공은 예수회의 로베르토 벨라르미노Roberto Francesco Romolo Bellarmino(1542~1621년) 추기경이었다. 그는 로마에서 논쟁의 총 책임을 맡은 인물로서, "어둠의 세력과 전쟁을 하기 위해 그리스도의 병사들을 무장시킬 것"을 주장했다. 이러한 종교적인 갈등에는 항상 정치적인 갈등도 섞여 있었다.

1. 과학과 성경 전통의 첫 번째 충돌

코페르니쿠스의 혁명

가톨릭의 반종교 개혁가들은 이단에 대한 두려움에 시달렸다. 로베르토 벨라르미노는 반종교 개혁가들을 괴롭혔던 두 가지 중요한 사건 즉, 조르다노 부르노Giordano Bruno와 갈릴레오Galileo를 이단으로 단죄하는 판결에 개입했다. 폴란드 어느 교구의 참사 위원이던 코페르니쿠스Copernicus는 교황에게 헌정한 자신의 저서 《천체의 회전에 관하여De revolutionbus orbium coelestium》(1543년)로 전통적인 세계관을 완전히 뒤흔들어 놓았다. "태양이 지구를 중심으로 도는 것이 아니라, 지구가 자전하면서 태양을 중심으로 돈다." 반세기가 지난 후, 로마는 엄청난 혼란을 겪게 되었다. 코페르니쿠스의 지동설을 조르다노 브루노에 이어 갈릴레오가 또다시 주장하고 나섰다.

로마에서뿐만 아니라 프로테스탄트 신학자들에게도 코페르니쿠스의 학설은, 여호수아가 태양을 멈추게 했던 사건 등 성경의 내용(코헬 1,5; 여호 10,12-13 참조)과 맞지 않는 것이었다. 부르노 수사가 코페르니쿠스로부터 이끌어 낸 결론은 진리였지만 그리스도교의 진리와는 동떨어진 것이었다. 사람들은 그가 자신의 주장 때문에 수도 서원의 맹세를 저버렸다고 비난했다. 7년간 계속된 재판 끝에, 브루노는 1600년 로마에서 화형당했다. 몇 년 후, 갈릴레오는 이렇게 말했다. "(성경에서) 성령의 뜻은 우리에게 천체가 어떻게 돌아가는가를 보여 주려는 것이 아니라, 우리가 어떻게 하늘나라로 나아가는지를 보여 주는 데 있다." 그럼에도 불구하고 지동설은 1616년에 단죄를 받았고 코페르니쿠스의 저서는 그 내용이 수정될 때까지 금서 목록에 포함되었다. 1633년에 내려진 갈릴레오에 대한 두 번째 단죄는 이보다 훨씬 심각한 것으로, 유명한 학자였던 그는 가택 연금 상태에서 생을 마감했다. 그러나 이것은 앞으로 진행될 교회와 과학 사이에 벌어진 몰이해의 시작일 뿐이다. 이런 오해는 그 이후에도 계속되었다.

▲ 갈릴레오의 초상화, 슈스테르만스 작.

비평적 성경 주석학의 태동

성경에 관한 주석과 번역본들이 넘쳐났다. 가장 유명한 프랑스어본은 포르-루아얄의 성경본 또는 부분적으로 앙트완느 르 메트르 드 사씨Antoine Le Maître de Saci의 성경본을 토대로 하여 1666년에 나온 '몽Mons'의 성경본이었다. 호교론적인 작품과 영성 작품들과 함께, 이른바 성경에 대한 '과학적인' 연구서들이 처음으로 모습을 드러냈다. 네덜란드의 유다인 철학자 스피노자Spinoza가 쓴 《신학적-정치적 논고》와, 프랑스의 오라토리오회 회원인 리샤르 시몽 Richard Simon(1638~1712년)이 쓴 《구약 성경 비평사》(1678년)와 《신약 성경 본문 비평사》(1689년) 등이 여기에 해당한다. 리샤르 시몽은 성경 비평의 창시자 가운데 한 사람으로, 그가 처음으로 성령의 감도에 대해 문제를 제기했다. 그는 다양한 다른 고대 언어로 기록된 성경의 여러 사본들을 비교하여, 모세 혼자서 모세 오경을 집필했다는 것이 불가능하다는 것을 논증했다.[25] 그러나 그는 가톨릭 세계에서 외톨이 신세가 되었다. 보쉬에는 리샤르 시몽을 오라토리오회에서 제명시키고, 그가 쓴 신약과 구약에 대한 비평적인 책들을 단죄하고 파기시켰다.

25) 비평적 성경 주석학의 태동

모세 오경의 저자는 모세가 아니다

…… 오늘날 우리가 갖고 있는 모세 오경 전체를 모세가 집필하지 않았다는 증거를 제시하는 것은 결코 어려운 일이 아니다. 예를 들어, 모세가 자신의 죽음과 묘지에 관한 내용이 나오는 신명기의 마지막 장을 직접 썼다고 말할 수 있을까? 나는 요셉푸스Josephus와 필론Philo이 모세의 죽음과 묘지에 대한 내용을 하느님의 예언으로 만든 장본인이라는 사실을 잘 안다. 따라서 이 문제와 관련해서 그들을 믿지 말아야 한다. 모세가 모든 율법을 직접 썼다는 주장 또한 믿지 말아야 한다. 율법을 더 권위 있게 만들기 위해서 유다인들이 그런 주장을 한 것이다. …… 모세 오경에는 반복되는 표현들이 아주 많다. 그것들은 분명 모세가 쓴 것이 아니다. 거룩한 책(성경)들을 수집하고, 또 여러 가지 교훈들과 똑같은 말들로 이루어진 설명들을 모두 한 군데에 모아 편집한 사람들이 한 것이 분명하다. …… 나는, 노아의 대홍수에 관한 내용 가운데서 그렇게 되풀이되거나 반복된 것들을 찾아 일련번호를 매길 수 있다. …… 이렇게 되풀이된 표현들은 창세기보다는 오히려 탈출기와 레위기에 더 많이 나타난다. …… 모세 오경에 자주 나오는 문체

> 의 다양성 역시 동일 저자 한 사람이 쓴 것이 아니라는 것
> 을 보여 주는 증거다.
>
> 리샤르 시몽, 《구약 성경 비평사》, 1678년.

신학 원전

▲ 소르본 대학의 신학 강의(15세기).

가톨릭 역사에 대해 프로테스탄트들이 가톨릭 역사를 악의적으로 비난을 하자, 이에 대응하기 위해 가톨릭 학자들이 신학의 원전을 과학적으로 연구하여 많은 책을 출판했다. 벨기에의 예수회 회원 장 볼란드Jean Bolland는 성인들의 전기를 체계적으로 정리하여 출판하면서 자신의 이름을 따서 '볼란드파'라는 단체를 만들었다. '생-모르 수도회Congrégation de Saint-Maur'라고 불리는 베네딕토 수도회 수사들(일명 '모리스트')의 수도원 본원이 파리의 생-제르맹-데-프레Saint-Germain-des-Près에 있는데, 이곳에서 그들은 교부들과

프랑스 역사의 원전에 관한 수많은 책을 출판했다. 모리스트 가운데 가장 탁월한 사람은 '공문서학(필사본을 비평적으로 연구하는 학문)'의 창시자인 장 마비용Jean Mabillon(1632~1707년)이다. 얀센주의의 추종자였던 르 나인 드 타이으몽Le Nain de Taillemont(1637~1698년)은 《초기 6세기 교회사 연구 논문Mémoires pour servir à l'histoire ecclésiastique des six premiers siècles》이라는 아주 중요한 역사서를 저술했다.

2. 얀센주의

자유와 은총

얀센주의Jansénisme의 기원은 "인간의 구원에 있어서 하느님의 은총과 인간의 자유는 각각 어떤 역할을 하는가?"라는 종교 개혁 시대에 발생했던 신학적 논쟁을 통해서 시작되었다. 구원 문제에 있어서, 아우구스티누스의 강력한 전통은 하느님의 은총과 예정설을 강조하면서 인간의 자유를 소홀히 했다. 루뱅의 신학자인 바이우스Baïus는 인간의 자유보다 하느님의 은총과 예정설이 인간의 구원에 있어서 더 중요하다고 주장하다가 1567년에 단죄를 받았다. 한편 에스파뇰 몰리나Espagnol Molina 같은 예수회 회원들은 인간의 자유가 차지해야 할 자리를 지키기 위해 노력했다(1588년). 그들은 하느님의 은총이 인간의 자유를 결코 손상시키지 않는다고 주장했다.

얀센

생-시랑Saint-Cyran 수도회 원장, 장 뒤베르지에 드 오란느Jean Duvergier de Hauranne(1581~1643년)[95]와 얀센Jansen[96]은 친구 사이였다. 두 사람은 교부들의 가르침을 통해서 교회를 쇄신시킬 수 있다고 생각했다. 이들은 특히 히포의 아우구스티누스 주교의 영향을 많이 받았다.[26)] 생-시랑 수도회 원장은 포르-루아얄[97]의 개혁 여자 수도회와 아르노Arnauld의 대가족들의 영적 지도자가 되었다. 포르-루아얄 수녀회의 원장 수녀는 앙젤리크 아르노Angélique Arnauld였다. 한편, 생-시랑 수도회의 원장은 리슐리외Richelieu 추기경의 정치 노선을 반대했다. 추기경이 전에 그를 감옥에 가둔 적이 있었기 때문이다.

얀센이 죽은 뒤에 유고집 《아우구스티누스Augustinus》(1640년)가 출판되었는데, 이 책에서 얀센은 은총에 대한 자신의 견해를 발표했다. 아우구스티누스의 사상에 바탕을 둔 그는 원죄에 의해 타락한 인간의 본성에 대해 아주 비관적인 입장을 보였다. 앙트완느 아르노Antoine Arnauld와 포르-루아얄 수녀회는 이미 고인故人이 된 두 사람(얀센과 장 뒤베르지에 드 오란느)의 사상을 널리 전파시켜 나

---

95 그는 자신의 본명보다는 생-시랑 원장으로 더 많이 알려졌다.

96 얀센은 나중에 스페인령의 저지대 국가에 있던 이프르Ypres(현 벨기에)의 주교가 되었다.

97 포르-루아얄 수도원은 17세기에 얀센주의자들의 중심지였다. 이 수도원은 얀센주의를 추종하는 수많은 귀족들과 정치인들과 지성인들의 피정 장소였다. 1709년, 루이 14세는 이 수도원을 폐쇄시킨 다음, 그 이듬해에 수도원을 철저하게 파괴했다.

갔다. 그중 앙트완느 아르노는 자신의 저서 《잦은 영성체*La Fréquente Communion*》(1643년)를 통해, 임의적으로 영성체를 금지시키고 반反예수회 운동을 부추겼다.

▲ 포르-루아얄 수도원 전경.

26) 얀센주의

얀센주의의 중요한 주제들은 죄, 은총, 예정설이다. 생-시랑 수도회의 원장이 주장한 예정설은 칼뱅이 주장한 예정설과 크게 다르지 않다.

아담의 특정한 후손들에게 보여 주신 하느님의 영원한 사랑이 바로 예정설이다. 하느님께서는 아담의 후손들이 조상이 지은 죄 때문에 지옥으로 떨어지는 것을 보셨다. 하느님은 어떤 이들을 죄의 상태인 지옥에 내버려 두셨다. 그들은 마땅히 지옥 벌을 받아야 할 자들이다. 그러나 하느님은 당신의 자녀들과 친구들을 위한 사랑 때문에, 천국의 영원한 복락을 마련해 두셨다.

그래서 구원받은 이들은 하느님에 대한 의무가 있는 것이다. 하느님은 당신의 구원을 받을 이들을 위해서, 이미 이들이 태어나기 전부터 영원한 지옥 벌을 받게 될 이들과 구별해 놓으셨다. ……

성인이 될 수 있는 으뜸가는 두 가지 수단은 하느님 말씀에 관한 설교를 듣고 세례를 받아 교회에 입문하는 것이다. 이 두 가지를 한 뒤 교회에 들어왔다 하더라도, 자신이 하느님의 영원한 사랑을 받는 이들 속에 속해 있는지에 대해선 알 수 없다. 따라서 이런 문제로 괴로워하지 말고, 구원받기 위해선 하느님께서 예수 그리스도를 통하여 명하신 것을 분명하게 실천해야 한다.

장 오르시발Jean Orcibal,

《생-시랑과 얀센주의Saint-Cyran et le jansénisme》(1961년)에서 인용.

얀센주의의 첫 번째 위기

얀센주의를 반대하던 이들은 이 문제를 로마까지 끌고 갔고, 로마는 얀센의 유고집 《아우구스티누스》에 들어 있는 다섯 가지 명제를 단죄했다(1653년). 그러나 그리스도인의 삶에 관한 두 개념인 은총과 자유에 대한 논쟁(얀센주의자들과 예수회의 논쟁)은 사그라지지 않고 계속되었다. 얀센주의자들은 다섯 가지 명제가 얀센으로부터 나오지 않았다고 주장했다.

블레즈 파스칼Blaise Pscal(1623~1657년)[98]은 《시골 사람들Provinciales》(1656~1657년)이라는 서한집을 통해서 얀센주의자들을 적극 지지했다. 파스칼은 예수회 회원들의 도덕성이 해이해졌다고 공개적으로 비난했다. 불신자를 상대로 그리스도교 호교론을 출판하려고 써 놓았던 책을 출판하지 못하고 파스칼이 죽자, 사람들은 그의 유고집 《팡세Pensees》[99]를 출판했다(1670년).

한편, 얀센주의자들은 오랫동안 협상 문안에 서명하기를 거부하다가 1668년 타협안을 받아들였다. 그리하여 얀센주의자들과 예수회 사이에 일시적인 평화가 이루어졌다. 그러자 '포르-루아얄 수

---

[98] 얀센주의의 최고봉은 수학자요, 철학자요, 과학자였던 블레즈 파스칼일 것이다. 1654년에 사고를 당해 죽을 뻔했던 파스칼은 남은 인생을 그리스도와 깊은 인격적인 관계를 맺는 데 헌신하기로 결심했다. 과학적인 사고가 팽배했던 당시에 경건한 신심과 정통적인 신앙심을 가진 그는 이성이 절대적으로 신성시되던 이성의 시대에, 이성의 한계를 강조하면서 신앙의 중요성을 강조했다. "이성이 도달해야 할 마지막 발걸음은 이성을 초월하는 것들이 무한하게 많다는 사실을 깨닫는 것이다. …… 우리의 마음속에는 이성이 있지만, 이성은 그것을 알지 못한다.", "그리스도를 떠나서는, 우리는 생명이 무엇인지, 죽음이 무엇인지를 알지 못하며, 하느님이 누구이시며 우리 자신이 누구인지조차도 알지 못한다."

[99] 파스칼은 작품 《팡세》에서 비록 계시와 역사의 무게를 통해서 그리스도교의 가치가 분명하게 증명될 수 있지만, 오직 하느님과의 인격적인 만남과 관계를 통해서만 그리스도교를 확실하게 알 수 있다고 말한다.

도원'의 명성은 더욱더 높아졌다. 이른바 포르-루아얄 수도원의 '인사들'은 교사들(그리스도교 교육 수도회 소속), 학자들(르 메트르, 티에몽 Tillemont, 피에르 니콜Pierre Nicole 등)이었다.

얀센주의의 두 번째 위기

17세기 말, 오라토리오회의 파스키에 퀴넬Pasquier Quesnel이 지은 《윤리적 성찰Réflexions morales》(1695년)이라는 책이 출판되자 얀센주의와 관련된 갈등이 다시 불거졌다. 이번에는 얀센주의자들이 정치적인 반대자의 모습으로 비춰졌다. 그래서 얀센주의의 지도자들은 어쩔 수 없이 적국인 네덜란드로 망명갔다. 1709년, 루이 14세는 포르-루아얄의 수도원을 파괴하고 많은 얀센주의자들을 투옥했다. 교황은 〈우니제니투스Unigenitus〉(1713년)라는 칙서를 반포하여, 퀴넬의 101개 명제들을 단죄할 수 있는 권한을 루이 14세에게 부여했다.[27] 그러나 얀센주의자들의 저항은 18세기까지 계속되었다.

얀센주의는 엄격하고 열성적인 그리스도교라는 단어와 동의어로 지금까지 남아 있다. 상당수 얀센주의자들은 신자들이 더 쉽게 이해할 수 있도록 자국어로 전례를 거행하자고 제안했다. 또 그들은 주교들의 역할이 많은 교회가 아니라 사제들과 평신도들의 역할이 더 많은 교회를 만들자는 제안을 했다.

얀센주의자들은 국가의 이성을 거슬러서 양심의 권리를 지키는 증거자들이었다. 그러나 어떤 이들은 얀센주의자들의 편협한 사고방식이 사람들로 하여금 종교적인 관심을 잃게 만들었다고 평가한다.

27) 얀센주의의 두 번째 위기

클레멘스 11세 교황은 〈우니제니투스〉라는 교서를 통하여 101개 명제를 단죄했다. 이 명제들은 오라토리오회 회원인 얀센주의자 파스키에 퀴넬의 《윤리적인 성찰들》이라는 작품에 있는 내용들이다. 〈우니제니투스〉는 얀센주의의 신학적인 견해뿐만 아니라, 초대 교회 정신으로 돌아가자는 얀센주의의 열망과 모든 그리스도인이 직접 성경을 읽을 수 있었으면 좋겠다는 열망까지도 단죄했다. 퀴넬의 다음과 같은 명제들도 단죄를 받았는데, 오늘날 우리가 보기에 놀라울 정도다.

80. 성경 읽기는 모든 사람을 위한 것이다.
81. 하느님의 거룩한 말씀을 이해할 수 없다고 해서, 신자들에게 성경을 못 읽게 하는 것은 말도 안 된다.
82. 그리스도인은 영적 독서, 특히 성경 읽기를 통해서 주님의 날을 거룩히 지내야 한다. 신자들의 관심을

성경 읽기에서 다른 곳으로 돌리려는 시도는 단죄받아야 한다.

83. 성경 읽기를 통해서 여자들이 종교의 신비에 관한 지식을 갖도록 해서는 안 된다는 주장은 착각이다. 성경을 남용하고 이단을 출현케 한 것은 여자들의 순진함 때문이 아니라 남자들의 오만한 지식 때문이다.

85. 그리스도인들한테서 신약 성경을 빼앗아 버리거나, 너희들이 감히 어떻게 신약 성경을 이해할 수 있느냐고 말하면서 신약 성경을 못 갖게 하는 것은, 그리스도인들에게 그리스도의 입을 막아 버리는 것과 같은 행위다.

우리는 이런 명제들은 잘못된 궤변이며, 경건한 이들의 귀를 상하게 하는 파렴치하고 해로운 것이므로, …… 되살아나는 여러 이단들, 특히 얀센주의자들의 유명한 명제들 속에 들어 있는 이단들을 단죄하고 배척하는 바이다. ……

3. 갈리아주의와 프로테스탄트주의

갈리아주의Gallicanisme란 절대주의 시대에 프랑스 왕들이 교회의 문제들 가운데 양심과 관련된 문제를 제외한, 모든 문제에 직접 개입하여 프랑스 교회의 최고 통치자로서 행세하려고 했던 사상을 말한다. 이것이 바로 갈리아주의에 내포되어 있던 위험 요소다. 갈리아주의가 생겨난 배경에는 프랑스에서 프로테스탄티즘을 제거해 버리고자 하는 의지가 담겨 있다.

갈리아주의의 위기

'갈리아주의'라는 용어는 신학자와 주교에 따라서, 그리고 프랑스 법관과 왕에 따라서 그 의미가 다양하게 해석되었다. 필리프 미왕 때부터, 그들은 프랑스 교회가 지닌 재산에 대해 주인 행세를 하려고 했다. 프랑스의 모든 법조인(특히 국회)들은 로마 교황청의 모든 결정이 프랑스에서 법률로서 효력을 발휘하기 위해서는 반드시 자신들의 승인을 거쳐야만 한다고 주장했다. 반면, 프랑스의 신학자들은 교황보다도 공의회가 우위성을 지닌다고 주장했다.[100] 1610년, 파리 신학 대학을 총 책임지고 있던 에드몽 리셰Edmond Richer(1559~1631년)가 다음과 같은 사상을 주장했다. "프랑스 교회는 선거를 통한 집단 지도 체제로 바뀌어야 한다." 많은 이들이 이 같은 주장을 주기적으로 외치면서, 로마 교황청에 맞서 프랑스 교회의 자유를 강조하고 주장했다.

프랑스 루이 14세의 오만과 허영심 때문에, 교황청과 심각한 갈

---

[100] 신학자들의 이런 주장은 갈리아주의의 또 다른 표현이다.

등이 여러 차례 발생했다. 프랑스 교회의 재산 처분권 문제로 프랑스 왕과 교황청 간의 갈등은 무려 20년 동안 계속되었다(1673~1693년). 이 문제는 처음에는 단순히 금전적인 문제였다. 왕은 프랑스 전역에서 주교가 공석 중인 교구청의 모든 수입을 자신의 수중에 넣고 싶어 했

▲ 보쉬에의 초상화, 리고 작, 루브르 박물관 소장.

다. 이 수입을 마음대로 처분할 수 있는 권한이 왕에게 있었지만, 그 같은 권한은 어디까지나 이미 오래전부터 프랑스 왕국에 포함된 지역에만 국한된 것이었다. 그러나 왕은 모든 지역에서 이 같은 권한을 행사하려고 했다. 그러자 인노첸시오 11세 교황은 왕이 지명한 주교들을 인정하지 않았다. 그러다 보니, 얼마 후 프랑스에는 35개 교구가 공석 상태가 되었다. 이렇다 할 묘책이 없던 상황에서, 왕은 1681년 성직자 회의를 소집했다. 이때 모 교구의 보쉬에 주교가 이 회의에서 프랑스 교회의 일치를 위해 주목할 만한 강론을 했다. 그는 '갈리아주의 헌장'에 해당하는 《네 가지 조항에 대한 선언문 *Déclaration des Quatre Articles*》(1682년)을 작성했다.[28] "프랑스 왕은 프랑스 왕국의 주인이고, 프랑스 교회의 관습은 존중되어야 하며, 공의회가 교황보다 우위에 있다." 프랑스와 교황청의 긴장과 갈등이 절정에 달했다. 그러나 새 교황이 즉위하고, 프랑스의 정치적 상황이 어려워지자, 극적으로 타협이 이루어졌다(1693년).[29]

제12장 가톨릭의 쇄신   159

28) 갈리아주의

1682년의 네 가지 조항(요약문)

1. …… 왕과 군주는 교회의 어떤 권력에도 종속되지 않는다.

2. …… (교황을 비롯한 그 어떤 권위보다 공의회의 권위가 더 우위에 있다는 것은) 콘스탄츠 공의회의 교령에도 나와 있다. 그 교령은 바로 사도좌로부터 승인받았고, 프랑스 교회가 준수해 왔으며, 여전히 그 영향력과 효능을 발휘하면서 존재한다. ……

3. …… 프랑스 왕국과 프랑스 교회가 받아들인 규정과 풍속, 헌장들은 모두 영향력과 효능이 발휘되어야 하며, 우리 조상들의 관습도 한 점 흔들림 없이 그대로 남아 있어야 한다. ……

4. …… 교황은 신앙 문제에만 관여하고, 교황의 교령은 모든 교회와 특히 개별 교회에 적용된다. 하지만 교황의 교령에 개별 교회가 동의하지 않으면, 그 교령은 반드시 개혁될 수 있다.

29) 어느 정도 교황의 무류성

갈리아주의자들이 교황의 교의적인 무류성無謬性을 반대했지만, 당시 많은 이들은 법률 행위의 무류성은 어느 정도 인정했다. 예를 들면, 얀센주의자 피에르 니콜이 두 번째 얀센주의의 위기를 초래한 장본인인 퀴넬에게 보낸 편지에서 그 같은 증거를 엿볼 수 있다.

선생님, 우리는 가톨릭교회 안에 살고 있으며 가톨릭교회 안에서 죽고 싶습니다. 교황은 가톨릭교회의 수장입니다. 따라서 교황은 교의에 대해 최고의 수장으로서 권리를 갖고 있습니다. 저도 교황에게 무류성이 없다고 생각하고 여러분도 그렇게 생각합니다. 하지만 어느 정도 무류성은 있다고 생각합니다. 모든 백성과 온 교회가 교황의 무류성이 어느 정도 있다고 생각하기 때문에, 만일 교황이 어떤 교의를 합당한 이유 없이 부당하게 단죄할 때, 단죄된 교의를 반대하고 교황의 권한으로부터 벗어나는 것은 아주 어렵습니다. (1692년 경)

브르몽H. Bourmond, 《프랑스에서 종교 심성에 관한 문학사Histoire littéraire du sentiments religieux en France》, 제4권, 429~430쪽에서 인용.

낭트 칙령 폐지

오만과 허영심에서 벗어나 미풍양속과 신앙심으로 되돌아온 루이 14세는 '한 하느님, 한 왕, 한 법, 한 신앙'이라는 원칙에 따라 프랑스를 다시 종교적으로 통일시키려고 노력했다. 그는 이런 노력이 교황과 자신에게 큰 도움이 될 뿐만 아니라 교황의 환심을 살 수 있을 것이라고 생각했다. 당시 교황과 왕은 주교가 공석인 교구청 수입에 대한 처분권 문제로 서로 갈등을 겪고 있었다. 루이 14세는, 소위 개혁 교회의 추종자들이라고 의심이 가는 사람들을 가톨릭으로 개종시키기 위해서, 낭트 칙령을 점점 더 제한적으로 적용시켜 나갔다. 그리하여 개혁 교회의 예배 횟수를 제한하고, 그들의 일부 신앙 고백을 금지시키는 등의 조치를 내리고, 가톨릭으로 개종해 오는 것을 도와주는 사무소도 설치했다. 또한 가톨릭으로 개종해 오는 사람들에게 재정적인 도움을 주는 금융 창구가 생겨났다. 게다가 '드라고나드dragonades(군인들이 프로테스탄트들의 집에 들어가 숙식하며 머무는 행위)' 정책을 실시하자, 어쩔 수 없이 가톨릭으로 개종하는 사람들이 늘어났다.[30]

루이 14세는 프랑스에는 이제 더 이상 프로테스탄트들이 없다고 믿는 체 하면서, 낭트 칙령을 폐지했다(1685년).[31] 그러자 프랑스의 모든 가톨릭 성직자들은 만족스러워했다. 그러나 이런 조치에도 불구하고, 이른바 '개혁 교회의 신앙생활'을 하는 프로테스탄트들은 사라지지 않았다. 많은 프로테스탄트들이 프랑스에서 도망쳐

'네덜란드 연합주', 독일의 헤센, 브란덴부르크 등지로 떠나갔다. 그 다음 세대의 프로테스탄트들은 세벤느Cévennes 지방에서 반란을 일으켜('카미자르Camisards'의 반란, 1702년), 앙트완느 쿠르Antoine Court의 지도 아래 1715년에 이른바 '사막 교회'를 조직했다.

30) '드라고나드'의 효력

1681년부터 관리들은 가톨릭으로 개종하라고 프로테스탄트들을 설득하면서, 개종자들에게는 재정적인 도움(개종 지원금)을 주었다. 하지만 이 같은 조치들이 큰 효과를 거두진 못했다. 그러자 관리들은 1685년에 프로테스탄트들의 집에 군인들을 상주시키는 방안을 생각해 냈다. 이 조치가 바로 '드라고나드'다. 이 조치는 결국 폭력 사태로 이어지고 말았다. 엄청난 수의 프로테스탄트들이 이른바 '새로운 가톨릭 신자'가 되었다. 이와 같은 현상에 대해 사람들은 대체적으로 만족했다.

만족스러워하는 그레노블의 에티엔느 르 카뮈 주교

우리는 도피네Dauphiné 지역에서 '개혁 신앙을 가진 이들'이 그렇게도 빨리 가톨릭으로 개종한 것을 보았다. 물론 왕의 명령을 거역하면 처벌받는다는 두려움 때문에 그렇게 되었을 수도 있겠지만, 기적적으로 하느님께서 직접 개입하시어 당신의 전능하신 손길로 도와주셨다는 점도 인정해야 한다. 결국 도피네 지역에서 약 5만 명의 '위그노들'이 한 달 만에 개종했다. 그들 가운데에는 군인들이 자신들의 집에 들어와 살면서 끼쳤을 약간의 손해와 재산상의 손실을 견디어낼 만큼의 확고한 믿음을 가진 사람은 단 한사람도 없었다. 자신들의 신앙을 위해 순교라도 하겠다는 확고함도 전혀 없었다. ……

마지막으로, 몽플리에Montpellier와 뤼넬Lunel, 님므Nîmes, 그리고 랑그독Languedoc에서도 많은 이들이 개종했다. 우리의 위대한 프랑스 왕에게 바칠 수 있는, 이보다 더 큰 영광이 어디 있겠는가? 프랑스 교회와 로마 교황청을 위해, 이보다 더 큰 업적이 어디 있겠는가? 앞으로 3개월 안에 프랑스에서는 위그노파가 사라질 것이다.

피에르 블레Pierre Blet, '낭트 칙령의 폐지',
《주교단 문헌들Documents Episcopat》(1985년)에서 인용.

31) 낭트 칙령 폐지

프랑스 전 지역에서 전해 오는 승전보 소식에 한껏 고무된 루이 14세는 1685년 10월 낭트 칙령을 폐지했다. 하지만 낭트 칙령은 이미 '퐁텐블로 칙령Edit de Fontainebleau'에 의해 유명무실했다.

…… 우리는 이제 우리의 바람이 하느님의 도우심으로 이루어졌음을 잘 알기에, 하느님께 감사를 드려야 한다. 앞에서 말한 소위 '개혁 교회'의 신앙을 고백하던 자들이 대부분 가톨릭 신앙으로 돌아왔다. 따라서 '개혁 교회를 믿는 이들'에게 유리하도록 제정된 '낭트 칙령'은 이제 더 이상 쓸모가 없다. 거짓 종교(개혁 교회) 때문에 왕국을 온갖 분쟁과 혼란으로 빠트렸던 것들과 앞서 말한 낭트 칙령을 반포하게 만든 …… 온갖 분쟁과 혼란과 모든 악에 대한 기억을 완전히 지워 버리기 위해서는, '낭트 칙령'을 전면 폐지시키는 것이 최선의 조치라고 판단한다. ……

제2조 - 지금부터 소위 개혁 교회에 속한 자들이 어떤 집이나 장소에 모여 종교 행위를 하는 것을 금지한다. ……

> 제8조 - 소위 '개혁 교회 신자들'에게서 태어난 아이들은 (가톨릭) 본당 신부한테 세례를 받아야 한다. 아이의 부모는 아이들이 세례를 받을 수 있도록 성당에 보내야 한다. 만일 이를 어길 경우, 벌금 500리브르를 내야 한다. ……

4. 정적주의, 혹은 신비주의에 대한 문제 제기

신비주의가 비록 그리스도교 전통 안에서 항상 중요한 위치를 차지했지만, 자주 의혹의 눈길을 받은 것도 사실이다. 신비주의는 그리스도의 강생과 인성人性을 경시하여 범신론을 조장하고 심지어 성적 탈선마저도 정당화한다고 비난받았다. '조명자'라고 불리던 신비주의자들이 스페인에서 단죄받은 것도 그들이 실제로 그런 행동을 했거나 또는 했을 거라고 생각한 사람들 때문이었다. 17세기 초, 프랑스에서도 소위 '신비주의의 유행'[101]이 만연했지만, 18세기 중반에 사라졌다.

---

[101] 베륄, 아카리 부인, 마리 데 랭카르나시옹 Marie de l'Incarnation(강생의 마리아), 우르술라회 등. - 필자 주

내어 맡김 혹은 순수한 사랑

스페인의 미구엘 드 몰리노스Miguel de Molinos(1628~1696년) 신부가 《영적 안내》라는 책을 로마에서 출판하여(1675년) 큰 인기를 끌었다. 이 책의 주된 내용은 신비주의다. 여기서 신비주의란 '하느님 사랑에 자기를 내어 맡김'과 스스로 터득한 관상에 대한 신비주의다. 이 책은 인간의 선업善業과 금욕의 가치를 경시했다. 이 문제로 인한 지루한 법정 싸움 끝에 1687년, 미구엘은 이단과 부도덕성이라는 죄목으로 단죄받고 종신형을 선고받았다. 미구엘의 죄는 '정적주의靜寂主義'에 해당한다. 정적주의라는 말은 마음의 평온 혹은 휴식이라는 단어에서 유래한다.

가정생활과 결혼 생활이 불행했던 잔느 기용Jeanne Guyon(1648~1717년)[102]은 신비주의의 두 가지 전통(소멸과 내어 맡김)을 발견했다. 소멸은 프랑스 영성학파로부터 물려받은 신비주의의 전통이고 내어 맡김은 하느님 사랑에 자기를 온전히 내어 맡기는 신뢰와 관련된 신비주의 전통이다.[32)] 과부였던 그녀는 도피네와 사부아와 이탈리아 등지를 여행하면서 자신의 주장을 전파했다. 1648년 그녀는 《누구나 실천할 수 있는 완덕에 이르는 묵상 기도를 위한 빠르고 쉬운 방법Le Moyen court et très facile pour l'oraison que tous peuvent pratiquer et arriver par lààune haute perfection》이라는 책을 펴냈다. '바르나비트회Barnabites'의

---

102 "십자가를 사랑하지 않고서는 하느님을 사랑할 수 없습니다. 십자가 안에서 기뻐하는 마음이라면, 가장 고통스러운 것일지라도 가장 달콤한 것으로 받아들일 수가 있습니다." (잔느 기용)

수사였던 라 콩브La Combe 신부가 그녀의 '선교 활동'에 동참했다.

악의적인 험담과 중상모략으로 라 콩브 신부는 27년 동안 옥살이를 하다가 결국 미쳐 버렸다. 잔느 기용은 구류 처분을 받았지만, 루이 14세의 왕비였던 드 멩트농de Maintenon의 도움으로 감옥에서 풀려났다. 왕비는 기용 부인을 페늘롱Fénelon(1651~1715년)과 만나게 해 주었다. 그리하여 페늘롱은 그때까지 몰랐던 신비주의 영성 생활에 대해 알게 된다.

정적주의

정적주의는 하느님께 내어 맡김과 수동성에 대한 가르침이다. 하지만 정적주의를 반대하는 이들의 입장에서 볼 때, 정적주의는 수동성을 강조하여 범신론을 조장했고, 기도와 성사와 선행과 심지어 윤리에 대한 무관심을 불러 일으켰다. 1699년에 페늘롱의 저서는 단죄를 받았다.

 기용 부인

제가 말로 기도할 때 모든 형태와 종류와 모습들이 다 사라져 버렸습니다. …… 이것이 바로 신앙의 기도입니다. 신앙의 기도는 모든 구별을 없애 버립니다. 나는 예수 그리스도에 관한 그 어떤 것도 보지 못했고 하느님에 관한 그 어떤 것도 보지 못했습니다. 모든 것이 맛있는 신앙 안으로 들어 올려졌습니다. 바로 그 안에서는 모든 구별이 사라집니다. 기도의 목적은 더 넓은 사랑으로 사랑하기 위함입니다. 여기에는 사랑을 위한 어떤 동기나 이유도 없습니다. ……

제 머릿속에는 아무것도 없었습니다. 오히려 제 자신의 가장 깊은 마음속에서 사랑이 용솟음쳤습니다. 하느님을 왜 사랑하느냐, 그분의 자비와 선하심 때문에 사랑하느냐고 묻는다면, 저는 사람들이 저한테 무슨 말을 하는지 알아듣지 못할 것입니다. 하느님은 선하시고 지극히 자비로우시고 그분의 완전함이 저한테 기쁨이 된다는 것을 알고 있지만, 그렇다고 제가 그분을 사랑하리라고는 전혀 생각도 못했습니다.

그분을 사랑했고, 그분의 불꽃이 저를 불타게 했습니다. 저는 단지 그분을 사랑했습니다. 오로지 그분만을 사랑할 수 있었습니다.

그러나 그분을 사랑하는 데 있어서 그 어떤 동기도 없었습니다. 하느님 당신께서 제 사랑의 동기가 되셨습니다. 이익이나 보상이라고 불리는 그 모든 것이 제 마음을 아프게 했습니다. 오, 나의 하느님! 처음부터 저를 사로잡은 당신의 사랑을 제가 깨달을 수만 있다면, 얼마나 좋겠습니까! ……그분 때문에 그분을 사랑한 것이지 다른 동기가 있어서 사랑한 것은 아닙니다. 이익, 보상이라고 불리는 것들이 제 마음을 아프게 했습니다. 오, 나의 하느님! 처음부터 저를 사로잡았던 당신의 사랑을 제가 깨달을 수만 있다면! ……

《기용 부인의 자서전 La vie de Madame Guyon écrite par elle-même》.

33) 페늘롱

모든 신비주의 성인들이 말하는 '수동적인 상태'란 단순히 수동적인 상태를 말하는 것이 아니다. 그것은 '관상은 수동적이다'는 말과 같다. 다시 말해, 수동적인 상태는 평화롭고 무사무욕無私,無慾한 상태를 말하지, 자신의 이익이나 활동 때문에 걱정하거나 서두르는 상태를 말하는 것이 아니다. 수동적인 상태에서 영혼은 더 이상 뒤섞인 사랑으로 하느님을 사랑하지는 않는다. 수동적인 상태에서 영혼은 충만하고 효과적이지만, 침착하고 무사무욕하다. 때로는 영혼은 단순하고 독특한 행동을 한다. 이것을 정적 혹은 관상이라고 부른다. 때로는 영혼은 영혼의 상태에 걸맞은 독특한 덕행을 실천한다. 그러나 어느 때든지 영혼은 수동적인 방식

> 으로 행동한다. 이 방식은 평화롭고 무사무욕한 방식이다.
>
> 페늘롱, 《내적 생활에 관한 성인들의 격언 해설 Explication des Maximes des Saints sur la vie intérieure》, 1697년.

갈등

드 멩트농 왕비[103]는 '신비주의자로서 자신의 동료'인 기용 부인이 생-시르 궁에 있는 어린 소녀들에게 미칠 영향에 대해 즉시 염려했다. 만일 자신이 단죄받은 '정적주의'와 연루된다면, 왕의 총애를 잃게 되지 않을까 두려워했다. 그래서 왕비는 신비주의에 물들지 않은 보쉬에의 지지를 받아, 기용 부인과 페늘롱을 반대하는 투쟁에 가담했다. 페늘롱은 기용 부인에게 불리한 진술은 전혀 하지 않겠다고 끝까지 버텼다. 그는 은밀하게 투옥되어 10년간(1695~1705년) 옥살이를 치렀다. 페늘롱은 자신의 영적 사상이 옳다는 것을 입증하기 위해서, 전통 영성가들의 견해들을 참조하여 《내적 생활에 관한 성인들의 격언 해설》이라는 책을 썼다(1697년).[33] 이 책에서 그는 "모든 내적 생활의 길은 순수하고 무사무욕한 사랑을 지향한다. 이 순수한 사랑은 그리스도교 완덕의 가장 높은 단계다. 그것은 성인들이 알고 있는 모든 길의 종착지다."라고 말했다.

보쉬에와 루이 14세의 압력 때문에, 마침내 로마가 페늘롱의 저

---

103 왕비도 신비주의에 대해 호감을 갖고 있었다.

서에 들어 있는 23개 명제를 단죄했다(1699년). 검열관들은 페늘롱의 사상에 하느님의 보상이나 처벌에 대한 무관심을 강조하는 내용이 들어 있다고 판단했다. 페늘롱은 모든 것을 인정하고, 캉브레Cambrai의 대주교로서 자신의 직무를 충실히 수행했다.

가톨릭교회의 개혁은 성공적으로 잘 진행되었다. 질서의 중요성을 강조하는 사회에선 합리성이 없거나 엄격한 틀을 벗어난 것을 용인하지 않는다. 그래서 민중 종교와 같았던 신비주의가 의심의 대상이 되었다.

◀ 1669년 루이 14세가 클레멘스 9세 교황과의 평화 협정을 기념하여 만든 메달. 교황과 왕의 기장을 상징하는 '열쇠, 왕홀, 정의의 손'이 십자가 모양을 하고 있는 것은 국가와 교회라는 두 사회가 하느님의 영감 아래 서로 일치되었다는 것을 상징한다.

제13장

세계 복음화
(15~18세기)

▲ 크리스토퍼 콜럼버스의 편지의 삽화, 카라벨 작.

15~16세기는 신대륙 발견으로 인해 전 세계를 복음화할 수 있는 발판을 마련한 시기였다. 그리하여 교회는 참으로 '가톨릭(보편적)'이 되었다. 복음화는 무역, 식민지화, 국제 정치와 갈등 등 수많은 어려운 문제들과 뒤엉켜 있었기 때문에 이런 것들로부터 영향을 받지 않을 수 없었다. 따라서 그 속에서 복음화의 순수성이 자주 훼손되곤 했다. 하지만 세계적인 선교 시대에 이루어진 복음화는 300년 동안 수많은 위대한 선교사들이 이룩한 엄청난 노력의 결실이었다. 그러나 18세기에 발생한 교회 내부의 위기들은 머나먼 선교 지역에까지 그대로 전파되었다. 프랑스 혁명의 여파로 발생한

여러 전쟁들로 인해, 교회와 해외 여러 국가들의 관계가 일시적으로 중단되기도 했다.

Ⅰ. 근대의 대규모 선교 개시

1. 선교의 조건과 동기

선교의 조건

지리상의 발견과 긴밀하게 보조를 같이 했던 세계의 복음화는 무엇보다도 머나먼 미지의 땅을 향해 발걸음을 재촉한 탐험가들의 결실 때문에 가능했다. 또한 복음화는 탐험대들이 가진 물질적·상업적·정치적 조건과 밀접하게 관련을 맺고 있었다. 인문주의자들은 고대 문화가 가르쳐 준, 지구가 둥글다는 사실을 다시 발견했다. 항해술이 발달하고 나침반이 발견되며, 돛대와 돛이 많이 달린 범선들이 점점 더 많아지자, 이베리아 반도에서도 탐험을 쉽게 할 수 있었다. 쾌속 범선까지 제작되자 망망대해마저도 거뜬히 헤쳐 나갈 수 있었다. 쾌속 범선의 등장으로 느리고 험난했던 항해는 지나간 과거가 되었을 뿐만 아니라, 세계적인 선교 활동이 가능해졌다. 그러나 리스본에서 인도의 고아Goa까지 한 번 왕복하는 데 18개월에서 24개월 정도 걸렸고, 스페인의 세비야에서 필리핀의 마닐

라까지 항해하려면, 무려 5년 정도 소요되었다. 그나마 선원들 가운데 절반 정도가 항해 도중에 죽었다. 이런 점을 통해 우리는 선교를 떠나는 사람들이 겪어야만 했던 엄청난 인적 손실에 대해 이해할 수 있다. 신대륙 현지의 주교를 유럽에서 임명했기 때문에 주교좌가 오랫동안 공석 상태로 남아 있었다는 사실과 전례 논쟁과 같은 갈등을 왜 그토록 오랫동안 끌었는지를 이해할 수 있을 것이다.

금, 후추 그리고 영혼

그리스도교 세계 사회 전체가 온통 신대륙을 향해서 항해를 떠났다. 탐험가들의 얼기설기 뒤엉켜 있던 신대륙 탐험에 대한 동기도 살펴봐야 한다.

15세기 말, 유럽의 경제적인 상황 때문에 지중해 사람들은 동방과의 무역에 있어서 모자랐던 금광을 찾아 나서게 되었고, 유럽에서 판매되는 향신료보다 훨씬 더 싼 향신료와 경작지를 확보하기 위해, 그리고 거기에 필요한 일손과 노예들을 구하기 위해 서쪽으로 항해를 계속 나가도록 자극을 받았다.

미지의 세계에 관한 여행기(브렌던 성인Saint Brendan, 마르코 폴로Marco Polo 등)가 사람들의 호기심을 자극했으며, 십자군에 대한 생각도 여전히 사람들의 뇌리 속에 생생하게 남아 있었다. 포르투갈이 세우타Ceuta 지역의 이슬람을 공략하여 탈환하고(1415년), 스페인이 그라나다를 공격하여 이슬람으로부터 탈환했다(1492년). 이 같은 사건들이 많은 사람들에게 대탐험에 대한 기폭제 역할을 했다. 사람들은, 신비로운 사제 요한과 더불어 이루어졌던 탐험을 통해, 오늘날 에티오피아에 위치해 있던 이슬람 지역도 공략할 수 있지 않을까 생각했다. 피오레의 조아키노가 말한 것처럼, '하느님 나라가 새로운 세상이 건설되고 예루살렘이 재건됨으로써 이 땅에 결정적으로 도래할 마지막 시기가 바로 지금이 아닐까?' 하고 사람들은 생각했다.

또한 많은 사람들은 신대륙 탐험으로 인해 수백만 명의 영혼들이 지옥에 떨어지는 것을 막을 수 있다고 생각했다. 16세기 말, 가톨릭 신자들은 신대륙 발견을 통해서 프로테스탄트들이 로마 교회에 입혔던 손실을 보상받을 수도 있다는 생각을 하기 시작했다. 심지어 가톨릭교회의 미래가 대서양 바다 건너편에 있다는 생각이 팽배해지기까지 했다. 이처럼 17세기에는 국내 선교 활동과 해외 선교 활동 사이에 복합적인 요인들이 서로 얽혀 있었다.

'금, 후추 그리고 영혼'[104]등 그 모든 동기가 풀 수 없을 정도로 서로 뒤엉켜 있었다.³⁴⁾ 탐험가들과 정복자들뿐만 아니라 심지어 선교사들까지도, 오늘날 생각하기에, 그리스도교 정신과는 모순된 부끄러운 행동을 서슴지 않고 저질렀다. 그들은 십자가를 꽂고 인디언 원주민을 학살했다. 코르테스는 멕시코에서 인디언 마리나

---

[104] 탐험가들과 정복자들은 황금을 찾아 신대륙을 향해 떠났다. 그리고 황금보다 더 값비싼 향신료인 후추를 확보하기 위해 배를 타고 망망대해를 항해했다. 물론 이 같은 동기 말고도 그리스도를 모르는 사람들의 영혼을 한 사람이라도 구원하겠다는 종교적인 열망이 함께했다.

Marina에게 세례를 준 다음 그녀를 첩으로 삼았다. 피사로는 페루에서 잉카 아타왈파Inca Atahualpa에 대한 어마어마한 황금을 몸값으로 요구했으며, 그에게 세례를 준 다음에는 교수형에 처해 버렸다.

34) 금, 후추 그리고 영혼

아메리카 대륙을 발견한 크리스토퍼 콜럼버스Christopher Columbus가 쓴 탐험 일지와 편지를 통해서, 우리는 정복자들의 복합적인 의식과 동기를 엿볼 수 있다. 즉, 어떻게 원주민을 개종시켰는지, 십자군 운동에 참여하는 것 같은 신념, 천년 왕국을 달성하겠다는 꿈, 유다인과의 투쟁, 금과 향신료와 노예를 찾아나서는 것 등을 말이다.

크리스토퍼 콜럼버스가 쓴 항해 일지와 편지

바로 올해 1492년에, 폐하와 여왕 폐하(스페인의 페르디난도 왕과 이사벨라 왕비)께서는 그동안 유럽을 지배했던 모어인[105]들을 무찌르고 승리하심으로써 전쟁에 마침표를 찍으셨습

---

[105] 8세기에 스페인을 정복한 아랍인이 사하라 사막의 서부(아프리카 서북부)에 사는 베드윈족과 결혼하여 낳은 후손들이다.

니다. 엄청나게 큰 그라나다 성에서 바로 그 전쟁의 종지부가 찍혔습니다. ……

　가톨릭 군주이신 폐하께서는 그리스도교의 거룩한 신앙에 충실하실 뿐만 아니라 그 신앙을 보호하는 분이시며, 마호메트의 신흥 종교와 모든 우상과 이단을 대적하시는 분이십니다. 그처럼 훌륭하신 폐하께서 저, 크리스토퍼 콜럼버스를 앞에서 이미 말씀드린 인도 지역으로 보내시기로 용단을 내리셨습니다. 그리하여 인도인들이 폐하의 조정과 폐하의 백성들을 인정하도록 만드셨습니다. 뿐만 아니라 그들의 땅과 재산을 우리 마음대로 처분할 수 있도록 허락하셨으며, 그들을 우리의 거룩한 신앙으로 개종시킬 수 있는 방법까지 충고해 주셨습니다. 그리고 폐하께서는 익숙한 육로가 아닌, 서쪽의 해로海路를 통해 동방으로 가라고 저에게 친히 명을 내리셨습니다. 폐하께서 말씀하신 그 해로는 지금까지 누구도 항해해 본 적이 없는 새로운 항로였습니다. 그리하여 마침내 폐하께서는 폐하의 왕국에 살고 있던 유다인을 다 쫓아내신 다음, 저에게 필요한 함대를 충분히 주신 연후에야 저를 바로 그 나라들로 보내시는 용단을 내리셨습니다. ……

하이티의 이스파니올라[106]에서 보낸 편지(1492년 12월)

우리 주님께서 자비를 베푸시어, 금광을 찾을 수 있도록 해 주셨으면 합니다. …… 제가 본국으로 돌아갈 즈음에는, 제 부하들의 손에 금이 가득 담긴 통들이 쥐어져 있고 금광도 이미 발견되었기를 바라고 있습니다. 물론 당연히 향신료도 아주 많이 있어야겠지요. 그러면 3년 안에, 폐하께서 예루살렘을 탈환하려는 시도를 벌이실 수도 있을 것입니다. ……

세 번째 항해(1498년)

이곳에서는, 거룩하신 삼위일체의 이름으로, 소방蘇芳(브라질 나무)[107]뿐만 아니라 법적으로 허용된 많은 노예들을 보내 드릴 수 있습니다. …… 지금 카스틸리아, 포르투갈, 아라곤 등지에서는 많은 노예가 필요합니다. …… 제 생각에는 이제 더 이상 '기니'[108]에서 노예를 데려올 수가 없을 것입니다. 설령 기니에서 노예를 데려올 수 있다 하더라도, 여기 노예 값이 기니의 노예 값보다 무려 1/3이 더 쌉니다. …… 따라서 저는, 이곳에 노예와 소방이 아주 많다는 점을

---

106 서인도 제도의 중부에 있는 섬.
107 회화용 적색 염료를 채취할 수 있는 열대산 나무.
108 아프리카 서북부의 공화국.

> 말씀드리지 않을 수가 없습니다. …… 또한 이곳에는 황금도 있습니다. 물론 황금을 저희에게 보여 주시겠다고 하느님께서 허락하시고 또 그분께서 적당한 때에 우리에게 황금을 주신다면 말입니다.
>
> **네 번째 항해(1502~1504년)**
>
> 이 얼마나 훌륭한 황금인가! 부富는 황금으로부터 나온다. 황금을 손에 넣은 자는 이 세상에서 모든 일을 다 할 수 있다. 황금만 있다면, 심지어 영혼도 천국에 들어가게 할 수 있다.
>
> 마리안느 만-로Marianne Mahn-Lot, 《크리스토퍼 콜럼버스의 가장 아름다운 편지들Les plus Belles Lettres de Christophe Colomb》(1961년)에서 인용.

2. 선교 조직

선교 보호권

15세기, 교황청이 발표한 십자군 소집에 관한 일련의 교황 교서들 속에는, 포르투갈이 이미 정복했거나 앞으로 발견하게 될 정복지에 대한 세속적·영적 사법권을 인정하고 허락한다는 '선교 보호권padroado(파드로아도)'**109**이 들어 있었다. 1492년 크리스토퍼 콜럼버스가 인디언들의 땅 서인도 제도(아메리카 대륙)를 발견하자, 이베리아 반도에 있던 두 강대국 포르투갈과 스페인 사이에 긴장감이 조성되었다.

그러자 알렉산데르 6세 교황이 1493년에 중재에 나섰다(《인테르 체테라Inter cetera》라는 교서가 바로 그런 중재의 일환). 교황은, 서쪽은 스페인의 땅, 동쪽은 포르투갈의 땅이라는 식으로 발견한 땅에 대한 경계를 정해 주었다. 또한 두 강대국이 자신의 정복지에서 만들어 갈 교구의 경계, 주교 임명 등 모든 일에 대한 책임까지도 왕들에게

---

109 15세기 말부터 가톨릭 국가인 이베리아 반도의 포르투갈과 스페인은 세계 탐험 여행을 통해서 동양 항로를 개척하고 아프리카와 아메리카 대륙을 발견하여 식민지를 건설하고 정착했다. 포르투갈 탐험가들은 1498년에 아프리카 희망봉을 돌아 인도에 도착했고, 1510년에 고아를 점령했고, 1542년에 포르투갈 상선이 일본에 도착했고, 1557년에 중국 마카오 식민지를 건설했다. 스페인의 경우, 1492년부터 탐험에 나선 콜럼버스가 아메리카를 발견했고, 마젤란이 세계 일주 여행(1519~1522년)을 통해서 필리핀을 발견한 다음, 1571년 마닐라에 식민지를 건설하였다. 지리상의 대발견과 식민지 건설은 유럽인들이 동양과 직접 통상하려는 경제적 동기에서 비롯되었지만, 교회는 탁발 수도회의 선교사들도 탐험선에 보내 복음 선포에 나섰다. 그래서 고아, 필리핀, 마카오가 유럽 통상의 중심지인 동시에 선교의 전초 기지가 되었다. 교황청은 포르투갈과 스페인의 국왕들에게 새로 발견된 지역에 성당을 건설하고 선교사와 교회를 보호할 의무를 요구하면서, 교구를 설립하고 주교를 임명할 수 있는 하는 권리를 부여했는데 이것이 바로 '파드로아도' 즉 '선교 보호권'이다. 알렉산데르 6세(1492~1503년) 교황은 두 탐험 세력의 충돌을 막기 위해서 포르투갈에 대서양 동부 지역(아시아와 아프리카)에 대한 '파드로아도'를 부여했고, 스페인에는 서부 지역(브라질을 제외한 아메리카)에 대한 보호권을 부여했다. 스페인 '보호권' 아래에서 푸에토리코, 쿠바, 파나마, 멕시코, 볼리비아, 칠레, 페루, 파라과이, 아르헨티나에서 신생 교회가 창설되었고, 포르투갈 '보호권' 아래에서는 브라질, 콩고, 앙골라, 모잠비크, 인도, 말레이군도, 일본, 중국, 인도차이나에서 신생 교회가 탄생했다. '선교 보호권'은 교회가 처음에 의도했던 선교 수단보다는 군사 정복을 정당화해 주는 동기를 제공했고 식민지 지배를 위한 정치적 도구의 역할을 했으며, 선교사는 식민 정치의 협조자로 보이게 했고 선교 지방의 교회를 유럽 백인의 교회로 만들었다.

맡겼다. 어떤 의미에서 보면, 군주들이 신대륙에서 교회의 수장이 된 셈이었다. 교황은 이 지역에서 교회 문제에 직접 개입하기보다는 오히려 주교 임명을 재가裁可하는 것으로 만족했다. 이 같은 모든 특허권이 바로 '선교 보호권'이다.

이 보호권은 심각한 지장을 초래했다. 복음화에는 식민화와 정치라는 불확실한 변수들이 항상 따라 다녔다. 스페인과 포르투갈은 자신들의 본연의 임무를 수행할 수 없을 때조차도, 서로를 시기하고 질투했다. 인구가 150만 명에 불과한 포르투갈이 세상의 절반에 해당한 신대륙에 있는 교회들의 요구를 들어주기에는 역부족이었다. 그리하여 포르투갈은 신대륙으로 들어가고 나가는 모든 외국인 선교사들은 반드시 리스본 항구를 통과해야 한다고 요구했다. 그런 포르투갈에 비하면 오히려 스페인은 훨씬 더 양심적이었다.

프랑스와 다른 많은 국가들도 신대륙 정복 사업에 뛰어들기 시작했다.[110] 프랑스의 프랑스와 1세 왕은 "세계를 정복하고 구분하는 데 내가 배제되어야 한다고 적혀 있는 아담의 유언장을 나도 한 번 쯤 읽어 보고 싶다."라고 비아냥거렸다.

---

110 유럽인들은 여전히 중세의 십자군 정신에 젖어 있었다. 그들은 마치 이슬람 세력에 맞서 싸우러 전쟁터에 나가는 것처럼, 한 손에 무기, 다른 한 손에 복음서를 들고 탐험에 나섰다. 그리하여 새로 발견한 지역에서 그들은 교황청의 '파드로아도' 정책에 의해 자신들에게 주어진 의무보다는 오히려 권리만을 내세우면서, 점령 지역을 자국에 합병하고 원주민을 강제로 집단 개종시키면서 그리스도교적 유럽 문화를 강제로 이식시켰다.

포교성성

이 같은 어려움을 극복하고 해결하기 위해서, 교황청은 1622년 포교성성 Sacra Congregatio de Propaganda Fide[111]을 설립하여 복음화에 대한 고삐를 더욱 당기도록 자극했다. 포교성성은 유럽과 중동에 있는 이단자들과 열교자들을 개종시키는 책임도 맡았다. 그러나 선교 보호권에 대한 문제에 대해서는 전혀 손을 댈 수가 없었다. 결국 선교 관할권을 둘러싸고 벌어지는 갈등들이 더욱 증가했다.[112]

포교성성은 선교 활동에 관한 업무를 담당하는 부서였다. 포교성성의 초대 장관, 잉골리 Ingoli는 세계적인 선교 활동에 대해 대대

---

[111] '포교성성'은 오늘날 '인류복음화성성 Congregatio pro Gentium Evangelizatione'으로 이름이 바뀌었다. 인류복음화성성은 전 세계 교회의 일치와 복음 선포, 로마 가톨릭의 선교 활동 지휘를 담당한다. 또한 복음화를 수행하는 시대와 장소의 요청에 부응하는 원칙, 규범, 활동 양식을 제안하며, 신학과 영성, 선교 사목에 관한 연구를 한다.

[112] 식민지 정책과 유럽 중심의 선교는 세계 복음화 발전에 걸림돌이 되었다. 선교사들은 정착민들의 원주민에 대한 착취를 비난했다. 1537년에 바오로 3세(1534~1549년)는 원주민들은 자유인이며 그들을 강제로 개종시켜서는 안 된다는 칙서를 반포했다. 그리하여 가톨릭교회 안에서는 교황청이 선교를 직접 담당해야 한다는 소리가 드높아졌다. 따라서 트렌토 공의회가 결정한 개혁 조치들을 시행하던 교황들은 선교 사업에 있어서 세속 군주들의 영향에서 벗어나 교황의 강력한 지도 아래 복음화가 수행될 수 있는 선교 정책을 수립하였다. 1568년에 비오 5세(1566~1572년)는 '비그리스도인의 개종을 위한 추기경 위원회'를 구성했고 클레멘스 8세(1592~1605년)는 '선교성'을 설립했으며 1622년에 그레고리오 15세(1621~1623년)는 정치적 식민 선교를 순수한 교회 선교로 전환하기 위해 '포교성성'을 창설했다. 이로써 교황은 영혼의 목자로서 신앙을 전파하는 권리와 의무를 완수할 수 있게 되었다. 1627년에 우르바노 8세(1623~1644년)는 선교 지방 출신의 사제를 양성하기 위해 로마에 '포교성성 우르바노 신학교'를 설립했다. '포교성성'은 선교 지방의 교회들이 국가 주도의 선교에서 벗어나 직접 교황청과 밀접한 관계를 갖도록 하기 위해서 주교좌를 증설했다. 그러나 이러한 정책은 '선교 보호권' 제도와 마찰을 일으킬 위험성이 있었다. 왜냐하면 만일 그렇게 되면 교황청이 맺은 협약(선교 보호권)을 스스로 파기하는 입장이 되기 때문이다. 그래서 이런 문제를 해결하기 위한 방법으로 '포교성성'은 '교황 대리감목 제도'를 도입했다.

적인 조사를 착수했다. 포교성성은 다국어 인쇄술과 신학교와 대학 등 선교 활동에 필요한 다양한 수단을 제공했다. 또한 '교황권에 직접 속하는 선교 지역의 주교'들을 임명하는 새로운 제도를 만들었는데, 이것이 바로 '대목구장(代牧區長, Vicarius Apostolicus)'이다. 대목구장은 교황의 뜻을 선교 지역에서 직접 수행할 전권을 갖고 있었다.

선교사

재속(교구) 사제들이 정복자들을 동행해서 선교 활동에 뛰어들었으나 그들은 주로 유럽에서 의심을 받거나 어려움을 겪었던 자들 혹은 재산을 축적해 보겠다는 야심을 가진 모험가들이었다. 따라서 그들의 복음화 사업은 제한적일 수밖에 없었다.

신대륙에 가장 먼저 도착한 선교사들은 작은 형제회, 아우구스티누스회, 가르멜회, 자비의 성모회, 특히 프란치스코회와 도미니코회 등 주로 오랜 전통을 가진 수도회의 회원들이었다. 1540년, 예수회가 프란치스코 하비에르와 함께 선교 사업에 참여했다. 예수회 선교사들은 사도적 영성과 방법에 대해 처음으로 고민하고 관심을 가졌던 근대 선교의 중심인물이었다. 17세기에 사제들의 공동체인 라자로회, 술피스회 등도 해외 선교에 뛰어들었다. 한편, 1663년에 창설된 파리 외방 전교회 Société des Missions Etrangères de Paris는 오로지 포교성성의 선교 활동을 적극적으로 지지하고 봉사하기 위

해 조직된 단체였다.[113]

3. 그리스도인의 양심과 식민지화

정복자와 무역상과 함께 신대륙에 도착한 선교사들은 이내 정복과 식민지화라는 심각한 문제에 직면하였다.[114]

식민지 착취의 폐습

정복자들은 금과 향신료, 설탕과 커피 등을 찾아서, 그리고 부를 축적하기 위해서 유럽을 떠나 바다 건너 신대륙으로 향했다. 아메

---

[113] '포교성성'은 수도회 선교사들과 균형을 이루기 위해 재속 성직자들이 선교 활동에 참여토록 권장했고 이러한 권고를 받아들여 1658년 '파리 외방 전교회'가 창설되었다. '파리 외방 전교회'는 선교 외에 다른 임무를 수행하던 수도회와는 달리 신앙을 전파하는 임무에만 전념했다. 그리고 이 단체는 현지인 성직자를 양성하는 것을 중요한 임무로 생각하여 선교지에 신학교를 세웠다. '예수회'가 '신앙의 토착화'라는 새로운 선교 방법을 통해 가톨릭교회의 세계 선교에 기여했다면, '파리 외방 전교회'는 새로운 모습의 선교 조직을 통해 가톨릭교회의 세계 복음화에 크게 이바지했다.

[114] 탐험대를 따라온 선교사들도 선교 활동을 위한 준비를 제대로 갖추지 못했고 낯선 문화의 사람들에 대해 전혀 몰랐다. 오히려 그들은 토착민들이 사람을 제물로 바치는 제사를 하는 것을 보고 충격을 받고 토착민의 신앙을 파괴했다. 선교사들은 토착 종교를 깨끗하게 일소하고 그 위에 서구 가톨릭 신앙을 뿌리내려야 한다고 굳게 믿었다. 이러한 토착 신앙 파괴는 원주민의 문화와 사회까지 파괴시키는 결과를 초래했다. 선교사들은 군사 점령과 식민지 지배에 따른 심각한 문제들에 직면했다. 원주민들은 점령군을 따라 들어온 유럽 질병으로 죽거나 전쟁터에서 싸우다 죽었다. 살아남은 자들은 탄광촌에서 중노동을 했다. 그리하여 선교는 강력한 식민지 정책이 확립되고 원주민의 토착 종교가 저항하지 않는 곳에서는 성공할 수 있었으나 인도, 중국, 일본, 조선과 같은 문명 국가에서는 선교가 쉽지 않았을 뿐만 아니라 박해를 받기도 했다.

리카 대륙의 인디언 원주민들은 정복자들에 대항해서 전쟁을 치르고, 금을 캐는 광산에서 강제 노역을 당하고, 게다가 유럽에서 들어온 전염병(홍역, 천연두 등)으로 인해, 빠른 속도로 인구가 감소했다. 인종 말살 정책은 아니었지만, 이러저러한 이유로 원주민 숫자가 급격하게 줄어들었다. 그리하여 16세기 중엽에 앤틸리스 제도[115]의 원주민은 거의 사라지고 말았다.

스페인은 '엔코미엔다encomienda'라는 제도로 토지와 사람을 재배치했는데, 이것은 바로 인디언을 노예로 삼기 위한 위장된 제도였다. 1511년, 도미니코회 안톤 몬테시노스Anton Montesinos 신부가 식민지 정복자들의 인디언 착취를 맹렬히 비방하는 설교를 했다.[35] 화가 난 식민지 정복자들은 이 사건을 스페인 법정으로 끌고 갔다. 스페인의 '부르고스Burgos 법(1512년)'은 '엔코미엔다' 제도를 지지하고 찬성한다고 천명했다. 하지만 동시에 이 법은 인디언은 자유인으로서의 권리를 인정받아야 한다는 점과 인디언을 노예로 둔 주인들 역시 자신들도 인디언과 마찬가지로 그리스도인이라는 사실을 기억해야 한다고 강조했다.

---

115 서인도 제도에서 바하마를 제외한 여러 섬을 지칭.

35) 스페인 식민지에서의 정의를 위한 투쟁 [1]

1511년 이스파니올라(현재 산 도밍고Saint-Domingue)에서 식민지 정복자들에게 한 도미니코회 안톤 몬테시노스 신부의 강론을 듣고서, 바르톨로메오 데 라스 카사스(188~191쪽 참조)는 자신이 정의의 투사가 되었다고 말한다.

몬테시노스의 강론

…… 여러분은 모두 죽음에 이르는 대죄에 빠져 있습니다. 여러분은 대죄 상태로 살다가 그대로 죽을 것입니다. 무고한 이들에게 저지른 잔학무도한 행위와 포악한 압제가 여러분의 죄목입니다. 어디 한번 말씀해 보십시오! 도대체 무슨 권리로 인디언들을 그토록 잔인하고 소름끼치는 노예 상태로 가두어 두려고 하는 것입니까? 자기 나라에서 조용하고 평화롭게 살아가던 사람들을 상대로 가증스러운 전쟁을 할 수 있는 권한을 누가 여러분에게 주었습니까? 전대미문의 살인과 대학살로 인디언을 살해할 권한을 누가 여러분에게 주었습니까?

어떻게 이런 식으로 인디언들을 학대하고 착취할 수 있습니까? 음식도 주지 않고 강제로 혹독한 노역을 시켜 병들어 죽어 가는데도 치료도 해 주지 않고 학대만 할 수 있단

▲ 빈도보넨시스 사본, 아즈텍어로 된 상형 문자, 16세기경.

말입니까? 여러분은 매일매일 캐내야 할 할당량의 금을 캐기 위해 인디언들을 죽이고 있습니다. 제 말이 틀렸나요? 인디언들을 개종시키기 위해 여러분들이 한 노력이 과연 무엇입니까? …… 인디언들도 우리와 똑같은 인간입니다. 그들도 우리처럼 하나의 영혼과 하나의 이성을 갖고 있습니다. 여러분이 여러분 자신을 사랑하는 것처럼, 인디언들을 사랑해야 되지 않겠습니까?

바타이용M. Bataillon & 생-뤼A. Saint-Lu, 《라스 카사스와 인디언들의 옹호 Las Casas et la défense des Indiens》(1971년), 67~68쪽에서 인용.

바르톨로메오 데 라스 카사스

인디언을 위한 정의 투쟁은 식민지에서 바르톨로메오 데 라스 카사스Bartolomé de Las Casas(1474~1566년)라는 한 사제에 의해 시작되었다. 그 역시 전에는 인디언을 착취했으나 1514년에 '회개'를 했다. 평화로운 식민지화를 거듭 실패한 다음, 그는 도미니코회 회원이 되었고 스페인 국왕이 엔코미엔다 제도를 폐지하도록 만드는 데 자신의 전 생애를 바치며 평화로운 복음화를 이루는 데 헌신했다. 그의 노력 덕분인지, 바오로 3세 교황은 〈숭고하신 하느님Sublimis

Deus〉(1537년)이라는 교서를 통해, 인디언 역시 자유로운 인간이며 무력이나 강제적으로 그들을 개종시켜서는 안 된다고 주장했다.[36]

1540년, 라스 카사스는 《간추린 인디언 정복사》라는 저서를 통해, 정복의 잔학상을 폭로했다. 또한 그는 스페인의 카를로스 5세 왕이 1542년에 '새 법안 Lois nouvelles'을 제정할 때 간접적으로 영향을 주었다. 이 법안에 의해 마침내 '엔코미엔다'가 폐지되었다.

라스 카사스는 1545년 과테말라에서 치아파 Chiapa의 주교가 되었다. 이때 또다시 식민지 정복자들의 적의敵意에 부딪혀 그는 결국 스페인으로 영구 추방당했다(1547년). 한편 그 무렵, 스페인에서는 신학자 프란치스코 데 비토리아 Francesco de Vitoria가 살라망카 대학에서 《인디언들에 대한 강의와 전쟁의 권리에 관한 강의》(1539년)라는 책을 출판했다. 이 책에서 그는, 스페인의 정책에 대해 강하게 문제를 제기했다. 정복자들의 행동 방식을 격렬하게 비판했다. 라스 카사스 역시 정복자들의 부당한 행위에 대해 강하게 항의했다. 그는 모든 정복은 중단되어야 한다고 주장했다. 그러자 정복을 찬성하는 자들과 반대하는 자들이 서로 찬반양론으로 나뉘어 논쟁을 벌였지만 아무런 결론도 내리지 못했다.

라스 카사스와 그의 친구들은 논쟁을 통해서 그리스도인의 양심을 강조했다. 이 같은 행동은 인권을 자각하는 데 있어서 한 단계 더 진보하는 발판이 되었다. 그러나 몇 가지 사항이 개선되긴 했지만 식민지 착취는 계속되었다. 왜냐하면 그 당시는 여러 가지 모순이 점철된 시대였기 때문이었다. 스페인 왕이 식민지에 대한 인도주의적인 법령들을 제정했지만, 그 효과는 별로였다. 왜냐하면 왕도 식민지에서 세금이 들어온다는 사실과 식민지 정복자들이 조국 스페인에서 살았던 비참한 삶을 더 이상 살고 싶어하지 않는다는 사실을 잘 알고 있었기 때문이다. 정복자들은 조국에서의 비참한 삶을 벗어나고 싶어서 엄청난 위험을 무릅쓰고 바다를 건너 신대륙으로 갔던 것이다. 그리하여 수많은 인디언들이 광산에서 금을 캐다가 혹독한 중노동에 시달려 죽어 갔다.

36) 스페인 식민지에서 정의를 위한 투쟁 [2]

바르톨로메오 데 라스 카사스는 1514년부터 사망한 1566년까지 서인도 국가들(아메리카 대륙)에서 인디언들의 권익을 옹호하는 투사이자 챔피언이었다.

우상 숭배는 하루아침에 근절되지 않는다

십자가를 세우고 인디언들한테 십자가에 경배하도록 권유하는 것은 좋은 일입니다. 단 우리가 그들에게 그 의미를 깨닫게 해 줄 수 있을 때에만 말입니다. 그러나 그렇게 할 만한 충분한 시간이 없다거나, 우리가 인디언의 말을 할 수 없다면, 이 좋은 일도 아무 쓸모가 없고 불필요한 일이 될 것입니다. 왜냐하면 인디언들은 우리가 자기들한테 그리스도인의 하느님이라는 새로운 우상을 제시한다고 생각할 것이기 때문입니다. 게다가 그런 식으로 하다 보면, 우리는 그들에게 나무 조각 하나를 신으로 숭배하게 만드는 꼴이 될 것입니다. 이것이야말로 우상 숭배가 아니고 무엇이겠습니까?

할 수 있는 가장 안전한 방법, 이교도 지역에 사는 그리스도인들이 지켜야 할 유일한 규칙은 바로 덕행을 실천하는 것입니다. 덕행을 함으로써 좋은 표양을 보여 주어야 합니다. 그러면 우리 구세주께서 말씀하신 것처럼, "그들이 여러분의 착한 행실을 보고 하늘에 계신 여러분의 아버지를 찬양하게 될 것"(마태 5,16 참조)입니다. 또한 그들은 그런 신자들을 가진 신은 분명 좋으시고 참된 분일 수밖에 없다고 평가할 것입니다.

라스 카사스, 《인디언 역사 Histoire des Indes》.
만-로 M. Mahn-Lot, 《복음과 힘 L'Evangile et la force》(1964년)에서 인용.

노예 제도

혹사당하다가 죽은 인디언을 다시 충원해야만 했기 때문에 노예 무역이 다시 새롭게 확장되었다. 노예 무역은 이미 오래전에 서방 그리스도교 국가에서 사라져 버린 제도였다. 그러나 중세 때 이슬람인들이 그리스도인 전쟁 포로들을 노예로 팔았다. 그러자 이에 대한 앙갚음으로 그리스도인들은 이슬람 포로들을 노예로 팔았다. 이 같은 상황 속에서, 사람들은 이른바 '성전聖戰' 중에 체포된 포로들은 노예로 삼아도 된다고 생각했다.

이베리아 반도에는 언제나 이런 노예들을 사고파는 상설 노예 무역이 존재했다. 한편, 아메리카 대륙이 발견되자, 어마어마한 일손이 필요해졌다. 그 결과 아프리카 대륙의 해안가에서는 엄청난 흑인 노예 무역이 이루어졌다. 이 같은 무역은 19세기 초까지 계속되었다. 1,400~2,000만 명의 흑인들이 이런 식으로 팔려 나갔다.

노예 제도와 흑인 매매를 정당화하기 위한 구실로 사람들은 아리스토텔레스의 논증을 들먹거렸다. 아리스토텔레스는 태어나면서부터 노예가 된 자들이 있다고 말했다. 사람들은 함의 후손에 대한 저주(창세 9,25-27 참조, 이것을 아프리카인들에게 해당되는 것으로 보았음)를 근거로 노예 무역의 정당성을 주장했다. 간단히 말하자면, 이런 것들은 사람들에게 자신들의 위선을 감추는 좋은 명분이 되었다.

노예 제도는 경제가 필요로 하는 것을 충족시켜 주는 일종의 필요악인 셈이었다. 어떤 사람들은 노예 제도가 흑인들에게 그리스도교 신앙을 접할 수 있도록 도와준다고 주장했다. 심지어 선교사들조차 노예 매매에 참여했고 그들 역시 노예를 데리고 있었다. (인디언들에게는 자신들을 보호해 주는 라스 카사스가 있었지만) 흑인들에게는 자신들의 인권을 보호해 줄 라스 카사스 같은 인물이 없었다. 하지만 예수회 회원 베드로 클라베르Pedro Claver와 같이 노예들의 인권을 위해 투신한 사람도 있었다. 그는 17세기에 콜롬비아에서 흑인들의 권익을 향상시키기 위해 노력했던 인물이다.

서로 다른 문화의 만남

정복자와 선교사들은 전혀 생각하지도 못했던 문명과 문화를 갑작스럽게 대면했다. 낯선 문화에 대한 첫 만남은 그들에게 신선한 기쁨을 주었지만, 아즈텍인[116]들이 사람을 희생 제물로 바치는 것과 같은 몇몇 관습을 보고서 정복자와 선교사들은 엄청난 충격을 받았다. 게다가 선교사들은 유럽 문화권 속에서 1500년간 발전해 온 그리스도교를 원주민들에게 전파하고 있었다. 선교사들은 유럽 문화로 포장되어 있는 그리스도교 메시지를 구별하지 못하고, 유럽 문화와 그리스도교 메시지를 동일시했다. 그 결과 서로 상반된 두 가지 태도가 나타났다. 하나는 원주민의 종교를 철저하게 파괴해 버리는 태도였고, 다른 하나는 원주민의 종교와 문화를 일부 받아들이는 태도였다. 그중 전자에 해당하는, 이른바 '백지 상태

---

[116] 스페인이 아메리카를 침략했을 시기, 멕시코 중부에 살았던 주 세력은 아즈텍족이었다.

tabula rasa'로 만드는 방식은 전통적인 종교를 완전히 파괴하는 것이었다. 선교사들은 원주민들의 종교를 악마의 출현으로 간주했다. 그러나 오래된 종교의 파멸은 오래된 문화와 사회의 파멸을 의미했다. 따라서 그리스도교로 개종한 이들은 대체로 의복, 사유 재산 등 그리스도교와 관계된 유럽 문화를 받아들여야만 했다. ……

후자는 낯선 원주민들의 문화를 이해하려는 자세였다. 원주민의 문화를 높이 평가할 줄 알았던 라스 카사스는 인디언 문화를 존중해야 한다고 주장했다. 멕시코에서 활동하던 프란치스코회의 사하군Sahagun(1500~1590년)과 같은 선교사들은 민속학자로서 뛰어난 업적을 남겼다. 한편, 인도와 중국에서 선교 활동을 펼치던 예수회 회원들은 수천 년에 걸쳐 형성된 고대 문명의 위대함을 인정했다. 그들은 인도 문명과 중국의 문명에 유럽 그리스도교 문명을 '적응adaptatio'시키는 것이 필요하지 않을까 하는 생각을 했다.[117] 그러나 다른 문화와 그리스도교 문화의 만남과 적응이라는 문제는 단 한 번도 완벽하게 해결된 적이 없었다. 바로 이런 문제들이 18세기 선교 활동에 위기를 초래한 요소 가운데 하나였다.

---

117 예수회는 '신앙의 토착화'라는 새로운 선교 방법을 개발했다. 예수회 선교사들은 선교 지방의 관습과 생활을 이해하려고 노력했고, 원주민들과 의식주를 함께하면서 그들이 가톨릭 신앙을 올바로 받아들이게 하기 위해 그들의 언어로 교리서를 번역·저술했다.

Ⅱ. 대륙 선교

1. 아프리카 대륙

세우타Ceuta(1415년)에서 희망봉(1486년)과 모잠비크(1498년)에 이르는 아프리카 해안선을 따라 끊임없이 세력을 넓혀 가던 포르투갈의 신대륙 탐험은 아프리카에 그리스도교 복음의 씨앗을 뿌리는 복음화의 시작이었다.

여러 해 동안 콩고 왕국(자이르 강 또는 콩고 강 하류의 남쪽에 위치)은 복음 전파에 있어서 커다란 희망으로 떠올랐다. 포르투갈 선교사들은 1491년 콩고 왕에게 세례를 베풀었고, 콩고 교회는 '아주 열심한 그리스도교 신자'였던 아퐁소 1세(1506~1545년) 왕 치하에서 활짝 피어났다.[37]

아퐁소 1세는 포르투갈을 본떠 콩고 왕국을 정비했고, 왕자가 최초로 흑인 주교가 되었다(1521년). 1596년, 수도 살바도르Salvador가 주교좌가 되었다. 콩고의 역대 왕들은 왕국의 정치적·경제적 독립을 지켜 내려고 노력했고 1612년 콩고의 대사가 로마에 파견되었다. 그러나 포르투갈인들은 자신들에게 광산 채굴권을 허락하지 않던 콩고의 안토니오 1세 왕에게 맞서 군대를 일으켰다. 안토니오 1세는 전쟁에서 패해 1665년에 참수를 당했다. 포르투갈은 콩고보다는 앙골라에 더 많은 관심을 가졌다. 복음화는 계속 진행되었다.

포교성성은 카푸친회 수사들을 파견했는데, 파견된 수사 가운데 많은 이들이 현지에서의 선교 활동에 대한 보고서[38]를 남겨 놓았다. 베아트리체라는 콩코 여성이 영감을 받아, 아프리카 문화와 그리스도교가 뒤섞인 혼합주의인 '안토니우스주의'를 만들어 냈다. 그러나 엄청난 박해를 받았고 그녀는 1706년에 화형을 당했다. 한편, 추악한 만행을 서슴지 않고 자행했던 식민지 회사들의 노예 무역과 그리스도교 선교가 결탁하거나 공모함으로써, 그리스도교 복음화를 완전히 망쳐 놓았다.

아프리카 노예 제도, 무역 그리고 복음화

선교사들에 의해 장려된 무역, 특히 흑인 노예 무역은 아프리카에서의 복음 선포를 철저하게 왜곡하며 변질시켜 버렸다. 콩고 왕은 이 같은 사실을 잘 알고 있었지만, 카푸친회 수사들은 이 사실을 전혀 알지 못했다.

[37] 콩고의 아퐁소 1세 국왕이 포르투갈 국왕에게 보낸 탄원서

오직 자신들의 장사밖에 모른 채, 다른 것에는 전혀 신경

을 쓰지 않는 사악한 이들이 저희에 대해 좋지 않게 말하는 것을 믿지 마시기 바랍니다. 또한 그들이 부당하게 착취한 것을 되돌려 주실 것을 폐하께 간곡히 부탁 드립니다. 사실 그들은 무역을 통해서, 저희 왕국뿐만 아니라 저희 왕국에 아주 오래전부터 세워진 그리스도교, 폐하의 선왕들께서 수많은 희생을 치르시고 이룩해 놓은 그리스도교마저 파괴시키고 있습니다. 이 위대한 신앙 유산을 …… 저희들은 신자들을 위해 잘 보존하려고 노력했습니다. 그러나 지금 이곳에서는 신앙의 유산을 지킨다는 것이 어렵습니다. 유럽 상인들이 무지몽매한 이들을 현혹시켜, 저희 백성들은 신앙의 위대한 유산들을 손에 넣기 위해 하느님마저 저버리고 있습니다. 이 문제를 해결할 수 있는 유일한 방도는, 이런 물건을 파는 사람이나 사는 사람 모두에게 악마의 덫이 되고 있는 이 같은 상거래 행위를 폐지시키는 것입니다.

소유욕과 탐욕이라는 미끼는 이 나라 사람들로 하여금, 자신들이 그리스도인인지 아닌지조차도 깨닫지 못하게 만듭니다. 자신들의 동포, 즉 자신의 친척들과 우리의 친척들을 훔쳐 가고 있습니다. 일가친척들을 붙잡아 팔아넘기며 서로 교환까지 합니다. 폐해가 너무 크기 때문에, 아주 세게 때려잡지 않고서는, 이 문제를 결코 해결될 수 없다고 생각합니다.

발랑디에G. Balandier, 《콩고 왕국의 일상생활La Vie quotidienne au Royaume de Kongo》

(1965년), 72~73쪽에서 인용.

38) 카푸친회 루카 칼타니세타 수사의 콩고 선교 일지

1695년 7월 14일, 담마Damma에서 선교를 하고 있을 때, 한 상인이 한 여자 노예와 아직 젖도 떼지 않은 아이를 사려고 했다. 여자 노예는 상인과 대화를 나누는 주인을 바라보다가, 직감적으로 자신이 팔려 갈 것 같은 낌새를 알아챘다. 화가 머리끝까지 오른 그녀는 아이를 집어 들어 돌멩이 위에다 세차게 내동이쳐 버렸다. 그러고 나서 그녀는 한 남자의 손에서 화살 몇 개를 뺏어들어 미친 듯이 자신의 가슴팍에다 꽂았다. 바로 이런 식으로, 처절한 절망 속에서 그녀는 세례도 받지 못한 채 죽어 갔다. 이런 선교 현장에서, 나는 물신物神의 숭배자들을 반대하여 해야 할 일과 할 말이 아주 많다. ……

…… (1696년) 나는 느존조Nzonzo라고 하는 이교도들의 사제들(혹은 물신 숭배자들)이 만들어 놓은 제단을 허물어 버렸다. 그 제단은 기둥으로 둘러싸여 있었다. 각 기둥 꼭대기에는 짐승의 해골들이 달려 있었다. 한 기둥은 크고 나머

> 지 네 기둥은 작았다. 내가 이것들을 파괴하자, 몇몇 여자들은 불만을 터트렸다. 그 여자들이 나에게 말했다. "미사를 드릴 때, 신부님한테는 신부님의 예식들이 있잖아요? 우리에게도 우리의 예식이 있답니다."
>
> (1697년) 처음 7년 동안, 나는 총 20,981명에게 세례를 주었고, 혼인성사를 110건 집전했다.
>
> 루카 다 칼타니세타, 《콩코 사람 디에르Diaire congolais》(1690~1701년).

17세기에 프랑스 선교사들이 아프리카 대륙에 왔다. 코트디부아르Côte d'Ivoire[118]에 있는 아시니 왕의 한 아들이 1691년 파리에서 세례를 받았다. 한편 라자로회 회원들은 마다가스카르Madagascar에서 선교 활동을 했지만 정착하지는 못했다(1648~1674년). '성령회' 회원들은 1776년부터 세네갈에서 선교 활동을 시작했고, '부르봉Bourbon 섬'(현재의 레위니옹-Réunion 섬)과 프랑스 섬(현재의 모리스Maurice 섬)[119]에서, 많은 사제들이 이주민들과 정복자들과 노예들 사이에서 사목 활동을 했다.

---

[118] 아이보리 해안. 오늘날 '상아 해안'이라는 이름으로 알려진 아프리카 서해안의 공화국.
[119] 인도양의 마다가스카르 섬 동쪽에 있는 섬나라로, 레위니옹 섬과 더불어 아프리카 동쪽 인도양 상에 위치한 프랑스령에 속한다.

2. 아메리카 대륙

라틴 아메리카

스페인 정부는 교회의 조직가로서의 자신의 임무를 성실히 수행하면서 많은 지역 교회를 세웠다. 스페인은 1511년부터 1620년 사이에 라틴 아메리카에 34개의 교구청을 새로 만들었다. 이 지역에 새로 임명된 주교들은 대부분 스페인의 수도에 있는 수도회 출신들이었다. 그들은 매우 양심적인 인물들이었고 상당수 주교들은 아주 유명했다. 프란치스코회 출신으로 멕시코의 주교였던 수마라가Zumarraga(1528~1548년)와 리마의 주교였던 투리비오 데 모그로베호Turibio de Mogrovejo(1528~1548년)와 같이 탁월한 많은 주교들은 후에 성인품에 올랐다. 이들은 자신들의 교회를 조직하기 위해 지역 시노드와 교구 시노드를 여러 차례 소집했는데, 지역 시노드는 주로 멕시코와 리마에서 열렸다. 그러나 세속 당국자들은 종종 이 같은 시노드의 결정 사항을 받아들이지 않았다.

올바른 선교 사목

이들 지역에서 복음 전파는, 처음에는 주로 신앙과 무력이 뒤엉켜 있었다. 즉, 십자가를 세우고, 장엄하게 예식을 거행하여 구경거리를 제공해 주면서 우상을 파괴했다. 잉카 문명의 전통을 폄하하기 위해서, 프란치스코 데 톨레도 총독은 잉카 제국의 왕손인 투파크-아마루를 1572년에 사형시켰다. 심지어 17세기에는 오래된 잉카 종교의 잔재를 체계적으로 완전히 뿌리 뽑기 위해 '우상 답사'를 실시했다. 그것은 마치 식탁을 깨끗이 치우는 것과 같았다. 그러나 선교사들은 선교 활동 지역의 언어(멕시코의 나와틀어와 페루의 퀘추아어)를 배우기 위해 많은 노력을 기울였다. 그들은 현지 언어로 교리서와 강론과 연극 대본 등을 직접 쓰기도 했고, 오래된 토착 문명들을 연구하는 역사가가 되기도 했다. 그러나 스페인 왕은 선교사들이 쓴 민속학 작품들에서 일부를 파기하라고 명령했다.

선교사들은 인디언들에게 세례는 되도록 빨리 베풀었지만, 성찬례에 참석하게 하는 것에는 상당히 인색했다. 일반적으로 인디언들은 사제품을 받을 수가 없었다.

스페인 교리서를 토대로 하여 만든 현지 교리서는 그림, 음악, 상징적인 동작 등 아주 독창적이고 시청각적인 효과들로 구성되어 있었다. 원주민의 언어로 쓰인 몇몇 강론집들은 선교사들이 원주민들을 상당히 잘 이해하고 있었다는 증거다. 하지만 동시에 그런 강론집들은, 호교론적 섭리주의자들을 만들어 냈다. 호교론적 섭리주의자란 그리스도교와 스페인을 위한답시고 인디언들에게 공포심을 조장시켜 체념에 빠트리게 하는 자들이다.[39]

39) 착한 목자: 페루 인디언들에게 퀘추아어로 했던 강론(1646년)

페루에서 태어나 페루에서 죽은 스페인의 사제, 프란치스코 다빌라Francisco Davila(1573~1647년)는 정복자들 때문에 페루의 인디언들이 약탈당해 비참한 삶을 살고 있다는 사실과 인디언들의 전통 사회가 철저하게 파괴되었다는 사실을 잘 알고 있었다. 인디언 언어 퀘추아어로 행한 그의 강론을 통해서, 우리는 그가 원주민들의 아픔과 비극을 깊이 이해하고 있다는 점을 느낄 수 있지만, 동시에 그가 원주민들의 불행을 '하느님 섭리'라는 미명하에 정당화하려 한다는 점도 엿볼 수 있다. 오늘날 독자들은 이러한 정당화를 받아들이기가 어려울 것이다.

나는 라마lamas[120] 떼를 돌보는 착하고 자비로운 목자입니다. 목자는 자신의 라마 떼를 위해 죽음도 두려워하지 않습니다. 그러나 품삯을 받고 일하는 목동은, 자신이 돌보는 라마 떼가 자신의 것이 아니기 때문에, 퓨마가 갑자기 나타나면 라마 떼를 버리고 있는 힘을 다해 도망갑니다. 그럼 퓨마가 라마 한 마리를 물어뜯고, 다른 라마 떼들을 뿔뿔이 흩어

---

120 라틴 아메리카의 낙타를 일컬음. 낙타과의 송아지만한 동물로 남아메리카에 살며 낙타와 비슷하지만 육봉肉峰이 없고, 털은 양털 같다. 수컷은 승용 또는 짐을 싣는 데 이용된다. 털은 직물, 지방은 등유, 가죽은 구두의 원료로 쓰고 고기는 식용으로 사용된다.

버립니다. 이렇게 되는 것은, 목동은 품삯을 받는 일꾼이고 라마 떼가 그의 것이 아니기 때문입니다. 하지만 나는 내 라마 떼를 잘 아는 착한 목자이고, 나의 라마 떼 역시 나를 잘 압니다.

그러나 만일 그분이 참된 목자라면, 누가 그리고 무엇이 그분의 라마 떼 혹은 그분의 동물일까요? 오직 우리만이 그분의 라마 떼입니다. 모든 인간, 남자와 여자가 바로 예수 그리스도의 라마 떼입니다. ······

어쩌면 여러분 가운데 누군가는 마음속으로 이렇게 중얼거릴 것입니다. "신부님, 우리는 달라요, 우리 인디언들은 백인들과 같지 않아요. 우린 태생도 다르고 얼굴도 달라요. 따라서 우리들은 하느님의 라마 떼가 아니어요. 백인들의 하느님은 인디언들의 하느님이 될 수 없어요. 조상 대대로 우리에게는 우리들의 우상인 우아카huacca와 우리들의 사제인 우무umu가 있어요.

게다가 백인들이 쳐들어오기 전에는, 원시적인 산맥과 '히스'[121]가 무성한 들판'에 루나들(인디언들)이 무지 많았어요. ······ 옥수수와 맛있는 감자, 키누와quinua[122], 오카occa[123],

---

[121] 황야에 자생하는 철쭉과의 관목.
[122] 남미산의 메밀 비슷한 명아주과의 식물.
[123] 농산물의 일종.

라마 떼, 양모를 공급해 주는 짐승들, 이런 모든 음식들이 넘쳐났어요.

그때에는 도둑도 없었어요. …… 그러나 백인들이 쳐들어온 뒤에는 모든 루나(인디언)들이 도둑이 되어 버렸어요. 사태가 이 지경이 되어 버렸다고 한다면, 우리 인디언은 결코 백인들과 같지 않아요. 우리는 백인들과 달라요. 이런 결과를 놓고 볼 때, 우리가 어떻게 예수 그리스도의 동물인 라마 떼란 말인가요? 도무지 이해할 수 없어요. …… 바로 이런 점 때문이라도, 우리는 백인들과는 달라요. 우리 인디언들은 단지 무늬만 그리스도인이에요. 우리는 단지 미사에 참례하는 척, 강론을 듣는 척, 고해성사를 보는 척, 그리스도인인 척 행동할 뿐이에요. 왜냐고요? 신부님과 스페인 시장이 무서워요.

예전에 우리 곁에 우아카가 있을 땐, 우린 편하게 잘 살았어요. 그래서 우리 마음은 온통 우아카만 생각해요. 지금 우리가 얼마나 큰 고통을 겪고 있는지 한 번 보실래요? 한때 그리스도교 마을이었던 것들이 다 사라져 버려서, 우리는 그 마을들의 이름조차 기억하지 못해요. 백인들이 땅을 다 약탈해 갔어요. 우리가 죽도록 길쌈을 하고 옷감을 짜고 양탄자를 짜는 것도 다 시장을 위한 거예요. ……"

아, 나의 자녀들이여, 저는, 여러분이 모든 것을 다 말해

줘서 기쁩니다. 제가 그 모든 것을 들을 수 있어서 얼마나 기쁜지 모릅니다! 제 마음이 한편으론 기쁘지만, 다른 한편으론 고통스럽고 슬픕니다. 제 마음이 왜 기쁠까요? ……왜냐하면 제가 여러분의 마음과 생각을 잘 알고 있어서, 여러분이 아플 때 여러분을 돌봐줄 수 있기 때문입니다. 그렇다면 제 마음이 왜 슬플까요? 여러분이 수많은 강론과 가르침을 듣고도, 하느님의 말씀을 믿지 않고 받아들이지 않기 때문입니다. ……

제 말을 들어보고 저를 한 번 쳐다보십시오. 삶과 죽음, 번성과 소멸, 건강과 질병 등 이 세상과 저 세상에서 생겨나는 그 모든 것이 다 하느님께서 원하시는 대로 이루어집니다. 하느님께서 원하실 때, 한 나라 백성이 다른 나라 백성을 처부수고 그 나라 사람들을 지배합니다. 그러나 언젠가 다른 날에는 승리를 거둔 정복자들이 패배를 당할 것입니다. …… 그러나 많은 경우에, 만일 하느님께서 많은 부락과 사람들을 없애 버리셨다고 한다면, 그것은 그들이 전에 지은 죄 때문에 그런 고통을 당하는 것입니다. ……

잉카 문명의 잉카족들이 과거에 지은 죄 때문에, 하느님께서 그들을 벌하시어 죽게 만드셨고, 루나들도 그렇게 하셨습니다. 하느님께서 우연히 그렇게 하신 것이 아니라 존엄하시고 지극히 크신 권능으로 그렇게 하신 것입니다. 백인들은 하느님의 경찰관들입니다.[124] 그들은 바로 그 임무를 수행하기 위해 이곳에 왔습니다. ……

게다가 참된 하느님을 흠숭하지 않고 또 다른 잘못들을 저질렀기 때문에, 모든 인디언의 영혼이 지옥에 떨어지는 것입니다. ……

우리 모두는 하느님에 의해 창조되었고, 예수 그리스의 동물들입니다. 그분은 우리에게 당신의 말씀을 일용할 양식으로 내어주시는 참된 목자이십니다. 우리는 그분의 말씀 때문에 구원을 받습니다. 그분은 하늘 높은 곳, 즉 황금으로 봉인된 나라로 우리를 인도하십니다. 그 나라에서는 사람들이 더 이상 죽지 않습니다.

그러나 여러분이 사는 이 세상에서는 악마가 여러분의 목자입니다. 이미 저주를 받은, 거짓말쟁이에 불과한 그 악마가 거짓말로 여러분을 꼬드겨 지옥의 고통 속으로 끌고 가려고 합니다. …… 악마와 마법사와 마녀에게 침을 뱉어버리고, 오직 하느님만을, 그리고 예수 그리스도만을 믿고 따르십시오. ……

조지 뒤메질Georges Dumezil이 퀘추아어에서 번역하여
《디오게네스Diogène》을 통해 소개한 본문(1957년).

---

124 스페인의 경찰 요원들을 가리킴.

▲ 테오티후아칸 신전, 멕시코.

과라니족의 그리스도교적 공동 소유 국가

파라나 강과 파라과이 강과 우르과이 강이 인접한 지역에서, 예수회 선교사들은 유목 생활을 하는 부족들에게 복음을 전하면서 유목민들이 평화롭게 살 수 있도록 도와주는 평화 회복 사업을 착수했다. 예수회 선교사들은 유목민을 '레둑션Reductions'[125]이라는 마을에 정착시켰다. '레둑션'은 식민지 정복자의 착취로부터 유목민을 보호하기 위해 설립한 그리스도교 마을이었다. 최초로 '레둑션'이 건설된 것은 1610년이었다. 일종의 그리스도교적 공동 소유 국가라고 말할 수 있는 '레둑션'이 무려 30개나 되었고, 그 '레둑션'에는 원주민들이 50만 명 정도 살았다.

레둑션에서의 생활은 철저하게 그리스도교적인 가르침과 정신에 바탕을 둔 공동체 생활이었다. 두세 명의 예수회 선교사들이 하나의 '레둑션'을 이끌어 나갔다. 파라과이에서 활동하는 예수회의

---
[125] 인디언을 교육시키기 위해 예수회 선교사들이 남미에 설립한 촌락.

▲ 도미니코회 수사.

장상 신부가 각 '레둑션'들과 연락을 취하며 긴밀한 관계를 유지하는 연결 고리 역할을 했다. 레둑션에서는 개인적으로 다른 사람에게 재산을 양도할 수 있는 사유 재산은 존재하지 않았고 모든 것을 공동으로 소유했다. 그리하여 이곳에서 유토피아가 실현된 것처럼 보였다.

교황청의 '선교 보호권 정책'에 따른 '영토 확정 조약'에 의해, 스페인령의 그리스도교 마을들이 1750년 포르투갈령으로 넘어갔다. 그렇게 되자 과라니Guarani 족이 한동안 저항했다. 그러다가 예수회 회원들이 철수하자, 과라니족의 그리스도교 마을들은 결정적인 최후를 맞았다(1768년). 그리스도교 마을들이 온데간데없이 사라져 버리고 말았다. 이 같은 결과는 예수회 회원들이 지나치게 온정주의적인 정책을 실시하면서, 진정한 의미의 원주민 책임자들을 양성해 놓지 못한 결과이기도 했다.

아메리카 대륙의 프랑스령

캐나다에서 복음화는 1608년 샹플랭Champlain이 퀘벡 주를 건설함으로써 시작되었다. 그는 1615년, 프란치스코회 수도자들을 퀘벡으로 불러들였다. 그러나 1632년에 캐나다 선교가 예수회로 넘어가게 되자, 예수회 선교사들은 이곳저곳으로 유목민들을 쫓아다니면서 강제로 정착시키려고 애를 썼다. 그리하여 예수회 회원들이 휴론Horon족[126]에게 복음을 선포하는 데 있어서 상당한 정도의 성공을 거두었다. 하지만 이내 영국 사람들의 지원을 받던 이로쿼이Iroquois 족의 반대에 부딪히고 말았다.

▲ 프란치스코회 수사.

1639년, 선교 수녀회인 우르술라회가 퀘벡에 가장 먼저 진출했다. 우르술라회 수녀들 가운데 가장 유명한 사람은 신비 저술가였던 마리 데 랭카르나시옹(1599~1672년)이었다.[40] 술피스회 회원들은 1642년에 몬트리올에 정착했다. 예수회의 이사악 조그, 요한 드 브레뵈프, 샤를르 가르니에 같은 선교사들이 순교를 당했다.

예수회 선교사들의 보고서, 《이야기들Relations》이 1632년부터 1673년까지 매년 프랑스에서 출판되었다. 이 보고서에 의하면, 예수회 선교사들이 캐나다에서 얼마나 탁월하게 선교 활동을 벌였는지 알 수 있다. 예수회 회원들은 캐나다에서 출발하여, 미시시피Mississippi 강 계곡을 따라서 루이지에나Louisiana까지 선교 활동을 펼쳤다. 한편, 1708년에 사망한 퀘벡의 몽모랑시-라발Montmorency-Laval 주교와 같은 훌륭한 선교사들이 당시 있었지만, 인디언에 대한 선교 활동의 성과는 미미했다. 18세기 말까지 그리스도교 신자

---

126 휴런 호의 서쪽에 사는 아메리카 인디언 부족.

가 된 인디언들은 2,000명에 불과했다.

　프랑스가 스페인령에 건설한 식민지인 앤틸리스 제도(과달루페, 하이티)는 다른 지역에 비해 상대적으로 종교적인 열성이 저조했다. 왜냐하면 프랑스 본국 정부가 분리주의에 대한 두려움 때문에, 교구와 학교를 설립하는 것을 반대했기 때문이었다. 그 결과 이 지역 사제들의 수준과 질은 아주 낮은 편이었다. 한편, 노예들에게 교리교육을 시키기 위해, 예수회 회원들이 크레올어[127]를 배우자 식민지 정복자들이 크게 반발했다.

40) 우르술라회 회원인 마리 데 렝카르나시옹의 선교 성소

　1599년 투르에서 태어난 마리 귀야르Marie Guyart는 어렸을 때부터 꿈속에서 여러 가지 환시를 보았는데 이 영향으로 어린 시절부터 강도 높은 영적 생활을 했다. 1617년에 결혼하여 1619년에 클로드 마르탱Claude Martin을 낳았다. 마르탱은 나중에 생-모Saint-Maur의 베네딕토회 수사가 되었다. 1619년 말에 과부가 된 그녀는 10년 동안 가족을 위해 봉사하다가 투르에

---

[127] 서인도 제도의 원주민들의 언어에 프랑스어와 스페인어가 섞여서 생겨난 언어로, 오늘날 서인도 제도 사람들이 여전히 사용하고 있다.

있는 우르술라회에 입회했다. 1634년에 꿈속에서 캐나다를 본 후 1639년 캐나다로 건너가서 1672년 죽을 때까지 그곳에서 활동했다.

그것은 바로 사도 정신, 즉 예수 그리스도의 성령으로부터 흘러나온 것이었습니다. 예수 그리스도께서 저의 정신을 온통 사로잡아, 저로 하여금 오직 그리스도의 성령 안에서만 그리스도의 성령을 통해서만 살도록 해 주셨습니다. 이제 저는 오직 지극히 흠숭을 받으셔야 할 거룩한 스승님께만 관심을 갖고, 그분의 영광을 드러내기 위해 열심히 일해야 합니다. 주님의 귀한 성혈로 구원받은 모든 민족에게 그분의 사랑과 흠숭을 전하도록, 주님께서 저를 불러주셨습니다.

제 몸은 비록 수도원 안에 있지만, 예수님의 성령과 일치되어 있는 저의 정신은 이곳 수도원에 갇혀 있을 수가 없습니다. 성령께서는 저를 마음속으로 인도, 일본, 아메리카 대륙, 동유럽 여러 나라, 서유럽 여러 나라, 캐나다, 휴론족 인디언들이 사는 곳으로 데려가셨습니다. 제가 마음속으로 보았던 곳은 모두 예수 그리스도의 땅으로, 분별력 있는 영혼들이 사는 곳이며 사람이 살 수 있는 땅이었습니다. 내적 확신을 통해서, 저는 악마들이 그 불쌍한 영혼들을 지배한 것을 보았습니다. 그 영혼들은 우리의 거룩한 스승님이시며 지존한 주님이신 예수 그리스도께서 당신의 존귀한 성혈로 구원하신 영혼들입니다. 그런데 악마들이 예수 그리스도의 땅에서 그 불쌍한 영혼들을 괴롭히고 있습니다. 이런 광경을 보고서, 더 이상 지켜보고만 있어서는 안 된다고 확신했습니다. 그래서 저는 그 불쌍한 영혼들을 껴안으며 제 가슴으로 품어 주었습니다. 그리고 저는 영원하신 하느님 아버지께, 이제 당신께서 저의 신랑이신 예수 그리스도 편에 서서 정의를 펼치실 때가 되었으며, 또 당신께서는 그 모든 민족을 예수 그리스도께 유산으로 주시기로 이미 약속하셨다는 점을 잘 알고 계신다고 말씀드리면서, 그 영혼들을 하느님 아버지께 봉헌해 드렸습니다. ……

저는 마음속으로 그 광활한 땅을 걷고 있었고, 또한 그곳에서 복음의 일꾼들을 동반하고 있었습니다. 제가 복음의 일꾼들과 긴밀하게 일치되어 있다는 것을 느꼈습니다. 복음의 일꾼들은 저의 천상의 신적 신랑이신 그분을 위해 최선을 다했습니다. 저도 그들과 똑같은 생각을 했습니다. 비록 육체적으로는 지금 제가 저에게 부과된 수도원의 규칙 생활을 하고 있지만, 저의 정신은 항상 달음박질하고 있으며 제 마음은 결코 그 일을 단념할 수가 없습니다. 영원하신 하느님 아버지께 봉헌한 수백만 명의 영혼을 구원하기

> 위해, 제 마음은 하느님 아버지를 재촉해 드리는 사랑으로 가득 차 있고, 백 마디 말보다 더 빠른 활동 즉, 제 청원을 하느님 아버지께 끊임없이 간청을 드립니다.
>
> 마리 데 렝카르나시옹, 《1654년도의 이야기Relation de 1654》, 제2권, 309쪽 참조.

3. 프란치스코 하비에르의 인도와 일본 선교

프란치스코 하비에르의 두 가지 선교 방법

1506년, 나바르Navarre에서 태어난 프란치스코 하비에르는 파리에서 로욜라의 이냐시오를 만나, 1534년에 몽마르트르 대성전에서 서원을 한 일곱 명 가운데 한 사람이었다. 이냐시오에 의해 인도 선교사로 파견된 그는 1542년에 포르투갈령이자 동인도 제도의 중심지인 고아Goa에 도착했다. 현지 언어를 배우거나 문화를 배울 틈도 없이 곧장 사목 현장에 뛰어든 그는 현지인들에게 극히 피상적인 교리만 가르친 다음, 인도 남동부에 있는 어장漁場 해안가에서 수천 명에게 세례를 주었다(이것이 프란치스코 하비에르의 첫 번째 선교 방법이다).**41)** 그는 1545년에 말라카Malacca 섬에서, 1546년에는 인도네시아에서 활동했다.

▲ 고아에서 선교하는 프란치스코 하비에르의 초상화.

▲ 정복자 왈, "네가 이 금을 먹었는가?"
"예, 우리가 그 금을 먹었습니다."

▲ 빗나간 고해성사.

▲ 17세기 초 페루에 있는 본당의 생활상
(강제 결혼).

▲ 교리 교육 시간에 벌을 받는 아이들.

17세기 초, 스페인 아버지와 잉카인 어머니 사이에서 태어난 혼혈아인 펠리페 구아만 포마 드 아얄라가 스페인 정복의 부당성과 페루 본당의 생활상을 글과 그림으로 묘사했다(파리의 민족학 학교Institut d'ethnologie de Paris, 1936년과 1968년에 발행).

41) 인도에서 프란치스코 하비에르

1545년 1월자 편지에서, 프란치스코는 트라반코르Travancore(인도 남부 지역)의 여러 마을에서 행한 자신의 선교 방법을 설명했다. 편지에는 선교에 대한 개괄적인 내용이 언급되었다. 그는 자신이 만난 사람들의 문화에 대해서 전혀 알지 못했다. 하지만 나중에 일본에서 선교할 때에는, 세례를 급하게 주지 않았다. 일본의 학식 있는 사람들과 맞서기 위해선 선교사들이 탄탄한 지적 훈련을 받아야 한다고 주장했다.

…… 한 달 만에, 만 명이 넘게 세례를 주었습니다. 내 선교 방법은 이렇습니다. 내가 미신자들의 마을에 도착하자, 그들은 나에게 자신들을 그리스도교로 개종시켜 달라고 요청했습니다. 나는 마을에 있는 모든 남자와 아이들을 한곳에 불러 모아 놓고서 성부와 성자와 성령이신 하느님에 대해 공식적으로 선포한 다음, 그들에게 십자 성호를 세 번 긋게 했습니다. 그리고 하느님이 한 분뿐이심을 고백하면서 세 분의 위격에게 기도하라고 했습니다. 이어서 나는 고백 기도, 사도신경과 십계명, 주님의 기도와 성모송, 그리고 성모 찬가Salve Regina를 암송했습니다. 나는 이미 2년 전에 그 기도문들을 그들의 언어로 번역해서 완벽하게 외웠습

니다. …… 차츰 어린이뿐만 아니라 어른들까지 모든 사람이 기도문들을 외웠습니다. ……

기도문 낭송이 모두 끝나자, 나는 그들에게 그들의 언어로 신앙의 규약과 계명에 대해서 설명했습니다. 그런 다음 나는 그들에게 공적으로 자신의 과거 삶에 대해 우리의 주님이신 하느님께 용서를 청하라고 말했습니다. …… 강론 후에, 나는 모든 남자와 아이들에게 신앙의 규정들을 참으로 믿는지 물어 보았습니다. 그들은 모두 그렇다고 대답했습니다. 그래서 나는 각각의 규정들을 큰 소리로 암송했습니다. 각각의 조항들을 복창한 후에, 나는 그 조항들을 믿는지를 다시 물었습니다. 그러자 그들은 팔로 십자가를 가슴에 껴안으면서, "예."라고 대답했습니다. 그래서 나는 각자에게 이름을 써 주면서, 세례를 베풀었습니다. 세례받은 사람들이 각자 집으로 돌아가 부인과 가족들을 나한테 보냈습니다. 그럼 나는 그들한테도, 똑같은 방식으로 세례를 베풀었습니다. 세례를 다 주고 난 다음, 나는 우상으로 섬겨 왔던 모든 건축물을 다 파괴시키라고 그들을 돌려보냈습니다. 그리스도인이 된 이상, 그동안 우상으로 섬겼던 상들을 다 부숴 버리라고 했습니다.

베르나르-메트르H. Bernard-Maitre, 《성 프란체스코 하비에르와 종교들의 만남 Saint François Xavier et la rencontre des religions》(1960년)에서 인용.

1549년, 프란치스코 하비에르는 동료 몇 명과 함께 일본의 규슈 섬에 있는 가고시마에 도착했다. 그의 눈에 비친 일본의 현실은 아주 복잡했다. 그래서 그는 자신의 선교 방법을 재고하지 않을 수 없었다. 현지 언어를 진지하게 배워야 할 필요성과 일본의 철학도 알아야 할 필요성을 느꼈다. 즉, 명주로 만든 비단옷을 입고 일본의 풍습에 맞춰 생활을 해야 할 필요성을 깨달았다. 단 한 명을 개종시키기 위해서라도, 정성을 다하고 기다려야만 했다. 이것이 바로 프란치스코 하비에르의 '두 번째 선교 방법'이다. 그는 일본인들이 갖고 있는 지혜의 원천인 중국에 가기로 결심했으나 중국의 광둥廣東이 보이는 한 섬에서 1552년 12월 3일에 숨을 거두었다.

　프란치스코 하비에르가 유럽에 보낸 편지가 유럽 사람들을 흥분의 도가니 속으로 빠트렸다. 그가 보낸 편지들은 재빨리 출판되었고, 때로는 내용이 바뀌기도 했다. 사람들은 그의 편지를 읽고, 그를 시대 정신에 가장 잘 맞는 선교사의 전형으로 생각했다. 그리하여 프란치스코 하비에르가 일본에서 수백만 명을 개종시키고 수많은 기적을 행했다는 전설이 퍼져 나갔다.

일본의 그리스도교 시대
　유럽 문명에 대한 호기심과 분열되고 갈라진 일본의 봉건 제도 때문에, 많은 사람들이 그리스도교로 개종했다. 다이묘大名라고 불리는 지방 영주들이 그리스도교를 선택하면서 자신들의 독립을

과시했다. 그리하여 그리스도교로 개종한 사람의 숫자가 30만 명에까지 육박했는데 특히 남부 지방인 규슈와 교토와 에도(도쿄) 지방에서 많은 사람들이 그리스도교로 개종했다. 일본에 이 첫 번째 교회를 설립한 일등 공신은 바로, 1579년부터 1606년까지 일본에서 활동한 예수회 회원, 발리냐노Valignano였다. 그는 적응주의 선교 방법을 선택했다.

유럽인들의 경쟁심(항해사들과 선교사들의 경쟁심), 새로운 쇼군(막부幕府)들의 그리스도교에 대한 불안감, 다이묘(지방 영주)들을 거슬러 일본을 통일하려던 도쿠가와 사람들, 불교와 신도神道 신자들의 그리스도교에 대한 반대, 이 모든 것이 그리스도교를 박해한 원인에 해당한다. 1597년 26명의 선교사들과 신자들이 나가사키에서 순교당했고 1614년에는 그리스도교가 일본 전역에서 금지되었다. 순교자들의 숫자는 늘어만 갔고 가장 잔혹하고 악랄한 처형 방법이 점점 많이 행해졌다. 1637년에 발생한 '시마바라의 난'[128] 이후, 35,000명의 그리스도인들이 순교당했다. 일본은 19세기까지 선교사들에게 쇄국 조치를 취했다.

100명도 되지 않은 적은 수의 선교사들이 책을 번역하고 인쇄소를 운영하면서, 일본어와 일본 문화를 배우려고 최선을 다했다. 선교사들은 유럽 문화를 일본에 전해 주었다.

---

[128] 1637년 일본 규슈 북부의 시마바라에서 그리스도교를 믿는 농민들을 중심으로 일어난 농민 항쟁이다. – 편집자 주

주교 한 명이 1598년부터 1614년까지 나가사키에 머물면서 조심스럽게, 몇몇 일본 방인 사제를 양성했다(1614년에 14명). 또한 도주쿠(성직자들에게 거처를 제공하거나 선교 활동을 보호하는 사람)들과 교리 교사들, 마을의 지도자들과 신자들로 이루어진 공동체가 형성되었다. 이 같은 공동체를 통해서 그들은 사제가 없어도 공동체를 꾸려 나갈 수 있었다.

선교 활동을 위한 생계 수단으로 신자들은 유럽산 물건과 일본산 물건을 유럽과 일본에 중계 무역을 했다. 그런데 종종 이런 무역 거래가 오히려 복음화를 방해하는 결과를 초래했다.

▲ 순교자들의 십자가형(나가사키, 1597년), 에칭(식각), 칼로의 동판화, 1622년 이후 작.

인도

토마스 사도가 인도에 복음을 전파했다는 주장은 하나의 가설에 불과하다. 인도 남부 지방에 최초로 그리스도인이 존재하기 시작한 것은 5세기부터다. 이 지역의 그리스도인들은 시리아어를 사용했으며 메소포타미아의 네스토리우스 교회에 속해 있었다. 포르투갈 사람들이 고아 지방에 정착하여 복음을 전하면서, 네스토리우스 교회를 서방 교회에 복속시키려고 강압적인 수단을 사용했다. 그 결과 네스토리우스 교회가 갈등에 휩싸여 분열되었다.

고아 지방은 최초의 주교 관할구였다. 나중에 고아 지방이 케이프에서 중국에 이르는 모든 동방 지역을 관할하는 주교좌가 되었다(1533년). 포르투갈 사람들은 '백지 상태'로 만든다는 원칙에 따라 인도에서 피상적인 복음화를 시도했다. 프란치스코 하비에르도 이 같은 피상적인 복음화 사업에 상당 기간 동안 동참했다. 교회가 제대로 설립되지 않았는데도, 선교사들은 많은 사람들에게 세례를 베풀었다.

1605년, 이탈리아 예수회 회원 로베르토 데 노빌리Roberto de Nobili(1577~1656년)가 인도에 도착했다. 그는 마두라(인도의 남부 지역)에서 50년 동안 머물면서 선교 활동을 펼쳤다. 그는 인도 사람들에게 복음을 선포하기 위해서 타밀어와 산스크리트어를 배웠고, 인도인들을 포르투갈의 식민지 정복자들과 동화시키는 것을 반대했다. 인도 사람들은 힌두교의 '산야시Sannyasi(출가 수행자)'를 자신들이 본받아야 할 본보기로 생각했다. 그래서 노빌리는 인도 사람들이 자신을 그리스도교의 '산야시'로 간주해 주기를 희망했다. 그는 카스트 계급에서 가장 높은 계층인 브라만 계급 사람들의 생활 방식을 따랐다. 우상 숭배와 인도인의 사회적 생활 방식을 구별할 줄 알았던 노빌리는 그리스도교로 개종한 인도인들에게 인도의 전통 생활 방식인 구두미koudoumi(머리털을 타래로 묶어 따고 다니는 것)를 하고 다니는 것과 끈을 두르고 다니는 것 등을 허용했다. 즉, 인도 그리스도교 신자들에게 그들의 고유한 풍습인 카스트를 지키라고 허용했다. 그는 세례 예식 때, 세례 후보자에게 숨을 불어 내쉬는 예식과 침을 바르는 예식과 같은, 인도인들에게 혐오감을 주는 예식들을 생략했다. 그러나 여러 선교사들이 노빌리의 선교 방법을 반대했고, 심지어 로마 교황청에 고발했다. 그러나 1623년, 교황은 예수회 노빌리가 시도한 적응주의 선교 방법의 일부를 인정했다. 어떤 선교사들은 가난한 이들을 섬기기 위해, 가장 낮은 계급(카스트)의 출가 수행자들이 실천하는 '판다라Pandara'라는 삶의 형태를 받아들였다.

루터파 신자들이 1706년 트랭퀴바Tranquebar에 정착했다. 이들은 프로테스탄트 종교 개혁 이후 최초로 인도에 도착한 프로테스탄트 선교사들이다. 인도는 프로테스탄트가 유럽 밖에서 선교한 가장 오래된 곳 가운데 하나다. 1733년에 인도 사람이 최초로 안수를 받고 목사가 되었다.

▲ 그리스도교의 확장(15~18세기).

- 표기된 연도는 주교좌가 설립된 연도.
- 괄호 속에 들어 있는 연도는 그리스도인이 처음으로 정착한 연도.

4. 중국, 인도차이나 그리고 조선

마카오에서 베이징까지

포르투갈인들은 1557년 마카오에 정착했다. 1565년 예수회 선교사들이 마카오에 거처를 마련했고 얼마 후 주교 한 명이 파견되었다. 개종한 중국인들은 긴 머리카락을 자르고 유럽인들의 생활 방식을 따랐다. 한편, 선교 활동을 시찰 중이던 예수회의 발리냐노는 1578년, 중국 대륙에 루기에리Ruggieri와 마태오 리치Matteo Ricci(1552~1610년)를 파견했다. 마태오 리치는 1582년부터 1601년 사이에 다섯 단계를 거쳐 마침내 베이징에 도착했다.[129] 그는 죽을 때(1610년)까지 베이징에 머물며 선교 활동을 펼쳤다.

마태오 리치는 처음에 불교식 승복을 입고 선교 활동을 했다. 그러나 그는 한자와 중국 문화를 심도 있게 연구하면서, 공자의 제자들인 유학자들이 승려들보다 중국인들에게 더 존경을 받고 중요하다는 것을 깨달았다. 그에 눈에는, 유교儒敎가 당시 유행하던 도교道敎와 불교 같은 중국의 다른 종교들보다도 훨씬 더 그리스도교에 가깝게 보였다. 이 같은 인식 하에 마태오 리치는 이때부터 불교식 승복과 생활 방식을 버리고 유학자의 복장과 생활 방식을 선택했다.[42] 그는 서양의 과학과 천문학 그리고 수학을 가르쳐 주면

---

[129] 마카오(1582년 8월) – 광동廣東(광동)성의 자오칭肇慶(조경, 1583년 2월) – 샤오저우韶州(소주, 1589년 여름) – 난징南京(남경, 1598년) – 베이징(1601년 1월).

서 일종의 지적 사도직에 전념했다. 또한 한문으로《천주실의天主實義》라는 책을 저술하여, 가톨릭교회의 가르침을 소개했다. 한편, 중국을 복음화하는 과정에서, 중국의 그리스도인들이 돌아가신 조상과 공자를 공경하는 것을 허용할 것인지, 어떤 한자들로 그리스도교를 설명해야 중국 종교와 혼동되지 않고 그리스도교의 진리를 올바르게 가르칠 수 있는지, 중국의 방인 사제단을 어떻게 설립할 것인지, 어디에서 사제들을 양성할 것인지, 라틴어가 반드시 필요한지 등과 같은 어려운 문제들이 제기되었다.

중국 복음화

42) 새로운 스타일의 선교사 유형, 마태오 리치

마태오 리치 신부는 유학자 복장을 했다. 특히 소위 법을 설파하고 가르치는 사람들의 복장을 했다. 그의 복장은 참으로 수수했다. 그가 쓴 모자는 우리가 쓰는 모자와는 사뭇 달랐다. 십자가 형태로 된 모자였다. 그는 단지 외적인 복장만 갖춘 채 신법神法을 가르치는 설교가로 행세하려 했던 것이 아니었다. 의상보다는 오히려 능수능란한 연설을 통해서 신법에 대한 설교가가 되고자 했다. 그는 우상과 관련된 종파들(불교와 도교)을 논박하는 데 열중했다. 그러나 유학자들의 종교에 대해선 비난하지 않았을 뿐만 아니라 오히려 유학을 높이 칭찬하고 유학의 시조인 공자를 찬양하기까지 했다. 왜냐하면 공자는 자신이 모르는 다른 삶(하느님 나라)에 대해 꾸며내지 않고 침묵을 지키면서도, 오히려 각 개인과 가정과 나라가 법을 지키고 공평하게 잘 살 수 있도록 각자에게 맞는 계명을 만들어 주었기 때문이다.

외국인이 유학자 복장을 하고 대중 앞에 나선다는 것 자체가 굉장히 새롭고 참신했다. 유학자들로부터 큰 호평을 받았다. …… 마태오 리치 신부는, 그리스도교를 믿지 않는 중국인을 상대로, 그리스도교에 관한 요약본 한 권을 한자로 직접 저술했다.

니콜라 트리고 Nicolas Trigault, 《중국의 왕조에서의 그리스도교 탐험의 역사 Histoire de l'Expédition chrétienne au royaume de la Chine》, 1617년.

◀ 중국에서 활동한 예수회 선교사, 마태오 리치.

43) 죽어 가는 중국 아기들에 대한 세례

세례를 못 받고 죽은 아이들의 운명은 어떻게 될 것인가 하는 염려로 인해 생겨난 특정한 신학 때문에, 선교사들은 위독한 상태에 빠진 아이들에게는 그 가족이나 공동체의 상황을 전혀 고려하지 않고 가능한 한 빨리 세례를 주었다. 베이징에 있는 예수회 신부가 유럽에 사는 여성 은인에게 보낸 편지에 바로 그러한 사도직 활동에 대한 평가가 담겨 있다.

우리는 베이징에서 매년 5천 명 내지 6천 명의 아이들에게 세례를 줍니다. 교리 교사가 부족한 상황에서 이 정도 숫자는 큰 성과입니다. 교리 교사가 더 많다면, 죽을 위험에 처한 아이들을 더 많이 돌볼 수 있을 것입니다. 특히 어떤 해에는 천연두나 다른 많은 유행병으로 수많은 아이들이 목숨을 잃었습니다. …… 만일 우리가 하느님을 믿지 않는 산파들의 마음을 사로잡아, 하느님을 믿는 딸들에게 그 산파들을 따라갈 수 있게 할 수만 있다면 좋았을 텐데 말입니다. 가난한 중국인들은 여자 아이들이 태어나면, 산파에게 그 아이들을 물동이 속에 집어넣어 죽여 달라고 청한답니다. 부모들의 요구 때문에 희생된 불쌍한 아이들이, 태어나자마자 죽게 될 바로 그 물을 통해서, 영원한 삶을 되찾

> 을 수 있을 것입니다. (산파들을 따라간 하느님을 믿는 딸들이 베풀
> 어줄 세례를 통해서)
>
> 앙트로콜 신부가 베이징에서 1720년 10월 19일자로 보낸 편지,
> 《교훈적이고 호기심을 끄는 편지들Lettres édifiantes et curieuses》, 216쪽에서 참조.

희망과 위기

1615년 바오로 5세 교황은 성경과 전례와 관련된 예식서를 중국어로 번역하는 것을 승인했다. 하지만 중국어로 전례를 거행하는 것은 금지했다. 한편 중국 황실은 박학다식한 예수회 선교사들(아담 샬Adam Schall, 베르비스트Verbiest 등)의 노고에 깊은 감사를 표했다. 선교사들은 달력을 만들고 법률을 입안하는 등 많은 일을 했다. 프랑스 루이 14세 왕의 곁을 떠나 중국으로 향한 예수회의 수학자들이 1688년 베이징에 도착했다.

17세기 말에 중국에서 그리스도교의 상황은 매우 희망적으로 돌아가고 있었다. 그리스도인이 20~30만 명에 달했고, 선교사들도 120명이나 있었다.[43)] 하지만 두 가지 이유 때문에 그리스도교는 중국 황제들의 미움을 받아 여러 차례 박해를 받았다. 하나는 제사 논쟁 때문이었고, 다른 하나는 포르투갈의 선교 보호권과 교황청 포교성성의 관할권 논쟁 때문이었다. 베이징의 황실에서 일하던 박학다식한 예수회 선교사들만 박해를 받지 않는 관용의 혜택

을 누릴 수 있었다. 예수회 선교사들의 선교 활동을 금지시킨 교황청의 조치(1762년)는 프랑스 혁명(1789년)으로 인해 엄청난 위험에 빠진 유럽 교회의 상황을 더 악화시켰다.[130]

인도차이나

일본에서 그리스도인에 대한 박해가 계속되자, 일본의 그리스도인들은 코친차이나[131]와 캄보디아와 시암[132] 등지로 이주하여 정착했다. 예수회 선교사들은 1615년부터 이들 지역에서 사목하기 시작했다. 그들은 베트남어를 라틴 계열 알파벳으로 치환하는 작업을 성공적으로 해냈다. 20년 동안(1625~1645년) 베트남에서 선교 활

---

[130] 스페인 왕실로부터 전폭적인 지원을 받던 예수회가 어느 날 갑자기 추방된 이유는 유럽의 정세 변화 때문이었다. 18세기에 접어 들면서 유럽은 바야흐로 절대 왕정의 전성기를 맞이했고 스페인도 예외는 아니었다. 교황은 더 이상 유럽 패권을 위해 등에 업어야 할 존재가 아니라 절대 왕정 구축에 걸림돌이 되는 존재가 되었다. 예수회는 교황이냐 절대 군주냐 하는 선택의 기로에 서게 되었다. 그러나 예수회는 교황 대신 절대 군주를 선택할 수가 없었다. 그것은 그들의 신앙 이념에 대한 자기 부정이 될 수밖에 없기 때문이다. 결국 예수회는 서유럽 여러 나라에서 탄압의 대상이 되었다. 1759년에는 포르투갈, 1760년에는 포르투갈령 브라질, 1764년에는 프랑스, 그리고 1767년에는 스페인에서 추방당했다. 더구나 1773년에 클레멘스 14세 교황은 절대 군주들의 압력에 굴복하여 예수회를 폐지시킨다는 교서를 발표했다. 그래서 예수회는 1814년 비오 7세 교황이 재창설을 승인할 때까지 유령 단체로 머무는 비운을 겪었다. 선교 지역에서 예수회가 추방되자, 예수회가 운영하던 원주민 공동체 마을들은 폐허로 변했다. 원주민들은 인근 토호들과 노예 사냥꾼들에게 붙잡혀 가거나, 이를 피해 뿔뿔이 흩어졌다. 그리고 이후 약 250년이 지나도록 원주민들은 인간다운 삶을 살아 보지 못했다. 희망이라고는 전혀 없는 외딴 마을에서 평생을 보내거나 도시로 흘러들어 빈민으로 전락하고 말았던 것이다. 예수회가 세운 공동체 마을을 파괴시킨 것은 그곳에 사는 원주민들에게는 엄청난 비극이었다.

[131] 베트남 최남단 지역의 프랑스 식민지 시절의 명칭.

[132] 타이(태국)의 옛 이름.

동을 펼친 예수회 선교사, 알렉산드르 드 로드Alexandre de Rhodes[133]에게 있어서 베트남은 아주 중요한 곳이었다. 하지만 그가 베트남에서 영원토록 살 수는 없는 일이었다. 따라서 그가 생각한 복음화는 기본적으로 먼저 현지 언어를 잘 습득하고 유능한 교리 교사들을 양성하는 것이었다. 그렇게 해야만, 베트남에 그리스도교가 영원히 존속할 수 있을 뿐만 아니라 베트남 문화와 관습을 이해하고 이용할 수 있기 때문이다. 그는 방인 사제단을 설립하려고 노력했다.

대목구장

알렉산드르 드 로드가 주장했던 복음화의 개념이 마침내 유럽에까지 전달되었다. 그리하여 극동 아시아 지역을 사목하기 위한 '대목구장'이라는 제도가 새롭게 생겨났다(1658년). 대목구장들은 공식적으로 자신들의 주교좌 없이, 교황과 포교성성의 직속 관할하에

▲ 태양 모양의 수레바퀴(태양신 수리야), 오리사(인도의 북동쪽) 지역의 코나라크에 소재.

▲ 춤추는 시바 여신, 12세기.

[133] 베트남에서 선교한 최초의 프랑스인.

▲ 부반네구아르, 라자나리 신전(12~13세기), 오리사 소재.

포교 지역의 선교 활동에 봉사하도록 서임받은 주교들이었다.[44) 피에르 데 라 모트Pierre de la Mothe와 프랑스와 팔뤼François Pallu 같은 대목구장들이 1664년 시암에 도착했다. 그들은 최초로 베트남 방인 사제들을 서품했고, 모든 극동 지역을 위해 신학교를 시암에 설립했으며 예수회 선교사들이 하던 선교 방식과는 거리를 둔 채 자신들의 고유한 선교 방식을 유지했다. 그리하여 선교사들 간에 관할권 분쟁이 점점 더 증가했다. 18세기 말, 피뇨 드 베엔Pigneau de Béhaine 주교가 이 지역에서 한 사도직 활동은 이 지역 선교에 큰 영향을 미쳤다.

44) 대목구장 임무에 관한 포교성성의 지침(1659년)

대목구장 제도(교황청 직속)를 신설하면서, 포교성성은 앞으로는 정치적인 문제와 연루되지 않은 채 자유롭게 선교 활동을 할 수 있기를 희망했고, 또한 선교사들에게 도움이 되는 여러 가지 지혜로운 지침들을 현지에 내려 보냈다. 하지만 그런 지침들이 항상 일선 사목 현장에서 쉽게 적용될 수 있는 것은 아니었다. 그 같은 예를 전례 논쟁을 통해서 엿볼 수 있다.

만일 현지 백성들의 예식과 관습과 풍속이 확실하게 신앙생활과 윤리에 어긋나는 것이 아니라고 한다면, 그런 것들을 바꾸려고 하거나, 그들을 설득하거나, 또는 논쟁을 벌이는 일은 하지 마십시오. 프랑스나 스페인, 이탈리아 혹은 유럽의 다른 나라들을 중국인들한테 그대로 옮겨놓으려고 하는 것보다 더 터무니없는 일이 어디 있겠습니까? 그들에게 우리의 나라들을 소개할 것이 아니라 우리의 신앙을 소개하십시오. 우리의 신앙은 그 어떤 백성의 예식과 관습을 반대하지도 축복하지도 않습니다. 만일 그들의 예식과 관습이 혐오스러운 것이 아니라면, 오히려 그것들을 잘 지키고 보호하십시오. 다시 말하자면, 모든 사람의 본성 안에는 자기 나라의 전통과 자기 나라를 세상의 그 어떤 것보다도

> 더 높이 평가하고 사랑하고자 하는 마음이 새겨져 있다는 뜻입니다. 한 나라의 고유한 관습, 특히 아주 오래된 관습을 바꾸려고 하면, 엄청난 불화와 증오심을 불러일으킬 것입니다.
>
> 《사도좌와 선교들 Le Siège apostolique et les missions》(1959년), 16쪽에서 인용.

조선의 평신도 교회

17~18세기, 조선의 유학자들은 중국에서 들여온 책을 통해서 그리스도교를 발견했다. 1784년 사절단의 일원으로 베이징(북경)을 방문한 젊은 유학자 이승훈은 베이징에서 세례를 받았다. 조선으로 돌아온 그는 동료 유학자 이벽과 함께 세례성사와 고해성사 그리고 미사를 집전하면서 그리스도교 공동체를 건설했다.[45] 이벽은 유학 전통에 입각하여 그리스도교 신학을 만들어 냈다. 자신의 이 같은 활동이 과연 맞는지 의심을 품은 이승훈은 사제를 보내 달라고 베이징 주교에게 요청했다. 그러나 조선에서의 첫 번째 그리스도교 공동체는 박해로 인해 깨지고 말았다.

45) 조선 그리스도교의 등장

조선의 첫 번째 그리스도교가 지닌 독특한 특징은 평신도들에 의해 설립되었다는 점이다. 이 같은 특징 때문에 나중에 많은 어려운 문제점들이 발생했다.

이승훈은 1789년 베이징의 프랑스 선교사들에게 보낸 편지에서, 조선의 종교적인 상황을 자세하게 설명한다. 그는 당황스럽고 걱정스러웠다. 그가 교회의 규율에 어긋난 행동을 했다는 말을 사람들로부터 들었기 때문이다.

> 제가 (베이징에 있는 신부님들한테) 세례를 받았을 때, 저는 제가 꼭 알아야만 하는 것에 대해 피상적인 지식만을 갖고 있었습니다. …… 고국에 돌아온 뒤, 제가 할 가장 시급한 일은 제가 가져온 책들을 통해서 저의 종교를 연구하고 그것을 친척과 친구들에게 전파하는 일이었습니다. 제 인생에 있어서, 저는 현자 한 사람을 만났습니다. 그는 우리의 종교에 관한 책을 한 권 구해서 여러 해 동안 공부했던 사람입니다. …… 바로 그분이 저에게 이 종교를 가르쳐 주었습니다. 저희들은 서로 도와주며 천주를 섬기고 다른 사람들도 도와 천주를 섬기게 했습니다. 천주교 신앙을 따르던 많은 이들이 자신들도 세례를 받게 해 달라고 간청했습

니다. 그래서 저는 베이징에서 세례를 받았을 때 봤던 예식 그대로 여러 사람에게 세례를 주었습니다. 그러던 차에 박해가 터졌습니다. 박해로 인해 제 가족들은 다른 사람들보다도 훨씬 더 심한 고통을 당했습니다. 어쩔 수 없이 저는 예수 그리스도 안에서 만난 동료 형제들을 떠날 수밖에 없었습니다. 하지만 세례 주는 것을 중단할 수는 없어서, 저는 저를 대신할 다른 두 사람을 임명했습니다. 그 가운데 한 사람은 제가 앞에서 말씀드린 현자이고, 다른 사람은 박해로 모진 고생을 다한 사람입니다. 두 번째 사람은 붙잡혀 1년 동안 고초를 당하다가 1785년 가을에 죽었습니다.

1786년 봄, 우리 그리스도인들은 함께 모여서 서로에게 고해성사를 어떻게 줄 것인가 하는 문제를 토의했습니다. 그 결과 이렇게 결정했습니다. "'갑'이라는 사람은 '을'이라는 사람과 '병'이라는 사람에게 고해성사를 볼 수 있지만, '갑'은 '을'과 '병'에게 고해성사를 줄 수 없고, '을'도 '병'에게 서로 고해성사를 주고받을 수 없다." 그리고 같은 해 가을에 그리스도인들이 다시 모여, 제가 거룩한 미사를 집전하고 견진성사도 베풀어야 한다는 결정을 내렸습니다.

▲ 양반의 모습, 조선의 초상화, 18세기 말.

> 저는 그들의 간청을 받아들였을 뿐만 아니라, 다른 10명에게도 미사를 드릴 수 있는 권한을 부여했습니다. 전례에 관해 말씀을 드리면, 어떤 예식은 추가하고 또 어떤 예식은 생략하면서, 다른 책들과 성무일도에 나와 있는 그대로 전례를 거행했습니다.
>
> 안드레아 최Andréas Choi, 〈한국에 첫 대목구 설립과 천주교의 기원L'érection du premier vicariat apostoique et les origines du catholicisme en Corée〉,
>
> 《선교학에 관한 새로운 잡지Nouvelle Revue de Science missionnaire》(1961년), 91쪽 에서 인용.

러시아 정교회의 아시아 선교

    러시아는 동쪽으로 세력을 확장하면서 점진적으로 시베리아를 정복하고자 하는 열망을 갖고 있었다. 그 덕분에 러시아 교회도 선교 활동을 적극적으로 펼치는 선교 교회가 되었다. 16세기에 카잔Kazan의 대주교들은 카잔 도시 주변에 있던 타타르인[134]들을 그리스도교로 개종시켰다. 토볼스크Tobolsk의 필라레트Philaret 대주교는 1705년 캄차카Kamtchatka 반도에, 1724년 이르쿠츠크Irkutsk에 선교사를 파견했다. 대주교는 중국에도 선교사를 파견하여 선교 활동을 펼치게 했다(1714년). 그러나 그보다 앞서, 일부 러시아 죄수들이 1689년부터 베이징에 정교회 공동체를 형성하고 있었다. 18세기

---
134 중앙아시아의 투르크 · 몽고 사람들을 가리킨다.

말, 라도가Ladoga 호숫가[135]에서 온 동방 교회의 수사들은 알래스카에 정착하여 그곳에 알류트Aleut어를 사용하는 공동체를 설립했다.

Ⅲ. 유럽의 선교관과 위기에 봉착한 18세기 선교

1. 선교와 유럽의 선교관

선교 문학

16세기부터 18세기까지 선교에 관한 문학 작품들은 다른 기행紀行 문학 작품보다 훨씬 더 많은 인기를 끌었다. 1549년부터 1619년까지 일본에 관한 책이 프랑스어로 무려 98권이나 쏟아져 나올 정도였다. 중국에 대한 책들 역시 이루 다 헤아릴 수 없을 정도로 많이 발행되었다. 또한 예수회 회원들이 발행한 정기 발간물 두 권은 일반 대중에게 큰 영향을 미쳤다. 《새로운 프랑스에 대한 이야기들Relations de la Nouvelle France》(1632년부터 1673년까지 한 해에 한 권씩 발행)과 《교훈적이고 호기심을 끄는 편지들》(1702년부터 1776년까지 34권이 출판, 그 뒤로도 자주 다시 발행) 등이 바로 여기에 해당한다. 이런 작품 가운데 일부, 특히 중국의 예수회 선교사들이 쓴 작품들은 학문적으로 매우 가치가 높을 뿐만 아니라 유럽인들의 지리학적인 지식을 넓혀

---

[135] 상트–페테르부르크로부터 105km 정도 떨어진 곳에 위치한 곳.

주는 데 크게 기여했다. 이 작품들은 아주 오래된 문명들을 유럽인들에게 알려 주었다. 이 문명들은 유럽의 문명들과는 달랐을 뿐만 아니라, 일부 고대 문명은 아주 발달된 문명이었다. 철학자 라이프니츠는, 유럽과 중국이 서로에게 손을 뻗쳐 유럽과 중국 사이에 놓인 모든 것이 완벽해지는 모습을 보고 싶은 열망에 사로잡혔다.⁴⁶⁾

유럽에서 바라본 중국

많은 유럽 사상가들은 선교사들이 중국에 대해 말하는 내용에 관심을 가졌다. 하지만 그들은 종종 서로 다른 결론을 도출해냈다.

⁴⁶⁾ 라이프니츠는 중국과 유럽의 만남에 대해 크게 열광했다. 그는 이 같은 만남이 서로 다른 그리스도인들의 일치로 이어져야 한다고 생각했다.

나는 우리 대륙의 양 극단에 있는 가장 문명화되고 가장 질서 잡힌 유럽과 중국이 함께 만나야 한다는, 하나의 운명과도 같은 생각을 갖고 있다. …… 어쩌면 가장 문명화된 두 나라가 서로에게 팔을 뻗침으로써, 그 팔 안에 들어 있는 모든 것들이 더 완벽해질 것이다. …… 나는 얼마 안 가서 모든 면에 있어서 우리가 중국인들보다 한 수 아래가 되지 않을까 두렵다. 하지만 우리가 그들에게 계시 신학을 가르쳐 주기 위해 선교사를 파견한 것처럼, 그들도 선교사들로부터 자연 신학의 관례와 실천을 배우기 위해 반드시 자기 나라에 선교사를 받아들일 필요가 있다. 예수 그리스도의 빛을 머나 먼 나라들에게까지 전파하려는 의도가 너무 아름답기에, 나는 우리들 사이에 아무런 차이가 없다고 생각한다. …… 선교야말로 우리 시대의 가장 큰 관심사이며, 인류의 보편적인 선익을 위한 일이며 하느님께 영광을 드리는 일이라고 생각한다.

_{라이프니츠, 1697년에 쓴 글의 본문, H. 베르나르-메트르, 《가톨릭 선교 활동들과 관련된 세계사*Histoire universelle des Missions catholiques*》, II, 359쪽에서 인용.}

47) 파스칼은 중국의 연대기가 성경의 연대기보다 훨씬 더 오래되었다는 주장에 당혹감을 감추지 못한다.

중국의 역사. 역사의 증인들이 참살되기까지 하는 그런 역사만을 나는 믿는다.

모세 혹은 중국, 이 둘 중 어느 것이 더 믿을 만한가?

> 이것은 대충 보고 넘길 문제가 아니다. 나는 그 안에 사람들을 눈멀게도 하고 눈뜨게도 할 만한 것이 있다고 당신들에게 말하겠다. 이 한마디 말로써 나는 당신들의 모든 논리를 박살낸다. "그러나 중국에는 모호한 데가 있다."라고 당신들은 말한다. 나는 대답한다. "중국에는 모호한 데가 있지만 찾아내야 할 명확한 것도 있다. 그것을 찾아라."
>
> 파스칼, 《팡세》, Br. 421-(593).

비그리스도인들에 대한 새로운 인식

선교에 관한 지식을 통해서, 유럽의 그리스도인들은 마음이 내키지 않았지만, 조금씩 비그리스도인들을 새로운 관점에서 이해했다. 예수회 회원들은 중국인들이 원초적인 계시의 요소들을 간직하고 있다고 높이 평가했다. 어떤 이교들을 '그리스도교의 준비 단계' 혹은 '그리스도교의 형상'을 미리 보여 주는 것으로 이해해도 되지 않을까 하는 낙관론을 내놓았고, 이 같은 관점에 대해 일부 신학자들(특히 보쉬에와 얀센주의의 신봉자들)은 불안해했다.

바일Bayle, 볼테르Voltaire, 디드로Diderot 그리고 백과사전파 등 일부 철학자들은, 당시 유행하던 선교 문학을 무기로 삼아 그리스도교를 비난하고 공격했다. 그들은 중국인들이 보여 준 관용적인 태도와 루이 14세 왕이 취한 비관용적인 태도를 대조하면서, 중국인들은 도덕성이 높기 때문에 중국인들에게는 계시가 필요하지 않다고 주장했다. 또한 그들은 중국의 연보年譜는 성경의 연보보다 더 오래전으로 거슬러 올라간다고 주장했다.⁴⁷⁾ 게다가 노예 제도의 비인도적인 행위에 대해 잘 알고 있던 18세기의 상당수 사람들은 그리스도인들이 노예 제도를 옹호하기 위해 만들어낸 위선적인 정당성에 대해서도 비아냥거렸다.

2. 커다란 위기에 봉착한 선교

극동 지역에서는, 리스본(선교 보호권)에서 임명된 주교들과 포교성성에서 임명된 대목구장들 사이에 관할권 문제를 놓고 벌인 갈등이 점점 더 증가하고 있었다. 그들은 서로가 상대방 진영에서 내린 결정 사항들을 무효라고 폐기처분해 버렸다.

전례 논쟁

관할권 논쟁보다 훨씬 더 심각한 것은 전례에 관한 논쟁이었다. 왜냐하면 전례 논쟁은 그리스도교가 다른 문화를 만나 선교할 때의 방법과 태도를 문제 삼았기 때문이다. 인도와 중국에서 선교사들은 언어 문제(그 나라의 언어로 하느님을 어떻게 부를 것인가), 전례 문제(그리스도교의 전례를 그 나라에 맞도록 바꿔야 하는가), 전통적 관습 문제(죽은 조상을 공경하는 것을 그리스도인들에게 허락해야 하는가, 그리고 카스트 제도를 보존해야 하는가) 등 몇 가지 주제에 대해 서로 첨예하게 갈라졌다. 중국과 인도에서 선교 활동하는 예수회 선교사들은 상당히 폭넓게 적응주의를 받아들였다. 하지만 다른 수도회들(도미니코회, 프란치스코회, 파리 외방 전교회)은 예수회의 이 같은 태도에 대해, 예수회가 우상 숭배를 허용하고 조장한다고 비난했다. 이러한 대립은 종종 선교 보호권 문제와 맞물려서 포교성성과의 갈등으로 비화되었다. 이 같은 논쟁이 유럽에까지 확산되어 얀센주의자들과 예수회 선교사들의 갈등, 보수와 진보의 갈등 등 교회의 해묵은 신학적 논쟁들과 연결되면서 그 파장은 점점 더 커졌다.

중국 전례와 인도 말라바르의 전례에 대한 단죄

17세기 중반에 시작된 전례 논쟁은 1693년 더욱 악화되었다. 중국의 대목구장, 메그로Maigrot 주교는 중국어로 하느님을 지칭하기 위해 예수회 회원들이 만들어 낸 용어를 사용하지 못하게 했고, 중국의 전통 예식을 거행하는 것(조상과 공자를 공경하여 드리는 제사)도 금지시켰다. 그러자 예수회 선교사들이 청나라 황제 강희제에게 간청하여 이 문제에 대한 청나라의 공식 입장을 요청했다. 황제는 그것은 일반 백성들이 하는 행위로 전통 예식을 거행하는 것이기 때문에 우상 숭배가 아니라고 답변했다. 그럼에도 불구하고, 1704년 교황청의 재판소는 메그로 주교의 기본적인 입장을 지지했다.[48]

교황은 현지에서 이 문제를 해결하도록 하기 위해, 교황 특사로 샤를르 드 마이야르 드 투르농Charles de Maillard de Tournon을 파견했다. 교황 특사는 인도(말라바르 예식)와 중국에서 시행되던 모든 적응주의 사례를 금지시켰다. 이로 인해 그는 마카오에서 가택 연금 상태로 지내다가 숨을 거두었다. 선교 지역에서 발생한 혼란을 직접 눈으로 목격한 새로운 교황 특사 메차바르바Mezzabarba는 살아서 유럽으로 돌아가기 위해 중국 전례와 인도 전례에 대해 몇 가지 허용 조치를 내렸다(1721년). 하지만 그런 조치들은 문제 해결에 아무런 도움이 되지 못했다. 1742년과 1744년, 또다시 중국과 인도 전례가 단죄를 받았다. 이러한 어려운 점들은 1939년까지 해결되지 않은 채 그대로 남아 있었다.

48) 클레멘스 11세 교황의 중국 전례 단죄(1704년)

3. 어떤 방식이나 이유로든지, 해마다 춘분과 추분에 공자와 죽은 조상에게 장엄한 제사나 제물을 바치는 관습에 그리스도인이 제사장 자격으로 주례나 봉사하는 것 또는 단순히 참여하는 것도, 결코 허락할 수 없다. 왜냐하면 그런 예식은 미신에 깊이 물들어 있기 때문이다.

> 7. 조상을 공경한다는 의미로, 그리스도인이 중국인의 관습인 '제위祭位', '신위神位' 혹은 '혼魂'이라고 쓴 조상들의 위패를 집에 모셔 두는 것은 허용될 수 없다. 이것은 흔히 죽은 사람의 영이나 혼이 그곳에서 머물거나 휴식을 취한다는 것을 의미하기 때문이다.
>
> 에티앙블Etirmble, 《중국에서 활동하던 예수회 회원들, 전례 논쟁(1522~1773)
> Les Jésuites en Chine, la querelle des rites(1522~1773)》(1966년)에서 인용.

국제 정치의 희생양이 된 선교

식민지 확대에 있어서, 가톨릭 국가들의 영향력이 쇠퇴한 것은 동시에 선교 활동의 약화라는 결과를 초래했다. '위트레흐트 조약(1713년)'으로 스페인과 프랑스가 해상 지배권을 갖게 되었고, '파리 조약(1763년)'으로 영국은 인도와 아메리카 대륙에서 확실하게 우위권을 가졌다.

교황은 모든 가톨릭 국가에서 예수회의 활동을 금지시킨 뒤, 곧이어 예수회를 해산시켰다(1773년). 이 같은 조치는 전 세계에서 활동하던 3,000명의 예수회 회원들의 모든 활동에 종지부를 찍게 만들었다. 3,000명이라는 숫자는 다른 수도회 선교사들이나 재속(교구) 성직자 선교사들의 숫자와 비교했을 때 아주 많은 숫자였다. 이런 조치로 인해 많은 그리스도인들에게서 예수회에 대한 관심이 사라져 버렸다.

1789년에 일어난 프랑스 대혁명으로 인해, 선교에 대한 물적·인적 자원이 완전히 고갈되었다. 게다가 영국이 해상권을 장악했기 때문에, 프랑스 선교사들은 바닷길을 이용해 여행하는 것이 아주 어려워졌다. 그 결과 자유롭게 여행을 할 수 있는 입지를 확보한 프로테스탄트의 선교 단체들이 영국의 급성장과 함께 우후죽순처럼 생겨나면서, 프랑스 가톨릭 선교사들이 떠난 자리를 채워 나갔다.

18세기, 포교성성이 내린 선교 활동에 관한 최종 평가는 사람들에게 실망감을 안겨 주었다. 그리하여 무력감이 팽배해졌다. "서양은 동양을 개종시키겠다는 계획을 포기했어야만 했다." 그러나 우리는 지금 가톨릭교회가 완전히 보편 교회가 되었다는 점을 기억해야 한다.[136] 비록 18세기에 그리스도교와 다른 문화들과의 만남이라는 문제에 대한 좋은 해결책을 만들어내지 못했지만, 그래도 19세기보다 18세기에 훨씬 더 현명하게 대처했다.

---

[136] 가톨릭교회가 세계 복음화를 이룩할 수 있었던 데에는 몇 가지 배경이 있다. 먼저 포르투갈, 스페인과 같은 가톨릭 국가들이 국내에서 종교 분쟁에 휩쓸리지 않고 하나의 가톨릭 신앙을 유지하면서 정치적 안정을 누리고 있었기 때문에 독실한 국왕들이 탐험과 함께 선교 활동에 적극적으로 나설 수 있었고 그리스도인이 아닌 사람들에게 신앙을 전파하는 데에 적극적인 자세를 갖고 있었다. 또한 가톨릭 개혁 운동을 옹호하고 이끌었던 교황들도 전교에 깊은 관심을 갖고 있었다. 마지막으로 가톨릭 교회 안에는 '프란치스코회'와 '도미니코회'와 같은 탁발 수도회와 '예수회'의 회원들이 순교하면서까지 해외 선교에 헌신하며 신앙을 전파하는 도구 역할을 담당했다.

제14장
교회를 뒤흔든 계몽주의와 프랑스 혁명
(18세기)

▲ 오르코(리마뉴 지방)의 포도밭에 있는 베르니.

17세기 말부터 종교에 대한 새로운 태도가 드러나기 시작했다. 동시에 17세기의 종교적인 요소들이 18세기 초반까지 강하게 유지되었다. 그러나 18세기 중엽부터 종교적인 요소들이 쇠퇴하는 징후가 교회 안에 나타나기 시작했다. 이 같은 현상은 계몽주의 철학 때문이라고 설명할 수도 있다. 실제로 상당수 계몽주의 철학자들은 그리스도교를 악착같이 반대했다. 그렇다고 해서 가톨리시즘과 프로테스탄티즘 안에서 일어난 여러 가지 활력의 징표들이 없었던 것은 아니다. 가톨릭과 프로테스탄트는 몇 가지 방식으로 신앙의 부흥을 경험했다. 프랑스 대혁명은 마치 계몽주의자들과 교회를 반대하던 이들이 거둔 승리처럼 보였다. 시련 속에서 정화된 신앙의 끈기는 마침내 정치권력으로 하여금 사회 안에서 신앙의 자리를 교회에 다시 되돌려 주게 만들었다.

Ⅰ. 18세기의 변화

1. 박차를 가하는 전통 가톨릭교회

17세기의 결실

18세기 초가 되자, 성직자 양성, 신심 생활의 정화, 내부 선교 활동의 발전, 전례의 표준 양식 등 17세기에 기울였던 쇄신에 대한 노력들이 풍성한 결실을 맺었다. 대부분 유럽 국가들은 지역에 따라 약간 차이가 있지만 고스란히 그리스도교 국가로 남아 있었다. 1789년 이전만 하더라도, 프랑스에서 95%의 시골 사람들이 부활 대축일에만 성당에 가는 신자들이었다. 하지만 바로 이 점이 19세기에 왜 종교적 부흥이 가능했는지를 보여 주는 대목이기도 하다.

지난 세기부터 계속된 얀센주의자들과의 싸움은 18세기에도 계속되었다. 프랑스 주교들은 대부분 얀센주의를 이단으로 단죄한 교황의 교서 〈우니제니투스〉를 받아들였다. 그러나 파리의 대주교 주변에 있던 일부 주교들은 교황의 교서를 거부하면서 일치 공의회를 개최해야 한다고 호소했다. 소위 '호소자들'이라고 불리는 이 그룹에 속한 이들은 상대적으로 소수였음에도 불구하고 아주 적극적으로 활동을 벌였다. 이들은 '갈리아주의자'로도 유명했다. 즉, 이들은 프랑스를 지지하고 교리적으로는 얀센주의를 지지했다. 이런 상황에서, 자신들의 교회가 로마 교회의 지도를 받는다는 사실에 대해 몹시 불쾌하게 생각했던 위트레흐트 사제들은 자신들 가운데서 대주교 한 명을 선출하여, '호소자들' 그룹에 속해 있던 프랑스 주교 한 명에게 주교 서품을 해 달라고 요청했다(1723년). 이것이 바로 위트레흐트 열교(얀센주의 교회 혹은 네덜란드 복고 가톨릭교회)가 생겨난 기원이었다.

프랑스 정부는 감금과 단죄 등 다양한 억압책을 동원하여 이러한 반대 세력들을 진압하려 했다. 세네즈Sénez의 쏘아넨Soanen 주교가 1727년 앙브랑Embrun 지역 시노드에서 단죄를 받았다. 1728년 '호소자들'은 비밀 정기 간행물인《교회 소식Nouvelles Ecclésiastiques》을 창간했는데 이 소식지는 18세기 말까지 계속해서 출판되었다. 그들의 일원으로 활동하던 파리Pâris라는 부제가 죽어서 파리의 생-메다르의 묘지에 안장되었는데 그의 무덤에서 기적적인 치유 사건들이 발생했다. 그러자 그들은 이것이 자신들의 정통성을 하느님께서 직접 승인해 주시는 징표라고 주장했다(1730년). 그러나 얼마 안 가서 여러 가지 발작과 도움을 요청하는(참회자들이 두들겨 맞고 상처받아 생긴 것들) 등과 같은 병적인 현상들이 벌어졌다. 그리하여 이 운동은 우스꽝스러운 것이 되고 말았다.

그런가 하면 18세기는 알퐁소 리구오리Alphonse de Liguori(1696~1789년)와 베네딕토 라브르Benoît Labre(1748~1783년)와 같은 성인을 배출한 시대였다. 두 사람은 각자 다른 삶의 모습을 보여 주었다. 알퐁소 리구오리는 교회 박사로 윤리 신학 작품을 저술하여 얀센주의 영향으로부터 프랑스 교회를 해방시켰을 뿐만 아니라, 구속주회를 창설하여 대중 선교에 새로운 활력을 불어넣었다. 베네딕토 라브르는 이곳저곳 성지 순례를 다니면서 가난과 비천함 속에서도 관상에 몰입하는 성덕聖德을 보여 주었다.

쇠퇴의 징후

1750년부터 프랑스에서 종교적인 열기가 눈에 띄게 감소했다. 미사에 참례하는 신자 수가 도시뿐만 아니라 일부 농촌 지역에서도 크게 감소했다. 종교 단체에 재산을 기부(미사를 드려 달라는 부탁, 자선 사업에 써 달라는 부탁 등)하는 비율 하락, 신심 단체 숫자 감소, 교회로부터 영감을 받은 도덕성과 경외심의 쇠퇴(산아 제한, 사생아 증가), 성소자 격감, 종교 서적 출판 감소, 정부 당국이 자선 사업을 교회에 양도하는 비율 감소 등이 신앙의 퇴보로 해석되었다. 그러나 이러한 현상들을 어떻게 해석할 것인지에 대해선 신중해야 한다. 이러한 징표들은 확실히 똑같은 일이 규칙적으로 반복되던 횟수가 감소되었다는 것을 보여 준다. 그러나 이 같은 현상을 섣불리

'비그리스도교화'라고 단정하기보다는 오히려 그리스도교의 한 유형이 다른 유형으로 서서히 대체되면서 사라져 가고 있었다고 말하는 것이 더 나을 것이다. 어떤 사람들은 이 시대의 현상을 가리켜, 두 개의 곡선, 즉 하강하는 양적인 곡선과 상승하는 질적인 곡선이 서로 교차하고 있다고 말했다.

보잘것없는 환경과 성직자

우리는 훌륭한 사제와 주교들을 많이 알고 있다. 하지만 이 시대에는 훌륭한 주교들이 별로 없었다. 18세기 내내, 프랑스와 독일에서 귀족들이 주교직을 독차지했다. 주교직은 마치 그들만의 사냥터였다. (사람들의 관심이 온통 귀족이 되는 것에만 있었기 때문에, 가난과 순명의 삶을 사는) 수도원은 쇠퇴해 갔다. 프랑스에서 수도자 장상 연합회(수도회 규칙을 따르는 성직자 위원회)가 수도원 458개를 폐쇄시켰다(1766년 이후). 1783년에 오스트리아의 요제프 2세 왕은 오스트리아와 '북해 연안의 저지대 국가들'에 있는 모든 관상 수도회를 폐쇄시켰다. 왕은 관상 수도자들을 밥만 축내는 식충이로 생각했다.

실추된 교황권

교황들도 그저 그랬다. 이 시대 교황들은 주로 콘클라베Conclave[137]가 끝나갈 무렵에 선출된 노인들이었다. 신성해야 할 콘클라베 제

---

[137] 교황 선출을 위한 추기경들의 비밀 선거.

도는 가톨릭 국가 국왕들의 음모에 의해 한없이 지루한 투표 방식이 되어 버렸다. 교황들이 교황령[138]에 속해 있던 정부의 일에 깊이 개입하자 사람들은 오스만 투르크 정부보다 더 못하다고 조롱했다. 유일하게 두각을 나타낸 교황은 베네딕토 14세(1740~1750년)였다. 그는 과학에 관심이 많았고 동시대의 문제에 대해서도 상당한 관심을 가졌다.

2. 그리스도교를 공격하는 계몽주의

계몽주의, 이성의 승리

17세기 말, 이른바 '유럽인에게 의식의 위기'가 시작되었다. 피에르 바일Pierre Bayle[139]이 바로 '의식의 위기'를 조장한 첫 번째 인물이다.[49)] 18세기에 볼테르, 디드로, 달랑베르d'Alembert 같은 저술가들이 그 바통을 이어 나갔는데, 이들은 그리스도인 가정에서 자랐고, 예수회 회원들로부터 교육을 받았던 인물들이다. 이들은 '계시는 어두움'이기 때문에, 계시를 인정하지 말고 이른바 '이성의 빛'에 따라 모든 것을 판단해야 한다고 주장했다. 독일어로 '아우프클레룽Aufklärung'이라고도 하는 계몽주의 철학에 대해 반드시 기억해

---
[138] 755년부터 1870년까지 교황이 통치한 이탈리아 중부의 지역.
[139] 저서로는 《혜성에 관한 생각Pensées sur la Comète》(1682년), 《역사 비평 사전Dictionnaire historique et critique》(1695~1697년)이 있다. – 필자 주

야 할 점은, 이 철학에는 그리스도교를 반대하는 전쟁 무기 같은 것이 들어 있다는 것이다. 이런 점을 인정한다면, 계몽주의자들이 계시와 이성을 구별했다고 말할 수 있다.[140]

계몽주의자들은, 과학은 과학 자체의 언어를 갖고 있기 때문에 과학을 형이상학과 분리시켜야 한다고 생각했다. 이와 같은 계몽주의자들의 생각을 열심한 그리스도인들도 열광적으로 지지하면서 이성을 찬양했다. 가령 프리메이슨[141]은 첫 번째 지부를 1717년 런던에 설립했는데, 그들은 계몽주의 이데올로기를 널리 전파시키면서도 자신들을 그리스도인이라고 생각했다. 또한 《학문과 예술과 직업에 관한 백과사전 혹은 사전》(1751~1772년)이라는 계몽주의 참고서를 구독 신청한 사람 가운데에는 장차 교황이 될 비오 7세 교황도 포함되어 있었다. 적어도 이 책이 출판된 초창기에는 신학자들도 이 책을 저술하는 데 참여했다.

---

140 계몽주의 시대에 두 개의 철학 학파(경험론과 합리론)가 유럽의 사상을 지배했다. 영국에서 발달한 경험론은 감각을 통해서 얻은 정보를 기초로 해서 모든 것을 설명했다. 반면 독일과 프랑스에서 발달한 합리론은 이성을 제원료로 삼아 모든 것을 설명했다. 합리론자들은 철학을 일종의 수학처럼 간주했다. 경험론자들 가운데서 유명한 인물로는 로크, 버클리, 흄 등이 있다. 데이비드 흄이 주장한 경험론은 논리적으로 회의주의로 귀착되었다. 그 결과 그의 영향을 받은 많은 사람들은 그리스도교의 초자연적인 측면에 대해 회의적으로 의심했다. 합리론자들 가운데서 유명한 인물로는 데카르트, 스피노자, 라이프니츠, 칸트 등이 있다. 경험론과 합리론을 종합하여 자신의 이론을 체계화한 칸트는 신 존재에 대한 증명은 불가능하다고 주장했다. 경험론자들이 그리스도교의 초자연적인 것에 대한 신앙심을 말살시켰다고 한다면, 합리론자들은 성경이 말하는 계시의 역사적 토대에서 도덕과 신앙과 교의를 뿌리째 뽑아 버렸다고 할 수 있다.

141 프리메이슨은 1717년 런던에서 결성되어 세계 동포주의, 인도주의, 개인주의, 합리주의, 자유주의 이념을 바탕으로 상호 친선, 사회사업, 박애 사업 등을 벌이는 세계적인 민간 단체다.

49) 무신론자들의 사회는 도덕적으로 완벽할 수 있다

칼뱅주의자 가정에서 태어난 피에르 바일은 몇 년간 가톨릭 신자로 살다가 다시 칼뱅주의로 되돌아갔다. 그는 세당Sedan과 로테르담에서 철학과 역사를 가르쳤다. 평생 동안 톨레랑스(관용)를 설파한 바일은 칼뱅주의를 포함한 모든 종교의 신앙 고백에 대해 비판적이었다.

만일 범죄를 엄단하고 어떤 일이든지 반드시 명예나 불명예가 뒤따른다는 것을 보여 준다면, 무신론자들의 사회도 다른 사회와 마찬가지로 시민으로서 도덕적인 행동을 할 것이다. 세상을 창조하고 보존하는 첫 번째 존재자를 모른다고 해서, 이 사회의 구성원들이 칭송과 멸시, 보상과 처벌을 구별 못하거나 다른 사람들의 열망을 깨닫지 못한다거나 이성의 모든 빛을 끄고 사는 것은 아니다. 사람들은 무신론자 가운데서, 올바른 상거래를 하는 이들, 가난한 사람을 도와주는 이들, 불의에 반대하는 이들, 친구에게 충실한 이들을 볼 수 있다. …… 무신론자들도 자신들이 만든 좋은 계명을 지키려고 노력한다는 사실을 확신하고 싶은 사람은, 그리스도인 가운데도 많은 이들이 복음과 반대되는 세속적 명예욕에 사로잡혀 있다는 사실을 봐야 한다. …… 그리스도교 신

> 앙을 고백하는 나라들을 하나씩 비교해 보라. 어떤 나라에서 부정직하다고 생각되는 것이 다른 나라에서는 그렇지 않다는 것을 알 것이다. 그러므로 그리스도인의 정직이라는 것도 사실 그들이 고백하는 그리스도교에서 나온 것이 아니다.
>
> 피에르 바일, 《혜성에 관한 생각》, 1682년.

계시를 반대하는 이성

명백하게 드러내 놓고 무신론자라고 주장하는 사람은 거의 없었다. 공개적으로 무신론자라고 떠든다는 것은 위험했을 것이다. 그래서 많은 사람들은 비밀스럽게 자신들이 무신론자라고 자랑했다. 이런 부류에 속한 사람들로는 멜리에Meslier 신부, 돌바흐d'Holbach, 엘베티우스Helvétius, 사드Sade 등이 있었다. 대부분의 철학자들은 사람에게 종교가 필요하다고 생각했다. 그들에 의하면, 하느님은 질서를 보증해 주는 존재였다. 그리하여 대부분의 철학자들은 이신론理神論의[142] 경향을 띠었다. 그들은 자연 종교인 이신론은 이성을

---

[142] 계몽주의의 이성에 근거하여 사물을 보는 움직임이 신학에도 영향을 미쳤다. 자연적, 즉 합리적 종교를 찾으려는 노력의 결과로 이신론理神論이 나왔다. 이신론에 의하면, 최상의 지적 존재(흔히 신)가 우주와 우주의 자연 법칙을 작동시키지만, 인간사나 우주의 일상사를 통제하지는 않는다. 이신론자들은 신은 인간으로부터 멀리 떨어져 있다고 생각했다. 따라서 이신론자들의 주된 관심은 신을 연구하는 것이 아니라, 신이 피조물로 하여금 독립적으로 움직이도록 만든 창조의 법칙을 밝혀내는 것이었다. 과학 분야와 수학 분야에서 크게 기여한 아이작 뉴턴에 의해 이신론이 널리 알려졌다. 그는 예수 그리스도가 구원자라는 것은 믿었지만, 그리스도의 신성은 믿지 않았다.

반대하지 않지만, 모든 계시를 반대한다고 생각했다.[50]

그 예로, 볼테르[143]에게 있어서, 하느님은 '위대한 시계 제조업자', '쓰레기더미 위에 나뒹구는 퇴직자' 같은 존재였다. 그에 의하면, 교의Dogma는 이성과 본성에 반대된다. 교회는 관용을 보여 주지 못한 채, 오히려 전제주의를 지지하는 모습이었다. 볼테르는 칼라스Calas, 시르방Sirven, 드 라 바르de la Barre 등과 함께 종교적인 불관용에 의해 희생된 사람들을 복권시키는 운동을 펼쳤다. 이처럼 계몽주의자들은 그리스도교가 본성을 따르기를 거부하면서 인간의 행복을 가로막는 일종의 족쇄가 되었다고 비난했다.[51] 따라서 그들은 교회와 그리스도교가 사라지도록 투쟁할 필요가 있다고 주장했다. 심지어 볼테르는 "우리가 이 불명예를 씻어 버리자!"라고 외쳤다.

비록 이처럼 이성이 절대적인 우위성을 차지하던 시대였지만, 그래도 18세기 말에 등장한 낭만주의[144] 즉, 불가사의한 것과 새로운 비이성주의적인 것에 대한 취향의 재발견을 막지는 못했다. 볼테르의 이성주의, 즉 '감정이라곤 눈곱만큼도 없는 메마른 이성주

---

[143] "나는 신을 믿는다. 그러나 내가 믿는 신은 신비주의자나 신학자들이 믿는 신이 아니라 자연의 신이다. 그 신은 위대한 기하학자, 우주의 건축가, 제1원동자原動者, 영원불변한 초월자이며 영원한 신이다."(볼테르)

[144] 계몽주의와 이신론에 열광했던 사람들은 계몽주의와 이신론에서 만족을 찾지 못했다. 계몽주의와 이신론이 지나치게 이성을 강조했지만, 사람들은 감정의 중요성을 깨닫기 시작했다. 위안과 구원을 갈망하던 사람들에게 한 줄기 샘물처럼 다가온 것이 바로 낭만주의였다.

의'에 만족하지 못한 장-자크 루소Jean-Jacques Rousseau(1712~1778년)는 자연 종교를 통해 감정을 다시 제자리에 갖다 놓았다.[52] 그리하여 루소는 종교로 하여금 프랑스 혁명이라는 장애물을 넘어서도록 했을 뿐만 아니라, 낭만주의의 발판까지 마련해 주었다.

50) 자연을 거스르는 그리스도교

저술가들은, 공개적으로 출판되지 않는 사적인 작품을 쓸 때에는, 아무런 거리낌 없이 마음대로 자신들의 생각을 표현했다. 하지만 자신들의 작품이 출판되는 경우에는, 상당히 조심스러운 태도를 취했다.

자연 윤리와 계시 윤리는 양립할 수 없다

모든 신도는 완고하고 무자비하며 냉혹하고, 가난한 배우자, 불쌍한 시민, 나쁜 형제 등이다. 왜냐하면 신도들의 의무(자연 윤리)가 지나치게 다른 의무(계시 윤리) 밑에 종속되어 있기 때문이다. 종교적 의무가 초래하는 최악의 결과는 자연적 의무의 가치를 타락시킨다는 점이다. 종교적 의무는 현실적 의무인 자연적 의무를 무시하고 뜬구름 잡게 만드는 일종의 사다리다. 정숙한 귀부인을 비난하는 것과 성작에 오줌 싸는 것 가운데 어느 것이 더 나쁜지 사제한테 물어 보아라. 그럼 틀림없이 "성작에 오줌을 싸다니요! 그건 신성 모독입니다!"라는 말을 들을 것이다. 비방에 대해선 처벌 않고, 신성 모독에 대해선 화형에 처한다! 결과적으로 사회의 모든 범죄에 대한 구별이 완전히 전도되어 버렸다. ……

모든 책임이 성경에 있다. 아예 이번 기회에 성경을 무시해 버리자. 성경에는 두 가지 윤리가 들어 있다. 하나는 모든 사람에게 적용되는 일반 윤리이고, 다른 하나는 참다운 그리스도교 윤리다. 그런데 그리스도교 윤리는, 내가 아는 한, 가장 반사회적인 윤리다. 수고스럽겠지만, 산상설교를 다시 한 번 읽어보라. 모든 성경을 잘 읽어보라, 그리고 그리스도교 계명을 모아보라. 그런 다음, 인간관계 즉, 자연 관계의 끈을 더 많이 풀어 버리는 것이 과연 무엇인지 나에게 말해 보라. 그리스도교 계명이 바로 그 장본인이다.

디드로, 《인간에 관한 편지Lettre sur l'Homme》에 대한 미간행 주석, 《1750년부터 1800년까지의 프랑스의 유물론자들Les Matérialistes français de 1750 à 1800》(1964년), 덴느R. Desne에 의해 소개됨, 105쪽에서 인용.

나는 무신론자들과 아주 잘 지내지만, 하느님을 믿는다. 파슬리와 독毒미나리를 혼동해서는 절대로 안 된다. 이것

> 은 아주 중요하다. 하지만 하느님을 믿느냐 믿지 않느냐 하는 것은 하나도 중요하지 않다.
>
> 디드로가 1749년 6월 11일 볼테르에게 보낸 편지.

51) 산상 설교의 허무맹랑함

《백과사전Encyclopédie》에 나타난 조쿠르Jaucourt도 디드로와 크게 다르지 않다. 일반 대중들이 철학자들의 허황된 거짓말에 잘 속지 않자, 그는 온갖 심혈을 다 기울여 대중들을 속여 내고 만다.

만일 그리스도인이 예수 그리스도의 계명을 몇 개만이라도 지키려고 했다면, 사회는 금방 뒤집어졌을 것이다. 왜냐하면 착한 사람들은 나쁜 사람들의 폭력에 시달리고, 신자들은 배고파 죽을 것이다. 왜냐하면 신자들은 잘 살고 있을 때 필요한 음식과 옷을 저축하지 않았기 때문이다. 따라서 모든 사람은, 우리 주님의 계명은 공공의 안전과 질서에 전혀 맞지 않다고 고백해야 한다. 그런데 이런 사실을 감추려고, 성경 해석자들이 그 내용을 생략하고 변형시켜 암시적으로 말했다. 그렇게까지 안 해도 되는데, 지나칠 정도로 그렇게 했다. …… 성경 해석자들이 이런 오류에 빠진 것은, 주님의 모든 계명이 모든 그리스도인에게 해당된다고 믿었기 때문이다. 주님의 계명 가운데 모든 그리스도인에게 해당되는 것도 많지만, 주님의 사도들한테만 해당되는 것도 많다. 왜곡 포장된 직무 수행이라는 것도 사실 사도들한테만 해당되는 것인데도, 성경 해석자들은 그것을 깨닫지 못했다. …… 이런 사실을 깨닫는다면, 그 순간부터 우리 주님의 설교가 사도들에게만 해당된 것이라는 사실을 믿는 데 전혀 어려움이 없을 것이다.

조쿠르, 〈예수 그리스도의 설교Sermon de Jésus-Christ〉, 《백과사전》.

52) 루소의 종교

계몽주의 철학의 지나친 이성주의에 맞서, 장-자크 루소는 종교적인 감정을 다시 복권시켜 놓았다. 비록 이 감정이 가톨릭의 정통 교의와 일치하지는 않지만, 그래도 낭만주의적 종교관의 발판을 마련했다는 데 그 의미가 있다.

사브와 지방 보좌 신부의 신앙 고백

…… 내가 성경의 장엄함에 감탄하고, 내 마음이 복음서의 거룩함에 감동한다는 것을 자네에게 고백하네. 허식으로 가득 찬 철학자들의 책들을 보게나. 그것들은 성경과 비교하면 얼마나 하찮은가! 그토록 숭고한 동시에 단순한 책이 어찌 인간의 작품일 수 있겠는가? ……

친구들과 평온하게 철학을 논하면서 죽어 간 소크라테스의 죽음은 사람이 소망할 수 있는 가장 기분 좋은 죽음이네. 모든 백성으로부터 욕설과 비웃음과 저주를 받으며 고통 속에서 죽어 간 예수의 죽음은 사람들이 두려워할 수 있는 가장 무서운 죽음이네. 독이 든 잔을 받아든 소크라테스는 그 잔을 자기에게 주면서 눈물을 흘리는 사람에게 축복을 빌었네. 끔찍한 처형을 당한 예수는 자신을 악착스럽게 괴롭히는 사형 집행인을 위해 기도했네. 그렇다네. 소크라테스의 삶과 죽음이 현자賢者의 삶과 죽음이라면, 예수의 삶과 죽음은 바로 신의 삶과 죽음이라네. ……

이런 모든 것에도 불구하고, 바로 그 복음서는 믿기 힘든 내용, 이성理性에 반하는 내용, 그리고 분별력 있는 사람이라 할지라도 아무도 생각할 수도, 받아들일 수도 없는 내용들로 가득 차 있네. 이런 엄청난 모순 속에서 어떻게 해야 하겠나? 여보게, 항상 겸손하고 신중해야 하네. 부정할

> 수도 없고 이해할 수도 없는 것은 그냥 침묵 속에서 존중하게. 오로지 혼자만 진리를 아는 위대한 존재 앞에서 겸손하게나. ……
>
> 장 자크 루소, 《에밀Emile》, 4권.

3. 계몽주의 철학에 물든 가톨릭교회

가톨릭 계몽주의

교회는, 교회에 해악을 초래하는 서적에 대한 검열과 금서 조치, 국가 공권력 개입 요청, 호교론적인 책 출판 등 전통적인 수단을 동원하여 교회에 대한 공격에 대항하고 방어했다. 그러나 그 어떤 조치도 기대했던 효과를 거두지 못했다.

계몽주의가 주장하는 이상에 대해 교회가 부정적으로만 생각했던 것은 아니다. 가톨릭교회는 계몽주의 이성으로부터 영감을 받아 개혁을 추진하고 어떤 분야에서는 성공적인 결과를 거두었다. 프랑스에서 발간된, 《현세에서 행복을 누리고 영원한 행복을 보장받는 손쉬운 방법Méthode facile pour être heureux en cette vie et assurer son bonheur éternel》, 《철학적 교리 교육Catéchisme philosphique》, 《이성과 종교가 조화를 이룬 교리 교육Catéchisme des harmonies de la raison et de la religion》 등과 같은 일부 책 제목들에는 당시의 시대 정신이 그대로 담겼다. 독일에서,

'가톨릭 계몽주의'는 원천으로 돌아가 신심 생활을 정화하고 톨레랑스를 부활시켜 프로테스탄트들과 화해할 것을 제안했다. 그 결과 가톨릭과 프로테스탄트가 함께 사용할 수 있는 교리서들이 편찬되었다. 이 같은 운동에 주도적인 역할을 하고 많은 영향력을 끼친 인물 가운데 한 사람은 바로 바이에른 지방의 사제이자 사목 신학 교수였던 싸일러J.-M. Sailer(1751~1832년)였다. 그는 영성 분야에 다양한 창의성을 불러 일으켰고, 교회 일치 운동이 생겨나기 이전에 이미 교회 일치 운동을 실천했다(초교파적인 성경 모임).

반로마주의와 계몽 전제 정치

이 같은 새로운 사상적인 흐름은 '갈리아주의'와 '리쉐주의'[145]처럼 교황을 반대하는 반로마적인 사조들과 공동의 목적을 위해 서로 손을 잡고 협력하는 일이 자주 발생했다. 그들은 지역 교회와 성직자들의 독립성을 더 높이 평가하면서 자신들의 세력을 펼쳐 나갔다. 트리어의 보좌 주교이며, 일명 '페브로니우스Febronius'라고도 불리던 니콜라스 폰 혼타임Nicolas von Hontheim(1701~1790년)은 교회 안에서 교황의 권력을 최대한 줄여야 한다고 주장하면서 자신의 주장을 '페브로니우스주의'라고 자신의 이름을 따서 명명했다(1763년). 요제프 2세 황제와 형제지간이던 레오폴트 대공大公의 부

---

[145] '리쉐주의Richerisme'는 프랑스의 신학자 에드몽 리쉐(1559~1631년)가 주장한, 강력한 갈리아주의의 경향을 띤 이론을 말한다.

추김을 받은, 얀센주의를 신봉하는 주교 한 명이 1786년 투스카나 지방에서 피스토이아Pistoia 시노드를 소집했다. 이 시노드는 '페브로니우스주의'를 지지하면서 계몽주의 정신에 입각해서 교회를 개혁해야 한다고 주장하면서 광범위한 교회 쇄신 계획을 제안했다.

요제프 2세는 황제가 교회 생활 전반에 대해 일일이 개입하고 간섭해야 한다는 간섭주의를 주장하면서 자신의 이름을 따서 이른바 '요제프주의(요셉주의)'라고 명명했다. 그 결과 비가톨릭 신자들은 '종교 자유(혹은 종교의 관용령)'의 혜택을 누릴 수 있게 되었다(1781년). 요제프 2세는 종교 질서가 외국 지도자들에 의해 좌지우지 되어서는 안 된다고 규정했다. 그는 새로운 본당을 여러 개 설립하기 위해, 여러 곳에 있는 관상 수녀원의 재산을 몰수하고 수녀원을 폐쇄시키는 조치를 내렸다. 또한 모든 신학교를 없애 버린 뒤 다시 만들어 신학교를 완전히 개혁했다. 이 때문에 신학생들은 불만이 많았다. 교회지기(성당지기) 노릇도 마다하지 않던 황제는 심지어 전례에 대한 규정, 장례식에 대한 규정, 종을 사용하는 법에 대한 규정 등을 제정했다.

예수회 회원들의 순교

약해진 교황권에 비해, 강력해진 '계몽 전제 군주'들은 교회에서 주인 노릇을 하려고 했다. 그들은 계몽주의 철학과 '가톨릭 계몽주의'의 원리에다 해묵은 요구 사항(갈리아주의 등)을 결합시켰다. 그래서 여러 가톨릭 국가들이 예수회를 탄압한 것과 나중에 클레멘스 14세 교황이 예수회를 폐쇄시킨 조치(1773년)는, 철학자들과 갈리아주의 신봉자들과 얀센주의자들과 다른 수도회들이 함께 손잡고 만들어 낸 작품이었다.

예전에는 유럽의 왕권과 교황권이 예수회의 가장 강력한 지지 기반이었다. 이들은 신학적인 논쟁이 발생할 때에도 항상 예수회의 손을 들어 주었다. 하지만 왕권의 몰락과 교황권의 쇠퇴로 인해 예수회는 고통을 받았다. 이런 와중에 교황들은 지배 권력인 왕권에 철저하게 복종했다. 교황들은 예수회 회원들이 겪는 골고타 언덕의 고통에 대해 무관심으로 일관했다. 그리하여 애처로운 상황 속에서 선교 지역에서 활동하던 예수회 회원들을 본국으로 철수시키는 조치가 진행되었다. 클레멘스 14세는 예수회의 마지막 총장을 감옥에 투옥시켰고 총장은 끝내 감옥에서 숨을 거두었다. 포르투갈의 수상 폼발Pombal 후작은 포르투갈에서 80명 이상의 예수회 신부들을 처형시켰다.

Ⅱ. 프로테스탄트와 동방 교회의 부흥

개혁 교회들의 모습을 살펴보면, 계몽주의 정신이 신학을 자주 이성주의와 문화적인 세속화 방향으로 끌고 갔다. 하지만 동시에,

여러 차례에 걸쳐 일어난 각성 운동(신앙 부흥 운동) 덕분에, 교회는 하나의 국가 기관으로 전락할 위기에서 벗어날 수 있었다.

1. 독일의 경건주의

17세기 말부터 18세기 초 프로테스탄트 교회들은 세계적으로 세속화 경향을 띠었다. 이 같은 경향에 반대하여 경건주의 운동이 일어났다. 프로테스탄트 교회들은 이미 국가의 공식 제도가 되었다. 루터의 체험 같은 개인적인 체험들이 설 자리가 없어졌다. 정통 교의가 그 자리를 다 차지하고 있었다. 하지만 많은 프로테스탄트 신자들은 자신들의 개인적인 체험들을 신앙의 첫 번째 자리로 되돌려 놓고 싶어 했다. 프로테스탄티즘은 항상 신비주의를 경계하고 의심했다. 왜냐하면 신비주의에는 프로테스탄티즘을 '오직 신앙'만 강조하는 종교로 간주하게 만드는 불순한 측면이 들어있기 때문이다.

그러나 향수鄕愁에 젖은 일부 프로테스탄트 신자들은 《준주성범》과 중세 저술가들의 책들을 꾸준히 읽었다. 괼리츠Görliz의 구두 수선공 야콥 뵘Jacob Böhme(1575~1677년)이 일종의 범신론과 신비적 혼합주의를 만들어 내자, 정통 루터파들이 의심의 눈초리로 바라보았다.[53)] 뵘의 영향을 받은 앙겔루스 실레시우스Angelus Silesius(일명 요한네스 쉐플러Joannes Scheffler, 1624~1677년)는 《방랑하는 커룹 천사들Der Cherubinischer Wandersmann》이라는 작품에서, 독창적인 시를 지어 깊은 영적 체험을 표현했다. 프로테스탄트 신자들이 반대하자 가톨릭으로 개종한 그는 나중에 사제가 되었다.

어느 루터교 신자의 신비주의에 대한 향수

브레슬라우Breslau지방 출신인 요한네스 쉐플러는 고향 슐레지엔Schlesien으로 돌아오기 전까지, 유럽의 여러 대학을 돌아다녔다. 루터교 신자였던 그는 두 줄로 된 짤막한 시들을 지어 자신의 신비 체험을 표현했다. 나중에 가톨릭으로 개종한 그는 《방랑하는 커룹 천사들》이라는 시집을 출판했다.

그리스도께서 베들레헴에서
수천 번 태어나신다 하더라도,
그대 안에 태어나지 않는다면,
그대는 영원히 잊힌 사람일 거예요.

아, 우리 인간은 숲속의 작은 새와 같다네.

우리 함께 외치며 각자 자신의 음조로 노래 불러요.

장미꽃은 까닭 없이 그저 피어나기에 피어날 따름이고,
자기한테 신경 쓰지도 않으며
사람더러 자기를 봐 달라고 조르지도 않는다네.

만일 천국이 먼저 그대 안에 없다면,
제발 날 믿어요.
그대는 결코 천국에 들어가지 못한다네.

오, 고귀한 정신이여,
제발 사슬을 풀어요,
그런 식으로 그대를 묶지 말아요.
그대는 모든 성인보다 더 위대하게 하느님을
발견할 거예요.

활짝 피어나라, 얼어붙은 그리스도인이여,
5월이 바로 문 앞에 있어요.
그대가 지금 여기에서 피어나지 않는다면,
그대는 영원히 죽어 있을 거예요.

필립 스페너와 경건주의의 발달

경건주의는 프로테스탄티즘의 심장부에 이 같은 열망을 불어넣는 하나의 길이었다. 알자스Alsace 지방의 루터교 목사 필립 스페너Philippe Spener(1635~1705년)는 경건주의를 선도한 인물이다. 그는 유럽 전역을 누비고 다녔다. 그는 성경을 읽고 기도하는 사람들의 작은 모임을 자기 주변으로 모아들였고, 사람들은 그 모임을 가리켜 '경건한 집단Collegia Pietatis(기도 모임 혹은 공부 모임)'이라고 했다. 처음에는 비아냥거리고 조롱하기 위해 나온 이 단어에서 '경건주의'라는 용어가 나왔다.

1675년, 스페너는 '경건한 소망Pia Desideria'이라는 단체를 창설했다.**54)** 그 단체는 소그룹 성경 공부, 보편 사제직, 신학보다 경험을 중시, 관용 정신으로 신학 논쟁하기, 중세 영성의 집대성, 새롭게 교리 문답식으로 설교하기 등을 주로 표방했다. '회개의 체험이 가장 중요하다. 회개는 내적으로 깊은 위기를 체험할 때 이루어진다. 하느님의 자녀들은 처음에는 절망의 시기를 체험한다. 그런 다음, 내적 투쟁을 통해서 혼동 상태에서 벗어나 평화를 찾는다. 이런 체험을 통해서 그들은 형언할 수 없는 행복감을 맛보고 그것을 공적으로 증언하고 간증해야 한다.' 이런 방식으로, 경건주의는 정서적이고 감성적인 신심을 강조하면서, 선업善業의 중요성을 강조했다.

독일 작센의 할레Halle 대학을 통해서 경건주의는 널리 전파되었다. 경건주의는 수많은 학교와 대학교, 고아원 같은 자선 단체를 설립했고, 해외 선교에 대한 성소 의식을 심어 주었고, 헨델Haendel 같은 음악가들에게 커다란 영감을 주었다. 자부심에 가득 찬 경건주의자들의 모임인 '성인들의 모임'에 대해 루터교 정통파 신자들이 상당히 반대를 했지만, 18세기에 독일의 대부분 주민들은 경건주의를 추종했다. 후에 진젠도르프Zinzendorf 백작이 경건주의 운동을 국제적인 운동으로 발전시켰다.

54) 경건주의

알자스 출신 루터교 목사 필립 스페너는 프로테스탄티즘 안에 머물면서 종교적인 감성을 다시 부흥시키려고 했다.

과거에 그랬던 것처럼 오늘날에도, 그리스도교는 쓸데없는 질문이나 괴상한 이론에 대한 추상적인 지식을 아는 데 있는 것이 아니라, 참된 하느님이신 우리 구세주 예수 그리스도를 아는 데 있다. 우리는 그분의 말씀을 통해서 그분을 알 수 있다. 마음속 깊이 그분을 경외하고 그분을 사랑하고 그분께 기도하며, 참된 믿음으로 그분께 다가가 십자가 상의 그분께 순종해야 한다. 그분의 삶 안에서, 그리고 마

> 음속 깊이 우러나는 마음으로 다른 이들을 사랑하고, 자비롭게 도와주어야 한다. 우리 자신을 위해서, 우리의 삶 안에서 그리고 위험과 죽음 앞에서, 그리스도께서 우리에게 주신 은총을 굳게 믿고 우리 자신을 맡겨 드리며, 하느님과 함께할 영생永生을 기다려야 한다.
>
> 필립 스페너, 《경건한 소망, 혹은 하느님의 마음에 들게 될, 참된 복음적 교회들의 개선에 대한 마음속 깊은 곳의 열망들Pia desideria; ou aspirations du fond du coeur à une amélioration des vraies Églises évangéliques, qui soit agréable à Dieu》.

2. 계몽 전제 군주, 진젠도르프

독일 드레스덴에서 태어난 진젠도르프(1700~1760년) 백작은 니콜라스-루드빅Nicholas-Ludwig이라고도 불렸다. 스페너의 대자代子였던 그는 여성 신심이 강하고 남자 만나는 것을 금기시하는 (여자들만 있는) 가정에서 자랐다. 그는 항상 예수를 형제로 생각했으며[55] 어려서부터 종교는 이성理性의 문제가 아니라 마음의 문제라는 사실을 깨달았다. 할레에서 살던 시절, 첫 성만찬 때에 그는 깊은 체험을 했으나 경건주의자들이 정해 놓은 회개를 단호하게 반대했다.

그는 유럽 전역을 두루 여행 다니면서 여러 교파의 그리스도인들을 만났다. 이 같은 만남을 통해서 그는 그들 안에 들어 있는 단순하고도 특별한 진리를 볼 수 있었다. 1727년, 그는 (모라비아에서 피난 온) '모라비아 형제단'[146]에게 자신의 집을 안식처로 내 주었다. 그들은 후스파의 후계자들이었다. 그리고 그들을 재조직하여 일종의 신정 체제를 만들었는데 이 제도에는 그의 권위주의가 잘 드러나 있다. 진젠도르프는 목사로, 그 다음에는 모라비아 교도들의 장로로 서임되었다.

그는 루터파 교회 안에 머물렀지만, 모든 프로테스탄트 교파를 받아들이고 자신의 교회를 경건주의 방향으로 기울게 했다. 그는 자신의 공동체를 영적 진보와 신분 상태에 따라, 기혼 부부 그룹, 젊은 여자 그룹, 과부 그룹, 어린이 그룹 등으로 구분하여 조직했다. 그들은 성가를 곁들인 기도를 밤낮없이 계속했다.

55) 니콜라스-루드빅 폰 진젠도르프

경건주의 분위기 속에서 자라난 진젠도르프 백작은 후스주의 신봉자들인 '모라비아 형제단'의 공동체를 재건하여 다시 부흥시켰다. 그는 권위주의적인 방식으로 공동체를 건설했고 이 공동체는 감성적인 열정과 선교에 대한 열정을 가장 중요시했

---

146 체코슬로바키아의 중부 지방에 위치한 '모라비아'라는 지명에서 유래한 호칭.

다. 예수에 대한 신심이 아주 뛰어났던 진젠도르프는 아이들에게 다음과 같이 말한다.

> 구세주께서 항상 내 마음 안에 계신다는 것을 느끼는 것은 언제나 내 행복이란다. …… 오랜 세월 동안 그분과 함께하면서, 난 어린이처럼 살아 왔단다. 마치 친구와 말하는 것처럼, 난 오랫동안 주님과 함께 이야기를 나누었단다. …… 그분과 대화를 나눌 때면, 난 너무 행복했단다. 주님께서 인간이 되어 오시어 우리에게 주신 모든 선에 대해 얼마나 감사해 하는지도 말씀드렸단다. …… 나는 이 특별한 날이 올 때까지 행복해지기 위해 모든 일을 다했단다. 이 특별한 날에 나를 창조하신 주님께서 나를 위해 고통을 받으셨다는 사실에 감동을 받아, 하염없이 눈물을 흘렸단다. 주님께 대한 더 확실한 사랑을 느끼며 다정스럽게 그분과 하나가 되었단다. 혼자 있을 때에도, 난 그분과 계속해서 말을 했단다. 그분께서 내 곁에 계신다는 사실을 나는 온 마음으로 믿고 있단다. …… 난 나의 구세주와 함께 50년 이상을 살아 왔단다. 그래서 난 매일매일 더 행복하단다.
>
> 진젠도르프, 어린이들에게 한 훈화.

세계로 뻗어 가는 경건주의

진젠도르프는 경건주의가 지닌 혁신적인 측면 때문에 작센에서 추방당해 선교사가 되었다(1738년). 그는 모라비아 형제단을 아메리카 대륙에 파견한 뒤, 그 자신도 미국에서 몇 년 동안 체류했다. 유럽 전역에서 많은 이들이 모라비아 형제단에 가입했다.

작센으로 다시 돌아온 진젠도르프는 자신의 방침을 좀 더 구체적으로 분명하게 규정했다. 그는 루터교와 경건주의에 들어 있던 영감에 예수를 향한 어린이와 같은 태도를 포함시켰다. 루터교와 경건주의에 들어 있던 영감이란 그리스도교 신앙생활을 하는 데 있어서 신학적인 지식이 중요한 것이 아니라 감정과 열정이 중요하다는 것과, 자신들이 구원을 받았다고 기뻐하는 마음이 중요하다는 것이다. 게다가 그는 예배의 축제적인 면을 강조했다. 진젠도르프가 죽고 난 뒤 얼마 안 돼, 모라비아 형제단은 '형제단 교회'라는 새로운 그리스도교 종파로 탈바꿈했다. 그 당시 전 세계에 파견된 모라비안 선교사는 226명이었다.

감정을 중시하는 경건주의는 계몽주의와 이성주의의 방향으로 흐르는 교조주의를 극단적으로 반대했다. 그러나 경건주의는 프로테스탄티즘에 새로운 자극과 활력을 불어넣었다. 모라비아 형제단은 존 웨슬리John Wesley의 감리교에 직접적인 영감을 주었다.

3. 존 웨슬리와 감리교의 탄생

영국의 성공회는 권력과 지주들에게 지나치게 밀착되어 있었다. 그래서 광산업 도시의 서민들과 이제 막 태동하던 산업 공장들이 밀집한 도시의 서민들이 성공회와 모든 관계를 끊어 버리고 떠났다. 그 결과 성공회는 더 이상 가난한 서민들의 교회가 아니었다. 이런 상황에서 반대자들이 끊임없이 봉기를 일으켰지만 결과는 박해를 받기 일쑤였다. 구두 수선공 조지 폭스George Fox(1624~1691년)는 '내면의 빛'을 강조하면서, 교회의 교의와 조직을 부차적인 것으로 만들었다. 그는 청중들한테 하느님 앞에선 두려워 떨어야 한다고 권유했다. 그리하여 '퀘이커'[147]라는 이름이 생겨났고, '프렌드회Society of Friends'를 통해서 함께 모이자고 권유했다. ……

존 웨슬리(1703~1791년)는 성공회를 더욱 심하게 뒤흔들어 놓았다. 예정설을 반대하는 영국 성공회의 가정에서 태어난 그는 중세 저술가들의 책과 가톨릭의 저술가들의 책을 마음의 양식으로 삼으면서 자라났고, 동생 찰스 웨슬리와 함께 성경을 읽고 기도하며 자선을 실천하고 성덕을 추구하는 성경 동아리를 만들어, 옥스퍼드 대학생들을 참여시켰다. 그들은 신앙생활을 엄격하게 지켜 나갔고, 그리하여 '감리교도Methodists'가 생겨났다. 성공회 사제인 두 형제(존 웨슬리와 찰스 웨슬리)가 1735년 아메리카 대륙으로 건너가, 그곳에

---

[147] '퀘이커Quakers'라는 단어는 '두려워 떠는 사람들'이란 뜻이다.

서 '모라비아 형제단' 신자들을 만나 깊은 감동을 받았다. 런던으로 돌아온 뒤, 존 웨슬리는 모라비아 형제단의 한 예식(1738년)을 통해서 갑작스러운 내면의 변화, 이를테면 '회심回心'이라고 일컫는 일종의 변화를 느꼈다.[56] 웨슬리와 절친하게 지내면서 칼뱅주의를 신봉하던 조지 화이트필드George Whitefield도 비슷한 경험을 했다. 두 사람은 자신들이 발견한 것을 세상 사람들에게 알리고 싶어 했지만 사람들은 이들에게 교회를 빌려 주지 않았다. 그래서 그들은 광장 한가운데서, 광산의 채굴물 집적장 위에서, 감옥의 복도에서 설교를 하고 전도를 했다. 그런데 그때마다 이상한 현상이 발생했다. 설교를 듣던 청중들이 갑자기 고함을 지른다거나, 허탈 상태에 빠진다거나, 발작(혹은 히스테리) 증세를 보인다거나, 병이 낫는다거나, 기쁨에 겨워 어찌해야 할지 몰라 했다. 50년 이상 동안 웨슬리는 회개하라고 설교하면서 영국 방방곳곳을 누비며 돌아다녔다.

[56] 존 웨슬리와 감리교

1738년 5월 24일 밤 8시 45분경, 웨슬리는 모라비아 형제단의 예식에 참여했다. 이때 그는 로마 신자들에게 보낸 서간에 관해 루터가 썼던 서문 내용을 듣다가 '회심'을 했다.

나는 내 마음이 이상하게 뜨거워지는 것을 느꼈다. 나는 이제 나 자신이 그리스도를, 오직 그리스도만을 믿음으로써 구원받았다는 것을 느꼈다. 그리고 나는 주님께서 나의 모든 죄를 영원히 없애 주셨고 나를 죄와 죽음의 율법에서 구원해 주셨다는 확신을 얻었다.

그는 장차 영국 전역을 누비고 다니면서 순회 전도를 하게 된다.

1739년 4월 26일 목요일, 뉴게이트Newgate에서 전도할 때의 일이다. "믿는 사람은 누구나 영원한 생명을 얻을 것입니다."라는 말씀으로 전도를 하고 있을 때, 미리 생각한 것도 아니었는데 "하느님께서는 모든 사람이 구원되기를 원하신다."라는 내용을 힘주어 분명하게 선포했다. 그리고 나는 하느님께 "눈먼 이가 길을 잃어버려" 고통받는 일이 없도록, 그리고 "만일 눈먼 이가 길을 잃어버려 고통을 받게 된다면, 당신께서 그로 하여금 당신의 말씀을 증거할 수 있도록 해 주십시오."라고 간구했다. 그러자 갑자기 두 사람이, 곧이어 세 번째 사람이 땅에 털썩 주저앉으며 쓰러졌다. 마치 벼락이라도 맞은 것처럼 완전히 쓰러졌다. 쓰러진 세 사람 가운데 한 사람이 갑자기 고함을 질렀다. 우리는

> 그를 위해 하느님께 기도를 드렸다. 그러자 그 사람이 혼미한 상태에서 깨어나 기뻐했다. 두 번째 사람도 똑같이 단말마의 고통을 받았다. 우리는 그 사람을 위해서 또 다시 하느님께 간절한 기도를 드렸다. 그러자 그 사람도 마침내 영혼에 평화를 되찾고 기뻐했다.
>
> 웨슬리의 일기 가운데에서.

감리교의 조직

웨슬리는 영국 성공회를 떠나지 않은 채, 놀랄 만한 신앙의 열성을 가지고 감리교를 조직해 나갔다. 감리교는 구역회, 지방회, 지역별 연례회에 해당하는 연회, 특정 관구 지역의 총회 등으로 조직되었다. 구역회는 한 명의 지도자 아래, 신앙으로 다시 태어난 12명으로 구성되었다. 감리교 조직의 정점에는 100명의 회원들이 소집하는 회의가 있었다. 또한 영적 진보의 정도에 따라 그룹을 달리하면서, 신앙생활을 해 나갔다. 한편 감리교는 성사와 관련하여 성공회로부터 많은 것을 그대로 가져 왔다.

웨슬리는 "나는 세계가 나의 교회라고 생각합니다."라고 말하면서, 새로 발견된 대륙에서 사목 활동을 할 목사들을 서임했다. 또한 감리교에만 있는 축제, 예를 들어 사랑의 축일 전야제 때에는 찰스 웨슬리가 작곡한 여러 가지 성가들을 연주하고 합창했다.

웨슬리가 죽은 뒤, 감리교는 독립적인 교파로 발전해 나갔고 미국에서 가장 큰 교파 가운데 하나가 되었다. 일종의 각성 운동을 펼친 감리교는 회개를 강조하고 성화를 위한 지속적인 노력을 강조했다. 감리교는 프로테스탄티즘 안에다 가톨릭적인 요소들을 다시 끌어들였다. 그리하여 감리교는 공로와 감정과 감수성을 다시 높이 평가했다.

4. 동방 교회

표트르 대제

러시아의 표트르Piotr Alexeïevitch Romanov(1694~1725년) 대제는 이른바 '계몽주의' 정신에 입각해서, 러시아를 강압적인 방법으로 근대화하려고 했다. 그는 20년 동안 모스크바 총대주교를 선출하는 것을 금지시키다가 1721년에는 총대주교좌를 아예 폐지해 버렸다. 그런 뒤에 이른바《영적 규칙》을 러시아 교회에 강제로 부과했다. 이때부터 러시아 교회에는 성무회원聖務會院(주교회의 혹은 성의회)[148]이라는 단체가 생겨났다. 성무회원은 주교들과 사제들로 구성된 러시아 교회의 최고 기관이다. 대제가 임명한 평신도 대리인이 이 회의를 주재했고 그가 러시아 교회의 실제적인 최고 통치자가 되

---
[148] 자치 독립 교회의 최고 행정 기관.

었다. 그 결과 러시아 교회는 모든 독립적인 권한을 빼앗겨 버렸다. 러시아의 예카테리나 2세(1762~1796년)도 러시아 교회를 세속화하는 작업을 계속해서 추진했다.

생생하게 살아 있는 영성의 전통

정치적인 수난과 소용돌이 속에서도, 동방 정교회가 지닌 영성의 전통은 러시아 정교회뿐만 아니라 그리스 정교회에도 고스란히 살아 있었다. 그리스의 아토스 성산은 모든 정교회의 가장 위대한 신앙의 중심지였다. 1782년, 아토스 성산의 수도자 니코데무스Nicodemus와, 코린토의 마카리우스Macarius 주교가 베네치아에서 《필로칼리아Philokalia》라는 책을 출판했다. 이 책은 기도, 특히 '예수 기도'라고 불리는 것과 관련된 모든 교부들의 문헌을 모아 편집한 것이다. 아토스 성산의 또 다른 수도자 파이시 벨리초프스키Paissy Velitchovsky가 1793년 《필로칼리아》를 러시아어로 번역했는데, 이 책은 슬라브 민족의 나라들(유럽 동·중부)에서 큰 인기가 있었다. 《필로칼리아》의 내용을 토대로 만들어진 《러시아 순례자의 구송 기도》를 많은 사람들이 읽음으로써, 《필로칼리아》의 명성은 19세기까지 계속되었다. 아토스 성산에 있는 수도원의 영성적인 전통은 계속해서 이어져 내려왔다. 보로네츠Voronezh의 주교였다가 나중에 자돈스크Zadonsk의 수도자가 된 티콘Tykhon(1724~1783년) 같은 사람들이 여기에 해당한다.**57)**

57) 자돈스크의 티콘

티콘의 삶에 대해 동료 수도자였던 체보타데프가 자세하게 기록했다.

그는 항상 수도복 안에 작은 시편집을 갖고 다녔다. 시편집 없이는 도보로든 마차로든 아무데도 가지 않았다. 시편집 내용을 줄줄이 다 외웠다. 그는 그 시편집으로 나를 축복해 주었다. 여행갈 때에는 항상 큰 소리로 시편을 낭송하고, 어떤 때에는 큰 소리로 시편을 노래 불렀다. …… 매일 미사에 참석하여 성가대석에서 노래를 불렀다. 성가를 부를 때마다 항상 눈물을 흘렸다. T 수도원에서 자정 무렵, 성당 주위를 돌면서 모든 문 앞에서 무릎 꿇고 눈물을 흘리면서 기도했다. 내가 그 장면을 목격했다. 때때로 나는, "하늘 높은 곳에는 하느님께 영광!"이라고 외치며 거룩한 시편들을 낭송하는 소리를 들었다. 그는 반시간 넘게 서쪽 문 앞에서 기도를 바치다가 황급히 방으로 돌아갔다. 거기에서 고된 노동을 하거나 가끔 자신이 쓸 장작을 팼다. …… 어느 날, 수도원 뒤편으로 산책 갔다가 돌아와 내게 말했다. "숲 속에서 수레 2대 분량, 아니 그 이상의 땔감을 마련할 수 있는 그루터기를 발견했네. 도끼를 가져가서 잘라 오세." 우리는 숲으로 가서 도끼질을 하기 시작했다. 그는 수도복을 벗고 셔츠 차림으로 도끼질을 하기 시작했다. …… 그는 우리한테 자주 이런 말을 했다. "한가하게 무위도식하는 것은 끊임없이 죄를 짓는 거라네." 그는 결코 한가롭게 무위도식하지 않았다. 미사를 드리기 전, 이른 새벽에 그는 사람들의 영혼에 양식이 되는 책들을 집필했다. 오늘날에도 구원을 갈망하는 많은 이들이 그가 쓴 책들을 읽는다. ……

그는 고아와 가난한 이들에게 먹을 것을 주고, 비참한 삶을 사는 모든 이에게 자비를 베풀었다. 가진 모든 것을 다 나눠 주었다. …… 귀족과 부유한 상인들이 많은 돈을 그에게 기부했다. 모든 돈을 가난한 이들에게 나눠 준 그는, 심지어 자신의 속옷마저 나눠 주었다. 자신을 위해서라곤 단지 몸을 가릴 수 있는 것만 걸치고 다녔다.

니콜라스 아르세니우Nicolas Arseniew,
《러시아의 신심La Piétérusse》(1963년)에서 인용.

마론 교회

중동 지역의 교회 가운데서 레바논의 마론 교회[149]는 물리적으로

---

149 주로 레바논에 분포해 있는 마론 교회는 로마 가톨릭에 속한 동방 교회로서 시리아의 마론 성인에 의해 5세기에 시작되었다.

는 로마 가톨릭교회에 속해 있었다. 즉, 마론 교회는 교황권과 프랑스의 대사들과 선교사들로부터 세심한 보살핌을 받았다. 그러나 이 같은 보살핌은 이 교회를 로마 가톨릭교회로 만들려는 의지의 표현이었다. 1736년, 레바논 산에서 열린 시노드가 바로 이 같은 사실을 증명해 준다. 로마에서 파견된 사람이 이 시노드의 사회를 맡았다.

Ⅲ. 프랑스 혁명의 충격

프랑스 혁명으로 인해, 일부 계몽주의의 정신이 구체적으로 현실화되었다. 정치 분야에서는 이성이 승리를 거두고 그리스도교를 반대하는 투쟁이 벌어지는 등 구체적인 사건들이 일어나면서

사회는 변화되었다. 왕정을 뒤엎은 군대의 영향을 받아, 혁명 사상이 유럽 전역을 휩쓸었다. 프랑스인들은, 프랑스 혁명과 나폴레옹 시대를 분명하게 구별했지만, 유럽인들은 이 두 시기를 한 시대로 간주했다. 유럽인들이 이렇게 간주하는 이유는 '말을 탄 로베스피에르'[150]라고 불리던 나폴레옹이 혁명의 이데올로기를 중앙아시아의 대초원에까지 퍼트렸기 때문일 것이다.

1. 새로운 교회 조직

성직자와 프랑스 혁명 발발

재정상의 위기와 정치적인 위기를 해결하기 위해, 프랑스 왕정은 '삼신분회Etats Généraux'[151]를 소집했다. 프랑스를 대표하는 세 계층의 대표들로 구성된 삼신분회에는 성직자, 귀족 그리고 '제3신분 의원Tier-État'[152]들로 이루어졌다. 삼신분회가 제출한 진정서에는 나라 살림에 대한 내용뿐만 아니라 프랑스 교회를 개혁하려는 열망도 담겨 있었다. 그렇다고 해서 그 진정서 안에 종교를 반대하는 증오감이나 적대감이 들어 있었던 것은 아니었다. 로베스피에르

---

150 프랑스 혁명 당시에 활약했던 혁명가.
151 프랑스 혁명 이전의 의회를 지칭함.
152 평민들로 구성됨.

를 비롯한 모든 국회 의원은 손에 촛불을 하나씩 들고서, 성체 행렬에 참여했다(1789년 5월 5일). 이 행렬은 국회의 개막을 알리는 하나의 의식이었다. 삼신분회에 참석한 성직자들은 주로 본당 신부들이었는데 이들은 제헌 의회를 구성하기 위해서 '제3신분 의원'들과 연대하기로 이미 합의를 했다.

시골에서 일어난 폭동과 그들의 요구 때문에, 성직자와 귀족들은 8월 4일 밤에 자신들의 모든 특권을 포기했다. 마침내 8월 26일에, 국회는 새로운 체제의 기본적인 원리들이 담겨 있는 〈인권과 시민권에 관한 선언문Déclaration des Droits de l'Homme et du citoyen〉이라는 법안을 투표에 부쳤다. 이 선언문은, 계몽주의 철학자들의 가르침과 1776년에 발표된 미국의 '독립 선언서'로부터 영감을 받아 작성된 것으로, 자유와 평등과 소유권을 불가침의 권리로 규정했다.

오퇭Autun의 탈레랑Talleyrand 주교의 제안에 의해, 1789년 11월 2일에 국가가 성직자의 재산을 마음대로 처분할 수 있게 됨에 따라 성직자의 재산이 국가의 소유가 되었다. 이제 국가가 성직자의 생계를 책임지고, 성직자들이 하던 여러 가지 일(구제 사업, 교육 사업 등)을 국가가 떠맡아 수행했다. 당시 교회는 프랑스 국토의 6분의 1을 소유하고 있었다. 이런 상황에서 국가가 교회 재산을 처분할 수 있는 권한을 갖고 교회 재산을 처분하자, 엄청난 소유권 이전 사태가 빚어졌다. 그리하여 교회의 땅을 새롭게 소유하게 된 부르주아 계급과 부유한 농장주들은 프랑스 혁명을 지지하는 중요한 두 계층이 되었다.

그러나 불행하게도, 이 같은 소유권 이전 사태는 엄청난 예술적인 보물들을 황폐화한 결과를 초래했다. 많은 성당과 수도원의 건물들을 새로운 용도로 변경하기 위해, 때려 부수거나 변형하는 일이 비일비재 했다. 1790년 2월 13일에 제헌 의회는 수도자들의 서원을 금지했다. 규칙적인 수도 생활을 계속하고 싶어 하는 사람들은 다시 편성될 수도원에서만 수도 생활을 할 수 있었다. 이 같은 조치는 남자 수도원들에게는 엄청난 희생과 출혈을 요구하는 것이었다. 그 예로, 클뤼니 수도원만 하더라도 40명의 수사들 가운데 38명이 수도 생활을 그만두고 수도복을 벗어 버렸다. 그러나 여자 수도원에는 변함없이 수도 생활에 충실한 수녀들이 많이 있었다. 이러한 조치에도 불구하고, 가톨릭은 크게 흔들리지 않았다.

성직자의 혁명 헌법 준수

혁명 의회는 프랑스의 정부와 행정을 완전히 재조직한 뒤 교회 조직마저도 혁명 헌법과 서로 조화시키려고 했다. 〈성직자에 대한 혁명 헌법Constitution civile du clergé〉이 제정될 수 있도록 영감을 불어넣어 준 이들은 반종교주의자들이 아니라 교회 안의 인사들이었다. 이들은 계몽주의, 갈리아주의, 요제프주의, 또는 피스토이아 시노드의 영향을 크게 받았다. 교회의 판세가 완전히 새롭게 다시 손질되었다. 교구의 숫자가 135개에서 85개로 줄어들었다. 각 도에 한 교구만 있게 하고, 10개 교구에 한 대교구만 있게 했다. 주민 6,000명 당 한 본당만 있게 했고, 행정 기관의 책임자들을 선출하던 비가톨릭 신자들이 주교와 본당 신부를 선출했다.

입법자들은 이런 식으로 하는 것이 초대 교회의 정신으로 되돌아가는 것이라고 생각했다. 주교는 자신

▲ 주교들과 귀족들이 혁명 헌법에 선서하는 모습, 국립 도서관 소장.

의 서임을 대주교에게 요청해야만 했다. 그러면 대주교는 교황에게 편지를 써서 주교를 임명한 사실을 단지 통보하고, 해당 주교는 자신이 교황과 일치되어 있다는 점을 표명하기만 하면 된다는 식이었다. 이 같은 헌법은 1790년 7월 12일 표결에 부쳐져 가결되었다. 국왕은 마지못한 이 헌법을 8월 24일에 공포했다.

혁명 헌법 준수 서약

그러나 혁명 헌법에 대한 찬반 문제가 토론에 부쳐지자, 반대 의견이 제기되었다. 이때 제기된 반대 의견을 혁명 의회의 국회 의원이던 32명의 주교들 가운데 30명의 주교들이 또다시 제기했다. 그들은 문건 하나를 제출했는데 그 문건에 의하면, 교황의 동의가 없는 상태에서 결정된 교회의 지위에 대한 변경은 무효라고 주장

했다(1790년 10월). 교황은 이 문제에 대한 답변을 즉시 하지 않았다. 1790년 11월 27일, 혁명 의회는 성직을 수행하고 있는 모든 성직자는 국가와 국왕에게 충성 서약을 해야 한다고 명령하면서, 헌법을 반드시 준수하겠다는 맹세를 하라고 주장했다. 헌법에는 새로운 교회 조직에 대한 내용도 포함되어 있었다. 160명의 주교들 가운데 단지 7명의 주교들만이 충성 서약을 했다. 충성 서약을 한 사제들의 비율은 지역에 따라 달랐지만, 프랑스 전체로 보면 약 절반가량이 충성 서약을 했다. 상당수 사제들은 교황의 입장이 어떤 것인지 몰랐기 때문에, 이러지도 저러지도 못했다. 그러자 프랑스는 충성 서약을 하지 않은 주교들과 사제들에게 성무 집행을 금지시켰다. 1790년 말부터 성무 집행 정지를 당한 주교들과 사제들이 교체되기 시작했다. 그리하여 충성 서약을 한, 혁명 의회 국회 의원 주교들이 새롭게 선출되었고 새 사제들도 서품되었다.

혁명 헌법에 대한 교황의 단죄

1791년 3월과 4월, 비오 6세 교황은 '성직자들의 혁명 준수 서약'을 단죄하고, 심지어 혁명 헌법의 원리들마저 단죄했다.[58] 인간의 권리들은 계시와 반대된다. 그것들은 절대적인 자유만 주장하면서 하느님과 진리에 대한 권리를 무시했다. 교황은 충성 서약 한 이들에게 충성 서약을 철회하라고 요구했고 새로 선출된 주교들에 대해서는 모든 직무 수행을 금지시켰다. 그러자 프랑스 교회는 열교의 소용돌이 속으로 빠져 들었다. 한쪽에는 프랑스 정부로부터 인정을 받고 전례를 거행하는 헌법상의 교회가 있었고, 다른 한쪽에는 헌법을 따르지 않은 채 로마에 충실한 교회가 있었다. 이같은 현상을 지나치게 이분법적으로 단순화하지 말아야 한다. 서약을 한 사제들이 반드시 다 나쁜 사제이거나 부패한 사제는 아니다.[59] 그렇다고 서약을 거부한 사제가 반드시 영웅은 아니다. 각자 서로 다른 동기 때문에, 서약을 하거나 거부했던 것이다. 어떤 사제들은 본당 신자들과 함께 있고 싶어서 충성 서약을 했다. 헌법을 따르겠다고 서약한 주교들 가운데에는 르와르-에-세르Loir-et-Cher의 주교였던 그레고리오 아빠스처럼 아주 훌륭한 주교들도 있었다. 그러나 충성 서약을 하지 않은 주교들의 자리를 채우기 위해 서둘러 새 주교들을 선출하고 새 사제들을 급히 서품하다 보니 자질이 부족한 이들이 선출되기도 했다.

---

[58] 프랑스 혁명의 원리들을 단죄하는 비오 6세 교황

1791년 3월 10일 교황은 〈퀀 알리칸툼Quod aliquantum〉을 발표하여 프랑스 혁명 원리들을 단죄했다.

…… 이 같은 절대적인 자유는, 종교에 대해 전혀 신경 쓰지 않아도 된다는 생각과 얼토당토않은 터무니없는 내용을 자기 마음대로 생각하고 집필하고 인쇄해도 된다는 생각을 사람들에게 심어 준다. 따라서 이런 절대적인 자유는 괴물 같은 권리다. 그런데도 국회는 그것을 모든 인간이 지녀야 할 평등과 자유라고 생각하는 것 같다. 그러나 이성을 마비시키고 질식시키는 극단적인 평등과 자유를 허용하는 것보다 더 몰상식한 행위가 과연 어디 있을까? …… 악을 금지시키기 위해 인간의 자유를 제한하신 창조주 하느님의 권리를 정면으로 반대하는 것이 도대체 이것 말고 어디 또 있단 말인가? '국가가 사회적 인간에게 자연의 불가침 권리라고 인정해 준 그 사상과 행동의 자유'는 창조주 하느님의 권리를 거스르는 것이다. 이보다 더 큰 위배가 어디 있단 말인가? 하느님께서는 악을 저지르지 말라고 하심으로써, 인간의 자유를 제한하셨다.

라트레이으A. Latreille, 《가톨릭교회와 프랑스 혁명L'Église catholique et la Révolution française》(1946~1950년), 제1권, 98쪽에서 인용.

59) 혁명가 그리스도

1790년과 1791년, 일부 사제들과 팸플릿 출판업자들은 예수를 최고의 혁명가라고 묘사했다. 하지만 그들은 사람들의 생각을 변화시키지 못했다. 해가 갈수록, 프랑스 혁명은 점점 더 맹렬하게 반종교적인 입장을 취했다.

예수님은 참된 '공화주의 과격파sans-culotte'[153]이시고 참된 공화주의자이시다. 그분은 도덕적 평등과 가장 순수한 애국심의 모든 원리를 발전시키셨다. 모든 위험을 감수하시고, 권력을 남용하던 위정자들에게 저항하셨다. 부자들의 무자비함을 응징하시고, 왕과 사제들의 오만을 비난하셨다. ……

하느님의 아드님께서는 귀족들에게 저항하셨다. 나의 형제들이여, 이 중요한 진리에 대해 묵상해 보자. 예수님은 계속해서 폭군들을 공개적으로 비난하셨다. 폭군들은 세금을 부당하게 강제 징수하고, 사상의 자유를 억압했다. 쓰레기 같은 귀족들은 그들의 교만 앞에 굽실거리는 수많은 사람을 기만했다. 그들은 자기 노예들의 타락한 영혼에 분노

---

[153] 프랑스 혁명 당시 과격파 공화주의자들은 귀족들이 입던 반바지culotte를 안 입고, 하층민이 입던 긴 바지를 입었다.

> 를 불어넣어, 인간의 해방자이신 그분을 반대하도록 부추겼다. 나의 형제들이여, 나는 "하느님의 아드님을 십자가에 못 박은 자들은 귀족 계급이었다."라고 말하며 편안히 죽음을 맞겠다.
>
> 보망E.-P. Bowman, 《낭만적인 그리스도Le Christ romantique》(1973년)에서 인용.

2. 프랑스 교회가 겪은 십자가의 길

약 10년 동안 프랑스에서 교회는 엄청난 혼란에 빠져들었다. 가톨릭을 탄압하는 지속적 폭력 사태가 없었는데도 말이다. 1792년 봄까지는 충성 서약을 거부하던 교회도 그런대로 용인되었다. 전례를 거행할 수 있는 장소를 빼앗긴, 충성 서약을 거부한 사제들은 다른 곳에서 전례를 거행했다. 사람들은 종종 장례 미사나 세례식 또는 혼배 미사를 거행할 장소 문제 때문에 다투었다.

한편, 혁명 의회는 오스트리아에 선전포고를 했다(1792년 4월). 전쟁에서 프랑스가 패하자, 사람들은 충성 서약을 거부하는 사제들을 내부의 적으로 간주하여 사제들은 추방을 당했다. 주교들은 이미 그전에 망명을 떠났다. 사제들의 경우, 3~4만 명이 유럽의 전역으로 흩어져 떠났다. 남아 있던 사제들도 언제든지 체포당할 위험

에 처해 있었다.[154]

종교와의 전쟁

여러 가지 내·외적인 문제 때문에, 충성 서약을 거부한 사람들은 점점 더 탄압을 받았다. 그 후 얼마 안 가서 모든 종교 활동은 탄압을 받았다. 충성 서약을 거부해서 감옥에 투옥된 성직자가 300명 정도였는데 이들은 1792년 9월 대학살 만행 때 죽임을 당했다. 파리의 가르멜 수도원에서 자행된 이 대학살 때 희생된 사람은 천 명 정도였다. 같은 해 9월, 정부는 성직자들이 하던 호적 등본(출생, 결혼, 사망)에 관한 행정 업무를 박탈하여 시 당국에 위임했다. 이혼이 합법화되었다. 혁명 헌법을 지키는 교회는 그나마 갖고 있던 조그마한 권위마저 다 빼앗겨 버렸다. 왜냐하면 사람들이 이제 더 이상 교회에 공식적으로 도움(출생, 결혼, 사망)을 요청할 필요가 없어졌기 때문이다.

1793년 1월 21일, 루이 16세 국왕이 처형당했다. 이 사건은 단지 정치적인 사건으로 끝나지 않았다. '주님의 기름 부음을 받은 자'를 처형한다는 것은 그리스도인에게는 결코 용서받을 수 없는 대죄였다. 따라서 루이 16세를 처형한 사건은 곧바로 징병 거부로

---

[154] 프랑스 혁명 기간 중에 혁명 재판소와 인민 위원회에서 처형을 당한 신원이 알려진 1만 4천여 명의 인원 가운데 920명이 성직자였다. 최소 2~3천 명의 성직자(1791년 기준 전체 성직자 수 50,876명)가 처형당했다. 특히 1792년 9월 2일과 4일에 파리 감옥에 갇혀 있던 1,400명 정도가 즉결 처형되었는데 이 가운데에는 아를의 대주교인 뒤로 추기경, 보베 교구의 라로쉬푸코 주교를 비롯해 2700여명의 사제들이 포함되어 있었다.

이어졌다. 그뿐만 아니라 프랑스 서부의 방데Vendée와 브르타뉴Bretagne(슈앙Chouans)에서 혁명 정부를 반대하는 폭동이 일어났다. 결국 이 사건은 만여 명의 희생자를 낳은 무자비한 참사로 끝나고 말았다.

공포 정치

그리스도교에 대한 증오와 그리스도교를 말살하려는 야욕이 공포 정치 기간에 그 정점에 달했다. 공포 정치는 1793년 9월부터 1794년 7월까지 계속되었다. 이 시기에 혁명 정부는 혁명 정부의 달력을 제작했고, 종교 건물을 파괴했다. 교회에서 가장 무도회를 개최했다. 이 시기에 이성을 숭배하는 열기는 뜨거웠고, 많은 사제들은 사제직을 포기하고 결혼했다.[60] 많은 사제와 수도자와 평신도가 매국노와 광신자로 간주되어 처형당했다.[155] 이 모든 일이 이 시기에 자행되었다. 혁명 정부는 자신들이 저지른 행위에 대해 그럴 듯한 정치적인 이유를 제시했다. 하지만 이 기간에 목숨을 잃은 많은 이들은 순교자들이었다.

혁명 정부의 수장인 로베스피에르는 이러한 폭력 행위를 저지하기 위해 '최상의 존재(하느님) 숭배'를 위한 법안을 투표에 부쳤다

---

[155] 혁명력 2년(1793~1794년 겨울)에 벌어진 '비그리스도교화 운동Dechristianisation Negative'은 짧은 기간에 엄청난 폭력을 동원하여 성직자 집단에 회복 불가능한 결정타를 날렸다. 그 결과 프랑스 전역에서 5만 개의 성당이 폐쇄되었고 미사 집전이 금지되었다. 또한 사제들은 사제직 포기를 강요당해, 이 시기에 사제직을 포기한 사제가 1/4 정도였다.

▲ 클뤼니 대 수도원 전경, 1798년 국유 재산으로 매각되어 혁명 정부 치하에 파괴되었다가 재건됨, 왼쪽은 18세기 중엽에 재건된 수도원의 부속 건물.

(1794년 5월). 그러나 허사였다. 1794년 중반에 모든 전례 행위가 다 사라지고 말았다. 혁명 헌법을 따르던 교회는 이제 더 이상 아무런 기능도 하지 못했다.

테르미도르(열월)[156] 9일(1794년 7월 27일), 로베스피에르는 실각당하고 체포되었다. 이로써 공포 정치는 끝이 났고 종교는 짧은 휴식 시간을 가질 수 있었다.

60) 프랑스 혁명 정부의 비그리스도교화 정책

1793년부터 1795년까지 벌어진 비그리스도교화 운동 가운데 하나는, 사제들에게 사제들이 직접 쓴 사제직에 대한 편지를

---
[156] 프랑스 혁명 정부의 공화정 달력의 제11월, 7월 20일부터 8월 18일까지를 가리킴.

되돌려 보냄으로써 사제직을 포기하라고 강요하는 것이었다.

전前 스트라스부르의 주교 대리 베발레가 국민 의회의 의장에게 보낸 편지

의장 각하,

사제직에 관한 제 편지를 의장 각하께 보내드립니다. 국민 의회에 드리는 저의 경의를 받아 주십시오. 프랑스 혁명 때부터 인간의 권리와 공화정의 영광을 위해, 끊임없이 드러낸 열성의 대가로 받은 공민 정신의 증명서를 저는 간직하고 있습니다. 상당한 대가를 치르고 받은 이 증명서는 저의 유일한 명예의 타이틀입니다.

저는 알사스에서 국가의 휘장을 두른 첫 번째 사제, 충성 서약을 한 첫 번째 사제, 애국심에 불타 은제銀製 버클을 기증한 첫 번째 사제, 벨포르Belfort에서 대중 단체를 창설한 첫 번째 사제, 미신과 광신이 난무한 스트라스부르에서 위선의 장막을 찢어 버린 첫 번째 사제가 되고 싶습니다. …… 끝으로, 조국이 저를 부르는 곳이면 어디든지 그리고 악의적인 이들과 광신도들과 귀족들의 온갖 비방에 대해 앙갚음할 수 있는 곳이면 어디든지 달려가는 첫 번째 사제가 되고 싶습니다. 오늘 하는 이 일에서도 저는 첫 번째 사제가 되고 싶습니다. ……

저는 재산도, 야망도, 걱정도 없습니다. 국민 의회의 정의가 저를 평화롭게 지켜 주기 때문입니다. 하지만 제가 감히 국민 의회에 청할 수 있다면, 저를 한가롭게 내버려 두지 마시고, 저로 하여금 공화정을 위해 일할 수 있도록 해 달라는 것입니다.

하나이며 갈라질 수 없는 프랑스 공화정의 두 번째 해인 1793년 '브뤼메르(무월)'[157] 25일에,

스트라스부르의 주교 대리 베발레 올림.

《1776~1850년 사이의 역사 자료들 Documents d'Histoire, 1776~1850》,

제1권 72쪽에서 인용.

▲ 반종교적인 가장 무도회의 모습, 성 로크가 그려진 깃발이 뒤쪽에 있고, 오른쪽에는 주교로 분장한 사람이 등장하고, 성작을 모독하는 장면이 나옴, 국립 도서관 소장.

---

157 혁명 정부의 공화정 달력 10월 23일~11월 21일까지를 가리킴. – 편집자 주

재건을 위한 노력

국민 의회는 1794년 9월에 전례 거행과 관련된 모든 예산을 폐지하고, 1795년 2월 21일에 교회 밖에서 전례를 거행하는 것을 금지했다. 이런 식으로 프랑스 교회와 프랑스 국가는 분리 체제의 길을 걷기 시작했다. 이 길은 1801년까지 계속되었다.

1795년 사순 시기, 성당에 신자들이 다시 가득 찼다. 하지만 두 교회(혁명 헌법을 준수하는 교회와 거부하는 교회)의 대립은 계속되었다. 두 교회 모두 스스로를 재조직하기 위한 노력을 강구했다. 르와르-에-세르의 그레고리오 주교는 혁명 헌법을 따르는 교회에 새로운 활력을 불어넣기 위해 고군분투 했다. 1797년과 1801년에 두 차례 프랑스 시노드가 개최되었다. 이 시노드에서 프랑스 교회는 전례 때 프랑스의 관습을 지킬 것과 사제단을 복원하여 초대 교회의 정신으로 돌아갈 것과 사회 변화에 적극적으로 적응하자고 결의했다.[61] 이 같은 노력의 결실이 《신앙생활에 대한 연보 Annales de la Religion》라는 출판물로 표현되었다.

헌법 준수를 거부하는 교회는 훨씬 더 조심스럽게 교회를 재건해 나갔다. 주로 공포 정치 기간에 작성된 초안 내용을 수정했고, 리옹의 랭쏠라 Linsolas는 선교 활동을 펼쳤다. 랭쏠라는 독일로 망명간 자신의 대주교와 연락을 취하면서 대주교가 보낸 《교훈적인 편지들 Lettres Édifiantes》을 읽고 영감을 받아 선교 활동을 펼쳤다. 그는 지역별로 교구를 구분한 뒤 선교사들로 하여금 특정한 주거지

없이 해당 지역을 자유롭게 돌아다니며 선교 활동을 하게 했다.⁶²⁾ 평신도들은 마을 지도자와 교리 교사들의 역할을 충실하게 잘 해냈다.

1797년 9월까지 집정 내각은 교회에 대해 상당한 정도의 관용 정책을 펼쳤다. 하지만 왕정주의자의 발호를 두려워한 나머지, 집정 내각은 또다시 교회를 냉혹하게 박해하기 시작했다. 사제들은 체포되어 귀얀느Guyane(기아나)¹⁵⁸로 추방당하거나 총살당했다. 이렇게 되자, 사람들은 그리스도교를 대체하는 종교로 경신박애교敬神博愛教¹⁵⁹를 활성화하려고 시도했다.

61) 프랑스 전국 시노드(1797년)

1795년 2월 국민 의회는 신앙의 자유를 인정했다. 수많은 사제들이 강제로 사제직을 포기당하고 '비그리스도교화 운동'으로 인해 헌법상의 교회(헌법을 준수하는 교회)도 매우 약화되어

---

158 남미의 북동부 해안 지방에 있는 프랑스 속령을 가리킴.

159 프랑스 혁명 당시에 일어난 이신론적 종파를 가리킨다. 그리스도교가 금지된 상황에서 프리메이슨들이 주축으로 '경신박애교Théophilanthropie'라는 새로운 종교를 태동시켰다. 혁명 정부의 적극적인 후원을 받던 경신박애교는 한때 노트르담 대성당을 가득 메웠다. 경신박애교 외에도 또 다른 대체 종교로 이성을 숭배하는 '이성 숭배Culte de la Raison'와 '최고 존재 숭배Culte de l'Etre Supreme', 혁명 영웅 숭배 등이 혁명 시기 동안에 오랫동안 존속했다. '이성 숭배'는 혁명 정신을 찬양하는 혁명 종교의 대표적인 종교였다.

있었다. 이런 상황에서 헌법상의 교회가 스스로를 재편하기 시작했다. 1797년 11월 12일, 헌법을 따르던 30여 명의 주교들과 사제단(오늘날 사제 평의회에 해당)과 각 교구의 대표 자격으로 참석한 60여 명의 사제들이 파리에서 열린 전국 시노드에 함께 모였다. 이 시노드는 비판을 받고 있던 교회를 더욱더 강화하기 위해 구체적인 사목 문제들에 대해 관심을 표명했다.

전례에 관한 첫 번째 교령

제I항. 같은 성당에서 동시에 미사를 거행할 수 있다.

제III항. 본당 미사 때, 본기도문을 바친 다음 사목자는 신자들에게 서간과 복음서를 읽어 주고 거기에 가르침을 보태 주는 일을 결코 빠트리지 말아야 한다. …… 시노드는 이러한 독서가 모든 미사에서 이루어지기를 바란다.

제IV항. ……어떤 경우에도, 사제가 하루에 두 대 이상의 미사를 드리는 것은 결코 허용할 수 없다.

제VI항. 성체를 영하고자 하는 신자들은 사제가 성체를 영한 다음에 즉시 영성체를 해야 한다. 꼭 필요한 경우를 제외하고는 이 같은 규정을 결코 소홀히 해서는 안 된다.

전례에 관한 두 번째 교령

전례는 신자들에게 주례자의 기도문을 쉽게 이해할 수 있도록 해 주어야 한다. 가능한 한 신자들은 주례자의 기도문에 일치해야 한다. 이 같은 원칙을 위해, 상황에 따라 그리스도교의 지혜가 적용될 수 있도록 필요한 조치를 취하기 위해 전국 시노드는 다음과 같은 교령을 선언하는 바이다.

제Ⅰ항. 본 교령이 반포되자마자, 프랑스의 모든 가톨릭교회에서는 본기도문을 대중이 사용하는 언어(프랑스어)로 바쳐야 한다. ……

제Ⅲ항. 프랑스 교회를 위한 통일 예식서를 편찬할 때, 성사를 베푸는 행위와 관련된 부분은 프랑스어로 작성돼야 한다. 그리고 성사적인 표현들은 라틴어로 작성돼야 한다.

제Ⅳ항. 특정 사투리를 사용하는 교구에서는, 사목자들은 프랑스어에 대한 지식을 널리 알리기 위한 노력을 더욱더 배가하기를 바라는 바이다.

62) 신앙 전파와 선교 활동에 헌신적으로 투신하는 마을 지도자들과 교리 교사들을 위한 교서(1796년 2월 8일)

리옹 대교구의 랭쏠라 총대리 신부는 베트남의 통킹 지방에서 박해를 견디어 낸 교회의 본보기를 모델로 삼아, 헌법 준수를 거부하던 교회를 재조직해 나갔다. 일시적인 예외 상황이긴 했지만, 랭쏠라 신부가 취한 새로운 점은, 각 공동체의 평신도들에게 안정적인 성무 수행을 맡겼다는 것이다. 그동안 사제들은 이곳저곳으로 돌아다니며 성무를 수행했다.

…… 바로 중국과 통킹 지방과 다른 나라 선교 지역에서 교리 교사들은 열의와 열성을 다하고 있다. 선교사들은 매일매일 세상의 유혹 한가운데 서서, 세속과 악마가 협력하여 신앙의 진보를 방해하는 온갖 박해에도 불구하고 가톨릭교회를 위해 교리 교사들에게 지원을 아끼지 않는다. ……

유감스럽게도 우리 조국이 어려움에 처해 있고, 우상 숭배를 강요하고 있지만, 오히려 본당 지도자들과 교리 교사들의 교회는 행복을 누리고 있다. 이들이야말로 다른 나라들에 참신앙을 전파할 태세를 갖춘 이들이며, 신앙의 횃불을 다시 치켜들 수 있는 고귀한 인적 자원이며 절실히 필요한 인적 자원이다. ……

본당 지도자들의 역할

제I항. 본당 지도자들은 지구地區 선교사들의 의견을 들어 선교 활동의 책임자나 보좌관을 임명해야 한다. 임명된 이들은 해당 선교사들의 감독을 받아야 한다.

제II항. 본당 지도자들은 가톨릭 신자들에 관해 특별히 다음과 같은 책임을 맡는다.
1. 선교사의 부재 시, 신앙생활을 구체적으로 실천할 때 모든 것이 질서 정연한 가운데서 이루어질 수 있도록 신자들의 모임을 주재한다. ……
2. 모임에 참석하여 그 주간에 있을 수 있는 단식과 축일 들을 알려 주고, 본당에서 돌아가신 이들의 선종善終 소식도 아울러 공지한다.
3. 자신이 직접 하거나 또는 교리 교사들 가운데 한 명을 정해서, 성스러운 날들의 성화를 위해 선교사가 정해 놓은 기도문을 바치고 독서를 한다.
4. 가톨릭 신자들이 아주 현명하고 조심스럽게 처신할 수 있도록 늘 신경을 쓰고 잘 보살펴 주어야 한다.
5. 자신의 본당과 가톨릭 신자들 사이에 평화가 넘치도

록 해야 한다.

6. 선교 활동의 지도자나 선교사가 신앙생활과 관련된 물건들을 가져오면 교리 교사들을 통해, 조심스럽게 가톨릭 신자들에게 숙지시켜야 한다.
7. 병자들과 신체 장애자들의 명단과 본당에서 죽은 이들과 출생한 아이들의 명단과 집에서 대세代洗를 받은 이들의 명단을 작성하여 갖고 있어야 한다. ……

세 부류의 교리 교사

외방 선교 지역에는 세 부류의 교리 교사들이 있다. 첫 번째 부류는 마을에 살면서 안정적인 활동을 펼치는 교리 교사들이다. 두 번째 부류는 선교사들을 동반하여 함께 활동하는 교리 교사들이다. 세 번째 부류는 선교사들보다 먼저 마을에 들어가서 신앙생활에 관한 도움을 주는 교리 교사이다. 우리는 이러한 세 부류의 교리 교사들이 이행해야 할 의무에 관한 규정을 정해 줄 생각이다. ……

안정적인 교리 교사

본당 지도자는 선교사들에게, 혹은 가능하다면 선교 활동의 지도자들에게 신앙생활을 아주 열심히 하는 신자들의 명단을 제공해야 한다. …… 이들 교리 교사들은 본당 지도자의 감독을 받아야 할 뿐만 아니라, 그의 의견을 듣지 않고선 아무것도 하지 말아야 한다. 안정적인 교리 교사들은 본당의 파수꾼들이다. ……

1. 초대 교회의 그리스도인들을 본받아, 이들 교리 교사들은 가난한 사람들을 위해 온유하고 동정심이 많은 애덕을 실천해야 한다. …… 이들은 자선금을 요청하거나 거두어들이며 …… 그것을 본당 지도자들에게 건네 줌으로써, 그 지도자들이 가난한 이들에게 나누어 줄 수 있도록 해야 한다. ……
2. ……교리 교사들은 그들이 직접 혹은 사려 깊은 사람을 통해서 막 태어난 아기들이 대세를 받을 수 있도록 해야 한다. 그들은 대세를 받은 이들의 명단을 본당 지도자에게 갖다 줌으로써, 선교사들이 들어왔을 때 보례補禮를 베풀 수 있도록 해야 한다. ……
3. 영원한 구원이 선종에 달려 있는 만큼, 교리 교사들은 환자들에게 영적인 도움을 주기 위해 환자들을 반드시 방문해야 한다. ……
6. 적어도 보름마다 교리 교사들은 본당 지도자에게 본당에서 일어난 일을 보고해야 한다. ……

프랑스 혁명의 전파

프랑스 혁명군이 곳곳에서 승리하자, 수많은 영토들이 새롭게 프랑스 공화정에 합병되었다. 새롭게 신설된 위성 국가들은 바타비아Batavie 공화국(네덜란드), 알프스 이남(혹은 북이탈리아) 공화국, 이탈리아의 리구리아Liguria 공화국, 로마 공화국 등이었다. 종교와 관련된 칙령들이 위성 국가들에 다양하게 적용되었다. 여러 가지 충성 서약들이 사제들에게 강제적으로 부과되었다. 프랑스 위성 국가로 합병된 벨기에서는 수도원들이 폐쇄되었고 수도원의 재산은 모두 매각 처분되었다. '왕권에 대한 영원한 증오심' 때문에, 충성 서약을 거부한 사제들과 주교들은 추방당했고 루뱅Louvain 대학교는 1797년 10월에 폐교 조치를 당했다. 또한 600명의 벨기에 사제들이 국외로 추방 선고를 받았다. 한편, 징병 조치가 내려지자 농민들이 무장 투쟁을 벌였다(1798년 9월). 구舊네덜란드 연합주 정부 지역에 새롭게 신설된 바타비아 공화국에서는 프랑스의 영향력이 강해지자, 가톨릭 신자들은 예전에 누렸던 신앙의 자유를 다시 누릴 수 있게 되었다. 이전 정부 때 자유롭게 신앙생활을 할 수가 없었던 가톨릭 신자들은 새로운 체제 하에서 옛 체제를 반대하는 혁명 사상에 적극 동조함으로써, 자신들의 완전한 신앙의 자유와 시민법적인 권리를 되찾을 수 있었다.

'톨렌티노 조약(1797년 2월)'¹⁶⁰을 통해서, 프랑스 혁명 정부는 교황청으로부터 영토를 빼앗고 막대한 자금과 예술품까지 요구했다. 그러다가 우발적인 사건 때문에 아예 교황을 내쫓은 다음, 로마 공화국을 세워 버렸다(1798년). 약탈 행위가 계속되었다. 그 후 로마에서 퇴각할 수밖에 없던 프랑스는 감옥에 가두어 두었던 비오 6세 교황을 론Rhône 강¹⁶¹이 인접한 발랑스Valence까지 끌고 갔다. 교황은 1799년 8월 24일 발랑스에서 숨을 거두었다. 당시 많은 사람들은 역사상 마지막 교황을 보았다고 생각했다.

브뤼메르(무월) 18일(1799년 11월 9일)에 쿠데타가 발생했지만, 처음 몇 주간동안 아무런 변화도 없었다. 그러자 양쪽 모두 지친 나머지 서로 타협하는 방향으로 매듭 짓기로 마음을 먹었다.

3. 나폴레옹 시대

정교 조약

1800년 3월 14일, 추기경들이 베네치아에 모여 새로운 비오 7세 교황으로 키아라몬티Chiaramonti 추기경을 선출했다. 키아라몬티 추기경이 이몰라Imola의 주교로 있을 때, 그는 민주주의적인 형태의

---

160 '톨렌티노'는 이탈리아의 마르케Marche 주에 있는 도시다. 마르케 주에는 아드리아 해안의 항구 도시, 앙코나Ancona 등이 있다.
161 알프스에서 발원해 스위스, 프랑스를 거쳐 지중해로 유입되는 강.

정부가 결코 복음과 상반되지 않는다고 확신했다. 한편, 제1집정관이 된 나폴레옹 보나파르트Napoléon Bonaparte는, 프랑스 사람들의 종교적인 화해 없이는, 자신의 통치가 불가능하다고 생각했다. 그러나 그의 종교적인 시각은 철저하게 정치적인 관점이었다.[63] 나폴레옹은 교황청과 아주 힘든 협상에 들어갔는데, 당시 교황청의 협상 대표는 콘살비Consalvi 추기경이었다. 마침내 1801년 7월 15일 교황청과 '정교 조약'을 맺음으로써 기나긴 협상이 대단원의 막을 내렸다.[64] 교황은 구체제 아래 있던 모든 주교로부터 주교직에 대한 면직을 받아냈고, 그 결과 교황은 일찍이 초대 교회 때에도 결코 경험해 보지 못했던 막강한 권한을 행사했다. 국고로 환수된 재산을 소유한 사람들은 걱정하지 않아도 되었다. 정부는 성직자들의 생활비를 보장해 주었다. 수도자들에 대해서는 그다지 큰 문제가 되지 않았다. '정교 조약'은 시민 헌법과 1516년에 체결되었던 정교 조약의 기본 입장을 그대로 유지했다. 중요한 기본적인 입장 가운데 하나는 바로 제1집정관이 왕으로서 주교들을 지명하면, 교황이 그들을 교회법적으로 서임시켜 준다는 것이었다. '정교 조약'을 통해서 프랑스와 로마와의 관계가 다시 회복되면서 종교적인 평화를 가져다주었다.

나폴레옹은 '정교 조약'을 프랑스 양대 국회(상원, 하원)에 표결을 부치려고 하면서, '정

▲ 비오 7세 교황.

교 조약'에다 〈77개 조항의 부속 법안77 Articles Organiques〉을 첨부시켜 제출했다. 그런데 〈77개 조항의 부속 법안〉은 '갈리아주의'나 '요제프주의'의 정신으로 만들어진 법규들이었다.[65] 교황이 거세게 항의하고 반대했지만 아무 소용이 없었다. 이 법안이 통과되자, 프로테스탄트들도 종교의 자유를 누릴 수 있었다. 프랑스 전역에서는 프랑스에 다시 신앙의 자유가 찾아온 것을 경축했다. 그리고 바로 그 해 4월, 샤토브리앙Chateaubriand이 지적이고 감성적인 측면에서 전통적인 신앙생활을 다룬 작품,《그리스도교의 정수Génie du Christianisme》를 출판했다.

[63] 정교 조약 협상 당시, 나폴레옹이 종교에 관해 제안한 내용

나의 정치는 대중들이 원하는 대로 통치하는 것이다. 나는 이것이야말로 국민들의 뜻을 헤아리는 방법이라고 생각한다. 나는 몸소 가톨릭 신자가 됨으로써 방데 지방의 전란에 종지부를 찍었다. 또한 나는 나 자신이 몸소 이슬람 신자가 됨으로써 이집트를 정복했다. 그리고 나 자신이 직접 교황권 지상주의자가 됨으로써 이탈리아 사람들의 마음을 사로잡았다. 만일 내가 유다인들을 통치한다면 나는 솔로몬 성전을 다시 건설할 것이다.

1800년 8월 16일 국무회의에서 한 발언.

…… 나는 종교를 강생의 신비로 보지 않고, 사회 질서의 신비로 본다. 종교는 평등 사상과 천국을 서로 결합시켜 준다. 왜냐하면 바로 이 평등 사상은 부자들이 가난한 사람들에 의해 살해당하는 것을 막아 주기 때문이다.

종교는 일종의 예방 접종이나 백신 접종이다. 왜냐하면 종교는 기적적인 것들에 대한 우리의 사랑을 충족시켜 줌으로써, 우리로 하여금 돌팔이 의사와 마법사에 대한 위험으로부터 보호해 주고 지켜 주기 때문이다. 게다가 사제들은 칸트와 같은 철학자나 독일의 몽상가들보다 훨씬 더 가치 있는 사람들이다. 종교가 없다면, 어떻게 한 국가의 질서가 감히 유지될 수 있겠는가? 사회는 재산의 불평등 없이는 존재할 수 없고, 재산의 불평등은 종교 없이는 존속할 수가 없다. 배가 터지도록 음식을 먹어대는 사람 곁에 굶어 죽어 가는 사람이 있을 때, 만일 죽어 가는 그 사람에게 "이것은 하느님께서 뜻하신 것입니다. 이 세상에는 가난한 사람과 부자가 함께 있어야 합니다. 그러나 이 세상이 끝난 후, 영원한 저 세상에서는 그들이 차지할 몫이 달라질 것입니다."라고 말해 주는 권위 있는 사람이 없다면, 그는 이 같은 차별을 받아들이기가 불가능할 것이다.

1801년.

64) 정교 조약(1801년)

비오 7세 교황 성하와 프랑스 혁명 정부가 맺은 협약

프랑스 공화정 정부는 보편적이며 사도로부터 이어 오는 로마의 가톨릭교회가 수많은 시민들의 종교라는 사실을 인정하는 바이다.

교황 성하께서도 마찬가지로 프랑스에서 그동안 가톨릭 종교가 후퇴했다가 이제 다시 가톨릭 신앙이 확립되고, 프랑스 공화정의 집정관들이 추진하고 있는 특별한 선언이 가져 올 가장 커다란 선익과 눈부신 발전을 기대하고 있다는 점을 인정하는 바이다.

그 결과 이 같은 상호간의 인정에 따라, 종교의 선익과 더불어 국내의 안녕과 질서의 유지를 위해, 상기上記한 사람들이 아래와 같이 합의하는 바이다.

제1조 - 보편적이며 사도로부터 이어 오는 로마의 가톨릭교회는 프랑스에서 자유로이 활동할 수 있다. 가톨릭교회가 거행하는 각종 예식은, 공공의 안녕을 위해 정부가 필요하다고 판단하는 규정에 따라 공적으로 거행될 수 있다.

제2조 - 교황청과 프랑스 정부가 협력하여 프랑스에 있는 교구들의 경계를 새롭게 설정해 나간다.

제3조 - 교황 성하께서는 프랑스의 교구장들이 확고한 확신을 갖고서 평화와 일치의 선익을 위해 모든 희생, 심지어 자신들의 주교좌마저도 포기할 각오가 되어 있기를 기대한다고 프랑스 주교들에게 선포해야 한다.

65) 부속 법안

정교 조약 제1조에 언급된 치안 유지에 대한 규정들이 정교 조약 자체보다 훨씬 더 자세히 언급되어 있다. 교황은 이 같은 규정에 대해 검토하지 않았다. 다음의 몇 가지 조항들이 77개 조항의 부속 법안 가운데 일부다.

> 1. 로마 교황청에서 보내는 칙서나 교서, 회칙, 교령, 칙령, 임명장, 임명장을 대신하는 서명장, 혹은 그 밖의 다른 공문서, 심지어 우편물이라 할지라도 정부의 허락 없이는 접수해서도 안 되고, 출판하거나 인쇄해서도 안 된다. 특정한 문제와 관련된 것일지라도 마찬가지다.
> 2. 교황 대사, 교황 사절, 교황 대리 혹은 사도좌의 위원 등 그 어떤 개인이나 혹은 다른 호칭으로 불리는 사람이라 할지라도, 정부의 허락 없이는 프랑스 땅이나 그 밖의 지역에서 프랑스 교회와 관련된 문제에 대해 그 어떠한 직무도 수행할 수 없다.
> 24. 신학교에서 가르치도록 선발된 이들은 1682년에 프랑스 성직자들에 의해 만들어진 선언문에 서명해야 한다. …… 그들은 이 선언문에 들어 있는 가르침만 신학교에서 가르쳐야 한다. ……

정교 조약에 따른 프랑스 교회의 재편 작업

프랑스의 교구가 10개의 대교구좌를 비롯하여 60개의 교구로 줄어들었다. 혁명 헌법을 따르던 주교들을 면직시키는 데 있어서 상당한 진통과 어려움을 겪지 않을 수 없었다. 옛날에 주교직에 착좌했다가 살아남았던 주교 가운데 30여 명 이상이 자신들의 주교직 면직을 거부했다. 비록 소수이긴 했지만, 몇몇 주교들은 신자들을 선동하여 자신들의 주교직 사임에 저항할 것을 권유했다. 이것이 바로 오늘날까지 프랑스 서부 지역과 리옹 지방 일부에서 그 명맥을 유지하고 있는 '작은 교회Petite Église'의 기원이 되었다. 새로운 주교들을 임명하는 데 있어서, 나폴레옹은 보다 더 쉽게 화해하기 위해서 일종의 혼합 정책을 시도했다. 그 결과 그는 프랑스 혁명 이전에 재임한 16명의 주교들과 헌법을 따르던 12명의 옛날 주교들, 그리고 36명의 사제들을 선발했다. 36명의 사제 가운데에는 나폴레옹의 삼촌, 조셉 페쉬도 포함되어 있었다. 그의 삼촌은 나중에 리옹 대교구의 대주교와 추기경까지 되었다.

프랑스에 합병된 지역들과 위성 국가들에서도, 나폴레옹은 프랑스에서 했던 방식대로 교회를 재조직했다. 그는 프랑스를 본보기로 삼아 부속 법안에 근거하여 교구의 숫자를 줄여 나갔다. 가장 많은 변화를 겪었던 국가는 독일이었다. 한편, 프랑스에 합병된 라인 강변의 왼쪽 영토에 대해 프랑스의 통제를 받는 입법이 추진되었다. 오랫동안 교회의 영지에 속했던 지역들이 사라져 버렸다. 이 영토들은 프랑스에 병합되거나 제후들에게 분할되었다(1803년 라티스본Ratisbonne 의사록). 수많은 수녀원들의 재산이 정부의 수중에 들어갔다. 독일 사람들은 이 같은 현상을 '세속화'라고 불렀다.

짧은 밀월 기간

프랑스 교회는 점차 스스로 정상화되어 갔다. 구체제와 비교해 볼 때, 연로한 성직자들의 사임과 사망, 그리고 10년 동안 거의 서품식이 거행된 적이 없었기 때문에 성직자의 숫자가 감소했지만, 그럼에도 불구하고 교회는 서서히 재기하고 있었다. 신학교들이 다시 문을 열었고 전례을 거행하는 성당들이 다시 복구되었다. 이런 식으로 회복은 시작되었고, 왕정복고 시대(제15장 참조)에 이르러 그 회복은 절정에 달했다.

1804년 12월 2일 나폴레옹은 교황을 초청하여 파리의 노트르담 대성당에서 황제 대관식을 거행했다. 이때 나폴레옹에 대한 대중적인 인기는 가톨릭 신자들 사이에서 절정에 달했다. 프랑스 전역을 시찰하던 비오 7세는 가는 곳마다 열광적인 환영을 받았다. 프랑스 교회의 책임자들은 새로 황제가 된 나폴레옹(나폴레옹 1세)을 일컬어 '하느님의 기름 부음을 받은 자', '새로운 다윗', '키루스Cyrus 황제'[162], '콘스탄티누스 대제', '카를 대제'라고 찬사를 하며 찬양하는 노래를 끊임없이 불렀다. 그러면서 그들은 황제는 황실에서 교리 교육이 실시될 수 있도록 해야 한다고 계속 강조했다(1806년).

사제직에 대해 나폴레옹 1세와 새로운 투쟁

1806년부터 교황과 황제 사이에 긴장감이 형성되었다. 이러한

---

[162] 키루스 2세(B.C.600년경~529년)가 페르시아 제국을 건설했다.

▲ 자신이 직접 황제 관을 쓰고 있는 나폴레옹.

관계는 나폴레옹 1세가 실각될 때까지 계속되었다. 영국과 전쟁을 벌이던 나폴레옹 1세는 교황이 영국과 그 동맹국들과의 무역을 금지하는 '대륙 봉쇄Blocus Continental' 조치에 따른 의무 사항을 지켜 줄 것을 원했다. 그러나 교황이 이를 거부하자 상황이 악화되었다.

1808년 2월에 로마 교황청이 프랑스 군대에 의해 점령당했고, 1809년 5월에 교황령이 프랑스 제국에 다시 통합되었다. 교황은 이 같은 폭력적인 찬탈 행위를 한 자들[163]을 파문했다. 그 해 7월 6일, 비오 7세는 사보나Savona로 연행되어, 1812년 3월까지 삼엄한 감시 하에 가택 연금 생활을 당했다. 한편, 파문을 알리는 교황의 교서가 경찰의 삼엄한 경계에도 불구하고, 프랑스에서 출판되었다. 그 후 비오 7세는 나폴레옹 1세에 의해 임명된 주교들에 대한 서임을 거부했다. 그러자 곧바로 교구장이 없는 교구가 17개나 생겨났다. 또한 나폴레옹 1세는 오스트리아의 마리-루이즈Marie-Louise와 결혼하기 위해서, 파리 대교구의 책임자로부터 조세핀Joséphine과의 혼인이 무효였다는 승인을 받아 냈다. 그러자 파리에 와 있던 추기경들은 1810년에 있었던 이 혼배 예식에 참석하는 것을 거부했다.

교구장이 공석 중인 교구들로 인해 심각한 난국에 봉착하자, 나폴레옹 1세는 이 난국을 타개하기 위해 파리에서 전국 시노드를 소집했다(1811년). 주교들은 교황에 대한 자신들의 충성을 확인하면서도, 황제의 불만을 사지 않기 위해서 비오 7세를 설득하러 갔다. 그러나 교황은 양보하지 않았다. 그러자 나폴레옹 1세는 교황을 프랑스의 퐁텐블로Fontainebleau로 귀양을 보냈다(1812년 6월). 결국 무력에 굴복한 교황은 몇 가지를 양보했지만(퐁텐블로의 정교 조약) 나중에 재빨리 이 양보를 철회했다. 곳곳에서 프랑스 군대가 계속 패배하자, 나폴레옹 1세는 교황을 다시 로마로 돌려보냈다. 1814년 5월 24일 교황은 열렬한 환영을 받으며 로마로 다시 입성했다.

---

163 나폴레옹 1세와 그의 추종 세력들을 가리킴.

4. 혁명의 유산

되돌릴 수 없는 변화

프랑스와 유럽의 가톨리시즘은 프랑스 혁명으로 인해 커다란 변화를 경험했다. 거의 대부분의 교회 재산이 평신도들의 수중으로 넘어갔다. 프랑스 사회에서 벌어진 최초의 커다란 세속화는 철회될 수 있는 것이 아니었다. 교회의 고위 성직자들 가운데 유일하게 교황만이 세속적인 권한을 지켜 내고 있었다. 예식을 거행할 수 있는 자유는 법률로 보장되어 있었고 프랑스 국민들은 자신들을 비가톨릭 신자 혹은 비그리스도인이라고 표명할 수 있게 되었다. 또한 호적 등본이 새로 생겨남으로써, 인생에 있어서의 중요한 단계들[164]이 교회의 통제를 받지 않아도 되었다.

분명한 사실은, 프랑스 혁명의 극단적인 결정 사항들을 유지해 나가기에는 아직 때가 무르익지 않았다는 점이다. 그러나 이 결정 사항들은 머지않아 '교회와 국가를 결정적으로 분리'시키는 형태로 다시 나타났다. 반성직자주의나 무신론이 프랑스 혁명의 준거準據를 토대로 하여 튼튼하게 자리하고 있었다.

정화된 교회

그리스도인의 신앙은 시련을 겪고 나면 정화된다. 교회는 반드

---
[164] 출생, 결혼, 사망 등에 해당하는 단계를 의미한다.

시 자신의 근본적인 사명으로 돌아가야만 한다.

정교 조약은 한 세기 동안 계속되면서 교회에 특징을 부여해 주었다. 정교 조약으로 인해, 위엄 있고 강력하게 교계 제도화된 성직자단이 생겨났다. 이들은 정치와 밀접하게 연관되어 있었다. 흔히 '자줏빛 옷[165]을 입은 도지사'로 통하던 주교들은 자신들의 교구에서 절대적인 주인 역할을 했다. 그들은 성직자의 대부분을 이루고 있던 외근 사제들[166]과 보좌 신부들을 자기 마음대로 이동시켰다. 인사 이동되지 않고 한 곳에 머물며 사목하는 본당 신부들의 숫자는 아주 적었다. 한편 사제들은 중산층에 해당하는 공무원과 같았고 이 같은 현상은 사제들에게 사회적인 신분 상승을 가능하게 해 주기도 했다. 이런 상황에서 예언자적인 삶을 산다는 것은 쉬운 일이 아니었다.

세속 권력 앞에 무력해지고 불행해진 교황들의 모습을 보면서, 신심 깊은 그리스도인들은 공권력에 맞서 교회를 보호할 수 있는 유일한 수단은 교황청의 권위를 회복하는 일이라고 생각했다. 사람들이 흔히 '교황권 지상주의'라는 용어로 일컬어지는, 교황에 대한 충성심을 19세기 내내 계속해서 발전시켜 나갔다.

---

165 주교의 공식 복장을 가리킴.
166 다른 성당에 가서 미사를 드리던 사제들.

두 개의 프랑스

프랑스 혁명이 남겨 준 유산은 프랑스 사람들을 최근까지 갈라 놓았다. 이른바 '자유주의자들'이 자신들의 주장을 펼칠 때 자유와 평등이라는 혁명의 원리들을 내세우는 반면, 대다수 프랑스 사람들에 해당하는 가톨릭 신자들은 프랑스 혁명을 오히려 악마의 소행으로 간주했다. 바로 이 같은 이유 때문에, 19세기에 구체제를 본보기로 삼아 사회적·종교적인 부흥을 꾀하고자 했던 가톨릭 신자들은, 프랑스 혁명을 통해 취득한 것을 옹호하고자 했던 자유주의자들을 반대했다. 그러나 상당수 가톨릭 신자들은 1789년의 혁명 원리들이 복음과 상반되지 않는다는 사실을 알게 되었고, 이미 지나가 버린 과거의 문제를 가지고 왈가왈부한다는 것은 무의미하다는 사실을 깨달으면서 갈등은 해결되었다.

제15장

그리스도교의 부흥과 자유주의
(1815~1870년)

　나폴레옹 1세가 역사의 무대에서 사라지자, 일부 사람들은 이제 막 지나간 25년을 지워 버려야 할 하나의 괄호처럼 간주했다. 그들은 1789년 이전의 유럽과 교회로 되돌려 놓고 부흥시켜야만 했다. 분명한 사실은 19세기가 남긴 발자취는 오늘날까지도 신앙생활의 부흥을 가져 왔다는 사실이다. 하지만 1789년의 혁명 원리들을 다시 문제 삼는 것을 반대하는 사람들이 점점 늘어만 갔다. 그들은, 자유란 제후들의 독선적인 전제專制나 교회의 정통 교리에 의해서 구속받을 순 없다고 주장했다. 이런 시대적인 흐름을 거슬러서 교회는 가톨릭교회의 정체성을 지키기 위해, 가톨릭 신자들에로 스며든 자유주의 사상에 맞서 싸워야 한다고 확신했다. 이러한 문제들에 대한 해답을 찾으려고, 비오 9세 교황은 1869년 제1차 바티칸 공의회를 소집했다.

I. 그리스도교의 부흥

1. 부흥의 원칙

프랑스 혁명과 제1제정 시대의 혼란을 겪은 다음, '빈 회의(1814~1815년)'는 합법성이라는 원칙에 따라 유럽을 재편성하려는 시도를 벌였다. 교황도 교황령을 되찾았다. 신비주의적인 시절을 보내고 있던 러시아의 알렉산드르 1세 대제는 오스트리아의 황제와 프로이센의 왕과 함께 '신성 동맹(1815년 9월 26일)' 조약을 맺는 데 서명을 했다. 그리스도교의 세 교파를 대표하는 군주들이 '지극히 거룩하고 나누어질 수 없는 삼위일체 하느님의 이름'으로 그리스도교적인 원리들을 원칙으로 삼고 서로 원조와 협력을 아끼지 않는 일에 참여하기로 합의한 것이었다.

영원한 가치
이데올로기 같은 문헌 하나가 등장하여 프랑스 혁명의 원리들을 내동댕이쳐 버린 뒤, 종교와 도덕, 교계 제도 등 교회가 지녔던 과거의 가치들을 찬양하고 나섰다. 이 문헌은, 인간에게는 누릴 수 있는 권리가 있는 것이 아니라 다만 수행해야 할 의무만 있다고 주장했다. 이런 생각을 가진 대가大家들은 프랑스어로 저술 활동을 하는 두 명의 저술가들이었다. 루이 드 보날Louis de Bonald(1754~1840년)과 사브와 지방 출신의 조셉 드 메스트르Joseph de Maistre(1753~1821년)였다. 루이 드 보날은 군주제와 가톨리시즘을 결코 파기할 수 없는 방식으로 연관시켜 놓았다. 그에 의하면, 군주제와 가톨리시즘은 어느 한 쪽이 없다면, 결코 서로 존속할 수 없다고 했다. 조셉 드 메스트르는 프랑스 혁명을 통해서 하느님의 처벌을 보았으며, 교회는 반드시 신권으로 이루어진 군주제로 복귀되어야 하고, 교황은 보편적인 질서의 보증인임을 인정해야 한다고 했다.[66)]

그러나 사람들의 뇌리 속에서 지난 25년 동안 역사가 남겨 놓은 기록의 흔적을 지워 버릴 수는 없었다. 프랑스 혁명의 수혜자들은 혁명의 역사를 통해서 자신들이 획득한 것들을 굳게 지켜려고 했다. 게다가 종교적인 부흥과 정치적인 부흥을 서로 연관시키기에는 심각한 무리수가 뒤따랐다. 정치적인 체제에 대한 비난이 일어나면서, 동시에 정치적인 체제와 밀접한 관계를 맺고 있다고 간주된 교회를 비난하는 주장도 함께 나타났다.

66) 교황권 지상주의(19세기 초)

조셉 드 메스트르와 라므네는 교황권을 모든 사회의 토대로 보았다. 그래서 그들은 공직자들과 주교들이 주장하는 갈리아주의에 대해 반대했다. 교황에 대한 강한 존경심을 갖고 있던 그리스도인들에게는 교황권 지상주의가 훨씬 친근하게 다가왔다.

조셉 드 메스트르

교황이 없다면, 그리스도교는 더 이상 존재하지 않을 것이다. 만일 교황이 없다면, 사회 질서도 깊은 상처를 받게 될 것이다. …… 따라서 교회는 반드시 그 어떤 단체와도 다르게 다스려져야 한다. 그렇지 않으면, 교회의 일원이 되는 일도 불가능하고 전체적인 조화나 일치도 더 이상 존재할 수 없을 것이다. 따라서 교황의 통치는 그 자체로 전혀 오류가 없는 특성, 곧 절대적인 특성을 지니고 있다. 그렇지 않으면, 교황이 통치할 수 없을 것이다. …… 최상의 영적 권력으로 평가되는 최고의 지배권 아래, 모든 그리스도교의 통치권들이 일종의 보편적인 공화정을 이루고 종교적인 형제애로 일치를 이룬다는 가정은, 결코 충격적인 사실이 아니다.

《교황에 관하여 Du Pape》, 1819년.

라므네

교황이 없다면 교회도 결코 존재할 수 없다. 교회가 없다면 그리스도교도 결코 있을 수 없다. 그리스도교가 없다면 신앙생활도 사회도 결코 존재할 수 없다. 그래서 우리가 이미 언급한 것처럼, 유럽 국가들의 삶은 자신들의 원천을, 그것도 유일한 원천을 교황권에 두는 것이다. 만일 가톨릭 교회가 예전같이 주도적인 지배권을 장악하지 못하는 나라들에서조차 교회의 영향력을 행사함으로써, 프로테스탄트들의 불신 풍조가 증가하는 것을 막아내지 못했다면, 이미 오래전에 사람들은 그런 나라들에서 유일한 그리스도교의 발자취를 전혀 찾아내지 못했을 것이다. 만일 그러한 나라들이 여전히 존재했다면, 이 세상은 일찍이 결코 보지 못했던 것들보다 훨씬 더 거칠고 흉악스러운 야만인들이 거주하는 나라들이 되었을 것이다. 만일 가톨리시즘이 완전히 소멸되어 버렸다면, 유럽 전체의 운명도 그렇게 소멸되어 버렸을 것이다. 그런데 교황권에 대한 모든 비난은 바로 이 점을 겨냥한다. 교황권에 대한 비난 자체가 그리스도교가 좋은 믿음을 가지고 있다는 반증이며, 그리스도인들의 신앙생활을 모독하는 범죄에 해당한 것이다. 또한 교황권에 대한 비난은 국정을 책임지는 모든 위정자에게는 문명을 모독하고 사회를 모독하는 범죄에 해당하는 것이다.

《사회 질서와의 관계 속에서 고려해야 할 신앙생활에 관하여 De la Religion considérée dans ses rapports avec l'ordre social》, 1825년.

2. 프랑스의 정치적 부흥과 종교적 재건

왕관과 제대

왕관과 제대는 서로에게 크게 의지하고 있었다. 신심 깊은 루이 18세가 즉위하며 왕정이 복고되자, 귀양에서 돌아온 귀족들은 물론이고 정부의 고관들도 미사에 참례하고 성체 행렬에 따라 나섰다. 가톨릭은 또다시 국교가 되었다. 주교들은 거의 대부분 귀족들 가운데서 선발되었고, 신앙 활동을 위한 예산도 증가되었다. 1801년에 체결된 정교 조약이 그대로 지켜졌지만, 20개의 교구가 1822년에 새롭게 신설되었다. 전례를 자유롭게 거행할 수 있는 등의 신앙의 자유가 그대로 잘 유지되었고, 이혼은 금지되었다. 사람들은 교회 재산의 취득 문제에 대해 재론하지 않았다. 그러나 여론이 항상 신앙생활에 호의적인 것만은 아니었다. 게다가 가끔 약간 위선적인 방식으로 신앙생활을 부흥시키려는 작업이 이루어지기도 했다.

신앙의 재건

정치적 부흥 시대에 교회는 프랑스 혁명 기간에 신앙이 흔들렸던 대중들을 다시 그리스도교화하려고 노력했다. 교회는 수많은 대신학교를 재조직하고 국가의 감독을 받지 않는 소신학교의 숫자를 점점 더 많이 늘려 나갔으며, 성직자를 충원하는 문제에도 신경을 썼다. 해마다 거행되던 사제 서품자들의 숫자가 제1제정 시대에는 채 500명도 못 되었지만, 1829년에는 2,357명이라는 기록적인 수치를 달성했다. 그 결과 특히 시골에 많은 본당을 증설할 수 있었다. 반세기 만에 5,000개 본당들이 신설되었고, 1825년에는 본당 숫자가 무려 27,000개에 달했다. 아르스Ars의 장-마리 비안네Jean-Marie Vianney(요한 마리아 비안네, 1786~1859년) 신부는 시골 지역의 외근 사제라는 겸손한 직무를 성실히 수행함으로써, 전무후무할 정도로 엄청난 파급 효과를 가져다주었다.

수백 개의 수도회

수도회들은 교회에 유능한 인재들을 많이 제공해 주었다. 예전의 수도회들이 차츰차츰 되살아나고 있었다. 1814년부터, 비오 7세 교황은 예수회를 복구하고 예수회 회원들에게 프랑스에서 활동할 수 있도록 조심스럽게 허락했다. 1815년부터 1870년 사이에 프랑스와 다른 곳에서도, 수많은 남·여 수도회들이 세상에 태어나 햇빛을 보기 시작했다. 프랑스 혁명 시절에 자연스럽게 결성되었던 수많은 작은 신앙생활 단체들이 왕정 복고 시대에 수도회로 변화했다. 클로리비에르Clorivière(1735~1820년) 신부와 아델라이드 드 씨체Adélaïde de Cicé는 박해 시대에 적응하기 위해 자신의 회원들한테 외적으로 구별되는 어떠한 표지도 부과하지 않는 '마리아 성심의 딸 회Société des Filles du Coeur de Marie'를 창설하면서, 수도 생활의 형태를 쇄신시켰다. 그러나 일반적으로 19세기에 설립된 수도회들은 서로 비슷비

숫했다. 이 수도회들은 흔히, 교육과 병자들과 가난한 이들을 위한 봉사 등 지역 사회가 요청하는 바에 부응했다. 또한 상당수의 수도회들은 해외 선교라는 새로운 차원의 카리스마를 펼쳐 나갔다. 이 수도회들의 영성은 이냐시오, 도미니코, 프란치스코 등이 가르치는 전통적인 영성의 흐름과 예수 성심에 대한 신심, 성모 마리아에 대한 신심(700개의 수도회가 '마리아'라는 명칭을 갖고 있었음), 보속 등과 같은 당시에 유행하던 주제들에 바탕을 두고 있었다.[67] 어떤 수도회들은 종말에 대해 깊은 영향을 받았다.

수많은 신심 단체와 자선 단체, 본당 단체, 그리고 여러 다른 활동들도 번성해 나갔다. 그 예로, 폴린느 자리코Pauline Jaricot가 창립한 '전교회Propagation de la Foi(1822년)', '살아 있는 묵주 기도회Rosaire vivant(1826년)', 프레데릭 오자남Federico Ozanam이 창설자 가운데 한 명으로 참여했던 '성 빈첸시오 아 바오로회(1833년)' 등이 바로 여기에 해당한다.

[67] 19세기 수도회들의 정신

보르도Bordeaux 교구의 기욤―조셉 샤미나드Guillaume-Joseph Chaminade(윌리엄 요셉 샤미나드, 1761~1850년) 신부는 '마리아의 딸 수도회Filles de Marie-Immaculée(1816년)'와 '마리아회Société de Marie(1817년)'를 창립했다. 이들 수도회는 모두 '마리아니스트'라는 이름으로 더 잘 알려져 있다. 아래에 인용하는 1839년에 보낸 그의 회람 편지에는, 그가 창립했던 수도회들의 독창성을 잘 보여 준다. 또한 그가 강조하는 내용은 19세기 전반기에 창립된 다른 수도회들이 지녔던 특징과도 같다고 할 수 있다.

지극히 거룩하신 동정녀 마리아 앞에서 모든 이단이 이미 머리를 조아렸습니다. …… 오늘날을 지배하는 가장 커다란 이단은 바로 신앙생활에 대한 무관심입니다. 무관심이라는 이단은 이기심이라는 무력증과 격정이라는 소모 증세를 통해서 인간의 영혼들을 마비시키고 있습니다. 구렁의 샘(지옥)에는 선이라곤 하나도 없고 온갖 악으로 가득 차 있습니다. 그곳은 정의의 태양이라는 생명을 주는 햇살조차 전혀 파고들 수 없는 칠흑 같은 어두운 밤이며, 온 땅을 뒤덮어 버릴 정도로 거무칙칙하고 구역질나는 악취가 진동하는 곳입니다. 신적인 햇불인 신앙의 빛이 그리스도교 생활 안에서마저 점점 희미하게 죽어 가고 있으며, 덕행도 점점 더 찾아보기 힘들 정도로 사라져 가고 있습니다. 그 대신 악습들이 소름 끼칠 정도로 광기를 부리며 맹위를 떨치고 있습니다. 이제 우리는 사실상 보편적인 차원의 배교, 즉 모든 사람이 신앙을 외면할 것이라고 예언한 바로 그때를 맞이하고 있는 것처럼 보입니다. ……

모든 이들 가운데 맨 꼴찌에 해당하는 우리는, 온 정성을 다해 마리아를 도와 우리 시대의 커다란 이단을 거슬러 싸우는 투쟁에 나서도록 마리아 당신에 의해 부르심을 받았습니다. 우리의 회헌이 선언하는 바대로, 우리는 카나 혼인 잔치의 시중꾼들에게 하신 지극히 거룩하신 동정녀 마리아의 다음과 같은 말씀을 우리의 좌우명으로 삼았습니다. "무엇이든지 그가 시키는 대로 하여라."(요한 2,5) 우리는 우리의 나약함에도 불구하고 열성과 자비로 가득 찬 우리의 모든 행위를 우리의 이웃에게 보여 주는 것이 바로 우리가 해야 할 선교라는 사실을 확신하고 있습니다. 따라서 그러한 확신을 가진 우리는 그리스도교의 미풍양속에 대한 교육에 종사하는 일반적인 직무를 통해서, 우리의 이웃을 악의 전염으로부터 보호하고 치유시켜 줄 수 있는 모든 방법을 동원하고자 합니다. 바로 이 같은 정신으로 이런 일들과 관련된 것을 우리의 특별한 서원의 대상으로 삼고자 합니다.

수도회의 선교 활동과 교육

교회는 대중들이 신앙생활을 다시 해 나갈 수 있도록 내부적인 선교 활동을 다시 시작했다. 선교사들은 구경거리가 될 만한 장면들을 연출하면서 다시 과거의 방법들을 사용했다. 그들은 프랑스 혁명 시대에 저질러진 죄들을 보속하는 여러 가지 예식을 만들어 보여 주면서, 부르봉 왕가와 신앙의 부흥을 결합시켜 나갔다.

과거와 달리, 교회가 모든 교육에 다시 손을 댈 수가 없었기 때문에 교회는 대학 교육, 곧 국가 교육 기관에 파고들기 위해 무척 많은 애를 썼다. 주교가 이사장이 되고, 사제들은 학장이나 철학 교수가 되기도 했다. 새로 생겨난 수도회들은 시골 지역의 초등학교에서 교육에 종사할 남녀 교사들을 많이 배출해 냈다. 1833년, 교육의 자유를 보장받게 되자(기조 법안) 수도회들은 자신들이 직접 운영하는 학교를 설립했다.

구체적인 결과

19세기 초반, 프랑스에서 신앙생활을 하는 비율이 지방과 성별에 따라 많은 차이가 있었다. 파리에서는 인구의 10% 정도만이 부활 대축일 미사에 참례했지만, 방데와 로제르 지방에서는 주민의 90%가 부활 대축일 미사에 참례했다. 오를레앙 지역에서는 남자들은 4%, 여자들은 20%만이 부활 대축일 미사에 참례했다. 신앙생활 참여율은 19세기 중반에 다시 높아졌다. 세례식과 첫 영성체, 혼배, 그리고 장례 미사 등을 대다수 프랑스 사람들이 원했다. 한편, 엄격주의에 젖어 있던 성직자들은 춤을 단죄했고, 이혼한 사람과 자살한 사람한테는 장례 미사를 집전해 주지 않았으며, 신자들에게 고해성사를 자주 보라고 요청했다.

일반 서민 계층보다도, 부르주아 계급들이 프랑스 혁명에 직접적인 영향을 준 사상들에 더 깊이 젖어 있었다. 그뿐만 아니라 그들에게는 훨씬 더 많은 불신 풍조와 반성직자주의가 팽배했다. 한가지 예로, 부르주아 계급의 자녀들이 다니는 왕립 학교들에는 지도 신부가 있었음에도 불구하고, 이들 학교에 대해 부르주아 계급들은 '무신론의 신학교'와 '지옥의 현관'이라고 비아냥거렸다.

19세기 초반 신자들의 신심은 프랑스 혁명 이후에 등장한 낭만주의의 영향을 크게 받았다. 그래서 신자들은 인간의 속죄와 보속을 위한 희생물을 무서운 하느님께 바쳐야 한다고 생각했다. 그리하여 이 시기에는 '눈물의 계곡물들', '말로 다 표현할 수 없는 열광적인 기쁨', '애정 어린 심정의 토로', '숭고한 황홀경' 등 신앙생활의 감상적인 성격을 지나치게 과장된 언어로 표현했다. 사람들은 교황권 지상주의를 점점 강조하기 시작했다. 하지만 이 시기에 예수 성심聖心에 관한 신심과 성체 신심(지속적인 성체 조배, 1837년)이 발전하기 시작했고, 하느님에 대한 생각도 무서운 하느님에서 좋으신 하느님으로 서서히 변화되었고, 신심도 과거에 비해 훨씬 더 그리스도 중심적인 신심으로 변화되었다.

수많은 신심 단체들의 출현과 동정녀 마리아의 발현 사건들을 통해서, 마리아 신심도 크게 발전했다. 1826년에 창립된 '살아 있는 묵주 기도회', 1830년에 일어난 '기적의 메달 사건', 1837년에 창립된 '승리의 노틀담(노트르담)회Confrérie de Notre-Dame des Victoires', 1846년 라 살레트La Salette의 성모 발현, 1854년에 반포된 '마리아의 원죄 없으신 잉태에 관한 교의', 1858년 루르드Lourdes의 성모 발현, 1871년 퐁멩Pontmain의 성모 발현 등이 그 예다.

3. 유럽 전역으로 확산되는 혁명 사상

이탈리아

길거리를 환히 밝히고 소독하는 것처럼, 교황청은 프랑스의 흔적을 지워 버리려고 애썼다. 이탈리아에서는 성직자들이 중요한 직책들을 장악하고 있었는데, '카르보나리Carbonari'와 같은 비밀 단체들의 부추김을 받아서, 반성직자주의가 더욱더 발전했다. 그런가 하면, 이탈리아를 통일시켜야 한다는 의식이 이탈리아 전역에서 강하게 일어났다. 이탈리아 통일의 전제 조건으로 예전의 정부를 없애 버려야 한다는 주장이 대두되었으나 교황청에서는 이 같은 주장을 받아들일 수가 없었다.

이탈리아 남부 지역은 여전히 구체제의 영향력을 받고 있었지만, 이탈리아 북부 지역에는 새로운 수도회들이 창립되어 새로운 활동을 펼쳐 나갔다(요셉-베네딕토 코톨렌고Joseph-Benedicto Cotolengo, 돈 보스코Don Bosco). 사제이며 철학자였던 로스미니Rosmini(1757~1855년)와 조베르티Gioberti(1801~1852년) 같은 이들은 지적 활동을 펼치면서 적극적으로 활동했다.

독일과 오스트리아

독일에서는 영토가 재편되는 과정에서, '그의 지역에 그의 종교Cujus Regio, Ejus Religio'라는 옛 원칙이 사라져 버렸다. 그러다 보니 가톨릭 신자들이 프로테스탄트 군주들의 통치를 받게 되었다. 상황이 이런 식으로 전개되자, 양측 모두가 납득할 만한 해결책을 찾아내야만 했다. 이 해결책을 찾는 것이 오랫동안 진행되어 온 협상의 대상이었을 뿐만 아니라 빈번하게 긴장 국면을 유발하는 대상이기도 했다. 한편, 프로이센의 왕들이 가톨릭 신자들을 괴롭히고 귀찮게 하자, 라인란트Rheinland(독일 라인 강 서부 지방) 지역의 가톨릭 신자들은 스스로 법을 제정하여 자신들의 조직을 만들었다. 바이에른Bayern 공국의 왕, 루드빅 1세(1825~1848년)가 뮌헨München을 독일 가톨리시즘의 중심부로 굳건하게 자리 잡게 만들었다.

독일 사람들의 영웅이자 뮌헨 대학의 역사 교수였던 요셉 괴레스Joseph Görres(1776~1848년)는 가톨릭 사상가들의 모임을 결성하는 데 있어서 주도적인 역할을 했다. 1826년에는 젊은 될링거Döllinger가 뮌헨 대학에서 교회 역사가로서 뛰어난 행보를 시작했다. 또한 교회론 강의를 해 왔던 요한-아담 묄러Johann-Adam Möhler(1796~1838년)가 역사가와 신학자로서의 교수 활동을 바로 이곳 뮌헨에서 끝마쳤다.[68] 그는 《교회 안에서의 일치》라는 자신의 저서를 통해서, 교회를 법적이고 교계적인 관점으로 파악하지 않고, 오히려 교회를 통교의 삶 안에서 드러나는 내적 원리인 성령의 관점으로 이해하고자 노력했다.

오스트리아의 빈에서는 구속주회 출신의 성인, 클레멘스 마리아 호프바우어Clement Mary Hofbauer가 클레멘스 브렌타노Clemens Brentano와 신학자 귄터Günter 등으로 구성된 가톨릭 지성인들의 모임을 활성화하는 지도자 역할을 맡았다. 클레멘스 브렌타노는 카트린느(캐서린) 에메리히Catherine Emmerich가 체험했던 여러 가지 환시를 필사했던 사람이다.

68) 요한-아담 묄러

요한-아담 묄러가 튀빙겐과 뮌헨에서 짧은 기간 동안 신학과 관련된 작업을 했지만, 이 기간 안에 그의 역량을 다 발휘할 수는 없었다. 일생 동안 그는 교회론에 대한 자신의 신학을 연구해 왔는데 이 같은 연구 작업을 통해서 그는 역사와 영적 경험의 중요성을 그리스도인들에게 이해시키려고 했다.

그리스도교는 표현이나 공식이나 어법으로 규정될 수는 없다. 그리스도교는 영적 삶이고 내적 삶이며 거룩한 힘이다. 그리스도교의 모든 가르침과 교의는 다음과 같은 조건 하에서만 그 가치를 지닌다. 즉, 그리스도교의 모든 가르침과 교의가 내적 삶을 표현하고, 그것들이 삶 속에서 조금이라도 실현되었을 때에만 그 가치를 지닌다. 인간은 항상 제한된 언어로밖에 달리 표현할 수 없다. 따라서 그런 표현들이 삶을 고갈시키지는 못한다. 삶은 말로 다 표현될 수 없다. 그런 표현들은 항상 현실에 못 미치기 때문이다. 그리스도교와 마찬가지로 삶도 또한 제대로 전달될 수 없고(표현될 수 없다는 의미에서) 고정될 수도 없다. 왜냐하면 그런 전달, 그런 표현은 단어와 개념과 관습들을 통해서만 이루어질 수 있기 때문이다. …… 단어는 결코 무관심의 문제가 아니다. 오히려 그 반대로 아주 중요한 많은 것을 내포하는 것이 바로 단어다. ……

  그리스도교는, 추상적이거나 활기가 없는 단순한 개념이 아니라 인간들에게 주어진 새로운 신적 생명이다. 따라서 그리스도교는 다른 모든 생명과 마찬가지로 늘 발전하고 성장할 수 있다. …… 서로 다른 여러 시대를 걸쳐 내려온 역사를 지닌 교회에 대한 그리스도인의 의식은 변화가 없는 정지된 상태가 결코 아니다. 즉 그리스도인의 본질적인

> 정체성의 원리는 변화가 없는 정지된 상태가 결코 아니다.
>
> 요한-아담 묄러, 《교회 안에서의 일치》, 1825년.

영국과 아일랜드

영국에는 가톨릭 신자가 10만 명도 채 되지 않았다. 게다가 가톨릭의 활동도 그리 큰 편이 아니었다. 그와는 반대로, 아일랜드에서는 6백만 명 인구 가운데서 절대 다수가 가톨릭 신자들이었다. 신앙 때문에 오랫동안 박해받았던 아일랜드의 가톨릭 신자들은 항상 프로테스탄트 지주들로부터 착취를 받아 왔다. 그뿐만 아니라 성공회까지 유지시켜 주어야만 했다. 그러나 아일랜드 가톨릭 신자들은 그 어떤 정치 권리도 갖지 못했다. 마침내 오코넬O'Connell의 전투를 통해서, 1829년에 모든 가톨릭 신자는 '연합 왕국United Kingdom'[167]으로부터 해방될 수 있었다. 이때부터 가톨릭 신자들도 모든 관직에 뽑히거나 등용될 수 있었다.

한편 영국에서는 아일랜드의 가톨릭 신자들이 대거 영국으로 이민을 오는 바람에 영국의 가톨릭 신자 수가 19세기 중반에는 무려 70만 명에 달했다. 영국에서 활동한 여러 유능한 인재들은 이미 사라져 버렸던 공동체들이 다시 활동할 수 있도록 활력을 불어넣었는데, 그중에서 먼저 유명한 《파비올라Fabiola》의 저자였던 니콜라

---

[167] 잉글랜드, 스코틀랜드, 북부 아일랜드, 웨일스를 합친 칭호로 영국을 가리킨다.

스 와이즈먼Nicolas Wiseman(1802~1865년)을 들 수 있다. 로마에 있던 영국 신학원의 기숙사생 출신이었던 그는 나중에 그곳 신학원의 원장이 되었다. 그는 당대의 지적 흐름(사상적인 조류)에 아주 개방적인 태도를 보였다. 니콜라스 와이즈먼은 영국의 가톨릭 신자들에게 용기를 불어넣어 주면서 고무시켰고, 유럽 대륙의 가톨리시즘의 활기찬 모습을 영국인들에게 알려 주었다. 비오 9세 교황은 영국에서 가톨릭의 교계 제도를 다시 복원시킬 때(1850년), 그를 웨스트민스터Westminster의 첫 번째 대주교로 선임했다.

니콜라스 와이즈먼은 존-헨리 뉴먼John-Henry Newman(1801~1890년)[69]에게 가톨릭으로 개종할 수 있는 길을 미리 닦아 주었다. 성공회 사제였던 존-헨리 뉴먼은 '옥스퍼드 운동Oxford Movement(1833년)'의 창시자 가운데 한 명이었다. '옥스퍼드 운동'은 국가 권력에 복종한 채 잠들어 있던 성공회를 쇄신시키려고 했던 운동이었다. 헨리 뉴먼은 교부들의 작품을 연구하면서, 조금씩 성공회의 토대와 성공회의 교의 발전에 대해 의문을 가졌다. 오랜 심사숙고 끝에, 마침내 헨리 뉴먼은 가톨릭 신자로 개종했다(1845년).

69) 은혜로운 빛

1833년, 헨리 뉴먼은 이탈리아를 여행하다가 병에 걸렸다. 이때 지은 기도문이 다음과 같다.

이 어두움 속에서 빛을 발하시는 은혜로운 빛이시여,
저를 앞으로 나아갈 수 있도록 이끌어 주소서!
밤은 깊어 어둡고,
저는 제가 머무는 곳으로부터 멀리 떨어져 있사오니,
부디 저를 앞으로 나아갈 수 있도록 이끌어 주소서!
잘 보는 것이 얼마나 중요한지 모르오니,
제가 가는 길을 잘 살피게 해 주소서!
머나먼 지평선이라고요?
그저 한 걸음만으로도 충분할 터입니다.
당신이 저를 인도해 주시도록,
제가 오늘처럼 늘 기도하지는 않았습니다.
결국 제가 기꺼이 저의 길을 선택하고 알고자 했사오니,
이제는 저를 이끌어 주시옵소서!
저는 한낮의 햇살을 좋아했고,
저의 두려움에도 불구하고 교만이 제 안에 가득 차
있었사오니,

> 부디 이제 더 이상은 과거를 기억하지 마소서!
> 당신의 권능은 제가 더 이상,
> 황야와 늪과 험한 바위와 계곡물 가운데를 헤쳐 가는
> 일이 없도록 이끌어 주시려고,
> 그렇듯 오랫동안 저를 기꺼이 축복해 주셨나이다.
> 밤은 그렇게 지나갈 것이고,
> 아침이 오면,
> 제가 늘 좋아했고 한동안 잃어버렸던 그 천사들이
> 저를 향해 환하게 미소 지을 것입니다.
>
> 장 오노레(Jean Honore), 《뉴만의 영적 여정Itinéraire spirituel de Newman》(1964년)에서 인용.

프로테스탄트 세계

한편 프로이센에서는 프리드리히-빌헬름 3세 왕이 루터파 교회와 칼뱅파 교회를 '통합 복음 교회'로 강제로 병합시켰다. 그러자 독일의 여러 정부들도 이 같은 모범을 따라 갔다.

프로테스탄트 단체들이 점점 증가하자, '신앙생활의 부흥'과 '자유주의'라는 두 가지 사조가 대두되었다. 신앙생활의 부흥 운동은 신심과 감성, 그리고 외적인 표현 등을 강조했는데, 이 같은 경향을 경건주의와 감리교로부터 물려받았다. 이들은 그리스도인의 삶을 일련의 정기적인 부흥의 과정으로 보았다. 흔히 '천년 왕국설'

의 색채를 띠기도 하는 이들은 특히 유럽과 아메리카 대륙의 앵글로 색슨 족한테서 많이 존재한다.

과학적인 세계 속에서 살고 있던 프로테스탄트 자유주의자들은 그리스도교를 과학적인 세계에서도 납득할 수 있는 것으로 변화시키고자 노력했다. 왜냐하면 그들이 사는 세계는 개혁가들 시대의 세계와는 판이하게 달랐기 때문이다. 이미 이성주의가 신학에까지 유입되어 있었다.

프리드리히 쉴라이에르마허Friedrich Schleiermacher(1768~1834년)는 자유주의의 아버지다. 그는 '모라비아 형제단'으로부터 많은 영향을 받았다. 쉴라이에르마허는 《종교에 관한 강의》(1799년)에서 "종교는 사상이나 행동의 문제가 아니고, 직관적인 관상觀想과 감성의 문제다."라고 말하면서, 종교의 출발을 내면의 의식에서 시작했다.[70] 종교란 절대자와 관련하여, 절대자에게 의존하는 감정에 해당한다. 이 같은 주장으로 그는 교의를 상대화하고 주관적인 체험을 보편적인 기준 내지는 규칙으로 만들었다.

그런가 하면 어떤 사람들은 권력에 의존하는 것을 반대하여 권력으로부터 자유로운 교회를 만들었다. 스위스 보Vaud 지역의 알렉산드로 비네Alexandre Vinet, 프랑스 리옹의 아돌프 모노Adolphe Monod가 바로 이런 부류의 사람들이다. 덴마크에서는 성격이 서로 다른 두 사람, 그룬트빅Grundtvig(1783~1872년)과 철학자 쇠렌 키르케고르Sören Kierkegaard(1813~1855년)가 신앙생활의 부흥을 주도했다. 그룬트빅은 성사와 찬송가를 중요시 하는 그리스도교를 전파시키면서 대중적인 지지를 받았다. 키르케고르는 세상과 단절된 그리스도교를 강조하며, 다음 세기에 출현하게 될 실존주의를 선포했다.

70) 프리드리히 쉴라이에르마허

'모라비아 형제단'의 경건주의의 영향을 받은 쉴라이에르마허는 당시 철학 사상 안에서 신앙생활과 그리스도교를 지켜 내고자 했다. 그가 신앙생활을 이처럼 새롭게 해석했기 때문에, 사람들은 그를 자유주의적인 프로테스탄티즘의 아버지로 간주했다.

종교는 자신의 고유한 선을 소유하기 위해서, 형이상학과 윤리에 속한 일체의 것에 대한 모든 주장을 다 포기하고, 사람들이 종교에 강제로 섞어놓은 것들을 방출해 내야만 한다. 형이상학은 우주의 본질에 따라 우주를 규정하거나 설명하려고 한다. 그러나 종교는 그렇게 하지 않는다. 윤리는 인간의 자유와 신적 자유 의지의 발전을 통해서 우주를 완벽하게 하거나 완성하려고 시도한다. 그러나 종교

> 는 그렇게 하지 않는다. 본질적으로 종교는 사상이나 행동의 문제가 아니라 직관적인 관상과 감성의 문제다. 종교는 우주를 직관적으로 관조하려고 한다. 종교는 종교 스스로 발현해 낸 것들을 통해서뿐만 아니라, 사람들이 종교에 바친 고유한 행위를 통해서까지도, 우주를 경건하게 살펴보려고 한다. 종교는 자신을 어린이의 수동성에 내맡기어, 종교의 직접적인 영향에 의해 종교가 사람들에게 파악되고 사로잡히고 싶어 한다. 따라서 종교란 종교의 본질을 구성하는 모든 점에 있어서도 그렇고, 종교의 효과를 특징짓는 모든 점에 있어서도, 형이상학이나 윤리와는 근본적으로 다르다. …… 종교는 인간 안에서뿐만 아니라 다른 모든 개별적·유한한 존재 안에서마저도, 무한자를 보고 싶어 하고 무한자를 복사하고 싶어 하고 무한자의 표상을 보려고 한다.
>
> 쉴라이에르마허, 《종교에 관한 강의》, 1799년.

동방 정교회의 세계

19세기 전반 내내, 완전히 쇠퇴하던 오스만 투르크에서는 복속 국가들이 독립을 위한 투쟁을 벌이고 있었다. 그러다가 그리스가 독립하기 위해 반란을 일으켰다(1821년). 이런 과정에서 콘스탄티노플의 그레고리우스 총대주교가 투르크인들에 의해 살해당했다. 마침내 1832년 그리스는 독립을 쟁취했다. 그러나 그리스 교회는 투르크의 지배를 받는 총대주교(콘스탄티노플 총대주교)에게 순명할 수 없다고 주장하면서, 1833년에 독립 교회를 선언했다. 러시아에서는 라스콜리니키Raskolniki파들이 계속해서 동방 정교회로부터 분리되겠다고 주장하면서 여러 분파로 분열되어 나갔다.

교회가 비록 권력에 예속되어 있었지만, 그렇다고 해서 지난 여러 세기동안 면면히 이어져 내려온 교회의 영적 전통이 사라진 것은 아니었다. 19세기에 사로프의 세라핌Seraphim de Sarov(1759~1833년)은 '스타레츠Starets'¹⁶⁸들의 계보를 창시했고, **71)** 러시아의 사상가들은 러시아 정교회의 원천에서 러시아의 종교적인 양심을 다시 일깨우려고 노력했다. 또한 슬라브 민족을 극진히 사랑했던 사람들은 민주주의나 사회주의로부터 영감을 받은 서구 지향적인 사람들을 반대했다. 소설가 도스토옙스키Dostoievsky(1821~1881년)는 자신의 소설에서 광기의 심연, 죄, 그리고 무신론 등에 관한 문제를 탐구했다.

---

168 옛날 러시아에서 예언자나 기적을 행하는 사람으로 간주되었던 거룩한 수도자나 은수자를 일컫는다.

71) 스타레츠

전통적인 러시아 수도원 생활에서, 젊은이들에게 수도 생활에 입문할 수 있도록 가르쳐 주는 영적 스승이 바로 스타레츠들이었다. 18~19세기를 거치면서, 흔히 존경받는 노인이었던 스타레츠들은 러시아에서 영적 엘리트의 양심이었고 신앙생활을 이끌어 주는 지도자였다. 가장 유명한 스타레츠들은 칼루가Kalouga 지방에 있던 옵티노Optino 수도회의 스타레츠들이었다. 도스토옙스키의 《카라마조프의 형제들》이라는 작품에는 '조시마Zossima'라는 스타레츠가 등장한다. 도스토옙스키는 여러 유명한 스타레츠들의 삶을 이용하여 '조시마'의 삶을 묘사한다.

스타레츠들이란 누구일까요? 스타레츠, 그는 바로 당신의 영혼과 당신의 의지를 자신의 영혼과 의지 안에 빨아들이는 분입니다. 한 스타레츠를 선택했기에, 당신은 당신의 의지를 버리고, 온전히 순명하고 포기하는 마음으로 당신의 의지를 그분에게 맡겨 드려야 합니다. ……

신분이 낮은 사람들뿐만 아니라 최상류층 사람들까지도 스타레츠들을 경배하러 떼를 지어 우리 수도원을 찾아 왔습니다. 그들은 스타레츠들에게 자신들이 품고 있었던 여러 가지 의심과 죄와 고통들을 고백하면서, 그들에게서 조언을 듣고 지도를 받고 싶어 했습니다. …… 조시마라는 스타레츠에 관해서 말씀드린다면, 많은 사람들이 수년 전부터 그분한테서 조언과 위로를 듣고 싶어 했습니다. 조시마 스타레츠는 자기를 찾아온 사람들의 흉금을 허심탄회하게 들으며 그들을 따뜻하게 맞아 주었기 때문에, 그분은 마침내 커다란 혜안(혹은 통찰력)을 얻으셨다고 합니다. 전혀 모르는 낯선 사람을 처음 보고서도, 그분은 단번에 그가 왜 찾아왔는지, 그에게 필요한 것이 무엇인지, 그리고 심지어 그의 양심을 괴롭히는 것이 무엇인지까지 알아 맞히셨다고 합니다. 그러다 보니, 속죄하러 온 사람들은 놀라움과 당황스러움을 느꼈으며, 때로는 단 한마디 말도 하지 않았는데도 이미 자신의 마음을 간파당한 것을 알고서 두려움까지 느꼈다고 합니다. …… 스타레츠와 개별적이고 사적인 특별한 면담을 하려고 온 사람들 가운데 많은 이들이 처음에는 흔히 두려움과 걱정에 사로잡혀 있었습니다. 그러나 그분과의 면담을 마치고 난 후에는, 거의 모든 사람이 아주 기쁘고 즐거운 모습으로 면담을 마치고 나왔답니다. 창백하기 이를 데 없던 얼굴은 온데간데없이 사라지고, 얼굴에는 온통 만족감과 행복감으로 빛이 날 정도였다고 합니다.

도스토옙스키, 《카라마조프의 형제들》, 1880년.

II. 하느님과 자유

1. 1830년에 일어난 혁명들

가톨릭이 다시 부흥하자, 특히 프랑스에서는 자유주의적인 부르주아 계급이 가톨릭을 강하게 반대하고 나섰다. 볼테르가 쓴 작품들이 계속해서 출판되었고, 베랑제Béranger는 속이 좁고 편협한 프랑스 왕을 조롱거리로 삼으며 자신이 쓴 풍자적인 노래들(샹송)을 통해서 예수회 회원들을 비난했다. 한편 프랑스 샤를 10세 왕이 출판의 자유를 없애는 칙령을 반포하자, 성난 파리 시민들이 폭동을 일으켰다(1830년 7월 27~29일). 체제에 대한 불만이 점점 더 난폭해지면서, 반성직자주의적인 양상을 띠기 시작했다. 그리하여 파리의 대교구청이 약탈당하고 수단을 입은 사제들이 테러를 당했으며 선교 활동을 위한 십자가들이 파괴되었다. 그 후 사태가 차츰차츰 진정되었다. 그리고 가톨릭 신자들도 새로운 왕 루이-필리프Louis-Philippe를 잘 받아들였다.

유럽 전역으로 확산되는 혁명의 물결

혁명은 전염병처럼 유럽 전역으로 퍼져 나갔다. 네덜란드 왕국에 편입된 것에 대해 불만을 품은 벨기에 사람들이 혁명을 일으켰다. 그들은 교회와 국가를 완전 분리시키고, 신앙의 자유와 출판의 자유를 보장하는 등의 자유주의적인 원리의 토대 위에서, '벨기에 독립 왕국(1830년)'을 조직해 나갔다. 또한 네덜란드의 가톨릭 신자들은, 네덜란드 군주를 반대하던 반성직자주의적인 자유주의자들과 주저없이 동맹을 맺었다. 가톨릭 신자들은 자신들의 활동을 펼치면서 자유주의적인 사상들을 이용했다. 그러자 당황해 하던 교황권도 마침내 어쩔 수 없이 이런 점을 인정해야만 했다.

비오 8세 교황이 세상을 떠나자(1830년), 교황령에 속해 있던 여러 지역에서 봉기가 일어났다. 한편, 정치에 대해 아무것도 모르는 문외한이었던 수도자가 그레고리오 16세 교황으로 선출되었다. 새 교황을 선출하는 데 무려 50일이나 걸렸다. 반란자들을 진압하기 위해서, 그레고리오 16세는 오스트리아에 도움을 요청했다. 그런데 오스트리아는 이탈리아의 자유주의자들로부터 온갖 곤욕을 당하던 나라였다. 1831년 3월 25일, 마침내 봉기가 진압되고 질서가 다시 잡혔지만, 자유주의자들은 그레고리오 16세 교황을 '자유의 적' 가운데 한 사람으로 분류했다.

러시아의 지배를 받던 폴란드가 마침내 1830년 11월에 봉기하여 독립을 선언했다. 그러자 러시아가 폴란드 사람들을 진압하고 1832년 9월 8일에 바르샤바를 다시 점령했다. 가혹한 탄압이 계속되었고 수많은 폴란드인들이 고국을 떠나 망명길에 올랐다. 서방의 자유주의자들과 가톨릭 신자들은 폴란드 국민들에게 호의적인 태도를 가지고 있었다. 마침내 폴란드인들은 교황의 개입을 요청했고 러시아 황제의 사절, 가가린Gagarin도 교황의 개입을 요청했다. 과연 그레고리오 16세가 교황령이기도 한 폴란드에서 발생한 폭동을 지지하고 이를 위해 싸울 것인가? 그러나 1832년 6월 9일 편지에서, 교황은 "여러분에게 호의적인 태도를 보여 줄 여러분의 강력한 황제에게 복종하십시오."라고 말하며 폴란드 사람들에게 복종할 것을 권유했다. 이 같은 교황의 권유에 폴란드와 유럽 사람들은 대경실색하며 엄청난 분노를 폭발했다.

교회는 백성들의 이러한 자유에 대한 갈망을 당연히 받아들여야 하지 않을까? 바로 이때야말로 하느님과 자유가 서로 화해할 수 있는 절호의 순간이 아니었을까? 이것이 바로 라므네와 그의 친구들이 생각했던 점이다.

2. 라므네와 라브니[169] 지

급진적이고 과격한 왕정주의에서 자유주의로

생-말로 태생인 펠리시테 드 라므네Félicité de La Mennais(1782~1854년)는 프랑스 혁명 시대에 자라났고, 다양한 독서를 통해 독학하면서 스스로 양성된 사람이었다. 신앙생활에 별로 관심을 갖지 않았던 그는 22살이 되어서야 비로소 첫 영성체를 했다. 얼마 안 가서 그

---
[169] '라브니'는 '미래'라는 뜻을 가지고 있다.

는 곧 자신의 형제이자 사제인 장-마리를 적극적으로 도우며 함께 일했다. 장-마리는 제1제정 시대와 왕정복고 시대에 프랑스 교회의 재건을 위해 정열을 다해 투신했다. 1816년 라므네도 사제가 되었고, 사제로서 문필 활동과 저널리즘이라는 직무에

▲ 라므네 초상화, P. 궤랭 작.

헌신했다. 1817년에 쓴 《종교적 무관심에 대한 고찰Essai sur l'indifférence en matiére de Religion》이라는 글을 통해서, 라므네는 프랑스에서 가장 유명한 문필가 가운데 한 사람이 되었다. 그는 동시대 사람들이 무신론에 빠져드는 것을 막으려고 했다. 왜냐하면 종교 생활이 없다면, 모든 것이 한순간에 무너질 것이라고 생각했기 때문이다. 그러나 정치적으로 라므네는 급진적이고 과격한 왕정주의자였다. 라므네는, 빼앗겨 버린 교회의 권리와 교회의 사회적인 역할을 교회에 다시 되찾아 주기 위해선 왕정 정부가 단호한 조치를 취해야 한다고 강력하게 요구했다. 그는 왕이 전혀 그렇게 행동하지 않는다고 생각했다. 또한 라므네는 반종교적인 성향을 지닌 대학을 거슬러서 벌인 논쟁에서 굉장히 과격한 태도를 보였다. 그러자 파리의 대교구장이 그런 그의 태도를 나무랐다. 한편, 라므네는 주교들과 공직자들이 주장하는 갈리아주의를 단호하게 반대하면서, 교황권 지상주의를 주장했다. 조셉 드 메스트르와 마찬가지로, 그도 무류권

을 지닌 교황은 정치와 종교 분야에서 최고의 자리에 앉아 있어야 한다고 생각했다.[66)]

장-마리와 라므네는 여러 수도회를 창설하면서 신앙생활의 부흥을 위해 헌신했다. 장-마리는 초등학교 교육을 위해 '섭리의 딸회Filles de la Providence'와 '그리스도교 교육을 위한 형제회Frères de l'Instruction chrétienne'와 '성 베드로 수도회Congrégation de Saint-Pierre'를 창설했다. 이 두 남자 수도회는 그리스도교의 전통을 강조하면서도 동시에 시대에 개방적인 태도를 보이는 사제를 양성하고자 했다. 라 쉐네La Chênaie에 있던 그의 집에서, 라므네는 장차 교회에 많은 기여를 할 수 있는 제자들을 양성하는 데 전념했다. 1824년, 라므네가 교황청을 방문하자, 친절하게 그를 맞이한 레오 12세 교황은 "그는 마음을 다해 손을 잡고 이끌어 줄 필요가 있는 사람이다."라고 말하며 라므네를 인정했다.

프랑스 정부가 1828년에 교회의 자유를 제한하는 법령들을 발표하고 그에 상응하는 조치들을 취하자, 라므네는 복고된 군주제와 완전히 결별했다. 왜냐하면 복고된 군주제가 교회에 보조금을 주면서 교회를 노예로 만들려고 했기 때문이다. 그는, 교회와 국가를 차라리 분리시키는 것이 더 낫겠다고 생각했다. 가난이 오히려 교회에 자유를 되찾아 줄 수 있다고 생각했다. 왕과 교황에게 기대하는 것보다 차라리 교황과 국민에게 의지하는 편이 더 낫지 않을까?

라브니 지

1830년 7월에 혁명이 일어나자, 라므네는 하느님의 섭리라고 생각했다. 세상이 자유를 통해 다시 태어나고 자유는 하느님에 의해 다시 생겨날 수 있다고 보았기 때문이다. 라므네는 자신의 친구들인 라코르데르Lacordaire와 몽탈랑베르Montalembert, 드 쿠de Coux, 제르베Gerbet 등과 더불어, '하느님과 자유'라는 글귀가 첫 머리에 새겨진 〈라브니L'Avenir〉라는 신문을 창간했다(1830년 10월 15일).[72] 〈라브니〉 지는 독립을 위해 싸우던 폴란드와 아일랜드 사람뿐만 아니라, 독립을 위해 투쟁하던 다른 나라 사람들에게도 관심을 보였다. 〈라브니〉 지는 아무런 차별도 없는 양심과 신앙의 자유, 교회와 국가의 분리, 언론과 결사의 자유, 지방 분권 등을 주장하면서 자유를 기초로 한 교회와 사회의 쇄신을 제안했다.

드 쿠는 신문 구독자들에게 사회적인 문제에 대한 관심을 일깨워 주었고, 그러다 보니 신문의 논조가 때로는 극단적이기도 했다. 교회와 국가의 분리란 생각할 수조차 없다고 판단하던 주교들은 간접적인 방법으로 〈라브니〉 지 구독자들에게 벌을 주면서, 신문에 대한 불만을 표시하면서 신문을 반대했다. 그 결과 1831년 11월 15일 〈라브니〉 지는 발행을 멈추었다. 프랑스 주교들의 반대에 부딪힌 라므네와 라코르데르, 몽탈랑베르 등은 자신들이 지지했던 교황 앞으로 이 문제를 갖고 가기로 결정했다. 이른바 '하느님과 자유의 순례자'에 해당하는 이들은 1831년 12월 말, 그다지 좋지 않은 때에 로마에 도착했다. 그들은 그레고리오 16세 교황을 알현하기 위해 석 달 동안 기다렸다. 일반 신자들과 함께 교황을 알현한 자리에서, 교황은 〈라브니〉 지에 대한 문제뿐만 아니라 당시 제기되고 있던 문제들에 대해서도 아무런 언급을 하지 않았다. 오히려 교황은 폴란드 주교단에 보낸 서한에서(1832년 6월), "그들의 모습은 단지 해골 외에 다른 것은 전혀 엿볼 수 없는 커다란 무덤 같았다."라고 말해 로마를 떠나던 라므네의 마음에 깊은 상처를 주었다.

몇 주 후에 공포된 〈미라리 보스Mirari vos〉(1832년 8월 15일)라는 회칙은 라므네를 직접 거명하지는 않았지만, 라므네와 〈라브니〉 지가 추구하던 모든 사상을 단죄했다.[73] 〈라브니〉 지의 필진들은 처음에는 이 회칙에 순명했다. 하지만 라므네는 마음이 가라앉지 않았다.[74] 게다가 라므네를 싫어하던 적들이 끊임없이 라므네를 물고 늘어졌고, 주교들도 수많은 교서를 반포하면서 라므네를 비난했다. 이런 상황에서 1834년 4월, 라므네는 그동안 자신의 마음속에 묻어 두었던 모든 말, 즉 모든 압제에 대한 증오와 자신을 지지하던 이들에 대한 신뢰 등을 담은 《어느 신앙인의 발언Paroles d'un croyant》이라는 글을 발표했다.[75] 그의 글에는 성경과 당시 낭만주의의 정신이 고스란히 배어 있었다. 식자공들은 그의 책을 조판하며 눈물을 흘렸고 많은 사람들이 이 책에 감동을 받았지만, 회칙 〈신굴라리 노스Singulari nos〉(1834년 6월)는 라므네와 그의 책을 단죄했다.

72) 라브니

라므네와 그의 친구들에 의해 창간된 이 신문은 1830년 10월 15일부터 1831년 11월 15일까지 발행되었다. 이 신문이 추구했던 계획들은 오늘날 모든 민주주의 체제 안에 실현되었다. 하지만 당시 주교들과 가톨릭 명사들한테는 라므네가 추구했던 사상들이 하나의 스캔들이 되었다.

국가가 지급하는 봉급을 받지 말라고 사제들에게 호소하는 글(1830년 10월 18일)

구유에서 태어나시고 십자가 위에서 돌아가신 분의 봉사자들이여, 부디 여러분들의 근원으로 다시 거슬러 올라가십시오. 가난과 고통을 통해서, 여러분 스스로를 단련해 나가십시오. 그러면 고통을 겪으시고 가난하신 하느님의 말씀이 여러분들의 입에서 가장 뛰어난 효과를 다시 낼 수 있을 것입니다. 하느님의 말씀만을 의지하십시오. 그 밖의 다른 어떤 것도 의지해서는 안 됩니다. 단지, 12명의 죄인들처럼 백성들 한가운데로 내려가서, 세상을 사로잡기 위한 일을 다시 펼쳐 나가십시오. 새로운 승리와 영광의 시대가 그리스도교를 위해 곧 다가오고 있습니다. 저 멀리 지평선에서 떠오르는 별들이 보여 주는 조짐과 희망의 사자들을 바라보시고, 제국들의 붕괴와 지나가 버리는 모든 것의 잔해들을 노래하고 생명의 찬가를 노래하십시오.

법령화 계획(1830년 12월 7일)

첫째, 우리는 아무런 특혜도 아무런 차별도 없는, 온전하고 보편적인 양심의 자유와 종교의 자유를 요구하는 바이다. 그 결과, 우리 가톨릭 신자들은 교회와 국가의 전적인 분리를 요구한다. …… 이 같은 필수불가결한 분리가 없다면, 가톨릭 신자들에게는 신앙생활의 자유란 전혀 존재하지 않을 것이다. 한편으로는 이 같은 분리가 국가로부터 받는 교회 예산의 폐지를 의미하고, …… 다른 한편으로는 사제들이 다른 시민들과 똑같이 나라의 법을 지켜 나가야 한다는 것을 의미한다. 하지만 영적인 차원에서는 성직자들의 절대적인 독립이 보장되어야 한다는 뜻도 함축되어 있다.

둘째, 우리는 교육의 자유를 요구하는 바이다. 왜냐하면 교육의 자유는 천부적인 권리이고, 이를테면 가족의 으뜸가는 자유에 해당하기 때문이다. 게다가 교육의 자유가 없으면, 신앙생활의 자유도 의견의 자유도 존재할 수 없기 때문이다.

셋째, 우리는 출판의 자유를 요구하는 바이다. ……

넷째, 우리는 결사의 자유를 요구하는 바이다. ……

다섯째, 우리는 선거의 원리가 대중들 한가운데로까지 파고들 수 있도록, 사람들이 선거의 원리를 더욱더 발전시켜 나가고 확대시켜 나갈 것을 요구하는 바이다. ……

여섯째, 우리는 황제의 전제주의가 남긴 한탄스럽고 부끄러운 잔해에 해당하는 중앙 집권이라는 치명적인 체계를 폐지할 것을 요구하는 바이다. 우리가 주장하는 원칙에 의하면, 한정된 지역의 이해 당사자인 본인에게는 직접 스스로를 통치할 수 있는 권리가 있다.

73) 그레고리오 16세 교황의 회칙 〈미라리 보스〉

교황은 라므네나 〈라브니〉 지에 대해서는 전혀 거명하지 않은 채, 〈라브니〉 지가 표명한 입장과 그런 입장에 영감을 준 사람들을 다음과 같이 단죄했다.

…… 바야흐로 여러 가지 악을 유발시키는 것이 우리 앞에 와 있다. 그로 인해 우리는 지금 이 같은 무관심주의나 나쁜 이들의 조종을 받아 모든 곳으로 퍼져 나간 사악한 견해가 무엇인지를 알게 되었을 뿐만 아니라, 커다란 슬픔에

빠져 있는 교회를 바라보면서 괴로워하고 있다. 사실 그들이 주장하는 사악한 견해는, 품행만 바르고 떳떳하면 어떤 신앙을 고백하든지 간에 영원한 구원을 보증받을 수 있다고 한다. ……

무관심주의라는 악취를 풍기는 그 원천으로부터, 다음과 같은 모호하고 잘못된 행동방침, 아니 오히려 망상에 가까운 것이 생겨나는 것이다. 그 망상은, 사람들은 누구나 자신의 양심의 자유를 확신할 수 있을 뿐만 아니라 양심의 자유를 보장받아야 한다는 것이다.

몇몇 사람들이 잘못된 주장을 외쳐 댐으로써 많은 사람들을 해로운 오류의 길로 빠뜨리고 있다. 그들은 아무런 제한도 받지 않고 자유롭게 말할 수 있는 절대적이고 완전한 '의견의 자유'를 요구한다. 그들의 주장이 세상 곳곳으로 멀리 퍼져 나가고 있다. 그들은 종교계와 세상을 불행의 늪 속으로 빠뜨리면서도, 파렴치하게도 신앙생활도 바로 그런 자유에서 비롯된 것이라고 계속해서 외쳐대고 있다. ……

바로 이 같은 치명적인 자유, 사람들이 미처 그 위험성을 충분히 감지하지도 못하고 있는 바로 그 자유, 무슨 글이든지 간에 반드시 출판할 수 있어야 한다는 출판의 자유, 몇몇 사람들이 그렇게 소란스럽게 외쳐 대며 도가 지나칠 정도로 많은 사람들에게 자신들의 주장을 전파해 나가고 있는 그 자유가 바로 이것과 깊은 관련을 맺고 있다. ……

우리는 백성들 사이에 널리 유포되어 있는 그들의 글들이 군주들에 대한 충성심과 복종을 송두리째 뒤흔들어 놓고, 심지어 곳곳에서 혁명의 횃불을 밝히도록 부추기고 있다는 사실을 알게 되었다. 우리는 온 정성을 다해서, 잘못된 주장에 현혹되어 속아 넘어간 백성들을 다시 의무의 길로 돌아올 수 있도록 돌봐야 할 것이다. 사도께서 "사람은 누구나 위에서 다스리는 권위에 복종해야 합니다. 하느님에게서 나오지 않는 권위란 있을 수 없고, 현재의 권위들도 하느님께서 세우신 것입니다. 그러므로 권위에 맞서는 자는 하느님의 질서를 거스르는 것이고, 그렇게 거스르는 자들은 스스로 심판을 불러오게 됩니다."(로마 13,1-2)라고 일러 주신 말씀을 모든 사람이 꼭 염두에 두었으면 한다.

74) 교회를 위한 나의 투쟁은 끝났다

라므네는 어쩔 수 없이 〈미라리 보스〉에 순명했다. 로마를 처음 방문했을 때(1824년)에는 열렬한 환영을 받았던 그가 절친한 친구인 방튀라Ventura 신부에게 보낸 편지에서(1833년 1월 25일),

다음과 같이 로마를 반대하는 자신의 괴로운 심정을 토로했다. 이로써 그의 인생에 있어서 또 다른 한 페이지가 시작되었다.

…… 나는 장님도 귀머거리도 아니네. 로마에서 여섯 달 동안이나 보낸 '사람(라므네 자신을 가리킴)'이라면 자신이 아무리 한다고 해도, 가톨릭교회의 모든 원리에는 전혀 관심을 갖지 않고, 오로지 세속적인 이해관계에만 혈안이 되어 있는 사람들, 그것만을 가톨릭교회의 목적이자 기준으로 생각하는 사람들이 가톨릭교회를 통치하고 있다는 이 서글픈 사실을 어떻게 자기 자신에게마저 숨길 수 있겠는가?

내가 방금 전에 마지막으로 언급했던 관점, 즉 그들은 오로지 정치적인 이해관계 말고는 다른 어떤 것에도 전혀 관심이 없다는 사실을 삼척동자도 다 안다고 생각하네. 내가 눈을 더욱 크게 부릅뜨면 뜰수록 더욱더 분명한 사실은, 현재의 로마는 예수님 시대의 회당과 너무 많이 닮았다는 것이네. 이 같은 사실을 보지 못한다는 것 자체가 나에게는 점점 더 불가능해지고 있네. 교황청의 국무성으로 상징되는 사두가이파 사람들은 자기네들이 소유하고 있는 것들과 돈과 권력에만 온통 신경을 쓰고 있다네. 그들은 별 가치도 없는 아첨과 비열한 교만을 통해서 헤로데와 좋은 관계를 유지하려고 애를 쓰고 있다네. 자신들의 정치를 조금이라도 거북해하거나 자신들을 혼란에 빠트릴 위험이 있을 것 같으면, 필사적으로 막으려고 한다네. 그들은 언제라도 또다시 그리스도를 십자가에 못 박을 태세가 되어 있다네. 그들은 그런 외교적인 자세로 세상의 빌라도들에게 환심을 사기 위해 줄기차게 노력을 기울이고 있다네. 사실 그들은 정치적인 이유로 그리스도 그분을 날마다 십자가에 못 박고 있다네. 또한 그들은 아무것도 믿지 않는다네. 바리사이파 사람들은 신앙을 자신들의 욕정에 맞추기 위해서 신앙을 왜곡시켜 버렸는데, 나는 그들에게 과연 신앙이 얼마나 남아 있는지 잘 모르겠네. 아마 그들의 신앙은 우리가 상상하는 것 이상으로 훨씬 더 심각한 상태일 걸세. ……

그래서 나는 다음과 같이 결론지었다네. '참된 그리스도교를 구원하기 위해서는, 하느님께서 직접 개입하실 필요가 있다.' ……

그러나 내 마음을 확고하게 사로잡고 있는 생각은, 어떤 일이 있더라도, 나는 이제 신앙생활에 관해서는 더 이상은 신경 쓰지 않겠다는 것이네. …… 교회를 위한 나의 투쟁은 이제 끝이 났네. …… 다른 사람들이 나보다 더 많은 재능을 갖고 신앙생활을 옹호하고, 나보다 더 행복하게 신앙생활을 옹호할 수 있을 것이네. 하지만 그 누구도 나보다 더 많은 양심을 갖고 신앙생활을 옹호할 수는 없을 것이네. 이제부터

> 내가 추구하는 대의명분이란 바로 내 조국과 모든 나라가 추구하는 대의명분이라네. 한마디로 말해서, 순수한 정치적인 의미에 해당하는 자유라는 일반적인 대의명분만을 내가 추구하게 될 것이네. 구태여 회칙을 생겨나게 하지 않아도 될 사변들과 철학적인 학문들의 자유를 위해 나는 여생을 바칠 계획이네.
>
> 라므네, 《서한집Correspondance》, 제5권.

75) 어느 신앙인의 발언

《어느 신앙인의 발언》의 출판은 라므네가 제도 교회와 결정적으로 단절했다는 하나의 표지였다. 예언자적이고 묵시 문학적인 문체로, 라므네는 사람들의 자유를 반대하는 교회와 권력가들 사이의 동맹 관계를 비난했다.

일곱 왕들에 대한 환시

첫 번째 왕은 피로 가득 찬 그릇을 들고서 그 피를 머리에 쏟아 부으면서 마셨다.

그러자 음료수가 그를 강하게 해 준 것처럼 보였다.

그러고 나서 그가 머리를 들자, 다음과 같은 고함 소리가 그의 가슴에서 흘러 나왔다. 그는 마치 귀먹은 벙어리처럼 헐떡거리며 소리를 질렀다.

"지상에 다시 자유를 가져온 그리스도는 저주를 받아라!"

이윽고 관을 쓴 여섯 명의 다른 남자들도 모두 일어나 다 같이 똑같은 고함 소리를 질러 댔다.

"지상에 다시 자유를 가져온 그리스도는 저주를 받아라!" ……

그리하여 일곱 번째 왕도 다른 왕들처럼, 사람의 머리를 통해 피를 마시고 십자가 발치에서 다음과 같이 말했다.

"그리스도여, 이제 더 이상 존재하지 말지어다. 그대와 우리 사이에는 죽음에 이르는 전쟁, 영원한 전쟁만이 있을 것이다. 그런데 도대체 어떻게 하면 백성들을 그에게서 떼어놓을 수 있단 말인가? 그 어떤 것도 아무 쓸데없는 시도가 되고 말 것이다. 그러니 어떻게 해야 한단 말인가? 내 말을 들어 보라. 재산과 명예와 권력으로, 그리스도의 사제들의 마음을 사로잡을 필요가 있다고 생각한다.

만일 그렇게만 된다면, 그들은 그리스도에게 속한 백성들에게, 우리가 무슨 짓을 하든지, 또 우리가 무슨 명령을 내리든지 간에, 우리한테 복종하게 될 것이다." ……

《어느 신앙인의 발언》, 제13장.

고독한 투쟁

라므네를 지지하던 체제는 무너지고 말았다. 라므네는 사람들에게 충실한 모습으로 남아 있고 싶어 했지만 그는 혼자였다. 20년 동안 지칠 줄 모르던 언론가요 문필가로 활동했던 라므네는 가난한 이들과 압박을 받는 이들을 옹호하고 나섰다. 그 예로, 리옹의 견직 공장 노동자들이 폭동을 일으키자, 그들을 지지하고 옹호했다. 그는 미래의 신앙생활과 온 인류의 종교를 준비해 나갔다. 그는 보통선거를 실시해야 한다고 주장하고 사형 제도를 반대했다.[76] 또한 언젠가는 보편적인 형제애를 통해서 모든 전쟁이 사라질 것이라고 생각했다. 1848년 그의 꿈이 실현되는 것처럼 보였다. 왜냐하면 그가 국회 의원으로 선출되었고, 〈헌법상의 인민Le Peuple constituant〉이라는 신문이 창간되었기 때문이다. 그러나 꿈에 부풀었던 시간이 지나자, 곧바로 실망이 찾아왔다. 라므네는 1854년 2월 27일에 숨을 거두었다. 그의 유언에 따라, 사람들은 그를 공동묘지에 안장했다.

라므네가 그토록 바랐던 것이 오늘날에는 이루어진 상태다. 그는 교회와 국가의 분리, 교육과 출판의 자유 등을 부르짖었다. 1830년 이후부터 프랑스의 가톨릭 신자들은 교육의 자유를 주장하는 운동을 벌이기 시작했으나 다른 자유들에 대해서는 아직 부르짖지 않았다. 교황권 지상주의는 반자유주의를 부르짖으면서 발전해 나갔다. 한편, 가톨릭적인 자유주의가 차츰 생겨나기 시작했지만, 라므네가 보여 주었던 폭넓은 시야를 아직 갖추지는 못했다.

76) 사형에 대한 상반된 두 가지 견해

활동 초기, 라므네는 조셉 드 메스트르와 상당히 유사한 사상을 펼쳤다. 하지만 조셉 드 메스트르가 인민의 자유라는 대의에 관심을 기울이고 있을 때, 라므네는 훨씬 더 진보적인 생각을 갖고 있었다고 생각된다.

사형 찬성 – 형리를 찬양함

형리는 특별한 존재다. 형리가 인류라는 가족 안에 존재하기 위해선, 특별한 법령과 창조적인 권력의 실행이 반드시 필요하다. …… 형리도 과연 사람일까? 그렇다. 하느님께서는 당신의 성전에 형리를 받아들이실 뿐만 아니라 형리가 기도하는 것마저도 허락하셨다. 형리는 죄를 지은 죄인이 아니다. …… 모든 위대함, 모든 권력은 형리에게 의존하고 있다. 그래서 그는 공포 그 자체이면서 동시에 인간 사회를 결속시켜 주는 사람인 것이다. …… 지금 이 순간에도 질서가 혼란에게 자리를 내 주고 있으며, 권좌들이 파멸되고 있으며, 사회마저 사라져 가고 있다.

조셉 드 메스트르, 《상트페테르부르크의 밤 Les Soirées de Saint-Pétersbourg》,

첫 번째 대담 Premier entretien, 1807년.

사형 반대

생명은 오로지 하느님께 속해 있다. 그래서 "절대로 살인하지 말라."라고 적혀 있는 것이다. 법이 살인을 할 때, 그 법은 벌을 부과하는 것이 아니라 살인을 저지르는 것이다.

정의 문제를 다룬다고 하는 당신네들이, 정의를 건설하려고 하는 사람들마저 불명예스럽게 만들고, 게다가 한 인간이 가진 권리뿐만 아니라 그 어떤 권리라도 가질 수 있는 능력까지 빼앗아 버리는 파렴치한 행동을 저지르고 있지 않는가? 당신들은, '우리가 산 사람을 한 줌의 재로 만들어 버렸다고 해도, 그 재가 바람에 날려 땅 위에 떨어져 유익한 씨앗, 덕이라는 씨앗 하나를 자라게 해 주지 않았나?'라고 반문한다.

쓸데없는 생각에 사로잡힌 당신들이 어떻게 생각해도 상관없다. 중요한 것은 이것이다. 사랑은 정의正義를 지배하고, 사랑의 고유한 특성은 바로 사랑하는 사람에게 자신을 헌신하는 것이고, 기꺼이 그 사람을 위해 스스로 자유롭게 희생한다. 어떤 형제도 자기 형제에게 "네 목숨을 나에게 주라."라고 말하지 않는다. 그 대신 그는 자기 형제를 위해 자신의 목숨까지 기꺼이 내어놓는다. 이미 1,800년 전에 그리스도의 십자가 위에서 사형 제도가 폐지되었다.

라므네, 《인민의 책 Le Livre du peuple》, 1837년.

3. 1848년: 짧았던 행복

경제적·사회적 변화

영국에서는 산업화가 큰 진전을 이루었지만, 유럽 대륙에서는 굉장히 지지부진했다. 한 가지 예로, 프랑스에서는 19세기 중엽에도 무려 75%가 농촌 지역이었다. 찢어지게 가난하고 비참한 생활을 하던 도시, 인구 밀집 지역들에서 탄광 산업과 방직 공업이 생겨나기 시작했다. 하지만 경제적인 자유주의만 있었지, 봉급과 위생 면에 대해서는 아무런 규정이나 적용이 없었다.[77] 정치적인 면에서 상당히 보수적이었던 일부 가톨릭 신자들은 노동자를 규제하던 구체제의 협동조합(길드)들이 사라지는 것을 안타깝게 생각했다. 많은 법규들이 제정되면서 협동조합들이 사라진 것이다.

당시 가톨릭 신자들은 노동자들의 비참한 생활을 덜어 주기 위해 자선 사업을 펼치는 단체들을 설립하면서, 훨씬 더 윤리적이고 종교적인 행동을 할 수 있도록 노동자들을 독려했다. 다른 동료들에 비해서 굉장히 진보적이었던 라므네와 드 쿠 등은 〈라브니〉지를 통해서 노동자에 대한 착취를 고발하면서, 정치적인 민주주의에 근거하여 경제적·사회적인 구조를 새롭게 만들어 나갈 것을 제안했다. 또한 프레데릭 오자남은 다양한 계층들을 화해시키기 위해 무척 많은 애를 썼다. 그는 "야만인들한테로 넘어 갑시다!"라고 외치면서, 게르만족 대이동 당시에 교회가 취했던 것과 똑같은

방식으로 노동자들을 대하자고 주장했다.[78]

　최초로 사회주의적 입장을 가진 가톨릭 신자들은 생-시몽Saint-Simon, 푸리에Fourrier, 카베Cabet, 뷔쉐Buchez 등이었다. 이들은 주로 〈라틀리에L'Atelier〉[170]라는 신문의 필진들로서 그리스도교의 원리에서 영감을 받은 첫 번째 사회주의자였다.[79] 이들은 자선 행위를 반대했다. 왜냐하면 그들은 정의를 이룩하고 경제와 사회를 변혁시키는 중요한 행위가 바로 자선 행위를 반대하는 것이라고 보았기 때문이다.

[77] 기계로 전락해 버린 인간

　리옹의 대교구장 드 보날de Bonald 추기경이 노동자들이 기계처럼 착취당하는 현실에 대해 격렬한 분노를 터뜨렸다. 하지만 그의 분노는 윤리적인 차원에 머물고 말았다. 따라서 그는 경제적인 구조와 관련된 구체적인 결론을 도출해 내지는 못했다.

　…… 탐욕을 채워 주기 위해, 인간은 무엇이 되어야 한단 말인가? 일하는 기계, 기계의 움직임을 더 빠르게 해 주

---

170 '라틀리에'는 '작업장'이라는 뜻을 가지고 있다.

는 바퀴, 물건을 들어 올리는 지렛대, 돌을 깨는 쇠망치, 쇠를 만드는 데 사용되는 모루, 그런 것 말고는 아무것도 되지 못하지 않는가? 어린이들은 어떻게 되고 있는가? 탐욕은 아직 힘을 다 발휘하지 못하는 어린이들을 톱니바퀴의 한 부속품으로 간주하고 있다. 이것이 바로 탐욕의 눈에 비친 인간의 존엄성, 인간의 본성으로부터 나온 존엄성의 전부이다. 만일 여러분이 그 탐욕에게 사회의 구원이 도대체 어디에 있느냐고 물어 본다면, 그 탐욕은 여러분에게 끊임없이 작동하는 기계들 속에, 생산에 몰두해 있는 노동자의 끊임없는 활동 속에, 차이를 사라지게 하는 수증기 속에 들어 있다고 가르쳐 줄 것이다.

드 보날 추기경이 1842년 사순절을 맞이하여 주일을 거룩히 지내는 것과 관련해서 내린 〈사목 지침과 교서Instruction pastorale et mandement〉.

78) 프레데릭 오자남: 야만인들한테로 넘어 갑시다

리옹의 방직 공장 노동자들이 일으킨 폭동(1831~1834년)과 비슷한 사태를 겪고 난 다음, 많은 사람들이 노동자들을 도시를 위협하는 새로운 야만인이라고 비난했다. 오자남은 거기에 응수하면서, (그렇다면 차라리) "야만인들한테로 넘어 갑시다!"라고 말했다. 경제적·사회적인 차원의 정치 패러다임을 바꿔야 할 때가 온 것이다. 오자남은 새로 선출된 비오 9세 교황도 바로 그 같은 견해를 가지고 있다고 생각했다.

"야만인들한테로 넘어 갑시다!"라고 말한다고 해서, 제가 급진적인 것으로 나아가자는 뜻은 아닙니다. …… 우리가 20년 전부터 소망해 왔던 것을 마침내 교황님께서 이룩하고 계시다는 것을 저는 확신합니다. 교황님께서도 저의 생각과 크게 다르지 않다고 생각합니다. 왜냐하면 교황님께서도 일반 서민들에게 다가가시기 위해서, 이른바 1815년에 '야만인들' 편에서, 즉 군주들과 정치인들 편에서 벗어나시고자 하셨기 때문입니다. 그러므로 저는 "야만인들한테로 넘어 갑시다!"라고 말하면서, 우리들도 선임 교황님처럼 일반 서민들을 돌보자고 요청하는 것입니다. 사실 너무 많은 것들이 필요합니다. 노동자들은 충분한 권리도 누리지 못합니다. 그들은 비참한 생활을 극복하고 일자리를 안정적으로 확보할 수 있는 보장을 훨씬 더 공

▲ 프레데릭 오자남의 초상화, 자모작, 프랑스 국립 도서관 소장.

적인 차원에서 시행해 줄 것을 정당하게 요구하고 있습니다. 좋은 고용주들이 없는 관계로, 나쁜 사장들만을 모시고 있는 그들이 바로 서민들입니다. …… 분명한 사실은, 우리가 아틸라[171]와 겐세리쿠스[172]를 회개시키지는 못하겠지만, 어쩌면 하느님께서 우리를 도와주셔서 훈족과 반달족들이 결국에는 우리들한테로 넘어올지도 모릅니다.

《편지|Lettre》, 1848년 2월 22일자.

79) 민중이 원하는 것은 자선이 아니라 정의

1840년부터 1850년까지 발간된 〈라틀리에〉라는 신문은 복음과 사회주의를 동시에 표방하던 노동자들에 의해 직접 제작되었다. 그들은, 교회가 흔히 사회적인 문제의 해결책으로 간주하던, 자선 행위와 자선 사업에 대해 강력하게 항의하며 반대했다.

인민들이 원하는 것은 결코 자선이 아니다. 종교적인 후원이나 박애주의적인 후원은 더더욱 아니다. 게다가 인민

---

171 훈족 왕.
172 게르만족에 해당하는 반달족 국가를 아프리카에 처음으로 세웠던 왕.

> 들이 요구하는 것은 결코 빵이 아니다. 만일 사람들이 빵을 주면서, 거기에다 감히 노예가 되는 조건을 갖다 붙인다면 말이다. 인민들이 원하는 것은 바로 사회라는 대가족 안에서 자신의 자리를 찾는 것이고, 공적인 일에 정식으로 참여할 수 있는 권리를 인정받는 것이다. 인민들이 원하는 것은 또한 자신들의 노동을 통해 뿌린 것을 제대로 거둘 수 있는 자유이고, 돈을 통한 모든 특혜를 철폐시키는 것이다. 끝으로, 특정한 사람들이 저지르고 있는 착복을 중지시키는 것을 인민들은 원한다. …… 어떤 이들은, 서민 대중에 의해 오늘날 제기되는 해방의 문제에 대해 사제들이 직접 개입해 줄 것을 바라고 있지만, 그러한 개입은 반드시 진정한 그리스교적인 정신에 부합되는 것이어야 한다.
>
> 1845년 7월에 발간된 〈라틀리에〉 지, 뒤로젤J.-B. Duroselle, 《프랑스에서 사회주의적인 가톨리시즘의 첫 등장Les Débusts du catholicisme social en France》(1951년), 119~120쪽에서 인용.

민중의 봄

공화주의자들과 옛 왕정 체제에 애착을 갖고 있던 가톨릭 신자들, 그리고 실직 노동자들이 다 같이 느끼던 불만들이 1848년 2월에 혁명으로 발산되었다.[80)] 그리하여 2월 25일에 공포된 공화정에 대해 모든 사람이 호의적으로 생각했다. 공화정 임시 정부 관계자들은 사람들에게 공화정을 위한 기도를 부탁했고 사제들도 자유의 나무를 축복해 주었다. 모든 사람이 화해한 것처럼 보였다. 한편, 도미니코 수도회 회원이 된 라코르데르와 오자남, 그리고 마레Maret 신부 등은 〈라브니〉 지의 복사판에 해당하는 〈새로운 시대 L'Ere nouvelle〉라는 신문을 창간했다. [81]

혁명의 불길은 오스트리아와 독일, 이탈리아 등 유럽 전역으로 퍼졌다. 독일과 이탈리아는 이제야말로 전국 통일을 이룩할 때가 왔다고 믿었다. 특히 조베르티Gioberti 신부는 교황이 이탈리아 연방의 대표가 되어야 한다고 생각했다. 하지만 일반 대중으로부터 인기가 높았던 비오 9세 교황은 이탈리아 일부 지역을 지배하고 있던 오스트리아에 대항할 '십자군'을 이끄는 것을 단호하게 거부했다. 그러자 교황에 대한 실망감이 여기저기에서 나타나기 시작했다.

[80] 1848년 2월, 모든 시민이 공화정 지지자였다

모든 사람이 행복을 느끼는 가운데, 1848년 2일 25일 공포된 공화정은 성직자들을 포함한 모든 프랑스 사람들로부터 호의적인 동조를 받는 것처럼 보였다. 본당 신부들은 자유의 나무를 축복하면서 훌륭한 강론을 했다.

공화정에 순명하고 복종하는 모범을 신자들에게 보여 주도록 하십시오. 여러분은, 미국에 있는 우리 형제들을 그토록 행복하게 해 주었던 바로 그 자유를 여러분 자신들도 향유할 수 있기를, 매우 갈망해 왔습니다. 바로 그 자유를 여러분이 누리게 될 것입니다. 만일 정부 당국자들이 종교적인 건물(성당)들에 국기를 게양하기를 바란다면, 열과 성의를 다해 관리들의 바람을 들어 주십시오. 공화정을 상징하는 깃발은 언제 어디서나 항상 종교를 위한 보호기가 될 것입니다. …… 노동자들의 처지를 개선하기 위한 모든 조치에 적극적으로 협력하십시오. 육체노동을 하며 먹고 사는 계층을 위해서, 이제야말로 진지하고 효과적인 관심을 보여 줄 때가 되었다는 희망을 가질 필요가 있습니다.

드 보날 추기경이 자기 대교구 사제들한테 한 강론.

시민들 가운데 가장 으뜸이셨던 분, 예수 그리스도께서 바로 이 십자가 위에서, 온 세상에 다음과 같은 훌륭한 말씀을 울려 퍼지게 해 주셨습니다. 그것은 바로 자유와 평등, 형제애 등에 관한 말씀입니다. ……

거룩하신 분이시며 탁월한 공화주의자이셨던 분, 모든 시대와 모든 나라의 공화주의자들의 화신(化身)이셨던 그분은 바로 자유의 나무 위에서 여러분을 위해 돌아가신 그리스도이십니다. 그렇습니다. 바로 그 골고타 언덕으로부터, 자유가 우리에게 내려온 것입니다.

1848년에 했던 본당 신부들의 강론.

81) 새로운 시대

라코르데르와 오자남 그리고 마레 등은, 가톨릭 신자들이 민주주의에로 가까이 다가갈 수 있도록 도와주기 위해 〈새로운 시대〉라는 신문을 창간했다. 공화정의 처음 몇 달 동안 사람들은 온갖 희망을 다 가질 수 있었다.

우리를 억누르던 윤리적인 비참함과 물질적인 고통 가운데서도, 우리는 현대 민주주의가 결정적으로 도래했다는 사실과 민주주의의 운명이 실현되었다는 사실을 열렬히 환영하는 바이다. 민주주의는 하느님과 이 시대와 인간의 천재성이 함께 일구어 낸 작품이다. 가장 미소한 이들과

▲ 라코르데르의 초상화, 샤세리오 작, 루브르 박물관 소장.

가장 비천한 이들을 우리의 형제요 신인(神人, Home-Dieu)의 사람들이라고 우리에게 인식시켜 준 신앙생활의 관점에서 생각해 본다면, 특정 계급이 누렸던 온갖 특혜를 다 철폐시킨 것과 시민의 권리며 동시에 정치적인 권리인 절대적인 평등이라는 문제가 그리스도인을 놀라게 할 만한 것은 전혀 아니다. …… 우리는 하느님의 손가락이 가리켜 주시는 새로운 길에 성직자들도 완전히 동참하기를 바란다. 성직자들도 평등과 자유와 형제애(혹은 우애)라는 이 위대한 원리들의 승리와 사회적인 실현에 헌신할 수 있기를 바란다. …… 아, 만일 교회와 현대 사회를 접근시키려는 이러한 시도가 지금까지 있었던 다른 시도들처럼 실패하고 만다면, 선이라는 문제는 우리의 슬픈 조국에서 여러 세기를 후퇴하게 될 것이다.

〈새로운 시대〉지, 1848년 4월 19일자.

1848년 6월

프랑스에서 부활 대축일 날(1848년 4월 23일) 열광적인 분위기 속에서 선거가 실시되었다. 15명의 성직자들이 선출되었는데, 그중 라코르데르도 포함되어 있었다. 대다수 유권자들은 선거 자체를 전혀 경험해 본 적이 없던 시골 사람들이기 때문에, 그들은 자기네 지역의 유력한 인사들(성주와 본당 신부)의 지시에 따라 투표를 했다. 그러다 보니 자본주의가 지닌 사회적인 문제들에 대해서는 전혀 문외한인 보수적 성향의 국회가 구성될 수밖에 없었다.

한편, 국가에서 실업자 구제책으로 운영한 '국립 작업장'에 참여하기 위해서, 전국에서 실업자들이 파리로 구름처럼 몰려들었다. 그러나 비용이 너무 많이 든다고 판단한 정부가 국립 작업장을 폐지하자, 노동자들은 파리에서 바리케이드를 치고 농성했다. 이 난은 6월 23일부터 26일까지 맹위를 떨쳤다. 아프르Affre 대주교는 양측의 화해를 주선하다가 살해당했고 사망자의 숫자가 수천 명에 달했다. 11,000여 명이 투옥되었다. 몽탈랑베르는 "바로 이 같은 행위는 우리를 위협했던 야만인들의 침략과 같은 것이다!"라고 목놓아 외쳤다. 아름다웠던 일치는 사라지고 말았다.

루이 뵈이요와 그가 주도한 〈레르 누벨르L'Univers〉[173] 지와 가톨릭의 유력 인사들은 사회 질서를 바로 잡기 위한 운동을 벌였다. 82) 한편 반성직자주의적인 경향을 보이던 부르

▲ 루이 뵈이요의 초상화.

---

[173] '레르 누벨르'는 '세계' 혹은 '우주' 등의 뜻을 담고 있다.

주아 계급은 교회에 접근하여, 교회가 민중들에게 복종과 체념을 설교해 주기를 은근히 기대했다. 그렇게 해서 루이-나폴레옹Louis-Napoléon 왕자(후에 나폴레옹 3세가 됨)가 압도적인 절대 다수의 지지를 받고 공화정의 대통령으로 선출될 수 있었다(1848년 12월). 1849년 구성된 입법 의회는 보수적이고 왕정주의적인 가톨릭 신자들이 대다수를 이루었다.

82) 그리스도인의 최고 덕목, 체념

1848년 6월, 파리에서 일어난 유혈 사태는 유산자들, 특히 유력한 가톨릭 신자들에게 커다란 공포심을 불러 일으켰다. 그 동안 도취해 있던 행복감은 흔적도 없이 사라지고 말았다. 그리하여 사회적인 방어 수단으로 이용되던 종교는 가난한 사람들에게 체념하고 인정하라고 권유했다.

교회는 가난한 사람에게 이렇게 말했습니다. "너는 다른 사람의 재산을 빼앗지도 마라. 아니 탐내지도 마라. 다시 말해, 네 영혼에 끊임없이 탐욕과 질투라는 불을 질러대는 해로운 가르침들을 절대로 따르지 마라. 가난을 체념하고

> 순순히 받아들이면, 너는 보상과 배상을 영원히 받게 될 것이다." 바로 이것이 교회가 천 년 전부터 가난한 사람들에게 타일러 온 말입니다. 가난한 사람들은 사람들이 그들의 마음에서 신앙을 빼앗아가 버린 오늘날까지도 그 말을 믿고 있습니다.
>
> 몽탈랑베르, 프랑스 하원 의사당에서 행한 연설, 1848년 9월 20일.
>
> 우리는 가난한 여러분에게 종교가 지닌 희망을 가져다 드립니다. 종교가 지닌 희망이란 이 세상의 부귀를 누리지 못한 여러분에게 드리는 엄청난 보상이며, 여러분이 체념하고 인내할 수 있도록 해 주는 강력한 동기입니다.
>
> 파리 대교구의 시부르 대주교.

로마 혁명

이탈리아인들을 실망시킨 바 있던 비오 9세는 교황령에서 여러 개혁을 시도했다. 그러자 교황청의 로씨Rossi 장관이 암살당하는 사태가 벌어졌다. 공포에 사로잡힌 교황이 로마를 떠나자 로마 사람들은 공화국을 선포했다(1849년 2월). 프랑스 국회에서도 교황에 대한 여론이 들끓었다. 루이-나폴레옹 정부는 군대를 파견하여 로마를 장악한 뒤(1849년 6월), 교황이 로마에서 다시 자리를 잡을 수 있도록 조치를 취했다. 또다시 전제 정치가 활개를 치기 시작했다.

팔루 법과 프랑스 교육

교육부 장관인 팔루Falloux는 가톨릭 신자가 절대 다수인 한 위원회의 도움을 받아 교육에 대해 전면적인 개편을 시도했다. 두려움이 너무 크다 보니, 서로 다른 다양한 의견들이 별 충돌 없이 하나로 뭉칠 수 있었다. 한편 티에르Thiers같이 비종교적인 태도를 취한 부르주아 계급은 교회의 보수적인 영향력을 최대로 강화시키려고 했다. 그들은 "인간이 쾌락을 향유하기 위해서 이 세상에 존재하는 것이 아니라, 고통을 받기 위해서 이 세상에 존재한다는 점을 인간에게 가르쳐 주기 위해서" 성직자들의 협조를 부탁했다. 그 결과 만들어진 것이 1850년 3월 15일 반포된 법률안이었다(팔루 법). 초등 교육뿐만 아니라 중등 교육에 대한 자유가 허용되었고 교회는 공교육에 폭넓은 영향을 미칠 수 있는 혜택을 누리게 되었다. 그 결과 초등 교육에 있어서, 가톨릭 신자들은 가톨릭 학교를 설립할 수 있는 권한뿐만 아니라, 본당 신부가 지역 학교의 종교 교육을 감독할 수 있는 권한을 갖게 되었다. 또한 성직자들은 공교육을 위한 다양한 자문 활동에 참여할 수 있었다.

교육의 모든 분야를 정비하면서 사람들은, 팔루 법을 사회적인 방어 수단으로 간주했다. 팔루 법은 부르주아 계급에게 종교적인 영향력을 다시 행사할 수 있는 길을 허락해 주었다고도 볼 수 있지만(볼테르가 주장함), '가톨릭 교육 운동'으로 넘어가는 길목에 해당하는 단계였다는 것은 분명한 사실이다. 그러나 이 법은 미래에 무거운 짐을 떠넘겨 준 셈이었다. 왜냐하면 가톨릭의 영향을 많이 받은 절대 다수의 정치인들이 만들어 낸 이 법은, 30년 뒤에는 가톨릭이 아닌 또 다른 절대 다수가 팔루 법과는 정반대의 법안을 만들어 냈기 때문이다.

루이-나폴레옹의 쿠데타와 제정의 복원(1852년 12월 2일)에 대해, 가톨릭 신자들은 아주 호의적인 태도를 보였다. 왜냐하면 군대와 교회가 동맹 관계를 유지하면 엄청난 특혜를 누릴 수 있다고 생각했기 때문이다.

Ⅲ. 제1차 바티칸 공의회

1. 정치적·종교적 상황

로마의 문제

나폴레옹 3세(루이-나폴레옹)로부터 군사적인 원조를 받은, 이탈리아 북서부 지방의 피에드몬트Piedmont의 빅토르-엠마누엘 왕은 이탈리아 영토 대부분을 점령하고 1861년 3월 피렌체에서 스스로를 이탈리아의 왕이라고 선언했다. 교황은 자신의 영토 거의 대부분을 잃어버렸다. 그러자 나폴레옹 3세는 프랑스 가톨릭계의 여론을 고려하여 로마에 프랑스 군대를 그대로 주둔시킨 채, 교황으로 하여금 로마와 주변 지역을 통치할 수 있도록 했다. 그러나 사람들은 비오 9세 교황이 사망하기만을 손꼽아 기다렸다. 단지 영토 문제에 불과했던 '로마의 문제'는 1929년까지 교회를 힘들게 만들었다.

교황은 자유를 열망하는 사람들의 요구로 인해 마음속 깊이 상처를 받았을 것이다. 왜냐하면 교황은 교회가 불행해지는 원인이 사람들이 요구하는 자유에 대한 열망 때문이라고 생각했기 때문이다.

'자유주의'에 대한 가톨릭의 분열

가톨릭 신자들은 교황의 세속적인 권한을 옹호하면서 사회주의자들이 주장하는 가르침에 대항하기 위해 공동 전선을 형성하자는데 모두 찬성했다. 그러나 자유주의의 영향을 받은 당시 사회 문제에 대해서는 의견이 서로 달랐다. 프랑스의 루이 뵈이요와 그가 운영하는 신문 〈레르 누벨르〉, 그리고 푸아티에 교구의 비오 주교와 솔렘Solesmes의 베네딕토 수도회 사제인 돔 괴랑제Dom Guéranger 같은 인물들은 완고하고 비타협적인 가톨릭교회의 인사들이었다. 그들은 교회가 지난날의 영향력과 특권을 다시 되찾을 수 있다고 생각했다. 따라서 교회를 위협하는 모든 것, 특히 무엇이든지 출판할 수 있는 자유를 달라는 주장에 대해 단호하게 대항할 수 있는 투쟁 조직을 만들어야 한다고 주장했다. 일체의 타협을 불허하는 이들은 자유주의적인 가톨릭 신자들을 반대했다.

이들에 비해서 훨씬 더 현실주의자들이었던 자유주의적인 가톨릭 신자들은 사회적인 진보를 추구하면서도 종교적인 면에서는 후퇴하는 입장을 취했다. 그들은 국가에게는 관대한 중립성을 요구하고, 가톨릭 신자들에게는 모든 사람이 함께 누리는 자유로 만족해 달라고 요구했으며, 1789년의 혁명 원리(자유, 평등, 형제애)에 대해 엄밀하게 분류하고 정리할 필요가 있다고 생각했다. 예를 들어, 그들은 자유에 그리스도교적인 의미가 포함될 수 있다고 생각했다. 하지만 그들은 사회적인 문제에 대해선 극단적인 보수주의자들은 아니었지만 사실상 보수주의자나 마찬가지였다. 자유주의적 가톨릭 신자를 대표하는 인물로는 오를레앙 교구의 뒤팡루Dupanloup 주교와 몽탈랑베르가 있다. 몽탈랑베르는 말리느Malines에서 개최된 학술 회의에 참석해서, 자유가 가톨릭 신자들에게 선익을 가져다준다고 주장했다. 이 같은 주장 때문에 그는 로마로부터 견책을 당했다(1863년). 뒤팡루 주교와 몽탈랑베르는 〈르 코레스퐁당Le Correspondant〉[174]이라는 신문을 통해서 자신들의 주장을 펼쳤다.

이성과 신앙

19세기의 철학과 과학은 그리스도교와 가톨리시즘에 대해 문제

---

174 '르 코레스퐁당'은 교신 상대, 펜팔, 대리인, 통신원, 특파원, 학생의 보증인 혹은 감독자 등의 뜻을 가지고 있다.

를 제기했다. 칸트 철학은 '신은 이성으로 이해할 수 없는 존재'라고 확신했고, 오귀스트 콩트Auguste Comte가 주장하는 실증주의는 모든 초자연적인 존재를 부정했다. 에르네 르낭Ernest Renan은 《예수의 생애Vie de Jésus》(1863년)라는 저서에서, 예수는 단지 인성人性만 지닌 존재라고 주장했다. 이성과 신앙의 관계를 어떻게 설정해야 할 것인가?

가톨릭교회 안에서 교황의 위치

로마의 문제와 비오 9세 교황의 인격이 교황권 지상주의의 발달을 촉진시키는 데 크게 작용했다. 교황이 교황령을 빼앗기는 모습을 지켜보면서 일부 가톨릭 신자들은 분노했다. 왜냐하면 신자들은 교황에게 세속적인 권력이 있어야만, 교황의 영적인 독립이 보장된다고 믿고 있었기 때문이다. 그들은 교황의 무류권이 명확하게 정의되는 모습을 보고 싶어 했다. 1854년, '원죄 없이 잉태되신 마리아'에 관한 교의를 반포하면서, 교황은 자신의 무류권을 간접적으로 주장했다. 사람들이 교황을 일컬어 '인류에 대한 하느님 대리자' 혹은 '지금도 계속해서 강생하시는 말씀'이라고 칭송하자, 교황에 대한 공경이 오히려 우스꽝스럽게 되어 버렸다. 일이 이렇게 되다 보니, 오히려 교황의 위치에 대한 정의를 분명하게 내리는 일이 더욱더 절실하게 요구되었다.

부분적인 응답

여러 주교들이 교황을 재촉하자, 비오 9세는 1864년 12월 8일 발표한 두 개의 문헌을 통해서 당시 유행하던 오류에 대해 반대 입장을 표명했다. 첫 번째 문헌은 〈콴타 쿠라Quanta Cura〉라는 회칙이었다. 비오 9세 교황은, 그레고리오 16세 교황이 그랬던 것처럼, 이성주의와 갈리아주의, 사회주의, 자유주의 등을 단죄했다. 그 후 〈콴타 쿠라〉에다 〈실라부스Syllabus〉라는 회칙을 덧붙여 발표했다. 〈실라부스〉에는 80개의 명제(혹은 주장)들에 관한 목록이 포함되어 있었는데, 비오 9세는 이 모든 명제를 단죄했다.[83] 한마디로 두 번째 문헌은 현대 사회의 모든 것을 반대하는 내용이었다.

강경하고 비타협적인 가톨릭 신자들은 교황의 조치에 대해 아주 기뻐했지만 반성직자주의자들은 냉소를 지었다. 그들은 교황이 로마로 가는 철도마저 없애 버릴 것이라고 비아냥거렸다. 한편 교황의 반대에 부딪힌 자유주의적인 가톨릭 신자들은 진퇴양난과 같은 곤경을 타개하기 위한 노력을 시도했다. 이들의 대표 격인 뒤팡루 주교는 한 문헌을 발표했다. 그 문헌에서 그는 교황의 세속권력을 지지하고 교황에 대한 순명을 강조하면서, 교황이 발표한 문헌들에서 희망적인 내용을 찾아내어 긍정적으로 해석했다. 교황이 그의 해석을 받아들이자 사람들의 마음도 어느 정도 진정 기미를 보였다.

교회와 현대 세계와 어려운 관계, 게다가 이로 인해 교회 안에서 발생하는 여러 가지 논쟁들, 이 모든 상황을 해결하기 위해서 비오 9세는 제1차 바티칸 공의회를 소집하기로 결정했다.

83) 실라부스

비오 9세 교황은 전에 발표했던 글 가운데서 상당 부분을 재인용하면서, 당시 문제가 되었던 오류 목록 80개를 지적하고 단죄했다. 〈실라부스〉는 바로 그러한 오류들에 관한 목록으로 이루어져 있다. 그러나 어떤 가르침이 올바른 교의인가에 대해 적극적으로 설명하지 않은 채, 단지 오류들을 단죄했다. 바로 이 점이 뒤팡루 주교로 하여금, 〈실라부스〉의 가치에 대해 긍정적으로 해석할 수 있게 해 주었다.

55. 교회는 국가로부터 분리되어야 하고, 국가도 교회로부터 분리되어야 한다.
63. 합법적인 군주들에게 복종하는 것을 거부할 수 있고, 심지어 그들에게 맞서 폭동을 일으킬 수 있다.
77. 우리 시대에, 다른 모든 신앙의 자유를 배제한 채 오로지 가톨릭 종교만을 유일한 국교로 간주한다는 것

> 은 이제 더 이상 유익한 일이 아니다.
> 78. 가톨릭 국가에 정착하려고 온 외국인들에게 그들의 고유한 신앙생활을 공개적으로 할 수 있도록 법으로 보장해 주는 것은 정당하다.
> 79. 만일 모든 신앙생활을 할 수 있는 권한을 부여하는 시민권적인 자유와 자신의 사상과 견해를 공적으로 공공연하게 표현할 수 있는 완전한 권리를 사람들에게 준다면, 사람들의 미풍양속과 정신이 타락할 것이고, 무관심주의라는 흑사병 쪽으로 아주 쉽게 확산되어 나갈 수 있다고 주장하는 것은 잘못된 생각이다.
> 80. 로마 교황은 진보와 자유주의 그리고 현대 문명과도 화해할 수 있고 또한 당연히 화해해야 한다.

2. 제1차 바티칸 공의회의 회기

공의회 준비 완료

제1차 바티칸 공의회는 1869년 12월 8일에 소집되었다. 공의회가 제시한 목표들은 모호하고 일반적이었으나, 사람들은 무류권에 대한 정의가 공의회의 중요한 주제가 될 것이라고 생각했다. 1,000여 명의 현직 주교 가운데 700명이 넘는 주교들이 공의회에 참석했다.

참석한 주교들은 다 유럽 출신으로, 당시에는 유럽 출신들이 모든 세계를 대표했다. 각 위원회들은 수많은 주제에 대해 방대한 분량의 자료를 준비했다. 그러나 정치적·군사적인 상황 때문에, 공의회에서 심의 사항으로 다룰 내용이 두 가지 분야로만 한정되었다.

심의 내용

1870년 4월 24일에 가결된 〈하느님의 아들Dei Filius〉이라는 헌장은 이성과 신앙의 관계에 대한 여러 가지 논의를 종합해 놓은 결과물이다.[84] 이성주의와 범신론, 신앙주의[175]의 오류들에 직면하여, 공의회는 이성으로 이해할 수 있는 인격적인 하느님의 존재에 대해 정의를 내렸을 뿐만 아니라 계시의 필요성도 확인했다. 공의회는 이성과 신앙 사이에 아무런 갈등을 느끼지 않았다.

교회에 대한 주제를 다루기로 되어 있던 원래 계획에는 교황의 무류권 문제가 공식적으로 상정되어 있지 않았었다. 일부 소수 교부[176]들은 교황의 무류권에 대해 정의를 내린다는 것은 아직 시기가 적절하지 않다고 판단하여 반대했다. 하지만 대다수의 교부들은 무류권 문제를 토의 주제로 상정하여 다루어야 한다고 주장했다. 반대파 소수 교부 가운데에는 뒤팡루 주교를 포함한, 독일과 프랑스 출신의 주교들이 주로 속해 있었다. 무류권 문제 때문에,

---

175 종교적인 진리는 계시와 신앙에 근거하고, 하느님은 이성에 의해서가 아니라 오로지 신앙에 의해서만 인식할 수 있다는 주장이다.

176 여기서의 '교부'는 공의회를 준비하고 회의를 주관한 주교들을 일컬음. – 편집자 주

반대파 주교들은 가톨릭 신자들에게 스캔들을 일으키지 않기 위해서 공의회를 떠나 버렸다. 1870년 7월 18일, 나머지 교부들의 박수갈채와 비바람을 동반한 천둥소리가 들리는 가운데, 마침내 〈영원한 목자Pastor Aeternus〉라는 헌장이 가결되었다.[85] 이 헌장에는 주로 교황의 수위권과 무류권을 확언하는 내용이 담겨 있다. 무류권은, 수많은 과장된 표현들을 걸러낸 다음에야 비로소 올바른 균형을 찾아 도달할 수 있었던 문제였다.

[84] 제1차 바티칸 공의회(1869~1870년)

다음 내용은 1870년 4월 24일 반포된 〈하느님의 아들〉이라는 헌장이 내린 몇 가지 정의들이다.

신앙과 이성의 관계
- 만일 누가 하느님의 실체 혹은 본질이 만물과 하나이며 동일하다고 주장한다면, 그는 파문받아야 한다.
- 만일 누가 한 분이시고 참되시며 우리의 창조주요 주님이신 하느님께서 창조된 사물들을 통해서 인간 이성의 자연적 빛으로 확실히 인식될 수 없는 분이라고 주장한

다면, 그는 파문받아야 한다.
- 만일 누가 교회가 제시한 교의들에 대해서 언젠가는 학문의 발달로 말미암아 교회가 이해했고 현재 이해하고 있는 바와 다른 의미를 부여할 수 있다고 주장한다면, 그는 파문받아야 한다.

85) 교황의 수위권과 무류권

다음은 1870년 7월 18일 반포된 〈영원한 목자〉에서 발췌한 내용들이다.

…… 나는 가르치고 천명하는 바, 로마 교회는 주님의 안배로 여타의 모든 교회 위에 정규 수위 권한을 보유한다. 그리고 로마 교황의 이러한 수위 재치권은 진정한 주교의 권한으로서 직접적인 것이다. 그러므로 모든 품급들과 온갖 전례들을 불문하고 모든 목자와 모든 신자는 개인적으로나 집단적으로 교황에게 교계적으로 예속되고 진정한 순명을 할 의무가 있다. 이러한 순명의 의무는 신앙과 도덕에 관한 사안들에만 국한되는 것이 아니고 온 누리에 퍼져

있는 교회의 규율과 통치에 관한 사안들에도 해당되는 것이다. ……

바로 이 같은 교황의 권한은, 성령에 의해 사도들의 후계자들로 임명되었으며(사도 20,28), 참된 목자로서 각자 자기에게 맡겨진 양 떼를 양육하고 다스리는 주교들의 정규적이고 직접적인 재치권에 결코 손상을 초래하지 않는다. ……

우리는 다음 사항을 하느님에 의해 계시된 교의임을 선포하고 가르치는 바이다.

로마 교황이 사도좌에서 발언할 때, 즉 모든 그리스도교 신자들의 목자요 스승으로서 자신의 직무를 수행할 때, 신앙이나 도덕에 관하여 전 교회가 받아들여야 할 교리를 자신의 사도적 최고 권위를 가지고 선언할 때, 그는 복된 베드로에게 약속하신 하느님의 도움에 힘입어 무류권을 지닌다. 이 무류권은 하느님이신 구세주께서 당신의 교회가 신앙과 도덕에 관한 교리를 규정할 때 향유하기를 원하셨다. 그러므로 로마 교황의 결정들은 교회의 동의 때문이 아니라 그 자체로서 마땅히 바뀔 수 없는 것이다.

제1차 바티칸 공의회의 휴회

1870년 7월 19일, 프랑스와 독일이 전쟁을 선포했다. 그리하여 나폴레옹 3세는 교황을 보호하던 프랑스 군대를 로마로부터 철수시켰다. 결국 9월 4일에 나폴레옹 3세는 실각했다. 9월 20일에 이탈리아 군대가 로마를 점령했고 로마는 이탈리아 왕국의 수도가 되었다. 이러한 상황에 제1차 바티칸 공의회는 휴회되었다. 그러나 공의회가 다시 개회되지 못했다.

3. 제1차 바티칸 공의회의 결과

공의회의 결의 사항들은 일반적으로 잘 받아들여졌다. 하지만 뮌헨의 학자인 될링거와 독일의 몇몇 대학 교수들이 거부했다. 그 가운데 일부는 얼마 안 되는 신자들로 구성된 '복고 가톨릭교회'를 세우기도 했다. 그들은 얼마 안 가서 곧 얀센주의를 신봉하던 위트레흐트 교회와 서로 합쳤다.

제1차 바티칸 공의회는 불균형을 이루었다는 인상을 남겼다. 시간이 부족한 바람에, 공의회는 교회에 대해서만 논의하고 주교에 대한 논의는 꺼내지도 못했다. 아마 주교직에 대한 신학이 그때까지는 아직 무르익지 못했던 것 같다. 그러나 시간이 부족했던 것은 어쩌면 하느님의 섭리였을지도 모른다. 왜냐하면 결국 무류권에 관한 정의가 수위권에 관한 정의보다 영향력을 훨씬 덜 미쳤기 때문이다. 엄밀하게 말해서, 1950년 '성모 승천' 교의에 관한 정의를 내릴 때에만, 교황은 무류권을 행사했을 뿐이었다.

하지만 공의회는 수위권을 주장하면서, '교황이 모든 교회에 대해 통상적이고 즉각적이며 주교적인 관할권을 지니고 있다.'라는 점을 인정했다. 수위권은 로마의 중앙 집권화를 촉진시켰다. 뿐만 아니라, 교황이 세속적인 권력을 잃어 가던 그 순간에, 교황권의 영향력과 권위를 크게 신장시킨 것도 바로 수위권이었다. 하지만 수위권은 주교들의 권한과 조화를 이루어야 할 과제가 고스란히 남아 있었다. 제1차 바티칸 공의회가 내린 결의 사항들이 종종 정치 사회와 교회의 긴장 관계를 더욱 증폭시키기도 했다. 이 같은 긴장 관계 때문에, 반성직자주의적인 조치들을 내릴 수 있는 변명거리를 여러 나라에 제공해 주었다.

제16장

세속화와 교회의 대응 그리고 다원주의
정치와 사회 안에서 교회
(1870~1939년)

나라마다 서로 다른 속도로 세속화 현상이 유럽 전역으로 퍼졌다. 일상생활의 삶들이 조금씩 신앙생활의 영역을 벗어나고 있었다. 각 나라 정부는, 오랫동안 교회가 관장해 오면서 나라를 움직여 왔던 중요한 축인 호적 등본, 교육, 구제 사업 등과 같은 제도들을 정부가 직접 감독하고 통제해야 한다고 생각했다. 이 같은 갈등 속에서, 교회는 자신의 권리를 빼앗겨 버렸다는 생각이 들었기 때문에, 신자들의 신앙생활을 방어하는 일에 전력을 투신했다. 예를 들어, 신자들은 그리스도교에 대해 비호의적인 정치 성향을 되돌려 놓으려고 노력했으며, 국가 제도에 대응하는 단체들을 설립하고, 평신도 중심의 사회에 맞설 그리스도교적인 대안代案 사회를 건설하기 위해 노력했다. 양측 모두 자신들의 영역 구분을 받아들이기까지는, 즉 국가도 자신의 고유 영역의 한계를 인정하고 가톨릭 신자들도 세속화된 사회에서 새로운 방식으로 자신의 자리를 잡아 나가기까지는 상당한 시간이 걸렸다.

Ⅰ. 유럽 한복판에 불어 닥친 소용돌이

1. 교황과 이탈리아

세 명의 교황

비오 9세 교황의 말년이 점점 다가오고 있었다. 로버트 오베르Robert Aubert에 의하면, 여기에는 신격화라는 특성과 우울한 몰락이라는 이중성이 내포되어 있었다. 비오 9세는 32년간 교황으로 재직하다가 1878년에 숨을 거두었다. 역사상 가장 오랜 기간, 교황으로 재임했다. 68살에 후임 교황으로 선출된 페치Pecci 추기경은 레오 13세라고 칭하고 25년간 교회를 다스렸다. 레오 13세 교황은 확고한 원칙주의자이면서도, 현실 가능한 것이 무엇인지에 대한 분별력을 갖추었을 뿐만 아니라 그 당시 시대가 고민하던 모든 중요한 주제에 관심을 보이며 사람들을 잘 맞이하던 인물이었다. 그 후

1903년에 있었던 '콘클라베'는 교황 선출에 정치권이 개입했던 마지막 교황 선거였다. 람폴라 추기경이 교황으로 선출되면, 프랑스에 지나치게 유리하다고 판단한 오스트리아 정부가 람폴라 추기경이 교황으로 선출되는 것을 반대했다. 추기경들은 결국 사목자였던 사르토Sarto 추기경을 비오 10세 교황으로 선출했다.

가난한 가정 출신인 비오 10세는 보좌 신부, 본당 신부, 주교 등을 두루 거치며 훌륭하게 직무를 수행했던 인물이었다. 교황은 우선 아이들의 영성체, 음악과 전례, 신학교를 재편하는 등 사목적인 문제에 관심을 기울였다. 그는 정치를 싫어했지만, 프랑스에서 발생한 정치와 교회의 분리, 근대주의(혹은 현대주의) 문제 등과 같은 민감한 상황에 직면했다. 이런 상황에서 그는 원칙을 적용하는 데 있어 아주 엄격한 태도를 보였다. 친절함과 단순함으로 매력적인 인품을 갖추었던 비오 10세 교황은 모든 사람에게 신앙의 사람으로 비쳐졌다.[177]

교황이 내린 정치 활동 금지령

이탈리아에서는 교황청 문제 때문에 가톨릭 신자들이 모든 정력을 다 쏟고 있었다. 교황청은 이탈리아 왕국과의 타협을 전면 거부했다. 교황은 스스로를 바티칸에 갇힌 사람으로 간주했다. 그는 가톨릭 신자들에게, 선거권자로서도 피선권자로서도 정치 활동에

---

[177] 비오 10세는 1954년에 시성되었다. - 필자 주

참여해서는 안 된다는 금지 조치를 내렸다. 교황의 이러한 태도에 반발하여, 반성직자주의적인 정부는 성체 행렬과 성지 순례 등을 금지시키고, 수도원들의 재산을 몰수하는 등 교회를 괴롭히는 조치들을 자행했다. 그러나 새로운 수도회였던 돈보스코의 살레시오회는 아무런 방해도 받지 않고 급속하게 성장하고 있었다.

가톨릭 신자들은 교황에 대한 애정과 조국에 대한 사랑 사이에서 방황하며 고통을 느꼈다. 그리하여 신자들은 종교적·사회적인 단체들을 창설하는 데 온 힘을 쏟아 부었다. 그 단체들의 중심에 '연합회Opera dei Cogressi(1875년)'라는 단체가 있었다. 이러한 운동은 신자들의 신앙생활을 심화시키고 평신도들을 양성하는 데 크게 기여했다. 그러나 교황청의 지나친 보호 내지는 간섭으로 인해, 비오 10세 교황 때에는 거북스러운 관계를 초래하기도 했다. 평신도들과 사제들(로몰로 무리Romolo Murri회 소속)[178]은 그리스도인들에게 세속적인 활동의 자율성을 주고 정치 활동에도 참여할 수 있게 해 달라고 교황청에 요구했다.

---

178 로몰로 무리 신부 등이 주동해 창시한 단체로, 그리스도교적 민주주의 운동을 펼쳤다.

2. 독일

문화 투쟁

1871년 1월, 독일 제국 성립을 선포한 것은, 프로이센과 프로이센의 빌헬름 1세[179] 황제를 중심으로 한 독일의 통일을 확립하는 사건이었다. 독일의 가톨릭 신자들은 비스마르크Bismarck[180] 수상이 다스리는 것과 프로테스탄트 신자들이 득세하는 것에 대해 불편함을 느끼고 있었다. 그래서 그들은 자신들의 전통과 신앙의 자유를 지키기 위해 스스로를 조직해 나갔다. 대다수 평신도들로 이루어진 이 조직은 해마다 총회Katholikentag를 개최하여 당시 문제가 되었던 것들을 다루었다. '자유 민족당'이 그들을 비난하고 공격하자, 그들은 '중도당'에 해당하는 '첸투룸Zentrum'이라는 정당을 결성

---

[179] 빌헬름 1세는 1858년 병든 형을 대신해 섭정을 하다가 1861년 왕위를 계승했다. 1866년 오스트리아와의 7주 전쟁에서 승리를 거둔 후 비스마르크와 의견 충돌이 많았지만 프로이센 제국은 자신보다도 비스마르크가 더 필요하다는 사실을 깨달았다. 1870년 호엔촐레른가에서 스페인 왕위 후보자를 내세워 프랑스와의 전쟁에서 승리했으며, 1871년 프랑스 베르사유에서 독일 황제로 선포되었다.

[180] 비스마르크(1815~1898년)는 일명 '철혈 재상'으로 지금의 독일을 형성하는 데 결정적인 역할을 한 인물로 독일의 초대 수상이 되었다. 베를린의 3월 혁명(1848년) 때 반혁명파로 활약했고 보수당 창립 멤버가 되었다. 혁명 후 프랑크푸르트에서 열린 독일 연방 의회에 프로이센 대표로 임명되어 프랑크푸르트에 부임했다. 보수적이고 완고한 성격의 소유자였던 비스마르크는 러시아 대사, 프랑스 대사를 역임하면서 정치적인 안목을 넓혔고, 1862년 빌헬름 1세가 군비 확장 문제로 의회와 충돌했을 때 프로이센의 수상으로 임명되었다. 취임 첫 연설에서 이른바 '철혈 정책鐵血政策' 즉 "현재의 큰 문제는 언론이나 다수결에 의해서가 아니라 철과 피에 의해서 결정된다."라고 하여 의회와 대립한 채 군비 확장을 강행했다. 결국 1864년과 1866년의 전쟁에서 승리하여 북독일 연방을 결성했고, 1870~1871년의 전쟁에서 승리함으로써 독일 통일을 이룩했다. 1871~1890년까지 독일의 수상을 역임하다가 빌헬름 1세의 후임인 빌헬름 2세와의 의견 충돌로 물러났다.

했다. 또한 그들은 마인츠 교구의 교구장 케틀러Kettler 주교로부터 영감을 받아 진보적인 사회 프로그램을 만들어 냈다.

교황의 무류권에 대한 정의는 프로테스탄트 진영에 일대 소용돌이를 불러 일으켰다. 한편, 가톨릭 신자들은 독일을 중심으로 한 통일보다는 오히려 오스트리아를 중심으로 한 통일을 내심 바랐다. 또한 이들은 프로이센 제국이 폴란드를 게르만화하여 프로이센의 지배를 받게 하려는 정책도 반대했다. 그러자 비스마르크는 가톨릭 신자들의 그런 태도에 분개했다. 프로이센 정부는 정치적인 이유를 내세워 가톨릭 신자들을 공격하는 조치들을 취했다. 종교 담당 팔크Falk 장관이 자신이 제출한 반성직자주의적인 법안에다 '문화 투쟁Kulturkampf'이라는 이름, 즉 가톨릭의 몽매주의에 반대하는 투쟁이라는 이름을 부여했던 것도 바로 이런 맥락에서 이해할 수 있을 것이다. 대학들은 '복고 가톨릭교회'의 신자들에게 특별한 혜택을 주는 반면, 예수회 회원들과 다른 수도자들을 추방시켰다. 성직자들에게는 독일에서만 공부할 수 있도록 강요했고 정부를 비판하는 강론을 한 성직자들은 기소를 당했다. 그러나 벌금형과 투옥에도 불구하고, 신자들은 거기에 맞서 저항했다. 공석空席 주교좌들과 본당 신부가 없는 본당들이 점점 늘어나자 비스마르크는 진퇴양난의 곤경에 빠지고 말았다. 게다가 '중도당'이 여러 선거에서 약진하고 있었다.

사태의 진정 국면

사태가 진정 국면으로 접어든 데에는 몇 가지 이유가 있었다. 첫째, 비스마르크는 가톨리시즘이 저항하는 것보다도 사회주의가 약진하는 것을 더 두려워했다. 둘째, 레오 13세 교황이 새롭게 선출되자 긴장 관계가 많이 완화되었다. 그 결과 '문화 투쟁'과 관련된 법률들이 완화되거나 폐지되었다. 사실상 사태는 1887년에 거의 종결되었다. 다만 예수회 회원들의 활동이 금지된 것과 민법상 결혼의 의무 등만이 문제의 소지로 남아 있었지만 이때부터 독일의 권력과 가톨릭 신자들과의 관계가 좋아지기 시작했다. '중도당'도 제국의 정치에 고분고분한 모습을 보여 주었고 가톨릭 신자들도 상당히 순응적이고 심지어 국가주의적인 모습으로까지 변해 갔다. 비스마르크와 대립하면서, 가톨릭 신자들은 폴란드 문제나 군사주의에 대해 냉소적인 모습을 보였지만 이미 화해를 한 이상, 확고하게 자리 잡고 있는 질서에 반대할 이유가 없었다.

3. 유럽의 다른 나라들

오스트리아와 스위스도 '문화 투쟁'과 비슷한 갈등을 겪었다. 학교 운영과 결혼 예식을 세속 당국이 관장하고 수도원들이 탄압을 받았다. 오스트리아에서는 1879년에 긴장이 수그러들었다. 스위스에서는 사회 문제에 커다란 관심을 가진 메르밀로드Mermillod 주교가 제네바의 대목구장 자리에서 추방당했다. 프랑스에서 10년간 망명 생활을 한 다음, 메르밀로드는 프리부르Fribourg와 로잔Lausanne, 제네바 등지를 관할하는 교구장이 되어 다시 스위스에 돌아왔다.

벨기에와 네덜란드에서 일어난 중요한 갈등은 주로 학교 문제와 관련된 것이었다. 그러나 호의적인 정부의 인사들(벨기에의 가톨릭 정당) 덕분에, 가톨릭 신자들은 자신들이 원하는 대로 학교 관련 법안을 만드는 데 성공했다.

이베리아 반도

스페인과 포르투갈에서는 종교적인 투쟁이 자주 폭력 사태로 이어졌다. 스페인에서는 교회에 호의적인 순간들도 있었고, 반대로 임시 공화국 정부 때(1873~1875년)와 1909년부터 1912년 사이에 생겨난 반성직자주의로 인해 교회가 위기에 처하기도 하면서 기회와 위기가 번갈아 가며 찾아왔다. 1909년, 바르셀로나에서 무정부주의자 프란치스코 페레르Francisco Ferrer가 처형되자, 성난 시민들이 많은 성당과 수도원을 약탈하고 사제들을 암살했다. 1909년 이후 몇 년 동안 종교를 탄압하는 조치들이 계속 취해졌다. 포르투갈에서는 1908년에 왕이 암살당하자, 곧바로 종교를 탄압하고 교회와 국가의 분리를 선언하면서 극단적인 반성직자주의적 공화국을 선포했다.

영국

19세기 후반 영국에서, 특히 도시에서 가톨릭 신자들의 숫자가 증가하고 가톨릭 지도자 중 고결한 인품을 지닌 이들이 많아서, 가톨리시즘이 활기를 띄는 분위기였다. 레오 13세 교황은 뉴먼을 추기경으로 임명하면서(1878년), 그가 이룩해 놓은 지적 활동을 인정했다. 웨스트민스터의 대교구장으로 재직하던 매닝Manning 추기경은 산업 문제에 대해 깊은 관심을 기울이며, 여러 차례 사회적인 갈등을 조정하고 중재하는 역할을 맡았다. 매닝 추기경도 뉴먼처럼 일찍이 가톨릭으로 개종한 인물이었다. 한편, 아일랜드의 가톨릭교회는 국민들의 비참한 가난과 이민의 증가 때문에 많은 어려움을 겪었다. 아일랜드의 가톨릭교회가 처한 비참한 상황에 대해 교황청이 침묵으로 일관하고 있었지만, 그럼에도 불구하고 아일랜드 가톨릭교회는 국민들과 굳게 연대하여 투쟁했다.

Ⅱ. 프랑스 가톨릭과 제3공화정

1. 파리 코뮌과 도덕 질서

파리 코뮌

1870년 9월에 프랑스 황제가 쫓겨나자, 특히 파리와 리옹 등지에서 수도회에 대항하는 반성직자주의 폭력 사태가 일어났다. 전쟁 패배의 충격에 휩싸인 프랑스는 1871년 2월 선거를 통해서 군주제의 부흥을 바라는 농촌 출신의 국회 의원과 보수주의자들이 다수를 차지하는 국회를 구성했다. 그러자 파리 민중들은 국회와 티에르 정부를 반대하는 반란을 일으켜 파리 코뮌[181]을 선포했다. 파리 코뮌은 재산을 몰수하고 대주교였던 다르브와Darboy와 사제들을 체포하는 등 교회를 탄압하는 조치들을 취했다. 그러자 정부군은 폭력적인 진압 과정을 통해서 파리를 다시 탈환했다. 이 과정에서 파리 시민 수만 명이 사망했다. 이때 파리 코뮌은 자신들이 잡아놓은 인질들을 처형했는데, 처형된 인질 가운데에는 다르브와 대주교와 24명의 사제들이 포함되어 있었다. 사회주의와 혁명에 대한 엄청난 공포심이 파리 전역에 번져 나갔다. 국회는 전복顚覆 세력의 확산과 증대를 막을 수 있는 모든 조치를 취했다.

도덕 질서

마크 마옹Mac Mahon 대통령은 '공화정 체제의 시대'를 '도덕 질서Ordre moral'가 지배했던 시대라고 정의했다. 이 시기에 교회는 특별한 호의를 받았다. 공화정 정부는 몽마르트르 언덕의 '예수 성심 기념 대성전Basilique du Sacré-Coeur'의 건축 사업을 공익 사업의 일환으로 간주하여 법령을 공포했다. 이 시기, '성모 승천 수도회Assomptionistes'

---

[181] 1789~1795년에 이어 1871년에 파리에서 생겨난 혁명 정부를 지칭함.

▲ 몽마르트르 언덕의 '예수 성심 기념 대성전'의 모습.

소속의 수사들은 그리스도교 신자들을 대상으로 한 《순례자*Pèlerin*》(1873년)라는 주간지를 창간하고, 루르드와 파레-르-모니알Paray-le-Monial 등지를 순례하는 성지 순례를 조직했다. 엄청난 수의 군중들이 구름떼처럼 순례단으로 몰려들었다. 공동 양심 성찰 예식을 통해서, 신자들은 전쟁의 패전을 불신앙에 따른 벌로 간주하기도 했다. 또한 백여 명의 국회 의원들이 초 한 자루를 손에 쥐고 "예수 성심의 이름으로 로마와 프랑스를 구원해 주소서!"라는 성가를 부르며, 파레-르-모니알의 성지 순례 행렬을 뒤따랐다. 왜냐하면 그들은 교황과 프랑스 왕이 그들의 권좌를 다시 되찾을 수 있을 것이라고 희망했기 때문이다.

뒤팡루 주교의 열성적인 노력 덕분에, 마침내 가톨릭 대학 교육의 자유를 허용하는 법안이 통과되었다(1875년). 그러자 1875년 이후부터 가톨릭 대학들이 빠른 속도로 문을 열었다. 이리하여 프랑스 교회에서 지적인 재생이 다시 시작되었다.

가톨릭에 대한 일련의 호의적인 조치들은 동시에 반대편의 사람들에게 불만의 싹을 키우도록 만들었다. 1789년의 혁명 이념들에 대한 강력한 애착을 느끼고 있던 공화주의자들, 실증주의자들, 볼테르주의자들, 프리메이슨 단원들은 앙갚음을 할 수 있는 절호의 정치적 상황을 기다리고 있었다.

2. 공화주의자들의 등장과 세속화

1875년이 끝나갈 무렵에, 프랑스에서는 군주제에 대해 비판적인 태도를 견지하던 보수주의적인 국회가 공화정 헌법을 마련했다. 그 결과 1875년 이후에 상·하원뿐만 아니라 공화정의 대통령직(1879년) 등 국가를 움직이는 중심축에 해당하는 모든 기구를 공화주의자들이 장악했다. 이런 현상이 가능했던 것은 모든 국민이 참여하는 보통 선거의 결과 때문이었다.

공화주의자들과 가톨릭 신자들

이른바 '공화주의자'라는 개념은 프랑스 혁명을 찬양과 경탄의 대상으로 바라보던 사람들의 기준으로 정의된 개념이었다. 그들에 의하면, 귀족과 사제들에 의해 유지되어 오던 노예 상태로부터 프랑스 사람들을 벗어나게 해 준 것이 바로 프랑스 혁명이라는 것이다. 공화주의자들은 '계몽주의'를 이어 받은 자들이면서 동시에 실증주의자들이고 프리메이슨의 단원이기도 했다. 그들은 과학의 무한한 진보를 확신했다. 또한 그들에게 있어, 가톨릭 신자들은 군주제를 복원시키려는 공공의 적일 뿐만 아니라 이 땅에서 마땅히 사라져야만 할 몽매한 종교를 신봉하는 자들이었다.

공화주의자들은 신앙의 자유란 무가치한 것이라고 주장하면서, 종교를 사생활의 한 영역으로 축소시켜 버리려고 했다. 또한 그들은 교육 분야에서 교회의 영향력을 원천 봉쇄하려고 했다. 바로 이같은 목적 때문에, 그들은 수도회를 반대하는 투쟁에 적극적으로 가담했다. 공화주의자 강베타Gambetta는 "성직자주의야말로 공공의 적이다."라고 말했다. 공화주의자들은 다양한 운동 형태로 반성직자주의를 조장하고 각종 후원회와 체육 단체 등을 결성하여 교회의 단체들을 억압하고, 교회의 단체들과 대결할 수 있는 단체들을 만들었다. 그리하여 '공화주의자'라는 단어는 소위 종교의 적대자라는 말과 동의어가 되어 버렸다. 따라서 가톨릭 신자가 공화주의자가 된다는 것은 불가능한 것처럼 보였다.

수도회와 가톨릭 학교 법을 반대하는 첫 번째 조치

1880년, 교육부 장관인 쥘 페리Jules Ferry는 가톨릭 대학 교육의 자유를 제한하고, 인가받지 않은 수도회들의 교육 활동을 금지하는 법률안을 투표에 부쳤다. 그 결과 예수회와 도미니코회와 프란치스코회의 수도자들이 잠시 동안 추방당했다. 공화정은 '공화주의 사상을 가진 남성들에게 공화주의 사상을 가진 여성을 배우자로 알선하기 위해' 여자 고등학교들을 설립했다. 그러자 가톨릭 신자들은 이 같은 조치에 대해 강하게 반발했다. 왜냐하면 '교회가 항

상 딸들을 교회의 무릎 위에서 교육시키고 키워 왔기' 때문이다.[86]

공화정은 1881년과 1882년에 법령을 발표하여 평신도 교사들만이 가르칠 수 있는 무상 교육, 즉 초등학교 의무 교육 제도를 확립시켰다.[87] 1886년부터 공립학교에서 가르치던 수사들과 수녀들을 평신도 교사들로 대체되었다. 그 결과 종교 교육은 도덕적인 공민 교육에 그 자리를 내주었다. 가톨릭 신자들은, 하느님을 부정한 채 도덕 교육을 시킨다는 것은 불가능하다고 생각했다. 그러나 가톨릭 신자들은 공화주의자들이 법령을 통해서 반그리스도교적인 교육을 전면적으로 실천하는 것을 그저 바라볼 수밖에 없었다.

[86] 여자 고등학교

여자 고등학교를 설립하는 문제는 많은 논쟁을 불러 일으켰다. 왜냐하면 입법자들은 소녀들에게 평등한 교육 기회를 제공해 줌으로써, 교회의 영향력을 제한하려는 의도를 갖고 있었기 때문이었다. 사실 종교 기관에서는 거의 대부분 초등학교 교육만 소녀들에게 제공했지, 그 이상의 교육은 제공하지 않았다. 교육부 장관 쥘 페리를 적극 지지한 공화주의자들은 군주 정치를 옹호한 가톨릭 신자들의 엄청난 반대를 직면할 수밖에 없었다.

여성을 돌보는 사람은 모든 것을 돌보는 사람이다

여성을 돌보는 사람은 모든 것을 돌보는 사람입니다. 왜냐하면 여성이 아이를 돌보기 때문입니다. 그리고 어쩌면 격정에 사로잡힌 젊은 남편은 아니더라도, 생활고에 지치고 좌절한 남편을 돌봐 주는 사람은 바로 여성입니다. …… 이런 이유 때문에 교회가 여성을 붙잡아 두려고 하지만, 바로 그 같은 이유 때문에 민주주의가 여성을 교회로부터 빼내 올 필요가 있는 것입니다. 민주주의는 죽음을 각오하고서라도 선택을 해야만 합니다. 국민 여러분, 반드시 선택해야만 합니다. 다시 말씀 드리면, 여성은 반드시 지식의 세계에 속하든지, 아니면 교회에 속하든지, 그 둘 중에 하나를 선택해야 합니다.

쥘 페리.

사람들이 소녀들을 없애 버리려고 한다

여자 고등학교를 설립한다고 했던가? 왜, 소녀들을 위한 군대 막사도 만들지? …… 우리 청소년들의 마음을 타락시키고 청소년들의 정신에 절망과 유물론적인 가르침과 이기주의를 마구 퍼트리는 것만으로는 그들은 만족하지 않는다. 그들이 진정 원하는 것은 바로 우리 소녀들이다. …… 소녀는 햇빛을 받으며 자라나는 꽃처럼, 미소와 기쁨

속에서 자라나고 있었다. 소녀는 사물들의 신비에 대해 전혀 모르는, 일종의 시적인 무지 상태 속에서 성장하고 있었다. ……

소녀의 그 순진무구한 평화, 정숙한 소망들이 꽃처럼 감미롭게 피어나는 그 모습, 그리고 나중에는 신부新婦로서의 사랑과 부인으로서의 헌신과 어머니로서의 희생을 하게 되는 바로 그 이상적인 착한 마음이 비상하는 모습들, 그 모든 부드러운 매력, 그 모든 시 ……

이제 곧 그 모든 것이 사라지게 될 것이다! 사람들이 소녀들을 없애 버리려고 한다. …… 수호천사와 성탄절에 오시는 할아버지, 아이들이 배추 속에서 태어난다고 믿는 순진무구한 소녀들, 세상 물정 모르는 착하디착한 소녀들 …… 폴 베르Paul Bert라는 작자는 소녀들한테, 하느님도 없고 악마도 없으며 의무도 없고 정의도 없으며 덕도 없고 배추도 없으며, 오직 감각적인 느낌과 쾌락과 공화정과 물질만이 존재한다는 것을 증명해 보이겠지. 공화정 사람들은 소녀들한테 모든 것을 가르쳐 줄 것이다. 심지어 가정에 대해 반항하고, 음란한 짓을 일삼는 것까지도 가르쳐 줄 것이다.

그리하여 소녀들은 기분 좋은 날들에는, 로마 시대의 문필가인 타키투스Tacitus와 우리 프랑스의 문필가인 몽테스키외Montesquieu의 글들을 인용하겠지. 아마 소녀들은 부인이 되기 전에 이미 처녀가 아닐지도 모르겠다. ……

〈르 골루와Le Gaulois〉지(군주 정치를 옹호하는 신문), 1880년 11월 25일자,
모나 오주프Mona Ozoup, 《학교와 교회, 그리고 공화정, 1871-1914
L'École, l'Église et la République, 1871-1914》(1963년), 106~107쪽에 인용.

87) 제3공화정의 학교 관련 법

1882년 3월 28일에 공포된 법

제1조. 초등 교육에는 다음과 같은 사항들이 포함된다. 도덕적인 공민 교육, 읽기와 쓰기 ……

제2조. 학부모들이 학교 건물 밖에서 자신의 자녀들에게 종교 교육을 시켜 주기를 원한다면, 초등학교는 그렇게 할 수 있도록, 일요일이 아닌 주중의 어느 하루를 휴교할 수 있다. ……

제3조. 공·사립 초등학교와 유치원을 시찰하고 감독하며 지도할 수 있는 권리를 종교 담당 장관들에게 부여했던, 1850년 3월 15일자 법안의 제18조와 제44조와 관련된 조항들은 폐지된다.

> **1886년 10월 30일에 공포된 법**
> 제17조. 모든 단계의 공립학교에서 이루어지는 교육은 오직 평신도 교원들만이 맡는다.

전반적인 세속화

가톨릭 신자들은 가톨릭 정신을 구현시킬 수 있는 정치판을 만드는 데 성공하지 못했다. 계속된 선거에서 공화주의자들이 항상 다수를 차지했기 때문이다. 학교의 세속화(혹은 평신도화)는 단지 한 면에 불과했다. 묘지에서마저 신앙 고백의 내용이 사라져 버렸다. 이혼이 허용되었으며(1884년), 각종 모임 때마다 하던 시작 기도도 폐지되었고 신학생들도 군 복무를 해야 했다. 어떤 지역에서는 반 가톨릭적인 법률이 시행되었다. 예를 들어, 수도원의 문을 곁쇠질하여 열어 버린다든가 십자고상을 없애 버리거나 모독하는 행위 등, 가톨릭 신자들에게 심리적인 충격을 안기는 행동들이 다반사였다.

가톨릭 신자들의 대응

이제 더 이상 공립학교 교사들에게 가톨릭 교리 교육을 맡겨 둔 채, 바라보고만 있을 수가 없던 주교들은 학부모들과 사제들에게 교리 교육에 대한 책임감을 강조하고 요청했다. 그리하여 매주 목요일 정오 무렵이나 저녁 시간대에 가능한 시간을 이용하여 자원 봉사자들의 도움을 받아 교리 교육을 시키는 것과 같은 구체적인 방법들이 제시되었다. 1882년부터, 파리에서는 교리 교육을 위해 자원 봉사하는 교리 교사들의 모임이 결성되기 시작했다. 그리하여 가톨릭 신자들은 학교 교과서의 중립성을 감독하고, 그리스도교를 존중하지 않는 내용을 뽑아 목록을 만들었다. 특히 수많은 가톨릭 사립학교들이 창설되자, 그곳에서는 그리스도교적인 교육을 완벽하게 해 나갈 수 있게 되었다. 1911년에는 교회가 프랑스 중등학교 학생들의 절반 정도를 교육시켰고 전체 교원들 가운데 35% 정도를 가톨릭 교원으로 확보했다.

하느님 자체를 부정하는 공공 기관들에 대항해, 교회는 각종 사업 단체, 후원회, 체육회 등 그리스도교적인 다른 단체들을 유지하거나 만들었다. 또한 '성모 승천 수도회'는 1883년에 《라 크르와*La Croix*》[182]라는 그리스도교적인 일간지를 창간했다. 그리스도교 단체들은 세속 단체들에 대해 조목조목 반박했다. 바로 이런 과정 속에서 '두 개의 프랑스'라는 말이 생겨났다.

제3공화정에의 가담

레오 13세 교황은 프랑스 공화정에 대해 딱히 호의적으로 생각하지 않았지만, 그래도 가톨릭 신자들이 프랑스 교회의 영적 이익

---

[182] '라 크르와*La Croix*'는 '십자가'라는 뜻이다.

을 지켜 내기 위해선 공화정 체제에 참가해도 좋다고 표명했다. 교황의 지침에 따라, 라비주리Lavigerie 추기경은 알제리에서 거행된 축배(1890년 11월 18일)에서, "우리 모두가 국가의 제도를 잘 받아들여야 한다."라고 주장했다.[88] 레오 13세는 〈근심 가운데서Au milieu des sollicitudes〉(1892년 2월)라는 회칙을 발표하여, 가톨릭 신자들이 공화정 체제를 받아들이고 만일 입법이 필요하다면 정당한 방법으로 투쟁하기를 바란다고 입장을 밝혔다.[89] 그러나 이 회칙은 잘 받아들여지지 않았고 사람들은 겉치레로만 순명했다.

'공화정에 가담한 가톨릭 신자들'은 군주제를 옹호하는 가톨릭 신자들로부터도 좋은 평을 듣지 못했을 뿐만 아니라, 공화주의자들로부터도 좋은 평가를 받지 못했다. 공화주의자들은 가톨릭 신자들이 공화정에 참여하는 것에 대해, 해로운 술책을 부리고 있다고 부정적으로 생각했다.

제3공화정에의 가담

라비주리 추기경의 호소가 제대로 받아들여지지 않자, 레오 13세 교황이 직접 나서서 프랑스 가톨릭 신자들한테 공화정 체제를 받아들일 것을 권유했다.

88) 알제리에서 거행된 축배에서의 라비주리 추기경의 축사

······ 전에 레오 13세 교황 성하께서 말씀하신 것처럼, 종교의 구원과 조국의 구원을 위해 우리 각자를 희생해야 할 때가 있다는 사실을 우리는 잘 알고 있습니다. 그때는 국민의 뜻이 법적으로 확립되었을 때이고, 그리스도교적이고 문명화된 나라를 유일하게 살려낼 수 있는 원리들을 정부가 갖고 있을 때이며, 위협의 재난으로부터 나라를 구해 내기 위해 어쩔 수 없이 정부 뜻에 동의해야 할 필요가 있을 때이며, 끝으로 그동안 겪었던 모든 시련들 즉, 양심과 명예를 희생당했던 때입니다.

저는 이런 사실을 제 주변 사람들에게 알려 주려고 합니다. 우리 성직자들이 바로 이런 사실을 모든 프랑스 사람들에게 교육시켜 주기 바랍니다. 저는 이 같은 시대적인 요청은 그 어떤 구실로도 부정될 수 없다고 확신합니다.

89) 레오 13세 교황의 회칙 〈근심 가운데서〉

오직 예수 그리스도의 교회 즉 교회의 정부만이 유지될 수 있었고 또 틀림없이 이 세상이 끝날 때까지 유지될 것이다. 왜냐하면 교회는 과거에도 이미 계셨고 현재도 계시고 앞으로도 세세대대에 살아계실 주님 그분에 의해 설립되었기 때문이다. 교회는, 인간 세상의 변화의 파도를 헤쳐 나가면서, 자신에게 맡겨진 사명을 완수해 나가는 데 필요한 모든 것을 처음부터 그리스도께로부터 받았다. ……

순전히 인간 사회에 대해 말하면, 때가 지나면 모든 정치 제도는 크게 변한다. 왜냐하면 역사적으로 자주 볼 수 있는 사실은 때가 지나면 모든 것이 크게 변하기 때문이다.

…… 새로운 정부가 어떤 것이든지 간에 상관없이, 새 정부의 설립이나 존재 자체는 사회적 필요성에 따라서 그 정당성을 인정받는다. …… 새 정부의 모습이 어떻게 될지 몰라도, 새 정부의 모습은 정치 형태에 의해 결정된다. 새로운 정부는 권력 자체에 아무런 영향도 미치지 못한다. 왜냐하면 세속 권력은 그 자체로 볼 때, 하느님으로부터 생겨나고 항상 하느님의 것이기 때문이다(로마 13,1).

따라서 새 정부가 절대불변의 권력으로 들어서면, 사람들은 그 정부를 받아들일 수 있을 뿐만 아니라 당연히 받아들여야 한다. 왜냐하면 정부는 사회의 공익公益을 위해서도 만들어졌기 때문이다. ……

사람이 당연히 정부의 권력을 존중해야 하지만, 그렇다고 법적인 조치를 통해서 강제적으로 존중을 강요하거나 복종을 강요할 수는 없다.

오순절의 바람

하지만 〈새로운 사태Rerum novarum〉(1891년)와 〈근심 가운데서〉라는 교황의 두 가지 회칙은 사제들과 평신도를 포함한 모든 새로운 세대의 그리스도인들에게 해방감을 가져다주었다. 19세기의 마지막 10년 동안에는, 사회적·정치적인 면에서 일종의 부흥의 새 바람이 프랑스 교회에 불고 있었다. 각종 운동들과 신문들이 소위 '그리스도교적인 민주주의'에 가치를 두고 속속 생겨났다. 사람들은 그리스도교적인 민주주의를 표방하는 대大정당을 창당하려고 시도했다. 언론인이고 설교가이며, 국회 의원(레미르Lemire)이기도 했던 이른바 '민주주의 사제들'은 다양한 형태의 대중 운동에 투신했다. 랭스(1896년)와 부르주(1900년), 두 곳에서 개최되었던 '사제 총회'는 '행동하고 받아들이자'라는 표어 아래 시대의 흐름에 따라 사목을 쇄신해야 한다고 제안했다.⁹⁰⁾ 그러나 주교들과 민주주의를 반대하던 사람들은 깊은 우려를 표명했다. 그들은 사제들이 '세속화(혹은 평신도화)'될까 봐 두려워했다.

90) 부르주에서 열린 사제 총회

다음은 알비 교구의 총대리였던 비로Birot 신부가 '조국과 시대에 대한 사랑'이라는 주제로 연설한 내용이다.

…… 우리가 사는 이 세상에서 효과적으로 행동하고, 이 세상을 예수 그리스도께로 다시 돌아오게 하기 위해선, 초자연적인 빛을 받은 사랑으로뿐만 아니라 효과적이고 실제적인 사랑으로, 우리의 정성을 다해 조국과 시대를 사랑하는 것은 반드시 필요합니다. ……

우리의 애국주의에는 문제가 있습니다. 그 같은 사실이 우리를 얼마나 슬프게 하는지 모릅니다. …… 우리가 사랑하는 이 나라는 지금 우리나라가 아닌 다른 나라 같습니다. 우리는 어쩌면 더 이상 존재하지 않는 옛날의 프랑스, 혹은 아직 이 세상에는 없는, 아니 어쩌면 영원히 존재하지 않는 너무나 아름다운 프랑스를 사랑하고 있는지도 모릅니다! 우리는 그러한 꿈에 취해 있거나 혹은 바로 그러한 후회들로 마취되어 있는 것은 아닐까요? 혹시 우리의 참된 조국에 대해, 우리 앞에서 고통을 받고 있는 바로 우리의 조국에 대해, 우리는 아무런 불편도 느끼지 못하고 있는 것은 아닐까요? …… 우리는 우리 자신의 시대를 통해서, 여러 가지 사상과 사람들과 사물들을 모두 사랑해야 합니다. ……

시대의 흐름에 역행하지 맙시다! 시대의 흐름을 거슬러서 역행하는 것은 어쩌면 하느님을 거스르는 일이 될 수도

> 있습니다. 더군다나 우리가 쓸데없이 배의 진행을 지연시키고, 노를 저어 배를 움직이는 다른 사람들의 손을 마비시키는 것일 수도 있습니다! 결국 우리는 물에 흠뻑 젖은 채 한심스런 모습으로 뒤늦게 도착할 것입니다. …… 파도를 타고 나아가는 것처럼 사랑으로 가득 찬 신뢰심으로, 문명의 꼭대기로 나아갈 수 있도록 우리 모두 스스로를 맡겨 드립시다. 우리가 살아가는 바로 그 문명의 꼭대기에서 우리는 늘, 특히 위험한 순간에 으뜸가는 사람이 되어야 할 것입니다.

3. 교회와 국가의 분리를 향하여

드레퓌스 사건과 되살아난 반성직자주의

드레퓌스Dreyfus 사건[183]은 처음에는 종교적인 사건이 아니었지만, 소송의 재심 기간에(1898년) 반유다주의와 국수주의 때문에, 일반적으로 가톨릭 신자들은 반드레퓌스 진영을 선택했다. 가톨릭을 대변하던 신문들은, 유다계 프리메이슨과 프로테스탄트들의

---

[183] 1894년 10월, 프랑스 참모 본부에서 근무하던 유다인 출신의 포병 대위 드레퓌스가 독일 대사관에 군사 정보를 제공한 혐의로 체포된다. 범죄를 입증할 만한 별다른 물증이 없는데도 불구하고, 그는 종신형을 선고받았다. 당시 유럽 사회에는 반유다주의가 팽배했었다.

공모 때문에 가톨릭교회의 불행이 초래되었다고 말했다. 상황을 객관적으로 검증하거나 판단하지도 않은 채, 가톨릭 신자들은 고소 내용을 그대로 믿었을 뿐만 아니라, 유다인들과 프리메이슨 단원들에 관한 거짓 폭로 내용을 곧이곧대로 받아들였다. 가톨릭 신자들은, 가톨릭 신자들이 많이 있던 군대에서 발생한 문제로 가톨릭 군대의 명예가 걸려 있는 문제였던 만큼, 결국 유다인인 드레퓌스를 반대했던 것이다.

반드레퓌스주의자들의 행동 때문에, 공화정이 위험에 빠지는 상황이 전개되었다. 친드레퓌스주의자들은 가톨릭 신자들을 극우 세력인 국수주의적인 동맹들과 동일시했다. 왜냐하면 극우 세력들이 주로 반드레퓌스주의자들이었기 때문이다. 1898년 군주정치를 옹호하고 국수주의적인 성격을 띤 '프랑스적인 행동Action Française(악시옹 프랑세즈)'이라는 운동이 생겨나자, 많은 가톨릭 신자

이후 프랑스군 수뇌부는 사건의 진범이 다른 사람이라는 확증을 얻었으나 진상을 밝히길 거부하고, 오히려 사건을 은폐하려고 했다. 그러자 드레퓌스의 결백을 믿고 재심을 요구하던 가족은 1897년 11월 진범으로 알려진 에스테라지 소령을 고발한다. 하지만 프랑스 군부는 형식적인 신문과 재판을 거쳐 에스테라지에게 무죄를 선고하고 석방했다. 이렇게 이 사건의 진상은 묻히는 듯했다. 그런데 재판 결과가 공개되자, 1898년 1월 13일, 소설가 에밀 졸라가 〈나는 고발한다〉라는 제목으로 드레퓌스에게 유죄 판결을 내린 프랑스 군부의 의혹을 신랄하게 비판하는 사설을 〈로로르〉 지에 게재하자, 상황이 달라지기 시작했다. 에밀 졸라는 대통령에게 보내는 공개 서한 형식의 이 글에서 "드레퓌스는 정의롭지 못한 힘에 의해 자유를 빼앗긴 평범한 시민입니다. 전 프랑스 앞에서, 전 세계 앞에서 나는 그가 무죄라고 맹세합니다. 나의 40년간의 역작, 그 역작으로 얻은 권위와 명성을 걸겠습니다. 그가 무죄가 아니라면 나의 전 작품이 소멸돼도 좋습니다."라고 했다. 그러나 에밀 졸라는 군법 회의를 중상 모략했다는 혐의로 기소되어 영국으로 망명을 가야 했다. 드레퓌스 사건 발생 12년 만인 1906년 7월 12일, 프랑스 최고 재판소는 드레퓌스 재심에서 그에게 무죄 판결을 내렸다.

들이 이 운동에 크게 매료되었다. 이것은 제3공화정의 정치에 가담하는 일이 실패로 돌아갔다는 것을 의미했다.

정치적으로 승리를 거둔 친드레퓌스 세력들은 공화정을 위험에 빠트린 사람들에 맞서서 투쟁하기로 결정했다. 그로 인한 대가를 교회는 혹독하게 치러야만 했다.

수도원에 대한 탄압과 박해

정부의 수장, 발데크-루소Waldeck-Rousseau는 정치 성향이 강한 수도자들과 성모 승천 수도회의 수사들을 탄압하는 조치들을 취했다. 그런 다음 그는 번창해 가던 성모 승천 수도회를 탄압하는 법안을 제정했다. 사람들은 성모 승천 수도회가 정치적인 행동을 하고 지나치게 부유하며 인간의 권리를 부정하고, 공화주의적인 젊은이들을 싫어하는 젊은이들에게 나쁜 영향을 미치고 있다고 비난했다.

1901년 7월 9일에 반포된 법안은 일반 단체를 결성하는 것에 대해서는 아주 관대한 입장이었지만, 수도회에 대해서는 혹독한 입장이었다. 즉, 수도회들은 하원이나 상원에 특별 허가를 받아야 한다는 것이었다.

1902년 반성직자주의자인 에밀 콩브Emile Combes가 정부의 새 지도자가 되었다. 예전에 신학생이었던 그는 교회를 반대하는 정책을 강력하게 펼쳤다. 그는 단체 결성에 관한 법안을 만들어 교회에 대한 탄압의 수위를 높여 나갔고, 인가를 받지 않은 3,000개의 학교 시설들을 폐쇄시켰다. 게다가 몇몇 선교 수도회를 제외하고는, 인가 요청서를 제출한 거의 모든 수도회를 다 거부했다(1903년). 급기야 그는 인가를 받았던 모든 수도회의 교육 활동마저 금지시켰다(1904년). 이 과정에서 수도회들이 뿔뿔이 흩어지는 모습은, '샤르트르회'의 수사들이 추방당할 때처럼 고통스러운 모습이었다. 수사들과 수녀들이 운영하는 학교는 폐교 조치를 당했다. 그들은 평신도 신분으로 돌아가거나 국외로 추방당했다. 아무런 재산도 없고 나이도 많은 상태에서 환속을 당한 수녀와 수사들에게 이런 상황은 한마디로 비극이었다.

반성직자주의가 유례가 없을 정도로 맹위를 떨치고 있었다. 행정 분야와 교육 분야뿐만 아니라 심지어 군대에서조차도 열심한 가톨릭 신자들은 왕따를 당하고 블랙리스트에 올라 일거수일투족을 감시당했다. 성체 행렬에 참석한 신자들이 반성직자주의자들한테 공격을 당해 사망하는 경우도 속출했다. 도로 표지판에 새겨져 있던 성인들의 모습이 자취를 감추고 대신 그 자리에 공화정의 영웅과 과학 분야의 영웅이 차지했다.

교회와 국가의 분리

'정교 조약'이라는 법률이 존속하긴 했지만, 이 같은 상황에서 이 조약이 어떤 의미를 지닐까? 여러 가지 사소한 사건들로 인해서, 프랑스와 바티칸의 외교 관계가 단절되는 사태가 초래했다(1904년 7월). 교회와 국가가 분리를 향해 점점 더 나아가고 있었다. 가톨릭 신자들은 교의적이고 재정적인 이유로 '정교 조약'을 지켜 내려고 했지만, 어떤 분리주의자들은 '정교 조약'을 비그리스도교화를 위한 수단으로 이용하려고 했다.[91] 그런가 하면 또 다른 사람들, 특히 법률 보고 담당자였던 아리스티드 브리앙Aristide Briand은 반성직자주의에 대한 근본적인 원인을 제거하기 위해서, 온건한 분리를 원했다. 결국 교회와 국가의 분리 법안이 1905년 12월 9일에 공포되었다.[92] 분리 법안은 신앙의 자유를 인정하고 종교 예산을 폐지했다. 그리하여 다양한 교파의 신자들로 구성된 종교 협회들이 교회의 재산을 책임 맡아 관리했다.

1801년의 정교 조약은 일방적으로 폐기되었다. 이 정교 조약을 체결할 때 또 다른 서명자였던 교황이 검토를 하지 않았다는 이유 때문이었다. 한편, 비오 10세 교황은 프랑스 교회에 대한 첫 번째 회칙, 〈베헤멘테르 노스Vehementer nos〉(1906년 2월)를 발표하여 프랑스의 분리 법안을 단죄했다.[93] 그리고 프랑스 교회에 대한 두 번째 회칙(1906년 8월)을 발표하여 교회의 교계 제도를 무시한 채로 이루어지는 종교 단체들의 결성을 금지시켰다. 이 무렵, 교회 재산 소유권에 대한 면밀한 검토가 이루어지면서, 어떤 지역에서는 폭력 사태가 자주 발생했다. 교회 재산을 관리할 협회가 형성되어 있지 않다는 이유만으로, 교회는 수많은 신학교와 사제관과 교구청 등을 빼앗겼다. 빼앗긴 교회 재산은 공공 재산으로 귀속되었다. 그러나 사태가 더 이상 악화되는 것을 원치 않은 프랑스 정부는, 많은 성당과 사제관을 교회가 그대로 사용할 수 있도록 해 주면서, 공공 기관으로 하여금 성당과 사제관을 관리하고 보수하도록 했다.

> **프랑스에서의 교회와 국가의 분리**
>
> 91) **사회주의자이자 국회 의원이었던 모리스 알라르의 투쟁적인 '평신도주의'**[184] (1905년 4월 10일)
>
> 교회나 가톨리시즘, 심지어 그리스도교와 모든 공화정 체제 사이에는 결코 양립할 수 없는 모순이 존재한다는 사실을 반드시, 큰 소리로 말해 둘 필요가 있습니다. 그리스도교는 이성과 배치될 뿐만 아니라 본성과도 배치됩니다. 또한 나는 혁명 정부의 국민 의회가 내세운 이념들을 추구할 뿐만 아니라, 나폴레옹이 맺었던 정교 조약을 통해서, 완벽한 고요 속에서 그리고 세상에서 가장 행복하게 계속

---

[184] '평신도주의'는 제도상의 관리나 운영을 평신도들이나 일반인들에게 이관시키려는 주장과 운동을 가리키는 용어로, '정교 분리주의', '비종교화주의', '세속화주의'로도 번역할 수 있다.

해서 잘 이루어지고 있었던, 프랑스의 비그리스도교화 작업을 마저 완수해 내고야 말겠다는 점도 분명하게 밝혀 두고자 합니다. …… 우리 공화주의자들, 특히 우리 사회주의자들이 왜 이 나라를 비그리스도교화하려고 합니까? 우리가 왜 종교를 거슬러서 싸우려고 합니까? 우리가 종교를 거슬러 싸우려고 하는 것은 진보와 문명을 향해 나아가는 데 있어서, 끊임없는 걸림돌이 바로 종교라는 점을 우리는 확신하고 있기 때문입니다. ……

92) 교회와 국가의 분리에 관한 법

제1조. 공화정은 양심의 자유를 보장한다. 공화정은 단지, 공공의 안녕과 질서에 대한 염려 때문에 다음에 명기한 제한 사항만을 제외하고는, 자유로운 신앙 활동을 보장한다.

제2조. 공화정은 신앙 활동에 필요한 비용을 인정하거나 지불하거나 지원하지 않는다. 따라서 이 법안이 공포된 다음에 오는 1월 1일부터 국가와 시·도와 읍·면에서 지출되던 예산, 즉 신앙 활동과 관련된 모든 지출은 폐지된다.

93) 비오 10세 교황의 회칙 〈베헤멘테르 노스〉

　교회와 국가의 분리라는 명제는 초자연적인 질서를 명백히 부정하는 것이다. 사실 이러한 분리는 국가의 행위를 단지 이 지상의 삶을 살아가는 동안의 공공의 번영을 추구하는 문제로만 국한시키고 있다. 따라서 그들이 주장하는 분리는 단지 정치적인 단체들의 이익만을 대변하는 명분에 불과하다. 게다가 그러한 분리는 그들 자신의 영복永福에는 전혀 관계가 없는 것이기 때문에, 최후의 명분인 영복에는 아예 관심조차 기울이지 않는다. ……

　새로운 분리 법의 조항들은, 예수 그리스도께서 교회를 창설하실 때부터 있었던 헌장과는 반대되는 것들이다. …… 교회는 본질적으로 불균등한 사회, 곧 목자와 양떼라는 두 부류의 사람들이 포함되어 있는 사회다. …… 이러한 두 부류는 그들 사이가 아주 분명하게 구분되기 때문에, 그 사회의 목적을 향해 나아갈 수 있도록 그 사회의 모든 구성원을 지도하고 촉진시키는 데 필요한 권리와 권위가 오직 목자에게만 주어져 있다. 그 밖의 수많은 사람들은 단지 잘 인도되도록 해야 할 의무와 순한 양떼처럼 자신들의 목자를 따라가야 할 의무 외에는 다른 의무를 갖고 있지 않다.

마이에(J.-M. Mayer, 《교회와 국가의 분리 *La Séparation de l'Église et de l'Etat*》(1966년)에서 인용.

위기가 가져다준 이점

이 시기는 가톨릭 신자들에게 고통스러운 기억을 남겨 주었다. 프랑스 교회는 물질적으로 가난하게 되었다. 1905년과 1914년 사이에 사제 서품자의 숫자도 절반으로 줄어들었고 무일푼의 빈털터리가 되어 버린 교회는 신자들의 헌금에 호소할 수밖에 없었다. 상당수의 사제들은 자신들의 손으로 직접 일해야만 한다는 사실을 고려하여, '노동 사제들의 연합Alliance des prêtres-ouvriers(1906년)'이라는 단체를 설립했다. 성직자들이 잘 사는 신자들에게 의존하는 일이 자주 발생했다. 많은 가톨릭 신자들은 '프랑스적인 행동'에 해당하는 극우 진영 쪽으로 몰려갔다.

그러나 장기적인 관점에서 본다면, 교회와 국가의 분리에는 이로운 측면이 들어 있었다. 분리를 통해서, 그동안 기승을 부리던 반성직자주의의 열기가 점점 줄어들었다. 가장 긍정적인 점은 그동안 '부속 법안(제14장 65번 글 참조)'때문에 끊임없이 구속을 받아 왔던 프랑스 교회가 다시 자유를 되찾았다는 점이다. 이제 주교들은 함께 모여서 사목적인 문제를 의논할 수 있었다. 교회는 예식을 거행할 수 있는 성당을 자유롭게 건축하고 본당을 설립할 수 있었다. 교회와 국가의 분리는, 주교들과 주교들을 직접 임명하는 교황과의 관계를 밀접하게 유지시키는 데에도 크게 기여했다.

Ⅲ. 제1차 세계 대전부터 1930년대까지

1. 제1차 세계 대전 당시 그리스도인들

제1차 세계 대전(1914~1918년) 기간에 가톨릭 신자들은 자신들의 민족 국가가 추구하는 목표에 완전하게 혼연일체가 되었다. 사람들은 각자 자기 나라에서, 가톨릭 신자가 되는 것과 애국자가 되는 것 사이에 모순되는 법이 전혀 없었다는 점을 증명이라도 하려는 듯이 적극적으로 협력했다. 사람들은 종교의 재원財源을 조국의 승리를 위해 쏟아 부음으로써, 오히려 한술 더 뜨기도 했다. 전쟁 당사자 양편 주교들은 모두 '우리 군대의 승전을 위해' 기도하도록 권고했다. 이러한 상황에서 하느님께서는 어떻게 갈피를 잡으실 수 있었을까? 당시 '국가'라는 연대감이 '사회주의자들의 국제 연맹'의 연대감보다 훨씬 더 강했다는 점도 반드시 언급하고 넘어가야 한다.

프랑스에서는 전쟁이 프랑스 신자들로 하여금 국가 공동체 안에서 제자리를 되찾을 수 있도록 해 주었다. 추방당했던 수도자들도 전쟁에 참전하기 위해서 프랑스로 되돌아왔다. 너무나 뚜렷하게 갈라져 버렸던 두 세력, 즉 '두 개의 프랑스'는 다른 나라와의 전쟁으로 인해 서로 다시 만나게 되었다. 두 진영에 속했던 가톨릭 신자들이 조국의 참된 권리를 위해 동원되었다. '파리 가톨릭 대학'의 총장, 보드리야르Baudrillart 주교는《외국에 대한 프랑스 선전 위원회*Comité de Propagande française à l'étranger*》라는 극단적인 저서를 저술하여 전쟁에 참전할 것을 독려했다. 한편, 독일의 가톨릭 대학들도 마찬가지로 극단적인 저서를 통해 전쟁에 참전할 것을 독려했다.

베네딕토 15세 교황의 평화를 위한 제안

역사적으로 볼 때 전혀 새로운 일은 아니지만, 그리스도인들끼리 싸우는 전쟁에서 교황청이 제 몫을 하기란 참으로 힘들고 어려웠다. 정도의 차이가 있지만, 모두가 교황의 지지를 받고자 했기 때문이다. 교황청은 부상당한 포로들을 교환하고 군종 사목을 조직하는 등 몇 가지 인도주의적인 활동을 시도했다. 베네딕토 15세 교황은 교황 재임 초기부터 평화를 호소하는 많은 권고문을 발표했다. 특히 교황은 1915년 이탈리아가 전쟁에 개입하는 것을 어떻게든 막아 보려고 애를 썼다. 1917년 8월 전쟁 첫째 날, 모두가 전쟁으로 지칠 대로 지쳐 있던 바로 그 순간, 베네딕토 15세는 구체적인 제안을 제시하고 중재에 나서면서 모든 교전국에 평화를 호소했다.[94] 교황이 제시한 중재는 타협 가능한 평화안이었지만 교황의 호소는 받아들여지지 않았다. 프랑스 사람들은 교황이 독일을 단죄해 주었으면 하고 내심 바랐던 것이다. 도미니코회 회원인 세르티앙즈Sertillanges가 분명하게 밝혔던 것처럼, 프랑스 가톨릭 신자들은 교황의 호소를 거부했다.[95] 교황의 평화를 위한 호소에 대해, 독일 가톨릭 신자들은 프랑스 신자들에 비해 훨씬 더 호의적이었다. 그러나 결국 사회주의자들만 이 호소에 상당히 호의적인 반응을 보였다. 어쩌면 교황은 전쟁 당사국들이 지닌 어려움을 지나치게 과소평가했는지도 모른다. 이 같은 충돌은 하나의 타협 협상안으로 끝날 수 있는 것이 아니었다. 이는 곧 적의 파멸을 의미하는 것이기도 했다.

제1차 세계 대전 당시 교회

베네딕토 15세 교황은 전후 배상을 포기하라고 제안했다. 게다가 알자스–로렌 지역을 프랑스로 반환하는 문제에 대해 교황이 모호한 입장을 보이자, 프랑스 전체의 여론이 강하게 불만을 표시했다. 프랑스 가톨릭 신자들뿐만 아니라 성직자들까지도, 교황에 대한 전통적인 순명보다도 오히려 민족적인 감정을 더 강하게 표현했다.

94) 베네딕토 15세 교황의 평화를 위한 제안(1917년 8월 1일)

…… 가장 기본적인 사항은 윤리적인 힘이 군대라는 물리적인 힘을 대체해야 한다는 것입니다. 그렇기 때문에 각

국에서 공공질서와 안녕을 유지하는 데 필요하고도 충분한 조치를 수립하겠다는 규정과 보장에 따라, 상호 동시에 군축을 위한 정당한 합의가 반드시 이루어져야 합니다. 군대가 대체되고, 최고로 평화를 촉진시킬 수 있는 중재 기구가 마련되어야 합니다. 이를 위해선, 모두가 인정할 수 있는 규정들과 국제 문제에 대한 중재를 거부하거나 받아들이지 않는 국가에 대한 제재 조치들이 마련되어야 합니다. ……

전쟁 배상금 문제는 무장 해제를 통해 얻게 되는 엄청난 이익으로 정당하게 해결될 수 있다고 생각합니다. 모두가 함께 참여하여 공동 기금을 마련해야 한다는 일반적인 원칙 말고는 다른 해결 방법이 없습니다. ……

예를 들어 이탈리아와 오스트리아, 그리고 독일과 프랑스 사이에서 논의되고 있는 영토 문제와 관련해서는, 분쟁 당사자들이 화해를 위한 협상 테이블에 앉아 무장 해제를 통해 지속될 평화가 가져다주는 어마어마한 혜택을 생각해 볼 만한 가치가 충분하다고 봅니다.

95) 도미니코 수도회, 세르티앙즈 신부가 파리의 마들렌 성당에서 프랑스의 평화에 대해 강론한 내용(1917년 12월 10일)

교황 성하, 저희들은 지금으로서는 교황님의 평화를 위한 호소를 받아들일 수가 없습니다. …… 저희들은 만일 저희를 보장해 주는 조약을 통해서 전쟁을 끝낼 수 있는 가능성이 조금이라도 있다면, 이 전쟁을 한 시간이라도 더 연장하는 것이 오히려 죄를 짓는 행위라는 사실을 고백합니다. (그러나 그럴 수 없기 때문에) …… 저희들이 바라는 평화는 결국 타협을 통한 평화가 될 수 없을 것입니다. 저희가 바라는 평화는 외교 사절들을 통한 평화도, 스톡홀름의 평화도, 소비에트들의 평화도, 우리 사회주의자들의 제법 진지하지만 속임수에 지나지 않는 평화도 결코 아닙니다. 게다가 저희들이 마음을 다해 진심으로 유감스럽게 생각하지만, 저희가 바라는 평화는 교황 성하께서 두 진영 사이에서 아버지다운 마음으로 호소하시는 그러한 평화도 아닙니다. 오히려 저희가 바라는 평화는 끝까지 치러지는 혹독한 전쟁을 통해서 비로소 얻을 수 있는 그런 평화고, 폭력을 꺾을 수 있는 힘의 평화며, 병사들의 평화입니다. …… 저희들은 가끔 복음에 나오는 유명한 반역자처럼 "아니오, 아니오!"라고 외치기도 하는 자녀들입니다.

2. 종전 후 화해의 시도

새로운 유럽

이탈리아는 로마 문제가 거론될까 두려워서, 평화 조약을 위한 논의에서 바티칸을 제외시켰다. 그 결과 바티칸은 연합 국가들의 일원이 될 수 없었다.

제1차 세계 대전에 대한 평화 조약이 정의라는 차원에서 이루어진 것이 아니라 독일에 대한 앙갚음 차원에서 이루어지자, 교황청은 크게 실망했다. 사람들은 가톨릭이 말하는 평화보다도 프로테스탄트들이 말하는 평화에 대해 많은 토론을 했다. 왜냐하면 가톨릭 대국이었던 오스트리아가 갈기갈기 찢어져 분할되었기 때문이다. 하지만 폴란드와 발트 해 연안 국가들과 같은 가톨릭 국가들이 독립을 되찾았다는 점도 기억해야 한다. 그리고 비록 다른 상황이지만, 가톨릭 국가인 아일랜드도 마침내 독립을 했다(1921년).

화해

전쟁이 끝난 뒤 10년 동안 교회와 국가 사이에 벌어지던 수많은 갈등이 현저하게 수그러들기 시작했다. 베네딕토 15세 교황(1914~1922년)과 비오 11세 교황(1922~1939년)은 교회와 국가의 갈등을 조정하고 화해시키는 역할을 했다. '제노바 회의(1922년)'에서 교황청은 러시아(소비에트 연방 공화국)와의 화해를 잠시나마 시도했다. 그에 앞서 러시아 혁명(1917년)이 일어나 종교의 상황이 바뀌자, 모스크바 총대교구는 공의회를 열고, 1918년에 총대주교로 티콘을 선출했다. 교황청은 러시아에서의 완전한 신앙의 자유를 얻고 싶어 했다. 특히 로마 교황의 수위권을 인정하면서 로마 교회와 일치하는 신자들을 위한 신앙의 자유를 얻어 내려고 했다. 교황청 소속의 선교사들이 러시아 혁명의 내란과 기아 때문에 큰 어려움을 겪는 사람들에게 도움을 주기 위해 러시아를 향해 떠났다. 그러나 그 모든 노력이 러시아의 모든 종교 단체에 불어 닥친 박해 때문에 물거품이 되었고, 수천 명의 사제들과 주교들이 처형되고 말았다.

프랑스에서는 전쟁으로 인해, 그동안 있었던 해묵은 다툼들이 누그러졌다. 1919년에 이른바 '청회색bleu horizon'[185] 의회는 세속화와 관련된 법안들을 다시 거론하지 않고 오히려 종교적인 평화를 더 바라는 방향으로 나아갔다. 이런 상황 때문에, 프랑스로 다시 편입된 알자스-로렌 지방은 정교 조약과 관련된 법적 지위를 유지해 나갈 수 있게 되었다. 1920년 5월 16일 잔 다르크가 마침내 시성諡聖되었다. 이로써 잔 다르크는 프랑스를 상징하는 인물로 교황청으로부터 인정을 받았다. 1921년에는 프랑스와 바티칸 사이에 외교 관계가 회복되었고 마침내 1924년에 프랑스 교회는 법적인 지원을 받아, 프랑스의 교구 연합회를 등록할 수 있었다.

---

[185] 제1차 세계 대전부터 제2차 세계 대전 전까지 프랑스 육군이 입었던 군복 색깔을 가리킨다.

라테란 협정(1929년)

비오 11세 교황 재위 시절, 교회와 국가 간의 정교 조약이 15개나 조인되었다. 이것은 교회와 국가가 서로의 권리를 상호 인정하는 행위였다. 교회와 국가 사이의 완화 정책은 '라테란 협정(1929년)'에서 그 절정을 맞았다. 라테란 협정은 로마 문제에 대한 해결책을 가져다준 협정이었다. 무솔리니Mussolini가 자신의 정치 체제를 위한 영향력을 기대하고 조인을 했던 라테란 협정에는 두 가지 측면이 포함되어 있었다. 하나는 비오 11세 교황이 로마를 수도로 정한 이탈리아 왕국을 받아들이고, 이탈리아는 44헥타르밖에 안 되는 작은 국가에 해당하는 바티칸 시국에 대한 교황의 통치권을 인정해 주는 것이었다. 다른 하나는 이탈리아와 교회 사이의 관계를 규정하는 것이었다. 이로써 교황권의 역사와 관련된 새로운 시대가 시작되었다. '라테란 협정'은 1945년에 갱신되었고, 1984년 또다시 새롭게 갱신되었다.

3. 종교 옹호로부터 '가톨릭 운동'에 이르기까지

1924년에 치러진 선거에서 프랑스는 또다시 에드아르 에리오 Edouard Herriot가 이끄는 반성직자주의적인 좌파 연합에게 권력을 넘겨주었다. 좌파 정부는 바티칸에 대사를 파견하던 관행을 폐지하고, 알자스-로렌 지방도 다른 지방과 마찬가지로 똑같은 체제의 지배를 받게 할 것이고, 수도회에 관한 법률들도 엄격하게 적용하겠다고 공표했다. 가톨릭 신자들은 이에 대해 즉각 반발하고 나섰다. 에두아르 드 카스텔노Edouard de Castelnau 장군이 '전국 가톨릭 연합Fédération National Catholique'[186]이라는 단체를 설립하자, 이 단체가 프랑스 전역에 걸쳐 생겨나며 불어났다. 결국 좌파 정부의 내각은 재정적·경제적 이유 때문에 중도에 사임하고 말았다. 그러나 한편으로, 반성직자주의가 일반 서민들 사이에서 그다지 큰 성공을 거두지 못했다고 볼 수도 있다.

'프랑스적인 행동'에 대한 단죄

하나의 운동이면서 동시에 하나의 신문이었던, '프랑스적인 행동(악시옹 프랑세즈)'이 1898년에 생겨났다. 이 운동은 공화정을 반대하고 군주정으로 돌아갈 것을 주장하면서 극단적인 국수주의와 맹렬한 반유다주의를 그 강령으로 채택했다.[96] 창설자인 샤를 모라스Charles Maurras는 그리스도인은 아니었지만, 복음이 지닌 혁명적인 요소들을 중화해 주는 교회 조직에 대해서는 찬양했다. '프랑스적인 행동'이 결성되자, 공화정 정부가 자행하는 박해에 맞서 대항할 수 있는 일종의 동맹으로 간주된 이 운동에 많은 가톨릭 신자

---

[186] 좌파 연합 정부가 정교 분리의 원칙을 내세우며 세속화를 위한 정책들을 펴 나가자 거기에 대항하기 위해 설립된 가톨릭 단체이다.

▲ 샤를 모라스(1939년).

들이 가담하거나 호의적인 태도를 보였다. 전쟁이 끝난 다음, 이 운동이 추기경들과 주교들과 사제들과 같은 성직자들 사이에서 크게 발전해 나갔다. 심지어 로마에서 공부하던 프랑스 신학생들도 이 운동에 가담했다. 그러나 1914년부터 로마에서는 이 운동에 대한 단죄를 고려하고 있었다. 비오 11세 교황은 모든 것을 정치에다 종속시키고, 교황청의 화해 의지마저도 거부하고 반대하던 이 운동이 지닌 이교적인 성격에 대해 우려했다.

교황은 프랑스에 협조를 요청했다. 그러자 보르도 대교구의 교구장 앙드리외Andrieu 추기경은 내키지 않은 마음으로 편지를 써서 '프랑스적인 행동'을 단죄했다(1926년 8월 27일). 비오 11세는 앙드리외 추기경을 지지하면서, 1926년 12월 20일자로 이 운동에 대한 단죄를 분명하게 선언했다.[97] 즉, 가톨릭 신자들은 '프랑스적인 행동'에 가입하거나 가담할 수 없다고 못 박았다. 그러자 '프랑스적인 행동'은 교황이 단죄한 것에 대해 단호하게 거부한다고 밝혔다.[98] 1927년 3월, 교황청은 순명하지 않는 사람들을 처벌하겠다고 선언했다. 성사 배령 금지와 함께 이 운동에 가담한 주교들과 추기경들은 면직 조치하겠다는 것이었다. 이 사건은 신앙의 비극을 초래했다. 어떤 사람들은 냉혹하고 부당한 조치라고 말하기도 했다. 이 사건이 프랑스 교회에 미친 영향은 엄청났다. 하지만 한편으로 교황청이 '프랑스적인 행동'을 단죄했기 때문에, 가톨릭 신자들은 올바른 신앙생활을 할 수 있도록 보호를 받았을 뿐만 아니라 편협함으로부터 해방될 수 있었다. 이것은 결국 제2의 정치적인 참여 행위였다. 좀 더 쉽게 표현하자면, 가톨릭 신자들은 정치와 사회와 관련된 세계를 있는 그대로 받아들이라고 권유를 받은 셈이었다. 이런 것들이 마침내 '가톨릭 운동'으로 이어졌다.

프랑스적인 행동

96) 정치가 우선이다

······ 우리는 정치, 즉 완전한 국수주의를 위한 정치를 우선으로 삼는 것을 우리의 모든 강령으로 지켜 나가고자 한다. 그리고 이것은, 오늘날 종교가 정치로부터 공격을 받고 있기 때문에 반드시 종교를 정치로부터 방어해 내야 된다는 점을 의미한다. 또한 이것은 그러한 방어가 항상 국가의 이익을 염두에 두어야 하며, 국가의 이익과 일치해야 한다는 점을 의미하기도 한다. ······

나는 모든 공화정 체제에 맞서 싸우는 일에 기꺼이 동참하고 있다. 프랑스에서 공화정은 이질적인 집단의 왕국에 불과하다. 공화주의자들의 정신이란 국가 방위를 혼란에 빠트릴 뿐만 아니라, 전통적인 가톨리시즘을 직접 겨냥한 적대적인 행위를 일삼고 있다.

따라서 우리의 유일한 미래는 바로, 천년 동안 프랑스를 유지해 온 40명의 왕들을 계승한 사람이 구현해 내는 것과 같은 군주제에 있다고 하겠다. 오로지 군주제만이 공공의 구원을 보장해 줄 수 있을 뿐만 아니라 질서에 부응하면서, 반유다주의와 국수주의가 고발하는 공공의 악들에 대해 강력하게 경고할 수 있을 것이다.

유다인들에게는 나라가 없는데, 그들은 과연 어떻게 '국가와 교회의 분리'라는 이 법안을 만들 수 있을까?

샤를 모라스, 《종교적인 정치 Politique religieuse》, 1912년.

97) 비오 11세 교황에 의한 단죄

정당의 이해관계를 종교보다 더 중요시 여기거나, 그러한 이해관계를 위해 종교를 이용하려는 모든 시도와 그런 모임에 가담하는 것은 어떤 것이든지 가톨릭 신자들은 해서는 안 됩니다. ……

어떤 사람들의 글은 우리의 교의와 윤리에 크게 어긋나

기 때문에, 우리의 반대를 도저히 피할 수 없는데도 불구하고, 그들은 자기네 독자들, 특히 청소년과 젊은이들에게, 영적으로 엄청난 해악을 초래할 수 있는 것들을 주장합니다. 따라서 가톨릭 신자들은 이런 사람들이 발행한 신문을 지원하거나 장려하거나 읽어서는 안 됩니다.

비오 11세 교황의 추기경단 회의에서의 훈화(1926년 12월 20일).

98) 절대 그럴 수는 없다

　진정한 가톨릭 신자들이, 우리가 처한 상황에 빠진다는 것은 참으로 끔찍하게 고통스러운 일이다. 자녀로서 교황의 명령을 거역할 수밖에 없다는 사실은 가슴 아픈 일이 아닐 수 없다. …… 자식에게 어머니를 죽이라고 요구하거나, 또는 결국 같은 것이 되겠지만, 어머니를 죽게 내버려 두라고 요구하는 아버지와 같은 교황의 말씀까지도 존경심을 갖고 따를 수 있어야 한다고 말을 한다. 하지만 이것은 결코 순명할 수 없는 일이다. 교황의 명령을 거부한다고 해서, 우리가 좋은 가톨릭 신자가 된다는 것을 거부하는 것은 결코 아니다. 그러나 만일 교황의 명령에 순명하게 되면, 프랑스를 배신하는 것이기 때문에 우리는 결코 좋은 프랑스 사람이 될 수 없다. 가장 해로운 위험에 갇혀 꼼짝달싹

> 도 못한 채 진퇴양난에 빠진 프랑스는 지금 프랑스의 모든 자녀의 용기와 지성과 정력을 간절히 필요로 한다. …… 우리는 결코 우리 조국을 배신하지 않을 것이다. 절대로 그럴 수는 없다(Non possumus).
>
> 《프랑스적인 행동(악시옹 프랑세즈)》, 1926년 12월 24일자.

'가톨릭 운동'의 탄생

'가톨릭 운동Action Catholique'이라는 말에는 여러 가지 의미가 담겨 있다. 사람들은 종종 가톨릭 신자들이 벌이는 사업이나 활동 전체를 일컬어 '가톨릭 운동'이라고 표현하기도 한다. 그러나 '가톨릭 운동'이란, 평신도들의 특별한 활동과 그 활동에 일치하여 성직자들이 벌이는 보조적인 활동을 지칭하는 것으로 세례성사에 그 원천을 둔다. 따라서 '가톨릭 운동'은 교회와 성직자들에게 봉사하기 위한 물질적인 노력을 지칭할 뿐만 아니라, 개인적·사회적·정치적 생활을 재再그리스도교화함으로써, 이제 더 이상 그리스도교적인 세계가 아닌 세상에서 복음을 선포하는 모든 행위를 지칭한다.

1886년 알베르 드 묀Albert de Mun이 설립한 '프랑스 가톨릭 청년 연합회Association Catholique de la Jeunesse Française(A.C.J.F.)'는 부르주아 계급 출신의 청년들에게 신심 생활을 통해서, 공부와 특별 활동을 펼치는 동아리들을 통해서 사회를 재그리스도교화할 것을 제안했다. 1925년부터 1935년 사이에 전문화된 '가톨릭 운동' 단체들이 생겨났다. 1925년에 벨기에의 조셉 카르댕Joseph Cardijn 신부가 '그리스도교 노동 청년회Jeunesse Ouvrière Chrétienne(J.O.C.)'**187** 운동을 시작했고, 그 다음 해에 궤랭Guérin 신부가 프랑스의 클리쉬 Clichy에서 '그리스도교 노동 청년회' 첫 번째 모임을 결성했다.⁹⁹⁾

▲ 조셉 카르댕.

1927년에는 〈노동 청년La Jeunesse Ouvrière〉이라는 신문이 창간되었다. J.O.C.는 '복음화'라는 전망을 갖고 활동하는 교회 단체로서, 그리스도교 노동 청년들이 예수 그리스도를 증언할 수 있도록 도와주며, 비그리스도교화된 세계인 노동계를 '있는 그대로' 바라볼 수 있는 시선을 갖도록 도와주었다. 바로 이 같은 목표에서 '보고, 판단하고, 행동하자!'라는 세 단어로 된 유명한 표어가 생겨났다. J.O.C는 보편적인 원리를 선험적·이론적으로 적용하려고 한 것이 아니라, 실제적인 경험을 바탕으로 한 현실에서 출발하려고 했다. J.O.C는 '비슷한 것을 통해 비슷한 것을', '현장을 통해 현장을' 이해하려고 한 조직이었다. 즉 그리스도인이면서 동시에 노동자라는 현실을 살아가는 사람의 총체적인 모든 것을 반드시 다 고려해야 한다. 만일 노동자가 비그리스도교화 되었다면, 그것은 그가 자신의 노동을 통해서 비인간화 되었기 때문이다. 따라서 노동 현

---

187 우리나라에서는 '가톨릭 노동 청년회(J.O.C.)'로 알려져 있다.

장 자체를 변화시켜야 한다.

J.O.C.가 생겨난 다음에, '그리스도교 농민 청년회Jeunesse Agricole Chrétienne(1929년)', '그리스도교 학생 청년회Jeunesse Étudiante Chrétienne(1930년)' 등 전문화된 많은 청년 운동 단체들이 생겨났다. 또한 가톨릭 남성 운동 단체들이 생겨난 뒤, 똑같은 이름의 여성 운동 단체들도 생겨 났다.

이탈리아에서는 '가톨릭 운동'에 대한 개념이 폭넓게 자리하고 있었다. 왜냐하면 '가톨릭 운동의 교황'이라고 불리던 비오 11세 교황이 '가톨릭 운동'에 대한 교의적인 토대를 마련해 주었기 때문이다. 교황은 '가톨릭 운동'을 '교계적인 사도직에 평신도들이 참여하는 것' 혹은 '어떤 의미로는 주교의 지도 아래 하느님의 교회에 협력할 태세를 갖추고서 교회의 사목적인 직무를 보충해 주는 신자들의 사도직'이라고 정의했다.[100]

전문화된 '가톨릭 운동'

[99] 그리스도교 노동 청년회

프랑스의 J.O.C.가 보름 간격으로 〈노동 청년〉이라는 신문을 발행하여, 1938년에는 15만 부나 찍어 냈다. 젊은이들을 교육시킬 목적으로 이 신문은 많은 기사를 실어 노동 청년들에게 제시했다. 예를 들어 현대 기술에 관한 지식, 업무상 사고로 인한 노동 재해에 대한 예방, 법률 등에 관한 기사들이다. 또한 사설을 통해서, 그리스도교 청년 운동이 등장한 것에 대해 아주 열광적이고 고무적인 견해를 밝히기도 했다.

노동 현장은 노동 청년을 비그리스도교화하고 타락시키며 짓밟고 억누를 뿐만 아니라, 노동 청년의 영혼을 더 이상 그 어떤 반응이나 감격도 못하는 영혼으로 만들어 버린다. 바로 그러한 노동 조건들이 존재하는 한 우리는 우리의 목적을 달성할 수 없을 것이고, 그런 상황이 바뀌지 않는 한 우리는 우리의 의무를 다할 수 없을 것이다. …… 이것은 단순히 개인적인 행동의 문제가 아니다. 이것은 수많은 노동자 무산 계급이 지닌 강력한 대중적인 삶의 조건들을 완전히 뒤바꿔 버리는 심각한 문제다.

그러나 그리스도교 노동 청년의 미래는, 노동자 계급을 다시 일으켜 세우고 노동자의 삶과 문화와 예술이 하나의 진리로서 자유롭게 인정받고 존경받아 그 빛을 환하게 밝힐 수 있도록 하는 데 있다. 그리고 J.O.C.의 깊이 있는 활동을 통해 J.O.C.가 정상적으로 발전할 수 있도록 하는 데에 있다. …… J.O.C.의 미래는, 봉건적이고 그리스도교적인 문명사회가 존재했었던 그때처럼, 그리스도교적인 노동자의 문명사회가 하나의 거부할 수 없는 현실이 될 때 비로소 실현될 것이다. J.O.C.의 미래는 모든 노동자 계급이 영혼을 성화시키고 육체를 보호하며 개인과 가족을 지켜 내는 바로 그 현장에서 생생하게 살아 있는 것을 의미한다. …… 또한 J.O.C.의 미래는 노동자 계급이 그리스도의 소유가 되는 것을 의미한다.

3년 전에는 J.O.C.의 회원이 단지 4명에 불과했다. 하지만 지난 3년 동안 우리 회원은 무려 4만여 명으로 늘어났다. 앞으로는 모든 노동자 계급이 J.O.C.의 회원이 될 수 있을 것이다.

장 몽당주Jean Mondange, 〈노동 청년〉, 1929년 11월 15일자.

나의 야망, 나의 이상은 바로 그리스도를 닮는 것이고, 그리스도처럼 나도 내 형제들에게 헌신하는 것이며, 그리스도께서 사랑하셨던 것처럼 나 또한 그들을 사랑하는 것이다. ……

만일 당신이 이 같은 언어를 단지 신비적이고 감상적인 언어로만 간주한다면, 내일의 노동자 계급을 향해 나아가고 빛과 형제애를 향해 나아가며 세상을 자신들의 가슴에 품고 있다고 말하는 우리의 동료인 공산주의자들을 한 번 생각해 보라. (유감스럽게도, 증오를 통해서 그렇게 한다는 것 아닌가!) ……

우리 모두 손을 편 채, 외톨이가 되어 따돌림을 당하는 모든 젊은 노동자에게 다가가자. 특히 절망에 빠진 젊은 노동자들에게, 삶의 염증을 느끼고 부도덕한 생활로 넘어갈 위험에 처해 있는 젊은 노동자들에게 다가가자. …… 마침내 우리가 우리 노동자 계급을 구원할 수 있을 것이다.

조지 퀴클레Georges Quiclet, 〈노동 청년〉, 1929년 12월 1일자.

100) '현장을 통한 현장의 복음화'에 대한 교황의 재확인

…… 교회사에서도 누차 그러했듯이, 오늘날 우리는 대부분 거의 이교 사상에 물든 세계와 맞서고 있다. 그리스도를 부인한 이 모든 계급의 사람들을 그리스도께로 데려오기 위해서, 우리는 바로 그 계급 안에서 교회의 보조 군사를 모으고 훈련해야 한다. 그들은 그 계급 사람들의 심성과 열망을 알고 형제적 사랑으로 그들의 마음을 설득할 수 있을 것이다. 틀림없이 노동자들의 일차적이고 직접적인 사도는 노동자 자신이어야 하며, 동시에 상공업자의 사도는 상공업자 자신이어야 한다. ……

비오 11세 교황의 회칙 〈사십주년〉, 1931년.

1930년대 가톨릭 신자

사람들은 1930년대를 '프랑스 가톨리시즘의 황금기'라고 말한다. 가톨릭의 새로운 시대인 1930년대는 교회와 국가의 분리로 우울해지고 '프랑스적인 행동'에 대한 단죄로 괴로워하던 시대가 지나간 다음에 등장했다. 이 시기의 세대는, 자기 시대에 현존을 드러내고자 하는 강한 의지를 갖고서 주도적으로 많은 일을 실천함으로써 자신의 모습을 드러냈다. '그랑 제콜Grandes Écoles'[188]과 대학에서 두드러지게 활동했던 학생들, 공공 교육을 받으며 대학을 위해 본당에서 활동했던 가톨릭 신자들이 주역이었다. 그들은 그리스도교적인 조합 운동Confédération des Travailleurs Catholiques(C.F.T.C.)의 발전에 크게 기여했다.

그리스도인들은 문학 분야에서도 활발하게 활동했는데, 클로델Claudel, 모리악Mauriac, 베르나노스Bernanos[189] 등이 바로 여기에 해당한다. 마리탱Maritain, 엠마누엘 무니에Emmanuel Mounier, 장 라크로와Jean Lacroix 등 같은 평신도 사상가들은 단순히 신앙생활을 옹호하는 데 그치지 않고, 새로운 방식으로 종교적인 문제들에 대해 관심을 기울였다. 또한 보이 스카우트 운동과 걸 스카우트 운동도 빼놓을 수 없다. 이처럼 1930년대에는 그리스도교적인 단체들이 눈부시게 성장하고 발전한 시기였다. 하지만 그런 성장은, 당시 막

---

[188] 각 분야의 지도자들을 양성하는 대학 이상의 고등 전문학교에 해당한다.
[189] 《어느 시골 신부의 일기 Le journal d'un curéde campagne》(1936년)라는 작품 등으로 유명한 프랑스의 가톨릭 작가이다.

생겨나기 시작한 전체주의로 인해, 갈라지고 분열되어 가던 가톨릭 신자들의 의견을 하나로 모으지는 못했다.

4. 전체주의에 직면한 그리스도인

이탈리아 파시즘

제1차 세계 대전이 끝난 다음, 이탈리아의 가톨릭 신자들은 정치에 참여할 수 있게 되었다. 사제였던 돈 루이지 스투루초Don Luigi Sturzo(1871~1959년)가 1919년에, 그리스도교 민주주의를 추구하는 이탈리아의 첫 번째 정당에 해당하는 '이탈리아 인민당'을 창당했다. 그러나 무솔리니와 파시스트들이 1922년에 정권을 잡자, '이탈리아 인민당'은 뿌리를 내릴 만한 시간적인 여유를 갖지 못하고 말았다. '파시즘'은 상처받은 국수주의[190]와 경제적인 어려움, 잦은 동맹 파업 운동으로 인한 혼란, 러시아의 '볼셰비즘'에 대한 두려움 등 때문에 생겨난다. 반성직자주의를 표방하던 일부 서민 출신 파시스트들은, 공산주의와 아직 제대로 확립되지 못한 민주주의를 두려워하고 불신하던 가톨릭 보수주의자들에게 접근했다. 따라서 가톨릭 여론은 로마 문제를 해결하려고 한 무솔리니 편에 가까워졌다. 비오 11세 교황으로부터 아무런 지지를 받지 못하던 돈 스

---

[190] 사실 전쟁은 이탈리아가 바라던 모든 것을 이탈리아에게 가져다주지는 못했다.

투루초는 결국 1924년에 추방당했다. 1926년에 모든 정당이 해체되었지만, 가톨릭 신자들은 그다지 걱정하지 않았다. '라테란 협정(1929년)'은 무솔리니의 기반을 더욱더 강화시켜 주었다.

그러나 파시즘은 점점 더 전체주의적인 경향을 띠었다. 파시즘은 모든 국민을, 태어나면서부터 죽을 때까지, 당(파시즘)의 모든 조직 속으로 통합시키려고 했다. 무솔리니는 이렇게 말했다. "나는 인간을 태어날 때부터 데리고 와 죽는 순간, 즉 교황이 돌봐주는 바로 그 죽음의 순간에 가서야 비로소 놓아줄 생각이다." 파시스트들의 눈에는 교회의 운동이 마치 자신들에게 대적하는 하나의 경쟁 상대로 보였다. 1931년, 많은 종교 건물들이 약탈로 인해 파괴되었고, 가톨릭 청년들의 모임은 해체를 당했다. 이 같은 상황에 직면한 비오 11세는 〈논 압비아모 비소뇨Non abbiamo bisogno〉(1931년 6월)라는 회칙을 통해 단호하게 대응했다.[102] 교황은 국가의 전체주의에 대항했고, 교회는 교회의 고유하고 필요불가결한 교육 사업을 실현시킬 수 있는 수단을 반드시 가져야 한다고 주장했다. 하지만 교황은 정치와 노동조합과 체육 활동 등과 관련된 모든 활동을 하지 말 것을 '가톨릭 운동'에게 요구함으로써, 파시즘과 어느 정도 타협을 했다.

이탈리아가 에티오피아를 침공할 당시(1935~1936년), 비오 11세는 파시즘적인 경향이 강한 국수주의를 단호하게 반대하지는 않았다. 당시 이탈리아의 대다수 가톨릭 신자들은 국수주의적인 성향을 띠고 있었다. 교황청의 신문 〈오세르바토레 로마노L'Osservatore Romano〉는 상당히 조심스러운 어조로 생존의 필요성 때문에 전쟁을 하더라도, 부당한 정복 전쟁은 결코 정당화될 수 없다고 간단하게만 언급했다. 이탈리아의 주교들은 아프리카로 파병을 떠나는 군대와 깃발을 축복해 주었다. 교황은 되찾은 평화에 대해 기쁨을 표현했다. 하지만 수많은 이탈리아의 선교사들은 에티오피아에서 죽음의 구덩이 속에서 죽어 갔다.

프랑스 가톨릭 신자들은 이런 상황에 대해 상당히 불편함을 느끼면서 그 같은 감정을 드러내놓고 표현했다. 하지만 《쎄뜨Sept》[191]라는 잡지가 폐간 조치를 당함으로써, 그들은 간접적인 방법으로 검열을 받았다.

독일 나치즘

'나치즘(민족 사회주의 독일 노동당)'은 독일이 전쟁에서 패한 절망감 속에서 생겨났다. 우파 세력들은 유다인과 사회주의자들, 볼셰비즘 등에 해당하는 외부적인 요인 때문에 독일이 패배한 것이라고 진단했다. 히틀러Hitler는 그러한 불만을 정치 조직으로 규합하면서, 《나의 투쟁Mein Kampf》이라는 한 권의 저서를 통해 자신의 이데올로기를 표현했다. 이 책은 인종주의와 반유다주의, 그리고 반그리스도교 등을 주장하는 내용으로 이루어졌다. 1922년부터 1929년

---
[191] '일곱' 혹은 '7'이라는 뜻이다.

까지 단지 소수만이 참여하던 운동에 불과했던 나치즘에 대해 주교들은 가차 없이 비난하고 단죄를 했다. 그리스도인은 결코 나치주의자가 될 수 없다는 것이었다.

독일이 처한 경제적인 위기 상황 속에, 히틀러는 1933년 1월에 '구세주'로서 권좌에 올랐다. 가톨릭 신자들은 히틀러를 반대하는 나쁜 독일인으로 비쳐지는 것을 원치 않았다. 그래서 가톨릭 보수주의자들(이른바 '교황의 지지자들Von Papen'이라고 불리던 이들)이 히틀러를 지지했다. 그들은 독일이 공산주의로 변화되는 것을 두려워했다. 국민 절대 다수의 지지를 얻진 못했지만, 히틀러는 '가톨릭 중도당'의 지지를 얻어 마침내 막강한 권력을 잡았다. 그러나 몇 주 뒤, 히틀러가 노동조합과 정당에 관련된 모든 조직의 활동을 금지하자, '가톨릭 중도당'도 스스로 그만둘 수밖에 없었다. 그러자 주교들은 나치 정당을 준엄하게 비판했다.

히틀러는 가톨릭 신자들과 화해하기 위해서, 1933년 7월 20일에 바티칸과 일반적인 정교 조약을 조인했다. 비오 11세 교황의 국무성 장관, 파첼리Pacelli 추기경이 그 조약의 주요 협상자로 나섰다. 이 조약은 가톨릭 신자들에게 매우 유리한 것처럼 보였지만, 사실은 아주 애매모호했다. 교회는 저항할 수 있는 법적인 토대를 가질 수 있을 것이라고 확신했지만 그 조약은 가톨릭 신자들의 양심을 잠재우는 데 크게 기여하고 말았다. 그래서 상당수 가톨릭 신자들은 "정교 조약이 우리를 망쳐놓았다."라고 말했다. 엄청나게 빠른 속도로 가톨릭 운동과 성직자들에 대한 중상모략과 비방이 확산되었고, 인종 차별적인 조치들이 이루어졌다. 사실, 독일 가톨릭 신자들 가운데 많은 이들이 반유다주의적인 사람들이었다.

공개적으로 자신들을 나치주의자들이라고 떠들어댄, 이른바 '독일적인 그리스도인들'도 있긴 했지만, 대다수 가톨릭 신자들과 다른 그리스도인들은 나치즘에 대해 상당히 소극적인 태도를 취했다. 그러나 1934년부터, 신학자 칼 바르트Karl Barth(1886~1968년)와 마르틴 니묄러Martin Niemöller 목사로부터 영감을 받은 프로테스탄트들이 '고백 교회'라는 이름으로 바르멘Barmen(혹은 뷔페르탈Wuppertal)에서 비밀 시노드를 개최하여, 나치즘에 저항하겠다는 신앙 고백을 발표했다. 이 모임에 참석한 사람의 숫자는 많지 않았지만, 여러 사람이 나치즘의 희생자가 되었다. 그들 가운데 가장 유명한 사람은, 1945년에 교수형을 당한 디트리히 본회퍼Dietrich Bonhoeffer였다. 그가 죽고 난 뒤에 출판된 그의 책은 엄청난 영향을 미쳤다.

교황은 이 같은 사태를 보면서 1937년 〈애타는 마음으로Mit brennender Sorge〉라는 회칙을 발표하여 대응했다. 같은 해에 공산주의와 관련된 회칙도 나왔다.

무신론적 공산주의

1917년 10월, 마침내 공신주의가 러시아라는 한 나라에 자리 잡았다. 공산주의 혁명은 '제3인터내셔널(제3국제 노동자 연맹)', 즉 코민

테른Komintern이라는 주체 세력을 보유하고 있었다. 유럽의 그리스도인들은 러시아에서 일어나는 일련의 사건들을 어느 정도 알고 있었지만, 크게 염려하지 않았다. 그러나 공산주의가 유럽에서 정치 세력으로 성장하자 그리스도인들은 불안해하기 시작했다.

1931년에 스페인이 공화국을 선포하자, 반성직자주의적인 폭력 사태가 발생했다. 왜냐하면 그동안 교회가 권력을 누리며 부유한 생활을 해 왔다고 사람들은 생각했기 때문에 이런 사태가 벌어진 것이다. 그 후 몇 년 동안 비교적 안정된 시기를 보내다가, 1936년 2월에 '인민 전선Frente Popular(좌파 정당들의 연합)'이 승리하자, 성당과 수도원에 대한 무차별적 '파괴주의'가 자행되었다. 1936년 7월 18일 프랑코Franco 장군이 공화국 정부에 대항하여 혁명을 일으켰다. 이것이 바로 3년 동안 무려 100만 명 이상이 죽은 내전을 알리는 신호탄이었다. 공산주의자들로 구성된 공화주의자들은 2,000개의 성당을 불태우고 7,000명의 사제들을 학살하는 등 교회를 괴롭혔다. 그러다 보니 프랑코 장군의 투쟁은 마치 반공산주의를 위한 십자군처럼 보였다. 거의 모든 주교는 1937년에 공동 명의로 발표한 한 편지에서, 프랑코의 국수주의자들에게 충성을 바치겠다는 내용을 진술했다. 대다수 스페인 가톨릭 신자들은 프랑코 정부에 가담했지만, 바스크Basques 지방 사람들처럼, 일부 소수 신자들은 프랑코 정부에 저항하며 공화국의 이념을 지지했다. 공화국을 지지하던 일부 사제들이 프랑코를 지지하는 사람들에 의해 총살을 당했다.

프랑코 군대는 종교적인 선익과 그 밖의 다른 선익을 보호해 주었지만, 그들이 보여 준 태도는 공화국의 군대가 보여 준 태도와 별로 다르지 않았다. 가톨릭 신자들 사이에서 프랑코 정부에 대해 서로 상반된 입장을 보이자, 스페인은 분열의 길로 치달았다. 베르나노스는 스페인 내전 초기에 종교를 빙자하여 자행되던 수많은 기만행위를 고발했다.[101] 그러나 바티칸은 1937년 9월, 국수주의 정부를 사실상 인정해 주었다. 독일의 나치 정부와 이탈리아의 파시스트 정부는 프랑코 정부를, 그리고 '국제 여단International Brigades'은 스페인의 공화국 정부를 각각 지원했다.

> **[101] 스페인 내전**
>
> 대다수 가톨릭 신자들과 교황청은 프랑코의 봉기를 공산주의에 맞서는 일종의 십자군으로 생각했다. 베르나노스도 처음에는 그렇게 생각했으나, 말로르카Mallorca에서 프랑코 일당이 저지른 즉결 처형을 목격하고 난 뒤 거짓 십자군과 양편 모두가 저지르는 폭력 행위에 대해 거세게 항의했다.
>
> 나는 '스페인 십자군'이라는 것이 야비한 소극笑劇에 불과

하고, 양편의 두 지지 세력으로 하여금 서로에 대항하여 혼전 양상을 벌이도록 종용하고 있다고 본다. 두 세력은 이미 선거에서도 심각하게 대립한 적이 있고, 게다가 자신들이 원하는 것이 무엇인지 모를 뿐만 아니라, 자신들의 힘을 제대로 이용할 줄도 모르기 때문에, 오히려 그 힘을 악용하고 있다. 따라서 그들은 앞으로도 쓸데없이 서로 맞서 싸우기만 할 것이다. ······

스페인 전쟁은 하나의 납골당과 같다. 참된 원리와 거짓 원리, 좋은 지향과 나쁜 지향을 모두 한꺼번에 무차별적으로 처박아 놓은 납골당이다. 그것들이 피와 진흙 투성으로 모두 한 줌 재로 다 타고난 다음에야, 당신들은 그것들이 무엇이 되어 있는지를, 또한 어떤 수프가 당신들을 적셨는지를 두 눈으로 똑똑히 보게 될 것이다. 만일 그것이 동정을 살 만한 구경거리라도 될 수 있다면, 그것은 바로 공화주의자나 민주주의자들, 파시스트나 반파시스트들, 성직자주의자나 반성직자주의자들, 불쌍한 사람이나 불쌍한 악마들의 모습일 것이다. 다시 말해 여러 달 전부터 마녀의 냄비 주변에 쭈그리고 앉은 그 불행한 사람들이 포크로 자신의 고기 덩어리를 집어 들고서 제각기 자기 고기 덩어리에 대한 자랑을 늘어놓고 있는 광경이 될 것이다. ······

나는 보았다. 내 두 눈으로 똑똑히 보았다. 당신들에게 말

> 을 건네고 있는 나는 지켜보았다. 평화로운 전통을 지녔던 그리스도교 인민들, 너무 지나칠 정도로 사교성을 지녔던 바로 그 작은 그리스도교 인민들이 갑자기 경직되는 모습을 나는 보았다. 그들의 얼굴과 아이들의 얼굴이 굳어지는 모습을 나는 똑똑히 보았다. ……
>
> 베르나노스, 《달 아래의 커다란 묘지들Les Grands Cimetières sous la lune》, 1938년.

프랑스 '인민 전선'

스페인 상황보다는 덜 비극적이었지만, 프랑스 가톨릭 신자들도 1936년 5월 국회 의원 선거에서 승리한 '인민 전선'을 마주치게 되었다. 이때, 신자들은 좌파 극단주의자와 우파 극단주의자로 서로 나뉘어져 있다 보니 양 극단주의자들에게 발목이 붙잡혀 있는 상황이었다. 가톨릭 우파는 '불의 십자가Croix de Feu'의 회원들과 같은 동맹 세력들이, 그리고 가톨릭 좌파는 십자가 위에 낫과 망치를 포개서 그린 그림을 표지로 이용한 《새로운 땅Terre nouvelle》이라는 잡지를 중심으로 모여 든 혁명적인 그리스도인들이 극성을 부리고 있었다.

공산당의 당수, 모리스 토레즈Maurice Thorez는 크게 성공하지 못했지만 그리스도인들에게 이른바 '악수를 위해 손을 내미는' 유화 정책을 제안했다. 그런가 하면, '인민 전선'은 대다수 가톨릭 신자들의 동조를 얻지 못했지만, 그렇다고 해서 반성직자주의로 되돌아서지도 않았다. 가톨릭 신자들은 공산주의의 가르침과 공산주의자들을 구별할 줄 알았고, 한편으로는 그리스도교와 자본주의가 과연 밀접한 관계를 유지할 수 있을까 하는 의구심을 가졌다. 인민 전선 정부의 수반인 레옹 블륌Léon Blum은 가톨릭 주간지 《쎄뜨》와 가진 대담에서, 가톨릭 신자들과 인민 전선이 함께 협력할 수 있는 가능성이 있다고 확언했다. 이렇게 1936년이라는 연도는 프랑스 가톨릭 신자들에게 정치적인 다원주의를 받아들일 수 있도록 해 준 해였다.

전체주의에 맞선 비오 11세 교황

앞서 비오 11세가 〈논 압비아모 비소뇨〉라는 회칙을 발표하여 파시즘의 오류들을 거슬러 저항한 사실을 언급했다.[102] 비오 11세는 며칠 간격으로 발표한 두 개의 회칙(《논 압비아모 비소뇨》와 〈애타는 마음으로〉)을 통하여 나치즘과 공산주의를 반대하는 입장을 분명하게 밝혔다. 나치즘을 반대하여 발표한 〈애타는 마음으로〉는 독일에서 비밀리에 전파되었으며, 3월 21일 이후에는 강단에서 이 회칙이 낭독되기도 했다.[103] 독일의 파울하버와 파첼리 추기경이 부분적으로 집필에 참여했던 〈애타는 마음으로〉는 인종주의와 반유다주의, 그리고 국가에 대한 우상 숭배 등을 명백하게 단죄하고, 정교 조약의 여러 가지 위반 사항을 고발했다. 또한 회칙 〈하느님이신 구세주Divini Redemptoris〉(1937년 3월 19일)는 공산주의를 '본질적으로 사악한 것'으로 인식하여 단죄하면서 공산주의에 대한 모든 협력을 금지했다.[104] 교황은 사회적인 문제들에 대한 해답을 찾으려면 교회의 사회적인 가르침을 참조하라고 권고했다.

당시 여론은 지역적인 문제로만 간주되던 나치즘에 대한 단죄보다, 전 세계에 대한 위험으로 간주되던 공산주의에 대한 단죄에 훨씬 더 민감한 반응을 보였다. 임종이 임박한 상태에서 비오 11세는 1939년 2월 이탈리아 주교들에게 파시즘에 대해 주의해야 한다고 당부했다. 교황의 미완성 연설문 원고에서, 비오 11세는 중상모략을 일삼던 로마 제국의 네로 황제가 그리스도인들을 박해하던 것을 떠올리며 언급했다. 결국 몇 달 후, 전체주의자들이 제2차 세계 대전을 일으키고 말았다.

전체주의에 직면하여

[102] 이탈리아 파시즘

우리는 바야흐로 온갖 주장과 사건이 실제로 일어나고 있는 현실에 직면해 있다. 거의 모든 지역에서 이미 이런

제16장 세속화와 교회의 대응 그리고 다원주의

일들이 벌어지고 있다. 이데올로기에 바탕을 둔 이런 것들은 나이 어린 아이부터 성인에 이르기까지 거의 모든 사람을 현혹시키는데, 특히 수많은 젊은이들이 여기에 속아 넘어가고 있다. 젊은이들은 오로지 한 정당과 한 체제만을 위해 이용당하고 있다. 그런데 분명한 사실은 이 같은 이데올로기는 결국 이교도적인 국가 숭배로 이어질 뿐 아니라, 교회의 초자연적인 권리와 가정의 자연적인 권리들과 엄청난 충돌을 일으키게 된다. …… 교회와 교황의 권리는, 단지 미사와 성사 거행 등 가톨릭 신자들의 외적인 종교 생활에만 국한되고 나머지 교육 문제는 전적으로 국가의 소관에 속한다고 주장하는 것은 가톨릭 교의와 양립할 수 없다. ……

비오 11세 교황의 회칙 〈논 압비아모 비소뇨〉.

103) 독일 나치즘

인종이나 백성 혹은 국가의 상태나 형태 혹은 권좌나 인류 공동체의 어떤 기본적인 가치, 세상 질서에 필요하고 존중할 만한 모든 것을 가진 사람은 누구든지 이 같은 사상들을 지니고 있으면서도 자신들한테 이런 가치들, 심지어 종교적인 가치들을 없애 버리면서 자신을 우상 숭배화하고 신격화한다면, 그는 하느님에 의해 창조되고 질서 잡힌 것들의 질서를 전복시키고 왜곡시키게 될 것이다. ……

인격을 지닌 존재로서의 인간에게는 하느님께로부터 받은 천부적인 권리가 있다. 그리고 이 같은 권리는 공공 사회 안에서, 결코 부정되거나 폐기되거나 소홀히 취급되어서는 안 되며, 반드시 완전하게 보장되어야 한다. ……

비오 11세 교황의 회칙 〈애타는 마음으로〉.

104) 무신론적 공산주의

원죄의 슬픈 유산으로서 세상에는 선악의 투쟁이 여전히 계속되고 있다. 인류가 하느님이신 구세주께서 오시던 무렵에 거의 세계 전역을 억누르고 있던 것보다 더 흉악한 야만 상태로 송두리째 후퇴할 위험에 처해 있다. 여러분이 이미 짐작했겠지만 너무도 화급한 이 위험은 다름 아닌 볼셰비키 무신론적 공산주의이다. 공산주의는 근본적으로 틀렸으며, 그리스도교 문명을 수호하는 이는 그 누구도 어느 형태로든 공산주의와 협력해서는 안 된다. 공산주의에 기만당하여 공산주의가 자기 나라에서 승리를 거두게 조작하는 사람들은 그가 누구든지 간에 공산주의 오류의 첫 번째 희생자가 될 것이다. 그리스도교 문명이 오래되고 위대한 지역일수록 공산주의가 일단 침투하는 데 성공하고 나면

> 악인들이 휘두르는 증오도 훨씬 무서운 황폐를 가져올 것이다.
>
> 비오 11세 교황의 회칙 〈하느님이신 구세주〉.

제17장

세계적인 그리스도교
(1800~1940년)

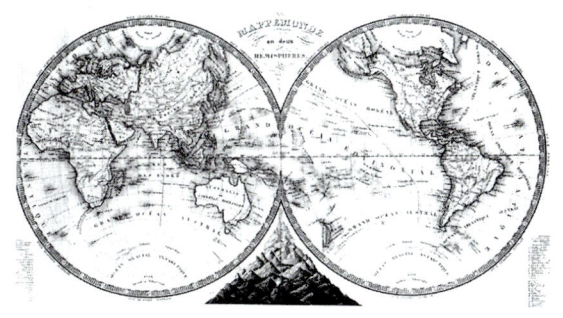

19세기 초, 신앙생활이 다시 부흥하기 시작하자 프랑스 혁명 이후 움츠렸던 해외 선교 활동이 다시 되살아나기 시작했다. 19세기 전반에 선교 활동을 원조하는 단체들과 머나먼 외국에 복음을 전파하려는 수많은 남·여 수도회들이 계속해서 생겨나면서 해외 선교 활동은 비약적으로 발전해 나갔다. 1870년대까지 선교사들은 늘 그랬듯이 정부로부터 아무런 도움도 받지 못한 채 미지의 땅을 향해 선교 여행을 떠났다. 19세기 말, 유럽의 제국주의 열강들은 세계를 서로 나누어 점령한 뒤 자기 나라 선교사들을 식민지 나라로 불러들였다. 바로 이 같은 상황과 맞물려서 이들 지역이 복음화되었다. 그러나 이 같은 복음화는 적지 않은 문제를 발생시켰고, 교황은 제1차 세계 대전 당시 이 같은 상황에 대해 깊은 우려를 표명했다. 그 결과 방인 성직자를 양성해야 한다는 인식과 외국인 선교사가 아닌 방인 사제가 관리하는 지역 교회를 만들어 나가는 방안에 대해 깊은 관심을 갖게 되었다. 그뿐 아니라 지역 교회의 고유한 문화를 존중하는 종교적인 표현들이 나타나기 시작했다.

Ⅰ. 19세기 선교 부흥의 원천

1. 새로운 정치적·종교적 상황

트라팔가르Trafalgar 해전에서 승리를 거둔 영국(1805년)은 해상권을 장악한 뒤, 바닷길을 이용하여 해외로 선교 활동을 나가던 가톨릭 선교사들의 활동을 방해했다. 그러나 프로테스탄트 선교 단체들은 아무런 방해를 받지 않고서 머나먼 해외 지역에서 활동을 활발하게 펼치기 시작했다. 1814~1815년 사이에 체결된 조약을 통해서 가톨릭 선교사들은 항해의 자유를 다시 누릴 수 있었다. 하지만 스페인과 포르투갈은 해상 쟁탈권에서 쇠퇴의 길로 접어들었다. 그리하여 아메리카 대륙에 있던 스페인과 포르투갈의 식민지들은 독립을 선언하기 시작했다. 그리고 이때부터 영국과 프랑스가 해상 분야, 즉 무역과 식민지와 선교 등의 분야에서 서로 경쟁을 다투는 두 강대국이 되었다. 사람들은 흔히 이 시대를 단순히 이분법적으로 구분하여, 프로테스탄트의 선교 활동을 보호하는 영국과 가톨릭의 선교 활동을 보호하는 프랑스로 구분했다.

항해와 탐험

19세기를 거치면서 그동안 사용되던 범선들이 점차 사라지고 증기선들이 그 자리를 차지했다. 수에즈 운하가 개통되자(1869년) 극동 지방이 유럽과 훨씬 더 가까워졌다. 런던에서 인도의 봄베이까지의 여행 시간이 거의 절반 정도로 줄어들었다. 겨우 해변 지역들만 알고 있던 탐험가들이 대륙 깊숙한 곳에까지 탐험 여행을 강행했다. 당시 탐험가들은 박학다식한 모험가들이었으며, 미지의 새로운 땅을 찾아 나서는 사람들이자 선교사들이었다. 나자렛 선교 수도회의 위크Huc 신부와 가베Gabet 신부가 쓴 책 《티베트에서의 여행 Le Voyage au Tibet》(1843~1846년)은 엄청난 인기를 끌었다. 그런가 하면, 아프리카의 잠베지 강을 따라 탐험했던 리빙스톤 Livingstone(1813~1873년)은 의사이자 목사였다.

선교와 낭만주의

프랑스 그리스도인들은 그리스도교를 다시 부흥시키고 프랑스 혁명 전에 있었던 구체제의 전통을 되살리기 위해서 프랑스 국내에서의 선교 활동뿐만 아니라 외방 선교 활동을 다시 시작했다. 1802년에 샤토브리앙은 《그리스도교의 정수》라는 작품에서, 그리스도교가 지닌 과거의 가치 가운데서 선교 활동과 선교사들의 업적을 찬양했다.[105] 샤토브리앙의 책은 지금까지 출판된 수많은 선교에 관한 책과 잡지들에게 커다란 영감을 불어넣어 주었으며, 낭만주의적인 선교관에 대한 출발점이 되었다. 이 같은 낭만주의적인 선교관은 사람들에게 선교를 하나의 모험과 이국적인 정취가 가득한 여행으로 생각하게 했을 뿐만 아니라, 프랑스의 국위를 선양하는 것으로 인식하도록 만들었다. 18세기에 예수회 선교사들이 저술한 《교훈적이고 호기심이 가득한 편지들》은 19세기 전반 내내 사람들의 깊은 호응과 관심 속에서 재판再版을 거듭했다.

과거에도 그랬던 것처럼, 그리스도인들은 '죽음의 그늘 밑 어둠 속에 앉아 있는 모든 사람'에 대한 구원 문제에 커다란 관심을 기울였다. 세상의 모든 사람을 구원해야 한다는 생각은, 프랑스 전역을 돌면서 복음을 선포하던 선교사들뿐만 아니라 소위 '미개인'들을 복음화하기 위해서 머나먼 미지의 땅으로 선교 여행을 떠나는 선교사들에게까지도 커다란 영향을 주었다. 가톨릭 선교사들과 프로테스탄트 선교사들은 서로 경쟁하다시피 선교에 대한 열정을 불태웠다.

어떤 사람들은 그동안 유럽이 직면해 왔던 장애물들로부터 완전히 벗어난 새로운 그리스도교 세계를 창설하고자 하는 열망이 가득했다. 선교사들은 원주민들에게 그리스도교 복음을 전파하면서, 초대 교회의 사도들이 경험했던 것과 똑같은 상황을 다시 경험하게 되었다. 유토피아 사회 건설을 추구하던 사회주의자들도 역시 자신들이 생각하는 이상적인 사회를 건설하기 위해 바다 건너 신대륙을 향해 떠났다.

동시에 세상 사람들과 마찬가지로, 그리스도인들도 인류의 비극적인 상황들을 극복하기 위해 큰 관심을 기울였다. 선교사들은 복음을 전파하면서 동시에 사람들을 계몽시키고 인도주의를 실현시키기 위한 노력을 함께했다. 선교사들은 교사였고, 의사였고, 간호사였고, 때로는 박사였다. 한편 유럽에서는 흑인 매매가 중단되었지만, 아랍 상인들에 의해서는 여전히 '불행한 셈의 후손들(아프리카의 흑인들)'이 노예로 팔렸다. 선교사들은 이들의 운명을 지켜보면서 깊은 연민의 정을 느꼈다. 전적으로 유럽인들의 자기 중심주의적인 관점이겠지만, 유럽 그리스도인들은 미개한 문명 상태에서 벗어나지 못한 나라들을 보고 커다란 충격에 사로잡혔다. 19세기의 유럽인들은 세계가 하나의 보편적인 문명을 향해 나아가고 있고, 그리스도교가 바로 그런 '문명의 종교'가 될 것이라고 생각했다.

105) 낭만주의적 선교관의 출현

《그리스도교의 정수》라는 작품은 19세기뿐만 아니라 그 이후에도 선교와 관련된 작품에 커다란 영향을 미쳤다.

우상 숭배자들은 복음을 전한 사도들에게 활기를 불어넣어 주었던 하느님의 영감에 대해 결코 알지 못했다. 사람을 개화시키겠다는 고상한 충동에 사로잡혀 있던 고대 철학자들조차도 아카데미(학술원)의 거리와 기쁨이 넘치던 아테네의 거리를 결코 떠나지 못했다. 그러나 그리스도인들은 미개한 이들을 인간답게 변화시키고 문맹한 이들을 가르치고, 병자들을 치유해 주고 가난한 이들에게 입을 것을 주고, 서로 싸우는 민족들에게 화합과 평화의 씨앗을 뿌려 주기 위해 고향을 떠나 머나먼 땅으로 떠나갔다. 그리스도교의 신앙인들(선교사들)은 예나 지금이나 여전히 그렇게 하고 있다. 바다와 천둥, 엄청난 비바람과 극지의 얼음이나 열대지방의 뜨거운 열기, 아니 그 어떠한 것도 선교사들을 멈추게 하지 못한다. 선교사들은 바다표범 가죽으로 만든 통옷을 입은 에스키모인들과 함께 살아간다.
그린란드 사람들과 함께, 선교사들은 고래 고기 기름을 양식으로 먹는다. 그런가 하면 타타르인이나 이로쿠와

> Iroquois[192]족과 함께, 선교사들은 은둔 생활을 하는 사람들을 찾아 이리저리 돌아다닌다. 선교사들은 아랍의 단봉 낙타를 타고서, 카프라리아[193] 사람들을 따라 태양이 내리쬐는 사막을 걸어가기도 한다. 그들은 중국인, 때로는 일본인, 혹은 인도인을 새 신자로 입교시킨다. 선교사들의 뜨거운 열정 앞엔, 대양大洋의 그 어떤 섬이나 암초도 결코 걸림돌이 되지 못한다. 옛날에 그 어떤 제국도 알렉산더 대왕의 야망을 만족시켜 주지 못했던 것처럼, 오늘날에도 지구는 선교사들의 애덕을 만족시켜 주지 못한다.
>
> 샤토브리앙, 《그리스도교의 정수》, 1802년, 제4편, 제4권, 제1장.

2. 선교 체제

다른 세기와 비교해 볼 때, 선교 활동을 조직하고 자금과 인력을 마련하고, 조직을 정비한 것이 19세기만의 독창성이라고 말할 수 있다. 그 외에도 다른 세기에 비해 다소 뒤지긴 하지만, 교의를 만들어 내기 위해 엄청난 노력을 기울였다. 선교 활동이 그리스도인들의 마음속에 중요하게 자리를 잡고 있었기 때문에 교회는 복음

---

[192] 북미의 한 인디언 종족을 가리킨다.
[193] 남아프리카 희망봉의 한 지방을 가리킨다.

화를 위한 기획에 관심을 기울일 수 있었다.

대중 속에 뿌리내린 선교

영국의 프로테스탄트계, 흔히 침례교 신자들은 대중 속에 뿌리내린 선교의 본보기를 보여 주었다. 1792년, 구두 수선공이었던 윌리엄 케리William Carey가 노팅엄Nottingham에서 선교 활동을 위한 설교를 했다. 그는 '침례교 선교단Baptist Missionary Society'을 창설했다. 1795년에는 '런던 선교단London Missionary Society'이 생겨났다. 그와 같은 시기에 창설된 여러 성경 관련 단체들이 성경을 다양한 언어로 출판하기 시작했는데 이런 성경은 복음화를 위한 토대로 활용되었다. 이 선교 단체들은 매주 조금씩이라도 헌금을 봉헌해 줄 것을 간청하면서 부자들뿐만 아니라 가난한 이들에게도 간곡하게 호소했다. 영국에 망명해 있던 프랑스 사제들이 이 같은 광경을 목격하고는 프랑스에 돌아가 그 같은 방법론을 똑같이 이용했다.

프로테스탄트들의 이 같은 노력은 가톨릭 신자들에게 커다란 자극을 주었지만, 때로는 도가 지나친 나머지 그리스도교적 사랑을 찾아보기가 힘들 때도 있었다. 각 교파는 제각기, 다른 교파들이 이방인들을 개종시키는 데 있어서 나쁜 표양을 보여 주고 부정직한 행위를 자행한다고 비난하면서 점점 더 논쟁적인 경향을 띠었다. 프랑스에서는 1815년 이후, '파리 외방 전교회'의 선교사들이 작은 규모로 다시 해외 선교를 떠나기 시작했다. '파리 외방 전교회'는 자금 마련을 호소하면서, 1817년에 신앙 전파를 위한 후원회를 결성했다. 리옹에서 폴린느 자리코Pauline Jaricot가 후원회의 책임을 맡았다. 그녀는 열 명, 백 명, 혹은 천 명 단위로 기부자들을 조직하면서, 프로테스탄트들이 매주 하는 헌금 방식을 도입했다. 아메리카 대륙에서 선교 활동을 하던 프랑스 사제들도 프랑스 사람들에게 원조를 요청했다. 그러자 왕정 시대에 설립된 비밀 단체인 '리옹 신사회Congrégation des Messieurs de Lyon'는 선교사들의 요청을 그때그때마다 들어주는 것보다 오히려 가톨릭의 모든 선교 활동에 관심을 갖는 통합된 단체를 설립하는 것이 더 낫지 않겠느냐는 제안을 내놓았다.

이런 상황 속에서 '전교 후원회Société de la Propagation de la Foi'(1822년)가 생겨났다.[106] 전교 후원회는 거의 모든 외방 선교 후원을 흡수 통합했고, 열 명 혹은 백 명 단위 등으로 모집하던 폴린느 자리코의 방식을 그대로 받아들여 대중적인 토대를 갖추었다. 이 후원회는 빠르게 성장했다. 전교 후원회는 1822년에 22,915 프랑을, 1846년에는 475개 교구에서 무려 3,575,775 프랑을 모금했다.

수많은 선교 후원 단체들이 계속해서 생겨났다. 1843년, 샤를 드 포르뱅-장송de Forbin-Janson 주교는 전교 지역의 어린이들을 위한 '어린이 전교 후원회Oeuvre de la Sainte-Enfance'를 설립했다. 19세기에는 270개의 후원 단체들이 생겨났다. 그 가운데 228개가 1925년까지 활발한 활동을 벌였다. 이 후원 단체들은 선교 활동을 알리기 위하여 잡지를 발행했는데 첫 번째 잡지는 1823년에 생겨난 《전교 회보Annales de la Propagation de la Foi》이다. 이 '회보'는 《두 세계의 주교들과 선교사들의 편지》를 출판했다. 월간지 형식을 띤 이 잡지는 《교훈을 주는 편지들》의 후속편이 되었는데, 1830년에 15,000부를, 1846년에는 여러 나라 언어로 178,000부를 발행했다. 1868년 '전교 후원회'는 《가톨릭 선교 활동Missions Catholiques》이라는 주간지를 9개 언어로 발행했다. 이렇게 1823년부터 1919년 사이에 선교와 관련된 잡지들이 무려 380개나 창간되었다. 그 가운데 79개의 잡지가 프랑스어로 발행되었다.

106) 전교 후원회

'전교 후원회'는 1822년에 설립되었다.

프란치스코 하비에르 성인 축일 강론(1823년 12월 3일, 리옹)
　이것은 우리보다 훨씬 더 불행한 채 오늘날까지 이교의 어둠 속에서 영원한 죽음의 위협을 받고 사는 수많은 사람들을 구출해 내는 일과 밀접한 관련이 있습니다. 이 불쌍한 사람들, 어리석고 사나운 미개인들, 온갖 종류의 문명 속에

> 서 사는 이방인들은 동물적인 본능 말고는 다른 규율이나 법을 전혀 알지 못합니다. 이를 테면 그들은 겉모습만 인간의 모습을 하고 있을 뿐, 그들의 풍속이나 습관을 보면 결코 인간의 참모습을 지니고 있다고 말할 수가 없습니다. …… 아, 여러분들의 예민한 마음이 상처를 받지 않기를 바랍니다만, 그들도 역시 우리와 마찬가지로 하느님의 모상대로 창조된 사람들이고, 우리와 마찬가지로 하느님 아버지부터 생겨났으며 예수 그리스도의 피로 구원된 우리들의 형제인 것입니다! ……
>
> 무한한 애덕을 지닌 교회는 온갖 부류의 인간들을 교회의 품 안으로 불러들이고자 하니, 부디 전교 후원회에 가입해 주시기 바랍니다. 그들의 고통을 위로하도록 부르심을 받은 사람은 바로 여러분입니다.
>
> 《전교 회보》, 제1권, 3, 18쪽 이하.

선교사

19세기 초반, 유럽의 많은 사제들은 특히 미국 주교들로부터 요청을 받고 개인적으로 선교 활동을 위해 유럽을 떠났다. '파리 외방 전교회', '나자렛회', '성령의 선교회'와 같은, 예전에 있었던 외방 선교회들이 점차 되살아났다. 여러 가지 기능을 수행하던 예수회나 프란치스코회, 도미니코회와 같은 큰 수도회들도 다시 활기를 띠었다. '애덕의 딸 수녀회'와 같이, 역사가 오래된 수도회들도 자신들의 고유한 사도직 활동에 선교 활동을 추가시켰다.

다른 세기와 비교해 볼 때, 19세기만의 새로운 점은 전문적으로 선교 활동을 펼치는 수도회들이 창설되었다는 것이다. 남자 수도회 53개(25개가 프랑스에서 창설), 수녀회 200개(57개가 프랑스에서 창설)가 19세기에 생겨났다. 그리고 프랑스 출신 해외 선교사가 가장 많았다. 1914년에 해외 선교에 헌신하던 수도자들과 사제들 가운데 거의 3분의 2 이상이 프랑스 출신이었다.

프로테스탄트 선교사들은 주로 19세기에 설립된 수많은 선교회에 소속된 이들이었다. 1900년에 이들의 숫자는 3백 명 이상이었다. 이들 가운데 어떤 이들은 공식 교회에 속했지만, 많은 선교사들은 독자적으로 선교 활동을 펼치면서 다양한 부류의 교회를 만들었다. 영국 출신 선교사가 가장 많았고, 그 뒤를 미국이 바짝 뒤따라갔다. 독일과 네덜란드와 스위스 등지에서 생겨난 해외 선교 단체들도 있었다. 1822년 프랑스에서는 '파리 복음 선교회Société des Missions évangéliques de Paris'가 설립되었다. 한편, 아주 빠른 속도로 방인 출신 목사들이 생겨났고, 레소토Lesotho(아프리카 남부에 있는 왕국)에서는 1863년부터 독자적인 지역 교회들이 생겨났다.

선교 방법

　선교사들이 주로 신경 쓰는 선교 분야와 방법은 부분적으로는 그들의 출신지가 어디냐에 따라 서로 달랐다. 19세기 초 프로테스탄트 선교사들은 주로 도시 출신이었다. 그들은 수공업자나 대장장이 혹은 방직공이나 목수와 같은 직종에 종사하다가 선교사가 된 사람들로서 성경에 대한 중요한 내용만 교육받고 양성되었다. 19세기 중엽 이후에는 주로 중산층이 선교사가 되었다. 부부 선교사들은 직접 선교 가정의 삶을 살면서 선교 가정의 삶을 강조했고, 유럽의 식민지 지배자들이 자행하는 나쁜 행실을 비판했다. 프로테스탄트 선교사들은 토착민 중산층을 양성하고자 했다. 가톨릭 선교사들은 주로 프랑스와 아일랜드, 폴란드인으로서 시골 출신이었다. 따라서 이들은 전교 지역에서 농촌 삶에 쉽게 적응했다.

　선교사들은 유럽에서 체험했던 자신들의 경험을 선교지에 그대로 옮겨 놓았다. 그들은 선교를 시작할 때, 가급적 작은 경당이나 교회부터 지었다. 프로테스탄트 선교사들은 성경을 먼저 제시했고, 가톨릭 선교사들은 자신들이 거행하는 예식의 장엄함에 대한 인상을 심어 주기 위해 예식을 강조했다. 선교사들은 현지 언어에 대한 체계적인 지식을 습득하기 위해 많은 노력을 기울였고 여러 지역에서 언어학을 창시하기도 했다. 그들은 문자를 사용하는 문명 세계에 속한 사람들이었다. 한편 학교는 신앙과 문명을 접할 수 있는 특권을 부여해 주는 수단이었다. 하지만 이 같은 학교의 매력은 토착 문화를 파괴하는 장본인이 되기도 했다. 선교사들이 토착민들의 구전口傳과 우상 숭배라고 자주 의심했던 토착민들의 관습의 가치를 소중하게 여기기까지는 상당한 시간이 필요했다. 토착민들에 대한 인도적인 도움도 제공되었다. 선교사들은 보건 위생과 물질과 관련된 원조뿐만 아니라 유럽에서 온 기부금도 함께 전달했다. 가톨릭 선교사들은 자선 사업 분야 쪽에 더 많은 신경을 썼지만 자본주의의 영향을 받은 프로테스탄트 선교사들은 경제 활동을 더 많이 강조했다. 그래서 그들은 농장을 재편하고 노동을 성화의 수단으로 간주했다.

교황청의 지침

교황청은 선교 활동을 지도하고 통괄할 수 있는 부서를 신속하게 만들었다. 포교성성이 1817년에 재편되었다. 가펠라리 추기경은 그레고리오 16세(1831~1846년) 교황으로 선출되기 전까지, 1826년부터 1831년까지 포교성성의 장관을 지냈다. 따라서 교황으로 선출된 이후에도 오랫동안 선교 정책에 대한 일관성을 유지했다. 교황은 1839년에 흑인들을 노예로 삼는 제도를 단죄했고 1845년에 반포된 〈네미넴 프로펙토Neminem profecto〉라는 훈령은 아주 확고하게 선교에 관한 지침을 제시했다.[107] 그레고리오 16세는 이 훈령을 통해, 모든 차원에서 방인 사제들과 함께 지역 교회를 세울 것을 요구했다. 제1차 바티칸 공의회는 선교 활동에 관한 문건을 준비했으나, 애석하게도 심의 과정을 거치지 못했다. 이 문건들은 방인 성직자단을 구성할 것을 강조했다. 하지만 방인 사제 양성의 중요성을 강조한 교황청의 소망이 19세기에는 그다지 실현되지 않았다. 왜냐하면 방인 사제 양성이 선교 지역에서 적잖은 문제를 파생시켰을 뿐만 아니라, 유럽에서 선교 지망생들이 넘쳐나서 방인 사제의 필요성을 그다지 느끼지 못했기 때문이다. 그 외에도 시대가 흐를수록 유럽인들은 기술적·경제적·지적인 측면에서, 다른 세계보다 더 우월하다는 생각을 더 많이 갖게 되었다. 그러다 보니 그리스도인들은, 특정한 인종들의 경우 그들이 지닌 결함 때문에 사제직에 다가서는 데에 장애가 된다고 평가했다.

19세기 내내 교황청은 선교 활동을 위한 행정적인 환경을 발전시키면서 대목구와 지목구支牧區를 늘려 갔다.

107) 그레고리오 16세 교황의 선교관

정치적으로는 철저히 보수적이던 그레고리오 16세 교황이었지만, 선교 활동 분야에 있어서는 선구자적인 모습을 보여 주었다. 임종하기 몇 달 전인 1845년 11월 23일에 반포한 포교성성의 〈네미넴 프로펙토〉라는 훈령은 그레고리오 16세 교황의 선교를 위한 유언장이 되었다. 방인 사제에 관한 교황의 지침들이 지켜지지 않은 점은 참으로 아쉽다.

…… 실제로 자신의 직위가 어떻든 간에 선교 활동에 종사하는 지도자들은 주교들이 항상 원하는 것처럼, 다음과 같은 일을 실천해야만 한다. 가톨리시즘을 증진하고 확고히 할 수 있는 방식으로 가능한 한 많은 후보자들을 주교직에 오를 수 있도록 추천해야 한다. 주교의 숫자를 증가시켜 나감으로써, 언젠가는 교계 제도가 설정될 수 있도록 해야 한다. ……

마찬가지로 가능한 한 모든 일을 선교사들이 다 해야 하겠지만, 그 나라의 그리스도인들이 성직과 사제직에 오를 수 있도록 하는 것은 선교사들의 가장 중요한 책임 가운데 하나다. …… 이는 매우 긴급히 요청되는 일이므로, 사제 성소를 가진 청소년들이 필요한 기간 동안 성스러운 과목들을 공부하면서 양성을 받을 수 있는 신학교를 개방할 필요가 있다. …… 그렇게 함으로써 교황청이 오래전부터 바

▲ 그레고리오 16세 교황의 초상화, 폴 트라호쉬 작, 베르사유 박물관 소장.

> 라던 대로, 교회의 직무를 완수해 나가고 …… 주교직에 오를 만한 자격을 갖춘 사제들을 확보할 수 있게 될 것이다. …… 우리는 그 나라의 성직자들을 단지 보조적인 성직자로 삼는 관습을 거부할 뿐만 아니라, 이 같은 관습은 마땅히 폐지되어야 한다고 본다. 복음의 일꾼들은 그 지역의 출신이든 유럽인이든 간에 모두 다 동등하기 때문이다. ……
>
> 다른 정치적 견해를 가진 사람들과 관계를 맺고 있는 선교사들이 정치적, 세속적인 일에 개입하지 않았으면 한다. 선교사들은 어떠한 정당에도 얽매이지 않고 나라의 분열을 가져오는 사람이 되지 않았으면 좋겠다. ……
>
> 선교사들은 현지 사람들의 사회생활을 이해하기 위해 부단한 노력을 기울여야 한다. 선교사들은 복음의 가르침을 전달하면서도, 신자들이 가진 노동과 기술의 가치를 거부해서는 안 된다.
>
> 《포교성성의 문헌집 Collectanea S.C. De Propaganda Fidei》, 제1권, 541~545쪽.

3. 선교와 식민지화

"선교사는 그리스도를 위해서 그리고 나라를 위해서 똑같은 정도로 활동한다."라는 말에 대해 20세기 초 사람들은 아무런 거부감도 느끼지 않았다.[108] 당시 선교 활동이란 유럽과 다른 세계와의 관계에 개입하는 것으로, 이 관계는 불평등하고 일방적인 관계였다. 유럽은 있는 힘을 다해서 일방적으로 아프리카와 아시아 대륙으로 나아가고 있었다. 선교를 위한 진출이 종종 식민지 건설을 위한 교두보 역할을 하기도 했다.

[108] 르 아브르의 상공 회의소와 선교사

르 아브르Le Havre의 상공 회의소……

…… 프랑스사람들 중에는 머나먼 나라까지 가서 무역을 하고 산업 발전을 위해 헌신하는 이들이 거의 없다. 이 점에 대해 사람들은 한탄한다. 이와는 달리 프랑스 선교사들은 기꺼이 고국을 떠나 가장 미개한 나라까지 가서 그 나라 사람들이 어떤 종교를 갖고 있느냐에 상관없이, 자신들의 윤리적인 가르침을 높이 평가받을 수 있도록 헌신한다. ……

그뿐만 아니라 선교사들은 참으로 프랑스적인 사상을 그 나라에 전파하는 전파자들이고, 그곳에서 무역을 하는 사람들과 외교관들에게 고귀한 도움을 주고 있다. 따라서 우리는 우리 문명의 대표자들인 선교사들이 수 세기 전부터 프랑스를 알리고 프랑스를 사랑할 수 있도록 헌신하고 있다는 점을 부인할 수는 없다.

현재 일본과 중국과 시암 등지에게 상류층의 교육 활동을 펼치고 있는 이들도 역시 프랑스의 수사들과 수녀들이다. 그들은 그곳에서 우리 언어를 사용하는 거의 유일한 사람들이다. 그곳에는 영어 교육이 지배적이어서, 장차 프랑스어가 완전히 사라지고 말 것이라는 사실을 반드시 염두에 두어야 할 것이다.

프랑스 선교사들 가운데 상당수가 40여 년 전부터 이들 나라에 정착하고 있지만, 자신들의 모원母院이 더 이상 프랑스에 없기 때문에 그들은 프랑스를 단 한 번도 방문한 적이 없다. 그들이 속한 수도회들이 해체된다면, 그 수도회들의 마지막 선교사들과 더불어, 그들 나라에서 프랑스의 영향력도 함께 사라지고 말 것이라는 점을 단언하지 않을 수 없다.

비록 이 수도회들이 프랑스 영토 안에 있지 않기 때문에 수도회들의 법적 지위를 바꿀 수는 없다고 하더라도, 프랑스 정부의 문명을 개화시키기 위해 식민지나 외국에서 활동하고 있는 선교사들의 윤리적인 활동과 수도회들이 추구하는 목적이 프랑스적인 사상을 전파하는 것에 해당된다면, 적어도 식민지 국가에서 활동하고 있는 수도회들을 예우해 주어야 할 뿐만 아니라, 모든 수도회와 선교회의 수련자들

> 이 프랑스로 와서 양성을 받을 수 있도록 배려해 주어야 하는 것이 지극히 당연하다. ……
>
> 따라서 우리는 다음과 같은 소원을 표명하고자 한다.
>
> 정부는 모든 수도회와 선교회들에게, 프랑스나 외국의 식민지화를 통해서, 장차 세계에서 프랑스적인 사상과 도덕적 영향력과 무역을 전파하는 인력이 될 수련자들을 프랑스 국내에서 양성할 수 있도록 허락해 주기를 바란다.
>
> 1904년과 1914년 사이에 수도회들을 반대하는 법률들이 제정·공포된 다음에 출판된 문건의 내용.

유럽의 제국주의보다 앞선 선교 부흥

1815년부터 1820년까지 선교사들이 다시 유럽을 떠나기 시작했을 때, 유럽의 여론은 먼 나라에 있던 식민지에 그다지 관심을 기울이지 않았다. 선교사들은 선교 활동에 필요한 수단마저 거의 제대로 갖추지 못한 채, 마치 여행객이나 모험가들과 같은 수준으로 선교지를 향해 떠났다. 가끔, 프로테스탄트 선교사들과 가톨릭 선교사들의 대립이나 그리스도교에 대한 박해로 인해 유럽의 정부들이 직접 개입하는 경우가 있었다. 하지만 대부분 종교 단체들(오세아니아와 인도차이나)은 정부에 개입해 달라고 압력을 가했다.

제국주의 시대

1870년 이후, 유럽의 열강들은 새로운 지역을 정복하기 위해 서로 대립하기 시작했다. 1885년 '베를린 조약'으로 인해, 아프리카 대륙이 유럽 열강들의 영향권에 따라 나뉘어졌다. 이 조약의 제6조는 식민지 열강들의 보호 아래, 선교를 위한 설교를 마음대로 할 수 있는 자유를 인정했다. 식민지 건설로 인해 복음화의 영역이 열렸으며, 선교로 인한 식민지화가 촉진되었다. 식민지 열강들과 선교사들은 학교나 병원 같은 건물을 짓는 데 공동으로 협력했다. 식민지 개척자들은 선교사들이 자기 나라에 적극 협조해 주기를 원했다. 식민지 영토의 소유권이 다른 나라로 바뀌면, 예전의 선교사들은 새로운 나라의 선교사들로 교체되었다.

그러나 선교사, 행정 당국자, 군대와 식민지 지배자들 사이에 항상 완벽한 의견의 일치가 있었던 것은 아니다. 선교사들은 대체로 식민지 권력층에 충성한 편이었지만 식민지 건설의 폐단에 대해선 날카롭게 대립했다. 반면 행정 당국자들은 선교사들을 라이벌로 생각했다. 왜냐하면 선교사들은 원주민들과 함께 살고 있었을 뿐만 아니라 원주민들의 언어를 잘 알고 있어, 그들과 아주 밀접한 관계를 맺고 있었기 때문이다. 선교사들은 강제 노동과 전통적인 구조를 파괴하는 산업화에 대해 반대하고 항의했다. 프랑스의 반성직자주의가 식민지 나라들에까지 전파되진 않았다. 하지만 선교사들은 행정 당국자들을 비난했다. 왜냐하면 행정 당국자들은 그리스도교에 커다란 피해를 주면서도 이슬람에 대해서는 호의적인 태도를 취했기 때문이다.

Ⅱ. 대륙 선교

1. 전 세계로 향한 유럽인의 이민

18세기부터 유럽인의 이민이 시작되었는데, 19세기에는 그 규모가 엄청났다. 모든 교파의 그리스도인들이 대서양을 건너 대륙에 정착하여 그곳에서 자신들의 개성을 잃지 않고 유지해 나갔다.

캐나다

(캐나다에서는) 프랑스계 캐나다인들의 높은 출생률과 아일랜드 이민자들의 유입으로 인해, 캐나다의 가톨릭 공동체는 빠르게 성장했다. 영국 정부와의 긴장 관계는 오래 지속되지 않았다. 퀘벡의 교구장 플래시스Plessis 주교의 활약으로 인해 캐나다 교회는 조직적인 틀을 갖추기 시작했다. 수많은 주교좌와 가톨릭 대학들(라발Laval 대학, 오타와Ottawa 대학 등)이 설립되었다. 가톨릭 신자들은 본당의 감독 하에 있는 학교를 설립할 수 있는 인가를 얻어 냈다. 그들은 캐나다의 인디언들에게 복음을 선포한 뒤, 에스키모인들에게도

복음을 선포했다.

미국

모든 교파들은 미합중국의 헌법이 보장하는 신앙의 자유를 폭넓게 이용했다. 미국은 꿈을 실현할 수 있는 약속의 땅이었다. 침례교와 감리교가 미국에서 가장 큰 교파가 되었다. 서부를 향해 떠나는 개척자들을 따라 서부로 간 설교가들은 '만남의 장'을 만들어 사람들을 모아들였다. 이 모임에서 사람들은 윤리적인 권고를 듣고 기도하며 찬송가를 부르다가 갑작스럽게 회개하기도 하고 다소 히스테릭한 기이한 현상들을 체험하기도 했다.

미국이 독립할 당시 가톨릭 신자는 3만 명 정도에 불과했다. 첫 번째 주교좌는 1789년에 설립된 볼티모어Baltimore 교구였다. 초창기 가톨릭교회를 주도적으로 조직했던 인물들은 프랑스 사제들로, 볼티모어 교구의 술피스회의 신부들과 루이지애나Louisiana 주의 주교들이었다. 처음에 미국의 가톨릭 신자들은 주로 도시에 사는 가난한 노동자들이었다.

유럽에서 이주해 온 사람들에 의해서 가톨릭교회는 점점 더 성장해 나갔다. 그들은 오늘날까지 미국 가톨릭교회에서 핵심적인 위치를 차지하고 있는 아일랜드계 이민자들이다. 19세기 후반에 이탈리아인과 독일인, 폴란드인 등이 미국으로 건너와서 정착했다. 상당수 가톨릭 신자들은 모국母國 교회에 속한 교회를 조직하려고 시도했다. 그러나 아일랜드계 가톨릭 신자들은 이 같은 시도를 반대하면서, 미국에 통합된 교회를 조직해야 한다고 강력하게 주장했다.

볼티모어에서 개최된 전국 시노드(첫 번째 전국 시노드는 1852년 개최)를 통해서 가톨릭은 다양한 기구들을 가진 교회를 조직했다. 프로테스탄트가 침투해 들어오지 못하도록 하기 위해, 가톨릭교회는 가톨릭 학교 조직을 네트워크 형식으로 조직해 나갔다. 또한 유럽에 있는 모든 수도회가 미국에 정착하며 발전했고, 방인 수도회들이 봇물처럼 생겨났다. 1809년에 엘리자베스 시튼Elisabeth Seton이 '사랑의 시튼 수녀회'를, 1858년에 이사악 헤커Isaac Hecker가 '성 바오로 사제회(파울리스트Paulistes라고 불리기도 함)'를 설립했다.

19세기 초에 인디언을 복음화하기 위한 몇 가지 시도들이 있었다. 그동안 인디언들은 끊임없이 서부 지역으로 쫓겨났고 말살을 당했다. 또한 흑인 문제에 대한 미국 가톨릭 신자들의 견해는 일반적으로 미국인들의 사고방식과 별로 다를 것이 없었다. 몇 가지 경우를 제외하고는, 가톨릭은 흑인 문제에 대해 별다른 성찰이나 복음화를 위한 노력을 기울이지 않았다. 따라서 흑인 가톨릭 신자들의 숫자는 아주 미미했다. 미국 가톨릭 신자들이 선교 활동에 관심을 가진 것은 20세기 초반부터였다. 1911년 미국의 방인 외방 선교회인 '메리놀 외방 전교회'와 '메리놀 수녀회'가 설립되었다.

당시 미국 가톨릭은 마치 원심력처럼 자꾸 밖으로 빠져나가려고 하는 경향이 있었다. 이 같은 경향에 직면하여, 주교 두 명이 가톨릭교회를 미국 사회 속으로 통합시키고 유럽의 교회들에 거슬러서 미국 가톨릭교회의 독창성을 보호하려고 노력했다. 볼티모어 대교구장 기본스Gibons(1834~1921년) 추기경은 노동자들이 조직한 비밀 단체 형식을 갖춘 '노동 기사단'을 단죄하려는 로마의 압력을 막아 냈다(1887년). 자칫하며 교황청의 단죄로 인해 미국 가톨리시즘의 토대를 이루고 있던 노동계가 가톨릭을 불신하게 될 수도 있었기 때문이다.

성 바오로 교구의 교구장 아일랜드Ireland(1838~1918년) 주교는 가톨릭 학교들을 공립학교 교육 체계로 통합시키려고 했으나 반대 여론에 부딪히고 말았다. 아일랜드 주교는 가톨릭 책임자들을 설득하여 1893년에 시카고에서 개최된 종교 의회에 참석시킴으로써, 미국 가톨릭교회가 자유주의를 결코 반대하지 않는다는 점을 분명하게 보여 주었다. 레오 13세 교황이 '아메리카니즘'을 단죄(1899년)하자, 기본스 추기경과 아일랜드 주교는 단죄의 파장을 최소화하려고 노력했다. '아메리카니즘'에 실망한 로마 신학자들은, 미국 가톨리시즘에는 실용주의적인 경향과 자연의 덕을 찬양하며 신앙을 폄하하는 경향이 들어 있다고 지적했다. 기본스 추기경과 아일랜드 주교는 레오 13세 교황이 '아메리카니즘'이라는 용어를 사용하여 미국 교회에 잘못을 저지르고 있다고 불만을 토로했다. 당시 '아메리카니즘'은 하나의 새로운 이단으로 간주되었다.

라틴 아메리카

나폴레옹이 스페인과 포르투갈을 정복하자, 라틴 아메리카의 스페인과 포르투갈 식민지들이 독립을 주장했다. 이들 식민지들은 1817~1823년 사이에 주로 독립했다. 독립한 후, 그동안 스페인 국왕에게 충성을 바치던 몇몇 주교들이 도망가 버리자, 교회는 심각한 혼란에 빠졌다. 그러나 그레고리오 16세 교황이 새로 독립한 공화국들을 인정하겠다고 결단을 내리자, 혼란에 빠졌던 교회는 질서를 되찾기 시작했다.

새로 독립한 정부들은 단지 지주 계급인 옛 식민지 지배자들의 이익을 대변하고 있었기 때문에 인디언들의 상황은 비참하기 그지없었다. 잦은 폭력과 폭동으로 인해, 자유주의자들이 권력을 잡았다가 보수주의자들이 권력을 잡는 등 잦은 정권 교체가 있었다. 교회는 주로 보수주의자들의 편에 섰다. 그러자 자유주의자들은 반성직자주의 정책을 펼쳤다. 19세기에 교회의 영향력은 점점 줄어들었다. 콩트의 실증주의가 지배 계급을 중심으로 퍼져 나갔다. 한편 1899년 로마에서 열린 라틴 아메리카 전체 주교회의는 가톨릭의 쇄신에 일조했다.

복잡한 역사의 소용돌이 속에서 1910년에 발생한 멕시코 혁명은 기억할 필요가 있다. 이 혁명으로 인해 1917년 헌법이 제정되었다. 그 헌법의 입법자들은 토착민의 과거 역사를 찬양하면서 식민지의 흔적을 없애 버리려고 했다. 또한 그들은 교회의 사람들로 하여금 학교의 책임을 맡지 못하게 하고 사제의 숫자를 제한하는 등, 교회의 영향력을 제한하려고 했다. 그러자 가톨릭 신자들은 '그리스도-왕'의 이름으로 반란을 일으켰다. 그리하여 1926년부터 1929년까지 내전이 기승을 부렸다. 교회에 대한 박해가 1937년까지 계속되었다.

오스트레일리아

처음에는 도형수徒刑囚들의 감옥이었던 오스트레일리아가 19세기 초반에는 이민자들의 나라로 변모했다. 이민자들 가운데서 아일랜드 사람들은 가톨릭의 핵심 세력을 형성하면서 자신들만의 고유한 교계 제도를 만들었다. 1842년에 시드니Sydney의 대교구장 한 명과 두 명의 주교가 아일랜드 사람이었다. 1884년부터 1911년까지 오랫동안 주교직을 수행한 시드니 대교구장 모란Moran 추기경은 오스트레일리아 가톨리시즘을 꽃피우는 데 지대한 역할을 했다. 모란 추기경의 대교구장 재직 시기에 국립 신학교가 생겨났고, 여러 차례 전국 시노드와 각종 학술회의가 개최되었다. 가톨릭 신자들은 '노동조합'과 노동당에서 중요한 역할을 담당했다.

2. 오세아니아

오세아니아는 프로테스탄트와 가톨릭의 각축장으로 변했다. 1797년, 타히티Tahiti 섬에 '런던 선교단' 소속의 프로테스탄트들이 진출했다. 1817년, 21살의 존 윌리암스John Williams는 1817년 선교단의 섬 오세아니아에 도착했다. 그는 '평화의 사자'라는 이름을 가진 자신의 배로 이 섬 저 섬을 돌아다니며 주택과 교회와 학교를 짓고, 관습법을 체계적으로 기록했다. 그러나 윌리암스는 뉴-헤브리데스New-Hebrides 섬[194] 지역에 복음을 선포하다가 식인종들에게 잡혀 먹혔다. 가톨릭은 1827년 오세아니아에 진출했다. 두 수도회가 오세아니아 섬을 나누어 선교했는데 '예수와 마리아의 성심 수도회' 선교사들이 동쪽 지역을, '리옹의 마리스트회' 선교사들이 서쪽 지역을 맡았다. 가톨릭과 프로테스탄트들 사이에 크고 작은 마찰과 폭력 사태가 자주 발생했다. 타히티 섬에서 1836년 발생한 프리쳐드Pritchard 사건이 바로 그 예다.

19세기에는 모든 섬이 상당히 빠른 속도로 복음화되었다. 프로테스탄트들은 1840년 뉴칼레도니아New Caledonia[195]에서 모습을 드러냈다. 1843년 가톨릭은 뉴칼레도니아에서 첫 미사를 거행했다. 뉴기니New Guinea 섬에서는 그리스도교가 훨씬 뒤에 천천히 스며

---
[194] 남서태평양 군도로서 영 · 프 공동 통치령이었으나 1980년에 독립하여 바누아투 공화국이 된 섬이다.
[195] 1853년부터 프랑스령으로 있는 남태평양의 섬을 가리킨다.

들었다. 수많은 선교사들 가운데서 1841년 푸투나Futuna에서 살해당한 마리스트회 소속의 피에르(베드로) 샤넬Pierre Chanel, 왈리에서 선교 활동을 벌이면서 오세아니아 방인 수녀회를 창설한 프랑스와즈 페로통Françoise Perroton(1796~1873년), 그리고 하와이의 몰로카이 섬에서 한센 병 환자들을 위해 헌신하다가 1889년 한센 병에 걸려 죽은 '예수와 마리아의 성심 수도회'의 다미안 신부 등을 가장 대표적인 선교사로 눈여겨 볼 수 있다.

오세아니아는 여러 문화가 서로 만나는 만남의 땅이었다. 뉴칼레도니아에서 프로테스탄트 선교사로 활동하던 모리스 렌아르트Maurice Leenhardt(1878~1954년)는 민족학자로서의 주목할 만한 활약을 펼쳤다. 그리스도교 설교는 가끔 '화물선 숭배'[196]와 같은 혼합주의를 낳기도 했다.[109] 다시 말해 성경 해석을 통한 강론이 오히려 토착민들의 옛 신화들을 되살아나게 하고 활성화하는 결과를 초래했다. 어떤 말레이시아인들은 그리스도교로 개종하면 자신들도 유럽인들처럼 안락한 생활을 할 수 있을 것이라고 기대했다. 그러나 그들의 기대는 주로 실망으로 바뀌었다.

---

196 말레이시아 특유의 적하積荷 숭배. 현대 문명의 이기利器를 가득 실은 배나 비행기를 타고 조상들이 돌아와서, 백인들의 지배로부터 해방시켜 준다는 신앙.

109) 뉴기니 섬의 화물선 신화: 일종의 혼합주의

화물선에 얽힌 신화는 19세기부터 오늘날까지 계속해서 발전해 오고 있다. 다음 본문 내용은 신화와 관련된 1930년대의 내용이다.

태초에 아누트Anut(하느님)가 하늘과 땅을 창조했다. 땅에는 온갖 식물들과 동물들에 이어서 아담과 하와도 생겨났다. 하느님께서는 아담과 하와에게 지상의 모든 것을 다스릴 권한을 주시고 그들이 살아갈 수 있는 낙원을 세워 주셨다. 하느님은 또 그들에게 화물선을 만들어 주시면서, 은혜를 베풀어 주시는 당신의 활동을 완성하셨다. 화물선에는 통조림 고기, 강철로 만든 연장, 식량 자루와 담뱃갑과 성냥이 들어 있었지만, 무명옷은 들어 있지 않았다. 한동안 아담과 하와는 만족하면서 살았지만, 성교性交를 함으로써 결국 하느님께 잘못을 저지르고 말았다. 화가 나신 하느님께서는 그들을 낙원에서 쫓아내시고 덤불로 뒤덮인 땅을 헤매게 하셨다. 하느님께서는 그들에게서 화물선을 도로 빼앗아 가 버리신 뒤, 생명 유지에 필요한 최소한 것에 만족하면서 여생을 살아가라고 선언하셨다. ……
하느님께서는 노아에게 방주를 만드는 법을 가르쳐 주셨

다. 그 방주는 마당Madang 항구에서 흔히 볼 수 있는 것과 같은 증기선이었다. 그분께서는 노아에게 모자 하나와 흰 셔츠 하나, 짧은 바지, 양말과 신발을 주셨다. ……

홍수가 끝나자 …… 하느님께서는 인류를 다시 새롭게 만드신 당신 호의의 징표로 노아와 그의 가족들에게 화물선을 돌려주셨다. …… 셈과 야펫(노아의 셋째 아들)은 하느님과 노아를 공경함으로써, 화물선이 가져다주는 혜택을 계속해서 누렸다. 셈과 야펫은 현명하게 화물선을 잘 이용한 백인들의 조상이 되었다. 그러나 함(노아의 차남)은 어리석었다. 그는 아버지의 벌거벗은 모습을 폭로해 버릴 정도로 어리석었다. …… 하느님께서 함에게서 화물선을 빼앗아, 그를 뉴기니로 보내어 그곳 토착민들의 조상이 되게 하셨다. ……

하느님께서는 선교사들에게 다음과 같이 말씀하셨다. "뉴기니에서 살고 있는 네 형제들은 칠흑 같은 어둠 속에 빠져 있다. 함의 어리석음 때문에, 그들에게는 화물선이 없다. 그러나 이제 내가 그들을 불쌍히 여겨 그들을 도와주고 싶다. 따라서 너희 선교사들이 뉴기니로 가서, 함이 저지른 잘못을 보속하도록 도와주어야 한다. 너희들은 꼭, 함의 후손들이 바른길로 갈 수 있도록 타일러 주어야 한다. 그들이 다시 나를 따르게 된다면, 내가 오늘날 너희 백인들에게 준

> 것처럼, 그들에게도 화물선을 보내 주겠다."……
>
> 피터 로렌스Peter Lawrence, 《화물선 숭배Le Culte du Cargo》(1974년),
>
> 85쪽 이하에서 인용.

3. 아시아

인도

선교 활동의 재개로 인해 관할권 분쟁과 의례 논쟁과 같은 해묵은 문제들이 다시 되살아났다. 한편 영국이 인도를 지배하게 되자 자유롭게 이동하고 설교할 수 있게 되었다. 그리스도교 마을들이 형성되자 카스트 제도는 게토ghetto화 경향을 띠면서 방인 성직자 양성에 방해가 되었다.

프로테스탄트와 가톨릭이 각자 경쟁적으로 학교를 설립했다. 이들 학교는 종교에 상관없이 모든 학생들에게 입학의 문을 활짝 열어 놓았다. 예수회는 1847년 인도 사람들을 위한 수련소를 하나 개원했고 같은 해에 인도 전역의 방인 사제 양성을 위한 신학교 하나를 캔디Candy(현 스리랑카 중부에 위치)에 세웠다.

중국

19세기 초반 중국에서 사제와 평신도와 선교사들(프랑스와 헤지 클레(François Régis Clet, 가브리엘 페르브와르Gabriel Perboyre)이 끊임없이 박해를 당했다. 중국 정부는 상인들과 선교사들의 입국을 허락하지 않았다. 여러 차례 갈등을 겪은 후, 서양의 여러 나라들은 '불평등 조약(1842년과 그 이후)'을 통해 중국의 항구들을 개항시키고 종교 단체를 설립할 수 있는 가능성을 확보할 수 있었다. **110)** 프랑스는 스스로를 중국 선교 활동을 보호해 주는 보호자로 인식했다. 그래서 가톨릭 선교사들은 프랑스 여권을 갖고 있었다. 교황청도 중국과 직접 관계를 맺고 싶어 했지만, 프랑스는 레오 13세 교황이 중국 정부에 대표를 파견하는 것에 대해 반대하고 나섰다(1885년).

겉으로 보기엔 선교사들이 아무 어려움 없이 선교 활동을 성공적으로 하고 있는 것처럼 보였다. 하지만 중국인들이 보기에 선교사들은, 경제적인 이권을 노리고 중국을 만신창이로 갈기갈기 찢어 놓으려고 하는 열강들에게 충성하는 이방인들이었다. 중국인들이 만든 비밀 단체들의 주도로 외국인에 대한 증오심이 점점 가중되었다. **111)** 가장 격렬한 반외국인 봉기가 1900년 베이징에서 발생했다. 이 봉기의 물결이 55일 동안 베이징을 휩쓸고 다녔다. 수십 명의 선교사, 수녀들과 주교들, 그리고 수천 명의 신자들이 유럽인들과 함께 살해당했다. 그러자 유럽 군대가 베이징을 점령한 뒤, 엄청난 액수의 배상금을 중국에 요구했다. 한편 1901년 벨기에 출신의 나자렛회의 뱅상 레브Vincent Lebbe(1877~1940년) 신부는 유럽 선교사들의 국수주의 때문에 커다란 충격을 받았다. 그는 중국인

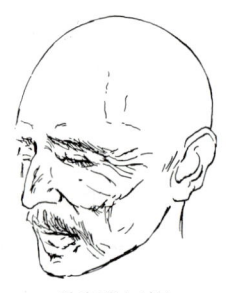
▲ 뱅상 레브 신부.

들이 당한 치욕감을 이해할 수 있었다.

가톨릭은 교구와 신자 수가 놀라울 정도로 많아졌다. 가톨릭과 프로테스탄트를 합쳐서 신자 수가 1949년에 500만 명 정도였지만, 이 숫자는 중국 전체 인구에서 단지 1%에 불과했다. 선교사들 가운데 중국 전통 문화에 대한 조예가 깊은 이들도 있었지만, 대부분의 선교사들은 중국 문화에 대해 관심이 별로 없었다. 17~18세기의 선교사들과 비교해 볼 때, 이 시기의 선교사들은 중국 문화에 대한 관심이 아주 적었다. 예수회가 상하이上海에 설립한 오로라 대학과 비슷한 수많은 대학들과 학교들은 서구식 교육을 지향하면서 과학과 언어 등을 가르쳤다. 지나치게 로마 가톨릭 방식으로 방인 사제를 양성하다 보니, 방인 사제들은 자신들의 가정과 전통 문화와 단절되는 경향을 보였다.

110) 중국의 불평등 조약과 외국인에 대한 증오심

1842년부터, 유럽 열강들은 소위 '불평등 조약'을 통해서, 자신들의 정치적·경제적인 의도를 중국에 강요했다. 이 같은 조약에는 거의 대부분 종교와 관련된 조항들이 포함되어 있었다. 그 결과, 유럽인을 겨냥한 외국인 증오심이 생겨났다. 중국인들의 외국인 증오심은 주기적으로 폭력 사태를 유발했다.

황푸 조약(黃埔條約, 1844년)

 제22조. …… 다섯 항구 중에서 한 항구로 들어오는 모든 프랑스 사람은 체류 기간이 얼마든지 간에 상품을 보관할 집과 상점을 임대할 수 있고 토지를 매입하여 집과 상점을 지을 수 있다. 마찬가지로 프랑스 사람은 교회와 병원, 요양원과 학교, 그리고 묘지를 세울 수 있다.

텐진 조약(天津條約, 1858년)

 제3조. 프랑스 외교 사절과 영사가 중국 당국자와 주고받는 공문서는 프랑스어로 작성되도록 한다. 그러나 효율적인 공무 수행을 위해 가급적 정확한 중국어 번역본도 함께 이용하도록 한다. …… 만일 두 공문 사이에 차이가 생길 경우, 프랑스어로 작성된 문서가 효력을 발휘하도록 한다. ……

 제13조. 그리스도교의 근본 목적은 사람을 덕행으로 인도해 주기 때문에, 모든 그리스도교 공동체의 구

성원들은 자신들의 신분과 재산, 신앙 활동에 대한 완전한 안전을 누릴 수 있어야 한다. 그리고 중국에서 평화롭게 여행할 수 있도록 선교사들에게는 효과적인 보호 조치가 주어져야 한다.

《역사 문헌 1776-1963 *Documents d'Histoire 1776-1963*》(1964년), 1권과 2권에서 인용.

111) 중국 비밀 결사대의 반그리스도교 선전물(1875년경)

…… 이 유럽 놈들, 개 같은 선교사 놈들, 혹 설사 그놈들이 책 한 쪽조차 공부하지 않았다 치더라도, 야만스런 종교를 설파하러 와서 성스러운 지혜를 파괴하고, 성인 공자님을 모독하고 더럽히는 개 같은 놈들의 통치자들은 모두 저주를 받아라. 이제 하늘도 더 이상 그들을 용서하지 않고, 땅마저도 그들을 업기를 거부한다. 그놈들을 타도하자! 그리하여 영원히 명상이나 하도록 그놈들을 지옥의 깊은 구렁텅이 속에 쳐 넣어 버리자! 그놈들의 혀를 싹둑 잘라 버렸으면 좋겠다. 왜냐하면 그놈들은 군중을 거짓말로 유혹하고, 그놈들의 위선에는 사람의 마음을 홀리는 수천 가지의 방법이 들어 있기 때문이다. …… 차라리 그놈들의 몸뚱이를 사막 한가운데 내던져 개들의 먹잇감이 되게 하자!

《가톨릭 선교 *Les Missions catholiques*》, 1875년 10월 22일자에서 인용.

일본과 조선

중국에서와 마찬가지로 일본에서도 서구 열강은 쇄국 정책을 펼치던 일본에 대해 17세기부터 개항을 강요했다. 1853년부터 미국에 이어 유럽 열강들도 일본으로부터 개항 조치와 자국민을 위한 교회를 건설할 수 있는 권리를 얻어 냈다. 1865년 나가사키에서 한 선교사가 그리스도인들을 발견했다.[112] 이들의 조상들은 17세기부터 성직자가 없는 상태에서 신앙생활을 하고 예식을 거행해 왔다. 그 후 메이지 시대에 일본은 서구에 문호를 개방했다. 이에 따라 신앙의 자유가 모든 사람에게 허용되었다(1873년). 많은 선교사와 수녀들이 들어와 자리를 잡고, 학교를 집중적으로 설립했다. 일본인들이 서양 학문에 대해 커다란 호기심을 느꼈기 때문이다.

1891년 레오 13세 교황은 일본에 통상적인 교계 제도를 설정했다. 하지만 17세기에 있었던 선교의 기적은 다시 일어나지 않았다. 19세기부터 일본은 유럽의 과학과 기술에 관심을 보였지만, 그것을 그리스도교와 별개의 것으로 간주했기 때문이다. 일본의 국수주의와 제국주의가 발달(중일 전쟁과 러일 전쟁의 승리, 조선에 대한 식민지 지배)하자, 일본은 서구 종교와 관련된 그리스도인들을 의혹의 눈초리로 주시했다.

한편 그동안 줄곧 그리스도교가 금지되었던 조선에 대목구장이 1831년에 임명되었다. 조선에서는 1885년까지 간헐적인 박해가 계속되었음에도 불구하고 그리스도인의 숫자가 꾸준히 증가했다.

112) 나가사키에서 발견된, 일본의 오래된 그리스도교 신자들(1865년)

1865년 나가사키에 경당 하나가 세워짐으로써, 17세기부터 지하 생활을 해 오던 그리스도인들이 세상에 그 모습을 드러내게 되었다. 그들에게 가톨릭의 범주는 동정녀 마리아, 교황, 그리고 사제 독신제였다. 선교사 프티장M. Petitjean이 당시 상황을 다음과 같이 전한다.

3월 17일 12시 30분경, 15명가량이 성당 문 앞에 서 있었다. …… 부인 세 사람이 가슴에 손을 얹은 채 낮은 목소리로 나에게 말했다. "여기 있는 우리 모두의 마음은 당신의 마음과 전혀 다르지 않습니다." ……

그 부인이 "성모 마리아상은 어디 있습니까?"라고 물었다. …… 그들은 아기 예수님과 함께 있는 성모 마리아 상이 자신들에게 크리스마스를 생각나게 한다고 말했다. 그들은 11번째 달에 성탄 시기를 거행한다고 말했다. ……

아주 극소수의 사람들만이 세례성사에 대한 내용을 알아들었다. …… 그들은 주일과 축일을 거룩하게 지냈다. 그들은 지금 사순 시기를 지내고 있다. …… 세례를 베풀던 베드로가 우리에게 아주 소중한 정보를 알려 주었다. 먼저, 그가 세례를 베풀 때 사용했던 예식서는 유효한 것 같았다. ……
그는 우리에게 묵주 기도에 대해서도 말해 주었다. 묵주 기도는 우리들처럼 그리스도인들이 습관적으로 바치는 기도다. ……

끝으로, 그는 로마 왕국의 대大지도자에 대해 물어보며 그의 이름이 무엇인지 알고 싶어 했다. 하지만 우리가 자리를 뜨려고 하자, 그는 자기 조상들을 찾아왔던 옛 선교사들의 후계자들이 맞느냐고 우리에게 재차 확인했다.

그는 우리에게 조심스러운 표정으로, "당신들에게는 애들이 없겠지요?"라고 물어보았다.

"여러분과 여러분의 그리스도교 신자들, 그리고 일본의 이교인 형제들이 바로, 선하신 하느님께서 저희들에게 맡겨 주신 자녀들입니다. 저희는 다른 자녀들을 가질 수 없습니다. 여러분의 조상들에게 왔던 첫 번째 선교사들처럼, 사제는 평생토록 독신 생활을 해야 합니다."

이렇게 답하자, 베드로와 그의 동료들은 "그들은 동정을 지키는 사람들이니 감사할 일입니다! 감사합니다! 감사합니다!"라고 외치며, 이마를 땅에 조아리며 큰절을 했다.

거의 모든 그리스도인에게는 똑같은 조직이 있었다. 대부분의 마을에는 두 명의 중요한 지도자가 있었다. 첫 번째 지도자는 '기도의 지도자'이고, 두 번째 지도자는 '세례를 베푸

> 는 지도자'이다. ……
>
> 마르나스F. Marnas, 《일본에서 부활하신 예수님의 종교La Religion de Jésus ressuscitée au Japon》(1896년), 제1권 487쪽 이하에 나오는 내용.

인도차이나

피뇨 드 베엔느Pigneau de Béhaine(1741~1799년) 주교는 베트남의 군주 지아 롱이 왕권을 되찾을 수 있도록 도와주었다. 피뇨 주교의 도움에 대한 보답으로 그리스도인들은 여러 해 동안 평화를 누렸다. 그러나 1825년에 박해가 다시 시작되어 반세기 동안 계속되었다. 투-두크(1847~1882년) 왕 치하에 수많은 순교자들이 생겨났다. 박해 기간에도 선교사들의 활동은 계속되었다. 프랑스의 주교가 그리스도인과 선교사들을 보호해 달라고 나폴레옹 3세에게 요청했다. 스페인의 주교가 통킹에서 순교를 당하자 스페인과 프랑스가 파견한 원정대가 1859년 사이공을 점령했다. 투-두크 왕은 베트남 남부에 있는 코친차이나 지역을 프랑스에 넘겨주었다. 선교사를 보호하기 위한 조치는 결국 식민지화로 이어졌고 교회는 점령 지역에서 성장했다. 1885년, 베트남 전역이 프랑스의 보호령이 되었고, 캄보디아와 라오스가 프랑스의 인도차이나 식민지에 편입되었다.

극동 아시아 국가들 가운데서는 드문 경우이지만, 베트남은 그리스도인의 숫자가 전체 인구에서 상당한 부분(거의 10%)을 차지하는 나라였다. 아주 일찍부터, 적잖은 수의 베트남 방인 사제들이 있었다. 베트남 교회에는 신학생과 교리 교사 등 공동체에 봉사하는 모든 사람이 함께 모이는 제도가 있었다. 그것은 사람들이 모든 것을 공동 소유로 내놓는 일종의 대가족과 같은 제도였다. 교리 교사들은 박해 기간에 그리스도교 공동체를 지켜 온 이들이었다. 그러나 조상 제사 문제가 항상 걸림돌이 되었다.

정교회의 선교

러시아는 시베리아를 체계적으로 식민지화하면서, 아시아 지역에 복음을 전파했다.[113] 복음을 전파하면서 러시아는 그 지역 사람들의 다양한 구어체로 성경과 전례서를 번역하여 비잔틴 전통을 지켜 나갔다. 이 같은 번역 작업은 선교 활동에 커다란 힘이 되었다. 그리스도교로 개종한 유다인 마카리우스는 정교회 수도원 원장이었다. 히브리 성경을 러시아어로 번역한 그는 알타이 산맥에 있는 시베리아 서쪽에서 선교 활동을 시작하면서, 성경과 전례서를 그 지역의 방언으로 번역했다. 사제였다가 주교가 된 요한 베니아미노프John Veniaminov는 1824년부터 1868년까지, 시베리아의 야쿠트Yakut족, 알래스카의 에스키모인, 인디언 등을 상대로 시베리아 동쪽에서 선교 활동을 펼치면서 활기를 불어넣었다. 1868년 모스크바의 대주교가 된 그는 러시아 복음화를 총괄할 수 있는 정교회 선교회를 창설했다. 평신도 언어학자인 니콜라스 일민스키Nicolas

Ilminsky의 도움으로, '카잔 학술원'이 19세기 중반에 선교 연구 센터가 되었다. 일민스키와 '카잔 학술원'은 20여 개의 시베리아 언어로 성경을 번역했고, 참된 정교회의 도서관을 설립하는 데 크게 기여했다. 도서관에는 한 명의 방인 사제가 배치되었다.

러시아 교회는 러시아 국경 밖에 있는 지역에도 복음을 선포했다. 그 가운데서 가장 주목할 만한 업적은 일본 선교였다. 카사트킨Kasatkin 신부는 1860년 직후에 신약 성경과 전례서들을 일본어로 번역했다. 1872년, 일본인 두 사람이 처음으로 방인 출신 정교회 사제로 서품되었다. 카사트킨 신부는 1880년 도쿄의 주교가 되었고 정교회의 주교좌 성당은 1891년 도쿄에 건축되었다.

113) 정교회의 시베리아 선교

정교회 수도원 원장 스피리동Spiridon은 1896년부터 1906년까지, 바이칼 호수 건너편에서 수많은 사람들에게 복음을 선포했다. 그는 1917년 키예프에서 발간된 잡지에 자신의 선교 활동에 관한 회고록을 실었다.

선교 초창기에 저는 되도록 많은 사람들에게 세례를 주

고 싶었습니다. 그래서 마을에 세례받을 사람이 단 한 명도 없는 경우 저는 몹시 슬펐습니다. 그러나 시간이 지나면서 커다란 변화가 제 안에서 일어났습니다. 어떻게 해서 그런 변화가 일어났는지를 말씀드리자면, 다음과 같습니다.

한 번은 제가 부리아트Buriat족이 사는 오두막집에서 잠을 자기 위해 방문한 적이 있었습니다. 제가 그 오두막집에서 무엇을 보았겠습니까? 수많은 우상들 사이로, 아기 예수님을 팔에 앉고 계시는 동정 성모 마리아의 상이 걸려 있었습니다. 저는 그에게 "세례를 받았나요?"하고 물었습니다. 그는 "예."라고 대답했습니다. 저는 다시 그에게, "투이 니르 킴마Toui nyre khyma?"라고 물었습니다. 그는 "요한."이라고 대답했습니다. "그런데 왜 당신의 집에는 여러 가지 우상이 있습니까? 당신은 오직 그리스도교의 상들만을 모셔야 하고, 참된 하느님이신 예수 그리스도께 기도해야 되는데도 말입니다." "신부님, 저도 전에는 그렇게 했습니다. 오직 신부님의 러시아 하느님께만 기도를 드렸습니다. 하지만 그 후 제 아내가 죽고 아들마저 세상을 떠나고 말았습니다. 게다가 말들을 많이 잃어버렸습니다. 사람들이 저에게, 우리 부리아트족의 오래된 신한테 제가 노여움을 샀기 때문에 그분께서 제 아내와 자식을 거두어 가셨으며, 말들도 잃어버린 것이라고 말했습니다. 그래서 저는 지금 우리 부족의 신과 당신의 러시아 하느님께도 기도를 바치고 있습니다. …… 신부님, 신부님께서는 제가 우리 조상의 신을 당신의 하느님, 즉 새로운 하느님으로 바꾸어 버린 것이 저에게는 얼마나 괴롭고 가슴 아픈 일인지 아실 것입니다."

그렇게 말하면서 그 부리아트 사람은 울기 시작했습니다. 저는 그 사람뿐만 아니라 그와 비슷한 처지에 있는 모든 사람에게 미안하고 측은한 생각이 들어 마음이 아팠습니다. 그때 저는 갑자기 다음과 같은 사실을 깨달았습니다. 제가 누군가에게 세례를 베푼다는 것은 단지 그 사람의 영혼을 훔치는 것과 같고, 그 사람의 가장 소중한 것을 도둑질하는 것과 같다는 것을, 그리고 그 사람의 거룩한 것들과 자연 철학과 종교를 빼앗은 뒤, 그 대가로 그에게 새로운 이름을 지어 주면서 가슴에 달고 다닐 십자가를 주는 것일 뿐이라는 사실을 말입니다. 제가 말씀드린 부리아트족의 그 사람은 자신의 옛 종교 생활로 되돌아갈 수도 없는 가장 불쌍한 사람이자 운명의 장난에 내팽개쳐진 채 세상에서 가장 불행한 사람처럼 보였습니다. 이런 일이 있은 뒤부터, 저는 토착민들에게 세례를 베풀지 않고, 단지 그리스도와 복음만을 선포하기로 결심했습니다.

스피리동, 《나의 시베리아 선교》.
피에르 파스칼Pierre Pascal의 서문과 번역(1950년), 58~59쪽에서 인용.

4. 아프리카

탐험가들의 시대

19세기 초반, 아프리카에서는 여전히 흑인 노예 매매가 성행했다. 유럽의 정부들이 노예 매매를 금지시켰지만, 아메리카 대륙과 여러 식민지 나라들이 노예 제도를 폐지할 때까지 노예 매매는 근절되지 않았다. 아랍 상인들은 아프리카 동부에서 노예 매매를 계속하고 있었다. 한편 선교에 대한 관심이 되살아났다. '파리의 복음 선교회'가 1833년부터 선교사를 레소토로 파견했다. 새로 설립된 가톨릭 수도회들이 아프리카로 진출했다. 안나 자부에이Anne Javouhey가 설립한 '클뤼니의 성 요셉 수녀회Soeurs de Saint-Joseph de Cluny'가 1819년 세네갈에 정착했다. 1841년, 리베르만Libermann이 흑인들의 복음화를 위해 '마리아의 성심 수도회Congrégation du Saint-Coeur de Marie'를 창설했는데, 이 수도회는 얼마 안 가서 전부터 있던 '성령 수도회'와 합병되었다. 1850년, 마제노드Mazenod 주교의 '오블라티 선교 수도회Oblats de Marie(원죄 없으신 마리아 봉헌 선교 수도회)'가 아프리카 남부 지역에 자리를 잡았다. 1856년, 드 마리옹 브레지아크de Marion Brésillac 주교가 '리옹의 아프리카 전교회Société des Missions Africaines de Lyon'를 설립했다.

1842년에 두기니Two-Guineas의 대목구가 설립되었다. 첫 대목구가 설립된 것은 유럽의 선교 수도회 지부들에 의한 것이었다. 선교사들은 지역 추장들과 교섭을 통해서, 아프리카 대륙 깊숙이 진출하려고 시도했다. 하지만 아프리카는 선교사들의 무덤이 되었다. 많은 선교사들이 도착한 지 채 몇 달도 안 돼, 황열[197]과 같은 질병에 걸려 죽어 갔다.

라비주리 추기경의 인품과 활동

프랑스 교회의 역사에서 커다란 역할을 했던 국제적인 인물, 라비주리는 알제리의 대주교로 임명되자(1867년), 아프리카 복음화에 전적으로 투신했다. 그는 1868년 아프리카 선교회인 '백인 신부회 Pères Blancs(화이트 파더)'를, 1869년에 '농부 형제회Frères agriculteurs'와 '농부 수녀회Soeurs agricultrices'를 창설했다. '농부 수녀회'는 나중에 '백인 수녀회Soeurs Blanches'로 바뀌었다. 또한 그는 1879년에 선교사들을 보호할 목적으로, 새로운 성전 기사단인 '사하라의 무장 형제회Frères armés du Sahara'를 창설했다. 라비주리 주교는 알제리에서부터 선교를 시작해야 한다고 생각했다. 왜냐하면 알제리는 아우구스티누스 성인이 활동했던 곳이기 때문이다. 그러나 그는 이슬람교도들의 개종을 원치 않던 프랑스 정부와 충돌하게 된다. 라비주리 대주교는 수사들과 수녀들로부터 교육을 받고 자란 고아원 출신의 총각과 처녀들을 결혼시켜, 그리스도교 부락을 만들려고 노

---

[197] 모기를 매개체로 하여 내장, 특히 간장, 신장에 중독성 변성을 일으켜 발열, 황달, 단백뇨, 위장의 출혈 등을 주 증상으로 보이는 급성 바이러스성 열대성 전염병을 가리킨다.

력했다. 1884년에 카르타고의 대주교가 되자, 그는 자신의 활동 반경을 북아프리카 지역까지 확대시켜 나갔다.

교황청이 라비주리를 사하라와 수단 지역을 관장하는 '교황 사절 Delegatus Apostolicus'로 임명하자, 그는

▲ 라비주리 추기경의 초상화, 보나 작, 1888년, 파리 현대 미술 박물관 소장.

복음화에 관한 전반적인 계획에 착수했다.[114] 그는 선교사란 현지인의 복장과 숙소, 음식과 언어와 같은 외적인 관습들을 받아들여야 하지만, 아프리카가 교회의 한 지체가 될 수 있는 유일한 길은 아프리카 사람들을 통해서만 가능하다고 생각했다. 그는 복원된 예비자 교리 교육을 근간으로 하는 점진적인 사목 방침을 수립했다.

'백인 신부회'의 신부들이 사하라 사막을 횡단하면서 복음을 선포하다가 여러 차례 대량 학살을 당했지만 마침내 아프리카의 그레이트 레이크(대 호수) 지역에 정착하는 데 성공한다. 1886년에 우간다의 젊은 그리스도인들이 신앙 때문에 순교를 당했다. 그 외에도 라비주리는 정열적으로 노예 제도를 반대하는 운동에 동참했다. 그는 노예 제도 폐지를 위해 유럽을 순방했다.

114) 라비주리 추기경이 아프리카 적도에 있는 '백인 신부회'의 신부들에게 보낸 교서(1879년)

선교사들의 설교가 종종 전통 문화를 파괴하는 결과를 초래했지만, 선교사들은 이 같은 사실을 전혀 깨닫지 못했다. 그런가 하면 선교사들은 복음을 받아들인 원주민들이 유럽화되는 것에 대해서 대체적으로 꺼려 하는 입장이었다. 이 같은 상반된 견해는 주목할 만하다.

…… 자발적으로 아프리카 적도 지방으로 선교 여행을 떠나고자 하는 사제는, 선교에 따른 고통을 견디어 내야만 하고, 예레미야의 통곡에 자신의 한탄을 덧붙여서는 안 된다는 점을 미리 기억해야 할 것입니다. ……

아프리카를 변화시키는 첫 번째 조건은, …… 우리가 선발한 아프리카인을 물질적인 측면에서 참다운 아프리카인으로 남을 수 있도록 길러 내야 하는 것입니다. 일반적으로 지금까진 그렇게 하지 못했습니다. 우리는 이미 알제리에서 똑같은 잘못을 범했습니다. 저는 그 같은 사실은 확실하게 깨달았습니다. ……

아프리카 젊은이들, 심지어 교사와 교리 교사로 양성하고자 하는 아프리카 젊은이들이 스스로 아프리카인으로서 살아갈 수 있도록 내버려 두어야 합니다. 가능하다면 그들이 존경받고 영향력을 행사할 수 있는 신분과 모든 사람으로부터 인정받을 수 있는 신분 상태를 갖도록 해 주어야 합니다. ……

저는 우리 흑인 젊은이들에 대한 물질적인 교육 문제를 언급하면서, 교육이란 아프리카적인 것이 되어야 한다고 말씀드린 바 있습니다. 그러나 반대로 종교 교육은 본질적으로 사도적인 것이 되어야 합니다. 사람들을 우리처럼 양성해 내는 데에는 두 가지 방식이 있습니다. 첫 번째 방식은 그들을 외적으로 우리와 닮게 하는 것입니다. 이것은 인간적인 방식이고, 박애주의적인 개화주의자들의 방식이며, 브뤼셀 회의가 천명한 것처럼, 아프리카인들을 변화시키기 위해선 그들에게 유럽의 기술과 직업을 가르치는 것만으로도 충분하다고 주장하는 이들의 방식입니다. 마치 아프리카인들이 우리처럼 자고 입고 먹게 되면, 그들의 본성도 바뀔 것이라고 믿는 것입니다. 그들의 겉모양은 바뀔 것입니다. 하지만 그들의 마음은 미개한 상태로 남을 것입니다. 아니 어쩌면 전보다도 훨씬 더 미개한 상태가 될 것입니다. 왜냐하면 그들의 마음이 타락해 있을 테니까요. 우리들의 사치 생활과 나태한 생활을 배우게 된다면, 그들도 역시 타락의 길로 들어서게 될 것입니다.

> 그러나 하느님의 방식은 전혀 다른 것입니다. 바오로 사도가 "어떻게 해서라도 몇 사람이라도 구원하려고, 모든 이에게 모든 것이 되었습니다."(1코린 9,22)라고 말하면서, 하느님의 방식에 대해 정의해 주었습니다. 사도직은 영혼에게 호소합니다. 그러면 변하는 것은 영혼입니다. 나머지는 덤으로 주어질 것입니다. 그러므로 사도직이 변화시키고자 하는 것도 바로 영혼입니다. …… 사도직이 그리스인과 함께할 때에는 그리스인처럼 되듯이, 미개인과 함께할 때에는 미개인처럼 되는 것입니다. 바로 이 같은 점을 사도들이 몸소 실천하셨습니다. 사도들 가운데 그 누구도 백성들의 물질적인 관습을 먼저 바꾸려고 하지 않았습니다. 사도들은 사람들의 마음을 변화시키려고 노력했습니다. 일단 그들의 마음이 변하자 사도들은 세상을 새롭게 변화시켰습니다.
>
> 라비주리 추기경, 《아프리카에 관한 글들 Ecrits d'Afrique》,
> 하만A. Hamman 편(1966년), 177쪽 이하에서 인용.

아프리카의 분할

'베를린 회의(1885년)'를 통해서 프랑스, 영국, 벨기에, 포르투갈과 독일 등 유럽 열강들이 자신들의 식민지 범위와 경계를 확정했다. 1902년, 아프리카의 분할이 사실상 마무리되었다. 유럽 열강들은 자신들의 행정 기관을 아프리카에 배치했다. 그들은 노예 제도를 폐지시켰지만, 강제 노동과 운반 수단으로 노예 제도를 대체했다. 한편, 식민지마다 복음화가 진행되었다. 이 같은 복음화 과정은 아프리카 교회의 위대한 시작이었다. 선교사들은 교육 분야와 보건 위생 분야에서 크게 활약했고 아프리카의 현대화를 위해, 아프리카의 첫 세대 지도층 인사들을 육성해 냈다.

또 다른 형태의 현존: 샤를 드 푸코

군인과 탐험가로서 파란만장한 삶을 살았던 샤를 드 푸코Charles de Foucauld(1858~1916년)는 관상 생활을 선택했다. 사하라 사막 지역(베니-아베스와 티만라세트)에서 은수 생활을 하면서, 푸코는 말로써가 아니라 구체적인 행동으로 복음화를 실천했다. 즉 그는 지극히 거룩한 성사의 현존, 하느님께 드리는 희생, 기도, 참회, 복음적인 덕행의 실천, 형제적·우주적 사랑을 실천하면서 가난한 이와 피조물과 낯선 이들에게 빵 한 조각까지 나누어주었다. 모든 인간을 한 형제로 사랑한 이 같은 '보편적인 형제'로서의 은밀한 현존은 미래에 있을 복음화를 직접적으로 준비시켜 주는 길이었다.

마다가스카르

모리셔스 섬에 첫 발을 내디뎠던 영국의 프로테스탄트 선교사들이 1820년 마다가스카르Madagascar에 정착했다. 라다마 1세 왕의 환영을 받은 그들은 성경과 글쓰기와 알파벳을 왕국에 가져다주었다. 글쓰기 능력을 가진 사람은 권력을 갖게 되었고 선교사들이 설립한 학교는 크게 성공했다. 복음화가 이루어지자, 사람들은 왕국의 사회 구조에 대해 문제 의식을 갖게 되었다. 그러자 라나발로나 1세 여왕은 1828년부터 그리스도교를 공격하기 시작하면서, 왕국의 전통을 되살리려고 노력했다. 1861년까지 박해가 계속되었고 150여 명의 그리스도인이 순교했다.¹¹⁵⁾ 영국 선교사들은 섬을 떠나야만 했다. 인쇄된 책을 소유하는 것은 금지되었다. 글쓰기는 오직 법정에서만 가능했다. 외국인 선교사들이 단 한 명도 없는데도 불구하고, 그리스도교는 유지되어 나갔다. 신자들은 비밀리에 성경을 읽고 숨어서 전례를 거행했다. 1861년에는 프로테스탄트 선교사들이 되돌아 왔고, 예수회도 진출했다. 프로테스탄트와 가톨릭이 서로 각축을 벌였다. 1869년에는 라나발로나 2세 여왕이 프로테스탄트로 개종했다. 그 후 프랑스가 개입하여 마다가스카르를 프랑스의 식민지로 만들었다(1896년). 경쟁은 점점 더 심해졌다. 결국 영국의 프로테스탄트는 프랑스의 프로테스탄트인 '파리 복음 선교회'에게 자리를 내 주게 되었다.

115) 마다가스카르의 순교자들(19세기)

선교 활동의 책임을 맡은 주앙Jouen 신부는 편지에서 마다가스카르에서 복음을 선포한 예수회 선교사들의 첫 번째 노력을 설명한 다음, 타나나리브 지역의 섬에서 박해를 당한 프로테스탄트에 대해서도 설명한다. 이 편지는 1860년 10월 1일에 파리에서 쓴 것이다. 주앙 신부는 1856년 타나나리브 지역으로 몰래 잠입했다.

…… 끝으로 우리의 형제들인 오바의 그리스도인들(프로테스탄트)의 처지에 대해서도 한 말씀 드리겠습니다. 어리석고 야만적인 미신에 사로잡힌 늙은 여왕(라나발로나) 때문에 그들이 얼마나 많은 박해와 고초를 당하는지 다 말씀드릴 수가 없을 정도입니다. 불에 태워 죽이고, 구덩이에 파묻어 죽이고, 끓는 물에 처넣어 죽이고, 톱으로 썰어 죽이는 등 그리스도인들을 고문하고 말살시키기 위해 만들어 낸 이 모든 방법은 늙은 여왕과 정부가 직접 고안해 낸 것들입니다. 그런데 이 모든 잔인한 방법에도 불구하고, 그리스도인들은 꿋꿋하게 버티고 있습니다. 그 어떤 것으로도 그리스도인들을 꺾을 수가 없습니다. 끓는 물에 넣어 죽임을 당할 형을 선고받은 불쌍한 사람의 경우 먼저 끈으로 꽁꽁 묶

어 놓는데, 가끔 너무 세게 묶여서 살점이 떨어져 나가기도 합니다. 그 다음으로 미리 파놓은 웅덩이에 처넣고, 큰 솥의 펄펄 끓는 물을 쏟아 부어 죽여 버립니다. 이 같은 형벌에는 지옥에서나 볼 수 있을 것 같은, 잔인함이 아주 교묘하게 깃들어 있습니다. 즉, 희생자의 가족들로 하여금 직접 처형장을 준비하게 한다는 것입니다. ……

몇 년 전 불쌍한 두 명의 여인이 톱질로 몸이 절반가량 잘린 상태에서, 그리스도교 신자들을 고발하라고 강요받은 적이 있었습니다. 그러나 영웅적인 두 여인은 고문을 견디어 냈습니다. 그 어떤 고문으로도 그들은 여인들로부터 단 한 마디의 자백도 얻어 낼 수 없었습니다. 이 작은 무리의 두 명의 지도자가 최근에 예수 그리스도의 영광에 대한 찬송가를 부르면서 돌팔매질을 당하며 처형당했습니다.

지목구장인 주앙 신부가 포교성성의 두 참사 위원에게 보낸 보고서,
《마다가스카르에서 15년간 펼친 선교 활동에 관한 개요
Résumé de quinze années de la Mission de Madagascar》.

아프리카의 혼합주의와 메시아 사상

그리스도인의 설교 때문에 혼합주의가 빠른 속도로 확산되어 나갔다. 문화 간의 접촉이 지나치게 빠르게 이루어져서 전통 구조와

같은 옛 종교들이 약해지긴 했지만, 사라지지 않았다. 그러나 그리스도교는 지나치게 유럽적이어서, 때때로 그리스도교가 원주민 그리스도인들에게 좌절감을 안겨다 주었다. 원주민 그리스도인들은 자신들이 그리스도인이 되었다고 해서, 백인들이 누리는 특혜를 누릴 수가 없었기 때문이다. 그래서 어떤 이들은 아프리카적인 그리스도교를 만들어 냈다. 이 같은 현상은 어쩌면 유럽인에 대한 정치적인 반감인 동시에 그리스도교 전례와 이미지를 변형시킴으로써 자신들의 옛 종교의 상징 체계를 다시 부활시킨 것이라고 말할 수 있다. 남아프리카 공화국에서는 인종 차별 문제로 인해, 흑인들이 에티오피아적인 교회를 창설했는데(1892년) 이 교회는 '에티오피아 성경 교회'와 밀접한 관련을 맺고 있었다. 또한 이 교회는 망자 숭배 예식과 주문을 통한 병자 치유 예식을 거행했다. 리베리아Liberia의 한 감리교 선교단의 지도자, 해리스Harris는 1913년 가브리엘 천사의 환시를 받고 나서, 십계명에 기초한 종교를 선포했다. 이 종교는 물신주의를 반대하고 온건한 일부다처제를 받아들였다. 벨기에령의 콩고에서는, 침례교의 교리 교사였던 시몬 킴밤구 Simon Kimbamgu가 1921년 환시를 체험했다. 그는 그리스도의 재림과 벨기에로부터의 해방을 선포하다가 종신형을 선고받았다. 이것이 바로 1945년 이후부터 확산되었던 중요한 종교 단체의 기원이 되었다.

Ⅲ. 제1차 세계 대전 후의 선교

1. 제1차 세계 대전의 결과

1914년부터 1918년까지 벌어진 제1차 세계 대전은 선교에 커다란 타격을 주었다. 수도회들은 이제 더 이상 왕성한 선교 활동을 펼칠 수가 없었다. 젊은 선교사들이 군대에 동원되었다가 되돌아오지 못하는 경우가 허다했다. 그 결과 인적 자원이 고갈되었다. 이보다 훨씬 더 심각한 것은 오세아니아나 카메룬, 토고와 같은 독일 식민지들이 프랑스와 영국에 의해 함락되자, 독일 선교사들이 추방당하거나 가택 연금 상태에 들어가야 했다는 점이다. 가봉에서 활동하던 슈바이처Scheweitzer가 그런 경우에 해당하는 대표적인 예다. 가톨릭의 연대성이 깨져 버린 것은 새 신자들의 눈에는 복음화의 이미지가 퇴색된 것처럼 비쳤다. 식민지 사람들은 전쟁을 겪으면서 민족주의에 대해 새롭게 눈을 뜨게 되었고, 전쟁에 참전했던 식민지 군인들은 그리스도교 문명에 대해 상당히 회의적으로 생각했다.

막시뭄 일루드
사건의 추이를 불안한 마음으로 예의주시하던 베네딕토 15세 교황은 〈막시뭄 일루드Maximum illud〉(1919년) 회칙을 통해 강력하게 대응했다.[116] 교황은 회칙에서 교회에 대한 일종의 자기비판을 했는데, 사람들은 교회의 자기비판에 대해 익숙하지 않았기 때문에 낯설어 했다. 교황은 하느님의 사업과 조국의 이익을 혼동하면서 제멋대로 활동하는 선교사들의 국수주의에 대해 걱정했다. 왜냐하면 선교사들이 자신들의 국수주의 활동을 마치 사유지 사냥터처럼 착각했기 때문이다. 또한 교황은 수백 년 동안 그리스도교 국가로 지내왔던 나라에 방인 사제와 참된 지역 교회가 왜 존재하지 않은지 도저히 이해할 수 없다고 언급했다.

116) 방인 사제 양성의 필요성

1914년부터 1918년까지 벌어진 제1차 세계 대전은 선교 활동에 커다란 혼란을 가져다주었다. 유럽의 선교사들은 방인 사제가 전혀 없던 선교 현장을 내버려 두고 떠나야 했다. 게다가 선교사들은 가끔 복음의 메시지와 반대되는 과장된 국수주의적인 행태를 보이기도 했다.

베네딕토 15세 교황이 반포한 회칙 〈막시뭄 일루드〉
　…… 선교사들이 특별히 신경을 써야 할 점이 한 가지가

있다. 그것은 바로 방인 사제 충원과 양성에 관한 문제다. …… 역대 교황님들께서 이 점을 많이 강조하셨지만, 유감스러운 상황을 미연에 방지할 수는 없었다. 이미 수백 년 전에 그리스도교가 들어갔지만, 평판이 낮은 방인 사제들만 존재하는 지역들이 있다. 일찍이 복음의 빛으로 개화되어, 미개함에서 벗어나 문명을 향해 발돋움한 뒤, 온갖 기술과 학문 분야에서 탁월한 능력을 발휘한 사람들도 있다. 그러나 복음과 교회로부터 수 세기 동안 유익한 활동의 혜택을 누려왔음에도 불구하고, 그들에게는 아직도 자기 동족들을 지도해 줄 주교나 사제를 양성해 낼 수 있는 교회가 없다. 따라서 우리는 지금까지 선교 지역의 사제 양성 교육에 뭔가 결함이나 잘못된 것이 있었다는 점을 인정하지 않을 수 없다. ……

최근 몇 년 동안 정기 간행물에 기고된 글들을 보면, 기고자들이 하느님 나라에 대한 선익보다는 자기 나라의 이익만을 추구하는 모습만을 보여 주고 있어, 이를 지켜본 우리의 고통이 매우 크다고 고백하지 않을 수 없다. 우리를 더욱 놀라게 하는 것은, 바로 그런 태도가 비신앙인들로 하여금 종교로부터 등을 돌리게 만드는 것인데도 불구하고 전혀 신경을 쓰지 않는다는 사실이다. …… 가톨릭 선교사는 자기 조국의 선교사가 아니라, 그리스도의 선교사가 되

> 어야 한다. 따라서 사람들이 선교사를 처음 보고서, 그 어떤 나라에서든지 즉시 종교의 목자라는 사실을 알아차릴 수 있도록, 선교사는 처신해야만 한다. 왜냐하면 그리스도교는 '영과 진리로써 하느님을 흠숭하는' 모든 이를 껴안고, 그리스도교 안에는 "그리스인도 유다인도, 할례 받은 이도 할례 받지 않은 이도, 야만인도 스키티아인도, 종도, 자유인도 없고, 그리스도만이 모든 것이며 모든 것 안에 계시기"(콜로 3,11) 때문이다.
>
> 《사도좌와 선교 Le Siège apostolique et les Missions》 제1권, 34쪽 이하에서 인용.

2. 비오 11세 교황의 선교에 대한 중앙 집권화

비오 11세 교황은 베네딕토 15세가 이룩하고자 했던 상당수의 소망 사항들을 현실로 이루어 나갔다. 비오 11세는 자신의 가르침을 〈교회의 사태 Rerum Ecclesiae〉(1926년)를 통해 구체적으로 밝혔다. 교황은 교회와 선교 활동이 정치보다 우위에 있다는 점을 보여 주기 위해서, 포교성성의 장관 반 로숨 Van Rossum 추기경과 포교성성의 사무총장 코스탄티니 Costantini 주교를 중심으로 교황청을 중앙 집권화하면서 포교성성의 역할을 더욱더 강화시켜 나갔다. 각 나라들로부터 교회의 독립성을 확증받기 위해서 비오 11세는 외교적인 역할을 하지 않는 교황 사절단과 방문자들을 각 나라에 파견했다. 1922년, 교황은 '전교 후원회' 본부를 리옹에서 로마로 옮겨 왔다. 1925년 희년을 맞아 로마에서 개최된 대규모 전시회에서, 교황은 지적이고 학문적인 선교 활동의 업적들을 적극적으로 강조했다. 교황은 1926년에 전교 주일(10월 셋째 주일)을 제정했고, 1927년 아기 예수의 테레사를 포교 사업의 두 번째 수호자로 선포했다. 그 외에도 선교 활동에 관한 다양한 소식을 전해 주기 위해, '피데스 Fides'라는 기구를 창설했다.

3. 지역 교회 정착을 향해

유럽의 선교사들이 어쩔 수 없이 철수해야 할 경우, 지역 교회들이 스스로 독립할 수 있도록 선교 지역 안에서 성직자 네트워크를 완전히 정착시키기 위해서 비오 11세는 심혈을 기울였다. 선임 교황 베네딕토 15세도 성직자 네트워크 문제를 추구했었다. 이 문제에 대해, 비오 11세는 극동 지역의 전문가인 코스탄티니 주교와 레브 신부로부터 많은 영향을 받았다. 1923년, 교황은 인도 출신 예수회 회원을 주교로 임명했다. 1926년 로마에서 장엄한 주교 서품식을 통해, 최초로 6명의 중국인 주교를 직접 서품했다. 1927년 나가사키 교구의 주교로 일본 사람이 최초로 임명되었고, 1933년 최초로 베트남 출신의 주교가, 1939년 첫 흑인 주교가 탄생했다. 이런 과정을 거쳐서, 1939년까지 48개 선교 지역에 방인 주교들이 임명되었다.

비오 11세는 방인 사제 양성을 강조했다. 교황은 세계 모든 사제가 어디에서나 완전하고 똑같은 양성 교육을 받을 수 있도록 하는 제도를 만들려고 했다. 교황청의 지도를 받는 지역 신학교들이 생겨났고 새로운 자극을 받아 로마에 포교성성의 기숙사가 생겨났다. 선교 활동이 지나치게 국수주의적인 방향으로 흐르는 것을 막기 위해 로마화를 강조했지만, 로마화가 모든 문제점을 해결해 주지는 못했다.

적응

제1차 세계 대전과 제2차 세계 대전 사이, 사람들은 토착 문화, 특히 예술 분야에 대한 가톨리시즘의 '적응(어댑션)' 문제를 자주 이야기하곤 했다. 코스탄티니 주교는 선교 활동에 있어서 그리스도교 예술에 관한 훈령을 발표하여 적응 문제를 강조했다(1937년). 하지만 큰 성과는 없었다. 왜냐하면 선교사들은 극동 아시아 지역에 있는 성당들의 지붕 모서리만을 약간 들여 높였기 때문이다. '적응'이라는 용어는 다분히 지나치게 꼼꼼한 표현일 뿐만 아니라, 여전히 유럽적인 관점이었다. 게다가 많은 사람들은, 처음부터 그리스도교가 각 민족이 지닌 고유한 특성을 표현해 주어야 한다고 이해했다. 두 명의 사제가 각자 이 문제를 발전시키기 위해 노력했다.

이미 앞에서 언급했던, 뱅상 레브 신부는 중국인의 개성을 존중하기 위해 신경을 많이 썼다.[117] 그는 최초로 중국어 가톨릭 일간지를 창간했지만, 가끔은 중국에 있던 프랑스 선교 책임자들과 의견 충돌을 했다. 1927년, 그는 '외방 선교 협조회(SAM)'를 창설했다. '외방 선교 협조회'는 방인 주교들의 명을 받는 사제들로 구성된 단체였다. 뱅상 신부는 중국인 남·여 수도회를 창설했고 1933년에는 중국에 완전히 귀화했다. 중일 전쟁 기간 중, 그는 부상자를 돌보는 봉사 활동을 조직화했다. 뱅상 레브는 교회가 서양의 침투 세력의 도구로 비쳐지지 않도록 하는 데 애를 썼다. '토착화'라는 용어가 생겨나기도 전, 이미 중국에서 그리스도교의 참된 '토착화'의 모델을 제시한 사람이 바로 뱅상 레브였다.

다른 한 명은 리옹 출신의 줄 몽샤냉Jules Monchanin(1895~1957년) 신부였다.[118] 그는 어려서부터 모든 것에 대한 지적인 관심과 호기심이 많았다. 특히 그리스도교와 힌두교의 만남에 많은 관심을 가진 그는 1938년 '외방 선교 협조회'의 일원으로 인도를 향해 떠났다. 인도에서 그는 곧바로, 베네딕토회의 앙리 르 쏘Henri Le Saux와 함께 '아쉬람Ashram(수도원)'을 창설했다. 그리스도교 수도 생활의 전통을 인도의 은수주의와 결합시키기 위해서 두 사람은 관상 생활을 시작했다.

117) 중국에서의 그리스도교와 애국주의

많은 유럽 선교사들의 프랑스적인 '애국주의'와 프랑스 영사의 중국 선교 활동 통제 때문에 충격을 받은 레브 신부는 이 같은 문제점을 자기 주교에게 설명했다. 하지만 이 문제로 인해 그는 많은 굴욕을 당하고, 유럽으로 일시 귀환 조치를 당했다. 그러나 베네딕토 15세가 회칙 〈막시뭄 일루드〉를 발표하고, 비오 11세가 중국인 첫 주교들을 서품하자, 레브 신부의 관점이 그 정당성을 인정받았다.

닝포寧波의 레이노 주교에게 보낸 편지(1917년 9월 18일)

…… 유럽과 미국의 그리스도인들처럼, 중국의 그리스도인들에게도 애국자가 될 권리뿐만 아니라 의무가 있습니다. …… 딱 한 가지뿐이라고 말씀드리진 않겠습니다만, 지난 17년 동안 사도직을 통해 제가 받은 인상, 그것도 아주 뚜렷한 인상은 바로, 이 엄청난 대중들에게 하느님 나라가 도래하는 데 있어서 근본적인 장애 요인은 국가주의자 문제입니다. 인간적으로 말씀드린다면, 교회를 그들로부터 분리시키는 장벽을 없앤다는 것은 기적이 일어나지 않는 한 불가능합니다. 저희는 단지 그 장벽을 무너뜨릴 수는 있을 것입니다. 따라서 바로 그 같은 이유 때문에 말씀드립니

다. 진정한 애국심이 유럽 교회에서 칭송받을 만하고 또 실제로 칭송받는다고 한다면, 중국 교회에도 애국심이 반드시 필요합니다. 가톨리시즘이 중국인들에게 뿌리를 내리고 중국 대중들을 끌어들이기 위해선, 애국주의가 필요불가결한 조건 가운데 하나입니다. ……

　주교님, 저는 무릎을 꿇고 제 이마를 흙먼지에 대고서, 그 점을 주교님께 간곡히 말씀드립니다. 33년 전 주교직에 오르신 뒤부터, 주교님께서는 좋은 사제들을 양성해 오셨습니다. 그래서 어떤 사제들은 교육을 잘 받았고 어떤 사제들은 아주 훌륭하다는 이야기를 자주 들었습니다. 주교님께서는 그 모든 사제 가운데, 예를 들어 '순' 신부와 같이 가장 훌륭한 사제는, 파브로 주교님이나 르페르 주교님과 필적할 만하다는 생각은 한 번도 안 하셨는지요? '지' 신부가 현縣의 지도자가 될 수는 없을까요? 만일 주교님께서 '유럽의 동료 형제들(신부들)'이 이를 받아들이지 못하고 '다른 인종(중국인)'의 장상에게 순명하지 못할까 봐 두려워하신다면, 그것은 유럽의 동료 형제들을 너무 과소평가하는 것은 아닐까요? 속세의 수많은 유럽인들이 돈에 대한 사랑 때문에 철도와 세관과 학교에서 하고 있는 일을, 왜 사제들이라고 해서 예수 그리스도에 대한 사랑을 위해서 그런 일을 못 하겠습니까? 저희가 하는 방인 사제 양성 교육이 단지 보조 역할을 하는 사제 양성을 위한 준비 과정으로 전락하고 말았습니다. ……

레브 신부의 《편지Lettres》(1960년), 138쪽 이하에서 인용.

118) 하나인 교회와 다원주의

인도에서 20년간 체류하면서 그리고 힌두교 친구들과의 만남을 통해서, 유일무이하시고 보편적이신 그리스도를 통한 총체적인 구원에 대한 통찰력을 나는 훨씬 더 강렬하게 갖게 되었다. ……

그리스도교의 운명과 세계의 운명을 알게 모르게 동일시하는 그리스도인들이 있다. 이와 같은 경향은 첫 10세기나 15세기의 역사 안에서 형성되어 왔다. 그리하여 그리스도교가 새로운 백성들에게 전파되어 나가는 것을 단지 교회가 수적으로 증가하고 더 넓은 공간으로 전파되어 나가는 것으로 간주했다. 토마스 아퀴나스 성인 이후에도 더 배워야 할 것이 있고, 트렌토 공의회 이후에도 더 바꾸어야 할 제도가 있는가? 그것은 이미 성숙 단계에 이르렀고, 그 안에 들어간 사람은 누구나 돌 한 조각도 부족하지 않은 완벽한 성전으로 들어간다. ……

계시 차원에서 보면, 교회는 처음부터 모든 것을 갖고 있었다. 그러나 계시가 인간 영역으로 들어온, 계시의 발전 차원에서 보면, 혹은 오히려 인간 존재가 (계시에 의해) 받아들여지고 변화되었다는 차원에서 보면, 그 어떤 세기도 결정적인 종지부를 찍지는 못했다. …… "라틴어와 그리스어, 그리고 시리아어도 나의 언어다."라고 말한 아우구스티누스 성인의 말을, 이제 교회가 더 이상 말할 수는 없을 것이다. 왜냐하면 앞으로는 아우구스티누스 성인이 언급했던 언어에다, 산스크리트어와 타밀어와 중국어를 추가시켜야 하고, 이들 언어가 표현하는 모든 사상과 감정을 함께 추가시켜야 하기 때문이다. 이것들은 지중해 세계와 게르만 세계와 슬라브 세계에는 전혀 스며든 적이 없던 사상과 감정이다.

아직 활짝 꽃피어 본 적이 없는 영성, 관상 방식, 신비에 대한 새로운 표현, 다양한 형태의 흠숭과 봉헌 생활들이 여전히 기다리고 있고, 어쩌면 수 세기를 기다릴 것이다. 인도와 중국 문명 같은 문명들이 단일성과 다양성을 지닌 교회 안에 도래할 때를……. 그리스도교는 어제도 존재했었고, 오늘도 존재하며, 내일도 존재할 것이다. 영원한 성령께서는 항상 피조물 안에서 완성해 나가신다.

줄 몽사냉, 《선교 신학과 선교 영성 Théologie et Spiritualité missionnaires》, 1951년의 본문.

제18장

근대주의의 무게: 산업 사회 · 근대 사상 · 교파 분열에 직면한 그리스도인
(1848~1939년)

▲ 건설 노동자들, 세밀화, 페르낭 레제르 작, 1950년, 비오의 '페르낭 레제르 국립 박물관' 소장.

1789년(프랑스 혁명) 전까지는 교회가 인간 생활의 모든 부문을 통솔한다는 인상을 주었다. 그러나 프랑스 혁명으로 인해 엄청난 변화를 겪은 뒤, 세상은 교회 밖에서 자신의 틀을 형성해 가면서 산업 사회와 도시 사회를, 새로운 철학과 자연 과학과 역사를 끌어안았다. 교회의 눈에 낯선 이방인 같던 세상은, 교회가 수 세기 동안 전해 준 전통들을 반대했다.

가톨릭 신자들은, 예전 같으면 공공연하게 무시했던 다른 교파의 그리스도인들과 함께 공존해야만 했다. 오랫동안 종교 지도자들은 이 바깥세상의 위협에 대항하기 위해 장벽을 높이 쌓아 올렸다. 그러나 사회의 변화상을 주목하지 않으면 안 될 시대가 왔다. 왜냐하면 이제 세상에서 그리스도인이 이방인이 되었고, 더 이상 복음을 선포할 수 없는 상황이 되어 버렸기 때문이다.

I. 산업 사회의 그리스도인

1. 교회에 제기한 질문

1848년 6월 며칠 동안 공포주의가 만연하자, 주교들과 가톨릭 지도자들은 보수 단체로 퇴보할 수밖에 없었다. 그 결과 그들은 나폴레옹 3세의 독재 체제를 승인하고 모든 종류의 사회주의를 완강하게 반대했다. 비오 11세 교황과 관련된 다음과 같은 말이 자주 언급되었다. "교회는 19세기에 노동자 계급을 잃어버렸다." 교회가 유산 계급과 연대했다는 주장이 비일비재했다. 하지만 많은 역사 연구를 통해서 밝혀진 사실은, 그 같은 주장에는 정당성이 결여되어 있다는 것이다.

나라마다 상황이 달랐다. 예를 들어, 독일의 라인란트 지역에서는 가톨릭시즘이 노동계에 강하게 뿌리를 내렸고 미국과 오스트레일리아에서는 가톨릭시즘이 도시 노동자들에게 활발하게 영향력을 행사했다. 프랑스에서는 노동자 계급이 교회 밖에서 생겨난 것처럼 보였다.

지주 계급 출신이었던 주교들이 첫 산업 노동자들의 비참한 생활에 대해 전적으로 눈을 감고 있었던 것은 아니었다.[77] 그러나 주교들에게는 산업 노동자들의 비참한 생활에 대해 원인을 분석하여 해결책을 제시해 줄 만한 능력이 없었다. 산업 도시로 내몰린 농촌 사람들은 기반도 없는데다 산업 사회에서 환영도 받지 못하는 존재들이었다. 옛 도시 본당들은 엄청난 규모로 불어나서, 이제 더 이상 사제와 인간적인 만남이 불가능해졌다. 파리의 한 보좌 신부는 1848년에 이 같은 현상을 한탄했다. 성직자들은 교회의 계명들을 잘 지켜야 한다는 것과 같은 협소한 개인적인 윤리만을 강조했다. 예를 들면 다음과 같다. 고용주들은 관대해야 한다. 노동자들은 덕스러운 생활을 해야 한다. 또한 알코올 중독에 빠지지 말고 방탕한 생활을 멀리해야 하며, 주일을 거룩히 지내야 한다.

사회주의의 발전

초창기 사회주의들은 자신들의 경제 개혁안을 마련하는 데 있어서 그리스도교를 참조했다. 그러나 1848년 이후부터 사회주의자들은 그리스도교로부터 영감을 받는 것을 포기하고 점차 비종교적인 모습을 드러냈다. 그들은 교회를 착취 집단인 정치·경제의 권력층과 밀접한 관계가 있는 것으로 간주하면서 대립 구도를 전개했다.[119] 프루동Proudhon(1809~1865년)은 "소유란 바로 도둑질이다.

하느님은 악이다. 종교 개념을 정의의 개념으로 대체해야 된다."라고 주장했다. 1848년에 《공산당 선언》을 발표하고, 1867년에 《자본론》을 출판한 칼 마르크스Karl Marx는 과학적인 사회주의를 구상해 냈다. 그는 계급 간의 투쟁이야말로 역사를 움직이는 원동력이며, 종교는 인민의 아편이라고 주장했다.

1864년에 설립된 '국제 노동자 연맹(인터내셔널)'은 반종교 세력으로 비쳐질 수도 있다. 왜냐하면 종교 지도자들은 사회 조직이란 하느님의 뜻에 따라 이루어진 것이라고 인식했는데, 사회주의자들은 하느님을 부정할 뿐만 아니라 하느님의 뜻에 의해 만들어진 사회 조직을 근본적으로 뒤엎어 버리려고 했기 때문이다. 그래서 이들은 대립할 수밖에 없었다. 사회주의자들은 그리스도인들에게 사회 문제에 대해 더 이상 개입하지 말라고 주장하면서, 자선 단체를 의욕적으로 설립해 나갔다.

119) 왜 우리가 당신들을 저버리게 되었는가

클로드–앙팀 코르봉Claude-Anthime Corbon(1808~1891년)은 나무 조각가이자 〈라틀리에〉지의 편집자였다. 여러 차례에 걸쳐 그는 프랑스 정치에도 참여했다. 뒤팡루 주교에게 보낸 편지에서 그는 왜 프랑스의 노동자들이 점점 교회로부터 멀어지게 되었는지를 설명한다.

노동자 출신 상원 의원 코르봉이 상원 의원 뒤팡루 주교에게 보낸 편지(1877년)

주교님, 주교님께서는 저희에게 이런 질문을 하셨습니다. "왜 인민이 우리를 저버렸는지 누가 제게 말해 줄 수 있습니까?" …… 수 세기 전부터 당신들이 우리를 저버렸기 때문에, 오늘날 우리가 당신들을 저버리는 것입니다. 당신들이 우리들을 저버렸다고 말하는 것은, 당신들이 우리에게 이른바 '종교적인 도움'마저 주지 않았다는 뜻은 결코 아닙니다. 왜냐하면 당신들의 사제적인 관심이 당신들로 하여금 우리들에게 종교적인 도움을 아낌없이 주도록 명령하고 있기 때문입니다. 제가 말씀드리고자 하는 것은, 수 세기 전부터 당신들은 우리들의 세속적인 이익에 대해 전혀 관심을 갖지 않았을 뿐만 아니라, 당신들의 영향력은 우리들의 사회적인 구원을 촉진시키기보다는 오히려 방해만 되었다는 점입니다. 바로 이것이, 당신들이 우리들로부터 저버림을 받게 된 첫 번째 이유입니다. …… 당신들은 엄청난 물질적인 재산, 즉 흔히 전쟁의 근원이라고 일컫는 부를 무지막지한 방법으로 당신들에게로 끌어 모았습니다. 당신들은 늘 당신들의 이익을 정당의 이익과 혼동했습니다. 그러나 오늘날 당신들이 하고 있는 일들과는 반대로, 전반적으로 당신들의 이익과 우리들의 이익을 혼동했던 적이 있었습니다. 저는 그것을 구별해 내는 것을 좋아합니다. 중세의 첫 번째 시기에 바로 그런 혼동이 있었습니다. ……

(르네상스 때부터) 교육, 특히 열등감을 느끼던 민중들에게 행해졌던 교육이 바뀌기 시작했습니다. 교육을 통해서 민중들은 이 세상에서의 구원에 대한 생각을 철저하게 포기하도록 강요받았습니다. 당시 교육이란 기존에 있던 권력에 대해 절대적으로 순종해야 한다는 것만을 가르쳤습니다. 여기에서 말하는 권력이란 전적으로 교회의 신심에 기초한 것이었다는 것은 두 말할 나위가 없습니다! 민중들은 자신들의 비참한 운명을 체념한 채 순수하게 받아들이는 것이 하느님의 마음에 드는 일이라고 교육을 받았습니다. 이 세상에서 당하는 굴욕감과 착취와 짓밟힘을 기꺼운 마음으로 받아들이면 받아들일수록, 저 세상에서 더 큰 행복과 보상을 받게 될 것이라고 교육시키면서 믿도록 만들었습니다. ……

당신들의 관점에서 보면 비록 현대 사회가 종교적이지 않겠지만, 교황권 지상주의와 예수회주의로부터 영감을 받은 사회보다도, 훨씬 더 근본적으로 광범위한 그리스도

> 교적인 사회입니다. 현대 사회는 저 세상 것에 대한 관심을 갖지 않을 뿐만 아니라, 구원을 최후 심판 때까지 미루어 놓지도 않습니다. 오히려 현대 사회는 구원을 아무 조건 없이 즉시 실현하려고 노력합니다. 따라서 현대 사회는 공화주의적이고, 민주주의적입니다. 분명한 사실은, 현대 사회는 해방을 가져다주는 복음의 힘과 복음의 자비로운 원리를 저버리는 사회가 아니라는 것입니다.
>
> 이장베르 F.A. Isambert, 《그리스도교와 노동자 계급 Christianisme et classe ouvrière》
> (1961년), 238쪽 이하에서 인용.

2. 온정적 간섭주의와 개혁주의

〈라브니〉지와〈새로운 시대〉지로 대표되던 사조(민주주의와 자유와 개혁)가 1848년 이후에 사라져 버렸다. 사회 문제에 관심을 가진 가톨릭 신자들은 자유주의자들이 아니라 보수주의자들이었다. 그들은 가난에 대한 책임은 자유 경제주의에 있다고 생각했다. 왜냐하면 자유 경제주의가 옛 체제의 구조(가부장제와 협동조합의 구조)들을 파괴해 버렸기 때문이다. 따라서 과거로 되돌아가야 하고 반혁명을 일으켜야 하며, 위계적인 사회를 복원시켜야 한다고 주장했다. 그리고 위계적인 사회의 지도자들은 자신들의 의무감을 인식하고, 가장 가난한 사람들을 다시 협동조합(길드) 안으로 끌어들여야 한다고 생각했다. 이런 의식 때문에 상부상조 단체가 많이 생겨났다. 그 가운데 어떤 단체들은 그리스도교 신자 고용주들이 운영하는 공장으로 흡수 통합되었다. 1870년 견습공들의 후원회가 있었는데, 여기에 파리 지역의 견습공 5분의 1이 참여했다. '후원회 회원들은 모두 하나의 대가족과 같다. 회원들은 그들의 부모와 스승과 후원자들을 존경하고 사랑하고 충성을 한다.' 폭넓게 이론적으로 도움을 주는 기구들도 있었는데 그중에서 '자선을 위한 경제 단체Société d'Economie charitable'를 들 수 있다. 이 단체는 가장 적극적으로 가톨릭 사회 활동을 펼쳤던 사람 가운데 한 사람인 아르망 드 블랭Armand de Melun에 의해 1847년 창설되었다. 이 같은 온정적 간섭주의에 대해 사회주의에 매력을 느낀 노동자들은 분노했다. 결국 1871년, 아르망 드 블랭은 온정적 간섭주의가 실패했다는 사실을 인정했다. "사회주의 사상이 성공한 것은 그런 사상이 사람의 열정을 부추겼기 때문이 아니라, 사람들에게 하나의 해결책으로, 하나의 완전한 제도로 비쳐졌기 때문이다. 사회주의 사상은 사회가 안고 있는 어려운 문제들에 대한 하나의 해결책이었다. 그에 반해 우리는 그 어떤 해결책도 제시하지 못했다."

독일

독일은 프랑스에 비해 산업 발전이 늦었지만, 독일 가톨릭은 사회 문제의 핵심이 무엇인지를 잘 알고 있었다. 즉 사회 문제는 원조 단체를 조직함으로써 해결될 수 있는 문제가 아니라, 경제를 재편하고 국가가 직접 개입해야 될 문제라는 것이다. 마인츠 교구장 케틀러Ketteler(1811~1877년) 주교는 독일의 사회적 가톨리시즘의 대표자였다. 어느 정도 자유주의자였던 케틀러는 중세의 협동조합(길드)에 대한 향수를 갖고 있었다. 그는 《노동 문제와 그리스도교》(1864년)라는 저서에서 구조 개혁에 관한 윤곽을 제시했다. 그는 "부자들이 하느님께서 모든 사람을 위해 마련해 주신 것들을 훔쳐간다."라고 말했다. 자유주의적인 자본주의와 사회주의를 반대한 그는 협동조합적인 사회를 꿈꾸었다. 또한 그는 국가가 직접 개입하여 노동 시간을 제한하고 주일을 공휴일로 제정하며, 이익 분배에 노동자들을 참여시키고, 전업 주부를 도와야 한다고 주장했다.

또 한 명의 대표자는 구두 수선공이었다가 사제가 된 아돌프 콜핑Adolph Kolping(1814~1865년)이었다. 그는 협동조합을 부흥시키려고 노력했다. 콜핑은 독일 전역에 젊은 노동자 단체를 설립하면서, 고용주의 감시에서 벗어나 노동자가 스스로를 조직하기를 희망했다. 콜핑이 사회 문제를 해결하는 데 있어서 국가의 개입이 필요하다고 생각한 것은, 프랑스 가톨릭의 온정주의로는 문제를 해결할 수 없다고 확신했기 때문이다.

성찰과 실현(1870~1890년)

1871년 파리에서 일련의 '코뮌' 사건이 발생하자, 사람들은 공포심에 사로잡혔고 부르주아 계급은 '파리 코뮌' 사건을 반대했다. 그러나 동시에, '파리 코뮌' 사건은 알베르 드 묑과 르네 드 라 투르 뒤 팽René de La Tour du Pin과 같은 귀족 가문의 가톨릭 신자들로 하여금 '왜 우리가 이 지경이 되었나?' 하는 질문에 대해 성찰을 하게 만들었다. 1871년, 알베르와 르네는 '가톨릭 노동자 모임Oeuvre des Cercles Catholiques d'ouvrières'을 결성했다.[120] 이들은 반혁명과 군주제의 복원을 강력하게 주장했다. 지도층 인사들로 하여금 낮은 계층의 사람들을 책임지게 만들면서, 다양한 계층의 사람들이 서로 만날 수 있는 장을 마련했다. '가톨릭 노동자 모임'이 노동자들과는 전혀 상관없는 '고급 카바레'에서 이루어졌지만, 이 모임을 통해서 가톨릭 부르주아 계층의 사람들이 사회 문제에 관심을 갖게 되었고,[121] 그리스도교 신자 기업가인 레옹 아르멜Léon Harmel(1829~1915년)이 구체적으로 실천한 일들이 널리 알려지게 되었다.

아르멜은 랭스 근교에 위치한 발 데 브와Val des Bois 지역에 공장을 설립하여 그리스도교적인 원리들을 실천했다. 이것도 역시 일종의 온정적 간섭주의에 해당하는 것이지만, 그래도 민주주의에 더 가까운 완화된 간섭주의였다. 아르멜은 노동자들로 하여금 공장과 사업 운영에 직접 참여하도록 했다. 그래서 그는 "노동자의 재산은 노동자에 의해 노동자와 함께 생겨나는 것이지, 노동자 없이 더군

다나 노동자를 거슬러서는 결코 생겨나지 않는다."라고 주장했다. 발 데 브와 지역에서, '요람에서 무덤까지'라는 삶을 실현할 수 있도록 도와주는 단체들이 생겨나 노동자들의 삶을 감싸 주고 변화시켜 주었다. 아르멜은 노동자들에게 로마 성지 순례의 기회를 제공했고, 로마에서 레오 13세 교황을 만나 사회 문제에 관한 의견을 나누었다.

오스트리아의 빈에서는, 케틀러의 제자인 바론 폰 포겔장Baron von Vogelsang 남작이 오스트리아 가톨릭 사회주의자들을 대변하는 잡지를 창간했다. 그는 사람들로부터 '그리스도교 사회주의자'라고 취급받을 정도로까지, 자유주의적 자본주의를 신랄하게 비판했다. 또한 사회 문제에 국가가 직접 개입해야 한다고 주장했다.

스위스에서는 메르밀로드 주교가 1884년부터 사회 문제에 관심을 가진 여러 나라 가톨릭 신자들을 위한 모임을 해마다 개최했다. 이 모임을 통해서 '프리부르에 사회 연구를 위한 가톨릭 연합'이라는 단체가 결성되었다. 이탈리아에서는 '학술회의들의 모임'을 통해서 토니올로Toniolo 교수 등이 사회 문제에 대한 성찰을 발전시켰다. '노동 기사단'을 지지·옹호한 미국의 기본스 추기경(1887년), 런던 부두 노동자들의 파업을 성공적으로 해결한 매닝 추기경(1889년), 가톨릭 신자들에게 '노동조합'에 가입하라고 적극적으로 권유한 시드니의 모란 추기경도 빼놓을 수 없다. 이 같은 성찰과 활동을 통해서 마침내 〈새로운 사태〉라는 회칙이 나오게 되었다.

가톨릭 사회주의: 온정적 간섭주의와 선의

알베르 드 묀 백작은 19세기 말 종교와 정치 분야에 중요한 인물이었다. 타인을 배려하는 너그럽고 고결한 마음을 지닌 그는 프랑스 가톨릭 사회주의를 대표하는 사람이었다. 교황청의 가르침을 잘 따르던 그는 1892년에 공화정 체제에 가담하기 위해서 그동안 자신이 표방하던 군주주의마저 기꺼이 포기했다. 그는 1871년에 '가톨릭 노동자 모임', 1886년에 '프랑스 가톨릭 청년 연합회(A.C.J.F.)'를 설립하는 등 수많은 단체를 설립했다.

120) '가톨릭 노동자 모임'에 대한 교의적 토대

현실에 대한 분별력과 관찰력을 통해서, 저는 다른 계급의 사람들보다 더 높은 계급의 사람들이 존재한다는 사실과 이 같은 불평등이 사회 질서의 한 조건이라는 사실을 깨달았습니다. 그러나 그리스도교는 저에게, 높은 계층 사람들은 자신들의 우월성 때문에 낮은 계층의 사람들에 대해 특별한 의무감을 지니며, 낮은 계층 사람들을 책임져야 하고 낮은 계층 사람들의 지성과 육체를 돌봐 주어야 한다는 점을 가르쳐 주었습니다. 또한 그리스도교는 저에게, 이 우월성은 오로지 이 같은 일을 위해서 높은 계층 사람들에게 주어진 것이라는 점을 가르쳐 주었습니다. 그리고 만일 높은 계층 사람들이 자신들의 재능을 열매 맺지 않은 채 그저 즐기기만 하면서 내팽개치고 탕진해 버린다면, 만일 자신들의 재능을 남용하면서 자신들에게 맡겨진 사람들을 타락시키려 한다면, 그것은 자신들의 사명을 소홀히 하여 하느님의 섭리를 배반하는 것이라는 점을 깨우쳐 주었습니다. 그래서 저는, 모든 것의 근원이시고 목적이신 하느님께서 당신의 모습을 피조물 안에 드러내시어, 피조물이 사방에서 끊임없이 하느님께 흠숭을 드리는 가운데, 하느님의 계획이 절정에 달해 활짝 피어나는 모습을 볼 수 있다고 봅니다. 게다가 또한, 상류 계층 사람들이 하느님의 영광을 확장시키고 하느님 나라를 발전시키기 위한 수단으로 자신들의 능력을 사용할 때, 그리고 낮은 계층 사람들이 자신들의 나약함을 하느님의 자비에 걸맞은 칭호로 받아들이면서 자신들의 고통에 대한 평형추를 하느님을 통해서 얻으려고 노력할 때, 하느님의 계획이 활짝 피어나는 모습을 볼 수 있을 것입니다.

▲ 알베르 드 묀의 초상화.

알베르 드 묀, '가톨릭 노동자 모임' 제3차 총회 폐막 연설, 1875년.

> **121)** 악의에 찬 내용이긴 하지만, '가톨릭 노동자 모임'에 대한 비난이 전혀 터무니없는 것은 아니었다.
>
> 그들은 대개 산업으로부터 소외된 사람들, 공장에서 뒤쳐진 사람들이었지만 착하고 신심이 깊은 사람들, 성직자가 운영하는 서점의 점원들, 부러진 미늘창[198]을 들고 성당을 지키는 교회지기, 은퇴한 제의방지기, 공동체의 수위, 사무실에서 허드렛일을 하는 남자 아이들이었다.
>
> 엠마누엘 바르비에Emmanuel Barbier, 《프랑스에서의 사회문제에 관심을 가진 가톨리시즘과 자유주의적인 가톨리시즘에 관한 역사(1870~1914)
> *Histoire du catholicisme social et du catholicisme libéral en France(1870~1914)*》(1923년)에서 인용.

3. 교회의 사회 교리 탄생

회칙 〈새로운 사태〉

레오 13세 교황은 교황 직무 초부터 사회주의와 무정부주의가 대두하는 것에 대해 깊은 우려를 표명했다. 1890년대는 유혈 파업 사태와 무정부주의적인 테러가 난무하던 시대였다. '노동계 전체가 사회주의화 되는 것은 아닌가?' 하는 걱정이 대두했다. 사회 문

---
198 미늘창은 14~17세기에 주로 사용되던 도끼를 겸한 창을 가리킨다.

제에 적극적인 관심을 갖고 활동하던 가톨릭 신자들은, 자유 경제에 대한 애착을 느끼면서 노동자 조직을 무조건 반대하던 다른 가톨릭 신자들로부터 저항과 반대를 받았다. 사회 문제에 관심을 쏟던 가톨릭 신자들은 자신들끼리도 의견의 일치를 보지 못했다. 어떤 이들은 교황이 직접 개입해서 자신들을 지지해 주고, 공통된 사상과 행동 지침을 내려주기를 원했다. 회칙 〈새로운 사태〉는 사회 문제에 대한 모든 연구를 통해서 얻은 결과물이며 1890년대 상황의 산물이었다.

다소 늦은 감이 있지만 이 회칙은 사회가 변했다는 사실을 인정했다.[122] 이 회칙에 의하면, 부의 집중으로 인해 노동자들이 '부당하게 비참한 생활'을 할 수밖에 없으며, 사회주의는 잘못된 구제책일 뿐이다. 왜냐하면 사회주의는 하느님께서 원하신 사유 재산권을 부정하고 폐지해야 한다고 주장하기 때문이다. 회칙은 참된 구제책은 교회가 가르치는 그리스도교적인 원리 안에 들어 있으며, 경제적·사회적 불평등은 자연법에 의해 생겨난 것이라고 주장했다. 모든 이를 일치시키는 것은 반드시 필요하지만, 계급 투쟁은 결코 용납할 수가 없다. '노동이 없으면 자본도 없고, 자본이 없으면 노동도 없다.' 또

▲ 레오 13세 교황의 초상화.

한 부를 적절하게 분배하고, 노동 시간과 주간 휴식을 정하고, 최저 생계 임금 등에 관한 문제를 해결하기 위해선, 반드시 국가가 개입해야 한다. 이런 관점에서 볼 때, 경제 자유주의는 이미 단죄를 받은 셈이다. 끝으로, 직업 관련 단체들은 유익하고 필요하다고 하고 있다. 레오 13세는 (고용주와 노동자가 함께하는) 협동조합을 찬성했지만, 그렇다고 (노동자들만의) 노동조합을 반대하지는 않았다.

이 회칙은 노동계와 사회주의자들로부터 환영을 받지 못했다. 교회 안에서만 회칙의 중요성이 강조되었다. 그러나 그렇다고 해서, 교황이 과거로 도망가지는 않았다. 교황은 가톨릭 신자들에게 그들이 살고 있는 세상에 대해 생각하고, 기존 제도권(정치 체제와 노동조합) 안에서 자리를 잡아 가라고 요청했다.

---

122) 레오 13세 교황의 '노동자의 상황에 관한' 회칙 〈새로운 사태〉

레오 13세의 이 회칙은 아주 오래된 것이지만, 반포 당시 가톨릭 신자들에게 깊은 영향을 주었다.

어떻든 근로자들 대부분이 부당하게도 비참한 처지에서

> 살아가고 있으므로 그들을 도와주는 적절한 해결 방안이 시급히 강구되어야 한다는 것은 분명하며 또한 모든 사람이 이를 인정하고 있다. 지난 세기에 숙련공들의 오랜 협동조합(길드)이 무너져 버린 채 그러한 역할을 맡을 다른 보호조직이 나타나지 않고 있으며, 또 그와 동시에 제도와 법률들이 그리스도교 정신을 온전히 망각하기 시작하여 노동자들은 점차 고립무원의 상태에 빠지게 되었으며, 인정머리 없는 고용주들의 무절제한 경쟁의 탐욕에 무참히 희생되어 왔다. 교회가 수차례 엄중히 금지시켰음에도 불구하고 고리 대금업은 여전히 성행하고 파렴치한 모리배들로 말미암아 또 다른 형태로 그러한 불의가 자행되고 있다. 한 걸음 더 나아가 생산과 상업이 소수에 의해 독점 장악되어 극소수의 탐욕스러운 부자들이 가난하고도 무수한 노동자 대중들에게 노예의 처지와 전혀 다를 것이 없는 멍에를 뒤집어씌우고 있다. ……

회칙 〈새로운 사태〉의 영향

회칙은 사회적인 의식이 있던 가톨릭 신자들에게 자유와 새로운 활력을 불어넣어 주었다. 그들은 자신들이 교황으로부터 인정을 받았다고 생각했다. 회칙 〈근심 가운데서〉가 발표되자, 프랑스에서는 〈새로운 사태〉에 대한 영향력이 증가했고 이 두 회칙은 수많은 사회 활동에 힘을 실어 주었다. 그러나 온정적 간섭주의는 그대로 남아 있었다. 프랑스 '북부 지역 가톨릭 경영자들의 모임Association catholique des Patrons du Nord'은 그리스도교 노동조합의 창립뿐만 아니라 국가 개입 원칙도 반대했다. 이 모임은, 사회주의자들로부터 표적의 대상이 된 '공장의 성모 신심회Confrérie Notre-Dame de l'Usine'라는 단체를 창설했다.

고용 노동자들을 따로 규합하여 결성한 그리스도교 노동조합이 1887년 생겨났다. 이 노동조합이 발전하여, 1919년에 '프랑스 그리스도교 노동조합 총연맹Confédération Française des Syndicats Chrétiens'이 창립되었다. 1894년에 창간된 〈르 시용Le Sillon〉 지도 〈새로운 사태〉가 지향하는 민주적·사회적인 내용을 담고 있었다. 마르크 상니에Marc Sangnier가 〈르 시용〉 창간에 중추적인 역할을 했다. 1892년에 창간된 잡지 《리옹의 사회 시평Chronique sociale de Lyon》도 바로 이 같은 배경에서 생겨난 결실 가운데 하나였다. 검소한 생활을 하던 노동자, 마리우스 고냉Marius Gonin이 창간했던 《리옹의 사회 시평》은 처음에는 그리스도교 민주주의 운동에 참여했다. 그러나 시간이 지나자, 사회 문제(공제조합, 노동조합, 협동조합 등)에 더 많은 관심을 기울이기 위해서 정치와는 일정한 거리감을 유지했다. 교황청은 1904년에 최초로 한 주간을 '사회 주간'으로 정했다. 그 후 오랫동안 '사회 주간'이 이어져 왔다. 또한 매년 다른 장소에서 개최된 '순회 대학'은 복음과 교황의 가르침에 비추어 사회 문제를 연구했다.

얼마 후, 가톨릭 사회주의와 교계 제도가 갈등을 빚었다. 정치와 밀접한 연관을 맺고 있는 사회 분야에서 평신도들이 성직자들로부터 벗어나 독립적으로 행동할 수 있을까? 비가톨릭 신자들과의 협력(독일에서 생겨난 초교파적인 노동조합)에 대해 깊은 우려를 표명하던 비오 10세 교황과 주교들은, 정치와 밀접한 관련성이 있는 민주적·사회적 운동에 대해 통제하고 지도하려고 했다. 신자들 사이에는 하나인 그리스도교에 대한 꿈은 여전히 남아 있었다. 마리우스 고냉에 이어 마르크 상니에와 같은 사람들은 교회에 순명했지만, 이탈리아의 로몰로 무리는 교회를 박차고 나갔다(1909년).

교회의 사회 교리

이 같은 집중적인 성찰을 통해서 마침내 '사회 교리' 혹은 '교회의 사회적 가르침'이 생겨나게 되었다. 후임 교황들은 레오 13세 교황의 사상을 더욱 발전시키고 풍요롭게 만들었다. 프랑스 성직자들과 릴Lille의 교구장 리에나르Liénart 주교는 프랑스 북부 경영주들을 반대하며 그리스도교 노조 활동을 지지했다. 그러자 1929년 교황청도 그리스도교 노조 활동의 합법성을 옹호했다.[123)] 1931년에 반포된 비오 11세 교황의 회칙 〈사십주년〉은 〈새로운 사태〉의 전망을 더욱더 넓혀 주었다. 이 시기는 공산주의의 위협과 경제 위기가 맹위를 떨치던 때였다. 선임 교황처럼 비오 11세도 사회주의를 여전히 단죄했지만, 경제 문제를 기업의 범주를 뛰어 넘어 국가적 차원에서 다루었다. 교황은 사회적·경제적 질서를 총체적으로 재조직할 것을 요구했다. 나치즘과 공산주의의 문제점을 지적한 회칙들(1937년)도 이교주의적 전체주의를 반대하며 그리스도교의 사회 가르침을 재차 언급했다. 그러나 이것은 어디까지나 그리스도교 사회 교리가 옳다는 이론적인 확신을 제시한 것이지, 그 가르침의 정당성을 입증해 줄 수 있는 구체적인 해결책을 제시한 것은 아니었다.

123) 비오 11세 교황의 회칙 〈사십주년〉

경제 위기 상황에서 반포된 〈새로운 사태〉의 40주년 반포 기념을 축하하면서, 비오 11세는 레오 13세의 전망을 더욱더 확대시켰다.

복음의 가르침에 완전 일치하는 사회 질서 재건에 관하여
(1931년 5월 15일)

…… 경제생활의 불확실성, 특히 현재 상황의 불확실성은 경제에 종사하는 사람들의 가장 예민하고도 끊임없는 노력과 긴장을 요구한다. 그 결과로 어떤 이들은 양심의 자

극에 아주 무감각해져서, 이득의 증대를 가능하게 하고, 끊임없는 수고로 축적한 재산을 행운의 변화에 대비해서 보호할 수 있게 하는 합당한 수단이면 무엇이든지 동원한다. 시장은 누구나 손쉽게 이득을 얻을 수 있게 해 주기 때문에, 많은 사람들이 최소의 노력으로 틀림없이 이윤을 얻을 목적 하나로 교역에 종사하도록 한다. ……

왜냐하면 새로운 사회 질서가 시작하고 있던 그때에, 합리주의의 교설이 이미 많은 사람들을 지배했고 뒤이어 진정한 도덕 법칙과는 조화되지 않는 경제 학설이 부상했으며, 거기서부터 인간의 탐욕은 고삐가 풀리게 되었다. …… 생명 없는 물질은 공장에서 값있는 상품이 되어 나오지만, 이 세상에서 가장 고귀한 인간은 그곳에서 한갓 쓰레기로 변하고 만다.

사회 문제에 정통한 모든 이는 건전하고 진실한 질서를 재건해 줄 경제생활의 합리화를 요구한다. 그러나 …… 이 질서는, …… 하느님 계획의 오묘한 일치를 본받고 그에 도달하기 위하여 조화롭게 결속하지 않는다면, 필연적으로 결점투성이며 불완전할 것이다. 이것은 간절한 열망을 가지고 교회가 선포하는 완전한 질서이고 인간의 바른 이성도 요구하는 질서다.

Ⅱ. 가톨릭 전통과 근대 과학의 힘겨루기

1. 가톨릭 전통에 대한 문제 제기

가톨릭 전통에 대한 철학과 과학의 공격

17~18세기에 과학이 발전하자, 여러 가지 계시 진리들에 대해 의심하는 경향이 생겨났다(12장과 14장 참조). 19세기의 철학(칸트)에 의하면, 하느님은 이성으로 이해할 수 있는 문제가 아니었다. 게다가, 비록 100% 그렇다고 할 수는 없겠지만, 하느님에 대한 생각은 아예 관심의 대상조차 되지 않았다. 오귀스트 콩트에 의하면, 종교와 형이상학(중세 철학)의 시대는 이미 끝났다. 인류는 이제 과학과 실증주의의 시대에 도달한 것이다. 과학을 신봉하는 이들은 지식이 무한히 진보하고 종교는 결정적으로 퇴보할 것이라고 확신했다. 불과 한 세기만에 자연 과학과 역사학이 엄청나게 발전했다.

부세 드 페르트Boucher de Perthes(1788~1868년)는 선사 시대 연구를 통해서, 인류의 기원을 수십만 년 전으로 거슬러 올라가게 만들었다. 인간의 화석이 발견되자, 인류의 진화를 이해할 수 있는 길이 열렸다. 다윈Darwin은 자신의 저서 《종의 기원》(1859년)에서 진화론의 가설을 체계적으로 밝혀냈다. 만일 인류가 원숭이의 후손이라면, 하느님에 의한 창조와 인간의 원죄는 어떻게 되는 것일까? 그리고 성경의 연대기는 또 어떻게 되는 것일까?

19세기를 거치면서, 고대와 중세에 관한 원전들이 엄청나게 출판되었고 종교학이라는 학문이 생겨났다. 중동 문자, 이집트 상형 문자, 메소포타미아의 설형 문자가 해독되었다. 구약과 신약 성경의 본문에 대한 연구도 이루어졌는데 학자들은 신·구약 성경의 텍스트를 다른 종교의 텍스트들과 같은 것으로 간주했다. 그러나 그리스도인들은 계시된 텍스트(성경 본문)는 결코 그런 종류의 연구 대상이 아니라고 생각했다. 다비드-프리드리히 스트라우스David-Friedrich Strauss는 《예수의 생애》(1835년)라는 저서에서, 예수는 초대 그리스도교 공동체의 상상력이 만들어 낸 산물이라고 주장했다. 또한 앞에서 잠깐 살펴보았던 에르네 르낭은 《예수의 생애》(1863년)에서, 예수는 단지 인성만 지닌 존재라고 주장했다. 벨하우젠Wellhausen은 모세 오경에 관한 이론을 통해서, 모세 오경을 하나의 변화무쌍한 기록물로 전락시켜 버렸다. 그렇다면 하느님의 영감靈感은 어떻게 되는 것일까? 이러한 비판적인 연구를 통해서, 그리스도교 기원에 관한 수많은 전설들이 낱낱이 밝혀졌다. 이처럼 과학은 기존의 모든 확실성을 뒤흔들어 놓았다.

교회의 대응

이에 대해 교회가 취한 첫 번째 반응은 방어적인 입장이었다. 교회는 계시를 공격하는 과학을 악마의 소행으로 간주했고 금서 목록에 포함된 책은 어떻게든 읽지 못하도록 했다. 회칙〈실라부스〉

는 이런 주장들을 훨씬 더 공식적으로 단죄했다. 제1차 바티칸 공의회는 이성과 신앙의 관계를 교의적으로 밝혀내려고 노력했고 (15장 참조), 종교 지도자들은 공권력의 도움을 받으려고 노력했다. 르낭이 《예수의 생애》를 출판하자, 그는 콜레주 드 프랑스Collège de France(프랑스 대학)[199]에서 이제 더 이상 강의를 할 수 없었다. 논쟁자들과 호교론자는, 과학과 철학이 제기하는 공격에 의문을 품고서, 그리스도교의 진리를 옹호했다.[124]

> [124] **19세기 중반 가톨릭의 성경 주석**
>
> 글레르J.-B. Glaire 아빠스는 '파리 신학 대학'의 학장이었다.
>
> **고래 뱃속의 요나**
>
> 요나의 고래 이야기를 통해서, 사람들은 고래가 요나를 집어삼킨 뒤 사흘 밤낮 동안 뱃속에 두고 있다가 요나를 바닷가에 다시 토해 낸 이야기를 읽게 된다. 그러나 믿지 않는 사람들은 그 모든 것은 불가능하다고 말한다. 따라서 그

---

199 1530년경 프랑스와 1세가 창립한 이래로 공개 강좌제로 운영되는 프랑스 고등 교육 기관이다.

들에 의하면 성경에는 참되고 신적인 내용이 있을 수 없게 된다.

먼저, 우리는 요나를 집어삼킨 물고기의 종류에 대해 성경이 아무런 언급을 하지 않고 있다는 점을 지적하고자 한다. …… 이 물고기를 상어라고 가정한다면, 모든 어려움이 사라질 것이다. …… 중차대한 유일한 어려움은 바로 그 물고기의 뱃속에서 사흘 밤낮 동안 갇혀 있었던 요나의 존재이다. …… 어떻게 요나가 물고기의 뱃속에서 살 수 있었느냐 하는 문제인데, 나는 그것을 기적이 아니라고 말하지도 않겠고 말도 안 되는 모순이라고 말하지도 않겠다. …… 하느님께서는 당신의 권능으로, 가장 육식적이고 가장 뜨거운 위장 속에 들어 있는, 위산(胃酸)이 침투하여 단숨에 소화시켜 버리는 것을 잠시 중단시키실 수 있다는 것을 전혀 의심할 필요가 없다. …… 하느님께서 예전에 불가마 속에 갇혀 있던 세 명의 젊은이들을 위해 활활 타오르던 불꽃의 열기를 식혀 버리셨고, 또 베드로 사도를 가볍게 해 주시어 물 위를 걸어갈 수 있도록 해 주셨던 적도 있지 않는가! …… 그 모든 것 안에, 자연을 창조해 내신 지존하신 분의 권능을 넘어서는 것은 아무것도 없다. …… 요나는 생명력으로 충만해 있었기 때문에, 운동을 하지 않은 채 물고기의 뱃속에 머물러 있지는 않았을 것이다. 요나는 소화를 시키

> 는 위산에 사로잡히지 않았다. ……
>
> 요나가 숨 쉬는 것이 불가능했다는 문제에 대해, …… 전능하신 하느님께서 요나의 피를 잘 돌게 해 주셨기 때문에, 요나가 구태여 그렇게 자주 호흡을 할 필요가 없었던 것이다. 마치 여러 달 동안 땅속이나 물속에서 숨을 쉬지 않고 도 사는 동물들처럼, …… 혹은 아기들이 엄마 뱃속에서 숨을 쉬지 않고도 살아갈 수 있는 것처럼 말이다. ……
>
> 엄밀히 말해, 그 모든 것이 전혀 불가능하지 않고, 자연의 법칙에 어긋나는 것이 하나도 없다. 원칙적으로 말하자면, 비록 문제가 되고 있는 그 모든 것이 상식적으로 알고 있는 통상적·일반적인 법칙을 넘어서는 것이어서, 결국 기적에 해당하지만……
>
> 글레르, 《모욕당한 거룩한 책들 혹은 신·구약 성경의 역사적·신적 진리에 대한 방어 겸, 현대 불신자들과 특히 합리주의적인 비판론자들과 신화 연구자들의 주요 비난에 대한 논박Les livres saints vengés ou la vérité historique et divine de l'Ancien et du Nouveau Testament défendue contre les principales attaques des incrédules modernes et surtout des mythologues et des critiques rationalistes》, 1845년.

가톨릭의 종교 관련 학문의 부흥

프랑스 혁명의 위기가 지나가자, 독일의 대학들은 재빨리 다시 문을 열고 활동을 재개했다. 가톨릭과 프로테스탄트의 대결이 활발해졌다. '독일 가톨릭 석학의 황태자'인 될링거와 그의 역사적인 저서에 관해서는 이미 앞에서 언급했다. 영국의 존 헨리 뉴먼은 《발전에 관한 에세이》라는 저서를 통해, 교의가 점진적으로 형성되었다는 사실을 역사적으로 조명했다.

프랑스에서는 성직자들이 본당 조직과 정치적인 분쟁에 우선적으로 배치되었기 때문에, 성직자들 사이에 지적 활동은 거의 찾아볼 수가 없었다. 한편, 미뉴Migne(1800~1875년) 신부의 어마어마한 작업 끝에 수천 권 분량의 성직자들을 위한 보편 총서가 출판되었다. 이 총서가 바로 그 유명한 '라틴 교부학'과 '그리스 교부학'으로 알려진 《교부학Patrologies》 총서다. 그 외에도 1845년에 아프르 주교가 창설했던 '가르멜 학교École des Carmes'가 일궈 낸 학문적인 업적도 있었다. 하지만 프랑스에서 신학적인 부흥의 출발점이 되었던 것은 고등 교육에 대한 자유 때문이었다(1875년).

19세기 말, '파리 가톨릭 대학'의 총장 될스트d'Hulst 주교는 아주 개방적인 인물이었다. 루이 뒤센느Louis Duchesne(1843~1922년) 신부는 그리스도교의 기원을 비판적으로 연구하면서, 프랑스 교회의 사도적 기원설과 같은 전설들을 상당수 뒤엎어 버렸다. 도미니코회의 라그랑주Lagrange 신부는 1890년에 '예루살렘 성경 학교École biblique de Jérusalem'를 창설했다. 파리에서는 근동 언어 전문가이자 독일 성경 연구에 조예가 깊던 알프레드 르와지Alfred Loisy 신부가 가르친 내용 때문에 교회 당국으로부터 걱정과 불안을 샀다. 국립 대학 철학 교수였던 모리스 블롱델Maurice Blondel은 〈행동 L'Action〉(1893년)이라는 논문에서, 동시대인을 이해시키기 위해서는 모든 사람이 받아들일 수 있는 인간의 정의에서부터 출발해야 한다고 주장했다. 그는 행동에서부터 시작한다면, 인간은 자신을 뛰어넘는 실재를 갈망한다는 사실을 발견할 수 있다고 주장했다. 이것이 바로 내재적인 방법론이다. 내재적인 방법론을 지향하는 사상가들과 연구자들은 일부 가톨릭 신자들과 비신자들의 반대에 부딪혀 자신들의 사상을 옹호해야만 했다.

2. 근대주의의 위기

'근대주의Modernism'라는 용어는 그 단어를 사용하는 사람에 따라 다양한 의미를 지닌 말로, 논란이 많은 용어이다. 역사가 풀라Poulat는 '최근의 지식과 끊임없이 요청되는 신앙을 서로 화해시키기 위해 이루어진 모든 행복했던 노력이나 불행했던 노력들'을 근대주의의 위기로 간주했다. 교회 안에서의 이 같은 대결은 가톨릭 신자들을 서로 반대되는 두 집단으로 갈라놓았다. 완고한 보수주의자들은 신앙을 표현하는 데에 있어서, 근대 과학을 이용하는 것을 전면 부정했다. 그러나 이른바 '진보주의자들'은 과학적인 과목들을 신앙에 이용하고, 그것을 통해 불변하는 신앙의 요구를 보호하려고 했다. '근대주의자'라는 이름에 더 걸맞은 사람들은 근대 과학이 기존의 사상들을 근본적으로 재검토하도록 강요하고 있다고 생각했다. 그들은 말했다. "과학에 우선권이 있다. 그리스도교는 과학에 적응해야만 한다. 이것은 그리스도교가 살아남을 수 있는 유일한 기회이다. 교회를 내부에서부터 변화시켜야 한다." 끝으로, 이성을 중시하는 합리주의자들은, 가톨릭 신앙 체계는 과학 앞에서 생존할 수 없다고 평가했다.

근대주의의 위기는 한정된 계층, 즉 지적인 문제에 관심을 가진 몇몇 사제들과 평신도들의 문제였다. 전반적인 분위기는 불신과 근거 없는 비난이었다. 사람들은 가명假名으로 글을 썼고 어떤 이들은 이중적인 언어를 구사했다.

모든 분야에서 교회는 근대주의와 맞서 싸웠다. 그래서 사람들은, 프랑스의 마르크 상니에와 '시용 운동' 그리고 이탈리아의 로몰로 무리 등 같은, 가톨릭 신자들이 참여한 민주주의 운동을 일컬어 정치적·사회적 근대주의라고 말한다. 또한 사람들은, 19세기 말에 성공회와 가톨릭의 통일을 꿈꾸었던 나자렛회의 페르낭 포르탈Fernand Pertal처럼 교회 일치를 시도했던 사람들에 대해서도 근대주의라고 언급했다. 그러나 성경 연구 분야와 교의 분야에 큰 위기가 찾아왔다. 이 두 분야의 위기는 서로 밀접하게 연결되어 있어서 구분하기가 아주 힘들다.

성경과 관련된 문제

알프레드 르와지는 '파리 가톨릭 대학'에서의 강의와 《성경 교육 *L'Enseignement biblique*》이라는 잡지에서, 독일 주석학의 주장을 따르면서 모세가 모세 오경의 저자가 아니며 창세기 1장부터 11장까지의 내용은 역사적인 양식에 속하는 문헌이 아니라고 주장했다.[125] 1893년, 사람들은 르와지에게 더 이상 가르치지 말라고 요구했다. 그로부터 얼마 되지 않아, 그의 관심사는 성경에만 국한된 것이 아니라, 종교와 근대 정신의 관계에 대한 문제까지 뻗어 나갔다. 르와지가 저술한 《복음과 교회 *L'Evangile et l'Église*》라는 빨간 소책자가 1902년에 엄청난 논란을 일으켰다.[126] 파리의 대교구장 리샤르 추기경은 이 책을 금서로 지정했다. 그러자 르와지는 또 다른 빨간 책자를 만들어 대응했다.

---

[125] 19세기 말의 성경 문제

알프레드 르와지는 성경에 대한 내용을 아주 많이 주장했다. 그는 자신의 주장은 역사학의 결과에 근거한 것이기 때문에 참되다고 말했다. 이 같은 주장 때문에, 그는 '파리 가톨릭 대학'에서 쫓겨났다. 그러나 오늘날 르와지의 주장은 가톨릭 신자뿐만 아니라 심지어 교황청에도 아무 문제가 되지 않는다.

　오늘날 우리가 갖고 있는 모세 오경은 모세의 작품이 아니다.
　창세기 1장부터 11장까지의 내용은 인류의 기원에 관해 정확하게 밝혀 주는 역사적인 내용이 아니다.
　모든 구약 성경과 구약 성경 각 권의 여러 부분이 동일하게 역사적인 내용을 전해 주는 것은 아니다. ……
　성경에 담겨 있는 종교적인 교의의 역사는 그 같은 교의가 참으로 발전해 왔다는 사실을 우리에게 알려 준다. 신관, 인간의 운명, 도덕 규범 같은 성경의 내용을 이루는 모든 요소들이 발전해 왔다. ……
　오직 성경 주석학의 관점에서 본다 하더라도, 자연 과학적인 내용을 언급하는 성경은 옛날에 누렸던 명성을 이제는 더 이상 누릴 수 없게 되었다는 것은, 삼척동자도 다 아는 사실이다. ……
　복음과 관련된 수많은 부차적인 갈등 문제들에 대해, 마치 아무것도 아닌 것처럼 치부해서는 안 되고, 오히려 그런 문제들에 대해 만족할 만한 설명을 해야 한다. 네 번째 복음사가가 주님에 관한 이야기를 상당히 자유롭게 진술하고 있기 때문에, 그 복음사가가 편집했던 방법에 대해 당연히 연구해야 한다.

《성경 연구》, 1894년, 79f에 실린 알프레드 르와지의

종강 강의(1892/93학년도)에서 인용.

1900년 리샤르 추기경은, 세상이 기원전 4000년에 창조된 것이 아니라는 사실을 알고서 몹시 놀랐다. ……

메리 델 발 추기경은, 고래가 요나를 집어삼킨 것이 아니라고 말하느니 차라리 요나가 고래를 집어삼킨 것이라고 믿고 싶어 했다.

언젠가 사람들은 놀라워할 것이다. 나는 심지어 로마 교회에서도 그렇게 되기를 희망한다. 은총의 해인 1892년에 가톨릭 대학의 한 교수가, 창세기 초반부의 11장의 내용을 역사적인 사실이 아니고, 소위 성경과 자연 과학이 일치한다는 주장은 시시한 농담에 불과하다고 주장했다고 해서, 그(나)를 아주 위험한 인물로 간주했다는 사실에 대해.

알프레드 르와지, 《이미 지나간 것들과 연구 논문집 Choses passées et Mémoires》.

126) 복음과 교회

르와지의 《복음과 교회》(1902년)라는 빨간 소책자가 발간된 것은 근대주의의 위기가 절정에 달했다는 사실을 알려 주었다. 알비 대교구의 교구장 미뇨 주교는 그 책의 내용을 대부분 승인했다. 충격적인 주장들이 있긴 하지만, 전체적인 맥락에서 읽어 본다면, 그 충격은 훨씬 덜할 것이다.

예수님의 메시지는 주로 하느님 나라가 가까웠다는 것과 하느님 나라에 참여하기 위해서는 회개해야 한다는 것이었다.

예수님의 복음에 들어 있는 모든 내용은 그리스도교의 전통에 다 포함되어 있다. 오늘날 그리스도교에서 참으로 복음적인 것은 결코 단 한 번도 변하지 않은 것이 하나도 없다. 어떤 의미에서 볼 때 모든 것이 변했다. 하지만 모든 외적인 변화에도 불구하고, 그리스도로부터 자극을 받아 이루어진 것은 그분의 정신으로부터 영감을 받아 똑같은 이상과 똑같은 희망을 제공해 준다. ……

예수님께서는 하느님 나라를 선포하셨다. 그런데 교회가 생겨났다. 예수님의 수난으로 그분의 직무가 끝나 버렸다. 그러자 더 이상은 원래 상태대로 보전할 수가 없어서, 복음의 형태를 더 확대해 나가면서 교회가 생겨난 것이다. ……
교의에 대한 상징과 정의는, 그것들이 형성되었던 시대와 환경 안에서, 일반적으로 인간의 지식과 밀접한 관계를 맺어 왔다는 것은 극히 자연스러운 일이다. 따라서 과학 분야에서 이룩한 괄목할 만한 변화를 통해서, 옛 표현 형식들을 새롭게 해석할 필요가 있다. 옛 표현 형식들은 다른 지적 분위기 속에서 형성된 것으로서, 이제는 더 이상 기존 방식대로 말할 필요가 없게 되었다.

이 경우에 있어서 사람들은 물질적인 의미와 그 표현 형식 즉 외적인 이미지를 구별할 수 있게 되었다. 외적인 이미지란 그것이 표현하고자 하는 것과 기존에 받아들여졌던 옛 사상들과 일치하는 것이다. 또한 엄밀한 의미에서 볼 때, 그것은 종교적이고 그리스도교적인 의미를 지닌 것이며, 세상의 형성과 사물의 본질에 관한 다른 관점들과도 양립할 수 있는 근본 사상이다. …… 오직 진리만이 불변하다. 하지만 그 진리란 우리 마음 안에 있는 이미지와는 다르다. ……

정치적·지적으로 발달하자, …… 종교적인 대위기가 도처에서 발생했다. 교회의 모든 조직과 모든 정통 교의와 전통 예식을 없애 버리는 것이 위기를 극복할 수 있는 가장 좋은 방법은 아닌 것 같다. 왜냐하면 그 방법은 그리스도교

> 를 우리의 삶과 인간성 밖으로 내동댕이치는 것이 되기 때문이다. 따라서 가장 좋은 방법은 꼭 있어야 할 것을 위해 현재의 것을 가장 잘 활용하면서, 수 세기 동안 그리스도교가 우리에게 전해 준 것을 거부하지 않고 잘 이용하면서, 교회가 갖고 있는 엄청난 발전의 필요성과 효용성을 적절하게 평가하며 그 열매를 거두어들이고 계속해서 발전시켜 나가는 것이다. 왜냐하면 변화무쌍한 인간적인 조건에 복음을 적응시키는 일이 과거 그 어느 때보다도 오늘날 더 절실히 요구되기 때문이다.
>
> 알프레드 르와지, 《복음과 교회》, 네 번째 간행본(1908년)에서 인용.

르와지는 자신의 저서에서 처음으로 그리스도교 사상을 종합적으로 개관했다. 그리스도교를 하느님 아버지의 종교와 보편적인 사랑의 종교로 변형시킨 프로테스탄트의 하르낙Adof von Harnack한테 반박하면서, 르와지는 다음과 같이 주장했다. "예수님께서는 하느님 나라를 선포하시려고 오셨다. 그런데 교회가 생겨났다. 하느님 나라는 당장 실현되어야만 했다. 그런데 교회는 하느님 나라의 실현을 수 세기에 걸쳐 천천히 이루어진다고 바꾸어 버렸다." 르와지는 교회의 역사적인 발전 과정과 도그마의 형성 과정을 설명했다. 그는 가톨리시즘이 복음과 그리스도로부터 유래했다는 사실을 인정했지만 역사적인 그리스도와 신앙의 그리스도를 구별하는 듯한 인상을 주면서, 교의가 인간의 지적 수준에 맞춰 진화·발달해 왔다는 믿음을 갖게 만들었다. 1903년 12월, 르와지의 책 5권이 금서 목록에 포함되었다. 그는 자신의 연구 결과물을 스스로 파기할 수는 없다고 확신하면서도, 결국 순명했다. 그러나 교황은 별로 달가워하지 않았다.

도그마의 의미

《그리스도교 철학 연보*Annales de philosophie chrétienne*》에 자신의 주장을 펼쳤던 오라토리오회 라베르토니에르Laberthonnière 신부 같은 신학자들은, 토마스 아퀴나스의 언어가 아닌 동시대인들의 언어에 대해 민감한 반응을 보였다.[127] 그러나 사람들은 이들에 대해 주관주의에 빠진 자들이라고 비난했다. 1905년 수학자 에두아르 르 르와Edouard Le Roy가 쓴 〈도그마란 무엇인가?〉라는 논문은 커다란 반향을 불러일으켰다. 그는 과학과 철학 과목에 익숙해져 있는 동시대의 지성인들에게 전통적인 논증은 이제 더 이상 아무런 흥미를 주지 못한다고 말했다. '우리는 도그마가 표현하는 것과 그 표현을 초월한 실재를 구별해 내야만 한다. 도그마가 하나의 지적 표현 양식이 되기 이전에, 이미 도그마에는 윤리적·실제적 의미와 생명을 주는 의미가 들어 있다.'

영국 성공회에서 가톨릭으로 개종한 뒤 예수회 회원이 된 조지 티렐George Tyrell(1806~1909년)은 젊은 학생들 사이에서 큰 인기를 끌었다. 그는 동시대의 철학과 조화를 이룰 수 있는 초자연적인 것에 대한 도그마와 신앙에 관한 도그마를 구상해 내려고 노력했다. 그는 자신이 뉴먼으로부터 영감을 받았다고 생각했다. '교회는 반드시 새로운 형태로 도그마를 표현해야 할 필요가 있다. 계시는 신앙인으로 하여금 하느님을 신비적으로 만날 수 있게 해 주는 하느님의 행위이다. 진리에 대한 독창적인 표현도 전달도 없다. 그러나 하느님과의 신비적인 만남은 반드시 표현되어야 한다. 그것은 동시대의 문화로부터 차용해 온 표현을 통해서 이루어진 예언자적 지식이다. 신학은 각 시대의 문화로 그것을 해석한다. 따라서 도그마는 종교적인 경험이 창안해 낸 결과들이다. 도그마는 윤리적인 가치를 지닌 것으로 인류의 진보에 유익한 것이다. 계시는 외부적인 것이 아니다. 살아 있는 신앙과 죽은 신학을 구별해 내는 가운데서, 가톨리시즘은 발전해 나가야만 한다.' 이러한 주장을 펼치다가, 결국 티렐은 예수회로부터 추방당했고, 1907년 파문당했다.

127) '종교 연구회'의 선언문(1905년)

오라토리오회의 라베르토니에르 신부와 나자렛회의 페르낭

포르탈 신부는 1905년 종교 철학과 교회의 일치라는 두 분야를 연구하는 '종교 연구회Société d'études religieuses'를 창립했다. 라베르토니에르 신부는 《그리스도교 철학 연보》라는 잡지를 통해 철학 문제를, 그리고 포르탈 신부는 《가톨릭교회 잡지Revue catholique des Églises》를 통해 교회의 일치 문제를 집중적으로 다루었다. 두 사람 모두 다음과 같은 '종교 연구회'의 선언문에 서명했다.

종교적인 관점에서 우리 시대를 특징짓는 가장 뚜렷한 것은, 대다수 사람들이 생각하는 것처럼, 그리스도교가 그 의미를 상실했다는 것이다. …… 그런데 이 같은 현상은 일자무식인 교양 없는 군중들에게만 해당되는 것이 아니라, 식자층, 학술원과 대학, 그리고 고등 전문대학에 종사하는 사람들에게까지도 해당된다. ……
지적 세계는 그리스도교 밖에서, 그리스도교를 거슬러서 형성되었다. 그리고 바로 그 지적 세계가 사람들의 정신세계를 지배하고 있다. 바로 그 세계가 소리 높여 말하고 가르치며, 세상 사람들은 그들의 말을 경청한다. 지금까지 우리는 그 세계가 단지 우리 가운데 한 자리를 차지하고 있을 뿐이라고 생각했다. 비록 그렇다고 하더라도, 우리는 가톨릭 국가로 남아 있기 때문에 결과적으로 볼 때, 그 세계는

> 우리를 침략할 수 있는 적과 같은 존재이다. 따라서 우리는 그 세계의 침입에 맞서서 우리 자신을 방어하고 보호해야 하며, 사람들의 정신이 그러한 침입으로부터 피해를 당하지 않도록 하기 위해, 그 세계의 가르침을 배척해야 한다. 그런데도 오히려 우리 자신이 바로 그 세계에 속해 있는 것처럼 보인다. 그렇게 느껴진지도 이미 오래 되었다.
>
> 이제 그 세계의 공격을 받지 않도록 사람들의 정신을 보호하는 일은 불가능하다. 왜냐하면 그 세계가 사방에 침투해 있기 때문이다. 바야흐로 그 세계는 모든 것의 주인이 되었다. 그 세계는 우리가 살고 있는 세계이기도 하다. …… 따라서 이제 더 이상, 그 세계를 거슬러서 보호 장막을 높이 세우면서 우리를 방어하고 보호할 수 없다. …… 초대 그리스도교 신자들이 그리스 세계와 로마 세계를 회개시킨 것처럼, 우리들도 이 세계를 회개시켜야 한다. 이제 우리는 사도들의 시대로 되돌아 왔다.
>
> 레지 라두Régis Ladous가 소개한 문헌인 페르낭 포르탈, 《항상 교회를 새롭게 고쳐 나간다는 것Refaire l'Église de toujours》(1977년), 84쪽 이하에서 인용.

커다란 논쟁

이 같은 모든 문제가 책과 논문과 서신 교환 등을 통해서, 유럽 전역에서 신학자들과 철학자들 사이에서 커다란 사상 논쟁을 불러일으켰다. 프랑스에서는 티렐과 같은 시기인 1904년에 예수회를 떠난 앙리 브레몽Henri Bremond(1865~1933년)이 프랑스와 해외에 있는 중요한 근대주의자들과 서신을 교환했다. 이들보다 조금 늦게 활동했던 렌느Rennes 교구 소속의 신부이자 도그마의 역사를 연구하던 조셉 튀르멜Joseph Turmel은 신앙의 근간을 무너뜨리고 싶다고 선언했다. 이탈리아에서는 사제요 철학자요 역사가였던 에르네스토 부오나이우티Ernesto Buonaiuti(1881~1946년)가, 어떤 희생을 치르더라도 반드시, 하나의 새로운 보편적인 문화 속에다 그리스도교를 적응시키고 그리스도교적인 가치를 심으려고 노력했다. 영국에 거주하던 오스트리아 출신 프리드리히 폰 휘겔Friedrich von Hügel(1852~1925년)은, 위에서 언급했던 지성인들 사이에서, 일종의 연락책 역할을 했던 인물이다. 종교심이 강했던 그는 신앙과 교회에 대한 분별력을 잃지 않았다. 그에게는 늘 교회와 과학을 화해시키겠다는 희망이 있었다. 동시에 수많은 사람들은 때가 좋든 나쁘든지 간에, 근대주의에 대한 의심스러운 점들을 대중에게 알리면서 교회의 진리를 수호했다.

3. 교황청의 단죄

수많은 책들이 금서 목록에 올랐고, 수많은 잡지들이 발행을 금지당했으며, 수많은 사제들이 교수직을 떠나야만 했다. 그들 모두가 근대주의자들은 아니었다. 라그랑주와 라베르토니에르, 포르탈 같은 이들은 어떤 의미에서는 '진보주의자들'이었다. 교회는 사방으로부터 포위당한 요새처럼 보였다. 프랑스에서 반성직자주의와 정교 분리 문제가 맹위를 떨치고 있던 시대에 근대주의자의 위기가 터져 나왔다는 점은 반드시 기억하고 넘어가야 할 것이다.

전면적인 단죄

비오 10세 교황은 1907년에 공표한 두 문헌을 통해서 근대주의를 단죄했다. 〈통탄스러운 것들Lamentabili〉이라는 교서에는 65개의 단죄 명제들이 들어 있다.[128] 그 가운데 5분의 4는 구체적으로 거명하진 않았지만, 르와지가 쓴 글에 대한 내용이었다. 주로 거룩한 학문(신학)과 성경 해석과 신앙의 신비와 관련된 오류들이었다. 〈파스첸디Pascendi〉라는 회칙은 근대주의자의 전형적인 모습을 소개한다.[129] 이 회칙은 공통점이 전혀 없는, 서로 다른 개인들에게서 발견되는 특성들을 한 사람의 것으로 소개하면서, 근대주의란 '모든 이단의 집합소'라고 결론을 내렸다. 교황은 무지·오만·근대 철학을 모든 이단의 원인으로 진단하면서, 이 같은 다양한 이단에 맞서 싸울 수 있는 방법을 개괄적으로 제시했다.

'시용 운동'은 흔히 사회적 근대주의에 대한 단죄로 간주된다. '시용 운동'이 민주주의를 찬양하고 있었기 때문에, 종교 지도자들은 '시용 운동'을 교회의 교계 제도를 위협하는 운동으로 간주했다.

128) 비오 10세 교황이 근대주의에 대해 내린 단죄 조치(1907년)

다음에 나오는 명제들은 거의 대부분 르와지의 저서에서 발췌된 것들로, 단죄받은 명제들이다.

비오 10세의 교서, 〈통탄스러운 것들〉
1. 하느님의 책, 곧 성경과 관련된 책들은 미리 검열을 받도록 명하고 있는 교회법의 적용이 신·구약성경에 대한 주석이나 과학적 비판 작업에 몰두하고 있는 저술가들에까지 미치는 것은 아니다.
20. 계시는 하느님과 인간 사이에 존재하는 관계를 인간이 깨달은 자각일 뿐이다.
36. 구세주의 부활은 엄밀하게 말해서 역사적인 사건이

아니라, 순전히 초자연적인 사건이다. 따라서 구세주의 부활은 증명될 수도 증명할 수도 없는 사건이다. 그리스도인들이 다른 사건들로부터 조금씩 추론해 낸 것이 바로 구세주의 부활이다.

40. 성사란 사도들과 그 후계자들이 여러 다른 상황과 사건들로부터 영감과 자극을 받아, 그리스도의 사상과 지향을 해석하여 만들어 낸 것이다.

52. 그리스도한테는 지상에 교회를 수 세기 동안 존속할 사회로 세우시고자 하는 뜻이 전혀 없었다. 오히려 그리스도가 생각했던 것은, 하느님 나라와 세상 종말이 똑같이 임박했다는 것이었다.

65. 만일 가톨리시즘이 비도그마적인 그리스도교로 탈바꿈하지 않는다면, 즉 폭넓고 자유로운 프로테스탄티즘으로 변화되지 않는다면, 오늘날 가톨릭시즘은 참된 과학과 결코 양립할 수 없을 것이다.

129) 〈파스첸디〉라는 회칙은 근대주의자의 전형적인 모습을 소개하지만 그 어떤 근대주의자도 이 같은 모든 특징을 다 갖고 있지는 않았다.

근대주의자들에게는 철학자, 신앙인, 신학자, 역사가, 비

▲ 비오 10세 교황의 초상화.

평가, 호교론자, 개혁가 등 여러 가지 특성이 한데 뒤섞여 있다. 만일 그들의 체계를 완전히 파악하고자 한다면, 그리고 그들의 원리와 그들의 가르침의 결과에 대해 알고자 한다면, 그들에게 있는 여러 가지 특성을 잘 구별해 낼 필요가 있다. ……

그들의 모든 체계를 한눈에 파악할 수 있는데, 우리가 그것을 모든 이단의 집합소로 단정한다고 해서 그 누가 놀라워하겠는가? …… 근대주의자들은 단지 가톨릭만을 해치는 것이 아니라, 우리가 이미 말했던 것처럼 모든 종교를 해치고 있다.

그리스도교의 방어 수단

교회는 성직자들에게 토마스 아퀴나스의 철학으로 되돌아가야 한다고 권고했다. 교회가 가장 위험한 강의라고 판단한 것은 주로 철학과 역사와 관련된 강의들이었다. 각 교구는 출판물과 사제들의 가르침을 감독할 수 있는 감시 위원회를 구성했고, 로마에 그 내용을 자주 보고했다. 혐의가 있는 사제들한테는 애매모호한 직책이 주어졌다. 성직자들은 교회의 명백한 허락이 없으면 국립 대학을 출입할 수 없었다. 1909년 로마에 '성서 대학'이 설립되었고, 1910년에는 특정한 직무를 맡은 이들과 모든 대품大品 후보자들과 신학 학위의 후보자들에게 반근대주의 서약을 의무화했다.

단죄의 결과

서약을 거부한 사제들은 40여 명에 불과했다. 난처한 상황에 빠지지 않기 위해서 어떤 사제들은 자신의 확신을 표현하지 않고 침묵으로 일관했다. 1908년에 파문당한 르와지는 '콜레주 드 프랑스'에서 주석학과 역사학을 계속해서 가르쳤다.

교황이 신학 질서를 회복시킨 것처럼 보였다. 이 문제는 일반적으로 사제들한테 관련된 문제였지, 평신도 그리스도인들과 아무런 관련이 없는 문제였다. 그러나 신앙과 근대주의가 만나면서 생겨난 문제들은 여전히 해결되지 않은 채 그대로 남아 있었다. 게다가 교황의 단죄 조치로 인해 분위기가 상당히 무거웠다. 어떤 의미에서는 일종의 혼돈 상태였다. 교회에 충실하고 개방적이었던 많은 사람들이 자신의 생각을 제대로 표현하지 못한 채, 교회와 떨어져 살아가야만 했다. 단죄 조치로 인해 완고하고 반동적인 분위기가 팽배해졌고, 소위 '교조주의'라고 일컫는 것이 생겨났다. 로마에 밀고하는 사람들이 많아졌다. 로마의 고위 성직자 베니니Benigni 주교가 '사피니에르Sapinière'라는 비밀 단체를 조직하여 근대주의를 국제적으로 감시하는 감시망을 만들었다. 하지만 베네딕토 15세 교황은 이 같은 비밀 조직들에 대해 분명하게 거리감을 두었다.

4. 교회와 지성의 화해를 향해

　과학과 진보를 지나치게 맹신하고 과대평가함으로써 근대주의 사조가 생겨났다. 하지만 20세기 초반부터, 그리고 제1차 세계 대전이 발발하자, 과학이 모든 문제를 해결해 줄 것이라는 환상이 상당 부분 누그러졌다. 과학이 인간의 모든 문제를 해결해 주지 못했다. 사람들은 과학적인 토대 위에 도덕 체계를 세울 수가 없었다. 그 결과 영성의 중요성을 강조하는 흐름이 다시 생겨났고, 심지어 그리스도교 신앙으로 되돌아가려는 경향이 19세기 말부터 생겨났다. 많은 작가들이 이 같은 점을 증명해 준다. 위스망스Huysmans, 클로델, 페귀, 레옹 블르와Léon Bloy, 자크 마리탱과 라이사 마리탱Jacques et Raïssa Maritain, 프시카리Psichari, 르낭의 후예 등이 바로 그런 작가들이다. 제1차 세계 대전과 제2차 세계 대전 중간에, 르네 바쟁René Bazin, 클로델, 모리악, 베르나노스, 가브리엘 마르셀Gabriel Marcel 같은 가톨릭 작가들이 문학계를 주름잡았다. 에두아르 브랑리Edouard Branly와 피에르 테르미에Pierre Termier 같은 석학들은 과학과 신앙이 양립할 수 있다는 점을 보여 주었다.

　근대주의에 대한 단죄로 인해 한동안 가톨릭에서는 성경 주석에 대한 연구가 고갈되어 버렸지만, 많은 사람들이 조심스럽게 고증학과 고고학에 몰두했다. 비오 12세 교황의 회칙 〈디비노 아플란테 스피리투Divino afflante spiritu〉가 나오자 1943년부터 성경 주석가들이 상당히 고무된 분위기에서 연구 작업을 할 수 있었다.

역사와 교의 신학 분야에도 연구 분위기가 상당히 부드러워졌다. 이젠 더 이상 의무적으로, 교의는 역사적인 내용이 아니라는 점을 긍정할 필요가 없어졌다. 쉐니Chenu와 콩가르Congar, 드 뤼박De Lubac과 같은 신학자들은, 교부들과 교회 역사 안에 확고하게 뿌리내렸던 신학을 제시했다. 교회와 근대주의와의 관계를 다루었던 교회론도 이제 더 이상 법률적인 관계나 사회와의 갈등만을 다루지는 않았다. 메르쉬Mersch의 《신비체 신학Théologie du Corps mystique》과 드 뤼박 신부의 《가톨리시즘Catholicisme》(1938년)이라는 저서가 이 같은 점을 증명해 준다. 《통합적 인본주의Humanisme intégral》(1936년)라는 저서에서 자크 마리탱은 세속적인 것과 영적인 것을 구별해야 한다고 주장했다. 그는 그리스도인은 복음적인 가치에서 영감을 받아 세상을 건설해 나가야 한다고 주장했다. 그렇다고 해서 그가, 세상에 대한 보호자로서의 역할을 교회가 해야 한다고 생각했던 것은 아니다.

Ⅲ. 조심스럽게 첫발을 내디딘 교회 일치 운동

1. 그리스도교 교파(19세기 말과 20세기 초)

인구 이동과 많은 이주민들의 유입과 신앙의 자유 때문에 서로 다른 교파들이 같은 장소에서 모여 살게 되자, 그리스도교는 서로 다른 교파로 갈라져 나간 현상에 대해 문제 의식을 갖게 되었다. 세상에서 그리스도인들은 이제 더 이상 다수가 아닌 소수로 변해 가고 있었다.

동방 교회

발칸 반도 지역의 동유럽이 터키(투르크)의 지배로부터 해방되었다. 그리스에 뒤이어 불가리아와 루마니아 같은 나라들이 독립을 되찾았다. 정교회는 각 나라별로 총대주교 체제 하에서 독립 교회를 형성했다. 얼마 후 정교회는 15개의 독립 교회를 이루었다. 나라별로 운영되는 동방 교회의 체제는 개별 교회와 신자들에게 종교적인 독립과 자유의 폭을 넓혀 주었다. 칼케돈 공의회 이후 정교회로부터 떨어져 나간 다른 동방 교회들과 터키와 아랍 세계에 흩어진 그리스도의 단성론 교회와 네스토리우스 교회, 아르메니아 교회나 야곱 교회, 이집트의 콥트 교회와 바빌로니아 지방의 칼데아 교회 등도 정교회에 포함된다.

러시아 교회는 차르(황제) 체제에서 교회의 마지막 시기를 보냈다. 차르 체제가 교회 발전을 허용하지 않았지만, 사상가들의 자유마저 구속할 수는 없었다. 철학자 블라디미르 솔로비예프Vladimir Soloviev(1853~1900년)는 교회와의 화해를 모색했다. 톨스토이(1828~1910년)는 비폭력적·복음적

▲ 티콘 총대주교의 초상화.

인 그리스도교를 지지했다. 그 때문에 톨스토이는 러시아 교회의 성무회원(주교회의)으로부터 파문을 당했다. 본당 신부로서 대신비가였던 요한 크론스타트(1829~1908년)는 《필로칼리아》라는 책에 나타난 노선에 따라, 높은 수준의 영성 생활과 벌거벗을 정도의 애덕 행위를 일치시키려고 노력했다. 그는 돈 보스코가 창설했던 단체들을 연상케 하는 자선 단체들을 창설했다. 1917년 혁명 정부는 러시아 교회에 총대주교좌를 복원할 수 있도록 허락했다. 러시아 교회는 새 총대주교로 티콘을 선출했다. 티콘은 볼셰비키 정부가 지속적으로 자행하는 박해를 견디어 내야만 하는 교회의 책임자가 되었다.

19세기와 20세기에 대규모로 이주가 시작되자, 동방 교회의 그리스도인들도 서유럽과 미국, 캐나다와 오스트레일리아 등 세계 곳곳으로 이주했다. 터키가 자행한 아르메니아인 대학살 사건(1915년)

으로 인해, 아르메니아인들이 세계 도처로 흩어졌다. 또한 러시아 혁명을 피해 대규모 집단 이주가 이루어졌다.

프로테스탄트 세계

항상 새로운 교파가 생겨나고 정기적으로 부흥 운동을 하는 것이 프로테스탄트의 특징이다. 1875년 런던에서 윌리엄 부스William Booth가 창설한 구세군의 목표는 웨슬리의 직관直觀을 되찾는 것이었다. 노동자들의 비참한 생활에 커다란 관심을 가진 구세군 운동은 노동자들이 있는 천막과 댄스홀과 극장에서 복음화를 위한 선교 활동을 펼쳐 나갔다. 구세군 운동은 노동자들에게 식량을 배급해 주면서 빈곤과 악습과 죄와 싸워 나갔다. 1876년, 미국의 감리교단에서 성결 운동이 생겨났다. 이 운동 지지자들은 합리주의가 지배하는 세상에 복음을 증언할 수 있는 힘을 얻기 위해 성령의 축복을 기다렸다. 이 운동은 1901년 캔자스Kansas에서 오순절 운동으로 발전하여 사방으로 퍼져 나갔다. 성령의 세례를 받은 오순절 운동 신자들은 각종 모임에서 예언, 종교적 황홀경, 방언方言, 치유 등 성령 강림의 기적을 새롭게 일으켰다. 오순절 운동은 가난한 이들의 교회였다. 그 안에서는 모든 이가 자신의 자리를 찾고 자신을 표현할 수 있었다.

유럽 사람들은 프로테스탄트 신학이 현대 철학과 과학 사조 속으로 스며들어 가게 하는 운동을 펼칠 수 있다고 생각했다. 20세기

초, 여러 신학자들이 프로테스탄트 사상을 쇄신하는 데 크게 기여했다. 스위스인 칼 바르트 목사(1886~1968년)는 자유주의 사상과 단절했다. 그는 문화와 윤리, 역사와 감정 같은 문제와는 전적으로 다른 하느님의 초월성을 재발견하고 다음과 같이 주장했다. 즉 하느님은 살아 있는 말씀이신 예수 그리스도를 통해서 스스로를 드러내신다. 그에게 있어, 신학이란 '하느님의 말씀(예수 그리스도)'에 대한 신앙의 확신과 관련된 문제였다. 그는 자신의 작품 《로마서 주석》(1919년)에서, 초창기 개혁가들의 직관을 되찾아, 프로테스탄트 신학에 들어 있던 인간 중심주의를 떼어내어 버렸다. 그는 하느님의 말씀을 듣고 그분께 복종해야 한다고 했다. 동시에, 1933년부터 칼 바르트는 나치즘에 반대하고 저항하는 일에 가담했다. 그는 말씀과 교의의 절대성을 사람들에게 다시 확신시켰다(1930년부터 1967년까지 20권짜리 《교의 신학》을 집필). 그래서 가톨릭은 프로테스탄트에 대해 다시 진지하게 생각하게 되었다.

루돌프 불트만Rudolf Bultmann(1884~1976년)은 복음서 형성 과정을 연구하는 방법론인 '양식 비평'의 창시자이고, 신약 성경을 탈신화화脫神話化해야 한다는 주장을 한 신학자였다. 한편, 나치 치하에서 어쩔 수 없이 독일을 떠나야만 했던 폴 틸리히Paul Tillich(1886~1965년)는 미국에 정착하여, 신학과 문화의 연관성을 찾고자 노력했다. 그의 사상은 현대 인간과 인간의 문제에서 출발하여 하느님께로 향해 나아가고자 했다. 그에 의하면, 모든 문화의 본질은 종교이고,

종교를 표현하는 수단으로써 문화는 반드시 필요하다.

2. 가톨릭 밖에서 태동한 교회 일치 운동

20세기가 시작되기 전, 그리스도인들은 교회의 분열을 비정상적인 것으로 이해하고 있었다. '교회 일치 운동(에큐메니즘, 이 단어는 '거주지'라는 말에서 유래)'이라는 용어를 통해서, 서로 다른 교파의 그리스도인들이 가까이 다가가 화해하려는 의지를 갖고 있었다.

먼저, 같은 교파의 그리스도인들은 세계 도처에 흩어져 있는 자기 교파의 그리스도인들 간의 일치를 이루어 내려고 노력했다. 그 결과 세계적 차원의 복음주의적 연합체가 1846년에 결성되었다. 이 연합체는 여러 교파로 갈라진 프로테스탄트 교파들을 다시 규합했다. 제1차 람베스Lambeth 회의(1867년)에는 전 세계의 모든 성공회의 대표자들이 참석했다. 10년 주기로 이 회의는 개최되었다. 후에 세계 개혁 교회 연맹(W.A.R.C.), 침례교 세계 연맹(B.W.A.), 세계 루터교 연합회, 남·여 그리스도교 청년 연합회(Y.M.C.A.와 Y.W.C.A.)가 결성되었다.

분열의 스캔들

1910년에 열린 에든버러 총회에 프로테스탄트 선교 단체의 대표자들이 참석했다.[130] 1,200명의 대표자들 가운데에는 아시아와 아프리카 출신들도 있었다. 이들은 자기 교단이나 단체만을 위해 일하는 선교사들의 이기적인 분열상에 대해 수치스러운 인상을 받았다고 표현했다. 총회에서 작성된 최종 보고서는 '모든 비그리스도교 지역에서 교회가 분열되어서는 안 된다'는 점을 강조하고, "서양 선교사들의 관점이나 바람과는 상관없이, 토착 교회 스스로가 일치 문제를 해결해 나갈 수 있는 시대가 올 것이다."라고 선언했다. 총회 기간 동안 단 한 번도 성찬 예식이 거행되지 않았지만, 교회 일치 운동이 생겨났다. 교회 일치 운동 위원회는 정기적인 모임을 갖기로 결정했다. 이 위원회가 나중에 '국제 선교 협의회'가 되었다.

◀ 리옹의 '그리스도교 일치' 센터가 오랫동안 조직하고 주관했던 '그리스도교 일치를 위한 기도 주간'에 그리스도인들에게 기도 참여를 독려하기 위해 배포한 포스터. 이 포스터에는 "분열된 그리스도인", "분열의 벽이 하늘나라에까지 올라가지는 못한다."라고 쓰여 있다. 오늘날, 그리스도교 일치를 위한 기도 주간은 로마 교황청의 일치 평의회와 세계 기독교 협의회의 일치 위원회가 동시에 주관하고 있다.

130) 세계 프로테스탄트 선교 총회

교회 일치 운동의 출발점이 되었던 세계 프로테스탄트 총회는 결국 '교회 일치 운동 협의회'를 설립했다.

극동 교회의 한 대표가 발언한 내용을 뵈그너Boegner 목사가 다음과 같이 대략적으로 보고한다.

여러분은 우리가 예수 그리스도를 알아 볼 수 있도록 선교사를 우리에게 보내 주셨습니다. 그래서 우리는 여러분에게 그 점에 대해 감사드립니다. 그러나 여러분은 또한 여러분 안에서 서로 구별되는 것들도 우리에게 가져다주었습니다. 어떤 분들은 우리에게 감리교를, 다른 분들은 루터교나 '회중주의' 교회나 '감독주의' 교회를 전해 주었습니다. 우리는 여러분에게 부탁드립니다. 앞으로도 계속해서 우리에게 복음을 선포해 주시어 우리 안에서 예수 그리스도께서 직접 들어 높여질 수 있도록 해 주시고, 성령의 활동을 통해서 우리의 교회가 참된 교회가 될 수 있도록 해 주십시오. 그렇게 된다면, 우리의 교회는 중국의 그리스도교, 인도의 그리스도교가 되어, 여러분이 우리에게 복음을 전해 줄 때 여러분이 가지고 들어왔던 그 모든 '주의主義'로부터 벗

> 어난 참된 교회가 될 것입니다.
>
> 빌랭M. Villain, 《교회 일치 운동 개론Introduction à l'Oecuménisme》(1961년),
>
> 17쪽에서 인용.

행동과 교의의 일치

1914년부터 1918년까지 발생한 제1차 세계 대전 기간에 웁살라Uppsala의 루터교 대주교 나탄 죄더블롬Nathan Söderblom은 그리스도인들에게 세계 평화를 위한 호소문을 발표했다. 전쟁이 끝난 후, 그는 '생활과 봉사' 운동, 혹은 실천적 그리스도교 운동을 창시했다. 1925년, 27개국 600여 명의 대표들이 스톡홀름에 모였다. 참석자 가운데에는 독일 사람뿐만 아니라 적대 국가 사람들도 있었고, 다양한 교파의 프로테스탄트 대표들과 정교회 대표들도 있었다. 모임에 참석한 이들은 교회와 사회의 관계 문제, 사회 정의 문제들에 대해 연구했다. '그리스도교의 원리를 어떻게 일상생활에 적용시킬 것인가?' 하는 문제가 제기되었다. 1937년에 옥스퍼드에서 개최된 두 번째 모임에 124개 교회와 44개국 대표들이 참석하여, 극성을 부리는 전체주의를 반대하며 신앙의 자유에 대한 권리를 주장했다.

에든버러 총회의 영향으로 '신앙과 직제' 운동이 생겨났는데, 성공회 그리스도인들(브렌트Brent와 윌리엄 템플William Temple)이 운동의 핵심 멤버였다. 1927년에 첫 번째 '신앙과 직제' 회의가 로잔에서 개최되어, 정교회를 포함한 108개 교회에서 400명의 대표들이 참석했다. 이 회의에 참석한 대표들은 교회론과 직무론과 같은 수많은 교의적인 문제들을 다루었다. 참을성이 부족한 사람들도 몇 명 있었지만, 회의 참석자들은 진리를 추구하기 위한 시간과 일치가 중구난방이 되지 않도록 하기 위해선 충분한 시간을 가질 필요가 있다고 생각했다. 더 많은 수가 참석했던 1937년 에든버러 총회는 서로 다른 신자들 간의 상호 이해를 촉구하면서, 이미 일치가 이루어졌다는 점을 다음과 같이 인정했다. "만일 지금까지 우리가 일치를 이루지 못했다면, 우리 사이의 일치는 결코 추구할 수 없을 것이다. 공통된 점이 하나도 없는 사람들은 서로 헤어진다고 해도 전혀 고통을 받지 않는다."(윌리엄 템플)

많은 사람들이 위에 언급한 두 운동에 참여했다. 그리하여 '생활과 봉사' 운동과 '신앙과 직제' 운동을 하나로 합칠 수 있는 조직을 창설할 필요성이 대두되었다. 1938년 위트레흐트에서 공통된 조직을 결성하기로 결정했지만, 제2차 세계 대전이 끝난 뒤 1948년이 되어서야 겨우 그 조직이 결성되었다.

3. 가톨릭 안에서의 교회 일치 운동의 어려움

포르탈과 성공회

1890년 나자렛회의 페르낭 포르탈 신부는 마데이라Madeira에서 성공회 신자 핼리팩스Halifax 경을 우연히 만났다.**131)** 두 사람은 서로 친해졌으며, 성공회에 대해 아무것도 모르던 포르탈은, 성공회 신자 개개인이 가톨릭으로 개종해 오는 것을 상상했다. 그는 즉시 가톨릭과 성공회라는 두 교회가 물리적으로 하나, 즉 두 교회의 교계 제도가 하나로 통합될 수 있을 것이라고 생각했다. 포르탈은 성공회가 가톨릭의 근본적인 전통, 특히 주교들의 사도적 계승을 지켜오고 있다고 판단했다. 그러나 1896년, 로마 교황청은 성공회의 서품은 무효라고 선언했고 그 결과 하나가 될 수 있다는 꿈은 사라져 버렸다. 그리하여 포르탈은, 일치는 오직 밑으로부터의 변화 즉, 그리스도인의 내적 변화로부터 가능하다고 생각했다. 서로 다른 생각들이 만나서 지적 성찰을 할 수 있는 만남의 장을 차근차근 만들어 갈 필요가 있었다. 이 같은 목적으로, 포르탈은 《교회들에 관한 가톨릭 잡지》를 창간했다. 그는 자신의 생각을 정교회와 프로테스탄트 쪽으로 넓혔다. 그러다가 1908년 격리 조치를 당했다. 하지만 그는 신중하게 자신의 활동을 계속했다. 1921년부터 1925년까지 말린에서 메르시에Mercier 추기경의 지도 아래 성공회와 가톨릭의 대화가 다시 재개되었다. 그러나 포르탈과 메르시에 추기경의 죽음으로 이 대화는 종지부를 찍게 되었다.

131) 포르탈의 발전

나자렛회의 페르낭 포르탈 신부가 성공회의 핼리팩스 경을 처음 만났을 때만 해도, 그는 비가톨릭 신자인 핼리팩스를 로마 교회로 되돌아오게 하려는 생각을 갖고 있었다. 그러나 포르탈은 즉시 생각을 바꾸어 교회의 일치에 대해 생각하기 시작했다. 교회 일치란 개념은 다른 교파 그리스도인들의 인격을 존중하는 것이었다.

…… 사제로서 나는 자연스럽게 그 성공회 신자를 개종시켜야겠다고 생각했습니다. 그분은 나와 종교적인 문제에 대해 이야기하고 싶어 했습니다. 그러나 잠시 후, 나는 내 생각이 불가능하다는 사실을 깨달았습니다. 개종시키는 것이 불가능한데도, 다른 사람들 보기에는 부질없이 계속해서 내가 그분을 만났던 것은, 개종시키는 것만이 능사가 아니라고 확신했기 때문입니다. 서로 만나 편견을 없애는 일 또한 서로에게 추구해 볼 만한 가치가 있는 일입니다. 핼리

팩스 경의 입장에서 본다면, 그분은 젊은 사제인 나에게 성공회에 대해 많은 것을 가르쳐 주고 싶은 열망이 오래전부터 있었을 것입니다.

1890년부터 1896년까지의 사건을 기록한 F. 포르탈의 메모, 1909년.

우리가 강구해야 할 조치는 개개인을 개종시키는 일이 아닙니다. 그보다는 갈라진 그리스도인들뿐만 아니라 가톨릭 신자들 안에 엄연하게 존재하는 선입관을 무너뜨리기 위해 노력하는 일입니다. 개개인을 개종시키는 일은 방해만 될 뿐 아니라 오히려 불신만 조장할 따름입니다. ……

현 상태에서, 대중적인 사도직 활동과 갈라진 교회들 안에서 엿볼 수 있는 사도직 활동 사이에는 하나의 유사점이 있습니다.

우리의 연구 결과에 비춰 볼 때, 교회 일치라는 문제는 하나의 머나먼 목표입니다. 교회의 문제에는 항상 사회적인 문제와 종교적인 문제와 철학적인 문제가 결부되어 있다는 사실을 이해시키는 것이 중요합니다.

F. 포르탈이 '교회들의 일치 모임'의 첫 번째 회의에서 언급한 내용, 1911년 5월 5일.

교황청의 반대

가톨릭교회만이 유일하게 '진리'를 보존한다고 믿는 교황들에게는, 다른 교파의 그리스도인들과 동등한 자격으로 대화를 나눈다는 것이 전혀 고려할 만한 대상이 되지 않았다. 베네딕토 15세 교황은 공적인 틀을 갖추고 하는 일치 운동에 참여하는 것을 정중하게 거절했다. 교황은 다만 모든 그리스도인에게 참된 교회로 돌아오라고 권유했다. 1928년에 공표된 〈모르탈리움 아니모스Mortalium animos〉라는 회칙을 통해, 비오 11세 교황은 가톨릭 신자들이 다양한 교회 일치 운동에 참여하는 것을 금지시켰다.[132] 결국 가톨릭은 프로테스탄트 안에 들어 있는 긍정적인 면은 보지 않은 채, 교의적인 엄격함에 대해 거의 신경을 쓰지 않는 자유주의적인 경향만을 보았다.

[132] **교회 일치 운동을 반대한 비오 11세 교황**

교황은 초창기 교회 일치 운동('생활과 봉사' 운동과 '신앙과 직제' 운동)에 참여하는 것을 거절했다. 그는 오직 가톨릭만이 진리를 보유하고 있다는 명분을 들어, 모든 가톨릭 신자에게 교회 일치에 참여하지 말라고 했다. 선임 교황들(그레고리오 16세와 비오 9세)처럼, 비오 11세도 교회 일치 운동에 대해 부정적으로 말했다.

…… 비록 종교적인 차이가 있다 하더라도, 영성 생활이라는 공통된 토대 위에서 서로가 받아들일 수 있는 어떤 교의를 고백한다면, 쉽게 일치할 수 있을 것이라고 생각하는 사람들이 있다. 그래서 그들은 여러 학술 대회나 회합을 개최한다. …… 그런 노력들에 대해 가톨릭은 결코 찬성할 수 없다. 왜냐하면 그런 노력들은, 모든 신앙생활이 정도의 차이가 있을 뿐이지 대체적으로 좋다는 식의 잘못된 견해에 의존하고 있기 때문이다. …… 바로 그런 견해를 주장하는 이들은 참된 신앙생활을 반대하는 사람들이다. ……

그리하여 개인적으로 신앙의 진리에 대해 분명한 차이가 있음에도 불구하고, 범汎그리스도인들은 주로 비가톨릭 사람들이 이끌어 가고 있는 단체들을 설립했다. …… 많은 가톨릭 신자들이 그런 단체들에 대해 크게 호응했다. …… 그러나 분명한 사실은 그 같은 사상의 유혹과 허황된 말잔치에 빠져든다면, 가

▲ 비오 11세 교황.

> 톨릭 신앙의 토대가 뿌리째 파괴될 수 있다는 것이다. ……
> 사도좌는 그 어떤 이유로도 그들의 대회에 참석할 수 없다. 가톨릭 신자들도 절대로 그 같은 활동에 참여하거나 지지해서는 안 된다. …… 사도좌는 가톨릭 신자들에게 비가톨릭 신자들의 모임에 참석해도 좋다고 허용한 적이 결코 없다. 교회를 떠났던 이들에게, 자신들이 버리고 떠난 바로 그 교회, 유일하고 참된 그리스도 교회에로 돌아오라고 촉구하는 것만이, 그리스도인의 일치를 이룰 수 있는 유일한 길이다.
>
> 비오 11세의 회칙 〈모르탈리움 아니모스〉.

영성적인 측면에서의 교회 일치 운동

가톨릭은 앞에서 언급한 것과는 다른 방식인, 기도를 통한 방식으로 교회 일치 운동에 접근하면서, 교회 일치 운동을 반대한다는 비난으로부터 벗어나기 시작했다. 1925년, 돔 람베르 보뒤앵Dom Lambert Beauduin은 벨기에의 아메-쉬르-뫼즈Amay-sur-Meuse에 동방 정교회와의 접근과 화해를 전문으로 하는 수도회를 창설했다. 이 수도원에서는 라틴 전례와 비잔틴 전례를 동시에 거행했다. 교회 일치에 헌신하는 이 수도회 수사들은 《이레니콘》이라는 잡지를 발행했다. 한편, 성공회 사제 두 명이 1908년 1월 18일부터 25일까지 한 주간 동안 교회의 일치를 위한 기도를 시작했다. 그러나 이 기도 주간은 비가톨릭 신자들을 개종시키기 위한 성격을 띠고 있었다.

리옹 출신 폴 쿠튀리에Paul Couturier 신부가 일치 주간의 의미를 더욱더 심화시키자, 일치 주간에 대한 인식이 비약적으로 발전했다.[133] 1935년에 발표된 한 논문에서, 쿠튀리에 신부는 한 교회에서 다른 교회로 개종하는 것이 교회 일치의 결실이 되어서는 안 된다고 주장했다. '교회 일치란 오직 하느님으로부터 올 수 있으며, 모든 그리스도인은 교회 일치를 위해 기도해야 한다. 모든 그리스도인은 반드시, 그리스도께서 원하시는 일치를 그분께서 원하시는 방식대로 이루어 주시도록 간청해야 한다. 또한 모든 교파의 그리스도인들은 지난 수 세기 동안 일치를 거슬러 저질렀던 잘못들을 인정해야 한다. 만일 모든 교파의 그리스도 교회가 자신의 전통과 기도에 충실한다면, 하느님께서는 그리스도께서 기도하셨던 바로 그 일치를 그리스도인들에게 거절하지 않으실 것이다.' 이 같은 주장에 대해 가톨릭 신자는 물론 신자가 아닌 사람들도 적극적으로 환영했다. '교회 일치를 위한 주간'은 참으로 교회 일치 운동을 위한 것이 되었다. 1937년, 쿠튀리에 신부는 동브Dombes 모임을 창설함으로써 상호 간의 이해의 폭을 넓혀 나갔다. 이 모임에는 목사들과 가톨릭 사제들

▲ 폴 쿠튀리에 신부.

이 참석했다. 이들은 해마다 동브의 트라피스트회 수도원에 모여 교회 일치 운동을 위한 피정을 가지면서 서로 간의 친교를 더했다. 후에, 이 모임은 다양한 그리스도교 교파의 신학을 비교하는 연구에도 뛰어들었다.

133) 교회 일치를 위한 기도 주간: 쿠튀리에 신부의 영성적 측면에서의 교회 일치 운동

8일 동안(1월 18~25일)의 이 기도가, 정교회 신자는 정교회 신자로, 성공회 신자는 성공회 신자로, 가톨릭 신자는 가톨릭 신자로 그대로 남아 있으면서, 각자 진실한 마음으로 자신의 영혼을 드높이는 영성적인 행사라는 점을 잘 이해할 수 있었으면 합니다.

폴 쿠튀리에, 1935년.

문제의 핵심은 모든 그리스도교 단체가 교회 일치 운동을 위한 기도를 더욱더 잘 바칠 수 있도록 해야 한다는 것입니다. 즉 그 기도란 무시무시한 분열의 죄로 인해 우리가 겪고 있는 깊은 고통에서 울려 퍼져 나오는 메아리입니다.

우리 모두가 죄를 지었습니다. 우리 모두는 스스로를 부끄럽게 여기며 겸손해야 합니다. 끊임없이 기도하면서 모두가 하나 되는 기적을 위해, 지치지 말고 간청해야 합니다. 물론 우리 모두가 하나 되는 것을 볼 수는 없을 테지만 그래도 우리의 의무는, 그것이 제아무리 먼 훗날에 이루어질지라도, 그것을 지금부터 준비하는 것입니다. 우리의 그리스도께서는, 당신이 원하시는 때에 당신이 원하시는 방식으로 모든 그리스도교 단체가 하나 될 수 있도록, 모든 이가 한마음으로 기도하기를 기다리고 계십니다. …… 가톨릭 신자들만의 기도도, 정교회 신자들만의 기도도, 성공회 신자들만의 기도도 충분하지 않습니다. 우리 모두가 함께 바치는 기도가 필요합니다.

폴 쿠튀리에, 1936년.

《그리스도교의 일치 Unité chrétienne》, 제32호(1973년 11월)에 인용된 본문.

제19장
제2차 세계 대전부터 제2차 바티칸 공의회 전까지
(1939~1958년)

▲ 르 코르뷔지에가 설계한 '롱샹의 노트르담 성당', 1950~1955년.

　제2차 세계 대전은 전쟁 참전 국가의 그리스도인들뿐만 아니라 교회에도 큰 영향을 미쳤다. 어떤 나라에서는 그리스도인들이 혹독한 타격을 받았다. 특히 그리스도인으로서의 양심을 지켜야 하느냐 아니면 살아남기 위해 그리스도인으로서의 양심을 저버려야 하느냐 하는 선택의 기로에서 어려움을 겪었다. 전쟁은 또한 성숙과 성찰을 위한 시기였다. 전쟁 이후 여러 해 동안 수많은 희망들이 구체화되었다. 이 기간은 신학적 부흥과 독창적 경험들이 활발했던 시기였다. 하지만 동시에 이 기간은 비오 12세 교황의 마지막 재임 기간으로 수많은 난제들과 위기가 산적해 있던 시기였다.

Ⅰ. 제2차 세계 대전의 소용돌이 속에 내던져진 그리스도인

1. 전쟁의 해악

다른 시민들처럼 그리스도인들도 전쟁의 참상에 혹독하게 시달렸다. 유럽의 4분의 3이 나치 독일에 점령당해 파괴되고 대량 학살당했다. 그리스도인은 양심의 선택을 강요받았다. 점령자들에 대해 어떤 태도를 취할까? 점령 당국에 복종해야 하는가? 유다인을 말살하는 광경을 그냥 수수방관한 채 바라보고만 있어야 하는가? 조국 해방을 위해 폭력을 사용하는 것이 정당하고 합법적인 것인가? 이 같은 문제들에 대한 조치가 나라마다 달랐고, 심지어 한 나라에서조차도 다양한 형태로 나타났다.

동방

'바르테가우Warthegau'라고 불리던 폴란드 서부 지역이 독일에 완전히 점령되었다. 이 지역을 게르만화하기 위해, 독일은 폴란드 교회를 박해했다. 그 결과 이 지역의 폴란드 교회는 아무런 합법적인 지위를 가질 수 없었다. 성당과 수도원들이 문을 닫아야만 했고, 모든 활동이 금지되었으며 사제들은 강제 수용을 당했다. 수많은 폴란드인이 '일반 정부' 지역(바르샤바)으로 추방당했다. 그러나 바르샤바도 다른 지역과 별로 다를 바가 없었다. 유다인들이 바르샤바 게토 지역으로 내몰렸다. 폴란드의 가톨릭 신자들은 교황에게 도움을 호소했으나 교황은 만일 자신이 어떤 말을 하게 되면, 폴란드 사람들의 운명이 더 비참해질까봐 염려했다. 6백만 명의 폴란드인이 죽어 갔다. 아우슈비츠Auschwitz 수용소의 희생자 가운데 후에 성인으로 시성된 막시밀리안 콜베(1894~1941년) 신부도 있었다.

독일 군대가 러시아에 전진 배치되자, 러시아에서는 신앙생활이 다시 활발해졌고 많은 교회들은 모스크바로부터의 결별을 선언했다. 교황청과 연대를 이루고 있던 우크라이나 정교회는 조직을 재정비했다. 독일이 침공해 오자, 소련 정부는 전통적인 러시아인의 감성을 부추기면서 애국심을 강화시켰다. 1943년, 모스크바 총대주교로 세르게이가 임명되었고, 그 후에는 알렉시스가 그의 후계자로 임명되었다. 그러나 제2차 세계 대전이 끝나자, 러시아는 또다시 교회를 박해하기 시작했다.

슬로바키아와 크로아티아

1939년 봄, 히틀러는 보헤미아 지역을 병합한 후 체코슬로바키아의 동쪽 지역인 슬로바키아를 독립시켰다. 슬로바키아 정부 수반은 고위 성직자인 티소 주교였다. 그는 독일의 외교 정책뿐만 아니라 유다인 말살이라는 인종 청소 정책에도 동조해야만 했다. 주교는 그리스도교적인 담론과 전체주의적인 담론을 공존시켰다.

많은 가톨릭 신자들은 안테 파벨리치 주도로 이루어진 크로아티아의 거짓 독립을 세르비아 정교회에 대한 보복 조치라고 생각했다. 그 결과 정교회를 겨냥한 폭력 사태와 잔혹한 내전이 발생했다. 자그레브Zagreb 교구장 스테피나크 주교는 크로아티아인으로서 느끼는 애국심과 인권 침해에 대항해야 한다는 생각 사이에서 갈등을 겪었다.

노르웨이 · 네덜란드 · 벨기에

평화주의자로서 비폭력적인 태도를 견지했던 루터교의 베라그라브Berggrav 주교는 나치즘에 저항하는 노선을 선택했다. 나치즘은 퀴슬링Quisling 정부를 허수아비로 내세워 노르웨이 교회를 복종시키려고 했다. 교회의 임시 지도부는 유다인 탄압과 노동 징집과 소년 군단 등록에 저항했다.

1941년 네덜란드에서 가톨릭 주교들은 가톨릭 신자들에게 네덜란드 나치 운동에 가담하지 말라고 부탁했다. 또한 네덜란드 공무원들에게 유다인과 노동자를 강제 수용하는 조치에 결코 협력해서는 안 된다고 요청했다. 1942년부터 1943년까지 가톨릭과 프로테스탄트는 서로 협력하여 유다인을 강제 수용하는 조치에 저항했다. 그러자 독일은 보복 조치로 유다계 그리스도인들까지 체포했다. 이때 체포되어 희생된 이들 가운데에는 가르멜 수녀회의 수녀이자 철학자였던 에디트 슈타인Edith Stein도 포함되어 있었다. 한편, 벨기에에서는 반 로이Van Roey 추기경이 공개적으로 강경하게 저항하지는 않았지만, 구출해 낼 수 있는 것은 구출해 놓고 보자는 현실적인 입장을 찾으려고 노력했다. 그는 벨기에 나치주의자들을 반대하면서 동시에 폭력적인 저항 운동에 대해서도 반대했다. 그는 유다인 강제 수용을 반대하는 운동 방안을 모색했다.

프랑스

많은 프랑스인들은 '1940년의 패전'[200]을 하느님이 프랑스의 세속화에 대해 내린 하나의 벌로서 인식했다. 페탱 원수는 마치 새로운 잔 다르크처럼 비쳐졌다. 페탱 정부는 교회에 호의적이었으므로 수사들과 수녀들은 다시 수도복을 입을 수 있었고, 그동안 감실에만 있었던 성체도 그리스도 성체성혈 대축일을 맞아 성체 행렬을

---

[200] 프랑스는 1940년 5월 10일 독일과 전쟁을 시작한 지 불과 6주 만에 맥없이 무너졌다. 독일은 한걸음에 파리를 향하여 남서쪽으로 진격했다. 독일은 영프 해협의 북서쪽을 공격하면서 프랑스군과 영국군을 동시에 격퇴시켰다. 6월 10일 이탈리아가 프랑스에 선전 포고를 했다. 프랑스 정부는 르와르 강 하류로 철수했고 6월 14일 히틀러 군대는 아무런 저항도 없이 파리에 입성했다. 보르도까지 쫓겨 온 프랑스 내각은 항복과 항전의 기로에 서게 되었다. 영국과 미국으로부터의 지원은 기대하기 힘들었다. 주요 전력과 북부의 공업 중심 지대마저 빼앗긴 레이노 수상은 북아프리카로 거점을 옮겨 항전할 것을 제안했지만 페탱 원수는 프랑스 정부가 프랑스 땅을 떠나선 안 된다고 적극 반대했다. 이 무렵 프랑스 정부는 영국 정부로부터 '프영연합국Franco-British Union'을 창설하자는 제의를 받았지만 때는 이미 늦은 상태였다. '프랑스 정부가 해외에 망명한 상태에서 프영연합국을 창설한다고 해서, 무슨 소용이 있겠는가?'라는 회의감 때문에 프랑스는 이 제안을 거부했다. '휴전파'와 '항전파' 간의 치열한 논쟁과 갈등 속에서 1940년 6월 16일 레이노 수상이 사임하고 퇴역 장군인 페탱 원수가 취임했다. 페탱은 패배를 인정하고 독일과의 휴전 협상을 해야 한다는 입장이었다. 제1차 세계 대전 당시 베르뎅 전투의 영웅이었던 페탱은 프랑스가 끝까지 싸워 완전히 몰락하기 전에 프랑스 군대를 일부만이라도 잔존시켜 질서를 유지해야 한다고 생각했다.

하면서 거리로 나올 수 있게 되었다. 성지 순례도 아주 많아져, '퓌의 성모 대성당Notre-Dame du Puy'이나 '불로뉴의 성모 대성당Notre-Dame de Boulogne'을 순례하는 것이 바로 이 시기에 시작되었다. 사립학교들도 정부로부터 보조금을 받았다. 1914~1918년의 전쟁에 참전한 참전 용사들이었던 대부분의 프랑스 주교들은 비시Vichy 정권[201]에 대해 아주 호의적이었다. 주교들은 '비시 정권'을 합법적인 권력, 즉 하느님이 원하신 권력으로 인정했다.

한편, 독일에 점령당하지 않은 지역에서도 매우 일찍부터 인종

그는 프랑스를 제2의 폴란드로 전락시켜서는 안 된다고 생각했다. 페탱은 다음과 같이 말했다. "정부가 휴전을 하지 않으면, 프랑스 군대는 명령에 복종하기를 거부하고 공포에 빠질 것이다. 프랑스 본토를 포기한다는 것은 적에게 프랑스를 넘겨주고 프랑스의 영혼을 파괴하는 것이 된다. 프랑스 정부가 프랑스에 남아 있을 때에만, 프랑스의 영혼은 유지될 수 있는 것이다. 연합국의 대포가 다시 프랑스를 탈환한다고 해서, 프랑스의 영혼이 유지되는 것은 아니다." 일단 프랑스를 떠나면, 다시는 프랑스를 찾을 수 없다는 것이 페탱의 신념이었다. 휴전파를 중심으로 내각을 구성한 페탱은 수상으로 지명 받은 지 불과 몇 시간 만에 독일에 휴전을 제의했다. 영국과의 전쟁을 앞둔 독일은 프랑스와 휴전함으로써, 영국을 고립시키고 동시에 프랑스 함대를 중립화하는 것이 상책이라고 판단했다. 그리하여 독일은 프랑스에 가혹한 항복 조건을 제시하지 않고, 프랑스 정부의 주권 존속을 인정하고 부분적인 점령을 실시한다는 안을 받아들였다. 6월 22일 독일과 프랑스는 휴전 협정을 체결했다. 페탱은 6월 25일자 방송에서 다음과 같이 언명했다. "휴전 협정은 체결되었다. 전쟁은 끝났다. …… 우리들이 동의하지 않으면 안 되었던 조건은 엄혹한 것이었다. 그러나 다행히도 우리의 명예는 회복되었다. 그 누구도 우리의 비행기와 함대를 사용할 수 없다. 우리는 프랑스 본국과 프랑스가 갖고 있는 식민지의 질서를 유지하는 데 필요한 육해군 부대를 보유하고 있다. 정부는 의연히 자유롭다. 프랑스는 프랑스인에 의해 통치될 것이다."

201 프랑스 남부의 휴양 도시인 비시를 전시戰時 수도로 정한 비시 정권은 새로운 헌법을 제정했다. 의원과 내각 각료 2/3 정도가 비시에 모였는데, 이들은 페탱과 라발의 제안에 따를 수밖에 없었다. 한편, 1875년의 헌법을 전시동안 정지시키고, 포고령을 발동해 페탱이 통치할 수 있도록 하자는 결의안을 죠셉Joseph Paul-Boncour이 제안했다. 그러자 라발은 그것만으로는 불충분하다고 반대하면서, "의회민주주의는 나치즘과 파시즘에 대항하기 위해 만들어진 것이기 때문에, 이제 사라져야 한다."

차별적인 조치들이 자행되었다. 1942년 7월까지 그리스도교의 지도자들은 인종 차별 정책에 대해 공식적인 반응을 보이지 않았다. 그러나 1942년 7월에 '벨디브Vel' d'Hiv'의 급습 사건'[202]이 발생했고, 비시 정권이 프랑스 유다인들을 조직적으로 독일로 강제 이동시키자, 툴루즈 교구의 교구장 살리에주Saliège 주교와 몽토방 교구의 교구장 테아Théas 주교는 그리스도인의 양심으로 격렬하게 항의했다. '아리아족이든 비아리아족이든 상관없이 우리 모두는 하느님으로부터 창조된 형제들이다. 모든 사람은 자신들의 인종이나 종

새로운 정부는 단호하고 권위적이며 사회적이고 국가적이어야 한다."라고 주장하면서 프랑스 국가의 새로운 헌법을 공포할 완전한 권력을 공화정 정부에 부여하는 수정안을 제의했다. 라발의 제안이 압도적으로 통과되어 새로운 헌법의 공포권이 페탱에게 주어졌다. 새로 제정된 헌법은 국가 주석의 권한을 '루이 16세보다 더 강력'하게 규정했다. 1940년 7월 10일 페탱은 국가 주석, 라발은 부주석으로 취임했고 이로써 비시 정권이 수립되었다. 한편, 제2차 세계 대전이 끝난 뒤 드골은 비시 정권에 대해 원천 무효라고 선언했다. 이는 1940년 6월 19일에 페탱이 독일과 휴전 협정을 체결하자, 이미 런던으로부터 '라디오 런던'에서 밝힌 바 있었다. 드골의 선언은 다음 세 가지로 요약할 수 있다. 첫째, 페탱 정부는 나치 독일과 휴전 협정을 목표로 수립되었기 때문에 정통성을 상실했다. 왜냐하면 프랑스 대혁명 때의 헌법(1793년)에 의하면, 프랑스 국민은 프랑스 영토를 점령한 적국과 평화 협정을 체결할 수 없다. 둘째, 페탱 정부는 휴전에 동의하여 무조건 항복했을 뿐만 아니라 프랑스 국민을 나치 독일의 노예 상태로 전락시켰으므로 불법적인 정부다. 페탱 정부가 휴전 협정에 서명한 것은 민족 이익을 배반한 것이며 '자유 프랑스'만이 민족 이익에 성실한 공복으로 남아 자동적으로 정권의 정통성과 합법성을 획득했다는 것이다. 셋째, 나치 독일과의 휴전 협정은 무효. 왜냐하면 이 협정 제10호는 프랑스 국민에게 나치 독일에 반대하여 무기를 들고 투쟁하는 것을 금지했기 때문이다. 드골은 휴전 협정의 무효화 논리를 근거로 연합국의 일원으로 전쟁에 참여했으며 점령 지역 내 저항 운동을 조직했고, 프랑스가 연합군에 의해 해방되기 전에 저항 운동 세력이 정권의 각료들을 포함한 나치 협력자들을 처단하기 시작했다. 드골은 "위대하지 않은 프랑스는 프랑스가 아니다."라고 말했다.

[202] 1942년 7월 16일 새벽 4,500명의 프랑스 경찰이 유다인이 거주하는 벨디브에 나타나, 12,884명의 유다인을 사로잡아 수용소로 보냈다. 그중 대부분은 독일에 인계되어 폴란드의 아우슈비츠 포로 수용소의 독가스실에서 학살당했다.

교에 상관없이 개인들과 국가로부터 존경을 받을 권리가 있다.' 리옹 대교구의 대교구장 제를리에Gerlier 추기경과 일부 주교들도 항의를 했다. 하지만 그들은 이미 수립된 비시 정권에 충성하고 있었고 윤리와 정치를 구별했기 때문에, 난처한 입장이었다.[134] 또한 젊은이들이 독일에 강제 의무 복역을 하는 문제에 대해 주교들과 운동 단체들은 의견이 분분하여 서로 갈라졌다.

주교들은 대체적으로 '저항 운동Résistance(레지스탕스)'에 대해 호의적인 편이 아니었다. 왜냐하면 그들은 이미 집권한 권력을 반대하는 폭력이나 불복종에 대해 찬성하지 않았기 때문이다. 그래서 그리스도인들은 각자 자기 행동에 대한 책임을 지고 저항 운동에 참여하면서, 여러 가지 지하 출판물을 통해 저항 운동을 펼쳐 나갔다. 프로테스탄트들은 포메롤Pomeyrol(부쉬 뒤 론 지방)의 8개 조항을 통해 자신들의 태도를 분명하게 밝혔다(1941년 9월). 1941년 11월에 발행된 《그리스도인의 증언에 관한 연구지Cahiers du Témoignage Chrétien》는 그리스도인들의 저항 운동을 지원했다.[135]

이처럼 그리스도인들은 정치적인 문제에 대해 자율적으로 판단하고 선택했다. 그들은 자신들의 운동을 펼치면서, 모든 정당의 투쟁가들을 만났다. '가톨릭 운동'의 회원들(질베르 드뤼Gilbert Dru, 프랑시쉬라Francis Chirat)들과 사제들(드 몽쇠이de Montcheuil)은 저항 활동을 펼치다가 희생당했다.

134) 인권 옹호와 이미 집권한 권력에 대한 복종

아래 본문 내용은 많은 프랑스 주교들의 태도를 분명하게 보여 주는 글이다. 주교들은 유다인을 변호하면서 동시에 비시 정권에 대한 충성심도 입증하고자 했다. 비시 정권은 유다인 강제 수용에 적극 협력했다.

리옹 대교구의 대교구장 제를리에 추기경이 발표한 성명서

본 대교구좌에서 9월 6일 주일(1942년)에 발표될 이 성명서에는 다른 어떤 말도 추가되지 않을 것이다.

현재 자행되고 있는 유다인 강제 수용 조치가 모든 지역에서 아주 고통스러운 광경으로 벌어지고 있다. 이에 우리는 우리의 양심에 따라 거세게 항의를 해야 할 아주 긴박하고도 고통스러운 의무를 지지 않을 수 없다. 가족들이 뿔뿔이 흩어지는 잔인한 상황이 목격되고 있다. 나이, 연약함, 질병 등 그 어떤 상황도 고려하지 않고 마구잡이식으로 자행되고 있다. 수천 명에 달하는 사람들이 고통받는 현실을 생각하면, 게다가 그들의 장래 운명이 어떻게 될지 알 수 없는 상황을 생각하면, 가슴이 미어진다.

우리는 프랑스 당국이 해결해야 할 문제가 산적해 있다

는 점을 잊지 않고 있다. 또한 현 정부가 직면해야 할 어려움들에 대해서도 헤아려 본다.

그러나 이 암울한 시대에 우리에게 부과된 현실을 똑바로 직시하면서, 천부적인 인권과 가족 관계의 성성聖性, 불가침적인 성역, 그리스도께서 제자의 특징으로 삼아 주셨던 바로 그 형제애에 대한 거역할 수 없는 요청들을 교회가 소리 높여 주장한다고 해서, 감히 누가 교회를 비난할 수 있겠는가? 교회의 그런 주장은 바로 그리스도교 문명의 자랑이자 영광이며, 바로 그런 원리들을 결코 포기하지 말아야 할, 프랑스의 자랑이자 영광이다.

폭력과 증오 위에 새로운 질서를 세울 수는 없다. 오로지 정의를 존중하고 국가 원수가 큰 목소리로 우리에게 권유하는 정신과 마음을 하나로 만드는 은혜로운 일치를 통해서만 새로운 질서가 건설되고 국가 원수와 함께하는 평화를 건설할 수 있을 것이다. 바로 거기에서 우리 조국의 오래된 국위가 다시 피어나게 될 것이다.

'푸르비에르의 성모'여, 우리가 바로 그런 모습으로 서둘러 돌아갈 수 있도록 도와주소서!

135) 그리스도인의 저항 운동

《그리스도인의 증언에 관한 연구지》가 1941년 11월부터 리옹에서 발행되었다. 창간호는 "프랑스여, 너의 영혼을 잃지 않도록 조심하라!"는 제목으로 발행되었다. 이 연구지는 16쪽에서 64쪽에 이를 정도로 상당히 많은 분량으로 편집된 팜플렛으로, 한 번에 보통 3만 부 정도를 찍었다. 1943년 5월에는, 《그리스도인의 증언에 관한 연구지》보다 짧은 분량이지만 더 많은 부수를 발행한 출판물들이 생겨났다. 나치즘을 반대하는 영적 저항 전선과 연계된 《그리스도인의 증언에 관한 프랑스 통신*Courrier français du Témoignage chrétien*》이 바로 그것이다. 이런 출판물들은 주로 리옹과 파리에서 동시에 인쇄되었다.

그리스도인과 연합 저항 전선

저항의 힘을 효과적으로 일치시키기 위한 노력이 계속되고 있음을 잘 알고 있다. …… 이 같은 주도적인 노력들을 통해서, 연합 저항 전선에 대한 그리스도인의 입장을 분명하게 밝혀야 할 기회가 우리에게 주어진 것이다. 물론 우리는 …… 을 이해한 그리스도인들에 대해 말하는 것이다.

그리스도인으로서 말하건대, 우리는 우리의 메시지가 지닌 초월성을 충분히 의식하고 있다. 그리스도께서 인간 조직 안에 들어오시려고 하는 것을 마치 이러 저러한 지도자가 자신의 정당을 그리스도교 조직 안에 훨씬 더 광범위하게 파고들게 하려는 것과 같은 차원으로 이해한다면, 그것은 도저히 참을 수 없는 일이다. 그리스도는 정당들과 일시적인 계획들을 초월하신다. ……

그러나 그리스도교의 초월성을 핑계 삼아, 세계를 뒤흔들고 있는 비극적인 상황에 대해 나 몰라라 변명한다면, 그것 또한 받아들이기 힘든 일이 아닐 수 없다. 그리스도교는 초월적이지만, 그리스도인은 결코 그렇지 않다. 프랑스의 그리스도인은 프랑스 사람들이다. 그리스도교는 프랑스 그리스도인들에게, 프랑스 사람이면 누구나 수행해야 할 의무를 결코 면제시켜 주지 않는다. 오히려 그 반대로, 그리스도교는 프랑스 사람으로서의 의무뿐만 아니라 그리스도인의 고유한 신분에 맞는 의무까지 실천해야 한다고 말한다. ……

바로 그렇기 때문에 프랑스의 그리스도인들이 다른 모든 프랑스 사람처럼, 저항 운동에 적극 가담할 수 있는 것이다. 게다가 우리는 많은 그리스도인들이 저항 운동에 가담하고 있다는 사실을 잘 알고 있다. 다른 모든 곳에서뿐만 아니라 이곳에서도 그리스도인들은 그리스도인으로서의 양심의 소리를 들어야 할 의무가 있는 것이다. 또한 다

> 른 모든 곳에서 뿐만 아니라 바로 이곳에서도 그리스도인들은 그리스도교를 거슬러서 자행되고 있는 일체의 것을 받아들이지 말아야 할 의무가 있는 것이다. 그리스도인들이 특별한 조직('그리스도인의 증언'이라는 조직은 별도로 하고)에 소속되어 있다면, 그들이 그리스도인으로서가 아니라 프랑스 사람으로서 거기에 가담한 것이라고 우리는 말한다. 프랑스가 여전히 전쟁 중에 있기 때문에, 그 어떤 프랑스 사람도 자기 자신을 제대 군인으로 간주할 권리가 없다. 다른 사람들이 다른 방식으로 조국을 위해 일하는 것처럼, 그들이 바로 그런 조직에서 다양하게 자신들의 애국적인 의무를 다하는 것은 너무나 당연한 일이다.
>
> 《그리스도인의 증언에 관한 프랑스 통신》, 제2호, 1943년 7~8월.

독일

독일에서 히틀러에 대한 저항 운동은 미미한 차원을 띨 수밖에 없었다. 왜냐하면 히틀러 체제를 반대한다는 것은 독일의 패전을 바란다는 의미였기 때문이다. 프로테스탄트 진영에서는 아주 일찍부터 고백 교회가 인종 차별 정치를 반대했다. 그러자 고백 교회의 신자들이 강제 수용소로 끌려갔으며, 그 가운데 많은 수가 수용소에서 목숨을 잃었다. 대다수 사람들은 두려움 때문에 아예 저항을 포기했다. 그래서 그런지 풀다Fulda 회의에 정기적으로 참석한 가톨릭 주교들도 도덕과 인권 침해에 대해 공개적으로 저항하자는 합의를 이끌어 내지 못했다. 주교들은 국가에 대해 직접적으로 단죄하는 것을 반대하면서, 원론적인 차원에서 언급하는 것으로 만족했다(1943년 9월의 〈십계명에 관한 공동 명의의 편지〉). 아주 드문 경우에 해당되겠지만, 분명하게 반대 의사를 표명한 사람 가운데 한 사람은 뮌스터 교구의 교구장 폰 갈렌Von Gallen 주교였다. 그는 정신 지체자와 병자를 안락사시키는 행위를 단죄하는 법령을 반포했다(1941년 8월). 상당수 사제들(베른하르트 리히텐베르그Bernhardt Lichtenberg)과 투쟁가들(백장미 그룹 등)이 용감하게 맞서다가 죽음을 맞이했다.

2. 비오 12세 교황의 침묵

베네딕토 15세는 제1차 세계 대전 기간 중에 행했던 평화에 대한 호소 때문에 강하게 비판을 받았다. 그런 베네딕토 15세와는 달리 비오 12세는 1939~1945년 전쟁 기간 중에 보여 준 태도 때문에 살아생전에 거의 모든 사람으로부터 칭송을 받았다. 그러나 1963년 독일의 젊은 작가 롤프 호흐후트Rolf Hochhuth가 쓴 《대리자》라는 작품이 엄청난 스캔들을 일으키며 베스트셀러가 되었다. 이 작품에서 롤프는 나치의 유다인 말살 행위에 대해 비오 12세가 아무런

▲ 비오 12세 교황.

단죄도 하지 않았다고 비난했다. 격렬한 논쟁이 이어졌다. "비오 12세 교황은 용기가 부족했던 것일까? 아니면 교황은 나치즘에 호의적인 태도를 갖고 있었을까? 나치가 저지른 만행에 대해 전혀 모르고 있었던 것일까?" 이 같은 논쟁을 해결하기 위해 비오 12세와 관련된 많은 고문서들이 출판되었다. 교황으로 선출되기 전, 교황청의 외교관과 국무성 장관을 역임했던 비오 12세는 독일 문제에 대해 아주 잘 알고 있었다. 그래서 교황은 1933년 히틀러와 맺은 협정에 서명했고, 1937년에 〈애타는 마음으로〉라는 회칙을 작성하는 데에도 참여했다. 교황은 결코 나치즘에 호감을 갖지 않았다. 그는 장엄하게 선언문을 발표하기보다는 조용하게 외교적으로 개입하는 것을 더 선호했던 것이다.

평화를 위한 권고

1939년부터 1940년까지 선전 포고를 막으려고 동분서주한 다음, 비오 12세는 무솔리니에게 갈등에 휘말려 들지 말라고 권유하는 한편, 유럽의 열강들에게는 자신들의 문제를 해결하기 위해 타협할 것을 권고했다. 교황은 엄청나게 많은 연설문과 성탄절 메시지를 통해서, 전쟁 기간 내내 아주 일반적으로 표현하긴 했지만, 전쟁의 잔학상과 타협의 좋은 점, 정의로운 균형 위에 세워진 평화의 장점들을 자주 언급했다. 교황은 몬티니 주교의 책임 하에, 수감자들과 실종자들에 관한 소식을 전해 주는 일종의 보도국을 창설했다. 유다인 용의자들과 다른 사람들은 교황청 산하의 기구들과 수녀원에서 자신들의 은신처를 제공받았다. 1943~1944년 사이 이탈리아에서도 전쟁이 발발하자, 비오 12세는 로마를 보호하기 위해 애썼다. 교황은 무솔리니를 물리쳐야 한다고 강력하게 촉구하고, 폭격을 반대하며 항의했다. 베네딕토 15세처럼, 비오 12세도 혼란스런 와중에도 공정한 태도를 취하려고 노력했다. 나치즘보다는 덜 위험스러웠다 하더라도 볼세비즘도 나치즘처럼 위험스럽지 않았던가?

유다인 학살

유다인 강제 수용과 학살에 대한 정보가 부족한 것은 아니었다. 그 같은 정보가 상당히 빨리 바티칸에 전달되었다. 하지만 그런 정보들은 주로 불분명했고, 비정상적인 내용들로 인해 사람들은 믿을 수 없어 했다. 1943년 봄, 비오 12세는 자신의 위치를 잘 알고 있었다. 처음에는 일종의 절망감을 체험했다. 교황은 공식 문헌 2개, 1942년 라디오 성탄 메시지와 1943년 6월 2일 추기경단 회의 석상에서 행한 연설을 통해서 인종 몰살 행위를 넌지시 암시했다.[136] 하지만 그러한 암시들은 아주 일반적인 내용으로 유다인이나 독일인에 대해 구체적인 언급을 하지 않았다. 비오 12세는 자신이 개입함으로써, 자신이 옹호하려는 이들을 오히려 불리하게 만들지 않을까 하는 우려를 표현했다. 그래서 교황은 주교들 스스로 판단하여 활동하도록 내버려 두었다. 그러나 사실상 그 결과는 애매모호하게 나타났다. 공개적인 몇몇 항의에 대해 오히려 독일은 더욱 더 심하게 탄압을 했다. 그런가 하면, 외교적인 개입이 슬로바키아와 크로아티아, 헝가리 등지에서 상당한 효과를 거두었다. 이탈리아에서 유다인 체포 조치가 자행되던 1943년 10월 16일 교황은 침묵을 지키고 있었지만 은밀하게 개입하여, 다시는 그런 일이 발생하지 않도록 만들었다.

결론적으로 말한다면, 비오 12세 교황은 외교에 기반을 둔 심사숙고한 정치를 한다는 명분 아래 가급적 말을 하지 않았다. 따라서 사람들은 교황이 훨씬 더 예언자적인 태도를 견지했더라면 좋았을 것이라고 말했다. 심지어 어떤 이들은, 교황이 연단에 서서 강하게 말했어야만 했다고 생각했다. 되프너Doepfner 추기경은 1964년 뮌헨에서 다음과 같은 말을 했다. "과거 역사를 되돌아보면서 판단하건데, 비오 12세 교황 성하께서 훨씬 강하게 항의했더라면 더 좋았을 것이다. 하지만 분명한 사실은 그분이 지니신 동기의 절대적인 진실성과 그분이 내리신 심오한 판단력의 진정성을 의심할 권리가 우리에게는 없다."

136) 비오 12세 교황의 침묵?

비오 12세 교황이 인종 몰살에 대해 언급했던 몇 가지 본문들이 있다. 하지만 이것들은 후대에 지나치게 불분명한 내용이라는 판단을 받았다.

1942년 12월 24일 라디오 성탄 메시지

…… 인류는 수십만 명의 사람들에게 빚을 짐으로써, 이러한 소망(평화로의 복귀)을 갖게 되었습니다. 그들은 아무런 잘못도 없이 단지 국적이 다르다거나 인종적인 출신 성분 때문에, 죽음이나 점진적인 점멸로 내던져져 버렸습니다.

1943년 4월 3일 베를린 교구의 본 프레이싱 주교에게 보낸 편지

비록 개입해야만 하는 이유가 분명하다 할지라도, 더 큰 악을 피하기 위해서, 우리는 현장에서 활동하는 사목자들에게 조심해야 할 필요성이 있는지를 평가하게 합니다. 그리고 만일 그럴 필요가 있다면 과연 어느 정도까지 조심해야 하는지 평가하게 합니다. 주교들의 선언문이 오히려 복수와 탄압을 불러일으킬 위험성이 있습니다. 뿐만 아니라 전쟁의 장기화와 전쟁에 대한 심리학적인 이유들도 반드시 고려해야 합니다. 바로 이런 이유 때문에 우리 자신도 우리의 선언문 발표를 자제하고 있는 것입니다.

1943년 6월 2일 추기경단 회의에서의 훈화

…… 우리에게 불안한 마음으로 간청의 눈길을 보내고 있는 사람들의 기도에 대해, 우리는 아주 주의 깊고 세심한 마음으로 응답하고자 합니다. 그들은 국적이나 인종 때문에, 커다란 불행과 뼛속까지 파고드는 무거운 고통으로 말미암아 안절부절못하며 괴로워하고 있으며, 잘못이라곤 전혀 없는데도 불구하고 몰살당할 위기에 처해 있습니다. ……

우리가 바로 이곳에서 그들의 고통을 덜어 줄 수 있는, 그들의 윤리적·법률적인 상황을 완화시켜 줄 수 있는, 결코 양도할 수 없는 그들의 종교적인 권리를 옹호해 줄 수 있는, 그들의 궁핍한 생활을 해결해 줄 수 있는 어떤 일을 그동안 해 왔는가에 대해 설명할 것이라고 여러분은 기대하지는 않을 것입니다.

그 점과 관련해서, 관계 당국에 대해 하는 우리의 모든 말과 모든 공식적인 언급은 신중하게 평가되고 판단되어야 할 것입니다. 왜냐하면 고통받고 있는 그들에게 도움을 주고, 우리들의 바람과는 달리, 그들의 상황이 더 악화되어 견디기 어려운 상황이 되어서는 안 되기 때문입니다.

3. 성숙의 시간

전쟁으로 인해, 그동안 계속되어 왔던 교회의 실제적인 신앙 활동들이 많이 중단되었다. 많은 사제들이 감옥에 갇혔고 자유롭게 이동도 할 수 없었다. 이것은 단순히 죄의식을 갖게 만드는 시간만은 아니었다. 성찰을 할 수 있게 하는 시간이었으며 새로운 방향으로 자리매김할 수 있는 시간이었다.

뒤섞임과 만남

감옥과 강제 수용소, 그리고 저항 운동을 통해서, 사제들과 그리스도교 투쟁가들은 교회 안에서나 본당에서 단 한 번도 깊이 있게 만나 본 적이 없던 남자들과 여자들을 직접 만날 수 있었다. 그것은 많은 이들에게 하나의 새로운 발견이었다. 어떤 이들은 전혀 다른 방식으로 이루어질 수 있는 그리스도인의 현존을 내다보았다. 전에 '가톨릭 노동 청년회' 활동을 했던 이들은 '가정을 위한 대중 운동'이라는 가정 운동을 창설했다. 이 운동은 항상 '가톨릭 운동'에 소속된 단체가 되고자 했지만 소수 정예가 아니라 대중적인 운동이 되려고 노력했다. 대중적인 운동이 되기 위해선, '신경'을 읊기 전에 먼저 그리스도교를 살려 내야만 했다. 그 어려운 시대에 '가정을 위한 대중 운동'은 사회 봉사의 임무를 수행하려고 노력했다. 평신도들은 많은 분야에서 주교에게 문제의 해답을 요구하지 않고 스스로 문제를 풀어 나가면서 자신들의 책임감을 다했다.

새로운 사목 수단

1941년 7월 파리 대교구의 대교구장 쉬아르Suhard 추기경의 요청으로 개최된 프랑스 추기경들과 대주교들의 총회는 '프랑스 선교 신학교Séminaire de la Mission de France'를 설립하기로 결정했다. 루이 오그로Louis Augros가 이 신학교의 운영 책임을 맡았다. 이 신학교의 설립 목적은 프랑스 내에 비그리스도교화된 지역에 파견할 사제들을 양성하는 것이었다. 이곳에서 양성된 사제들은 새로운 현존 방식과 언어를 추구하면서, 선교 공동체를 이루며 생활했다. 한편, 1943년에 출판된 《프랑스, 선교 지역인가?La France, pays de Mission?》이라는 고댕Godin 신부와 다니엘Daniel 신부의 저서는 커다란 충격을 불러일으켰다.[137] 도시 변두리에 거주하는 사람들뿐만 아니라 도시에 거주하는 대중들도 대부분 이교도적인 생활을 하고 있다고 두 저자는 주장했다. 전통적인 본당과 '가톨릭 운동'만으로는 충분하지 못하다는 사실이 드러났다. 선교관이 새롭게 수정되어야만 했다. 변화시켜야 할 이방 지역과 같은 낯선 환경 속으로 깊숙이 파고들어가는 것이 선교였고, 따라서 중간자 역할을 수행하는 투쟁가와 사제가 반드시 필요했다. 이제 사람들을 성당으로 데려오는 것은 더 이상 선교가 아니었다. 그들이 사는 삶의 현장, 즉 생활 전선, 일터, 여가 활동 등을 위해 자연스럽게 만들어진 공동체

안에서 교회를 생겨나게 하겠다는 목적으로 '파리 선교회Mission de Paris'가 출현한 것도 바로 이 같은 직관에서 비롯된 것이었다.

1944년 말, 최초의 노동 사제들은 노동 현장에서 참된 사제적 현존을 구현해 내려고 노력했다. 이미 도미니코회의 자크 뢰Jacques Loew 신부는 마르세유 항구에서 부두 노동자가 되어 있었다. 노동 사제들과 본당 신부들 사이에 약간의 긴장 관계가 있었다.

137) 다시 점검해 봐야 할 사도적 활동

본당 공동체에 적응하지 못한 사람들이 단지 무정부주의자와 타락한 소녀나 권투 선수들만이 아니었다. 심지어 교육을 받은 파리 시민들도 본당 공동체에 잘 동화되지 못했다. 이제 그들에게는 더 이상 그리스도인다운 모습을 찾아볼 수 없었다. 그들은 고급 의상을 생산하는 공장의 여성 봉제 노동자들, 르노 자동차 공장 생산 팀의 작업 주임들, …… 그리고 주로 군인들이었다. 그들은 그리스도교에 들어와 본 적이 단 한 번도 없었다. 그들의 눈에 교회는 하나의 '정당'처럼 보였다. 교회의 한 단체에 가입하여 그리스도교를 경험해 볼 수도 있었을 텐데 그들은 그렇게 하지 않았다. 극단적인 성향을 지닌 이들뿐만 아니라 중도적인 성향을 지닌 이들을 포함한 모든 노동자에게서 이 같은 현상이 나타났다. ……

모든 선교 활동도 중요하지만, 프롤레타리아들의 마음을 사로잡는 일 역시 아주 중요한 일이었다. 오랫동안 이 일이 방치되어 있을 수도 있었다. 왜냐하면 이 일에 투신하는 사람은 누구나 자신의 모든 것을 포기해야만 하기 때문이다. …… 바로 이런 이유 때문에 동료 선교사들의 눈에도, 스스로 노동 현장에 뛰어드는 선교사들은 마치 위험한 일에 뛰어드는 것처럼 보일 수밖에 없었다. 이런 종류의 과업은 전적으로 이 일만을 위해 투신하는 전담 사제를 필요로 한다. 여기에 투신한 사제는 그리스도께서 원하시는 이 일을 언젠가 다시 할 수도 있겠지 하는 기대를 버리고, 지금 당장 이 일에 투신해야만 한다. 이는 되돌아 가는 것을 용납하지 않는 선교의 출발이었다. 이 일을 하는 사람이 과연 한 명 밖에 없을까? ……

" '노동자 가톨릭 운동'을 벌이고 있는 우리는 지금 프롤레타리아 적진을 향해 돌파할 태세가 되어 있다. 주교님들은 장차 우리가 주교님들께 데려갈 새 입교자들을 그리스도교 안에서 잘 맞아들이고 보호할 준비가 되었는지……?" 대답은 "그렇지 않다. 프랑스 교회는 내일 모레를 위한 준

> 비가 되어 있지 않다. 프랑스 교회는 그럴 만한 제도도, 어쩌면 거기에 합당한 정신마저도 갖추고 있지 못하다."라는 것이다.
>
> 고댕 & 다니엘, 《프랑스, 선교 지역인가?》, 1943년,
> 55~56쪽; 91쪽; 105쪽에서 인용.

많은 창의적인 제안

제2차 세계 대전 기간 중에 많은 창의적인 제안들이 세상에서 빛을 보게 되었다. 1941년 르브르Lebret 신부는 《경제와 인본주의 Economie et Humanisme》라는 학술지를 창간했다. 이 학술지를 통해서 경제를 인간을 위한 봉사로 되돌려 놓으려는 학문 연구가 활성화되었다. 몽튀클라르Montuclard 신부는 연구소를 설립하여, 《교회 청년회Jeunesse de l'Église》(1942년)라는 잡지를 창간했다. 이 연구소는 교회 밖 세상에서 점차 고립되어 가는 교회에 대한 해결책을 찾기 위해 노력했다. 리옹의 예수회 회원들은 1942년 《그리스도교 원전Sources chrétiennes》이라는 총서를 창간하여 교부들의 작품을 출판했다. 이 총서는 신앙의 원천으로 되돌아가는 일에 관심을 가진 많은 그리스도인들에게 커다란 영향을 주었다. 1943년 도미니코회 회원들이 '전례 사목 센터Centre de pastorale liturgique'를 파리에 설립했다. 전례 사목 센터는 전례가 영성 생활 안에서 제자리를 찾도록 해 주었을 뿐

만 아니라, 전례에 관계된 잡지들(《축일들과 계절들Fêtes et Saisons》)과 책들과 학술회의들(1944년 방브에서 개최된 학술회의)의 시발점이 되었다.

Ⅱ. 전후 정치적 사건들이 종교에 미친 영향

1. 그리스도인이 맞이한 새로운 상황

국경의 변화

제2차 세계 대전은 소련(소비에트 연방), 폴란드, 유고슬라비아 같은 동유럽과 중부 유럽 국가들에 어마어마한 손실을 가져왔다. 폴란드의 인구는 3분의 1가량이 줄어들었는데, 희생자들 가운데에는 러시아와 독일에 의해 조직적으로 희생된 엘리트들(장교, 대학 교수, 사제)이 포함되어 있었다. '얄타 협정(1945년 2월)'을 통해서 서로 다른 동맹 세력들은 자신들의 영향권의 범위와 경계를 확정했다. 소련은 서쪽으로 전진하여, 발트 해 연안의 국가들(리투아니아, 레토니아, 에스토니아)과 폴란드의 일부 지역(1918년)과 루마니아의 일부 지역(베사라비아Bessarabie)을 병합했다. 폴란드도 서쪽으로 이동하여, 독일한테 빼앗겼던 영토를 다시 회복했다. 독일은 두 진영으로, 즉 하나는 소비에트 진영으로 다른 하나는 서방 진영으로 편입되어 갈라졌다. 이 같은 국경의 변화로 인해, 수많은 인구, 특히 독일인과 폴란드인이 집단 이동을 했다. 집단 이동으로 인해 초래된 종교적인 결과도 엄청났다. 많은 그리스도인들이 직·간접적으로 소련의 압제를 감수하고 인내해야만 했다. 독일에서는 그리스도교 교파들이 자주 디아스포라처럼 흩어져야 하는 상황이 발생했다. 이때부터 가톨릭 신자들이 전통적으로 프로테스탄트들만이 살았던 지역에서 살게 되었고, 프로테스탄트 신자들도 마찬가지로 가톨릭 지역에서 살게 되었다.

정치 무대에 등장한 서유럽 그리스도인들

서유럽에서 그리스도인들은 정치 분야에서 중요한 역할을 수행했다. 레지스탕스 운동 기간 중에 정의 사회 구현에 대한 갈망이 생겨났고, 여러 나라에서 그리스도인들이 공산주의자들과 사회주의자들에 대항하여 제3세력을 형성했다. 이탈리아와 독일과 벨기에 등지에서 그리스도교적 민주주의 같은 것들이 생겨나 호황을 누렸다. 프랑스에서는 사람들이 신앙 고백적인 명칭보다는 오히려 '인민 공화국 운동(M.R.P.)'이라는 명칭을 더 선호했다. 가톨릭 신자들은 그동안 자신들을 옭아매던 게토주의로부터 벗어났다. 20세기 초반부터 정교분리주의라는 원칙 때문에 가톨릭 신자들은 스스로를 정치와 단절시켜 왔다. '프랑스 가톨릭 청년 연합회' 출신 6명이 1944~1945년의 임시 정부의 각료로 들어갔다. 몇 달 동안 '인민 공화국 운동'이 프랑스의 제1정당이 되었다. 이 같은 그리스도교적 민주주의가 성공을 거두자, 독일 점령군에게 협력하고 타협했던 옛 보수 우파 진영은 와해되었다.

이러한 모든 그리스도교적 민주주의 정당으로 인해, 옛날에는 망설였던 가톨릭 신자들이 민주주의와 의회 제도를 받아들이게 하는 데에 크게 기여했다. 동시에, 사회적이고 유럽적인 관심사들에 관한 법안을 많이 통과시켰다. 가끔 사람들은 교황권과 주교들에 의해 원격 조종되는 바티칸적인 유럽이라고 말을 하곤 한다. 그러나 그것은 전적으로 맞는 말은 아니었다. 그러한 정당들은 대체로, 주교들의 감독을 전혀 받지 않았던 레지스탕스 운동을 통해서 설립되었기 때문이다. 공산주의에 대한 두려움이 차츰 커지자, 주교들과 교황은 그리스도교적 민주주의 정당을 위해 투표하라고 권유했다. 프랑스에서는 사회 문제로 인해 가톨릭 신자들이 '인민 공화국 운동' 쪽으로 방향을 잡고 나아갔다. 그러나 우파 진영이 재구성되자, '인민 공화국 운동'은 급격히 후퇴했다. 상황이 이렇게 되자, 아주 극소수 좌파 그리스도인들은 신앙 고백을 표방하는 모든 정당에 대해 문제 제기를 하고 나섰다.

2. 냉전의 결과

1945년, 제2차 세계 대전이 연합군의 승리로 끝난 뒤, 두 해 동안 옛 동맹 국가들은 일치를 이루지 못한 채 대립 국면으로 접어들었다. 소련은 소련이 통제하는 지역에서 패권 의지를 드러냈다. 불과 몇 년 만에 동유럽 국가들에서는, 소련으로부터 갖가지 방법에 의해 조종을 당하는 소수 공산당이 모든 것을 장악했다. 서방 국가들, 특히 프랑스와 이탈리아에서는 총파업이라는 수단을 통해 힘을 발휘하던 공산당이 공식적인 정당으로 인정받기 위해 노력했다. 1949년 중국 전체가 마오쩌둥이 지도하는 공산주의 손에 넘어갔다. 그 뒤를 이어 몇 년 동안, 베트남(1954년에 이어 1975년)과 쿠바(1959년)에서 공산주의자들이 권력을 장악했다. 13억 공산주의자들은 팽창 의지를 통해 나머지 세계를 크게 위협했다.

유럽을 둘로 갈라놓은 '철의 장막'[203] 뒤편에서는 그리스도인에 대한 박해가 자행되었다. 박해는 다양한 형태를 띠고 일어났으며 박해의 강도는 나라마다 아주 달랐다. 소련에서는 반종교 투쟁이 발트 해 연안 국가들에서 특히 폭력적인 양상을 띠었다. 리투아니아에서 사제들은 1952년까지 계속해서 반소비에트화 저항 운동을 지지했다. 그 결과 거의 대부분의 성직자들이 몰살당했다. 투옥된 슬리피 추기경의 지도를 받던, 교황의 수위권을 인정하던 우크라이나 정교회 신자들도 전방위적으로 박해를 받았다. 러시아 교회 당국에 순명했던 정교회 신자들도 박해를 면할 수는 없었다. 동유

---

[203] '철의 장막'은 제2차 세계 대전 후, 소련과 동유럽 공산주의 국가가 채택한 정치적 비밀주의와 폐쇄성을 자유주의 진영에서 비유적으로 이르던 말로, 영국의 처칠이 1946년 미국 방문 시 연설에서 처음 사용했다. – 편집자 주

럽 모든 나라에서, 가톨릭교회의 책임자들은 외환 암거래와 적성 국가와 협력했다는 죄목 등으로 체포·고발을 당했다. 헝가리의 민첸티 추기경, 체코슬로바키아의 베랑 주교, 유고슬라비아의 스테피나크 주교, 그리고 폴란드의 비신스키 추기경에 대한 소송 등이 바로 그 예에 해당한다. 1956년부터 시작된 탈스탈린화가 폴란드 같은 특정한 나라들에서는 그리스도인의 운명을 개선시켜 (비신스키 추기경의 석방) 주기도 했지만, 헝가리 같은 다른 나라들에서는 오히려 더욱더 악화시켰다. 헝가리에서 민첸티 추기경은 15년 동안 부다페스트 소재 미국 공관에 갇혀 지내야만 했다.

서방 국가들은 '북대서양 조약 기구(N.A.T.O.)'를 통해서 미국을 중심으로 모여들었다. 서방 지역의 공산당들은 '철의 장막' 뒤에서 자행되고 있던 일의 공모자들로 인식되었다. 그리하여 그들에 대한 불신도 함께 생겨났다. 1949년 교황청은 가톨릭 신자들에게 공산주의자들과의 모든 협력을 금지시키는 칙령을 발표했다. 그러나 공산당은 사회에서 가장 불리한 대접을 받던 소외된 계층과 더 나은 정의 사회를 꿈꾸는 이들을 결집시켜 나갔다.[138] 그러자 당시 사회 문제의 핵심이었던 양심의 위기 문제가 그리스도인들에게 대두되었다.

138) 엠마누엘 무니에

엠마누엘 무니에Emmanuel Mounier(1905~1950년)는 "영적 가치를 심화시키고 그 가치를 필요로 하는 세상의 혁명을 공동으로 추구하기 위해" 1932년에 《정신Esprit》이라는 잡지를 창간했다. 그는 자신의 글을 통해서, 그리스도교가 과거의 사회적·정치적 장애와 부담감으로부터 벗어날 수 있도록 하기 위해 전심전력을 다하고 있다고 밝혔다. 인격주의 운동에 커다란 영감을 준 그는, 비신자들이 제기하는 모든 문제와 특히 가장 가난한 이들이 제기하는 문제에 대해서도 많은 관심을 가졌다.

▲ 엠마누엘 무니에의 초상화.

'강생의 의무'라는 뜻을 남용하지 않고 제대로 이해한다면, 우리는 매 순간 양식良識을 위해 서로 다른 입장들을 다 받아들여야 한다. 세상에 참여하면서 동시에 그 세상에 대해 죽어야 하고, 죄에 대해 괴로워하면서 동시에 새로운 인간에 대해 기뻐해야 하고, 가치의 내면성을 판단하면서 동시에 그 내면성에 들어 있는 보편적인 생명을 획득하기 위해 본성을 통해 우리 자신을 널리 확대시켜 나가야 한다. 우리가 비록 죽음과 같은 허무에 대해 종속되어 있지만 왕이 누리는 것과 같은 자유를 누리고 있음을 인정하지 않을 수 없다. 특히 강생의 의무 때문에, 우리는 이런 분열된 상황 속에서도 그 어떤 것에 대해 본질적인 모순이라고 말하거나 인간의 경험상 결정적으로 확실한 것이라고 주장하지는 않을 것이다.

엠마누엘 무니에, 《그리스도인의 당당한 맞섬 L'Affrontement chrétien》,
1944년, 32~33쪽.

    사람들이 흔히 공산주의라고 말하는 것에 대해 잘 이해하지 않으면 안 된다. 샤이오Chaillot에서 벌어지는 일을 보노라면, 차마 눈 뜨고 볼 수 없을 정도로 어처구니가 없다. 소르본 대학 사람들의 행태는 일종의 그릇된 체계에서 비롯된 문제고, 수상 관저에서 벌어지는 일은 일종의 반국가적 음모에 불과하다. 그리고 몽트뢰유Montreuil나 클리시Clichy에서 벌어지고 있는 일은, 세상에서 버림받은 사람들에게는 갑옷과 투구와 같다. 그들은 그것을 유일무이한 갑주[204]로 간주하여 그들의 하루하루 삶에 대한 유일한 희망으로 생각하고 있다. 몽트뢰유에 잘못이 전혀 없는 것은 아니지만, 그래도 분명한 사실은 몽트뢰유가 문제의 핵심에 놓여 있다는 것이다. 따라서 우리는 몽트뢰유의 관점을 무

---

204 전투에서 사용되는 보호 장구.

> 시하는 추상화抽象化를 거부해야 한다.
> 엠마누엘 무니에의 마지막 논설, 《충실Fidélité》, 1950년 2월호.

3. 탈식민지화와 젊은 교회

유럽의 열강들이 400~500년에 걸쳐, 특히 19세기에 중점적으로 건설했던 모든 식민지 제국이 제1차 세계 대전이 끝나고 20년 동안 붕괴되었었고, 식민지 지배를 받던 국가들이 독립했다. 그리스도교는 유럽에서 도입된 식민지 지배자들의 종교로 간주되었고, 민족주의자들은 자신들의 전통 문화를 찬양하면서 식민지화와 그리스도교에 의해 천대받았던 자신들의 과거를 자주 이상화했다. 이처럼 자기들 마음대로 생각하고 판단하는 경직된 사고방식을 혹시 식민지 지배자들로부터 배운 것은 아니었을까? 민족주의 국가들은 소련한테서 원조를 얻었고, 어떤 민족주의는 마르크스주의로부터 영감을 받았다. 외국 지배를 받던 국민들은 계급 투쟁을 정치적·경제적·종교적 투쟁으로 발전시켰다. 이 모든 것을 제대로 이해한다면, 독립 투쟁을 벌이던 나라들에서 왜 반그리스도교 운동이 발생했는지를 알 수 있을 것이다.

공산주의 국가가 된 중국은 1949년부터 그리스도인들에게 다음과 같은 것을 요구했다. 통치의 자율(바티칸과의 관계 배격), 행정 및 재정의 자립(유럽 등 외국으로부터 들어오는 자금 배척), 포교의 자율(유럽 등 외국 선교사들의 활동 금지) 등 이른바 '삼자 애국 교회=自愛國敎會'를 주장하면서 외국으로부터 해방될 것을 요구했다. 그 후 얼마 안 가서 모든 외국 선교사를 추방했고, 로마에 충성하는 종교 지도자들은 모조리 투옥되거나 처형되었다.[139] 그리하여 로마와의 관계를 단절한 애국 교회가 설립되었다.[140] 그 후 투쟁의 열기가 약간 시들해졌다는 이유로, 1966~1968년의 문화 혁명과 반종교 투쟁이 일어나 극성을 부렸다.

식민 지배를 받던 나라들이 독립하면서 제3세계를 형성했다. 제3세계는 점차 자신의 힘을 의식했다. 그들은 자신들이 가난하게 된 것은 서방 특히 그리스도교 때문이라고 비난했다.

공산주의 중국 교회

중국의 가톨릭 신자들을 로마로부터 분리시키기 위해, 중국 공산당은 서구에 대한 삼자 운동=自運動(행정, 재정, 인력 차원의 독립과 자치를 추구하는 운동)을 전개했다. 이를 받아들이지 않는 이들에 대해서는 물리적인 제제를 가하거나 국외로 추방시켰다. 그와 동시에 중국 공산당은 자신들이 임명하는 주교들로 구성된 애국 교회를 만들기 위해서 신자들을 부추기거나 강요했다.

139) 순교를 위한 선택

공산군들이 1949년 5월 24일 상하이에 진입했다. 신중한 성격의 소유자인 '지카위 성 이냐시오 중학교'의 장 베다 교장 신부는, 학생들의 만류에도 불구하고 자신이 위험에 노출되는 것을 두려워하지 않았다. …… 1951년 봄, 문교 당국이 개최한 중국 동부권의 사립학교 회의에 장 신부는 참석했다. 회의가 끝날 무렵, 회의 참석자들은 가톨릭 신자 학생들을 삼자 운동에 참여시키겠다는 내용이 담긴 공동 성명서에 서명하라는 요청을 받았다. 네 명의 다른 대표들에 이어, 장 신부는 거부 의사를 밝히기 위해 자리에서 일어났다. 장 신부는 가톨릭 교리의 기본적인 몇 가지 점들을 분명하게 언급하고, 각 나라들의 교회 자치권에 대한 참된 개념을 설명하면서 당국의 이해를 호소했다. 조국애는 그리스도교 신앙 안에서 자연스럽게 찾을 수 있는 기본적인 원리라고 주장하면서 자신의 발언을 마쳤다. …… 많은 대표들이 박수를 치다가 이내 거북함을 느끼고 박수를 치지 않았다. 결국 장 신부는 본인 스스로 막 선고를 받은 셈이 되었다. …… 1951년 8월 9일, 오후 한 시경에 사람들이 찾아왔다. 경찰이 그와 '얘기를 나누고' 싶다고 했다. …… 간수들은 장 신부에게 상하이의 분리주의 교회의 우두머리가 되라고 제안했다. 거절했지만, 사람들은 그의 의지를 꺾으려고 했다. 밤새도록 심문이 계속되었다. 인간이 지닌 최후의 저항력마저 무력화하기 위해 잠을 재우지 않은 채 긴장감을 고조시켰다. 수감자들은 기진맥진한 장 신부가 그저 "예수, 마리아, 요셉이여, 저를 구해 주소서."라고 되뇌는 소리를 들었다.

감옥의 간수들은 넘어서는 안 될 선을 넘어 버렸다. 장 신부가 혼수상태에 빠졌다. 간수들은 자신들로부터 벗어나 죽음을 향해 달려가는 희생자를 살려보려고, 10월 30일에 장 신부를 감옥 병원으로 이송했다. 1951년 11월 11일 아침 8시경에, 장 베다 신부는 세상을 떠났다.

장 몽스테를레Jean Monsterleet,
《중국의 순교자들이 말한다Les martyrs de Chine parlent》(1953년), 49~50쪽에서 인용.

140) 애국 교회의 주교

1957년 12월 17일, 칭다오靑島의 교구 회의는 리 시잉Li Shi-ying을 '통상권을 지닌 칭다오의 교구장'으로 선출했다. 새로 선출된 그는 성경 위에 손을 얹고 선서했다. 지킬 수 있는 것만이라도 지키려고 했던 상당수의 가톨릭 신자들의 선택에 대해 섣부른 판단을 해서는 안 될 것이다.

> 인민의 목소리가 곧 하느님의 목소리이므로, 나는 나 자신을 곧추 세우고 교구에 대한 책임을 지겠다. 바로 오늘 이 순간부터, 나는 공산당의 지도 아래 사회주의의 길을 걸을 수 있도록, 바티칸 당국의 온갖 방해와 간섭에 반대할 수 있도록, 신앙생활에 관한 문제에 있어 우리 스스로가 온전히 독립할 수 있도록, 교구의 사제들과 4만 명의 신자들을 가르쳐 나가겠다. 믿을 교리와 지켜야 할 계명들과 관련해서는 우리가 바티칸과의 관계를 유지해 나가겠지만, 그 관계도 우리 조국의 존엄성이나 중국 인민의 이해관계를 해치지 않는다는 바로 이 중요한 조건 아래에서 유지해 나갈 것이다.
>
> 존H. John, 《중국에 관한 그리스도교적인 관점들 Vues chrétiennes sur la Chine》(1961년), 207쪽에서 인용.

젊은 교회의 약진

일반적으로 교회 지도자들은 복음화와 식민지화를 구별하는 데 신경을 썼다. 성탄절 메시지에서 비오 12세는, 교회는 초국가적인 것으로, 유럽과 연관된 하나의 제국이 아니라고 단언했다. 교회를 가리켜 식민주의라고 비난하는 공산주의의 부당한 비난에 대해 교황은 우려를 표명했다. 여러 차례에 걸쳐 식민지 국가들의 주교들, 예를 들어 1955년의 카메룬의 주교들, 1965년의 벨기에 출신의 콩고 주교들과 르완다, 부룬디의 주교들은 식민지 국가의 독립을 요구하는 것은 정당한 것이라고 주장했다.¹⁴¹⁾ 그러자 유럽의 식민지 지배자들은, 식민지 국가의 주교들이 교회의 이익을 위해 기회주의적인 태도를 보이면서 자신들의 조국인 유럽에 역행하는 작태를 보이고 있다고 비난했다.

141) 국민들의 교회와 독립

카메룬의 주교들은 독립에 대한 열망은 정당한 것이라고 인정했지만, 마르크스주의의 영향을 받고 있던 정파들에 대해서는 경계심을 늦추지 않았다.

…… 진리, 정의, 현명함, 애덕 등과 같은 복음의 주요한 가르침들이 존중된다면, 교회는 카메룬 사람들이 조국에

> 대한 지도력을 점차적으로 장악해 가면서, 자유롭고 정직하며 풍요로운 삶의 방향으로 조국을 이끌어 나가고자 하는 그 같은 열망은 정당하고 타당한 것이라고 인정하며, 그러한 열망들을 장려하지 않을 수 없다. …… 그러한 열망을 이끌어 나가고 있다고 주장하는 정파들의 주장에 대해 그리스도인들이 분명하게 알아보는 것이 반드시 필요하다. 어떤 정파들은 진리와 애덕을, 정의와 현명함을 거스르고 있다. 가톨릭 신자들은 오늘날 마주칠 수밖에 없는 여러 가지 운동의 원리와 방법에 대해 정확하게 알아야만 한다. ……
>
> 속지도 말고 유혹에 빠지지도 말자. 마르크스주의가 그들의 고유한 원리를 포기하지 않는 한, 그리고 더 이상 그 이름에 걸맞지 않는 행동을 하는 한, 마르크스주의는 우리 문명을 위협하는 가장 큰 해악이다.
>
> 카메룬 주교단의 공동 서한, 1955년 4월 10일.

유럽 출신 주교들이 점점 더 방인 출신 주교들로 교체되었다. 대목구장을 통해서 교황청이 직속 관할하던 선교 지역들이 온전한 형태의 교구로 발전했다. 그리하여 이들 교구들은 오래된 유럽 교회들이 갖고 있던 것과 똑같은 교구의 모습을 갖추게 되었다. 탈식민지화는 자율적인 젊은 교회들을 탄생시키는 데 원동력이 되었다. 그러나 해외 프로테스탄트 교회들은 이 같은 자율성을 가톨릭에 비해 훨씬 빨리 시작했다는 점은 분명한 사실이다. 프로테스탄트는 유럽에서도 가톨릭에 비해 상대적으로 덜 중앙 집권화가 되어 있었다.

비오 12세는 〈피데이 도눔Fidei donum〉(1957년)이라는 회칙에서, 전문화된 특별한 사람들에게만 복음화의 책임이 있는 것이 아니라, 모든 주교에게도 복음화에 대한 책임이 있다고 강조했다.[142] 이 회칙에 따라, 주교들은 자신의 교구 사제들 가운데 몇 사람을 젊은 교회에 일시적인 도움을 주기 위해 파견함으로써('피데이 도눔'은 사제들을 가리킴), 복음화에 대한 책임감을 느낄 수 있었다.

(교황은 복음화에 대한 새로운 관점을 제시했지만) 가톨릭 신자들은 일반적으로 복음화에 대한 옛 생각에 머물러 있었다. 교회의 다양한 책임자들과 그리스도교 단체들은 마치 군인들의 행동처럼, 일사분란하게 그리스도교 여론과 국가의 여론을 조성하여 옛 식민지 국가들의 독립을 위해 크게 기여했다.

142) 주교는 세계 복음화에 대한 연대 책임이 있다

…… 더 긴밀한 관계를 통해 그리스도와 그분의 대리자

에게 일치해 계신, 존경하올 형제들(주교들)께서는, 우리의 어깨를 짓누르고 있는, 모든 교회에 대한 염려를 기꺼이 함께 나누어 질 것이다(2코린 11,28 참조). 그리스도의 애덕으로부터 재촉을 받고 있는 여러분은 복음을 전파하고 세계 곳곳에 교회를 설립해야 할, 거역할 수 없는 의무감을 기꺼이, 우리와 함께 마음속 깊이 느끼실 것이다. ……

큰 부담이 되는 것이 분명하지만, 그럼에도 불구하고 여러 주교들이 상부상조의 한 형태를 실천하고 있다. 즉, 상당한 희생을 감수하고 인내하면서도, 여러분은 여러분의 사제들 가운데 상당수를 교구를 떠나 아프리카 대륙으로 보내, 일정한 기간 동안 그 지역의 통상적인 관할권자들(교구 주교들)의 재량에 맡기고 있다. 그렇게 함으로써 주교들은 바로 그 관할권자들에게 무엇과도 바꿀 수 없는 봉사를 제공하는 것이다.

비오 12세 교황의 회칙 〈피데이 도눔〉, 1957년 4월 21일.

Ⅲ. 사목적 · 신학적 역동성

1. 사목에 대한 새로운 방식들

'가톨릭 운동'의 전성기

'가톨릭 운동'이라는 용어가 평신도 사도직의 모든 것을 포괄할 수 있다고 하더라도, 이 용어가 모든 곳에서 정확히 똑같은 의미로 사용된 것은 아니었다. 이탈리아에서 '가톨릭 운동'이라는 말은 권위 있는 교회 당국자들의 관할 하에 매우 중앙 집권화가 된 일종의 단일한 조직과 관련된 용어였다. 다른 나라에서는 '가톨릭 운동'을, 1921년에 아일랜드에서 생겨나 1945년부터 전 세계로 발전해 나간 '레지오 마리애'와 결부시켜 생각했다. '레지오 마리애'는 사회적·경제적 상황을 고려하지 않고, 순전히 신심 생활에만 전념하는 일종의 직접적인 사도직을 목표로 삼고 있었다.

여러 나라 가운데서 특히 프랑스에서는 삶의 현장을 복음화하고 사회적인 조건들을 변화시키는 것이 전문화된 '가톨릭 운동'이라고 강조했다. 이러한 전문화된 운동들이 1950~1960년대에 전성기를 누렸다. '가톨릭 노동 청년회', '가톨릭 농촌 청년회', '가톨릭 대학생 청년회' 등 제2차 세계 대전 이전에 창설된 젊은이들의 운동과, 1950년대에 그 틀을 갖춘 성인成人들의 운동이 여기에 해당한다. '가정을 위한 대중 운동'이 발전하자, 1950년 프랑스의 주교들은 '노동자 가톨릭 운동'을 창설하여 일종의 정화를 꾀하려고 했다. '가톨릭 운동'은 교회의, 즉 주교들의 사도적인 선교 활동에 참여하는 것이었다. 여기에는 교계 제도가 운동 단체와 활동가들에게 권위를, 정파와 노동조합에게 '독립성'을 부여해 준다는 생각이 내포되어 있었다. 분명한 사실은 활동가들에게 세속적인 참여를 요청했지만, 어디까지나 개인적인 차원에서의 참여를 요구했다는 것이다. 주교들이 최우선적으로 생각한 것은 복음화였다. 한편, '독자적인 계층의 가톨릭 운동'[205]이 얼마 후에 생겨났다. 그와 동시에 신앙생활을 옹호하기 위해서, 예전의 연합체들은 일반적인 가톨릭 활동을 펼치는 운동 단체들로 탈바꿈했다. '남성 일반 가톨릭 운동'과 '여성 일반 가톨릭 운동'이 바로 그런 경우이다.

가난한 이들에 대한 사목과 노동 사제

'프랑스 선교회'와 '파리 선교회'의 창설, 고댕과 다니엘 신부의 저서 《프랑스, 선교 지역인가?》, 쉬아르 추기경의 사목 서한 〈교회의 비약 혹은 쇠퇴〉(1947년) 등과 같은 주도적인 활동과 글은 비그리스도교화된 사회 계층, 특히 노동자 계층을 대상으로 한 사목 쇄신을 강력하게 요구했다. 사제들은 노동자들을 삶의 현장에서 만날 수가 없었다. 그래서 몇몇 사제들은 그들의 삶의 현장에 뛰어 들어 그들을 만나기 위해서, 1944년 초에 공장 노동자가 되었다. '프랑스

---

[205] 중산층에서 생겨난 가톨릭 운동 단체.

선교회'와 '파리 선교회' 회원들, 여러 수도회 소속의 수사들, 재속 사제들이 직접 노동자가 되었다.**143)** 노동 사제의 수가 소수에 불과했지만(1954년에 약 백여 명), 질베르 세스브롱Gilbert Cesbron이 쓴 소설《성인 지옥에 가다》(1952년)라는 작품은 많은 대중들에게 노동 사제의 삶을 소개함으로써 커다란 반향을 불러일으켰다. 노동 사제들의 삶을 통해서, 사람들은 트렌토 공의회와 '프랑스 학파'에 의해서 정형화되었던 사제상에 일대 변화가 일어났다고 생각했다. 노동 사제들은 더 이상 수단을 걸치지 않았다. 그들은 아파트에 살면서 비그리스도인들과 공산주의자들과 더불어 공동으로 활동을 펼쳐 나갔다. 그러나 이것은 커다란 논란의 시발점이 되었다. 논란은 전통적인 그리스도인들 진영에서뿐만 아니라 '노동자 가톨릭 운동'의 활동가 진영에서도 벌어졌다. 주로 평신도들로 구성된 '노동자 가톨릭 운동' 단체는 현장에서 뛰는 노동 사제들의 직접적인 사도직을 이해하지 못했다.

143) 한 노동 사제의 역정

파리 대교구 새 교구장 펠탱Feltin 대주교를 위해(1949년 10월), '파리 선교회'의 노동 사제들이 자신들이 살아온 길을 회고했다.

다음 내용은 제철소에서 주물공으로 일하기 시작한 한 젊은 사제의 증언을 발췌한 내용이다.

제가 '콩퇴르 드 몽루즈Compteurs de Montrouge'[206]에 입사했을 때, 저는 신학교를 졸업한 지 12년이 되었습니다. 저는 문화, 인간적인 균형, 열정 등 없어서는 안 될 재산을 갖고서 노동자들을 향해 나아갔습니다.

저는 한 사람이 미칠 수 있는 영향력을 믿었습니다. 노동자들과의 만남에 커다란 기대를 갖고 있었습니다. 저는 토론하는 것을 좋아했습니다. 토론을 통해서 저는 저의 지식을 노동자들이 받아들일 수 있기를 희망했습니다. 저는 그들에게 하느님을 전해 주고자 했습니다. 그러나 훨씬 더 심각한 문제는, 하느님에 대한 저의 신앙과 동떨어진 채, 교회가 저를 파견했던 세상과 동떨어진 채, 제 자신이 생활하고 행동한다는 점입니다. 그런데 그 세상은 제가 전혀 모르던 세상이었습니다.

'콩퇴르 드 몽루즈'에서 살았던 그 2달로 인해 저는 저로 하여금 제가 지니고 있던 환상을 깡그리 버리게 되었습니다. 크레믈랭-비세트르Kremlin-Bicêtre 가街와 장티Gentilly 가에서 더 많은 시간을 보내기 위해서, 저는 그 공장을 떠나

---

[206] 각종 계량기를 제작·생산·판매하는 회사명을 가리킨다.

야만 했습니다. 그때 저는 노동자들의 노동과 희망에 온전히 하나 되기 위해선, 저의 문화, 저의 사고방식, 제 내면의 태도 등 모든 것을 버릴 필요가 있다고 확신했습니다. ……

저는 그곳에서 어머니들의 고달픈 생활고를 알게 되었습니다. 작은 방 2개에서 10명씩 북적대며 사는 가정들도 알았습니다. 특히 그곳에서 저는, 그들을 짓누르는 비인간적인 삶의 조건에 대해 노동자들이 가정 밖으로는 잘 드러내지는 않지만, 실제로 상당히 의식적으로 저항하고 있다는 사실을 깨달았습니다. 그래서 저는 저에게 맡겨진 사명 안에서, 오직 한 방향으로만 나아갈 수 있었습니다. 저의 사제직이 그들의 사제직이 되느냐 혹은 그렇지 않으냐 하는 것이었습니다. ……

제 주변에 있는 사람들, 거리에서 마주친 사람들과 함께, 저는 트럭에서 하역 작업을 했습니다. 거의 2년 동안 조립

> 공으로 시장 통에서 살면서, 저는 그들과 노동 생활을 함께 했습니다. 그들이 저한테 무슨 특별한 충고나 서비스를 기대하지는 않았습니다. 그들은 단지, 우리가 그들과 똑같은 생활을 하고 있고 똑같은 운명을 겪고 있다는 바로 그 한 가지 점만을 잘 알고 있었을 뿐입니다.
>
> 《노동 사제들 Les Prêtres-Ouvriers》, 자료집(1954년), 176~177쪽에서 인용.

본당, 전례, 교리 교육

파리 근교에 있는 프티-콜롱브Petit-Colombes에서 '애덕의 아들 회 Fils de la Charité'의 미쇼노Michonneau 신부가 경험했던 내용은 본당을 선교 공동체로 변화시킬 수 있는 가능성을 보여 주었다(《본당, 선교 공동체Paroisse, communauté missionnaire》, 1946년). 르미유Remillieux 신부는 자신의 본당을 하나의 공동체로 만들기 위해서 전례부터 새롭게 시작했다. 어떤 사람들은 그것을 '독창적'이라고 평가했다. 르미유 신부가 펼쳤던 주도적인 활동이 모든 본당에서 일상생활로 자리를 잡아 갔다(《본당 공동체와 전례Communauté paroissiale et liturgie》, 1947년).

제2차 세계 대전 이후 시기는 마리 파르그Marie Fargues와 프랑스와즈 데르켄느Françoise Derkenne 등이 1930년대에 시작했던 교리 교육 운동이 활짝 꽃피었던 시기였다. 리옹의 신앙 교육의 지도자, 조셉 콜롱브Joseph Colomb(1902~1979년)는 교리 교육 운동을 활성화시켰던 사람이다. 1946년부터 여러 저서를 통해서(《그리스도교 교육에 대한 커다란 연민La Grande Pitié de l'enseignement chrétien》, 《교리 교육의 원전들에서Aux sources du catéchisme》, 《효과적인 교리 교육을 위하여Pour un catéchisme efficace》, 《교회의 옆구리에 드러난 상처Plaie ouverte au flanc de l'Église》), 그는 교리 교육의 부족한 점에 대해 강조했다.[144] 그는 신앙 교육을 위해, 성경과 전례의 원전으로 돌아갈 것을 요청했다. 또한 신앙에 관한 명제는 반드시 어린이들의 인간적인 경험과 관계를 맺어야 하며, 교리 교육은 점진적인 단계를 거쳐야 하고, 어린이들이 이해할 수 있는 언어를 사용해서, 각 생활 단계에서 소화시킬 수 있는 내용을 제시해 주어야 한다고 강조했다. 그의 영향으로 무보수로 일하는 수천 명의 전문 교리 교사를 양성해 낼 수 있는 기관들이 생겨났다.

[144] 신앙 교육, 쇄신되어야만 한다

'술피스회'의 조셉 콜롱브는 1945년에 리옹의 신앙 교육 지도 신부였다. 곧이어 같은 해에 신앙 교육 전국 지도 신부가 되었다. 그는 '교리 교육의 위기' 때문에 1958년에 전국 지도 신부의 직책을 포기해야만 했다. 그러나 그의 저서들과 그가 설립했던 단체들을 통해서, 그는 프랑스 신앙 교육의 초창기 쇄신가들 가운데 한 사람이 되었다.

특정 학파가 존재함으로써, 혹은 특정 학파를 옹호함으로써, 현행 신앙 교육에 내포된 광범위하고 중차대한 문제를 인식하지 못하게 만든다는 것은 심각한 문제가 아닐 수 없다.

더욱이 그리스도교계 학교가 제시한 해결책, 즉 소수 어린 영세자들만을 위해서라도 최선책을 강구하자는 것은 결코 좋은 해결책이 아니다. 대다수 프랑스 어린이들은 평신도가 운영하는 공립학교에 다닌다. 이 어린이들에 대한 교리 교육 문제에 대해서 반드시 고려해야만 한다. 그러나 비그리스도교계 학교용 신앙 교육에 대해, 그리고 그 학교 교육 자체와 목적에 대해 우리는 실제로 단 한 번도 생각해 본 적이 없다. 다시 말해, 우리가 그리스도교 세계가 아닌 다른 세계에 적합한 교리 교육에 대해 지금까지 단 한 번도 생각해 본 적이 없다는 것이다.

조셉 콜롱브, 《효과적인 교리 교육을 위하여》, 1948년, 29쪽.

가톨릭 신자들은 지금도 여전히 평신도들이 운영하는 학교에서 마치 이방인처럼 행동한다. 가톨릭 신자들은 신자로서의 본질적인 요구 사항을 주장하지 않고 포기하겠다는 조건으로 학교에 들어갔기 때문에 그렇게 산다. 그러나 이런 학교가 온갖 수단과 방법을 다해 이 같은 부당한 상황을 유지시켜 나가려고 하겠지만, 가톨릭 신자들은 이런 상황을 타파하여 부당한 열등감의 짐을 내려놓아야 한다. ……

우리는 '장엄 영성체'에 대해 지나칠 정도로 의존한다. 이미 오래전부터 그 버팀목이 차츰 사라져 가고 있는데도 말이다. 더 늦기 전에 우리의 교육을, 탄탄한 토대 위에 그리고 온전한 진실성을 갖고 확립해 나가지 않으면 안 될 것이다. 우리의 이른바 '의무적인' 교리 교육이 어떤 가정에서는 충분하게 이루어지지 않고 있다. 우리의 '의무적인' 교리 교육이 지나치게 까다로울 뿐만 아니라, 다른 것들의 곁가지로 받아들여지고 있을 뿐이다. 항구한 인내심을 갖고 새로운 교리 교육을 만들 필요가 있다. …… 매일매일의 신앙생활을 위한 각 연령대에 맞는 교훈적인 교리 교육을 만들어 내고, 가정과 본당 그리고 어린이에 맞는 교리 교육 즉, 모든 세속적인 환경과 밀접하게 연결된 교리 교육을 만들어 내야 한다. 그런 교리 교육을 아직 만들어 내지 못했고, 때로는 그 형태조차 정확하게 파악하지 못하고 있지만, 그런 교리 교육이 이루어지도록 하는 것이 바로 우리가 해야 할 일이다.

조셉 콜롱브, 《교회의 옆구리에 드러난 상처》, 1953년, 148쪽 이하.

▲ 쿰란에서의 발굴 작업.

▲ 예루살렘 성경.

▲ 1931년 중국으로의 횡단 여행 중의 테이야르 드 샤르댕.

2. 신학과 교회 일치 운동

가톨릭의 성경 재발견

〈성령의 영감Divino afflante spiritu〉(1943년)이라는 회칙이 발표되자, 가톨릭 신자들은 성경 연구를 훨씬 더 자유롭게 할 수 있었다. 가장 중요한 번역본인 《예루살렘 성경》이 번역된 것은, 한마디로 가톨릭계 안에서 성경에 대한 참된 발견이 어느 정도였는지를 여실히 보여 주는 하나의 사건이었다. 성경은 이제 더 이상, 단지 신학적인 견해를 뒷받침해 주기 위한 인용문의 저장소가 아니었다. 하느님의 말씀인 성경은 성경 자체를 위해 연구되었다. 프랑스는 가톨릭 성경 주석가들의 글을 한데 모아서, 《렉시오 디비나Lectio divina》를 엮어냈다. 여러 총서들(《우남 상탐Unam Sanctam》, 《신학》) 안에 실린 역사에 관한 많은 연구 논문들은, 이제 신학이 더 이상 시간을 초월하거나 영원한 것이 아님을 보여 주었다. 또한 전례와 교부들과 관련된 수많은 원전들(특히 《그리스도교 원전》)이 비평본 형식으로 번역되어 출판되었다.

그리스도론과 교회론

신학이 그리스도론적이고 교회론적인 방향으로 쇄신되었다. 예수회의 피에르 테이야르 드 샤르댕Pierre Teilhard de Chardin(1881~1955년)은 살아생전에 공식적인 인정을 받지 못해, 그의 작품은 단 한 권도 출판되지 못했다. 은밀하게 유포되어 읽힌 그의 저서 《인간의 현상Le Phénomène humain》이 그의 사후에 출판되자 커다란 센세이션을 일으켰다.[145] 그의 주장에 대해 사람들은 범그리스도교, 우주론적 신비학, 혹은 우주론적 그리스도 중심주의라고 언급했다. 그에 의하면, 물질에는 영적인 힘이 포함되어 있고, 영적인 힘 너머에서 그리스도께서는 당신 자신을 계시하며, 우주는 오메가 포인트, 즉 그리스도의 재림으로 집중되거나 수렴된다. 장 무루Jean Mouroux는 《인간의 그리스도교적인 의미Le Sens chrétien de l'homme》(1945년)라는 작품을 통해서, 루이 뵈이요Louis Richard는 《구속Rédemption》이라는 작품을 통해서, 그리스도를 토대로 한 그리스도인의 실존에 대한 문제를 다시 집요하게 다루었다.

제1차 세계 대전과 제2차 세계 대전 사이에 시작된 교회론이 계속해서 발전했다. 드 몽쉐이, 콩가르, 드 뤼박 그리고 다른 프랑스 신학자들도 역사 안에 교회론을 뿌리내리기 위해서 노력했다. 또한 이들은 교회를, 그리스도가 조직의 세세한 모든 부분까지 미리 다 정해 준 완벽한 사회로 소개하기보다는 오히려, 은총의 신비와 그리스도와의 만남의 장소로 제시하려고 노력했다. 이 같은 원전에 대한 복귀와 역사에 대한 관심은, 서로 다른 교파의 그리스도인들을 화해시키는 데 크게 기여했다.

145) 테이야르 드 샤르댕의 범그리스도주의

오랫동안 비밀스럽게 유포되었던 테이야르 드 샤르댕의 작품들이 그의 사후에 가까스로 출판되었다.

일반적으로 초대 교회 몇 세기 동안 신학의 주된 관심사는 삼위일체와 관련된 그리스도의 위치를 지적·신비적으로 결정하는 문제였다. 그러나 오늘날 교회의 사활이 걸린 주된 관심사는 그리스도와 우주를 서로 연결시켜 주는, 실존과 영향에 대한 관계를 분석하고 분명하게 밝히는 문제다.

테이야르 드 샤르댕, 《그리스도교와 진화Christianisme et Évolution》, 1945년에 쓴 글의 발췌문.

우리의 행위는 영적 세계에 직접 영향을 미치며 그리스도의 신비체가 완성되도록 협력한다. …… 나는 행동을 통해서 하느님의 창조 권능에 참여한다. 나는 그분과 합치된다. 나는 단지 그분의 도구가 될 뿐 아니라, 살아 있는 연장이 된다. 존재하는 것 가운데 하느님의 의지보다 더 친밀한 것이 없기에, 내 마음은 하느님의 마음과 합류한다. ……

내 사랑이 증가하여, 내가 나에게 혹은 사물에 미치는 모든 영향력이 증가할 때, 우주에 대한 그리스도의 복된 장악도 더 증가한다. 우리의 노동은 무엇보다 일용할 양식을 얻기 위한 수단으로 간주되었으나, 우리의 노동의 결정적인 효능은 그보다 훨씬 더 높은 데 있다. 노동을 통해서, 우리는 우리 안에서 신적 일치를 이루고, 또한 노동 때문에 우리는 우리 주 예수 그리스도와 더 일치된다. …… 예술가든, 노동자든, 학자든 우리가 하는 일이 무엇이든, 우리가 신앙과 경험 속에서 근본 진리를 단지 대면하기만 하면, 우리는 모든 행위 안에서 무한하신 하느님께 도달할 수 있다.

테이야르 드 샤르댕, 《신적 환경 Le Milieu divin》, 1926~1927년에 쓴 글의 발췌문.

끌로드 쉐노 Claude Cuenot, 〈언제나 변함없는 저술가들 Ecrivains de toujours〉,

《테이야르 드 샤르댕》(1963년), 141쪽; 153~154쪽에서 인용된 글들.

교회 일치 운동의 진전

전쟁의 참상을 함께 겪었던 체험들이 서로를 만날 수 있는 기회를 제공해 주었다. 교회 일치를 위한 단체들 가운데서, '추방자들을 위한 초교파 운동 위원회'와 '그리스도인의 우정'이 망명자와 유다인을 위한 봉사 활동을 통해서 모든 그리스도인이 하나가 되게 해 주었다. 자신들의 특별한 총회만을 고집하던 '신앙과 직제', '생활과 봉사', '국제 선교 협의회'와 같은 다양한 일치 운동 단체들의 대부분을 하나로 통합한 '세계 교회 협의회'가 1948년 암스테르담에서 창설되었다. 모든 교회가 "예수 그리스도는 하느님이시자 구세주이시다."라는 신앙 고백을 토대로 이 협의회에 가입할 수 있었다. 이 협의회는 하나의 상부 교회가 아니라, 일종의 교차로이자 경청하는 자리이며 희망의 공동체였다. 협의회는 에번스톤(1954년)과 뉴델리(1961년) 등지에서 하나의 주제를 가지고 정기적으로 총회를 개최했다.

가톨릭은 교회 일치 운동에 대해 여전히 망설이면서 상황을 예의주시했다. 참된 교회인 로마로부터 갈라져 나간 형제들이나 열교자들을 다시 되돌아오게 해야 한다는 통합주의와, 일종의 대등한 자격으로 대화를 해야 한다는 교회 일치주의의 주장들이 항상 팽팽한 긴장감을 이루었다. '세계 교회 협의회'가 창설되었지만, 로마는 협의회에 참여하는 것을 반대했을 뿐만 아니라, 신앙을 목적으로 한 가톨릭과 비가톨릭 신자들의 혼합 모임도 금지하고, 가톨릭 신자들이 다른 교파의 성찬례에 참여하는 것도 금지했다. 그러나 1950년 3월에 발표한 교황청의 한 훈령은 교회 일치 운동이 일궈 낸 '하나의 훌륭한 업적'과 '성령의 열매'를 인정했다. 주교들은 다른 교파와의 모임을 공식적으로 허락했다. 그 결과 가톨릭 신자들은 이제 비가톨릭 신자들과 함께 기도도 바칠 수 있게 되었다. 1953년 세상을 떠난 쿠튀리에 신부는 말년에 몇 년 동안, 영적인 교회 일치 운동을 발전시켜 나갔다. 그는 이 운동을 '눈에 보이지 않는 수도원'이라고 불렀다.

3. 긴장과 위기

비오 12세 교황의 마지막 재임 시기 몇 년간은 복잡한 실타래처럼 뒤엉킨 문제들로 긴장과 위기의 시기였다. 이것은 다분히 몰이해와 두려움에서 비롯된 결과였다. 하지만 또한 여러 방면에서 사람들이 피할 수 없는 한계와 난관에 부딪쳤다는 신호이기도 했다.

신학

1950년 8월, 비오 12세는 '가톨릭 교의의 토대를 해치고 위협하는 그릇된 견해들에 관한' 〈인류Humani Generis〉라는 회칙을 공표했다. 교황은 때때로 '새로운 신학'이라고 일컬어지는 것에 대해 문제를 제기했다. 이 신학은 역사를 아주 중시하면서 동시대인에 대해 신학적으로 성찰했다. 교황은 철학과 신학이 토마스 아퀴나스적인 정통 교의로 복귀해야 한다고 주장했다. 그리스도인의 관계에 대해서, 회칙은 일종의 무분별한 관용주의에 대한 우려를 표명했다. 무분별한 관용주의는 일치를 추구한다는 미명하에, 교의를 희생시키려고 했다는 것이다. 회칙에는 개인의 이름과 오류의 목록에 대한 구체적인 언급이 없었지만, 사람들은 특정 신학과 신학자들을 단죄한다는 것을 알았다. 예를 들어, 인류 다원론(인류 기원에는 여러 인류의 원조가 있다는 설)이 결코 창조와 원죄와 관련된 그리스도교 교의와 양립될 수 없다는 회칙의 가르침은 바로 테이야르 드 샤르댕을 겨냥한 것이다. 자연과 초자연, 역사와 교의에 관해 회칙에서 다루고 있는 논쟁은 예수회 신학자들을 겨냥했다. 예수회 신학자들은 이 회칙 때문에 쓰라린 시련을 감당해야 했다. 드 뤼박, 간느, 부이야르 등은 교수직을 그만두고 출판마저 포기해야 했다. 1945년에 노동 사제들의 사건과 연루되어, 콩가르와 쉐뉘 등 도미니코 수도회의 신학자들도 교수 활동을 금지당했다.

 1950년 11월 첫날 반포된 '성모 승천' 교의에 대해 많은 가톨릭 신자들은 기뻐했지만, 교회 일치를 추구하던 이들과 프로테스탄트 신자들과 정교회 신자들은 당혹스러워했다.

노동 사제와 관련된 문제

가난한 이들에게 복음을 전하려고 노력하다 보니, 프랑스 교회는 대다수 노동자들이 공산주의 운동과 노동조합과 정당에 가입되어 있다는 사실을 인정하지 않을 수 없었다. 그리고 프랑스 가톨릭은 연대라는 측면에서 노동자들이 공산당에 가담할 수 있고 진보적인 그리스도인들의 총회를 구성할 수 있다고 생각했다. 노동 사제들은 '노동 총연맹(C.G.T)'에 가입했다. 1951년에 출판된 저서 《시사와 신앙Les événements et la Foi》을 통해, 몽튀클라르 신부는 사회의 변화는 복음화를 앞질러 갈 수밖에 없다고 평가했다.

교황청은 공산주의자들과의 연대를 금지했다. 그리고 얼마 후, 로마는 노동 사제들의 생활방식과 참여 방식에 대해 깊은 우려를 표명했다. 교황은 노동 사제는 이제 더 이상 영성적인 사람이 아니라고 하면서 노동 사제가 하는 역할을 볼 때, 노동 사제는 특수한 평신도라는 인상을 갖지 않을 수 없다고 말했다. 노동 사제가 평신도화되었다고 느꼈기 때문에, 비오 12세는 사제직의 총체성을 지켜 내고 싶어 했다. 교황은 선교사로서의 성직자를 원했지, 사제직의 새로운 형태를 원하지는 않았다. 프랑스 추기경들의 노력에도 불구하고, 노동 사제들은 1954년 3월 1일에 공장에서의 노동을 포기해야만 했다. 백여 명의 노동 사제들 가운데 절반 정도가 교회에 순명했지만, 나머지 노동 사제들은 자신들이 노동자들과 연계해 있다고 느끼면서, 계속해서 노동 사제로 살아갔다. 그들은 교회가 노동자들에 대해 아무런 관심을 갖지 않는다고 생각했고 이 문제는 엄청난 반향을 불러일으켰다. 한편, '프랑스 선교 신학교'가 재조직되고, '노동 선교회'가 창설되며, 사목적인 행동들을 통합·조정(사제들과 '가톨릭 운동')함으로써, 프랑스 교회는 자신들이 초창기에 가졌던 전망을 결코 포기하지 않았다는 점을 명백하게 보여 주었다.

몇 가지 다른 위기들

'프랑스 가톨릭 청년 연합회'에 속해 있던, 젊은이들의 전문 '가톨릭 운동' 단체들 사이에서 긴장 관계가 표출되었다. '가톨릭 농민 청년회'와 '가톨릭 대학생회'는, 자신들의 고유한 활동이 인간화와 교육화에 중요한 영향을 미친다고 생각했다. '가톨릭 노동 청년회'는 복음화에 더 큰 비중을 두면서, 그리스도교 밖에서 생겨난 노동 운동 단체들을 받아들일 필요가 있다고 판단했다. 문명 전반에 대해 아주 개방적인 자세를 보인 '가톨릭 농민 청년회'와 '가톨릭 대학생회'는 다양한 계층과 폭넓게 협력했다. 그러나 '가톨릭 노동 청년회'는 그 같은 협력을 두려워했다.

1957년에 교리 교육에 관련된 중요한 사건이 발생했다. 로마는 조셉 콜롱브를 비롯한 3명의 책임자들에게 '파리 신앙 교육 센터'를 떠날 것을 요구했다. 교조주의자들이, '진보적'이라고 일컬어지던 '진보적인 교리 교육'을 로마에 고발한 것이다. 사람들은, 콜롱브의 교리 교수법이 원죄와 삼위일체와 같은 그리스도교의 모든 교리를 처음부터 아이들에게 가르치지 않는다고 비난했다. 또한, 이 교리 교수법이 아이들에게 지나치게 인간적·종교적 경험만을 강조한 나머지, 초자연적인 진리들을 자연적인 진리로 변질시켜 버린다고 비난했다.

진취적이었던 비오 12세가 서거하자, 많은 봉쇄 조치들이 나타났다. 그러나 새로 선출된 교황과 제2차 바티칸 공의회 개최로 인해, 전후 기간 동안 이루어진 노력들이 완전히 결실을 맺을 수 있게 되었다.

제20장

제2차 바티칸 공의회의 교회
(1958~2000년)

최근의 역사를 기술한다는 것은 언제나 어려운 문제가 아닐 수 없다. 왜냐하면 아직 결과가 다 드러나지 않은 사건을 평가한다는 것은, 역사를 평가하는 데 필요한 거리감을 유지하기가 어렵기 때문이다. 불가피하게, 몇 가지 결과들에 대해 설명하려 할 때, 어쩔 수 없이 서로 다른 해석이 나올 수밖에 없다. 따라서 여기에서는 단지 지난 몇 십 년 동안에 벌어졌던, 의미 있는 사건들만 간추려서 기술하겠다.

제2차 바티칸 공의회는 지난 이십여 년 동안 일궈 낸 사목적·신학적 측면의 연구들의 결과물이었으며, 트렌토 공의회의 교회에 대한 단절이었다. 제2차 바티칸 공의회는 진보해 가는 세상 한가운데서, 교회로 하여금 자신의 빛을 볼 수 있게 해 주었을 뿐만 아니라, 커다란 희망을 일깨워 주었다. 공의회는 언론의 자유를 고취시켰다. 교회와 세상의 불화는 사라진 것 같았다. 그러나 다른 여러 가지 어려운 문제들도 생겨났다. 그리고 인류 문명에 대한 전반적인 위기도 교회에 영향을 미칠 수밖에 없었다.

Ⅰ. 제2차 바티칸 공의회

1. 여러 가지 전조

요한 23세 교황

요한 23세라는 이름을 갖게 될 안젤로 론칼리Angelo Roncalli 추기경은 1958년 10월 28일에 비오 12세 교황의 뒤를 이어 새 교황이 되었다. 새 교황이 77살의 고령이었기 때문에, 사람들은 그를 단순한 과도기적 교황이라고 생각했다. 농촌 출신인 론칼리 추기경은 교황으로 선출되기 전에, 이미 다양한 외교 경력을 갖고 있었다. 불가리아에서 교황 대사로 재임하면서(1925~1934년) 그는 정교회를 만났다. 그리스와 터키의 교황 대사로 이스탄불에 머물며(1934~1944년) 그는 이슬람 세계와 접촉했고, 나치 점령 치하의 그리스에 있던 유다인들을 구출해 내는 활동에도 기여했다. 파리에서 교황 대사로 재임할 때(1945~1953년), 그는 비시 정권이 만들어 낸 종교적인 후유증을 해결했고, 노동 사제들의 관심사와 같은 새로운 사목적인 관심사에 대해서도 충분히 인식하고 있었다. 1953년부터 베네치아의 총대주교로 재직한 그는

▲ 요한 23세 교황.

용기 있는 사목자라는 평가를 받았다. 여러 나라에서 활동했던 경험을 통해서, 그는 세상이 많이 진보했다는 사실과 교회가 삶의 많은 영역에 아무런 영향을 끼치지 못하고 있다는 사실을 잘 알고 있었다. 요한 23세는 복음 정신으로 '복잡한 것들을 단순화하고' 싶어 했다. 그는 새로운 방식으로 교황직을 수행했다. 1870년 이후, 바티칸 밖으로 나간 첫 번째 교황이었던 요한 23세는 로마에 있는 교도소를 방문했고, 로레토Loretto와 아시시를 순례했다. 그는 철저한 전통주의자였다.

제2차 바티칸 공의회의 선언

공의회를 개최한다는 선언이 발표되자, 세상은 깜짝 놀랐고 많은 사람들은 교황에 대해 기대를 했다. 1959년 1월 25일, 요한 23세

교황은 '로마 교구를 위한 시노드 개최, 교회법 개혁, 보편 교회를 위한 공의회 소집'이라는 자신의 세 가지 지향을 선언했다. 교황은 특히 공의회 소집에 대해 많은 관심을 가졌다. 비오 11세와 비오 12세도 이 문제에 대해 어느 정도 관심을 가졌었다. 그러나 교황의 무류성이 발표된 데다가(제1차 바티칸 공의회), 예전에 비해 로마와 소통하는 것이 쉬워졌기 때문에, 사람들은 이제 공의회의 시대는 끝났다고 생각했다.

어떤 공의회가 되어야 한다는 구체적이고 자세한 생각을 피력하지 않은 채, 요한 23세는 공의회에 대해 '현대화Aggiornamento(아조르나멘토)와 그리스도인의 일치에로의 복귀'라는 두 가지 아주 광범위한 목표만을 제시했다. '현대화'는 끊임없이 변화하는 세상에 대해 교회와 사도직이 적응해야 하는 문제였고, '그리스도인의 일치에로의 복귀'는, 초대 교회의 그리스도인들이 그리스도의 재림이 금방 이루어지리라고 생각했던 것처럼, 교황 자신도 아주 짧은 기간 안에 일치 문제가 해결될 것이라고 생각했다. 공의회의 당면 과제는 교회를 위해서 적들과 싸우는 것이 아니라 세상을 위한 표현 방식을 찾아내는 것이었다. 그동안 교회는 세상 안에 살면서도 세상을 무시했었다. 그러나 사람들은 "교회가 그동안 지녀 왔던 제국적인 힘을 털어내야 한다."라고 생각했다.

제2차 바티칸 공의회의 준비

주교들과 대학들은 공의회에 대한 전반적인 의견을 수렴했다. 12개의 준비 위원회가 구성되었다. 그 가운데 9개는 로마 교황청의 9개 성성에 상응하는 것이었다. 그때까지만 해도, 사람들은 로마의 각 부서들이 공의회를 조직하고 이끌어 나갈 것이라고 생각했다. 그러나 이전 공의회와는 다른 몇 가지 독특한 측면이 있었다. 예를 들어, 평신도 사도직 위원회, 베아 추기경이 주도하는 그리스도인의 일치를 위한 사무국, 그리고 각 준비 위원회 안에 다양한 나라의 신학자들과 주교들이 참여한 점 등 위원회들은 공의회를 위한 준비 작업의 일환으로 70개의 초안을 마련했다. 그리고 세 가지 종류의 회의를 거치도록 하는 규정을 마련했다. 이를 테면, 위원회들(주교들과 전문 신학자들)이 문안을 마련하여 총회(주교들 전부)에서 발표하고, 총회에서 주교들은 자신의 의견(라틴어로 10분 동안)을 개진할 수 있다. 마지막으로 교황이 주재하는 총회가 문안을 최종 승인한다.

2. 제2차 바티칸 공의회의 전개 과정

첫 번째 회기(1962년 가을): 요한 23세 교황의 공의회

공의회에 초대받은 2,800명의 교부들 가운데서, 2,400명 정도가 공의회에 참석했다. 이는 최초의 전 세계적인 차원의 가톨릭 회의였다. 공의회에 참석한 교부들은 모든 대륙과 인종을 대표하는 이들이었다. 그러나 공산주의 국가들에 속한 많은 주교들은 공의회에 참석하지 못했다. 이전 공의회들과 비교해 볼 때, 가장 새롭고 혁신적인 내용은, 요한 23세의 뜻에 따라 정교회, 성공회, 복고 가톨릭교회, 프로테스탄트 등과 같은 다른 교파의 대표들을 참관인 자격으로 참석할 수 있게 했다는 점이다. 참관인 자격으로 참석한 숫자가 공의회 개막 초기에는 31명이었으나 폐막 무렵에는 93명이었다. 공의회 회기가 계속되면서 7명의 여성을 비롯하여 36명의 평신도가 방청인으로 참석했다.

　1962년 10월 11일에 개최된 장엄한 개막식 때, 요한 23세는 공의회가 비관주의와 교조주의의 유혹에 빠지지 않도록 주의할 것을 환기시켰다. 10월 13일, 총회를 주례한 티스랑Tisserand 추기경은 공의회의 위원회들을 새롭게 선출해야 한다고 요구했다. 이 같은 요구는 준비 위원회들을 새롭게 다시 구성해야 한다는 문제로 귀결되었다. 어떤 이들은 공의회가 로마의 관리 체계에 의해 원격 조종되리라고 생각했다. 사회자의 뜻과는 반대로, 리에나르Liénard 추기경은 주교들이 완전한 자유와 정보를 바탕으로 검토하고 선택할 수 있도록 투표를 연기해 줄 것을 요청했다. 그 결과 각국의 주교단들은 공의회를 심도 있게 지지하는 대표들을 후보자들로 제안할 수 있었다.

공의회는 다수파와 소수파라는 두 가지 경향으로 뚜렷하게 구분되었다. 다수파는 요한 23세 교황의 전망에 따라 교회의 세상에의 적응, 교회 일치를 위한 대화, 그리고 성경 등의 원천으로 돌아가기 등과 같은 문제들에 관심을 가졌다. 소수파는 주로 로마 꾸리아의 구성원들과 소위 '그리스도교 세계'에 속한 국가들(이탈리아, 스페인 등)의 주교들로, 이들은 교회의 안정성 문제와 전통 신앙의 보존 문제 등에 더 많은 관심을 가졌다. 따라서 공의회 기간 내내, 두 경향 사이에서 협상을 하지 않으면 안 되었다. 이 같은 상황이 간혹 최상의 문안이 작성될 수 있도록 해 주기도 했지만, 상당수 문안들을 오히려 빈약하게 만들었다.

첫 번째 회기는 단 한 건의 결의문도 만들어 내지 못했다. 교부들은 70개나 되는 초안들을 다 심사할 수 없다는 사실을 깨달았다. 그래서 70개의 초안들을 20개로 줄이기로 확정했다. 어쨌든, 공의회는 미리 작성된 초안들을 기록하는 등기소가 아니라, 그야말로 인간들의 자유로운 토의장처럼 보였다.

요한 23세 교황의 서거와 바오로 6세 교황의 즉위

1963년 4월에 공표된 요한 23세의 회칙 〈지상의 평화Pacem in terris〉가 커다란 반향을 불러일으켰다. 왜냐하면 교황이 그리스도인들에게만이 아니라 '선의를 가진 모든 이'에게 평화를 호소했기 때문이다.[146] 그러나 1963년 6월 3일, 요한 23세가 서거했다. 전 세계는 교황의 임종을 커다란 슬픔으로 지켜보았다. 6월 21일, 바오로 6세라는 호칭을 사용하게 될 몬티니 추기경이 새 교황으로 선출되었다. 1954년부터 밀라노 대교구의 대교구장이었던 그는, 이미 그전에 바티칸의 국무성에서 근무한 적이 있었다. 세심함과 뛰어난 지성을 갖춘 새 교황은 열심히 일하는 영성적인 인물이었다. 그러나 선임 교황인 요한 23세와는 달리 약하다는 인상을 풍겼다. 어쨌든 바오로 6세는 즉시 공의회를 계속해 나가겠다고 결정했다.

146) 요한 23세 교황의 회칙 〈지상의 평화〉

존경하는 형제들인 총주교, 수석 주교, 대주교, 주교, 그 밖의 지역 직권자들에게, 가톨릭 세계의 모든 성직자와 신자에게, 그리고 선의의 모든 사람에게 ……

세상에는 살아 있는 생명과 자연의 힘을 지배하는 놀라운 질서가 있기 때문에 현대 과학의 발전과 기술의 발명이 가능하다. 그리고 자연의 힘을 지배하고, 그 선익을 향유하기 위하여 적당한 도구들을 창조하고, 그런 질서를 발견하는 것은 인간이 지닌 위대함의 소산이다. ……

모든 인간은 생존, 육신 전체, 생활의 품위를 유지하기 위한 절대적인 권리를 갖고 있으며, 특히 양식, 의복, 주거, 숙식 등에 관한 권리가 있으며 의사들의 치료와 그 외 정당한 사회적 봉사 등을 받을 권리가 있다. ……

인간은 자기 신분 선택의 자유에 관한 권리가 있는데, 남녀가 동등한 권리와 의무에 따라 가정을 꾸밀 수도 있고, 사제 성소나 수도 생활의 성소를 따를 수도 있다. …… 경제적 영역에서 인간이 어떤 개인적인 주도권을 갖고 사업을 하거나 활동할 수 있는 권리는 선천적인 것이다. ……

국제 연합에서 만들어진 가장 중요한 문헌은 1948년 12월 10일 총회에서 인준된 〈세계 인권 선언〉이다. …… 그러나 이 선언은 세계 공동체의 법적, 정치적 조직을 위한 중요한 진일보를 의미하고 있음은 의심의 여지가 없다. …… 그러므로 우리는 국제 연합이 그 구조와 운영 방법에 있어서 더욱 발전하여 본연의 임무들을 광범위하고 고상하게 이행하기를 갈망한다. 인간 존엄성에서 직접 나타나는 권리 등을 국제 연합이 각 개인에게 효과적으로 보장하는 날들이 도래하기를 희망한다. ……

선의의 모든 이에게 거대한 과제가 되는 것은 진리, 정의, 사랑, 자유 안에서 사회생활의 상호 관계를 재구성하는 것이다. 곧, 개인들 사이의 상호 관계, 시민들과 정치 공동체들 간의 관계, 그리고 개인들, 가정들, 종교 단체들, 국가들 간

> 의 관계, 다른 한편 세계 공동체 간의 관계들을 바르게 건설하는 것이다. 여기서 가장 고상한 과제는 하느님께서 설정하신 질서 안에서 참된 평화를 실현하는 것이다.

바오로 6세 교황의 제2차 바티칸 공의회

두 번째 회기(1963년 가을)는 주교단과 교회 일치 운동, 신앙의 자유와 같은 다양한 주제들을 다루었고, 전례 헌장과 매스 미디어에 관한 교령 등을 반포했다.

1964년 1월, 바오로 6세는 예루살렘 성지를 방문했다. 오랫동안 교황들은 이탈리아를 벗어난 적이 없었다. 바오로 6세의 예루살렘 방문은 원천을 향한 성지 순례이자 교회 일치 운동을 위한 일종의 몸짓이었다. 바오로 6세는 콘스탄티노플의 아테나고라스 총대주교를 만났다. 그해 5월에 비그리스도인들을 위한 사무국이 창설되었고 초안의 숫자가 17개로 줄었다.

세 번째 회기(1964년 가을)에 교부들은 종교 자유에 관한 문제를 놓고 서로 의견 대립을 보였다. 〈교회에 관한 교의 헌장Lumen gentium〉(인류의 빛), 교회 일치 운동에 관한 교령, 동방 교회에 관한 교령 등 여러 문헌들이 표결에 부쳐지고 반포되었다. 공의회는 교황이 정기적으로 자문을 구할 수 있는 주교 시노드의 구성을 제안했다. 1964년 12월, 봄베이 여행을 통해 교황은 제3세계와도 접촉했다.

네 번째, 마지막 회기(1965년 9~12월)는 그 이전에 논의되었던 모든 문헌을 표결에 부치고 반포했다. 10월 4일, 바오로 6세는 뉴욕에 가서 국제 연합(유엔)의 단상에 올라 권고문을 발표했다. "이제 더 이상 전쟁은 절대로 안 됩니다."라는 교황의 메시지는 사람들에게 강한 인상을 남겼다. 12월 4일, 교황은 생전 처음으로 비가톨릭 신자들과 함께 공동 전례를 거행했다. 이로써 공의회는 비가톨릭 신자 참관인들과 작별 인사를 나눴다. 12월 7일, 로마의 성 베드로 대성전에서, 바오로 6세 교황과 아테나고라스 총대주교가 1054년 로마와 콘스탄티노플에서 선언했던 상호 간의 파문을 철회했다. 이것은 일치의 길로 나가는 데 있어 하나의 중요한 단초가 되었다.

▲ 유엔 총회에서 연설하는 바오로 6세 교황.

1965년 12월 8일은 공의회의 장엄한 폐막식 날이었다. 모든 것이 커다란 희망 속에서 이루어졌다.

3. 제2차 바티칸 공의회의 대대적인 개방 조치

일반적으로 제2차 바티칸 공의회는 그 시대의 모든 사람에게 말을 건네고자 했던, 일종의 사목적인 공의회가 되기를 원했다. 그래서 공의회는 아주 교의적이면서도, 동시에 특정한 정의와 단죄에 해당하는 것을 전혀 제안하지 않았고, 또한 과거의 공의회들과는 달리 파문을 선언하지도 않았다.

원천으로 돌아간 신학

계시 헌장은 계시의 단일성과 살아 있는 '전승'을 강조했다. "그 안에서 성경과 구전되는 '전승'이 인위적으로 구별되어서는 안 된다. 계시란 특정한 한 문헌 속에 고정되어 있는 것이 아니라, 믿음의 백성들 안에서 자라고, 믿는 이들은 그 계시 안에서 끊임없이 새로운 풍요로움을 발견해 낸다." 공의회가 하느님의 말씀에로의 복귀를 강조한 것은, 반프로테스탄트적이고 반정교회적인 논쟁 때문에, 가톨릭교회가 그동안 다소 소외시켰던 전통적인 측면에 대한 가치를 되찾을 수 있도록 해 주었다. 신자들의 보편 사제직,

법률적인 조직으로서보다는 하느님 백성으로서의 교회, 그리고 주교단 등이 다시 찾은 전통적인 측면에 해당하는 것들이었다. 바로 이 마지막 개념(주교단)을 통해서, 공의회는 로마의 주교(교황) 곁에서 주교들이 그리스도교 신자에 대해 공동의 책임을 진다는 의미를 드러내고자 했다.

다른 그리스도인들과 다른 종교에 대한 개방

〈종교 자유에 관한 선언Dignitatis humanae〉(인간 존엄성)은 완성하기가 가장 힘들었던 문헌 가운데 하나였다.[147] 왜냐하면 과거 논쟁의 역사가 무겁게 짓누르고 있었기 때문이다. 옛날 그레고리오 16세 때처럼, 이번 공의회에 참석했던 소수 몇몇 사람은 유일한 '진리'에 대한 옹호와 단 하나의 참다운 종교인 가톨릭에 대한 옹호라는 관점에서 출발했다. 그러나 이 같은 입장이 초래할 수 있는 곤경을 반대했던 대다수 교부들은, 인격의 불가침적인 권리, 그 중에서도 특히 양심에 의해 인정된 진리에 자유로이 접근할 수 있는 권리라는 관점에서 출발해야 한다고 요구했다. "보편적 가치인 자유란, 가톨릭이 소수로서 박해를 받을 때에 가톨릭만이 요청할 수 있는 것이 결코 아니다. 오히려 자유란, 가톨릭 신자들 사이에 둘러싸여 있는 비가톨릭 소수자들을 위해 더욱 필요한 것이다."

〈일치 운동에 관한 교령Unitatis Redintegratio〉(일치의 재건)은, 다른 그리스도교 교파들에게 그들이 공통으로 갖고 있는 그리스도와 복음을 먼저 생각해야 한다고 요청했다. 이 교령은 교회를 분열시킨 죄를 비가톨릭 그리스도인들에게 전가시켜서는 안 된다고 선언했다. 또한 교령은 가톨릭 신자들도 자신들의 결함과 교회 분열에 대한 역사적인 책임을 인정할 수 있어야 한다고 선언했다. 바오로 6세 교황과 아테나고라스 총대주교가 1965년 12월 7일에 선언한 선언문이 바로 여기에 해당한다.

〈비그리스도교에 관한 선언Nostra Aetate〉(우리 시대)은 공의회의 가장 새로운 문헌 가운데 하나다.**148)** 공의회는, 흔히 원시 종교들이라고 부르는 종교들로부터 시작하여 유일신적인 계시의 상속자들에 해당하는 유다교와 이슬람교에 이르기까지 그 모든 종교 안에 보존된, 하느님에 관한 지식을 발견해 내려고 노력했다. "교회는 언제 누가 그랬든지 간에 상관없이, 유다인을 거슬러 이루어진 온갖 증오와 박해, 반유다주의를 겨냥한 모든 시위 행위에 대해 통탄하는 바다." 중동 지역의 투쟁과 관련된 미묘한 상황 때문에, 많은 어려움 속에서 이 문안이 작성되었다.

제2차 바티칸 공의회

147) 종교 자유에 관한 선언

······ 이 바티칸 공의회는 인간이 종교 자유의 권리를 가지고 있음을 선언한다. 이 자유는, 모든 인간이 개인이나 사회단체의 강제, 온갖 인간 권력의 강제에서 벗어나는 데 있다. 곧 종교 문제에서 자기의 양심을 거슬러 행동하도록 강요받지 않아야 하고, 또한 사적으로든 공적으로든, 혼자서나 단체로, 정당한 범위 안에서 자기 양심에 따라 행동하는 데 방해받지 않아야 한다. 그 위에, 종교 자유의 권리는 참으로 인간의 존엄성 그 자체에 바탕을 두고 있음을 선언한다. 그 존엄성은 계시된 하느님 말씀과 이성 그 자체로써 인식된다. 종교 자유의 이러한 인간 권리는 사회의 법적 제도 안에서 인정을 받아 시민권이 되어야 한다.

148) 비그리스도교와 교회의 관계에 대한 선언

······ 하느님께서 모든 인류를 온 땅 위에 살게 하셨으니 하나의 공동체를 이루는 모든 민족의 기원은 하나이고, 그 궁극 목적도 단 하나 곧 하느님이시다. 좋으신 하느님의 섭

> 리와 구원 계획이 모든 사람에게 미치고, 마침내 하느님의 영광이 빛나는 거룩한 도성에 뽑힌 이들이 모일 것이며, 거기에서 모든 민족이 하느님의 빛 속에서 거닐 것이다.
>
> 　사람들은 옛날이나 오늘이나 인간의 마음을 번민하게 하는 인생의 풀리지 않는 물음에 대한 해답을 여러 종교에서 찾고 있다. 인간이란 무엇인가? 인생의 의미와 목적은 무엇인가? 선은 무엇이고 죄는 무엇인가? 왜, 무엇 때문에 고통을 겪어야 하는가? 참행복의 길은 어디에 있는가? 죽음은 무엇이고, 죽은 뒤의 심판과 보상은 무엇인가? 마지막으로, 우리 삶을 에워싸고 있는 형언할 수 없는 저 궁극의 신비는 무엇인가? …… 가톨릭교회는 이들 종교(비그리스도교)에서 발견되는 옳고 거룩한 것은 아무것도 배척하지 않는다.

현대 세계와 대화하는 교회

〈교회에 관한 교의 헌장〉에서, 공의회는 교회를 하나의 신비체로 제시했다.[149] "성덕에로 불림받은 하느님의 백성 안에서 주교와 사제와 평신도와 수도자는 자신의 고유한 자리를 차지하고 있다." 마리아는 교회의 신비체와 관계를 맺고 있다.

제2차 바티칸 공의회의 가장 긴 문헌에 해당하는 〈현대 세계의 사목 헌장 Gaudium et spes〉(기쁨과 희망)을 통해서, 공의회는 교회가 세상과 대화할 것을 권유했다.¹⁵⁰⁾ 과거 수많은 갈등과 오류의 원인이 되었던 이 세상의 변화상에 대해 이제 교회가 진지하게 고려해야만 한다. 무신론에 대해서도 객관적으로 고찰하고 그 원인들을 찾아내야 한다. 결혼과 가정, 문화, 경제, 정치, 그리고 평화 건설과 같은 현대의 몇 가지 문제점에 대해서는 더 심도 있게 관심을 갖고 다루었다. 이 같은 관심에 부응하여, 비非신자들을 위한 사무국이 창설되었다(1965년 4월).

제2차 바티칸 공의회

149) 교회에 관한 교의 헌장

제2장, 하느님의 백성(9)

…… 하느님께서는 사람들을 서로 아무런 연결도 없이 개별적으로 거룩하게 하시거나 구원하시려 하지 않으시고, 오직 사람들이 백성을 이루어 진리 안에서 당신을 알고 당신을 거룩히 섬기도록 하셨다. …… 그리스도께서는 바로 당신 피로 새로운 계약을 맺으시고(1코린 11,25 참조), 유다인과 이방인 가운데에서 부르신 백성을 혈육에 따라서가 아

니라 오로지 성령 안에서 하나로 모으시어, 하느님의 새로운 백성이 되게 하셨다. 그리스도를 믿는 이들은 썩어 없어지는 씨앗이 아니라 썩어 없어지지 않는 씨앗에서 살아 계시는 하느님의 말씀을 통하여 새로 났으며(1베드 1,23 참조), 혈육에서 나온 것이 아니라 물과 성령으로 새로 나(요한 3,5-6 참조), 마침내 "선택된 겨레고 임금의 사제단이며 거룩한 민족이고 그분의 소유가 된 백성으로서 …… 한때 하느님의 백성이 아니었지만 이제는 그분의 백성이 된 것이다."(1베드 2,9-10) ……

그러므로 이 메시아 백성은 비록 현실적으로 모든 사람을 다 포함하지도 못하고 가끔 작은 무리로 보이지만, 온 인류를 위하여 일치와 희망과 구원의 가장 튼튼한 싹이 된다. 그리스도께서는 생명과 사랑과 진리의 친교를 이루도록 세우신 이 백성을 또한 모든 사람을 위한 구원의 도구로 삼으시고, 세상의 빛으로서 땅의 소금으로서(마태 5,13-16 참조) 온 세상에 파견하신다. ……

이 교회는 모든 지역에 전파되도록 인간의 역사 속으로 들어가지만 동시에 시대와 민족의 경계를 초월한다. 시련과 고난을 거쳐 나아가는 교회는 주님께서 자신에게 약속하여 주신 하느님 은총의 힘으로 위로를 받고, 인간의 나약함 속에서도 완전한 신의를 지켜 자기 주님의 어엿한 신부로 살아가며, 성령의 활동 아래에서 끊임없이 자기 자신을 쇄신하여 마침내 십자가를 통하여 결코 꺼질 줄 모르는 빛에 이를 것이다.

거룩한 전례에 관한 헌장

제2장. 성체성사의 지성한 신비

교회는 그리스도 신자들이 이 신앙의 신비에 마치 국외자나 말 없는 구경꾼처럼 끼여 있지 않고, 예식과 기도를 통하여 이 신비를 잘 이해하고 거룩한 행위에 의식적으로 경건하게 능동적으로 참여하도록 깊은 관심과 배려를 기울인다. 신자들은 하느님 말씀으로 교육을 받고, 주님 몸의 식탁에서 기운을 차리고, 하느님께 감사하고, 사제의 손을 통해서만이 아니라 사제와 하나 되어 흠 없는 제물을 봉헌하면서 자기 자신을 봉헌하는 법을 배우고, 중개자이신 그리스도로 말미암아 날이 갈수록 하느님과 일치하고 또 서로서로 일치하여 하느님께서 모든 것 안에서 모든 것이 되시도록 하여야 한다. …… 미사 통상문은 각 부분의 고유한 본질과 상호 연관성이 더욱 분명하게 드러나고, 또한 신자들의 경건하고 능동적인 참여가 더 쉽게 이루어지도록 개정되어야 한다. 그러므로 예식은 그 본질 내용을 올바로 보존하면

> 서도 더욱 단순화되어야 하며, 시대의 흐름에 따라 중복된 것이나 덜 유익하게 덧붙여진 것은 삭제되어야 한다. 그러나 시대의 변천으로 없어졌던 어떤 것들도 적절하고 필요한 것으로 보인다면, 교부들의 옛 규범에 따라 복구되어야 한다. 하느님 말씀의 더욱 풍성한 식탁을 신자들에게 마련하여 주도록 성경의 보고를 더 활짝 열어, 일정한 햇수 안에 성경의 더 중요한 부분들이 백성에게 봉독되어야 한다.

150) 현대 세계의 교회에 관한 사목 헌장

> 기쁨과 희망Gaudium et Spes, 슬픔과 고뇌, 현대인들 특히 가난하고 고통받는 모든 사람의 그것은 바로 그리스도 제자들의 기쁨과 희망이며 슬픔과 고뇌이다. 참으로 인간적인 것은 무엇이든 신자들의 심금을 울리지 않는 것이 없다. ……
> 인류가 만들었고 또 끊임없이 만들고 있는 극히 다양한 단체들에서 발견되는 참된 것, 좋은 것, 옳은 것은 무엇이든 이 공의회는 커다란 존경심을 가지고 바라본다. 더욱이, 교회에 소속되고 자신의 사명과 합치될 수 있는 한, 교회는 이 모든 단체를 도와주고 증진하기 바란다고 선언한다. ……

> 공의회는 그리스도인들이 천상 국가와 지상 국가의 시민으로서 복음의 정신에 따라 현세의 자기 의무를 충실히 이행하고자 노력하도록 권고한다. 여기에는 우리가 차지할 영원한 도성이 없고 앞으로 올 도성을 찾고 있다는 것을 알지만, 그 때문에 자기의 현세 의무를 소홀히 할 수 있다고 생각하는 사람은 진리에서 벗어나 있다. 그는 바로 신앙을 통하여 각자 부름 받은 그 소명에 따라 현세 의무를 더더욱 이행하여야 한다는 것을 깨닫지 못하는 것이다. 또 이와는 반대로, 종교 생활이란 다만 혼자서 하는 예배 행위와 어떤 도덕적 의무를 이행하는 것뿐이라고 여겨, 현세 활동은 종교 생활과 전혀 다르다는 듯이 스스로 현세 활동에 몰두할 수 있다고 생각하는 사람도 똑같이 잘못을 저지르는 것이다. 많은 사람들의 일상생활과 그들이 고백하는 신앙 사이의 저 괴리는 현대의 중대한 오류로 여겨야 한다.

새로운 시대

많은 사람들은 교회를 위한 새로운 시대가 시작되었다고 생각했다. 왜냐하면 제2차 바티칸 공의회가 트렌토 공의회의 시대를 마감했기 때문이다. 사람들은 그때부터 '공의회 전'과 '공의회 후'라는 표현을 쓰기 시작했다. 어떤 이들은 400년간 트렌토 공의회 정신을 살았던 교회가 제2차 바티칸 공의회 정신을 살기 위해서는 많은 세월이 걸릴 것이라고 생각했다. 그러나 제2차 바티칸 공의회의 정신을 살기 위해서는 공의회 문헌들을 적용시키기만 된다. 하지만 현실적으로 모든 일이 그렇게 쉽게 진행되진 않는다. 공의회가 발견한 문제들과 문명의 위기는 교회의 약한 모습을 보여 주는 하나의 증거라고 말할 수 있다. 이런 현상은 과거에 비해 더 자유롭게 서로 다른 다양한 의견들을 표현할 수 있는 시기가 되었기 때문이다.

제2차 바티칸 공의회와 관련된 용어들

1. 진행 과정

회기: 공의회가 열린 기간

첫 번째 회기 - 1962년 10월 12일~12월 8일

두 번째 회기 - 1963년 9월 29일~12월 4일

세 번째 회기 - 1964년 9월 15일~11월 21일

네 번째 회기 - 1965년 9월 14일~12월 7일

총회: 공의회 기간 중 매일 열린 회의. 168회에 걸쳐 열렸다.

(교부, 참관인, 방청인)

공식 회의: 모든 이에게 개방된 장엄한 회의(개막과 선언).

2. 구성원

교부: 모든 주교들과 남자 수도회들의 장상.

참관인: 비가톨릭교회들과 교파들의 대리인단.

방청인: 두 번째 회기부터 참석한 평신도와 수도자들의 대표단.

전문가: 준비 위원회들을 도와주기 위해 초대되었거나 혹은 특정한 주교에 의해 선발된 신학자들.

3. 공의회의 진행

주례 평의회: 첫 번째 회기 때 토의를 원활하게 진행시키도록 교황에 의해 임명된 10명의 추기경들.

조정자: 두 번째 회기 때부터 토의를 이끌어 간 4명의 추기경들.

(수에넨스Suenes, 되프너Döfner, 레르카로Lercaro, 아가지아니안Agagianian)

사무국: 조직을 담당한 사무총장.

(펠리치Felici와 5명의 부副사무총장 등)

4. 투표

투표는 '찬성placet'과 '반대non placet', '수정과 함께 찬성placet juxta modum' 등으로 이루어졌다.

수정안들은 의안들을 책임지고 있던 위원회들이 토의하고

검토했다. 하나의 의안이 공의회에 의해 '전체적'으로 받아들여 졌을 때는, 문헌의 방향대로 작성된 수정안들만 채택했다.

5. 위원회

위원회들은 공의회 초에 10개로 선정되었다. 그 위원회들은 교부들에 의해서 선출된 16명의 위원들과 교황에 의해서 임명된 9명의 위원들, 그리고 임명된 1명의 추기경 등으로 구성되었다. 위원회에 참여한 사람들의 숫자가 두 번째 회기의 끝 무렵에는 30명으로 늘어났다. '일치를 위한 사무국'도 하나의 위원회로 간주되었다. 위원회들은 의안을 발표하도록, 한 명이나 혹은 여러 명의 '보고자들'을 지명했다.

'합동 위원회들'은 둘이나 혹은 여러 위원회의 대표들로 구성돼, 특정한 문헌의 작성을 책임졌다. 위원들은 특별한 작업을 위해 하부의 '세부 위원회들'로 세분화되는 수도 있었다.

6. 문헌

의안: 결정적으로 채택되지 않았지만 논의 중에 있던
　　　모든 문헌.
헌장: 공의회의 4개의 중요 문헌들에만 사용되는 용어
　1) 거룩한 전례(Sacrosanctum Concilium)
　2) 하느님의 계시(Dei Verbum)

3) 교회(Lumen gentium)

4) 현대 세계의 교회(Gaudium et spes)

교령: 여러 헌장에 의해 정해진 원칙을 적용한 것으로 보이는 문헌들

1) 일치 운동(Unitatis Redintegratio)

2) 동방의 가톨릭교회들(Orientalium Ecclesiarum)

3) 사회 매체(Inter Mirifica)

4) 주교들의 사목 임무(Christus Dominus)

5) 사제들의 양성(Optatam Totius)

6) 사제의 생활과 교역(Presbyterorum Ordinis)

7) 수도 생활의 쇄신(Perfectae Caritatis)

8) 평신도 사도직(Apostolicam Actuositatem)

9) 교회의 선교 활동(Ad Gentes Divinitus)

선언: 교회의 생각을 표현하는 행동의 원칙들과 지침들

1) 비그리스도교와 교회의 관계(Nostra Aetate)

2) 종교 자유(Dignitatis Humanae)

3) 그리스도교 교육(Gravissimum Edudationis)

Ⅱ. 다소 예기치 못한 공의회의 결과

1. 환영 일색이던 공의회 직후의 시간

공의회 문헌들이 제시한 제도들이 몇 년 안에 빠르게 그 모습을 드러냈다. '주교단Collegium Episcoporum'의 의미를 드러내는 징표 가운데 하나인 주교회의가 모든 나라에 구성되었다. 간혹 기존의 단체들이 정비되어 주교회의가 되기도 했다. 프랑스는 1966년부터 주교회의를 루르드에서 개최하는 전통을 만들었다. 주교들은, 연중 여러 차례 개최되는 여러 가지 위원회들을 서로 할당해서 맡았다.

1967년 10월에 처음 개최된 주교들의 시노드는 '주교단'의 또 다른 측면에 해당한다. 주교들의 시노드는 보편 교회의 수장인 교황을 교황 주변에서 돕기 위해 결성되었다. 이 시노드는 197명의 주교들로 구성되었는데, 그 가운데 3분의 2는 주교회의에서 선출된 이들이었다. 이 시노드는 신앙을 위협하는 위험, 무신론, 타 종교인들과의 혼인 문제, 신학교 개혁과 교회법 개정 등과 같이 상당히 모호했던 내용들을 조종하는 회의였다.

사제 평의회는 훨씬 더 많은 어려움을 겪으면서 각 교구에서 제자리를 찾아 갔다. 수사들과 수녀들도 〈수도 생활의 쇄신에 관한 교령Perfectae Caritatis〉에 따라, 자신들의 회헌과 생활 방식을 현실에 맞게 다시 적응시켰다.

〈거룩한 전례에 관한 헌장〉은 일반적으로 통용되는 자국어의 사용, 양형 영성체의 가능성, 말씀의 전례에 대한 재강조, 공동 주례 등에 대한 전례 개혁을 착수하는 데 있어서 출발점이 되었다.[149] 1967년에 모든 전례가 자국어로 거행되었다. 이 같은 변화를 대체적으로 잘 받아들였으나, 라틴어 향수를 갖고 있던 이들은 자국어 전례를 반대하는 성명서를 냈다. 그러자 바오로 6세는 전례 개혁의 책임자인 레르카로 추기경을 지지·옹호했다.

2. 세상과 대화하는 교회

교회가 세상의 중요한 문제들에 대해 진지하게 관여하자, 마치 교회가 세계적인 차원을 되찾은 것처럼 보였다. 교황의 순방과 사람들과의 만남, 그리고 교황의 행동 하나하나는 그리스도인들뿐만 아니라 비그리스도인들한테서도 호감을 샀다. 바오로 6세는 1965년에 뉴욕을 방문하고, 1967년에 포르투갈과 이스탄불을 방문했다. 이스탄불에서 아테나고라스를 만났으며, 1968년에 라틴 아메리카를, 1970년에 극동 아시아를 방문했다. 1966년에는 영국 캔터베리의 대주교를 만났다. 교황은 로마 교황청의 위상을 국제적인 수준으로 발전시켰고 이때부터 이탈리아 추기경의 숫자가 소수가 되었다.

〈민족들의 발전Populorum progressio〉(1967년) 회칙을 통해, 바오로 6세는 "사회 문제가 이제는 세계적인 차원의 문제가 되었다."라고 주장했다.[153)] 회칙에 의하면, 발전은 모든 측면, 즉 경제적·문화적·영성적 측면에 영향을 미치는 총체적인 것이 되어야 한다. 불평등한 경쟁에 맞서 취약한 국가들을 보호하기 위해, 국제 무역 통상 관계들에 대해서도 구체적인 조치를 취하지 않으면 안 된다는 것이다. 이 회칙은 여러 나라의 주교회의와 1971년에 개최된 시노드에 중요한 영향을 미쳤다. 북반구(지구 북쪽 지역)의 그리스도인들은 소비 사회와 전 세계 자원들의 약탈에 대해 비판하고 항의했다.

3. 1968년의 긴장들

1968년은 프랑스 사회뿐만 아니라, 공의회 이후의 교회에도 하나의 전환점을 이루는 한 해였던 것 같다.

프랑스와 다른 곳에서의 1968년 5월

1968년 5월 대학에서 발생한 소요 사태가 공장 지역으로 퍼져 나가면서 장기화되다가, 마침내 교회를 비롯한 사회 전반에 영향을 미쳤다.[151)] 사람들은 교회의 제도를 문제 삼았고 그리스도인들은 교회에 대해 다음과 같이 발언했다. "시위가 이루어지는 거리도 교회 안에 있다.", "성령은 바리케이드 위에 계신다." 파리 대교구의 대교구장 마르티Marty 대주교는 "하느님은 보수주의자가 아니시다."라고 선언했다. 사제들은 토론회(포럼)에 참석했다. 교회가 사회에 대한 비판 기능을 가져야 하는데도 교회는 기존 질서를 지지하고 있다고 사람들은 비난했다. 어떤 사람들의 눈에는 공의회의 내용이 현실에 더디게 적용되고 있는 것처럼 보였다. 그래서 사람들은 공의회의 내용을 현실에 더 강력하게 적용시켜 나가야 한다고 생각했다.

1968년 성령강림 대축일, 그리스도인들과 사제들과 목사들이 교회의 일치를 더욱더 앞당기기 위해 공동 성찬례를 거행했다. 한편, 결혼, 노동, 정치 참여 등을 통해서, 사제직을 다시 인간적인 조건으로 되돌려놓겠다는 의지를 가진 사제들이 사제직을 떠나 환속하는 경우가 많아졌다.[152]

그리스도인과 혁명: 1968년과 그 결과

[151] 혁명을 추구하는 그리스도인

…… 혁명은 우리가 선택할 수 있는 유일한 길인 것 같

다. 혁명은 경제적·정치적 구조들에 대한 근본적인 변화를 전제로 한다. 그러나 문화적인 혁명이 없으면, 구조적인 혁명도 없을 것이다.

…… 이 같은 혁명에는, 그리스도교가 자신의 생각과 표현과 행동과 관련된 형태를 재검토해 보는 것이 포함되어 있다. 억압받는 민중들이 프랑스와 세계로부터 해방될 수 있도록, 우리의 혁명은 계급 투쟁과 억압받는 민중들이 전개하는 투쟁의 일환으로 이루어져야 한다.

혁명을 위한 투쟁이 하느님 나라와 동일시될 수는 없지만, 하느님 나라의 건설에 대한 전망 속에서 우리는 혁명에 참여한다.

무장 투쟁을 포함한 일련의 혁명 과정에 참여할 권리가, 모든 사람들뿐만 아니라 그리스도인들에게도 있다는 점을 인정하는 바이다.

1968년 3월 24일에 〈그리스도교와 혁명〉이라는 주제로 열린 학술 토론회의 결론.

*여기에 서명을 한 단체들 가운데에는, '사회적인 그리스도교Christianisme social', '경제와 인본주의Economie et Humanisme', '세상의 형제들Frères du Monde', '그리스도교인의 증언 그룹들Groupes Témoignage chrétien' 등이 있었다.

152) 스스로 환속하는 사제들

대부분의 프랑스 교구에서 사제들이 자유를 선택했다. 우리 가운데 어떤 사람은, 이를테면 '팁'으로 받은 돈으로 사는 것을 거부하고 다른 모든 사람처럼 스스로 생활비를 벌어 살아가겠다고 노동 현장에 뛰어들어 취직했다. 그도 바로 그런 사제 부류에 속했다. 그런 사제들 가운데 어떤 사제는 신자들에게 표현의 자유를 되돌려주기 위해서, 말에 대한 독점권을 포기했다. 우리 가운데 한 명은 정당에 가입했고, 또 다른 한 명은 기초 공동체를 직접 체험하며 살아가려고 성직자의 특권을 포기했다. 우리 가운데 여전히 또 다른 한 명은, 변함없이 자신의 신앙과 자신의 고유한 인생에 충실하며 결혼을 한 경우도 있었다. ……

이제 더 이상 관리나 마법사, 혹은 전투에 참가한 남자들의 목소리나 동작을 바라보면서, 스스로 흥분하는 발코니의 구경꾼은 되지 않겠다고 하는 사제들이 만든 이른바 '주고받는다는 것과 대화'가 바로 그런 경우이다.

1970년 4월 11~12일에 디종에서 〈주고받는다는 것과의 대화〉라는 주제로 열린 총회의 보고서.

솔레R. Sole, 《프랑스에서의 그리스도인 Les Chrétiens en France》, (1972년)에서 인용.

인간 생명

제2차 바티칸 공의회에 참석한 주교들은 출산 제한에 관한 주제를 다루지 않았다. 교황 스스로가 그 문제를 유보시켰던 것이다. 일찍이 교황이 그 문제에 대한 연구를 한 위원회에 일임한 적이 있었지만, 그 위원회는 오히려 피임에 대한 교회의 전통적인 입장을 재정비하려고 했다. 교황은 그 위원회의 의견들을 따르지 않은 채, 〈인간 생명Humanae vitae〉(1968년 7월)이라는 회칙을 발표하여 피임과 관련된 모든 비자연적인 방법을 반대했다. 그 회칙은 비가톨릭 신자들뿐만 아니라 선진국의 많은 가톨릭 신자들로부터도 환영을 받지 못했다. 그러나 제3세계에서는 환영받았다.

회칙에 대한 이의 제기가 다양하게 나타났다. 많은 사람들은 주교단과 함께하지 않은 상태에서 교황이 교황의 권위만으로 이 회칙을 발표했다는 점을 주목했다. 미묘한 모든 주제(출산 제한, 이혼자 사목, 사제 독신제 등)가 공의회의 논의를 거치지 않고, 게다가 주교들의 교도권 공동 행사도 없이 발표되었던 것이다. 적잖은 주교들이 수에넨스 추기경처럼 자신의 의견을 유보한다는 입장을 밝혔다.

사람들은 그 회칙이 인간적인 관점이 아닌 생물학적인 관점에서 출발되었다고 비난했다. 교황이 견지한 입장의 토대가 되었던 '자연'이라는 것도 그 개념이 모호한 것처럼 보였다. 인간은 끊임없이 자연을 변화시키고, 흔히 자연(자연적인 재앙, 질병, 죽음 등)을 거슬러 싸워 나간다. 따라서 많은 가톨릭 신자들은 그 회칙은 자신들과는 무관하다고 생각했다. 이 같은 현상은 교황의 권위가 크게 퇴보되었다는 것을 시사했다. 비그리스도인들은 말할 것도 없고 심지어 그리스도인들조차도, 외부 권위나 위로부터 내려진 결정을 받아들이는 것을 점점 더 힘들어 했다. 어떤 이들은 심지어, '혼자 사는 늙은이들(성직자들)'이 자기네 일도 아닌 일에 '감 놓아라, 대추 놓아라.' 간섭하는 것을 못마땅해 했다.

메델린과 해방 신학의 탄생

1968년 8월, 바오로 6세는 라틴 아메리카 주교회의(CELAM)의 총회에 참석하기 위해 콜롬비아를 방문했다(보고타Bogota와 메델린Medellin). **153)** 교황은 "평화는 발전이라는 이름을 갖고 있다."라고 선언했다. 교황은 해방 운동의 폭력을 인정하지 않았다. 그러나 많은 사람들은, 발전이라는 이데올로기는 이미 실패한 것으로 간주했다. 왜냐하면 그 발전이라는 것이, 북미에 본거지를 두고 있으면서 라틴 아메리카 군부 체제들로부터 원조를 받고 있는 다국적 자본주의를 유리하게 해 줄 뿐이기 때문이다. 사람들은 교회가 보수주의 편에 서서 군부와 연대해 있다고 자주 비난했다. 1966년, 콜롬비아의 카밀로 토레스Camilo Torres라는 사제가 해방 투쟁을 위한 지하 저항 활동을 펼치다가 사망했다. 해방 신학자들은, 그리스도인들이 가장 가난한 이들을 위한 정의의 편에 서서 해방 투쟁에 참여해야 된다고 생각했다. **154)** 그런 투쟁이 반드시 무장 투쟁으로 귀결되는 것은 아니지만, 만일 폭력이 있다면 그 폭력은 바로 정치적·경제적인 구조에 의해 어쩔 수 없이 강요된 폭력일 수밖에 없다고 해방 신학자들은 생각했다.

바로 이 같은 체제 비판에 따른 동요와 소요 사태에 대한 책임이 공의회에 있다고, 보수주의자들과 교조주의자들이 반발했다.[155] 바오로 6세는 이 모든 점을 고통스럽게 느꼈다. 그 뒤 몇 년 동안, 교황은 여러 차례 그런 마음을 다음과 같이 표현했다. "쇄신은 좋습니다. 그러나 변화는 안 됩니다.", "공의회 이후의 날씨는 햇볕이 쨍쨍한 맑은 날이 될 것이라고 생각했겠지만, 막상 지금 날씨는 구름과 폭풍우와 암흑이 가득 찬 날씨입니다."(1972년)

발전과 해방

153) 바오로 6세 교황의 회칙 〈민족들의 발전〉

오늘에 와서는 이 사회 문제가 인류 전체에 확대되어 가고 있다는 중대한 사실을 모든 이가 인식해야 하겠다. …… 현재의 상황은 분명 하늘을 향해 울부짖을 만큼 정의를 벗어났다. 온 민족이 생활에 필요한 것을 빼앗기고, 뜻대로 무슨 일을 시작할 수도 없고, 책임 있는 무슨 직업을 택할 수도 없으며, 문화적 현상이나 사회적 내지 정치적 활동에 참여할 가능성마저 거부당한다면 인간 품위에 대한 부당한 침해를 폭력으로 몰아내려는 유혹을 쉽게 받는다. ……

여기서 말하는 발전은 경제적 성장만을 뜻하는 것이 아니다. 발전이 올바른 것이 되기 위해서는 인간 전체와 인류 전체의 발전 향상이 전체적인 것이라야 한다. …… 인종이나 종교나 국적의 차별 없이 누구나 다 타인과 자연의 예속 상태에서 해방되어 참으로 인간답게 살 수 있는 세계, 명실상부한 자유의 세계, 가난한 라자로도 부자와 같은 식탁에 앉을 수 있는 인간 공동 사회를 건설하는 것이 우리의 목표인 것이다. …… 오늘에 있어서 발전은 곧 평화라는 것을 의심하는 사람은 하나도 없을 것이니 발전을 위해서라면 자신의 노력과 수고를 누가 아끼려 하겠는가?

바오로 6세가 콜롬비아 농민에게 발표한 연설문(1968년 8월 23일)

우리는 부유한 이들과 가난한 이들 사이의 부당한 경제적인 불평등과, 여러분에게 해를 끼치며 공공성마저 희생시키는 정부 당국자와 공무원들의 각종 비리와 남용을 계속해서 고발해 나갈 것입니다. 우리는 발전 도상에 있는 국민들을 위한 해결책과 계획들을 계속 장려해 나갈 것입니다. ……

우리는 여러분에게, 여러분의 신뢰를 폭력과 혁명에다 두지 말 것을 권유하는 바입니다. 그것은 그리스도교적인 정신에 어긋날 뿐만 아니라, 여러분이 정당하게 갈망하는 사회의 향상과 고양을 촉진하기는커녕 오히려 지연시킬 수 있기 때문입니다.

메델린의 라틴 아메리카 주교회의의 최종 문헌(1968년 8~9월)

우리는 바야흐로, 우리 대륙의 역사에 있어서 새로운 시대의 문턱에 들어서고 있다. 즉, 총체적인 해방과 온갖 노예 상태로부터의 해방, 개인적인 성숙과 집단적인 통합 등의 기운으로 가득 찬 시대의 문턱에 들어서고 있다. …… 옛 백성인 이스라엘이 옛날에, 하느님이 자신들을 이집트의 압제로부터 해방시켜 주셨을 때 구원을 가져다주시는 그분의 현존을 느꼈던 것처럼, 하느님의 새로운 백성인 우리들도 진정한 발전을 향해 나갈 때 그분의 구원 여정을 느끼지 않을 수 없다. 즉 개개인과 모든 사람을 위해 발전이 비인간적인 상황에서 더 인간적인 상황으로 옮겨가는 여정일 때, 우리는 하느님의 구원 여정을 느끼지 않을 수 없다.

《가톨릭 자료Documentation Catholique》에서 인용한 본문.

154) 구스타보 구티에레즈에 의한 해방 신학

…… 개발이라는 말이 그 고유의 의미를 찾고 보람된 결실을 맺기 위해선, 해방이라는 관점 안에서 개발을 바라보아야 한다. …… 인간이 자신의 생애와 역사를 통해서 자신의 자아를 만들어 가는 그 모든 영역이 해방에 포함된다. …… 마지막으로, 개발이라는 말은 그 용어 자체가 제시하는 과정에서 드러난 신학적 문제점들을 모호하게 만들고 일정한 한계를 설정하게 만든다. 그러나 해방이라는 용어는 역사 안에서 인간이 갖는 위치와 활동에 영감을 주는 성경적 근거를 발견하게 한다. 성경에 의하면, 그리스도는 해방을 가져온 분으로 등장한다. 구세주 그리스도는, 인간의 우애에 대한 유린과 불의와 모든 억압의 근본 원인인 죄에서 인간을 해방시킨다. 그리스도는 인간이 진정 자유로운 몸이 되게 만든다. 다시 말해서 인간이 그리스도 당신과 친교를 이루어 살 수 있게 하신다. 이 친교야말로 모든 형제애의 토대가 된다. ……

해방 신학을 언급하는 것은 인간의 해방이라는 역사적 과정과 인간의 구원 사이에 어떤 함수 관계가 있는가 하는 물음에 해답을 찾아보는 것이다.

구스타보 구티에레즈Gustavo Gutiérrez, 《해방 신학》, 1974년, 52~56쪽에서 인용.

예수와 체 게바라

피델 카스트로Fidel Castro[207]와 친했던 에르네스토 체 게바라Ernesto Che Guevara는 1967년 볼리비아에서 해방 투쟁을 벌이다가 죽음을 맞이했다. 카살리는 체 게바라를 예수에 비유했다.

체 게바라의 삶과 죽음은 예수님의 삶과 죽음을 쏙 빼닮았다. 그는 피델 카스트로처럼 될 수도 있었다. "아메리카의 첫 해방 조국"에서 장관이 되어 가족과 행복하게 살 수도 있었다. 하지만 그런 특권을 다 버리고 겸손하게 낯설고 적대적인 나라로 유배의 길을 떠났다. 참으로 그는 민중의 해방을 위해 투쟁하는 무명의 빨치산Partizan[208]이 되었다. 아무런 주저함이나 거리낌도 없이 빨치산으로서의 온갖 위험을 다 겪은 그는, 친구들로부터 배신당해 제국주의 군대에 쫓기다가 볼리비아의 숲에서 죽임을 당했다.

조르주 카살리Georges Casalis, 《예수의 신상에 관한 서류Dossier Jésus》, 1977년, 122쪽에서 인용.

---

207 쿠바의 정치가·혁명가. 1959년 쿠바의 총리에 취임하고 1976년 국가평의회 의장직에 올랐다가 2008년 동생 라울 카스트로에게 의장직을 승계하며 물러났다. 공산주의 이념 아래 약 49년간 쿠바를 통치했다. – 편집자 주
208 적의 배후에서 통신, 교통 시설을 파괴하거나 무기나 물자를 탈취하고 인명을 살상하는 비정규군을 뜻한다. – 편집자 주

155) 좌파 교회에 반대하며 경고하는 호소문

교회가 세기를 혼동하고 있다[209]

가톨릭교회에 무슨 일이 생긴 것일까? 교회에 소속되어 있든 그렇지 않든, 교회의 품 안에서 교육을 받았든 안 받았든, 교회와 연관성이 있느냐 없느냐에 상관없이, 우려스러운 마음에서 스스로 자문해 본다. …… 교회가 이토록 광범위하게 위기를 겪고 있는데, 그것은 결코 교회만의 문제로 끝나지 않는다. 왜냐하면 국가 생활 전체가 그 영향을 받고, 한 민족의 인격성 자체도 그로 인해 변화될 수 있기 때문이다.

자연의 질서는 모든 종들이 그 종 자체에 변함없이 충실하기를 바란다. 여기에는 다른 판단이 들어설 여지가 없다. 왜냐하면 그것은 자신들의 균형을 유지하기 위한, 생명의 지상명령至上命令과 관련된 문제이기 때문이다. 마찬가지로 사회의 균형도 각종 제도들이 자신들의 소명에 충실히 머물러 있기를 바란다.

교회는 의심을 퍼뜨리는 것이 아니라 확신을 제공해 줄 소명을 갖고 있다. ……

교회 안의 소수 좌파는 한 사회, 곧 프랑스를 비판하고

---

[209] 교회가 현재에 대해 말해야 하는데 과거에 대해 말하고 있다는 뜻.

전복시키려는 길을 선택했다.

모리스 드뤼옹Maurice Druon, '세기를 혼동하는 교회', 〈르 몽드〉,

1971년 8월 7일자에 기고된 글.

전통주의적인 신앙 고백

'신경회Association CREDO'의 회원들인 우리는 다음과 같은 것에 대해, 고통스러운 마음으로 항의하며 단호한 마음으로 투쟁하는 바이다.

- 교의를 공적으로나 사적으로 가르치면서 신앙을 왜곡시키는 행위들에 대해 ……
- 그리스도교적인 윤리를 부정하는 행위들에 대해
- 전례 개혁에 대한 환상들에 대해. 전례에 대한 조예가 깊은 그리스도인들로부터 비난을 받고 있는 전례 개혁은 전례에 어긋날 뿐만 아니라 전례를 무가치하게 만들고 성사를 무효화하며 심지어 신성 모독에까지 이를 수 있다.

그래서 우리는 교회 당국의 활동(반응과 감시와 개정을 위한 활동)이 전혀 없는 틈을 타서, 셀 수 없을 정도로 다양하고 심각하게 그 내용을 삭제해 버리고 도가 지나칠 정도로 왜곡시키면서 살그머니 파고들고 있는 교리 교육에 대하여 반대하는 바이다.

> 그래서 우리는 성경이나 교의, 전례나 규율 등의 원문에 대한 의심스러운 번역이나 잘못된 번역을 거부하는 바이다. ……
>
> 앙드레 미뇨André Mgnot와 미셸 드 생-피에르Michel de Saint-Pierre,
> 《사탄의 도취Les Fumées de Satan》, 1976년.

III. 환멸과 희망

1. 종교 생활의 쇠퇴와 종교적인 것으로의 복귀

사람들은 제2차 바티칸 공의회가 교회를 더욱더 매력 있게 만들어 주었다고 생각했다. 그러나 공의회가 끝난 뒤 서양, 특히 프랑스에서는 신앙생활을 하는 사람의 숫자나 그리스도교를 행동 방식의 준거로 삼는 비율이 뚜렷하게 감소하는 경향이 나타났다. 주일 미사 참여율과 어린이들의 교리 교육 참석률이 크게 떨어졌다. 사제 숫자의 감소는 놀라울 정도로 어마어마했다. 서품식은 아주 드물게 열렸고 많은 사제들은 결혼이나 사회, 정치적인 참여를 위해 사제직을 포기했다. 게다가 교회에서 결혼하는 비율도 감소했으며, 이혼율은 점점 증가했다. 이른바 '젊은이들의 동거 생활'은 전통적인 그리스도교의 미풍양속이 사라지고 있다는 것을 알려

주는 또 다른 표징이었다.

해석을 둘러싼 갈등

통계 수치를 어떤 식으로 해석할 것인가 하는 문제로 서로 대립했다. 특히 르 브라Le Bras와 불라르Boulard의 연구에 의하면, 이미 제2차 바티칸 공의회 이전부터 활발하게 진행되어 왔던 종교 사회학과 19세기부터 시작된 세속화 현상이 가속화되어 오늘날 종교 생활의 퇴보로 이어지고 있다. 교회는 교회 밖에서 이미 진행된 사회 변화에 대해 전혀 이해하지 못했다. 그러나 긍정적으로 해석하는 이들은, 교회의 마지막 보루가 무너졌지만, 바로 그 폐허 위에서 교회를 다시 건설하는 일은 가능하다고 주장했다.

부정적으로 해석하는 이들은, 1960년대부터 급격한 쇠퇴가 시작되었다고 주장했다. 그들에 의하면 공의회가 앞장서서 추진했던 일들이 초래한 불행한 결과로 인해 교회에 위기가 왔다는 것이다. '영향력을 가진 소수 그룹 즉, 신학자, 전례학자 그리고 '가톨릭 운동'을 하는 평신도들과 같은 사람들에 의해 교회가 낭패에 빠졌다. 소수 그룹에 속한 이들은 자신들은 개화된 사람들이라고 생각한다. 그 결과 일반 신자들은 성사 생활에 접근하기가 아주 까다로워졌다. 게다가 전례를 개혁한다던 이들은 '장엄 영성체' 예식을 삭제해 버렸으며 지적으로 상당히 고심을 한 것 같지만 오래된 전례를 별로 신통치 않는 것들로 바꿔 버렸다. 그래서 일반 신자들은 교회에 대한 신뢰심을 잃어버렸다.' 이 같은 현상에 대해 소위 식자층인 소수 그룹에 속한 이들은 오히려 민중들의 태도를 꾸짖고 나무랐다. 그러자 사람들은 자신들이 비그리스도교화된 것이 아니라 '탈그리스도교화', 즉 '교회로부터 배제되었다'고 주장했다.

분명한 것은, 서로 다른 견해들이 광범위하게 존재한다는 사실이다. 르페브르Lefebvre 주교와 같은 형태의 교조주의는, 교회의 위기를 오로지 교회 내부의 일, 즉 일종의 자기 파괴로만 간주했다. 이런 견해는 현대 사회의 문제와 교회의 문제가 전혀 무관하다고 보는 입장이다. 다른 이들, 즉 흔히 제2차 바티칸 공의회에서 적극적인 역할을 맡았던 신학자들은 사람들이 공의회의 정신을 잘못 이해하고 있다고 지적하면서 공의회 가르침을 올바르게 이해하라고 촉구했다. 동시에 그들은 서구 문명의 전반적인 위기 때문에 교회도 어려움을 겪고 있다고 주장했다. 어쨌든 간에 교회가 사회에 대한 영향력의 일부를 잃어버린 것은 확실하다. 그러나 제2차 바티칸 공의회가 표현의 자유를 허락하면서, 다른 곳에서 생겨난 운동들이 교회 안에서 발전할 수 있도록 해 준 것은 분명했다. '도덕적인 압력을 행사하는, 예술의 대가大家인 교회가 공의회 이전에는 두려움이라는 것을 통해 제도를 유지해 왔다. 하지만 공의회 이후에는 내면의 확신이라는 힘만으로 제도를 유지하려고 하니 힘에 부칠 수밖에 없다.' 아직 충분하게 양성받지 못한 그리스도인들한테, 공의회의 제도들을 너무 성급하게, 그리고 권위주의적인 방식으로 밀어붙여야만 했을까 하는 질문에 관해서는, 객관적으로 이 질문을 바라볼 만한 시간적인 간격이 부족하기 때문에(현재의 역사이기에), 결정적인 판단을 내릴 수가 없다. 어쨌든 이 같은 위기는 전대미문의 새로운 위기였다.[156]

156) 전대미문의 위기

현재와 과거를 비교해 보면, 그리스도교가 직면한 현재의 위기는 전대미문의 위기라는 점을 알 수 있다. 남성 중심적인 교회가 이제 두려워하지 말고 유연하게 변해야 할 필요성이 있다. 예를 들면 로마의 권력 체계의 변화, 성직에 있어서 여성도 남성처럼 완전한 평등권을 가질 수 있도록 새로운 직무를 설립해야 한다.

오늘날 우리는 가톨릭 신자나 프로테스탄트 신자나 정교회 신자가 되기 전에, 먼저 그리스도인이 되어야 한다는 사실을 나는 단호하게 선언하겠다. 교회 일치 운동이 적어도 부분적이나마 성공을 거둘 때, 그리스도교의 미래는 가능하다. 그러한 성공이 없이는 그리스도교는 신뢰성을 회복하지 못할 것이다. …… "지역 교회들을 식민지화하지 않는

> 것"이 시급하다. 하나의 똑같은 기본 신경을 고백하는 문제에 있어서도, 폭넓은 다원주의를 허용할 때, 그것이 가능할 것이다.
>
> 장 델뤼모Jean Delumeau, '전대미문의 위기', 〈르 몽드〉,
> 1979년 6월 5일자에 기고된 글.

종교적인 것으로의 복귀

공식적인 종교 생활이 줄어들면서 1970년대부터 거룩한 것과 종교적인 것으로의 회귀 현상이 나타났다. 1968년은 과학과 철학, 특히 마르크스주의와 정치와 같은 '갖가지 사상들이 분출되기 시작한' 해였다. 왜냐하면 공식적인 교회들이 인간의 질문과 번민에 대한 해답을 충분히 제시하지 못했기 때문이다. 그래서 사람들의 관심이 종교적인 것으로 회귀하기는 했지만, 그 종교적이라는 것이 아주 애매모호했다.[157] 즉 그것은 비이성적인 것으로, 그리스도교 종교와는 확실히 다른 성성과 관련된 것이었다. 예를 들어, 점, 점성술, 비교祕敎, 신비술과 같은 유사 종교적인 내용들이 주를 이루었다. 이 무렵에 사이비 종교들이 증가한 것도 비슷한 맥락이라고 할 수 있다.

어떤 사람들은 바로 그러한 종교적인 것으로의 귀환을 통해서, 그리스도교를 위한 절호의 기회를 찾아내려고 했다. 이른바 '예수 운동'이 교회와는 상관없이 생겨났다. 〈예수 그리스도 슈퍼스타〉와 다니엘루 추기경을 매혹시킨 〈가스펠〉(1972년) 같은 예수 관련 록-오페라 작품들과, '예수님은 우리를 구원하십니다.' 혹은 '예수님은 당신을 사랑하십니다.'와 같은 수많은 게시문과 스티커들이 바로 그런 예다.

교회 울타리 안에서 프로테스탄트의 오순절 운동이 발달했다. 이 운동이 가톨릭에서는 카리스마적 운동, 즉 '성령 쇄신 운동'으로 미국에서는 1967년에, 유럽에서는 1971년에 발전하기 시작했다. 기이한 현상, 방언, 치유 행위, 사탄의 현존 등이 다시 활기를 띠기 시작했다. 조금 다른 형태로, 테제Taizé 운동이 청년 단체들의 협조로 모든 나라의 젊은이를 한데 불러 모았다(1974년). 한편, 짧은 기간 동안 관상 수도회를 체험할 수 있는 기회가 주어지자 사람들은 관상 수도회에 깊은 관심을 가졌다.

유럽에서 실시된 한 연구 조사에 의하면, 모든 유럽 선진국에는 여전히 종교가 역할을 하고 있다. 그 같은 증거로는, 사람들이 대중 매체를 통해서 마틴 루터 킹, 마더 테레사나 요한 바오로 2세 교황과 같은 종교적인 인물들을 중요하게 간주하고 있다는 점을 들 수 있다. 사회학자들은 민간 종교를 새로운 연구 주제로 삼았다. 예를 들면 성지 순례에 많은 군중이 참여했는데, 그것은 일종의 관광이면서도 신심 행사였기 때문이다. 그렇다면 과연 이러한 종교적인 부흥이 위에서 언급한 정통적인 종교 생활의 축소를 보완해 줄 수 있을까? 그렇다고 말하기는 어렵다.

157) 종교적인 것으로의 복귀가 무엇을 의미하는가?

시사평론가들은 종교적인 것으로의 복귀 현상을 미래의 중요한 경향을 알려 주는 표지 가운데 하나로 간주하기 시작했다. 하지만 그러한 표지들에는 민간 종교를 좋아하는 것, 수도원 영성에 대한 증폭된 관심, 요한 바오로 2세가 호감을 보인 이슬람의 증가, 사이비 종교를 확산시킨 '동양에 대한 유혹도 포함되어 있었다. 종교적인 것으로의 복귀가 사실상 자주 크게 나타났다. 그리고 영성의 부흥이라는 측면에서 볼 때, 여러 가지 마술 행위들이 다시 부흥하고 남의 말을 쉽게 믿는 현상이 두드러진다는 점을 주목해야 한다.

장 베르네트Jean Vernette, 〈연구Etudes〉, 1985년 1월호, 75쪽.

중대한 반전反轉이 서서히 그 모습을 드러내고 있다. 이성주의가 더 이상 발휘하지 못하고 크고 중요한 종교들은 사회적 발판을 잃고 사라져 가고 있다. 사람들로부터 버림받은 큰 종교들은 새 신자들을 받아들이지 못해 텅 비어 가고 있다. 매스 미디어는 이런 종교들은 가끔 언급하고 장사꾼들은 상술 때문에 이런 종교들을 가끔 이용한다. 하지만 이와는 반대로, '애매모호한' 종교성은 그들의 메시지와 예식과 문화적 상품들을 통해서 사람들로부터 큰 인기를 끌고 있다. 그래서 대중 매체들도 큰 관심을 보이면서 사람들의 요구에 부응한다. ……

오늘날 서구 전통의 전달자였던 큰 종교들의 영향력이 줄어들고 개인주의가 팽배해지면서, 개인적인 차원의 종교나 유사 종교가 증가하고 있다. 넓은 의미에서 볼 때 유사 종교도 '신앙'이라고 말할 수 있다. 이런 움직임은 사람들이 자신의 삶만을 완성시키려는 열망을 갖고 있기 때문이다. 과거에는 개인보다도 모든 사람의 삶을 완성시키는 것을 더 중요시 했다. 그러나 오늘날 사람들은 모든 사람의 삶을 변화시키기보다도 자기 개인의 삶을 완성하는 데 더 큰 관심을 갖고 있다.

장-루이 쉴레젤Jean-Louis Schlegel, 〈연구〉, 1985년 1월호, 91~92쪽.

진심으로 이런 말을 알려 주고 싶다. 머지않아 성욕보다도 종교 때문에 사람들이 더 많은 고생을 하게 될 것이다. 세상 사람들은 이미 그런 사실을 잘 알고 있다. 그런 종교에는 신이나 교회가 없기 때문에, 성욕은 죄가 되지 않으며

> 사람들은 죽음을 두려워하지 않을 것이다. 왜냐하면 죽음은 아무것도 아니기 때문이다. 사람들은 그런 종교를 행복한 종교라고 말하겠지만, 그런 종교는 믿을 필요가 없다.
>
> 폴 베인느Paul Veyne, 〈연구〉, 1983년 4월호, 541쪽에서 인용.

2. 공의회가 제시한 길을 따라서

세상에 대한 개방

바오로 6세 교황이 뉴욕에서 "우리는 인간을 매우 존중합니다."라고 말하면서, '인류 문제에 대한 전문가'로 자처했다. 교황은 여러 나라를 순방할 때마다, 그리고 인권과 정의에 대한 옹호를 통해서, 세계적인 문제들에 대한 관심을 표명했다. 1967년에 설립된 '정의와 평화 위원회'의 민족 문제 담당 부서들이 그 모든 문제에 관한 연구 작업을 진행시켰다. 삶의 모든 분야에서 자신들의 현존을 드러내며 구체적으로 행동하고 싶어 하는 그리스도인들의 의지가 정치적·사회적인 참여로 표출되었다. 다양한 사회 참여로 인해, 그리스도인들 사이에서 자주 긴장이 발생했다. 정치적·사회적 분열이 교회 안에서도 일어났다. 신자들은 영적인 것과 세속적인 것을 구분하는 것을 이제 더 이상 합당하다고 생각하지 않았다. '가톨릭 운동' 단체들은 분명한 정치적인 선택을 원했다. 이런 모든 점이 새로운 논쟁을 불러일으켰다.

요한 23세 교황이 흐루시초프Khrushchov의 사위의 알현을 받자, 일대 센세이션이 일어났다. 이 같은 방식으로, 요한 23세는 동유럽 국가에 대한 개방을 시작했다. 후임 바오로 6세는 카사롤리 주교를 동유럽 담당 주교로 임명하여 그 일을 이어 나갔다. 유고슬라비아와의 외교 관계도 회복되었다(1970년). 이른바 '민첸티 사건'도 1971년 해결의 실마리를 찾았다. 바오로 6세는 여러 차례에 걸쳐 소련 지도자들의 알현을 받았다. 또한 1970년 홍콩에 도착한 바오로 6세는 "중국을 위해서도, 그리스도께서는 애정이 많은 구세주이십니다."라는 인사말을 건네며 중국에 경의를 표했다. 이러한 개방 조치들은 동유럽 국가에 있던 가톨릭 신자들의 처지를 개선시켜 주었고, 교황이 다시 그 나라들에서 주교를 임명할 수 있도록 만든 계기가 되기도 했다. 그러나 그처럼 힘들게 이룩된 합의가 자주 전례를 거행할 수 있는 자유만으로 그치는 경우가 많았다.

교회 일치 운동

제2차 바티칸 공의회는 가톨릭 신자들을 위한 교회 일치 운동의 길을 폭넓게 열어 놓았다. 바오로 6세는 콘스탄티노플의 총대주교, 콥트 교회의 총대주교, 캔터베리의 대주교를 비롯한 수많은 다른 그리스도교 교회의 지도자들을 만났다. 가톨릭 신자들과 타종교 신자들의 결혼(혼종혼混宗婚)에 관한 가톨릭교회의 법 규정도 상당히 완화되었다. 그 결과 가톨릭 신자가 아닌 배우자에 대해 더 이상 예전처럼 곤란함을 느끼지 않게 되었다. 가톨릭교회가 비록 '세계 교회 협의회(프로테스탄트)'에 소속되어 있지는 않았지만, 가톨릭교회는 그 협의회의 대大총회 때마다 참관자들을 보내 논의의 내용을 꼼꼼히 점검했다. 협의회의 문제들은 대부분 가톨릭교회의 문제들과 상당히 비슷했다. 그러나 협의회가 해방 투쟁 중이던 민중들(남아프리카 공화국 등)을 지지하고 후원하자 사람들은 협의회가 정치화되었다고 비난했다. 그 때문에 협의회 소속 회원들이 상당수 탈퇴했다. 또한 협의회는 1968년 웁살라에서 청년들로부터 항의를 받았다. 청년들은, 협의회에 문헌이나 연설을 줄이고 구체적인 실천에 더 많이 발 벗고 나서라고 촉구했다.

여러 나라에서 여러 가지 공동 문헌들이 작성되었다. 프랑스의 경우, 1973년에 '프랑스 주교회의 상임 위원회'와 '프랑스 프로테스탄트 연합 평의회Conseil de la Fédération protestante de France'가 함께 〈무기 거래에 관한 성찰 노트〉Note de réflexion sur le commerce des armes〉라는 문헌을 펴냈다. 프랑스 가톨릭과 프로테스탄트가 함께한 《공동 번역 성경Traduction Oecuménique de la Bible》(T.O.B.)도 대단한 성공을 거두었다. 교회 일치 운동 그룹인 '동브 그룹Groupe des Dombes'이 프로테스탄트와 가톨릭 신자들 간의 신학적인 합의를 제안하는 일련의 문헌들을 펴냈다. 〈성찬례에 대한 하나의 같은 믿음을 향하여Vers une même foi eucharistique〉(1971~1972년), 〈직무들의 화해를 위하여Pour une réconciliation des ministères〉(1973년), 〈주교직Le ministère épiscopal(프로테스탄트의 경우는 감독직)〉(1976년), 〈성령과 교회와 성사L'Esprit-Saint, l'Église et les sacrements〉(1979년), 〈보편 교회 안에서 친교의 직무Le ministère de communion dans l'Église universelle〉(1986년) 등이 바로 그러한 문헌에 해당한다. 그러나 사람들은 이 같은 지적인 차원의 교회 일치 운동이 점점 줄어들고 있다고 느꼈다. 젊은 세대는 자신들의 교회 일치 운동을 위한 몸짓이 오히려 교의적인 차원에서 이루어지는 지적인 일치 운동보다 더 큰 결실을 거두기를 희망했다.

복음화

1974년, '현대 세계의 복음화'라는 주제로 주교들의 시노드가 개최되었다. 이 문제를 다루는 데에는 수많은 방법이 있었다. 선진국 주교들은 세속화와 비그리스도교화와 무신론 등의 문제에 대해 더 많이 생각했고, 아프리카와 아시아 주교들은 자신들의 문화를 반영하는 언어를 통해 비그리스도인들에게 복음을 선포하는 문제에 대해 더 많이 신경을 썼으며, 라틴 아메리카 주교들은 복음화와 경제적·정치적 해방을 서로 연관시키려고 노력했다.[158] 앞에서 살펴본 것처럼, 나라와 대륙에 따라 복음 선포의 관점이 달라서 모든 나라에 통용될 수 있는 보편적인 복음화 방법이 힘들어졌다.[159]

시노드는 시노드에서 심의한 내용을 종합하지 않고, 교황에게 그것들을 종합하도록 위임했다. 그래서 바오로 6세가 1975년 12월,

〈현대의 복음 선교Evangelii nuntiandi〉라는 사도적 권고문을 공표했다. 결국 제2차 바티칸 공의회 10주년을 기념하여, 공의회의 문헌들을 참조하고 주교들이 심의했던 내용에 의거해서, 교황은 약간 조심스럽게 현대 세계의 복음화에 관한 모든 측면을 다루었다. 몇몇 아쉬운 점이 있기는 하지만, 그럼에도 불구하고 종교의 자유에 대한 존중과 모순을 일으키지 않은 채 복음화를 해 나가야 할 의무, 문화를 고려하는 복음화(그리스도교의 토착화), 복음화와 해방의 관계, 소위 기초 공동체들의 역할 등이 바로 그러한 측면에 속하는 내용들이었다. "20세기 인류에게 복음을 선포하는 데에 더욱 적합한 20세기의 교회가 되자는 것이었습니다. …… 그러니 열정의 정신을 보존하고, 눈물을 흘리며 씨를 뿌려야 할 때에도 즐거움과 위안을 주는 복음화의 기쁨을 간직합시다."(〈현대의 복음 선교〉, 11,77-78)

158) 복음은 토착화되어야 한다

그리스도인에게 가장 긴급한 문제는, 그들 자신에게, 그들의 환경에, 그들의 문화에, 그들의 형제들에게 되돌려주고 자신들의 고유한 개성을 되찾는 것이다. 이제 더 이상, 그리스도교로 개종하는 것이 꼭 자신의 출신 종교를 공식적으로 포기하는 것으로 되어서는 안 될 것이다. 사람들은 늘, 가톨릭으로 개종한 유다인 한 명을 두고, 유다인 한 명이 빠져 나간 것이 아니라 가톨릭 신자가 한 명 더 늘어난 것이라고 말한다. 마찬가지로 다른 종교인을 두고 말할 때에도, 그런 식으로 말할 수 있으면 좋겠다. 힌두교 신자나 이슬람교 신자가 그리스도인이 되고자 한다면, 물론 그것이 '순수한' 동기에 의한 것이고 또 그 이유를 잘 알고 있으면서도, 개종한다고 해서 반드시 그들한테 힌두교나 이슬람교를 단절하라고 요구하지 않는다면, 그런 개종은 아주 좋은 일이다. 오히려 반대로, 그런 개종이 그들에게 자신들의 전통을 다시 검토해 볼 수 있도록 해 주고, 그들 스스로 자신들의 전통을 전달하는 전달자가 될 수 있게 만들어 주는 가치들을 더욱더 잘 실현시켜 나갈 수 있도록 해 주는, 보다 더 풍요로운 방식이 되었으면 좋겠다. 개종에 대해 생각하면 생각할수록, 복음에 의하면, 우리 자신의 개종으로부터 시작해야 할 그 모든 '개종'이 일종의 '변모'에 해당하고, 자기 자신과 자신의 과거에로 되돌아가는 것이 헛되지 않는 한 '공식적으로 포기하는 것이나 뉘우친다는 것'은 부차적인 것에 해당하는 것이라고 나는 더욱더 확신한다.

성령께서 힌두인, 이슬람인, 과거나 지금 우리들에 해당하는 그리스도인들을 변모시켜 나가실 수 있도록 해 드리는 것, 그리고 성령은 다른 이들의 그러한 변화를 도와주시려는 분이신 만큼, 성령으로 하여금 우리를 이용하실 수 있도록 해 드리는 것이야말로 얼마나 아름다운 성소이고 얼마나 훌륭한 계획인가!

세르지 드 보르쾨이 Serge de Beaurecueil,

《그리스도교의 2000년 2000 ans de christianisme》, 제8권, 1976년, 99쪽.

159) 복음화와 그리스도교의 미래

선교사들은 항상 있을 것이다

교회가 선교사들을 실직시킬 수 있는 날, 바로 그날에 "끝이 올 것이다."(마태 24,14) 교회 안에서 선교사들보다 더 신적으로 보장된 미래를 가진 이는 아무도 없다. 바로 그들이 선교를 봉인하면서 역사 자체를 완결시킬 정도로, 그들이 '자신들의 때'를 다 마치는 날, 다른 모든 사람도 자신의 때를 다 마치게 될 정도로, 미래는 바로 그들의 것이 되기 때문이다. 그들이 여전히 선교사, 사도, 복음 선포자, 하느님의 대사, 복음의 형제, 하느님 아버지로부터 파견된 사람 혹은 민족들에 대한 증거자라고 불릴 것인가? 그런 것은 상관없다.

중요한 것은 낱말을 바꾸는 것이 아니라, 그 낱말에 새로운 의미를 부여하는 것이다. ……

아타나즈 부쇼Athanase Bouchaud, 〈스피리투스Spiritus〉, 30호, 1967년, 23~24쪽.

비그리스도교들은 세상 종말 때까지 존재할 것이며, 전 세계 모든 나라에 복음이 전파됨에도 불구하고 그리스도를 만나지 못한 인간 집단들도 여전히 존재하게 될 것이다. ……
교회는 온전한 구원의 전달자다. …… 만일 교회가 모든 선교 활동을 포기한다면, 교회는 스스로 자기 자신을 부정하는 셈이 될 것이다. 하느님의 구원 계획 안에는 다른 종교들도 분명 제 자리를 차지하고 있다. 따라서 그런 종교들이 제자리에 찾아가면 하느님의 구원 계획은 완성될 것이다. …… 제2차 바티칸 공의회는 종교를 결코 구원의 수단이라고 선언하지 않았다. 그렇다고 구원을 추구한다는 점을 부인하지도 않았다. 구원이 가능하다는 점을 보여 주려고 시도하는 것이 바로 신학이다.

아드리아뉘스 드 그로Adrianus de Groot, '제2차 바티칸 공의회 이후의 선교',
〈콘칠리움Concilium〉, 제36호, 1968년, 165~166쪽.

하나의 확증된 사실

여러 문명의 역사를 고찰해 볼 때, 우리는 지도 상에서 소

> 수 종교들만이 그리스도교로부터 커다란 영향을 받았다는 점과, 통계상으로 볼 때 그리스도인의 비율이 여전히 낮다는 점을 알 수 있다. …… 그리스도교는 일종의 제한된 현상인 것이다. 현재의 발전 상태를 놓고 볼 때, 그리스도교가 더 확장될 가능성은 거의 없는 것 같다. 오히려 모든 면에서 그리스도교가 점점 더 감소 현상을 보이고 있다. 이 같은 점을 고려하지 않으면 안 된다. 이 문제가 완전히 해결되지 않겠지만, 그렇다고 이 문제를 소홀히 하면 안 된다.
>
> 미셸 드 세르토, 《흩어진 그리스도교 Le Christianisme éclaté》, 1974년, 68쪽.

3. 보편 교회와 지역 교회와 로마 교회

제2차 바티칸 공의회가 끝난 뒤 나타난 희망과 위기를 잘 이해할 수 있도록 해 주는 열쇠 가운데 하나는 교회의 보편성과 복음의 메시지이고, 다른 하나는 지역 교회들의 특수성 사이의 긴장 관계다. 1974년에 개최된 주교들의 시노드는 이 같은 점을 잘 파악할 수 있도록 해 주었다. 통신 수단의 신속함과 대중 매체의 증가는, 세상 안에서뿐만 아니라 교회 안에서도 하나의 보편적인 언어 구사를 더욱 촉진시켜 줄 것 같았다. 하지만 대부분의 경우, 현실은 그렇지 않았다. 특수성, 즉 자치주의(어쩌면 '지역의 독창성'이라고 표현하는 것이 더 나을 것이다.)를 주장하는 사람들이 흔히 보편적인 언어를 서구 지배자들의 언어라고 의심할 때, 문제는 더 심각해진다.

교회의 지리학적인 이동

서유럽 교회가 초창기부터 누려 왔던 절대적인 우월성이 실종되는 경향이 나타났다. 20세기 말, 교회의 중심이 남반구와 동유럽과 서쪽으로 동시에 이동했다. 아프리카의 인구 폭등으로 인해, 아프리카는 교회에서 점점 더 중요한 자리를 차지했다. 특히, 가톨릭 신자들의 절반 이상은 라틴 아메리카에 있었고 그중 브라질은 오늘날까지도 전 세계에서 가장 으뜸가는 가톨릭 국가다. 동유럽에서 폴란드는 신앙생활을 열심히 하는 열성적인 신자들과 폴란드 출신 교황으로 인해, 점점 더 가톨릭교회에 영향력을 행사하도록 불림을 받은 교회로서의 역할을 했다.

서로 다른 관심의 중심지

대大지역 교회는 각자 자신의 고유한 문제에 대해 더 많은 관심을 가졌다. 서구 교회는 세속화 문제, 가치 체계에 대한 연구, 윤리적인 문제에 대한 개혁에 신경을 썼다. 라틴 아메리카 교회는 비참하게 가난한 상황과 경제적인 착취와 사회 혁명에 대한 질문에 답변해야만 하는 상황에 직면했다. 사변적인 신학이 만들어 낸 갈등에 대해, 라틴 아메리카 그리스도인들은 그다지 관심을 갖지 않았다. 해방 신학은 유럽에 제대로 뿌리내리지 못했다. 세속화가 광범위하게 이루어진 서구에서 사람들은 성물에 관심이 없었다. 하지만 폴란드 성직자들은 생존의 수단으로 성물을 제작하고 관리했는데, 성물은 폴란드 교회의 토대가 되었다.

여기에다, 신학적·정치적인 이유 때문에 야기된 지역 교회들의 긴장 관계를 추가시켜 놓고 본다면, 보편 교회를 위한 단 하나의 언어를 유지한다는 것이 얼마나 어려운 일인지 이해할 수 있을 것이다. 종교 지도자들이 모든 이에게 알맞을 것으로 보일 것 같은 하나의 영적, 교의적 혹은 경건한 언어를 구사하고자 하지만, 그 언어는 결국 구체적인 상황에 답변을 전혀 주지 못하는 부적당한 언어가 될 것이다.

교회의 중앙 정부 부활

바티칸의 행정 체계에 대한 개혁 조치들은 적어도 부분적으로는 바로 이러한 문제들에 대해 응답하기 위한 시도였다. 1968년, '교회의 기본 법'이 중앙 정부 기구의 운영 원리들을 규정했다. 추기경들의 국제화 문제도 이미 언급되었다. 바티칸 정부 조직의 국제화가 더욱더 중요한 문제로 대두되었다. 이제 교황청의 구성원들은 더 이상 이탈리아 출신들이 아니었다. 모든 나라의 추기경들이 중책을 맡았다. 프랑스 출신의 빌로 추기경이 국무성 장관이 된 것도 바로 그런 예에 해당한다. 교황청의 명칭도 바뀌었다. '종교 재판소'는 '신앙교리성성Congregatio pro Doctrina Fidei'이 되었다. 교황을 제외하고, 직책을 맡은 이들의 연령을 제한한 조치는 직무의 측면을 강조하기 위함이었다. 수차례에 걸친 주교회의를 통한 주교단의 교도권 행사와 주교들의 시노드가 로마의 중앙 집중화를 제한하면서 균형 있게 만들어 주었다. 그러나 상당수의 사람들은 여기에 대해 실망감을 표현했다. 사실, 기존의 로마적인 체계가 각 성성의 기구들을 다시 장악했고, 교회를 다스리기 위해 로마에 온 비이탈리아계들도 얼마 안 가서 로마화가 되었기 때문이다.

Ⅳ. 요한 바오로 2세와 두 번째 천년기의 끝

1. 세 교황의 재임 시대

바오로 6세는 자신의 마지막 시기에 자주 걱정과 슬픔을 표현했다. 1978년 8월 3일에 교황이 서거하자, 다음의 상황이 왜 두 번에 걸쳐 요한 바오로 1세와 요한 바오로 2세의 선출이 연속적으로 이루어졌는지를 설명해 준다.

요한 바오로 1세, 짧은 미소
로마 교황청에 목자이면서 동시에 외국 출신의 중재자를 교황으로 모시려는 의향과 잘 준비된 사전 선거 운동이 거의 전격적으로 교황 선출로 이어졌다. 그 결과, 교황 선출 두 번째 날인 1978년 8월 26일에 베네치아의 알비노 루치아니Albino Luciani 총대주교가 교황으로 선출되었다. '요한'과 '바오로'라는 이중의 이름을 취하면서, 그는 두 전임자들의 활동을 계속 이어가겠다는 자신의 의지를 표명했다. 미소를 잘 짓던 요한 바오로 1세는 33일간의 교황 재위 기간 동안에 별다른 결정을 내릴 수 없었다. 교황의 뜻밖의 서거는, 수많은 추리 소설 애호가들의 상상력을 자극했다.

요한 바오로 2세 교황의 선출

사람들은 빈 대교구장 쾨니히 추기경에게 크라코프Krakow 대교구의 대교구장 카롤 보이티와Karol Wojtyla 추기경을 새 교황 후보로 추천하는 역할을 맡아 줄 것을 요구했다. 그래서 빈 대교구장은 카롤 보이티와를 새 교황 후보로 추천하는 데 있어서 동유럽과 서유럽에서 중계 역할을 맡았다. 요한 바오로 1세의 교황으로서의 짧았던 재위 기간을 고려하여, 사람들은 건강이 좋은 교황이 선출되기를 원했다. 동시에, 요한 바오로 1세에게 주문했던 것처럼, '목자'이고, 로마 교황청으로부터도 자유롭고, 제2차 바티칸 공의회와 주교단의 전달자이고, 세계에 개방된(카롤 보이티와의 경우 이미 대여행가로 알려져 있었다.) 교황이 되기를 바라면서, 정력적이며, 바오로 6세 말기에 자주 거칠게 다루어졌다고 평가받았던 교의를 수호하는 수호자가 되기를 바라고 있었다. 교황 착좌식 당일, 요한 바오로 2세는 희망의 메시지를 선포했다. "두려워하지 마십시오!" [160]

교회의 지난 반세기의 역사는 오늘날과 너무나 가까운 역사이기 때문에, 그것을 객관적으로 서술한다는 것이 불가능하다. 따라서 객관적인 서술 대신에, 교회사와 세계사의 전반적인 상황에 위치시키지 않으면 안 될, 교황의 행적과 그와 관련된 사실과 일련의 주제들을 연대기식으로 나열하는 것으로 만족해야 할 것이다.

[160] 두려워하지 마십시오

요한 바오로 2세의 교황 착좌식 미사 강론(1978년 10월 22일)

친애하는 형제자매 여러분, 그리스도를 기꺼이 맞아들이고, 그분의 권능을 받아들이는 것을 두려워하지 마십시오! 그리스도를 섬기고, 그리스도의 권능과 더불어 인간과 인류 전체를 섬기고자 하는 모든 사람과 교황을 도와주십시오! 두려워하지 마십시오! 문을 여십시오! 거듭 말씀드리건대, 그리스도께 문을 활짝 여십시오! 구원을 가져다주시는 그분의 권능을 통해, 국경과 정치·경제와 관련된 체계와 제도들, 문화와 문명과 발전 등과 관련된 어마어마한 분야들

> 을 모두 활짝 열어 나가십시오! 두려워하지 마십시오! 그리스도께서는 '인간의 마음속에 있는 것'을 알고 계시고, 오직 그분만이 그것을 알고 계십니다. 오늘날, 너무나 자주 인간은 자신이 그리스도의 영과 마음을 통해, 그분 안에 정향되어 있다는 점을 잊고 있습니다. 너무나 자주, 인간은 이 세상에서의 삶의 의미에 대해 확신을 가지지 못하고 있습니다. 인간은 절망으로 변화되는 의심에 사로잡혀 있습니다. 거듭 부탁드리건대, 겸손한 마음과 신뢰심으로 간청컨대, 제발 그리스도께서 인간에게 말씀을 건네시도록 해 드리십시오! 오로지 그분만이 생명의 말씀을 갖고 계십니다. 그렇습니다. 그분만이 영원한 생명의 말씀을 갖고 계십니다.
>
> 《가톨릭 자료La Documentation catholique》에서 인용.

2. 대중 매체에 자주 등장하는 동유럽 출신의 교황

언론 매체에 자주 등장하는 인물, 지칠 줄 모르는 여행가

요한 바오로 2세는 자신만의 특별하고도 풍부한 개성을 통해서, 즉시 대중과 청년들을 매료시켰다. 철학자, 운동 애호가, 극작가이기도 했던 교황은 청년들과 조국 폴란드 동포들을 만나는 자리에서 짤막한 노래를 불렀다. 대중 매체와 관련해서, 특히 백여 차례에 달하는 순방 여행을 통해, 교황의 측근들은 각별한 신경을 써서 사진 촬영과 같은 일을 대대적으로 조직했다. 교황은 이런 방식으로, 보편 주교로서 그리고 전 세계 교회의 주임 신부로서의 사목을 수행했다. 요한 바오로 2세는 로마의 주교로서의 모습보다 오히려 전 세계 가톨릭교회의 지도자로서의 모습을 훨씬 더 많이 보여 주었다.

동유럽 출신의 교황

요한 바오로 2세는 1523년에 서거한 네덜란드 출신의 하드리아노 6세 교황 이후 첫 번째 비이탈리아 교황으로, 폴란드 출신이었다. 폴란드 교회는 다른 지역 교회들이 감히 필적할 수 없을 정도로 튼튼한 그리스도교 생활의 요새였다. 이 같은 폴란드 출신이라는 부분이 교황직에 깊은 영향을 미쳤다. 폴란드 교회는 신앙생활과 성직자의 사회적인 역할에 있어서 다른 지역 교회들이 뒤따라가야 할 귀감이고 모범이 되었다. 다른 동유럽 국가들과는 달리, 폴란드는 '철의 장막'에 갇혀 있던 상황 속에서도, 스스로 그리스도교 국가로서의 특성을 유지했다. 왜냐하면 폴란드 교회는 동유럽의 마르크스주의 정권들 가운데 으뜸가는 자리를 차지하고 있었기 때문이다.

요한 바오로 2세는 다른 동유럽 국가들도 폴란드 같은 길을 항구하게 걸어가라고 권고했다. 첫 번째 폴란드 여행 때부터(1979년 6월),

교황은 정부 당국자들한테 "신앙인들의 확신을 존중하는 진정한 대화"를 하라고 요구했다. 그러자 얼마 안 가서, 교황은 마르크스 체제에 대한 위험한 인물로 간주되었다. 그 결과 공산 체제는 급기야 1981년 5월 13일 성 베드로 광장에서 교황에 대한 암살 테러를 사주했다. 교황청의 해석에 의하면, 교황은 기적적으로 죽음을 면했다.

폴란드가 정부 구성을 선언하자, 요한 바오로 2세는 '자유 노조 연대Solidarnosc'와 바웬사Walesa가 관련을 맺고 있던 자유 노조 운동을 지지한다는 견해를 표명했다. 교황이 이런 발언을 했다고 해서, 카사롤리 추기경이 책임맡고 있던 '동유럽 정책Osplolitik', 즉 동유럽 국가들과 대화하기 위한 정책을 뒷받침해 주지 않았다는 뜻은 아니다. 교황은 공산주의를 탄핵한 인물로, 그리고 베를린 장벽 붕괴(1989년 11월)와 공산 정부들을 붕괴시키는 데 간접적인 역할을 수행한 인물로 평가받았다.

분명한 사실은, 교황의 이 같은 행적을 통해 우리는 교황의 견해와 행동을 이해하는 데 있어 필요한 열쇠를 찾아볼 수 있다는 것이다. 교황은 중세의 전통을 고스란히 물려받은 폴란드 그리스도교에 커다란 가치를 부여했다. 중세는 모든 사람이 세례를 받아 민족의 실존이 일치하던 시대였다. 교황이 종교적·문화적·정치적인 측면에서 주로 참고했던 준거들은 주로 동유럽 출신의 성인인 키릴루스와 메토디우스였다. 교황은 서유럽만으로 국한되지 않는

▲ 요한 바오로 2세 교황.

전 유럽을 하나의 공동 교회 시대로 되돌려 놓으려고 노력했다.

요한 바오로 2세가 동유럽에서 이 같은 투쟁을 벌였던 이유는 근대주의를 불신했기 때문이었다. 근대주의는 16세기에 등장한 이슈로서, 종교 개혁으로 인한 교회 분열을 초래했고, 유럽 대륙에 세속화를 급속하게 진행시켰던 사상이었다. 요한 바오로 2세는 르네상스와 에라스무스와 계몽주의의 정신을 통합하는 데 많은 어려움을 느꼈다. 왜냐하면 많은 사람들이 이런 사상이 마르크스주의의 원천이라고 오해했기 때문이다. 동유럽의 교회들이 마르크스주의 정권 때문에 많은 고통을 겪었기 때문에, 교황은 마르크스주의로부터 영감을 받은 것처럼 보이는 모든 운동에 대해서 매우 경계하는 편이었다. 해방 신학에 대한 오해도 바로 그런 이유 때문에 생겨난 것이다.

3. 공의회가 남긴 유산 관리

교황으로 선출되기 전인 제2차 바티칸 공의회의 모든 기간 동안, 보이티와 추기경은 아주 적극적으로 공의회에 참여했고, 교황 재임 기간에도 여러 차례에 걸쳐 공의회의 20주년, 30주년, 40주년 등의 기회를 맞아 제2차 바티칸 공의회를 기념했다. 2000년 대희년을 맞이해서, 교황은 공의회 적용의 중요성을 다시 언급했다. 사람들은 교황의 역동성과 낙관주의와 의무를 다하려 했던 의지에 대해 힘주어 말했다.

주교단

'주교단'에 대한 주교들의 관심은, 정기적으로 개최된 주교 시노드와 교황이 지역 주교회의에 참여한 형태를 통해서 나타났다. 시노드는 주제별로 혹은 나라별(네덜란드)로, 지역별(근동)로, 혹은 대륙별(라틴 아메리카, 아프리카, 오세아니아, 아시아 등)로 열리거나, 혹은 제2차 바티칸 공의회를 기념해서 개최되었다. 일부 주교들은 지역 교회에서 직접 선출되기도 했지만 시노드에 참석하는 주교들은 대부분 로마 교황청에 의해 직접 선출되었다. 게다가 지역 시노드는 거의 대부분 로마에서 개최되었을 뿐만 아니라, 시노드의 최종 문헌 작성도 교황에게 위임되었다. 시노드가 이런 식으로 진행된 것은, 교황의 개인적인 성향 때문이기도 했지만, 교황청이 갖는 비중 때문이기도 했다.

요한 바오로 2세는 로마에서의 생활보다 오히려 해외 순방 여행에서 더 큰 행복을 느꼈다. 교황은 자신이 머무는 로마에서 완전한 주인이 되지 못했다. 교황청 관계자들이 커다란 재량을 갖고 많은 업무를 수행했던 것 같다. 교황은 업무를 충분히 검토해 보지 않고도, 수많은 문헌과 주교들의 임명장에 서명할 수 있었다. 바티칸 성직자들에 대한 임명은 호선互選으로 이루어졌고, 라틴 아메리카의 많은 보수적인 인사들이 주교로 임명되었다. 이 같은 주교 임명은 많은 논란을 불러일으켰다. 그 외에도 교의적인 이유나 윤리적인 이유가 없는데도 불구하고 주교를 면직시킨 것(가이오 주교), 예수회의 회헌을 무시한 채 예수회 운영에 관여한 것, 민주 국가에서 최소한의 투명성마저 결여된 조직인 '오푸스 데이Opus Dei'에게 뜻밖의 호의를 보인 것과 같은 문제들에 있어서 교황이 보인 태도에 대해 많은 이들이 당혹스러워 했다. 한편, 교황청에 근무하는 모든 대륙 출신 인사들이 중앙 집권화를 계속해서 추진해 나갔다.

퇴보와 긴장이 함께한 교회 일치 운동

교회 일치 운동을 위한 노력이 증가했다. 요한 바오로 2세는 콘스탄티노플(1979년)과 캔터베리(1982년)와 로마의 루터교 교회(1983년)와 제네바의 '세계 교회 협의회(1984년)' 등을 방문했다. 교회 일치 운동 그룹인 '동브 그룹'의 문헌과 같은 공동 문헌들이 출판되었다.

〈하느님의 구원 계획과 성인들의 통공 안에서의 마리아〉(1997년)와 〈의화에 관한 루터 교회와 가톨릭교회의 공동 선언문〉(1999년)이 바로 그런 문헌들에 해당한다. 그러나 교회 일치 운동이 교회의 제도 차원에서는 긴장 관계를 유발시켰고, 각 교회의 신자들은 일치 운동에 대해 상당히 소극적인 경향을 보였다.

　동유럽 국가들이 소련으로부터 자유를 회복하게 되자, 동유럽에 있던 가톨릭교회와 라틴 교회들은 '자신들의 고유성을 간직하면서 로마 교회와 일치하는 교회'로 부흥할 수 있게 되었다. 그러자 정교회들은 역사적으로 오랫동안 자리 잡고 있었던 자신들의 지역에서 가톨릭 교구들이 복원되거나 새로 설립되는 것에 대해 맹렬히 항의했다. 로마 교회의 수위권에 대해 새롭게 이해하려는 의지가 담겨 있던 〈하나 되게 하소서 Ut unum sint〉(1995년)라는 교황청의 회칙은, 일천년기一天年期 정교회와의 관계에 대해 긍정적인 시각을 담고 있었다. 그러나 신앙교리성성이 발표한 〈주님이신 예수님 Dominus Jesus〉(2000년)이라는 문헌은 프로테스탄트를 교회라고 지칭하는 것을 반대함으로써, 프로테스탄트 교파들로부터 커다란 불만을 샀다. 그와 동시에, '세계 교회 협의회'에서, 일부 교회들은 협의회를 탈퇴한 정교회와 프로테스탄트들과의 긴장 관계 때문에 상당한 진통을 겪었다. 프로테스탄트 교회들은, 오랜 전통과 역사를 가진 교파들이 쇠퇴하면서 그다지 교의적이지 못한 성령 쇄신 운동이 놀랄 정도로 발전하자, 이에 대한 답변과 해결책을 요구받았다.

한편, 교황청의 만류와 경계와 주의에도 불구하고, 서로 다른 교파들이 이른바 '화해의 다양성'을 향해 나아갔다. 사람들은 자신들이 교황청의 권고를 무시하고 화해의 다양성을 향해 나아간다고 해서 교의적, 또는 문화적인 특수성이 사라져 버린다고는 생각하지 않았다. 그래서 각 교파의 그리스도인들은 일상생활 속에서 복음을 실천하면서 자신들의 정체성을 간직하고 영성적인 교회 일치 운동을 나름대로 계속할 수 있도록 기도했다.

종교 간의 대화

종교 간의 대화 분야에서 교황의 업적이 가장 크게 돋보였다. 요한 바오로 2세는 로마에 있는 유다교 회당을 방문했고(1986년 4월), 1986년 10월 아시시에서 종교 간의 모임을 처음으로 개최했다. 그 뒤 계속해서 아시시에서 모임이 개최되었다. 교황은 '아시시의 종교 간의 모임'의 성격에 대해, '함께 기도하는 것'이 아니라, 각자 자기 나름대로 '기도하기 위해 함께 모인 것'이라는 점을 특별히 강조했다. 종교 간의 대화와 관련된 조치들과 문헌들이 많이 나왔다. 1988년에 '종교 간 대화 평의회Pontificium Consilium pro Dialogo inter Religiones'가 설립되었다. 〈대화와 선포〉(1991년)와 〈그리스도교와 종교들〉(1997년) 등과 같은 문헌들이 발표되었고, 바티칸에서 '평화를 위한 종교들의 국제 학술회의(1994년)'가 개최되었으며, 달라이 라마가 교황청을 방문했다(1997년).

새로운 복음화에 대한 전망

복음화와 관련하여 〈교회의 선교 활동에 관한 교령〉의 연장선에서, 요한 바오로 2세는 〈구세주의 선교Redemptoris missio〉(1990년)라는 회칙을 공표했다. 교황은 선교의 긴박성을 상기시키면서, 현대 사상의 조류들이 제기했던 여러 가지 선교에 관한 문제들의 답변을 제시했다. 어떤 이들은 여러 종교의 창설자들 안에 '말씀Verbum'이 존재하고 있다고 생각했다. 그러나 교황은 그리스도는 모든 이의 유일한 구세주이시며 '말씀'이시라는 점을 강조하면서, '말씀'과 예수 그리스도를 분리시키는 것은 받아들일 수 없다고 단언했다.

아메리카의 발견-정복-복음화 500주년이 다가오자, 요한 바오로 2세는 '새 복음화'라는 주제를 여러 차례 걸쳐 전개시켜 나갔다. 그러나 주제에 대한 일관성이 다소 결여된 탓인지, 나중에 서로 모순되게 해석되었다. 전통적인 그리스도교 가치를 간직하면서 신앙생활을 실천하고 있느냐는 측면에서 볼 때, 그리스도교의 영향력은 상당히 쇠약해져 갔다. 교회와 그리스도인의 가시성을 서서히 사라지게 만드는 세속화에 거슬러서 그리스도인들이 싸우지 않으면 안 되었다. 어떤 이들은 과거에 이룩했던 것, 즉 일종의 전통으로의 복귀를 다시 시작할 것을 요구할 수 있는 '제2의 복음화'를 해야 한다고 주장했다. '제2의 복음화'는 요한 바오로 2세가 1986년에 다음과 같이 언급했던 근대주의에 적응된 복음화를 의미한다. "결국 유럽의 사회 조직을 새롭게 구성할 수 있는 문화적·

정치적 · 윤리적 · 영성적 차원의 심층적이고 복잡한 변화들에, 복음화의 새로운 특성을 부응시킬 수 있어야 할 것입니다. 여기에서 말하는 '제2의 복음화'란, 사람들이 현대인을 위해 설득력 있게 구원에 관한 불멸의 메시지라고 고쳐서 표현할 수도 있는 바로 그 복음화를 의미합니다."

바로 이러한 맥락 때문에, 사람들은 교황의 여러 가지 조치와 문헌을 서로 다른 방식으로 해석했다. 즉, 요한 바오로 2세의 순방 여행과 많은 교리 교육, 특별히 '세계 청년 대회' 때 행한 연설문, 그리스도교 생활에 관한 많은 주제를 다룬 수많은 회칙과 선언문, 교의에 해당하는 여성 서품에 대한 반대, 여러 나라(네덜란드, 프랑스, 벨기에, 독일 등)의 주교회의가 제작한 교리서들보다 시기적으로 앞서거나 비슷한 《가톨릭교회 교리서》(1992년) 등을 서로 다르게 해석했다. 한편, 그동안 어느 정도 버려 두었던 묵주 기도나 성체 행렬, 성지 순례나 성체 조배 등과 같은 신심 행위가 옛날 형태로 다시 되살아났다.

공의회의 교회론과 전례 개혁과 종교의 자유 등을 거부한 르페브르 주교의 신봉자들과 같이 전통주의를 지향하는 몇몇 그룹 안에서 이 같은 전통으로의 회귀가 극단적인 형태로 나타났다. 이들에 대해 교황과 교황청은 양보라는 극단에 이를 정도까지 인내하고 이해하는 입장을 견지했다. 사람들은 더 이상, 이의를 제기하는 사람들에게 교황의 권위를 인정하라고 요구하지 않았다. 그러나 르페브르 주교는 주교 서품식을 거행했고 이 같은 행동은 이교異教를 세우겠다는 뜻으로 비쳐져, 결국 그는 파문을 당했다(1988년).

4. 인권과 인류에 대한 사회봉사의 우위

바오로 6세의 뒤를 이어, 요한 바오로 2세는 그 어느 때보다 더 교회야말로 인류 문제에 관한 전문가라는 점을 깊이 인식하고 있었다. 복음은 인간을 위한 것이며 인간의 행복에 기여해야 한다고 생각했다. 그리하여 여러 가지 새로운 기구를 설립함으로써, 교회가 인류의 현실적인 문제에 대해 깊은 관심을 갖고 있다는 점을 드러냈다. 그 결과, '가정 평의회Pontificium Consilium pro Familia(1981년)'와 '문화 평의회Pontificium Consilium de Cultura(1982년)'와 '보건 사목 평의회 Pontificium Consilium de Apostolatu pro Valetudinis Administris(1985년)' 등이 설립되었다. 게다가 수많은 저술과 순방 여행을 통해, 요한 바오로 2세는 모든 영역에서 인류 문제에 대한 관심을 표현했다.

사회와 윤리 문제에 대한 교회의 가르침

레오 13세 교황이 반포한 사회 교리 〈새로운 사태〉(1891년)를 기념하여, 요한 바오로 2세는 다음과 같은 세 가지 회칙을 발표하여 교회의 사회적인 가르침을 다시 이어 갔다. 인간의 노동에 대해 고찰한 〈노동하는 인간Laborem exercens〉(1981년), 제3세계 문제에 관한 〈사회적 관심Sollicitudo rei socialis〉(1988년), 〈새로운 사태〉 이후 지난 한 세기 동안의 사회적인 가르침을 종합적으로 검토한 〈백주년Centesimus annus〉(1991년) 등이 바로 그것이다. 이와 같은 사회적 가르침은 상당히 잘 받아들여진 편이었다. 그러나 〈생명의 선물Donum vitae〉(1987년)이나 〈생명의 복음Evangelium vitae〉(1995년)을 비롯하여 출산과 피임, 낙태와 안락사, 생물학적 실험 등에 관한 교황의 가르침과 교회의 윤리적인 가르침은 그다지 잘 받아들여지지 않았다. 복음적인 전통과 자연법에 근거하여 교황이 중요하다고 생각하는 이 부분들에 대해, 수많은 동시대인들은 필수불가결한 현대의 진보를 교회가 부정한다고 생각했다. 그러나 각국 교회의 대표들이 참석한 해당 윤리 위원회에서는, 자신들의 관점만을 배타적으로 제시하지 않는다는 조건으로, 교회의 가르침을 대체적으로 잘 받아들였다.

자유 · 평화 · 정의의 순례자

전 세계를 순방하면서 특히 특정한 민중들이 겪고 있는 어려운 상황에 대해 교황이 취한 선택에 대해, 언론은 크게 반응을 보였다. 70년대 라틴 아메리카 주교들이 했던 '가난한 이들을 위한 우선적, 혹은 특혜적 선택'을, 교황은 자신의 선택으로 삼았다. 요한 바오로 2세는 첫 번째 라틴 아메리카 순방지로 멕시코의 푸에블라를 방문했을 때(1979년), "인간은 하느님의 모상이기 때문에 존중받지 않으면 안 됩니다."라고 말했다. 인권 옹호는 요한 바오로 2세가 반복해서 강조하는 주제였다. 교황의 이 같은 행동은 동유럽의 마르크스주의 정부들과의 충돌로 이어졌다. 가난한 이들을 위한 선택은, 산살바도르San Salvador의 교구장 로메로Romero 대주교의 경우(1980년)처럼, 라틴 아메리카의 수많은 종교 지도자들의 암살과 해방 신학의 발전으로 이어졌다. 그러자 바티칸 당국은 애매모호한 태도를 취했다. 마르크스주의에 대한 두려움 때문에, 헬더 카마라Helder Camara와 같이 사회 문제에 참여했던 주교들은 보수적인 성향의 주교들로 자주 교체되었다. 이들 지역에 새로 선출된 주교들 가운데 다수가 '오푸스 데이Opus Dei' 회원이었다. 해방 신학은 1984년에 경계 대상이 되었다가 1986년에 부분적으로 복권되었다.

요한 바오로 2세가 군비 철폐를 주장했지만 언론은 습관적으로 이를 무시했다. 새해 첫날인 세계 평화의 날에 교황은 해마다 메시지를 발표했지만, 언론은 철저하게 외면했다. 한편, 교황은 걸프전을 막기 위해 1991년 1월에 조지 부시 미국 대통령과 사담 후세인 이라크 대통령에게 간곡한 메시지를 전달했다. 또한 전쟁의 비극을 막기 위해 2002년과 2003년에 또다시 메시지를 전달했다.

5. 성화와 회개

교황이 그리스도인에게, 세상의 모든 분야에서 그리스도인으로서의 현존을 드러내고 깊이 있는 영성 생활을 할 수 있도록 성덕을 권장하는 것은 당연한 일이다. 그래서 교황은, 하느님의 신비에 관한 측면들(《인간의 구원자 Redemptor hominis》, 《자비로우신 하느님 Dives in miseridordia》 등), 사제, 청소년, 여성, 혹은 고통과 같은 특정한 주제들에 대한 수많은 저술 작품을 발표했다. 이런 작품들을 통해서, 교황은 여러 가지 삶 속에 처한 그리스도인들에게 다양한 영적 생활에 관한 권고와 가르침을 제시했다.

모든 시대에 그리스도인들은 언제나 회개할 것을 권유받는다. 프랑스 주교들이 1997년에 유다인의 강제 집단 수용을 기념하는 기회를 맞아 발표했던 회개 선언문과 로마 교황청이 2000년 대희년을 맞아 발표했던 용서에 대한 요청문도 바로 그런 경우이다. 몇 가지 모호한 점이 있긴 하지만, 그래도 이러한 조치들은 교회가 지난 역사에서 오만한 태도를 보였던 것과 비교해 볼 때, 대체적으로 좋은 평가를 받았다. 잘못된 행동에 대한 책임이 교회에 있을 때, 제도 교회 자체보다도 오히려 교회의 자녀들이 더 스스로 죄인임을 인정한다.

교황은 성인들의 성덕을 모든 그리스도인에게 모범으로 제시했다. 바로 이런 이유 때문에, 요한 바오로 2세는 재임 기간 동안 수백 차례나 시복식(천 명 이상)과 시성식을 통해서 성덕의 중요성을 강조했다. 요한 바오로 2세가 거행했던 시복식과 시성식의 숫자는 중세 이후 모든 전임 교황들이 거행했던 시복식과 시성식의 숫자보다 훨씬 더 많았다. 관상 수도회나 활동 수도회의 창설자가 수녀나 수사일 때, 그 수도회의 수녀나 수사들은 자신들의 창설자를 시성·시복시키는 일에 더 적극적으로 참여했다. 평신도와 결혼한 그리스도인들도 순교를 통해 성인품에 오를 수 있었다. 많은 순교자들에 대한 공동 시성식도 많이 이루어졌다(한국과 중국의 순교자들 등). 시복식은 주로 교황의 순방 여행 기간 동안에 공적으로 이루어졌다. 이러한 시복식은 주로 그 지역 교회의 성덕에 가치를 부여해 주었다. 시성식은 로마에서 거행되었다. 그리하여 전 세계의 그리스도인들은 로마 교회가 그리스도교계의 중심이라는 생각을 자연스럽게 가질 수 있었다. 그리스도인들에게 더욱더 절실히 필요한 가치를 구현해 냈던 많은 이들이 성인과 성녀로 시성되었다. 요한 바오로 2세는 최대한 많은 사람을 만족시키면서 동시에 최소한 몇 사람이라도 기분상하지 않게 하기 위해서 균형감을 유지하려고 노력했다. 예를 들어, 2000년 9월에 요한 바오로 2세는 너무 다른 두 교황(요한 23세와 비오 9세)을 복자품에 올렸다.

20세기의 길

고대 이집트 왕조의 역사나 프랑스 군주 시대의 역사에 대해선 결론이나 마지막 구두점을 찍을 수가 있지만, 교회의 역사에 대해서 그렇게 할 수가 없다. 기원후 30년에 성령 강림으로 시작되었던 교회의 역사는 지금도 계속되고 있다.

  이 책을 통해서 우리는 수많은 그리스도인들과 함께 그 길을 걸어오면서, 때로는 어떤 이들의 용기에, 때로는 어떤 이들의 타협에 감격하기도 하고 실망하기도 했다. 또한 어떤 특정한 상황 속에서 겪었던 그리스도인들의 어려움을 느껴 보기도 했다. 예수님의 복음을 충실히 지키면서 성령 강림 때처럼 성령의 활동을 충실히 따른다면, 오늘날 우리들도 살아 있는 전통과 물려받은 유산을 항상 새롭게 쇄신할 수 있을 뿐만 아니라, 변화하는 세상에 교회의 유구한 유산과 전통을 전달해 줄 수 있을 것이다. 지난날 그리스도인들이 자신들에게 불어 닥친 어려움들을 슬기롭게 극복했던 것처럼, 오늘날 그리스도인들도 그렇게 할 수 있을 것이다.

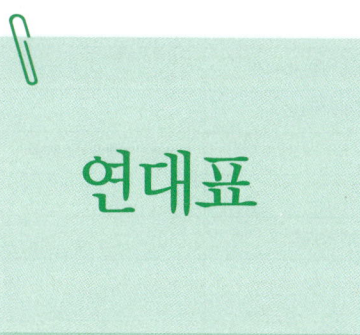

연도	교황	주요 인물 및 저서	통치자(황제, 왕 등) 및 주요 사건	종교적 사건
1455			마호메트 2세(오스만 투르크, 1451~1481년)	구텐베르크, 성경 인쇄
1478		미켈란젤로(1475~1564년)		스페인 종교 재판소 설립
1492	알렉산데르 6세 (1492~1503년)		그라나다 재탈환	스페인에서 유다인 추방
1493			아메리카 대륙 발견과 정복	
1511	율리오 2세 (1503~1513년)	에라스무스(1469~1536년)의 《우신예찬》	헨리 8세(영국, 1509~1547년)	
1512			프랑스와 1세(프랑스, 1515~1547년)	제5차 라테란 공의회(제18차 일치 공의회)
1516	레오 10세 (1513~1521년)	토마스 모어(1478~1535년)의 《유토피아》	카를 5세(신성 로마, 1519~1556년)	
1517				루터의 95개조 논제 공표
1519		로욜라의 이냐시오(1491~1556년)	코르테스의 멕시코 점령 마젤란의 세계 일주	
1521	하드리아노 6세 (1522~1523년)	아빌라의 테레사(1515~1582년)		루터의 파문
1524	클레멘스 7세 (1523~1534년)		독일 농민 전쟁(토마스 뮌처)	
1529				스피르 의회에서 관용령 무효화(프로테스탄트)
1530	바오로 3세 (1534~1549년)	필립보 네리(1515~1595년)		아욱스부르크 신앙 고백
1534				뮌스터의 재세례파와 루터교와의 싸움 로욜라와 동료들, 몽마르트르 언덕에서 서원
1536		장 칼뱅(1509~1564년)의 《그리스도교의 제도》		
1541		베드로 카니시우스(1521~1597년)		칼뱅, 제네바로 돌아와 신정 정치 시작함
1545				트렌토 공의회(제19차 일치 공의회)
1549		십자가의 요한(1542~1591년)		프란치스코 하비에르, 일본에서 선교 활동 시작.
1550	율리오 3세 (1550~1555년)			
1555	바오로 4세 (1555~1559년)		펠리페 2세(스페인, 1556~1598년)	아욱스부르크 종교 평화 협약
1570			엘리자베스 1세(영국, 1558~1603년)	비오 5세, 통일된 미사 경본 발간.
1571	비오 5세 (1566~1572년)			레판토 해전
1572	그레고리오 13세 (1572~1585년)			성 바르톨로메오의 대학살
1582	식스토 5세 (1585~1590년)		그레고리오 달력 제정	마태오 리치, 중국에서 선교 활동 시작함.
1598			낭트 칙령 반포	
1600			앙리 4세(프랑스, 1589~1610년)	조르다노 부르노의 화형(로마)
1606				로베르토 데 노빌리, 인도에서 선교 활동 시작함.
1609		프란치스코 데 살레스(1567~1622년)의 《신심 생활 입문》		
1610		피에르 드 베뤨(1575~1629년)		파라과이에 최초의 '레둑션' 건설
1611		뱅쌍 드 폴(1581~1660년)		프랑스의 오라토리오회 창설
1615				프랑스가 트렌토 공의회를 받아들임
1616		앙겔루스 실레시우스(1624~1677년)		갈릴레오에 대한 1차 재판
1618			독일 30년 전쟁 발발	
1622	우르바노 8세 (1623~1644년)	파스칼(1623~1662년)		포교성성 설립
1633		보쉬에(1627~1704년)		갈릴레오에 대한 2차 재판
1640	인노첸시오 10세 (1644~1655년)	스페너(1635~1705년)		얀센의 유고집, 《아우구스티누스》가 출판됨
1648			베스트팔렌 조약 체결	
1653		말브랑쉬(1638~1715년)	루이 14세(프랑스, 1643~1715년)	얀센의 《아우구스티누스》가 주장하는 다섯 명제 단죄

연도	교황	주요 인물 및 저서	통치자(황제, 왕 등) 및 주요 사건	종교적 사건
1663	알렉산데르 7세 (1655~1667년)			파리 외방 전교회 창설
1678		리샤르 시몽(1638~1712년)		리샤르 시몽이 《구약 성경에 대한 비판적인 역사》를 저술, 비평적 성경 주석학의 태동
1682	인노첸시오 11세 (1676~1689년)	라이프니츠(1646~1716년)	표트르 대제(러시아, 1682~1725년)	갈리아주의의 네 가지 조항 작성
1683		잔느 기용(1648~1717년)	요한 소비에스키가 투르크 군대로부터 빈을 구함.	
1685				낭트 칙령의 폐지
1699		페늘롱(1651~1715년)		페늘롱의 《내적 생활에 관한 성인들의 가르침에 대한 설명》을 단죄
1704	클레멘스 11세 (1700~1721년)		펠리페 5세(스페인, 1700~1740년)	중국 전례 단죄
1713		알퐁소 리구오리(1696~1787년)		교황 회칙 〈우니제니투스〉
1717			런던에 프리메이슨 첫 번째 지부 설립	
1727		진젠도르프(1700~1760년)		진젠도르프, 모라비아 형제단을 재조직
1738		존 웨슬리(1703~1791년)		존 웨슬리의 회심
1742	베네딕토 14세 (1740~1758년)		프리드리히 2세(프로이센, 1740~1786년)	중국과 인도 전례에 대한 결정적인 단죄
1750			파라과이 영토 확정 조약으로 스페인령에서 포르투갈령으로 넘어감.	
1751		베네딕토 라브르(1748~1783년)	마리아 테레지아(오스트리아, 1741~1780년)	
1755			포르투갈 리스본에서 대지진 일어남	
1763			파리 조약: 프랑스가 캐나다를 잃음	
1773	클레멘스 14세 (1769~1774년)			예수회 탄압
1776			루이 16세(프랑스, 1774~1792년) 미합중국 독립	
1786	비오 6세 (1775~1799년)		요제프 2세(오스트리아, 1780~1790년)	얀센주의자들, 피스토이아 시노드 소집
1789			프랑스 대혁명	
1790				〈성직자에 대한 혁명 헌법〉 제정
1792			파리 가르멜 수도원에서 9월 대학살 자행됨	
1793				프랑스에서의 폭력과 비그리스도교화
1795				프랑스의 정교 분리
1796				프랑스의 프랑스 교회 시노드
1799			나폴레옹의 쿠데타	발랑스에서 비오 6세 선종
1801	비오 7세 (1800~1823년)			프랑스와 교황청의 정교 조약
1802		샤토브리앙(1768~1848년)의 《그리스도교의 정수》		
1804			나폴레옹 1세(프랑스, 1804~1814년)	비오 7세, 나폴레옹 대관식 참석
1809		조셉 드 메스트르(1753~1821년)		비오 7세 체포
1814				비오 7세의 로마 귀환
1815			나폴레옹 1세의 백일천하 루이 18세(프랑스, 1814~1824년)의 즉위	
1817	레오 12세 (1823~1829년)	라므네(1782~1854년)의 《종교적 무관심에 대한 고찰》		
1822	비오 8세 (1829~1830년)			
1830		존-헨리 뉴먼(1801~1890년)	샤를 10세(프랑스, 1824~1830년) 7월 혁명	〈라브니〉지 창간
1831		리베르만(1802~1861년)	폴란드에서 견직 공장 직공들이 봉기함	
1832	그레고리오 16세 (1831~1846년)		루이 필리프(프랑스, 1830~1848년)	교황 회칙 〈미라리 보스〉
1833		라코르데르(1802~1861년)		빈첸시오 아 바오로회 창립
1836		뒤팡루(1802~1878년) 스트라우스의 《예수의 생애》		라므네, 《어느 신앙인의 발언》 발표

연도	교황	주요 인물 및 저서	통치자(황제, 왕 등) 및 주요 사건	종교적 사건
1842	비오 9세 (1846~1878년)	프레데릭 오자남(1813~1853년)	빅토리아 여왕(영국, 1837~1901년) 중국, 영국과 난징 조약 맺음	
1846				라 살레트에서 성모 발현
1848			루이 나폴레옹, 프랑스 공화정의 대통령으로 선출	〈새로운 시대〉지 창간
1849		매닝(1808~1892년)		
1850		루이 뵈이요(1813~1883년)	프랑스, 팔루 법 반포	
1852			빅토르-엠마누엘 2세(이탈리아, 1849~1878년)	
1854				'원죄 없이 잉태되신 마리아' 교리 반포
1858			나폴레옹 3세(1852~1870년)	루르드에서 성모 발현
1859		케틀러(1811~1877년)	다윈, 《종의 기원》 발표	
1861			이탈리아 통일 전쟁	
1863		르낭(1823~1892년)의 《예수의 생애》	빌헬름 1세(프로이센, 1861~1888년)	
1864			제1차 국제 노동자 연맹 결성	교황 회칙 〈실라부스〉와 〈콴타 쿠라〉
1866		칼 마르크스(1818~1883년)의 《자본론》	프로이센-오스트리아 전쟁	
1868			일본의 메이지 유신	
1869				제1차 바티칸 공의회(제20차 일치 공의회)
1870			프랑스-독일 전쟁	교황의 '무류성' 반포
1871			파리 코뮌 독일 제국 선포	복고 가톨릭교회, 가톨릭 노동자 모임 결성
1873				문화 투쟁, 몽마르트르 언덕의 '예수 성심 기념 대성전' 건축
1875			프랑스, 제3공화정 헌법 제정	가톨릭 대학 교육의 자유
1880			프랑스, 수도회 반대 법 제정	릴의 성체 대회
1881			프랑스, 학교 법 제정	
1883				〈라 크르와〉지 창간
1884			프랑스, 노동조합과 이혼을 인정하는 법 제정	프리부르의 사회 연구를 위한 가톨릭 연합 결성
1885			베를린 조약 체결, 아프리카 대륙의 식민지 분할	
1886		라비주리(1825~1892년)		프랑스 가톨릭 청년 연합회(A.C.J.F.) 설립
1887				그리스도교 노동조합 탄생
1890			빌헬름 2세(독일, 1888~1918년), 비스마르크를 수상직에서 해임	예루살렘 성경 학교 창설
1891				교황 회칙 〈새로운 사태〉
1892				교황 회칙 〈근심 가운데서〉
1893	레오 13세 (1878~1903년)	아기 예수의 테레사(1873~1897년)		교황 회칙 〈섭리의 하느님(성령의 감도)〉
1896				교황청, 성공회 서품은 무효라고 선언
1898		알프레드 르와지(1857~1940년)	드레퓌스 사건 악시옹 프랑세즈(프랑스적인 행동) 운동	
1900		샤를 드 푸코(1858~1916년)	베이징에서 반외국인 봉기 발생	
1901			프랑스, 일반 단체 결성을 승인하는 법안 제정	
1902	비오 10세 (1903~1914년)	모리스 블롱델(1861~1949년)		르와지의 〈복음과 교회〉
1904		앙리 브레몽(1865~1933년)		모든 수도회의 교육 활동 금지
1905				교회와 국가의 분리
1907				교황 회칙 〈통탄스러운 것들〉, 〈파스첸디〉
1910		클로델(1868~1955년)	에든버러에서 프로테스탄트 선교 총회 열림	시옹 운동 단죄
1914	베네딕토 15세 (1914~1922년)		제1차 세계 대전(1914~1918년)	
1915		슈바이처(1875~1965년)	아르메니아인 대학살	
1917			러시아 혁명 발발	베네딕토 15세 교황, 평화를 위한 제안
1919				교황 회칙 〈막시뭄 일루드〉
1924	비오 11세 (1922~1939년)	자크 마리탱(1882~1973년)	프랑스 선거에서 좌파 연합이 승리	프랑스의 교구 연합회 등록

연도	교황	주요 인물 및 저서	통치자(황제, 왕 등) 및 주요 사건	종교적 사건
1925		조셉 카르댕(1882~1967년)	로카르노 조약 체결	가톨릭 노동 청년회(J.O.C.) 운동 '생활과 봉사' 운동 시작
1926		루돌프 불트만(1884~1976년)		교황 회칙 〈교회의 사태〉 로마에서 중국인 주교 6명 서품 '프랑스적인 행동' 단죄
1927		로마노 과르디니(1885~1968년)		'신앙과 직제' 회의, 로잔에서 개최
1929			뉴욕 주식 시장 대폭락, 세계 대공황 발발	라테란 협정 체결
1931		프랑수와 모리악(1885~1970년)		교황 회칙 〈사십주년〉, 〈논 압비아모 비소뇨〉
1933		칼 바르트(1886~1968년)	히틀러, 권력을 잡다	바티칸과 독일(히틀러)과 협정 맺음
1936			스페인 내전 발발	
1937		폴 틸리히(1886~1965년)		교황 회칙 〈애타는 마음으로〉, 〈하느님이신 구세주〉
1938		엠마누엘 무니에(1905~1950년)	뮌헨 협정으로 독일-오스트리아 병합	프랑스 교회의 개혁
1939	비오 12세 (1939~1958년)		제2차 세계 대전(1939~1945년)	
1941			태평양 전쟁(1941~1945년)	
1943		고댕 신부와 다니엘 신부의 《프랑스, 선교 지역인가?》		교황 회칙 〈성령 영감〉
1945		디트리히 본회퍼(1906~1945년)	히로시마, 나가사키에 원폭 투하	
1949			독일 연방 공화국(서독)과 독일 민주 공화국(동독) 설립 유럽 평의회 설립	교황청 칙령, 공산주의자들과 협력 금지
1950			북대서양 조약기구(NATO) 설립 한국 전쟁 발발	성모 승천 교의 반포 교황 회칙 〈인류〉
1954			알제리 전쟁(1954~1962년)	노동 사제들에 대한 직무 정지
1956			헝가리 봉기	
1958	요한 23세 (1958~1963년)		프랑스 제5공화정 발족	
1960			아프리카에서 여러 독립국 탄생(아프리카의 해)	
1961			베를린 장벽 설치	교황 회칙 〈어머니와 교사〉
1962			알제리 독립	제2차 바티칸 공의회(제21차 일치 공의회)
1963	바오로 6세 (1963~1978년)			교황 회칙 〈지상의 평화〉
1965				동・서방 교회의 상호 파문 철회 제2차 바티칸 공의회 폐막
1967				주교들의 시노드 첫 개최
1968		마틴 루터 킹(1929~1968년)	프랑스 파리의 5월 학생 항쟁	교황 회칙 〈인간 생명〉 / 바오로 6세, 콜롬비아 메델린 방문
1969		호치민(1890~1969년)	아폴로 11호 달 착륙	바오로 6세, 제네바 방문
1970				가톨릭 성령 쇄신 운동 탄생
1974			포르투갈의 카네이션 혁명 발발	테제에서의 청년들의 활동
1975		프란치스코 프랑코(1892~1975년)	베트남 전쟁 종료	교황 회칙 〈현대의 복음 선교〉
1976				프랑스 가톨릭과 프로테스탄트의 《공동 번역 성경》
1978	요한 바오로 1세 (1978년) 요한 바오로 2세 (1978~2005년)		빅토르 벨렌코(소련) 망명 사건 발생	한 해 교황이 3명.
1979		마더 테레사(1910~1997년)	이집트-이스라엘 평화 조약 조인	요한 바오로 2세, 멕시코와 폴란드 사목 방문
1980		앨빈 토플러의 《제3의 물결》	이라크-이란 전쟁	로메로 대주교 피살(산살바도르)
1981			폴란드 솔리다르노시치(연대자유노조) 운동 미테랑 대통령(프랑스, 1981~1995년)	교황 회칙 〈노동하는 인간〉 요한 바오로 2세 피격
1982				교회 일치 위원회가 마련한 세례, 성체성사, 결혼에 대한 문헌 반포
1983				〈새 교회 법전〉 반포
1984				해방 신학에 대한 경고
1985		마르셀 고세의 《세계의 환멸》	고르바초프의 페레스트로이카(소련)	

연도	교황	주요 인물 및 저서	통치자(황제, 왕 등) 및 주요 사건	종교적 사건
1986			체르노빌 원전 폭발 사고	아시시에서 종교 간의 모임
1987				교황 회칙 〈생명의 선물〉
1988				교황 회칙 〈사회적 관심〉 르페브르 대주교 파문
1989			베를린 장벽 철거	요한 바오로 2세와 고르바초프의 로마 회동
1990			독일 통일	
1991				교황 회칙 〈백주년〉
1992				아메리카 대륙 복음화 500주년 요한 바오로 2세의 도미니카 공화국 사목 방문
1993				바티칸-이스라엘 외교 관계
1994			르완다 대학살 영국-프랑스 해저터널 건설	
1995				교황 회칙 〈하나 되게 하소서〉
1999				동브 그룹 문헌, 〈의화에 관한 루터 교회와 가톨릭교회의 공동 선언문〉
2000				교황 회칙 〈주님이신 예수님〉 대희년 맞이함 교회 일치 운동과 종교 간의 대화
2001			9월 11일, 미국 세계 무역 센터 붕괴함.	세계주교대의원회 후속 권고 〈양떼의 목자〉 발표
2003			이라크 전쟁 발발.	
2006	베네딕토 16세 (2005~)			교황 회칙 〈하느님은 사랑이십니다〉
2007				회칙 〈사랑의 성사〉
2011				회칙 〈주님의 말씀〉

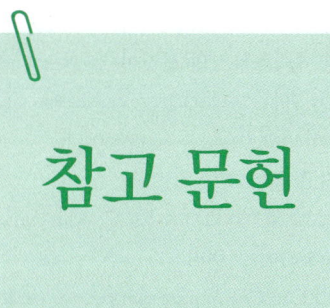

참고 문헌

제11장
인본주의
— J. HUIZINGA, *Ersme*, Gallimard, Paris, 1955.
— L. BOUYER, *Autour d'Erasme*, Éd. du Cerf, Paris, 1955.
— 프랑스어로 번역된 에라스무스의 선집이 두 권으로 출판되었는데, 하나는 "Bouquins" 총서 중의 한 권(J.-C. MARGOLIN, et alii, Paris, Robert Laffont, 1992)이고, 또 다른 하나는 문고판(J. CHOMARAT, Livre de poche, 1991)이다.

개혁에 관한 일반인 참고 문헌
— J. DELUMEAU(Th. WANEGRRELLEN과 공저), *Naissance et affirmation de la Réforme*, Nouvelle Clio, PUF, 1998.
— Th. WANEGRRELLEN, *Une histoire européenne de la tolérance du XVIe au XXe siècle*, Livre de poche-référence, Paris, 1998.
— P. JANTON, *Voies et visages de la Réforme au XVIe siècle*, Desclée, Paris, 1986.
— B. HOURS, *L'Église et la vie religieuse dans la France moderne(XVIe-XVIIIe s.)*, PUF, Paris, 2000.

루터에 관한 참고 문헌
— L. FEBVRE, *Un destin, Martin Luther*, PUF, 3e éd, Paris, 1951.
— G. CASALIS, *Luther et l'Église confessante*, Éd. du Cerf, Paris, 1983(2^e éd.).
— J. DELUMEAU, *Le Cas Luther*, DDB, Paris, 1983.
— M. LIENHARD, *Martin Luther, un temps, une vie, un message*, Centurion-Labor et Fides, Paris-Genève, 1983(4^e éd. 1997).
— A. BIRMELE & M. LEINHARD(éd.), *La Foi des Églises luthériennes. Confessions et catéchismes*, Éd. du Cerf-Labor et Fides, Paris-Genève, 1981.

칼뱅에 관한 참고 문헌
— F. WENDEL, *Calvin, Sources et évolution de sa pensée religieuse*, Labor et Fides, Genève, 1950(2^e éd. 1985).

- A.-M. SHMITT, *Jean Calvin et la tradition calviniste*, Éd. du Seuil, coll. "Maîtres spirituels", Paris, 1957.
- B. COTTRET, *Calvin, Biographie*, Payot, Paris, 1998.

개혁의 또 다른 측면에 관한 참고 문헌

- J. COURVOISIER, *Zwingli théologien réformé*, Delanchaux et Niestlé, Genève, 1965.
- J.-V. POLET, *Huldrych Zwingli. Biographie et théologie*, Lagor et Fides, Genève, 1988.
- M. SIMON, *L'Anglicanisme*, Armand Colin, Paris, 1969.
- S. MARTINEAU, *Les Anglicans*, Brepols, Turnhout, 1996.
- P. MIQUEL, *Les Guerres de religion*, Fayard, Paris, 1980.
- B. COTTRET, *L'Edit de Nantes. Pour en finir avec les guerres de religion*, Perrin, Paris, 1991.

제12장

들어가는 말에 제시한 일반적인 참고 문헌, 특히 트렌토 공의회를 보려면 공의회들의 역사와 관련된 책들을 참조할 수 있을 것이다.

일반적인 측면을 다룬 참고 문헌

- J. DELUMEAU et M. COTTRET, *Le Catholicisme entre Luther et Voltaire*, Nouvelle Clio, PUF, Paris, 1996.
- A. TALLON, *Le Concile de Trente*, Éd. du Cerf, Paris, 2000.
- I.-F. TERRICABRIAS, *Philippe II et la Cotre-Réforme. L'Église espagnole à l'heure du concile de Trente*, Publisud, Paris, 2001.

제도에 관한 참고 문헌

- P. BLET, *Le Clergé du Grand Siècle en ses assemblées*(1615-1715), Éd. du Cerf, Paris, 1995.
- Ch. SORREL et Fr. MEYER(dir.), *Les Missions intérieures en France et en Italie du XVIe au XXe siècle*, Université de Savoie, Chambéry, 2001.

신학적인 운동에 관한 참고 문헌
— L. COGNET, *Le Jansénisme*, coll. "Que sais-je?", n° 960, PUF, Paris, 1991.
— F. HILDESHEIMER, *Le Jansénisme*, DDB, Paris, 1991.
— R. TAVENEAUX, *La Vie quotidienne des jansénistes aux XVIIe et XVIIIe siècles*, Hachette, Paris, 1973.
— A. MARTIMORT, *Le Gallicanisme*, coll. "Que sais-je?", n° 1537, PUF, Paris, 1973.
— J.-R. ARMOGATHE, *Le Quiétisme*, coll. "Que sais-je?", n° 1545, PUF, Paris, 1973.
— Y. KRUMENCKER, *L'École française de spiritualité*, Éd. du Cerf, Paris, 1998.

영성과 수도회에 관한 참고 문헌
— A. GUILLERMOU, *Les Jésuites*, coll. "Que sais-je?", n° 936, PUF, Paris, 1961.
— J. LACOUTURE, *Jésuite*, 2 vol., Éd. du Seuil, Paris, 1991-1992.
— J. BEAUDE, *La Mystique*, Éd. du Cerf, Paris, 1990.
— M. DE CERTEAU, *La Fable mystique, XVIe-XVIIe siècle*, Gallimard, Paris, 1982.
— F. MALLET-JORIS, *Jeanne Guyon*, Flammarion, Paris, 1978.
— M.-L. GONDAL, *Madame Guyon(1648-1717), un nouveau visage*, Beauchesne, Paris, 1989.

"Maîtres spirituels"이라는 Seuil 출판사의 총서가 16~17세기의 엄청난 수의 영성 저술가들을 그들 작품의 요약문들과 함께 소개하고 있다.

사상 대립에 관한 참고 문헌
— E. NAMER, *L'Affaire Galilée*, coll. "Archives", Julliard, Paris, 1975.
— P. AUVRAY, *Richard Simon(1638-1712)*, Paris, 1976.

가톨릭과 개혁 교회의 신자들에 관한 참고 문헌
— E. LABROUSSE, *Une foi, une loi, un roi? La révocation de l'Edit de Nantes*, Payot-Lobor et Fides, Paris-Genève, 1985.
— J. QUENIART, *La Révocation de l'édit de Nantes*, DDB, Paris, 1985.

—. B. DOMPNIER, *Le Venin de l'hérésie. Image du protestantisme et combat catholique au XVIIe siècle*, Éd. du Centurion, Paris, 1985.

제13장

복음화에 관한 일반 역사서

— S. DELACROIX(dir.), *Histoire universelle des missions catholiques*, t. I et II, Grund, Paris-Monaco, 1956-1959.
— J. COMBY, *Deux mille d'évangélisation*, Desclée, Paris-Tournal, 1992.
— P. CHAUNU, *L'Expansion européenne du XIIIe au XVe siècle*, Nouvelle Clio, PUF, Paris, 1969.
— F. MAURO, *L'Expansion européenne(1600-1870)*, Nouvelle Clio, PUF, Paris, 1967.
— *Les Réveils missionnaires en France du Moyen Age ànos jours*, Actes du colloque de Lyon(29-31 mai 1980), Beauchesne, Paris, 1984.

유럽 대륙을 넘어서

아프리카

— KI-ZERBO, *Histoire de l'Afrique noire*, Hatier, Paris, 1972.
— G. BALANDIER, *La Vie quotidienne au royaume de Congo*, Hachette, Paris 1965.

라틴 아메리카

— R. RICARD, *La Conquête spirituelle du Mexique*, Paris, 1933.
— C. DUVERGER, *La Conversion des Indiens de la Nouvelle Espagne*, Éd. du Seuil, Paris, 1987.
— C. BERNAND et S. GRUZENSKY, *Histoire du Nouveau Monde*, 2 vol., Fayard, Paris, 1991-1993.
— M. BATAILLON et A. SAINT-LU, *Las Casas et la défense des Indiens*, Julliard, Paris, 1971.
— M. HAUBERT, *La Vie quotidienne au Paraguay sous les Jésuites*, Hachette, Paris, 1967.

— T. TODOROV, *La Conquête de l'Amérique, la question de l'autre*, Éd. du Seuil, Paris, 1982.

프랑스와 영국령의 아메리카 대륙
— F. ROUSTANG, *Jésuites de la Nouvelle-France*, DDB, Paris, 1961.

— A. RETIF, *Les Jésuites au Canada*, Bloud et Gay, Paris, 1964.

— F. DEROY-PINEAU(éd.), *Marie Guyard de l'Incarnation, un destin transocéanique*, Actes du colloque de Tours(1999), L'Harmattan, Paris, 2000.

— R. BRODEUR(éd.), *Femme, mystique et missionnaire, Marie Guyard de l'Incarnation*, Actes du colloque de Tours(1999), Presses de l'université Laval, Québec, 2001.

아시아
— H. DIDIER, *François Xavier, Correspondance, 1533-1552*, DDB-Bellarmin, Paris-Montréal, 1987; *François Xavier*, coll. "Petites vies", DDB, Paris, 1992; *Les Portugais au Tibet*, Chandeigne, Paris, 1996.

— F. BONTINCK, *La Lutte autour de la liturgie chinoise aux XVIIe et XVIIIe siècles*, Béatrice Nauwelaerts, Louvain-Paris, 1962.

— J. GERNET, *Chine et Christianisme, action et réation*, Gallimard, Paris, 1982.

— J. CHARBONNIER, *Histoire des chrétiens de Chine*, Desclée, 1992.

— A. VALIGNANO, *Les Jésuites au Japon, Relation missionnaire(1583)*, DDB, Paris, 1990.

제14장

18세기의 신앙생활에 관한 참고 문헌

J. DELUMEAU, *Le Catholicisme entre Luther et Voltaire*과 E.-G. Léonard, *Histoire générale du protestantisme*의 제3권 등에 나오는 그리스도교의 역사에 관한 일반적인 참고 문헌을 참조할 수도 있다.

— P. HAZARD, *La Crise de la conscience européenne, 1680-1715*, Paris, 1935(문고판 1994).

— E. CASSIRER, *La Philosophie des Lumières*, Fayard, Paris, 1966.

— G. GUSDORF, *Dieu, la nature, l'homme au siècle des Lumières*, Payot, Paris, 1972.

— J. QUENIART, *Les Hommes, l'Église et Dieu dans la France du XVIIIe siècle*, Hachette, Paris, 1978.

— Th. REY-MERMET, *Le Saint du siècle des Lumières, Alfonso de Liguori*, DDB, Paris, 1982.

— Y.-M. HILAIRE(dir.), *Benoît Labre. Errance et sainteté. Histoire d'un culte, 1783-1983*, Éd. du Cerf, Paris, 1984.

— B. COTTRET, *Le Christ des Lumières. Jésus de Newton à Voltaire, 1660-1760*, Éd. du Cerf, Paris, 1990.

프랑스 혁명과 제1제정 시대의 교회에 관한 참고 문헌

— J. LEFLON, *La Crise révolutionnaire*: FLISCHE & MARTIN, *L'Histoire de l'Église*, t. XX, Bloud et Gay, Paris, 1949.

— A. LATREILLE, *L'Église catholique et la Révolution française*, Hachette, 1950 et Éd. du Cerf, coll. "Foi vivante", Paris, 1971.

— B. COUSIN et alii, *La Pique et la Croix. Histoire religieuse de la Révolution française*, Éd. du Centurion, Paris, 1989.

— J. TULQRD et alii, *Histoire et dictionnaire de la Révolution française, 1789-1799*, Robert Laffont, coll. "Bouquins", Paris, 1987.

— A. FIERRO et alii, *Histoire et dictionnaire du Consulat et de l'Empire*, Robert Laffont, coll. "Bouquins", Paris, 1995.

— C. LEDRE, *Le Culte caché sous la Révolution*, Bonne Presse, Paris, 1949.

— T. TACKETT, *La Révolution, l'Église, la France, le serment de 1791*, Éd. du Cerf, Paris, 1986.

— M. VOVELLE, *La Révolution contre l'Église*, Complexe, Bruxelles, 1989.

제15장

일반 참고 문헌

— G. CHOLVY et Y.-M. HILAIRE, *Histoire religieuse de la France*

contemporaine, t. I, 1800-1880, Privat, Toulouse, 1985.
- D. BARJOT, J.-P. CHALINE, A. ENCREVE, *La France au XIXe siècle(1814-1914)*, PUF, Paris, 1995.
- C. LANBLOIS, *Le Catholicisme au féminin. Les congrégations françaises àsupérieures générales au XIXe siècle*, Éd. du Cerf, Paris, 1984.

라므네에 관한 참고 문헌
- L. LE GUILLOU, *Lamennais*, coll. "Les écrivains devant Dieu", DDB, Paris, 1969.
- M.-J. et L. LE GUILLOU, *La Condamnation de Lamennais, textes, dossiers, documents*, Beauchesne, Paris, 1982.
- G. HOURDIN, *Lamennais, prophète et combattant de la liberté*, Perrin, Paris, 1982.

가톨릭 자유주의, 1848년의 혁명, 사회적인 가톨리시즘에 관한 참고 자료
- M. PERLOT et F. GALLOUEDEC GENUYS, *Le Libéralisme catholique*, coll. "U", A. Colin, Paris, 1969.
- C. BRESSOLETTE, *L'AbbéMaret, le combat d'un théologien pour une démocratie chrétienne(1830-1851)*, Paris, Beauchesne, 1977.
- J.-B. DUROSELLE, *Les Débuts du catholicisme social en France*, PUF, Paris, 1951.
- P. PERRARD, *Les Pauvres, l'Evangile et la Révolution*, Desclée, Paris, 1977.
- P. CHRISTOPHE, *L'Église de France dans la révolution de 1848*, Éd. du Cerf, Paris, 1998.

비오 9세의 교황직과 제1차 바티칸 공의회
- R. AUBERT, *Le Pontificat de Pie IX*, t.XXI de *Histoire de l'Église* de FLICHE et MARTIN, Bloud et Gay, Paris, 1952(개정판은 1963).
- R. AUBERT, *Vatican I*, Éd. de l'Orante, Paris, 1964.
- P. CHRISTOPHE, *Le Concile Vatican I*, Éd. du Cerf, Paris, 2000.
- P. CHRISTOPHE et R. MINNERATH, *Le Syllabus de Pie IX*, Éd. du Cerf, Paris, 2000.

제16장

각 나라별 일반적인 측면에 관한 참고 문헌

— A. C. JEMOLO, *L'Église et l'Etat en Italie, du Risorgimento ànos jours*, Éd. du Seuil, Paris, 1960.
— F. LEBRUN(dir.), *Histoire des catholiques en France du XVe siècle ànos jours*, Privat, Toulouse, 1980.
— G. CHOLVY et Y.-M. HILAIRE, *Histoire religieuse de la France contemporaine*, t. II, *1880-1930*, et t. III, *1930-1988*, Privat, Toulouse, 1988.
— J. PREVOTAT, *Etre chrétien en France au XXe siècle, de 1914 ànos jours*, Éd. du Seuil, Paris, 1998.
— J. LE GOFF et R. REMOND(dir.), *Histoire de la France religieuse*, t. III et t. IV, Éd. du Seuil, Paris, 1992.

교회와 제3공화정에 관한 참고 문헌

— M. OZOUF, *L'École, l'Église et la République, 1871-1914*, A. Colin, Paris, 1963.
— J.-M. MAYEUR, *La Séparation de l'Église et de l'Etat(1905)*, coll. "Archives", Julliard, 1966.
— J. GADILLE, *La Pensée et l'Action politique des évêques français au début de la Troisième République(1870-1883)*, t. II, Hachette, Paris, 1967.
— X. DE MONTCLOS, *Le Toast d'Alger*, De Boccard, Paris, 1966.

프랑스적인 행동과 가톨릭 운동에 관한 참고 문헌

— J. PREVOTAT, *Les Catholiques et l'Action française, Histoire d'une condamnation(1899-1939)*, Fayard, Paris, 2001.
— J. DEBES, *Naissance de l'Action catholique ouvrière*, Éd. ouvrières, Paris, 1982.
— E. POULAT et J. DEBES, *L'Appel de la J.O.C.*, Éd. du Cerf, Paris, 1986.
— R. REMOND, *Les Catholiques dans la France des années 30*, Cana, Paris, 1979.
— P. CHRISTOPHE, *1936 ⋯ Les Catholiques et le Front populaire*, Éd. ouvrières, Paris, 1986.

전체주의에 관한 참고 문헌

— R. D'HARCOURT, *Catholiques d'Allemagne*, Paris, Plon, 1938.
— G. BERNQNOS, *Les Grands Cimetières sous la lune*, Plon, Paris, 1938.
— N. STRUVE, *Les Chrétiens en URSS*, Éd. du Seuil, Paris, 1963.
— G. PASSELECQ et B. SUCHECKY, *L'Encyclique cachée de Pie XI. Une occasion manquée de l'Église face à l'antisémitisme*, Éd. de la Découverte, Paris, 1995.

제17장

일반적인 참고 문헌

Histoire du Christianisme(t. XI, XII, MAYEUR, PIETRI, VAUCHEZ, VENARD)와 함께, 제13장에 제시된 *Histoire universelle des missions catholiques*(t. III, J. COMBY)라는 일반적인 책도 참고할 수 있다.

— Ion BRIAm Philippe CHANSON, Jacques GADILLE, Marc SPINDLER(dir.), *Dictionnaire oecuménique de missiologie. Cent mots pour la mission*, Éd. du Cert, Labor et Fides, Clé, Paris-Genève-Yaoundé, 2001.
— "Actes du CREDIC(1982-2002)"이라는 전집과 *Mémoire spiritaine*라는 잡지에서도 선교 활동에 관한 역사의 다양한 측면들이 논의되어 있다.

인물과 지역에 관한 참고 문헌

— J. LECLERQ, *Vie du Père Lebbe*, Casterman, Tournai, 1957.
— P. COULON et P. BRASSEUR(dir.), *Libermann(1802-1852), une pensée et une mystique missionnaires*, Éd. du Cerf, Paris, 1988.
— F. RENAULT, *Le Cardinal Lavigerie, 1825-1892. L'Église, l'Afrique et la France*, Fayard, Paris, 1992.
— L. LAVERDIERE, *L'Africain et le Missionnaire*, Bellarmin, Montréal, 1987.
— G. RUGGIERI(dir.), *Église et histoire de l'Église en Afrique*(Actes du Colloque de Bologne, 1988), Beauchesne, Paris, 1990.
— *Madagascar et le christianisme*, Karthala, Paris, 1993.
— J. MONCHANIN et H. LE SAUX, *Ermites du Saccidânanda*, Casterman,

Tournai, 1957.
— J. MONCHANIN, *Théologie et spiritualitémissionnaires*, Beauchesne, Paris, 1985.
— F. JACQUIN, *Jules Monchanin, prêtre(1895-1957)*, Éd. du Cerf, Paris, 1997.
— *Jules Monchanin(1895-1957), Regards croisés d'Occident et d'Orient* (Actes du colloque de Lyon, 1995), Profac-Crédic, Lyon, 1997.

제18장
그리스도인들과 경제적인 사회에 관한 참고 문헌
일반적인 참고 문헌
— D. MAUGENEST(dir.), *Le Discours social de l'Église catholique, de Léon XIII àJean-Paul II*, Centurion, Paris, 1985.
— J.-M. MAYEUR, *Catholicisme social et démocratie chrétienne. Principes romains et expériences françaises*, Éd. du Cerf, Paris, 1986.
— M.-D. CHENU, *La 'Doctrine sociale' de l'Église comme idéologie*, Éd. du Cerf, Paris, 1979.

특별한 측면에 관한 참고 문헌
— J.-B. DUROSELLE, *Les Débuts du catholicisme social en France(1822-1870)*, P.U.F., Paris, 1951.
— F.-A. ISAMBERT, *Christianisme et classe ouvrière*, Casterman, Tournai, 1961.
— C. PONSON, *Les Catholiques lyonnais et la Chronique social*, PUL, Lyon, 1979.
— P. PIERRARD, *L'Église et les ouvriers en France*, Hachette, Paris, 1984.
— J. CARON, *Le Sillon et la démocratie chrétienne, 1894-1910*, Plon, Paris, 1967.
— J.-M. MAYEUR, *Un prêtre démocrate. L'abbéLémire(1853-1928)*, Casterman, Tournai, 1968.

가톨릭 전통과 근대 과학에 관한 참고 문헌
— E. POULAT, *Histoire, dogme et critique dans la crise moderniste*, Casterman, Tournai, 1962.

— F. LAPLANCHE, *La Bible en France entre mythe et critique(XVIe-XIXe siècle)*, Albin Michel, Paris, 1994.

— P. COLIN, *L'Audace et le Soupçon. La crise moderniste dans le catholicisme français(1893-1914)*, DDB, Paris, 1997.

— Albert HOUTIN et Félix SARTRIAUX, *Alfred Loisy, sa vie, son oeuvre*(E. POULAT éd.), Éd. du CNRS, Paris, 1960.

— E. GOICHOT, *Alfred Loisy et ses amis*, Éd. du Cerf, Paris, 2001.

교회 일치 운동에 관한 참고 문헌

— M. VILLAIN, *L'AbbéPaul Couturier*, Casterman, Tournai, 1957.

— M. VILLAIN, *Introduction àl'oecuménisme*, Casterman, Tournai, 1964.

— E. FOULLOUX, *Les Catholiques et l'unitéchrétienne du XIXe au XXe siècle*, Éd. du Centurion, Paris, 1982.

— R. LADOUS, *Monsieur Portal et les siens*, Éd. du Cerf, Paris, 1985.

제19장
제2차 세계 대전 당시의 그리스도인들에 관한 참고 문헌
일반적인 측면과 교황권

— X. DE MONTCLOS, *Les Chrétiens face au nazisme et au stalinisme. L'épreuve tatalitaire, 1939-1945*, Plon, Paris, 1983, Complexe, Buxelles, 1991.

— R. BEDARIDA, *Les Catholiques dans la guerre 1939-1945*(La vie quotidienne), Hachette, Paris, 1998.

— J. NOBECOURT, *'Le Vicaire' et l'histoire*, Éd. du Seuil, Paris, 1964.

— F. DELPECH, *Sur les Juifs, Etudes d'histoire contemporaine*, Éd. du Seuil, Paris, 1964.

— P. BLET, *Pie XII et la Seconde Guerre mondiale d'après les archives du Vatican*, Perrin, Paris, 1997.

특별한 측면과 프랑스, 그리고 인물들에 관한 참고 문헌

— J. DUQUESNE, *Les Catholiques français sous l'Occupation*, Grasset, Paris, 1966(1996년 신판).

— *Église et chrétiens dans la Deuxième Guerre mondiale. La région Rhône-Alpes*(Actes du colloque de Grenoble, 1976), PUL, Lyon, 1978; *Église et Chrétiens dans la Deuxième Guerre mondiale. La France*(Actes du colloque de Lyon, 1978), PUL, Lyon, 1982.

— M. COINTET, *L'Église sous Vichy, 1940-1945. La repentance en question*, Perrin, Paris, 1998.

— R. BEDARIDA, *Pierre Chaillet, témoin de la résistance spirituelle*, Fayard, Paris, 1988.

— B. COMTE, *L'Honneur et la Conscience. Catholiques français en Résistance, 1940-1945*, Éd. de l'Atelier, 1998.

— E. FOUILLOUX, *Les Chrétiens français entre crise et libération(1937-1947)*, Éd. du Seuil, Paris, 1997.

— F. et R. BEDARIDA(éd.), *La Résistance spirituelle, 1941-1944. Les Cahiers clandestins du 'Témoignage chrétien'*, Albin Michel, Paris, 2001.

노동 사제에 관한 참고 문헌

— J. LOEW, *Journal d'une mission ouvrière(1941-1959)*, Éd. du Cerf, Paris, 1959.

— Y. TRANVOUEZ, *Catholiques et communistes. La crise du progressisme chrétien(1950-1955)*, Éd. du Cerf, Paris, 2000.

— P. COLIN, *L'Audace et le Soupçon. La crise moderniste dans le catholicisme français(1893-1914)*, DDB, Paris, 1997.

— E. POULAT, *Les Prêtres ouvriers. Naissance et fin*, Éd. du Cerf, Paris, 1999.

— J. VINATIER, *Les Prêtres ouvriers, le cardinal Liénard et Rome. Histoire d'une crise(1944-1967)*, Editions ouvrières, Paris, 1985.

— F. LEPRIEUR, *Quand Rome condamne*, Éd. du Cerf-Plon, Paris, 1989.

사목과 운동에 관한 참고 문헌

— G. CHOLVY, *Histoire des organisations et mouvements de jeunesse aux XIXe et XXe siècle*, Éd. du Cerf, Paris, 1999.

— J.-L. DUCASSE et alii, *Chrétiens dans le monde rural, LAC, MFR, CMR, 50 ans*

d'histoire, Éd. de l'Atelier, Paris, 1989.
— J.-L. SWERRY, *Les Aumôneries catholiques de l'enseignement public*, Éd. du Cerf, Paris, 1995.

제20장
교황권에 관한 참고 문헌
— Ph. LEVILLAIN, *Dictionnaire historique de la papauté*, Fayard, Paris, 1994에서 시대별 교황들에 대한 약술 내용을 찾아볼 수 있을 것이다.
— Y.-M. HILAIRE, *Histoire de la papauté. Deux mille ans de mission et de tribulations. Cartes, index, bibliographie*, Taillandier, Paris, 1996.
— P. HEBBLETHWAITE, *Jean XXIII, le pape du Concile*, Bayard, Paris, 2000.
— G. ALBERIGO(dir.), *Jean XXIII devant l'histoire*, Éd. du Seuil, Paris, 1989.
— *Paul VI et la modernité dans l'Église*, École française de Rome, Rome, 1984.
— G. WEIGEL, *Jean-Paul II témoin de l'espérance*, J.-Cl. Latthès, Paris, 1999.

제2차 바티칸 공의회에 관한 참고 문헌
— D. MOULINET, *Le Concile Vatican II······ tout simplement*, Ed. de l'Atelier, Paris, 2002에서 공의회와 관련된 최근 주요 참고 문헌들을 찾아볼 수 있을 것이다.
— G. ALBERIGO(dir.), *Histoire du Concile Vatican II(1959-1965)*, Éd. du Cerf, Paris, - 5 vol., Peeters, Louvain, 1997.
— P. POUPART, *Le Concile Vatican II*, "Que sais-je?", PUF, Paris, n° 2006, 1997.
— *Le Deuxième Concile du Vatican(1959-1965)*, École française de Rome, Rome, 1989.
— H. DENIS, *Église, qu'as-tu fait de ton concile?*, Éd. du Centurion, Paris, 1985.

공의회 이후에 관한 참고 문헌
— E. POULAT, *Une Église ébranlée. Changement, conflit et continuité de Pie XII à Jean-Paul II*, Casterman, Tournai, 1980.
— J. GROOTAERS, *De Vatican II à Jean-Paul II, le grand tournant de l'Église*

catholique, Éd. du Cerf, Paris, 1981.

— D. PELLETIER, *La Crise catholique. Religion, société, politique en France(1965-1978)*, Payot, Paris, 2002.

특별한 측면들에 관한 참고 문헌

— G. LE BRAS, *Etude de sociologie religieuse*, PUF, Paris, 1955-1956.

— F. BOULARD, *Premiers itinéraires en sociologie religieuse*, Editions ouvrières, Paris, 1954(1966).

— M. DE CERTEAU et J.-M. DOMENACH, *Le Christianisme éclaté*, Éd. du Seuil, Paris, 1974.

— D. HERVIEU-LEGER et F. CHAMPION, *Vers un nouveau christianisme? Introduction àla sociologie du Christianisme occidental*, Éd. du Cerf, Paris, 1986.

— R. WINLING, *La Théologie contemporaine(1945-1980)*, Éd. du Centurion, Paris, 1983.

— L. PERRIN, *L'Affaire Lefebvre*, Éd. du Cerf-Montréal, Paris, Fides, 1989.

— L. et C. BOFF, *Qu'est-ce que la théologie de la libération?*, coll. "Foi vivante", Éd. du Cerf, Paris, 1987.

— R. MARLE, *Introduction àla théologie de la libération*, DDB, Paris, 1988.

— M. SEVEGRAND, *Les Enfants du bon Dieu. Les catholiques français et la procréation au XXe siècle*, Albain Michel, Paris, 1995.

— J. BAUBEROT, *Le Retour des huguenots*, Éd. du Cerf-Genève, Labor et Fides, Paris, 1985.

▶▶ 색인

[ㄱ]

가브리엘 마르셀 570
가이오 716
갈리아주의 157, 158, 159, 160, 248, 262, 263, 264, 285, 308, 323, 349, 383
갈릴레오 145, 146
감리교 83, 273, 274, 275, 277, 278, 339, 481, 513, 574, 578
고댕 610, 613, 631
구스타보 구티에레즈 685
구텐베르크 26
국제 노동자 연맹 449, 528
궤랭 349, 439
귄터 334
그레고리오 16세 347, 352, 355, 383, 472, 473, 474, 484, 584, 661
그레고리오 아빠스 288
그룬트빅 340
그리니용 드 몽포르 142
글레르 548, 550
기베르티 95
기본스 483, 535
기욤 브리쏘네 68

[ㄴ]

나탄 죄더블롬 579
나폴레옹 1세(나폴레옹 보나파르트) 283, 306, 307, 308, 313, 314, 315, 316, 320, 421
나폴레옹 3세(루이-나폴레옹) 376, 377, 379, 390, 498, 526
낭트 칙령 91, 162, 165
네스토리우스 13
니코데무스 279
니콘 586
니콜라스 와이즈먼 336, 337
니콜라스 일민스키 499

[ㄷ]

다니엘 610, 613, 631
다르브와 401
다미안 487
다비드-프리드리히 스트라우스 547
다빌라 202
다윈 546
대목구장 184, 230, 231, 232, 241, 242, 399, 495, 627
도스토옙스키 343, 344, 345

돈 루이지 스투루초 445
돈 보스코 332, 573
돌바흐 254
돔 괴랑제 380
되프너 606, 671
될링거 333, 390, 551
뒤팡루 381, 383, 384, 386, 402, 528, 529
뒬스트 551
드레퓌스 사건 416, 417
드 뤼박 571, 640, 645
드 마리옹 브레지아크 503
드 멩트농 172
드 쿠 351, 365
디드로 240, 251, 257, 258
디트리히 본회퍼 449

[ㄹ]
라그랑주 551, 565
라나발로나 1세 510
라나발로나 2세 510
라다마 1세 509
라베르토니에르 560, 561, 562, 565
라비주리 411, 412, 504, 505, 506, 508
라 살레트 332
라스콜 분파 131
라이프니츠 128, 129, 238, 239, 252
라코르데르 351, 371, 373, 374, 375
라틀리에 366, 369, 370, 528
람베스 576
람폴라 394
레르카로 671, 675
레바논 281, 282
레오 12세 350
레오 13세 393, 398, 400, 410, 411, 412, 483, 491, 495, 535, 538, 539, 540, 543, 544
레오폴트 1세 128
레오폴트 대공 262
레옹 블룸 454
레옹 아르멜 534
레이노 주교 521
레지날드 폴 100
레판토 해전 110, 131
로메로 723
로몰로 무리 395, 543, 553
로베르토 디 노빌리 220
로베르토 벨라르미노 144, 145
로베스피에르 283, 293, 294

로스미니 333
로씨 377
롤프 호흐후트 603
루기에리 224
루돌프 불트만 575
루르드 332, 402, 674
루이 18세 325
루이 뒤센느 551
루이 드 보날 322
루이 리샤르 640
루이 뵈이요 375, 380, 640
루이 오그로 610
루이-필리프 346
루터 41, 44, 45, 46, 47, 50, 51, 52, 53, 54, 55, 56, 57, 58, 59, 63, 64, 65, 66, 67, 68, 74, 75, 76, 82, 92, 100, 275
르네 드 라 투르 뒤 팽 534
르네 바쟁 570
르미유 635
르 브라 690
르브르 613
르페브르 691, 720, 721
르페브르 데타플 68
리베르만 503

리빙스톤 461
리샤르 시몽 147, 149
리슐리외 151
리에나르 543, 654

[ㅁ]
마더 테레사 694
마레 371, 373
마론 교회 281, 282
마르귀리트 드 나바르 68
마르귀리트 마리 135
마르크 상니에 542, 543, 553
마르티 677
마르틴 니묄러 449
마리나 176
마리 드 렝카르나시옹 209, 210
마리우스 고냉 542, 543
마오쩌둥 617
마제노드 503
마카리우스 279, 499
마크 마옹 401
마키아벨리 27
마태오 리치 224, 225, 226
마틴 루터 킹 694

막시밀리안 콜베 592
매닝 400, 535
메그로 242
메델린 681, 684
메르밀로드 399, 535
메르쉬 571
메르시에 581
메리 워드 124
메리 튜터 85
메차바르바 243
멜란히톤 65, 82, 83, 116
멜리에 254
모라비아 형제단 271, 273, 275, 340, 341
모란 485, 535
모로네 104
모리스 렌아르트 487
모리스 블롱델 552
모리스 알라르 421
모리스 토레즈 453
모리악 444, 570
몰라뉘 128
몽모랑시-라발 209
몽탈랑베르 351, 375, 377, 381
몽튀클라르 613, 646

무솔리니 432, 445, 446, 604, 605
문화 투쟁 396, 397, 398
미뇨 557, 689
미뉴 551
미셸 드 로피탈 90
미셸 르 노블레즈 142
미쇼노 635
미카엘 세르베투스 77
민첸티 618, 698

[ㅂ]
바론 폰 포겔장 535
바르톨로메오 드 라스 카사스 188, 190
바오로 14
바오로 3세 100, 104, 189
바오로 4세 27, 104
바오로 5세 101, 111, 228
바오로 6세 655, 656, 658, 659, 662, 675, 681, 682, 683, 697, 698, 701, 708, 710, 721
반 로숨 517
반 로이 594
발데크-루소 418
발리냐노 218, 224

백과사전파 240
뱅상 레브 491, 492, 520
베네딕토 14세 251
베네딕토 15세 426, 427, 430, 514, 515,
　　　　517, 518, 521, 570, 584, 603, 605
베네딕토 라브르 249
베니니 569
베드로 카니시우스 114, 115
베드로 클라베 193
베랑제 346
베랑 주교 618
베르나노스 444, 451, 453, 570
베르나르 13
베르니니 112, 119
베를린 조약 479
베발레 295, 296
베사리온 26
베스트팔렌 조약 127
베아 추기경 653
베아트리체 196
벨하우젠 547
벵쌍 드 폴 135, 137, 138, 139, 144
보드리야르 425
보름스 제국 회의 54, 56, 100

보쉬에 128, 129, 147, 159, 240
복고 가톨릭교회 248, 390, 397, 654
본 프레이싱 607
볼로냐 정교 조약 20, 89
볼테르 240, 251, 255, 258, 346, 378, 402
뵈그너 578
부세 드 페르트 546
부이야르 645
부처 66
뷔쉐 366
브레스트-리토브스키의 연합 129
블라디미르 솔로비예프 573
비스마르크 396, 397, 398
비신스키 618
비오 4세 104, 110
비오 5세 86, 110
비오 6세 287, 288, 306
비오 7세 252, 306, 307, 310, 314, 316, 326
비오 8세 347
비오 9세 321, 337, 368, 371, 377, 380,
　　　　382, 383, 384, 393, 585
비오 10세 394, 420, 423, 543, 565, 566, 568
비오 11세 430, 432, 434, 436, 437,
　　　　440, 445, 446, 448, 454, 455, 457,

458, 517, 518, 519, 521, 526, 543, 544, 584, 585, 586, 652
비오 12세 590, 603, 604, 605, 606, 607, 626, 628, 629, 644, 646, 648, 650, 652
비오 주교 380
빅토르-엠마누엘 379
빌로 추기경 708
빌헬름 1세 396

[ㅅ]
사담 후세인 723
사돌레토 100
사드 254, 578
사로프의 세라핌 343
사보나롤라 40, 41, 42, 43
사제 요한 13
사하군 194
살리에주 596
생-시랑 151
생-시몽 366
샤를 10세 346
샤를 드 포르뱅-장송 467
샤를 드 푸코 509
샤를르 가르니에 209

샤를르 데미아 143
샤를르 드 마이야르 드 투르농 243
샤를 모라스 433, 434, 436
샤토브리앙 308, 462, 465
샹플랑 208
선교 보호권 180, 181, 182, 183, 208, 241, 242
성령 쇄신 운동 694, 717
세르게이 592
세르티앙즈 426, 428
수에넨스 671, 680
쉐뉘 645
쉬아르 610, 631
쉴라이에르마허 340, 341
슈바이처 514
스타레츠 343, 344, 345
스테피나크 593, 618
스피노자 147, 252
스피놀라 128
슬리피 617
시르방 255
시몬 킴밤구 513
식스토 5세 111, 112
신경회 688

실라부스 384, 547
십자가의 요한 117, 120
쏘아넨 248

[ㅇ]
아담 샬 228
아델라이드 드 씨체 326
아돌프 모노 340
아돌프 콜핑 533
아드리앙 부르드와즈 137
아르망 드 믈랭 532
아리스티드 브리앙 420
아바쿰 페트로비치 130
아우구스티누스 150, 151, 504, 524
아욱스부르크 82, 83
아즈텍 27, 188, 193, 753
아카리 166
아테나고라스 658, 659, 662, 675
아토스 성산 279
아퐁소 1세 195, 196
아프르 375, 551
안나 자부에이 503
안젤라 메리치 124
안테 파벨리치 593

안토니오 1세 195
안톤 몬테시노스 186
알렉산데르 6세 보르지아 24
알렉산드르 1세 321
알렉산드르 드 로드 230
알렉시스 592
알바 공작 91
알베르 드 묑 438, 534, 536, 537
알퐁소 리구오리 249
알프레드 르와지 551, 554, 556, 559
앙겔루스 실레시우스 265
앙드리외 434
앙리 4세 91
앙리 르 쏘 520
앙리 브레몽 564
앙트로콜 228
앙트완느 아르노 151, 152
앙트완느 쿠르 163
야콥 뵘 265
얀센주의 143, 150, 151, 152, 153, 154,
   155, 156, 161, 240, 242, 247, 248,
   249, 263, 264, 390
에두아르 드 카스텔노 433
에두아르 르 르와 560

에두아르 브랑리 570
에드몽 리셰 158
에드아르 에리오 432
에드워드 6세 85, 86
에든버러 총회 576, 579, 580
에디트 슈타인 593
에라스무스 28, 29, 30, 31, 33, 36, 37, 38, 40, 51, 57, 66, 100, 104, 734
에르네 르낭 382, 547
에르네스토 부오나이우티 564
에밀 콩브 418
에티엔느 르 카뮈 163
엘리자베스 1세 85, 86
엘리자베스 시튼 482
엘베티우스 254
엠마누엘 무니에 444, 619, 620, 621
예수회 96, 97, 98, 99, 113, 114, 124, 144, 149, 150, 152, 154, 184, 185, 193, 194, 207, 208, 209, 210, 218, 220, 221, 224, 226, 227, 228, 229, 230, 231, 237, 240, 242, 244, 245, 251, 263, 264, 326, 346, 397, 398, 404, 462, 470, 490, 492, 510, 511, 518, 530, 561, 564, 613, 640, 645, 716

예카테리나 2세 279
오귀스트 콩트 382, 546
오라토리오회 95, 123, 134, 138, 147, 155, 156, 560, 561
오렌지의 윌리엄 92
오시안더 66
오코넬 336
올리버 크롬웰 127
외콜람파디우스 66
요셉 괴레스 333
요안나 드 샹탈 124
요제프 2세 250, 262, 263
요제프주의 263, 285, 308
요한 23세 650, 651, 652, 653, 654, 655, 656, 698
요한 녹스 86
요한 드 브레뵈프 209
요한 바오로 1세 708, 709
요한 바오로 2세 100, 694, 708, 709, 710, 711, 712, 713, 714, 716, 718, 719, 720, 721, 722, 723, 724, 725
요한 베니아미노프 499
요한 소비에스키 131
요한-아담 묄러 333, 334, 336

요한 크론스타트 573
우니제니투스 155
위그노파 90, 91, 164, 755
위스망스 570
위크 461
위트레흐트 조약 244
윌리엄 부스 574
윌리엄 케리 466
윌리엄 템플 579, 580
유교 224
율리오 2세 25, 26, 37, 41, 728, 755
율리오 3세 104
이냐시오(로욜라의) 96, 97, 99, 115, 116, 123, 213, 327, 623
이반 3세 22
이반 4세 22
이벽 233
이사벨라 21, 177
이사악 조그 209
이사악 헤커 482
이승훈 233, 234
인노첸시오 8세 39
인노첸시오 10세 127
인노첸시오 11세 131, 159

잉골리 183
잉카 27, 200, 201, 205, 214

[ㅈ]
자크 뢰 611
자크 마리탱 570, 571
작은 교회 313
잔느 기용 167
잔 다르크 431, 594
장 라크로와 444
장-마리 비안네 326
장 마비용 150
장 무루 640
장 외드 135
장-자크 루소 256, 259
장-자크 올리에 135
재세례파 67, 83
전교 후원회 467, 468, 469, 518
전례 논쟁 175, 232, 241, 242, 244
정적주의 166, 167, 168, 171
제1차 바티칸 공의회 321, 379, 384, 385, 387, 390, 391, 472, 548, 652
제2차 바티칸 공의회 102, 105, 111, 590, 648, 649, 650, 651, 653, 658,

660, 663, 664, 665, 669, 670, 680,
689, 690, 691, 698, 701, 704, 705,
709, 715
제르베 351
제를리에 597, 598
조르다노 부르노 145
조베르티 333, 371
조셉 드 메스트르 322, 323, 349, 363
조셉 카르댕 439
조셉 콜롱브 635, 636, 637, 638, 647
조셉 튀르멜 564
조셉 페쉬 313
조아키노 176
조지 부시 723
조지 티렐 560
조지 폭스 274
조지 화이트필드 275
조쿠르 258, 259
존 웨슬리 273, 274, 275
존 윌리암스 486
존 헨리 뉴먼 551
주마라가 200
주앙 511, 512
줄 몽샤냉 520, 524

쥘 페리 404, 405, 406
진젠도르프 269, 270, 271, 272, 273
질베르 세스브롱 632

[ㅊ]
찰스 1세 127
체 게바라 686
츠빙글리 65, 66, 67, 70, 76
침례교 466, 481, 513, 576

[ㅋ]
카롤로 보로메오 114, 115, 132
카를 5세 24, 54, 81, 82, 83, 100, 101
카밀로 토레스 681
카베 366
카사롤리 698, 713
카사트킨 500
카시아누스 14
카타리나(메디치가의) 90
카타리나(아라곤 왕가의) 84, 85
카타리나(폰 보라) 57
카트린느 334
카푸친회 94, 101, 124, 196, 198
칸트 252, 309, 382, 546

칼라스 255
칼 마르크스 528
칼 바르트 449, 575
칼뱅 66, 68, 69, 70, 75, 76, 77, 79, 80, 81, 85, 86, 90, 92, 130, 133, 152
칼뱅주의 66, 86, 91, 127, 130, 253, 275
칼타니세타 198, 199
케틀러 397, 533, 535
코르봉 528, 529
코르테스 176
코스탄티니 517, 518, 519
코페르니쿠스 145, 146
콘살비 307
콘타리니 100
콩가르 571, 640, 645
쾨니히 709
퀘이커 274
퀴슬링 593
크리스토퍼 콜럼버스 173, 177, 178, 180, 181
클레멘스 7세 100
클레멘스 11세 243
클레멘스 14세 264
클레멘스 마리아 호프바우어 334

클레멘스 브렌타노 334
클로델 444, 570
클로드 마르탱 210
클로리비에르 326
키르케고르 340, 341
키릴루스 루카리스 130

[ㅌ]
탈레랑 284
테레사(아기 예수의) 518
테레사(아빌라의, 예수의) 117, 118, 119, 694
테아 596
테오도르 베자 80
테이야르 드 샤르댕 639, 640, 641, 642, 645
테제 694
토니올로 535
토마스 모어 27, 28, 85, 87, 88, 89
토마스 뮌처 57, 58, 61
토마스 아퀴나스 523, 560, 568, 645
톨렌티노 조약 306
톨스토이 573
투-두크 498
투리비오 데 모그로베호 200

트렌토 공의회 93, 95, 100, 101, 102, 104, 105, 110, 112, 113, 114, 125, 128, 129, 130, 132, 140, 144, 183, 523, 632, 649, 669
티소 592
티스랑 654
티에르 378, 401
티콘(수도자, 자돈스크의) 279, 280
티콘(총대주교, 모스코바의) 431, 573

[ㅍ]
파리 부제 248
파리 외방 전교회 184, 185, 242, 466, 469
파리의 복음 선교회 503
파스키에 퀴넬 155
파울하버 454
파이시 벨리초프스키 279
팔루 법 378, 379
팔크 397
페귀 570
페늘롱 170, 171
페르디난도 21, 177
페브로니우스 262, 263

페탱 594
펠리시테 드 라므네 348
펠리페 2세 85, 91, 112
펠리페 구아만 포마 드 아얄라 214
포교성성 183, 184, 185, 196, 228, 230, 232, 241, 242, 245, 472, 473, 475, 512, 517, 519
포르-루아얄 146, 151, 154, 155
포르탈 553, 562, 565, 581, 582, 583
폰 갈렌 603
폴린느 자리코 327, 467
폴 쿠튀리에 587, 588, 589
폴 틸리히 575
퐁발 264
표트르 대제 278
표트르 모길라 130
푸리에 366
풀라 552
프란치스코 데 비토리아 189
프란치스코 데 살레스 132, 133, 134
프란치스코 데 톨레도 200
프란치스코 페레르 399
프란치스코 하비에르 184, 213, 215, 217, 220, 468

프란치스코회 42, 101, 128, 184, 194, 200, 208, 242, 245, 404, 470
프랑스와 1세 20, 21, 68, 100, 182, 548
프랑스와즈 데르켄느 635
프랑스와즈 페로통 487
프랑스와 팔뤼 231
프랑스적인 행동(악시옹 프랑세즈) 417, 424, 433, 434, 435, 438, 444
프랑코 450, 451
프레데릭 오자남 327, 365, 367, 368
프루동 527
프리드리히-빌헬름 3세 339
프리드리히 폰 휘겔 564
프리메이슨 252, 298, 402, 403, 416, 417
프시카리 570
프티장 496
플래시스 480
피뇨 드 베엔느 498
피델 카스트로 686
피사로 177
피셔 85
피스토이아 시노드 285
피에르 니콜 155, 161
피에르 드 라 모트 231

피에르 바일 251, 253, 254
피에르 테르미에 570
필라레트 236
필립보 네리 123
필립 스페너 268, 269, 270

[ㅎ]
하드리아노 6세 100, 712
하르낙 559
합스부르크 23, 24, 91
해리스 513
핼리팩스 581, 582
헨델 269
헨리 8세 21, 84, 85, 86, 87
헬더 카마라 723
화물선 숭배 487
흐루시초프 698
히틀러 447, 448, 592, 594, 602, 604